사도신경

전능하사 천지를 만드신 하나님 아버지를 내가 믿사오며,
그 외아들 우리 주 예수 그리스도를 믿사오니,
이는 성령으로 잉태하사 동정녀 마리아에게 나시고,
본디오 빌라도에게 고난을 받으사,
십자가에 못 박혀 죽으시고,
장사한 지 사흘 만에 죽은 자 가운데서 다시 살아나시며,
하늘에 오르사, 전능하신 하나님 우편에 앉아 계시다가,
저리로서 산 자와 죽은 자를 심판하러 오시리라.
성령을 믿사오며, 거룩한 공회와, 성도가 서로 교통하는 것과,
죄를 사하여 주시는 것과, 몸이 다시 사는 것과,
영원히 사는 것을 믿사옵나이다. 아멘.

사도신경[1]

나는 전능하신 아버지 하나님, 천지의 창조주를 믿습니다.
나는 그의 유일하신 아들,
우리 주 예수 그리스도를 믿습니다.
그는 성령으로 잉태되어 동정녀 마리아에게서 나시고,
본디오 빌라도에게 고난을 받아 십자가에 못 박혀 죽으시고,
장사된 지[2] 사흘 만에 죽은 자 가운데서 다시 살아나셨으며,
하늘에 오르시어 전능하신 아버지 하나님 우편에 앉아 계시다가,
거기로부터 살아 있는 자와 죽은 자를 심판하러 오십니다.
나는 성령을 믿으며, 거룩한 공교회와 성도의 교제와
죄를 용서받는 것과 몸의 부활과 영생을 믿습니다. 아멘.

1 '사도신조'로도 번역할 수 있다.
2 '장사되시어 지옥에 내려가신 지'가 공인된 원문〈Forma Recepta〉에는 있으나, 대다수의 본문에는 없다.

365묵상

따라쓰는 성경

개역개정

잠언~말라기

3

| 필사자

| 시작일

| 마감일

| 교회명

성서원

365묵상 따라 쓰는 성경 활용법

창세기 Genesis

소제목 따라쓰기

천지 창조

테두리 내 밑글씨로 보이는 소제목을 따라 씁니다

1 태초에 하나님이 천지를 창조하시

본문 따라쓰기

각 절마다 밑글씨로 보이는 본문을 따라 씁니다

2 땅이 혼돈하고 공허하며 흑암이 깊
음 위에 있고 하나님의 영은 수면 위
에 운행하시니라
3 하나님이 이르시되 빛이 있으라 하시
니 빛이 있었고
4 빛이 하나님이 보시기에 좋았더라 하
나님이 빛과 어둠을 나누사

보시기에 좋았더라
11 하나님이 이르시되 땅
는 채소와 각기 종류
매 맺는 나무를 내라
되어
12 땅이 풀과 각기 종류
채소와 각기 종류대로
맺는 나무를 내니 하나
좋았더라
13 저녁이 되고 아침이

* 필사자 취향에 맞게 소제목을 별도 색상으로 따라 쓰셔도 됩니다.
* 성서원 필사 전용 대용량 볼펜으로 따라쓰기를 시작해 보세요.

따라쓰기 예시

창세기 Genesis

천지 창조

1 태초에 하나님이 천지를 창조하시
니라
2 땅이 혼돈하고 공허하며 흑암이 깊
음 위에 있고 하나님의 영은 수면 위
에 운행하시니라
3 하나님이 이르시되 빛이 있으라 하시
니 빛이 있었고
4 빛이 하나님이 보시기에 좋았더라 하

보시기에 좋았더라
11 하나님이 이르시되 땅은 풀과 씨 맺
는 채소와 각기 종류대로 씨 가진 열
매 맺는 나무를 내라 하시니 그대로
되어
12 땅이 풀과 각기 종류대로 씨 맺는
채소와 각기 종류대로 씨 가진 열매
맺는 나무를 내니 하나님이 보시기에
좋았더라

365묵상 따라 쓰는 성경 구약 쓰기표

창세기	1	2	3	4	5	6	7	8	9	10	11	12	13	14	15	16	17	18	19	20	21	22	23	24	25
	26	27	28	29	30	31	32	33	34	35	36	37	38	39	40	41	42	43	44	45	46	47	48	49	50
출애굽기	1	2	3	4	5	6	7	8	9	10	11	12	13	14	15	16	17	18	19	20	21	22	23	24	25
	26	27	28	29	30	31	32	33	34	35	36	37	38	39	40										
레위기	1	2	3	4	5	6	7	8	9	10	11	12	13	14	15	16	17	18	19	20	21	22	23	24	25
	26	27																							
민수기	1	2	3	4	5	6	7	8	9	10	11	12	13	14	15	16	17	18	19	20	21	22	23	24	25
	26	27	28	29	30	31	32	33	34	35	36														
신명기	1	2	3	4	5	6	7	8	9	10	11	12	13	14	15	16	17	18	19	20	21	22	23	24	25
	26	27	28	29	30	31	32	33	34																
여호수아	1	2	3	4	5	6	7	8	9	10	11	12	13	14	15	16	17	18	19	20	21	22	23	24	
사사기	1	2	3	4	5	6	7	8	9	10	11	12	13	14	15	16	17	18	19	20	21				
룻기	1	2	3	4																					
사무엘상	1	2	3	4	5	6	7	8	9	10	11	12	13	14	15	16	17	18	19	20	21	22	23	24	25
	26	27	28	29	30	31																			
사무엘하	1	2	3	4	5	6	7	8	9	10	11	12	13	14	15	16	17	18	19	20	21	22	23	24	
열왕기상	1	2	3	4	5	6	7	8	9	10	11	12	13	14	15	16	17	18	19	20	21	22			
열왕기하	1	2	3	4	5	6	7	8	9	10	11	12	13	14	15	16	17	18	19	20	21	22	23	24	25
역대상	1	2	3	4	5	6	7	8	9	10	11	12	13	14	15	16	17	18	19	20	21	22	23	24	25
	26	27	28	29																					
역대하	1	2	3	4	5	6	7	8	9	10	11	12	13	14	15	16	17	18	19	20	21	22	23	24	25
	26	27	28	29	30	31	32	33	34	35	36														
에스라	1	2	3	4	5	6	7	8	9	10															
느헤미야	1	2	3	4	5	6	7	8	9	10	11	12	13												
에스더	1	2	3	4	5	6	7	8	9	10															
욥기	1	2	3	4	5	6	7	8	9	10	11	12	13	14	15	16	17	18	19	20	21	22	23	24	25
	26	27	28	29	30	31	32	33	34	35	36	37	38	39	40	41	42								
시편	1	2	3	4	5	6	7	8	9	10	11	12	13	14	15	16	17	18	19	20	21	22	23	24	25
	26	27	28	29	30	31	32	33	34	35	36	37	38	39	40	41	42	43	44	45	46	47	48	49	50
	51	52	53	54	55	56	57	58	59	60	61	62	63	64	65	66	67	68	69	70	71	72	73	74	75
	76	77	78	79	80	81	82	83	84	85	86	87	88	89	90	91	92	93	94	95	96	97	98	99	100
	101	102	103	104	105	106	107	108	109	110	111	112	113	114	115	116	117	118	119	120	121	122	123	124	125
	126	127	128	129	130	131	132	133	134	135	136	137	138	139	140	141	142	143	144	145	146	147	148	149	150
잠언	1	2	3	4	5	6	7	8	9	10	11	12	13	14	15	16	17	18	19	20	21	22	23	24	25
	26	27	28	29	30	31																			
전도서	1	2	3	4	5	6	7	8	9	10	11	12													
아가	1	2	3	4	5	6	7	8																	
이사야	1	2	3	4	5	6	7	8	9	10	11	12	13	14	15	16	17	18	19	20	21	22	23	24	25
	26	27	28	29	30	31	32	33	34	35	36	37	38	39	40	41	42	43	44	45	46	47	48	49	50
	51	52	53	54	55	56	57	58	59	60	61	62	63	64	65	66									
예레미야	1	2	3	4	5	6	7	8	9	10	11	12	13	14	15	16	17	18	19	20	21	22	23	24	25
	26	27	28	29	30	31	32	33	34	35	36	37	38	39	40	41	42	43	44	45	46	47	48	49	50
	51	52																							
예레미야애가	1	2	3	4	5																				
에스겔	1	2	3	4	5	6	7	8	9	10	11	12	13	14	15	16	17	18	19	20	21	22	23	24	25
	26	27	28	29	30	31	32	33	34	35	36	37	38	39	40	41	42	43	44	45	46	47	48		
다니엘	1	2	3	4	5	6	7	8	9	10	11	12													
호세아	1	2	3	4	5	6	7	8	9	10	11	12	13	14											
요엘	1	2	3																						
아모스	1	2	3	4	5	6	7	8	9																
오바댜	1																								
요나	1	2	3	4																					
미가	1	2	3	4	5	6	7																		
나훔	1	2	3																						
하박국	1	2	3																						
스바냐	1	2	3																						
학개	1	2																							
스가랴	1	2	3	4	5	6	7	8	9	10	11	12	13	14											
말라기	1	2	3	4																					

- 쓴 만큼 쓰기표에 펜으로 표시하세요.
- 항상 정해진 시간에 정해놓은 분량을 습관처럼 꾸준히 쓰기를 권장합니다.
- 교회나 가정에서 서로 나누어 쓰기를 하셔도 좋습니다.
- 성경이 인쇄되어 언제 어디서나 필사할 수 있습니다.

The Underwriting Bible

The Holy Bible

The Old Testaments and New Testaments
New Korean Revised Version

365묵상
따라 쓰는 성경
개역개정

2021년 8월 20일 초판 1쇄 인쇄
2021년 9월 20일 초판 1쇄 발행

발행인 | 김영진
발행처 | (유)성서원
주소 | 경기도 고양시 덕양구 덕은로 60-12
전화 | 02–765–0011 / 팩스 | 02–743–6811
등록 | 제 2013–000059호
www.biblehouse.co.kr

ISBN 978–89–360–2739–1 03230 (제3권)
978–89–360–2741–4 04230 (전4권)

잠언 Proverbs

시적(詩的)인 형태를 띤 지혜서인 잠언은 우리들로 하여금 '하나님 앞에서' 지혜롭게 살아가는 방법을 가르쳐 주고 있는 많은 지혜의 말들로 이루어져 있는 책이다. 잠언에서의 지혜는 일반적으로 말하는 처세술이 아니라 '경건한 삶'을 가리키는 것이다. 그래서 잠언은 '하나님을 경외하는 것'이 지혜의 근본임을 거듭 강조하고 있다.

제목 히브리어 표제는 '솔로몬의 잠언들'이라는 뜻의 '미쉴레 쉘로모'다. 70인역 표제(헬. '파로이미아이 살로몬토스') 역시 동일한 의미로서, 저자의 이름과 책의 내용을 반영한다.

저자 솔로몬 외 몇 명. 대부분 솔로몬의 잠언이며(1:1; 10:1; 25:1), 그 외에도 아굴(30:1), 르무엘(31:1), 기타 지혜로운 자들(22:17)의 잠언이 수록되었다.

기록 연대 B.C. 950-700년경. 솔로몬의 재위기간(B.C. 971-931년) 중 기록되었으며, 히스기야 왕 때(B.C. 715-686년) 최종 편집되었다. 아굴과 르무엘 왕 등의 활동 연대는 알 수 없다.

기록 목적 ① 지식의 근본인 하나님을 깨닫고 경외하는 지혜를 주기 위하여(1:2,7). ② 솔로몬의 아들인 르호보암을 훈계하기 위하여(1:8).

주제 하나님을 경외함으로 지혜를 얻으라. 지혜는 세상의 모든 일들을 올바로 처리하게 해준다. 이 지혜는 하나님을 경외함으로써 얻을 수 있는 귀중한 것이다.

특징 ① 지혜 문학적 성격-다른 성경이 역사적 사실이나 교리적 내용을 주로 다루나 본서는 저자의 이성과 인생 경험에 바탕을 둔 윤리, 종교 사상들을 기술했다. ② 다양한 수사법-대구 · 대조 · 의인법 등 다양한 수사적 기법을 사용하여 문학성을 높였다.

본서의 내용

I. 지혜의 예찬
① 잠언의 목적과 주제 (1:1-7)
② 청년에 대한 잠언 (1:8-9:18)

II. 솔로몬의 제1잠언집
① 의인과 악인(10:1-15:33)
② 경건한 삶(16:1-22:16)
③ 여러 잠언들(23:1-24:34)

III. 솔로몬의 제2잠언집
① 여러 인간관계 (25:1-26:28)
② 여러 일상생활 (27:1-29:27)

IV. 부록
① 아굴의 잠언(30:1-33)
② 르무엘의 잠언(31:1-31)

연대표

B.C.	
1010년	다윗의 40년 통치(~970년)
970년	솔로몬의 40년 통치(~930년) 솔로몬의 잠언 기록(솔로몬의 중년)
930년	왕국의 남북분열
728년	유다 왕 히스기야의 즉위(~687년) 솔로몬의 잠언 편집(잠 25-29장)

· 잠언의 주요 무대

잠언 Proverbs

솔로몬의 잠언

1 다윗의 아들 이스라엘 왕 솔로몬의 잠언이라
2 이는 지혜와 훈계를 알게 하며 명철의 말씀을 깨닫게 하며
3 지혜롭게, 공의롭게, 정의롭게, 정직하게 행할 일에 대하여 훈계를 받게 하며
4 어리석은 자를 슬기롭게 하며 젊은 자에게 지식과 근신함을 주기 위한 것이니
5 지혜 있는 자는 듣고 학식이 더할 것이요 명철한 자는 지략을 얻을 것이라
6 잠언과 비유와 지혜 있는 자의 말과 그 오묘한 말을 깨달으리라

젊은이에게 주는 교훈

7 여호와를 경외하는 것이 지식의 근본이거늘 미련한 자는 지혜와 훈계를 멸시하느니라
8 내 아들아 네 아비의 훈계를 들으며 네 어미의 법을 떠나지 말라
9 이는 네 머리의 아름다운 관이요 네 목의 금 사슬이니라
10 내 아들아 악한 자가 너를 꾈지라도 따르지 말라
11 그들이 네게 말하기를 우리와 함께 가자 우리가 가만히 엎드렸다가 사람의 피를 흘리자 죄 없는 자를 까닭 없이 숨어 기다리다가
12 스올 같이 그들을 산 채로 삼키며 무덤에 내려가는 자들 같이 통으로 삼키자
13 우리가 온갖 보화를 얻으며 빼앗은 것으로 우리 집을 채우리니
14 너는 우리와 함께 제비를 뽑고 우리가 함께 전대 하나만 두자 할지라도
15 내 아들아 그들과 함께 길에 다니지 말라 네 발을 금하여 그 길을 밟지 말라
16 대저 그 발은 악으로 달려가며 피를 흘리는 데 빠름이니라
17 새가 보는 데서 그물을 치면 헛일이겠거늘
18 그들이 가만히 엎드림은 자기의 피를 흘릴 뿐이요 숨어 기다림은 자기의 생명을 해할 뿐이니
19 이익을 탐하는 모든 자의 길은 다 이러하여 자기의 생명을 잃게 하느니라

지혜가 부른다

20 지혜가 길거리에서 부르며 광장에서 소리를 높이며

21 시끄러운 길목에서 소리를 지르며 성
문 어귀와 성중에서 그 소리를 발하
여 이르되
22 너희 어리석은 자들은 어리석음을 좋
아하며 거만한 자들은 거만을 기뻐하
며 미련한 자들은 지식을 미워하니 어
느 때까지 하겠느냐
23 나의 책망을 듣고 돌이키라 보라 내
가 나의 영을 너희에게 부어 주며 내
말을 너희에게 보이리라
24 내가 불렀으나 너희가 듣기 싫어하였
고 내가 손을 폈으나 돌아보는 자가
없었고
25 도리어 나의 모든 교훈을 멸시하며
나의 책망을 받지 아니하였은즉
26 너희가 재앙을 만날 때에 내가 웃을
것이며 너희에게 두려움이 임할 때에
내가 비웃으리라
27 너희의 두려움이 광풍 같이 임하겠고
너희의 재앙이 폭풍 같이 이르겠고
너희에게 근심과 슬픔이 임하리니
28 그 때에 너희가 나를 부르리라 그래
도 내가 대답하지 아니하겠고 부지
런히 나를 찾으리라 그래도 나를 만
나지 못하리니
29 대저 너희가 지식을 미워하며 여호와
경외하기를 즐거워하지 아니하며
30 나의 교훈을 받지 아니하고 나의 모
든 책망을 업신여겼음이니라
31 그러므로 자기 행위의 열매를 먹으며
자기 꾀에 배부르리라
32 어리석은 자의 퇴보는 자기를 죽이며
미련한 자의 안일은 자기를 멸망시키
려니와
33 오직 내 말을 듣는 자는 평안히 살며
재앙의 두려움이 없이 안전하리라

지혜가 주는 유익

2 내 아들아 네가 만일 나의 말을
받으며 나의 계명을 네게 간직하
며
2 네 귀를 지혜에 기울이며 네 마음을
명철에 두며
3 지식을 불러 구하며 명철을 얻으려고
소리를 높이며
4 은을 구하는 것 같이 그것을 구하며
감추어진 보배를 찾는 것 같이 그것
을 찾으면
5 여호와 경외하기를 깨달으며 하나님
을 알게 되리니
6 대저 여호와는 지혜를 주시며 지식과

365묵상

여호와를 경외하는 삶

'여호와를 경외하는 것이 지식의 근본'(잠1:7)이란 말은 모든 잠언들의 초석이 된다. 그러면 '여호와를 경외한다는 것'은 무슨 뜻인가? 우리가 하나님을 하나님으로 합당하게 인정하고, 그분이 받으실 예배를 겸손한 자세로 경건하게 드린다는 것을 뜻한다. 잠언의 모든 내용은 우리가 매일의 삶 속에서 하나님을 어떻게 경외할 것인지를 설명해준다. 그 주제가 재물이든, 일이든, 우정이든, 삶의 모든 영역에서 경건한 두려움을 가지고 하나님의 뜻에 순종함으로써 그분께 합당한 영광을 드려야 한다는 사실을 일깨워준다.

명철을 그 입에서 내심이며
7 그는 정직한 자를 위하여 완전한 지
혜를 예비하시며 행실이 온전한 자에
게 방패가 되시나니
8 대저 그는 정의의 길을 보호하시며
그의 성도들의 길을 보전하려 하심이
니라
9 그런즉 네가 공의와 정의와 정직 곧
모든 선한 길을 깨달을 것이라
10 곧 지혜가 네 마음에 들어가며 지식
이 네 영혼을 즐겁게 할 것이요
11 근신이 너를 지키며 명철이 너를 보호
하여
12 악한 자의 길과 패역을 말하는 자에
게서 건져 내리라
13 이 무리는 정직한 길을 떠나 어두운
길로 행하며
14 행악하기를 기뻐하며 악인의 패역을
즐거워하나니
15 그 길은 구부러지고 그 행위는 패역
하니라
16 지혜가 또 너를 음녀에게서, 말로 호
리는 이방 계집에게서 구원하리니
17 그는 젊은 시절의 짝을 버리며 그의
하나님의 언약을 잊어버린 자라
18 그의 집은 사망으로, 그의 길은 스올
로 기울어졌나니
19 누구든지 그에게로 가는 자는 돌아
오지 못하며 또 생명 길을 얻지 못하
느니라
20 지혜가 너를 선한 자의 길로 행하게
하며 또 의인의 길을 지키게 하리니
21 대저 정직한 자는 땅에 거하며 완전
한 자는 땅에 남아 있으리라
22 그러나 악인은 땅에서 끊어지겠고
간사한 자는 땅에서 뽑히리라

젊은이에게 주는 교훈

3 내 아들아 나의 법을 잊어버리지
말고 네 마음으로 나의 명령을 지
키라
2 그리하면 그것이 네가 장수하여 많은
해를 누리게 하며 평강을 더하게 하
리라
3 인자와 진리가 네게서 떠나지 말게
하고 그것을 네 목에 매며 네 마음
판에 새기라
4 그리하면 네가 하나님과 사람 앞에서
은총과 귀중히 여김을 받으리라
5 너는 마음을 다하여 여호와를 신뢰
하고 네 명철을 의지하지 말라
6 너는 범사에 그를 인정하라 그리하면
네 길을 지도하시리라
7 스스로 지혜롭게 여기지 말지어다 여
호와를 경외하며 악을 떠날지어다
8 이것이 네 몸에 양약이 되어 네 골수
를 윤택하게 하리라

9 네 재물과 네 소산물의 처음 익은 열
매로 여호와를 공경하라
10 그리하면 네 창고가 가득히 차고 네
포도즙 틀에 새 포도즙이 넘치리라
11 내 아들아 여호와의 징계를 경히 여
기지 말라 그 꾸지람을 싫어하지 말
라
12 대저 여호와께서 그 사랑하시는 자
를 징계하시기를 마치 아비가 그 기
뻐하는 아들을 징계함 같이 하시느
니라
13 지혜를 얻은 자와 명철을 얻은 자는
복이 있나니
14 이는 지혜를 얻는 것이 은을 얻는 것
보다 낫고 그 이익이 정금보다 나음
이니라
15 지혜는 진주보다 귀하니 네가 사모
하는 모든 것으로도 이에 비교할 수
없도다
16 그의 오른손에는 장수가 있고 그의
왼손에는 부귀가 있나니
17 그 길은 즐거운 길이요 그의 지름길
은 다 평강이니라
18 지혜는 그 얻은 자에게 생명 나무라
지혜를 가진 자는 복되도다
19 여호와께서는 지혜로 땅에 터를 놓
으셨으며 명철로 하늘을 견고히 세우
셨고
20 그의 지식으로 깊은 바다를 갈라지
게 하셨으며 공중에서 이슬이 내리게
하셨느니라
21 내 아들아 완전한 지혜와 근신을 지
키고 이것들이 네 눈 앞에서 떠나지
말게 하라
22 그리하면 그것이 네 영혼의 생명이
되며 네 목에 장식이 되리니
23 네가 네 길을 평안히 행하겠고 네 발
이 거치지 아니하겠으며
24 네가 누울 때에 두려워하지 아니하
겠고 네가 누운즉 네 잠이 달리로다
25 너는 갑작스러운 두려움도 악인에게
닥치는 멸망도 두려워하지 말라
26 대저 여호와는 네가 의지할 이시니라
네 발을 지켜 걸리지 않게 하시리라
27 네 손이 선을 베풀 힘이 있거든 마땅
히 받을 자에게 베풀기를 아끼지 말
며
28 네게 있거든 이웃에게 이르기를 갔
다가 다시 오라 내일 주겠노라 하지
말며
29 네 이웃이 네 곁에서 평안히 살거든
그를 해하려고 꾀하지 말며
30 사람이 네게 악을 행하지 아니하였거
든 까닭 없이 더불어 다투지 말며
31 포학한 자를 부러워하지 말며 그의
어떤 행위도 따르지 말라

32 대저 패역한 자는 여호와께서 미워하
시나 정직한 자에게는 그의 교통하심
이 있으며
33 악인의 집에는 여호와의 저주가 있거
니와 의인의 집에는 복이 있느니라
34 진실로 그는 거만한 자를 비웃으시며
겸손한 자에게 은혜를 베푸시나니
35 지혜로운 자는 영광을 기업으로 받
거니와 미련한 자의 영달함은 수치가
되느니라

지혜와 명철을 얻으라

4 아들들아 아비의 훈계를 들으며
명철을 얻기에 주의하라
2 내가 선한 도리를 너희에게 전하노니
내 법을 떠나지 말라
3 나도 내 아버지에게 아들이었으며
내 어머니 보기에 유약한 외아들이었
노라
4 아버지가 내게 가르쳐 이르기를 내
말을 네 마음에 두라 내 명령을 지키
라 그리하면 살리라
5 지혜를 얻으며 명철을 얻으라 내 입
의 말을 잊지 말며 어기지 말라
6 지혜를 버리지 말라 그가 너를 보호
하리라 그를 사랑하라 그가 너를 지
키리라
7 지혜가 제일이니 지혜를 얻으라 네가
얻은 모든 것을 가지고 명철을 얻을
지니라
8 그를 높이라 그리하면 그가 너를 높
이 들리라 만일 그를 품으면 그가 너
를 영화롭게 하리라
9 그가 아름다운 관을 네 머리에 두겠
고 영화로운 면류관을 네게 주리라
하셨느니라
10 내 아들아 들으라 내 말을 받으라
그리하면 네 생명의 해가 길리라
11 내가 지혜로운 길을 네게 가르쳤으
며 정직한 길로 너를 인도하였은즉
12 다닐 때에 네 걸음이 곤고하지 아니
하겠고 달려갈 때에 실족하지 아니
하리라
13 훈계를 굳게 잡아 놓치지 말고 지키
라 이것이 네 생명이니라
14 사악한 자의 길에 들어가지 말며 악
인의 길로 다니지 말지어다
15 그의 길을 피하고 지나가지 말며 돌
이켜 떠나갈지어다
16 그들은 악을 행하지 못하면 자지 못
하며 사람을 넘어뜨리지 못하면 잠이
오지 아니하며
17 불의의 떡을 먹으며 강포의 술을 마
심이니라
18 의인의 길은 돋는 햇살 같아서 크게
빛나 한낮의 광명에 이르거니와
19 악인의 길은 어둠 같아서 그가 걸려

넘어져도 그것이 무엇인지 깨닫지 못
하느니라
20 내 아들아 내 말에 주의하며 내가 말
하는 것에 네 귀를 기울이라
21 그것을 네 눈에서 떠나게 하지 말며
네 마음 속에 지키라
22 그것은 얻는 자에게 생명이 되며 그
의 온 육체의 건강이 됨이니라
23 모든 지킬 만한 것 중에 더욱 네 마
음을 지키라 생명의 근원이 이에서
남이니라
24 구부러진 말을 네 입에서 버리며 비
뚤어진 말을 네 입술에서 멀리 하라
25 네 눈은 바로 보며 네 눈꺼풀은 네
앞을 곧게 살펴
26 네 발이 행할 길을 평탄하게 하며 네
모든 길을 든든히 하라
27 좌로나 우로나 치우치지 말고 네 발
을 악에서 떠나게 하라

사지와 스올로 가지 말라

5 내 아들아 내 지혜에 주의하며 내
명철에 네 귀를 기울여서
2 근신을 지키며 네 입술로 지식을 지
키도록 하라
3 대저 음녀의 입술은 꿀을 떨어뜨리며
그의 입은 기름보다 미끄러우나
4 나중은 쑥 같이 쓰고 두 날 가진 칼
같이 날카로우며
5 그의 발은 사지로 내려가며 그의 걸
음은 스올로 나아가나니
6 그는 생명의 평탄한 길을 찾지 못하
며 자기 길이 든든하지 못하여도 그
것을 깨닫지 못하느니라
7 그런즉 아들들아 나에게 들으며 내
입의 말을 버리지 말고
8 네 길을 그에게서 멀리 하라 그의 집
문에도 가까이 가지 말라
9 두렵건대 네 존영이 남에게 잃어버리
게 되며 네 수한이 잔인한 자에게 빼
앗기게 될까 하노라
10 두렵건대 타인이 네 재물로 충족하
게 되며 네 수고한 것이 외인의 집에
있게 될까 하노라
11 두렵건대 마지막에 이르러 네 몸, 네
육체가 쇠약할 때에 네가 한탄하여
12 말하기를 내가 어찌하여 훈계를 싫어
하며 내 마음이 꾸지람을 가벼이 여
기고
13 내 선생의 목소리를 청종하지 아니하
며 나를 가르치는 이에게 귀를 기울
이지 아니하였던고
14 많은 무리들이 모인 중에서 큰 악에
빠지게 되었노라 하게 될까 염려하노
라
15 너는 네 우물에서 물을 마시며 네 샘
에서 흐르는 물을 마시라

16 어찌하여 네 샘물을 집 밖으로 넘치
게 하며 네 도랑물을 거리로 흘러가
게 하겠느냐
17 그 물이 네게만 있게 하고 타인과 더
불어 그것을 나누지 말라
18 네 샘으로 복되게 하라 네가 젊어서
취한 아내를 즐거워하라
19 그는 사랑스러운 암사슴 같고 아름
다운 암노루 같으니 너는 그의 품을
항상 족하게 여기며 그의 사랑을 항
상 연모하라
20 내 아들아 어찌하여 음녀를 연모하
겠으며 어찌하여 이방 계집의 가슴을
안겠느냐
21 대저 사람의 길은 여호와의 눈 앞에
있나니 그가 그 사람의 모든 길을 평
탄하게 하시느니라
22 악인은 자기의 악에 걸리며 그 죄의
줄에 매이나니
23 그는 훈계를 받지 아니함으로 말미
암아 죽겠고 심히 미련함으로 말미암
아 혼미하게 되느니라

실제적 교훈

6 내 아들아 네가 만일 이웃을 위하
여 담보하며 타인을 위하여 보증
하였으면
2 네 입의 말로 네가 얽혔으며 네 입의
말로 인하여 잡히게 되었느니라
3 내 아들아 네가 네 이웃의 손에 빠
졌은즉 이같이 하라 너는 곧 가서 겸
손히 네 이웃에게 간구하여 스스로
구원하되
4 네 눈을 잠들게 하지 말며 눈꺼풀을
감기게 하지 말고
5 노루가 사냥꾼의 손에서 벗어나는
것 같이, 새가 그물 치는 자의 손에
서 벗어나는 것 같이 스스로 구원하
라
6 게으른 자여 개미에게 가서 그가 하
는 것을 보고 지혜를 얻으라
7 개미는 두령도 없고 감독자도 없고
통치자도 없으되
8 먹을 것을 여름 동안에 예비하며 추
수 때에 양식을 모으느니라
9 게으른 자여 네가 어느 때까지 누워
있겠느냐 네가 어느 때에 잠이 깨어
일어나겠느냐
10 좀더 자자, 좀더 졸자, 손을 모으고
좀더 누워 있자 하면
11 네 빈궁이 강도 같이 오며 네 곤핍이
군사 같이 이르리라
12 불량하고 악한 자는 구부러진 말을
하고 다니며
13 눈짓을 하며 발로 뜻을 보이며 손가
락질을 하며
14 그의 마음에 패역을 품으며 항상 악

을 꾀하여 다툼을 일으키는 자라
15 그러므로 그의 재앙이 갑자기 내려
당장에 멸망하여 살릴 길이 없으리라
16 여호와께서 미워하시는 것 곧 그의
마음에 싫어하시는 것이 예닐곱 가지
이니
17 곧 교만한 눈과 거짓된 혀와 무죄한
자의 피를 흘리는 손과
18 악한 계교를 꾀하는 마음과 빨리 악
으로 달려가는 발과
19 거짓을 말하는 망령된 증인과 및 형
제 사이를 이간하는 자이니라

훈계와 명령

20 내 아들아 네 아비의 명령을 지키며
네 어미의 법을 떠나지 말고
21 그것을 항상 네 마음에 새기며 네 목
에 매라
22 그것이 네가 다닐 때에 너를 인도하
며 네가 잘 때에 너를 보호하며 네가
깰 때에 너와 더불어 말하리니
23 대저 명령은 등불이요 법은 빛이요
훈계의 책망은 곧 생명의 길이라
24 이것이 너를 지켜 악한 여인에게, 이
방 여인의 혀로 호리는 말에 빠지지
않게 하리라
25 네 마음에 그의 아름다움을 탐하지
말며 그 눈꺼풀에 홀리지 말라
26 음녀로 말미암아 사람이 한 조각 떡
만 남게 됨이며 음란한 여인은 귀한
생명을 사냥함이니라
27 사람이 불을 품에 품고서야 어찌 그
의 옷이 타지 아니하겠으며
28 사람이 숯불을 밟고서야 어찌 그의
발이 데지 아니하겠느냐
29 남의 아내와 통간하는 자도 이와 갈
을 것이라 그를 만지는 자마다 벌을
면하지 못하리라
30 도둑이 만일 주릴 때에 배를 채우려
고 도둑질하면 사람이 그를 멸시하지
는 아니하려니와
31 들키면 칠 배를 갚아야 하리니 심지
어 자기 집에 있는 것을 다 내주게
되리라
32 여인과 간음하는 자는 무지한 자라
이것을 행하는 자는 자기의 영혼을
망하게 하며
33 상함과 능욕을 받고 부끄러움을 씻
을 수 없게 되나니
34 남편이 투기로 분노하여 원수 갚는
날에 용서하지 아니하고

365묵상

간통, 그 변명할 수 없는 죄

지혜자는 '간통'에 대해 경고한다. 무엇보다 그것은 십계명을 어기는 일이다. 지혜자는 간통이 사람을 유혹하는 힘을 가지고 있고, 별다른 위험 없이 쾌락을 줄 수 있는 것처럼 가장하고 있다고 본다(잠 5:15-20). 하지만 그런 모습은 속임수다. 달콤한 욕망으로 시작된 간통은 이내 쓰디쓴 것으로 변한다. 간통은 평판과 인품과 가정을 순식간에 파괴하는데, 그 파괴적인 대가는 순간의 쾌락보다 훨씬 크다. 들키지 않은 은밀한 간통? 없다! 결국엔 하나님의 심판대 앞에서 다 드러난다. 그러니 간통은 꿈도 꾸지 마라.

35 어떤 보상도 받지 아니하며 많은 선
물을 줄지라도 듣지 아니하리라

음녀의 길로 치우치지 말라

7 내 아들아 내 말을 지키며 내 계명
을 간직하라
2 내 계명을 지켜 살며 내 법을 네 눈
동자처럼 지키라
3 이것을 네 손가락에 매며 이것을 네
마음판에 새기라
4 지혜에게 너는 내 누이라 하며 명철
에게 너는 내 친족이라 하라
5 그리하면 이것이 너를 지켜서 음녀에
게, 말로 호리는 이방 여인에게 빠지
지 않게 하리라
6 내가 내 집 들창으로, 살창으로 내다
보다가
7 어리석은 자 중에, 젊은이 가운데에
한 지혜 없는 자를 보았노라
8 그가 거리를 지나 음녀의 골목 모퉁
이로 가까이 하여 그의 집쪽으로 가
는데
9 저물 때, 황혼 때, 깊은 밤 흑암 중
에라
10 그 때에 기생의 옷을 입은 간교한 여
인이 그를 맞으니
11 이 여인은 떠들며 완악하며 그의 발
이 집에 머물지 아니하여
12 어떤 때에는 거리, 어떤 때에는 광장
또 모퉁이마다 서서 사람을 기다리는
자라
13 그 여인이 그를 붙잡고 그에게 입맞
추며 부끄러움을 모르는 얼굴로 그
에게 말하되
14 내가 화목제를 드려 서원한 것을 오
늘 갚았노라
15 이러므로 내가 너를 맞으려고 나와
네 얼굴을 찾다가 너를 만났도다
16 내 침상에는 요와 애굽의 무늬 있는
이불을 폈고
17 몰약과 침향과 계피를 뿌렸노라
18 오라 우리가 아침까지 흡족하게 서
로 사랑하며 사랑함으로 희락하자
19 남편은 집을 떠나 먼 길을 갔는데
20 은 주머니를 가졌은즉 보름 날에나
집에 돌아오리라 하여
21 여러 가지 고운 말로 유혹하며 입술
의 호리는 말로 꾀므로
22 젊은이가 곧 그를 따랐으니 소가 도
수장으로 가는 것 같고 미련한 자가
벌을 받으려고 쇠사슬에 매이러 가
는 것과 같도다
23 필경은 화살이 그 간을 뚫게 되리라
새가 빨리 그물로 들어가되 그의 생
명을 잃어버릴 줄을 알지 못함과 같
으니라
24 이제 아들들아 내 말을 듣고 내 입

의 말에 주의하라
25 네 마음이 음녀의 길로 치우치지 말
며 그 길에 미혹되지 말지어다
26 대저 그가 많은 사람을 상하여 엎드
러지게 하였나니 그에게 죽은 자가
허다하니라
27 그의 집은 스올의 길이라 사망의 방
으로 내려가느니라

지혜와 명철 찬양

8 지혜가 부르지 아니하느냐 명철이
소리를 높이지 아니하느냐
2 그가 길 가의 높은 곳과 네거리에 서
며
3 성문 곁과 문 어귀와 여러 출입하는
문에서 불러 이르되
4 사람들아 내가 너희를 부르며 내가
인자들에게 소리를 높이노라
5 어리석은 자들아 너희는 명철할지니
라 미련한 자들아 너희는 마음이 밝
을지니라
6 너희는 들을지어다 내가 가장 선한
것을 말하리라 내 입술을 열어 정직
을 내리라
7 내 입은 진리를 말하며 내 입술은 악
을 미워하느니라
8 내 입의 말은 다 의로운즉 그 가운데
에 굽은 것과 패역한 것이 없나니
9 이는 다 총명 있는 자가 밝히 아는
바요 지식 얻은 자가 정직하게 여기
는 바니라
10 너희가 은을 받지 말고 나의 훈계를
받으며 정금보다 지식을 얻으라
11 대저 지혜는 진주보다 나으므로 원
하는 모든 것을 이에 비교할 수 없음
이니라
12 나 지혜는 명철로 주소를 삼으며 지
식과 근신을 찾아 얻나니
13 여호와를 경외하는 것은 악을 미워하
는 것이라 나는 교만과 거만과 악한
행실과 패역한 입을 미워하느니라
14 내게는 계략과 참 지식이 있으며 나
는 명철이라 내게 능력이 있으므로
15 나로 말미암아 왕들이 치리하며 방백
들이 공의를 세우며
16 나로 말미암아 재상과 존귀한 자 곧
모든 의로운 재판관들이 다스리느니
라
17 나를 사랑하는 자들이 나의 사랑을
입으며 나를 간절히 찾는 자가 나를
만날 것이니라
18 부귀가 내게 있고 장구한 재물과 공
의도 그러하니라
19 내 열매는 금이나 정금보다 나으며
내 소득은 순은보다 나으니라
20 나는 정의로운 길로 행하며 공의로
운 길 가운데로 다니나니

21 이는 나를 사랑하는 자가 재물을 얻
어서 그 곳간에 채우게 하려 함이니
라
22 여호와께서 그 조화의 시작 곧 태초
에 일하시기 전에 나를 가지셨으며
23 만세 전부터, 태초부터, 땅이 생기기
전부터 내가 세움을 받았나니
24 아직 바다가 생기지 아니하였고 큰
샘들이 있기 전에 내가 이미 났으며
25 산이 세워지기 전에, 언덕이 생기기
전에 내가 이미 났으니
26 하나님이 아직 땅도, 들도, 세상 진
토의 근원도 짓지 아니하셨을 때에
라
27 그가 하늘을 지으시며 궁창을 해면
에 두르실 때에 내가 거기 있었고
28 그가 위로 구름 하늘을 견고하게 하
시며 바다의 샘들을 힘 있게 하시며
29 바다의 한계를 정하여 물이 명령을
거스르지 못하게 하시며 또 땅의 기
초를 정하실 때에
30 내가 그 곁에 있어서 창조자가 되어
날마다 그의 기뻐하신 바가 되었으며
항상 그 앞에서 즐거워하였으며
31 사람이 거처할 땅에서 즐거워하며 인
자들을 기뻐하였느니라
32 아들들아 이제 내게 들으라 내 도를
지키는 자가 복이 있느니라
33 훈계를 들어서 지혜를 얻으라 그것
을 버리지 말라
34 누구든지 내게 들으며 날마다 내 문
곁에서 기다리며 문설주 옆에서 기다
리는 자는 복이 있나니
35 대저 나를 얻는 자는 생명을 얻고 여
호와께 은총을 얻을 것임이니라
36 그러나 나를 잃는 자는 자기의 영혼
을 해하는 자라 나를 미워하는 자는
사망을 사랑하느니라

지혜와 어리석음

9 지혜가 그의 집을 짓고 일곱 기둥
을 다듬고
2 짐승을 잡으며 포도주를 혼합하여
상을 갖추고
3 자기의 여종을 보내어 성중 높은 곳
에서 불러 이르기를
4 어리석은 자는 이리로 돌이키라 또
지혜 없는 자에게 이르기를
5 너는 와서 내 식물을 먹으며 내 혼합
한 포도주를 마시고
6 어리석음을 버리고 생명을 얻으라 명
철의 길을 행하라 하느니라
7 거만한 자를 징계하는 자는 도리어
능욕을 받고 악인을 책망하는 자는
도리어 흠이 잡히느니라
8 거만한 자를 책망하지 말라 그가 너
를 미워할까 두려우니라 지혜 있는

자를 책망하라 그가 너를 사랑하리
라
9 지혜 있는 자에게 교훈을 더하라 그
가 더욱 지혜로워질 것이요 의로운
사람을 가르치라 그의 학식이 더하리
라
10 여호와를 경외하는 것이 지혜의 근본
이요 거룩하신 자를 아는 것이 명철
이니라
11 나 지혜로 말미암아 네 날이 많아질
것이요 네 생명의 해가 네게 더하리
라
12 네가 만일 지혜로우면 그 지혜가 네
게 유익할 것이나 네가 만일 거만하
면 너 홀로 해를 당하리라
13 미련한 여인이 떠들며 어리석어서 아
무것도 알지 못하고
14 자기 집 문에 앉으며 성읍 높은 곳에
있는 자리에 앉아서
15 자기 길을 바로 가는 행인들을 불러
이르되
16 어리석은 자는 이리로 돌이키라 또
지혜 없는 자에게 이르기를
17 도둑질한 물이 달고 몰래 먹는 떡이
맛이 있다 하는도다
18 오직 그 어리석은 자는 죽은 자들이
거기 있는 것과 그의 객들이 스올 깊
은 곳에 있는 것을 알지 못하느니라

솔로몬의 잠언

10 솔로몬의 잠언이라 지혜로운
아들은 아비를 기쁘게 하거니와
미련한 아들은 어미의 근심이니라
2 불의의 재물은 무익하여도 공의는
죽음에서 건지느니라
3 여호와께서 의인의 영혼은 주리지 않
게 하시나 악인의 소욕은 물리치시느
니라
4 손을 게으르게 놀리는 자는 가난하
게 되고 손이 부지런한 자는 부하게
되느니라
5 여름에 거두는 자는 지혜로운 아들
이나 추수 때에 자는 자는 부끄러움
을 끼치는 아들이니라
6 의인의 머리에는 복이 임하나 악인의
입은 독을 머금었느니라
7 의인을 기념할 때에는 칭찬하거니와
악인의 이름은 썩게 되느니라
8 마음이 지혜로운 자는 계명을 받거
니와 입이 미련한 자는 멸망하리라
9 바른 길로 행하는 자는 걸음이 평안
하려니와 굽은 길로 행하는 자는 드
러나리라
10 눈짓하는 자는 근심을 끼치고 입이
미련한 자는 멸망하느니라
11 의인의 입은 생명의 샘이라도 악인의
입은 독을 머금었느니라

12 미움은 다툼을 일으켜도 사랑은 모
든 허물을 가리느니라
13 명철한 자의 입술에는 지혜가 있어도
지혜 없는 자의 등을 위하여는 채찍
이 있느니라
14 지혜로운 자는 지식을 간직하거니와
미련한 자의 입은 멸망에 가까우니라
15 부자의 재물은 그의 견고한 성이요
가난한 자의 궁핍은 그의 멸망이니라
16 의인의 수고는 생명에 이르고 악인의
소득은 죄에 이르느니라
17 훈계를 지키는 자는 생명 길로 행하
여도 징계를 버리는 자는 그릇 가느
니라
18 미움을 감추는 자는 거짓된 입술을
가진 자요 중상하는 자는 미련한 자
이니라
19 말이 많으면 허물을 면하기 어려우나
그 입술을 제어하는 자는 지혜가 있
느니라
20 의인의 혀는 순은과 같거니와 악인의
마음은 가치가 적으니라
21 의인의 입술은 여러 사람을 교육하나
미련한 자는 지식이 없어 죽느니라
22 여호와께서 주시는 복은 사람을 부
하게 하고 근심을 겸하여 주지 아니
하시느니라
23 미련한 자는 행악으로 낙을 삼는 것
같이 명철한 자는 지혜로 낙을 삼느
니라
24 악인에게는 그의 두려워하는 것이 임
하거니와 의인은 그 원하는 것이 이
루어지느니라
25 회오리바람이 지나가면 악인은 없어
져도 의인은 영원한 기초 같으니라
26 게으른 자는 그 부리는 사람에게 마
치 이에 식초 같고 눈에 연기 같으니
라
27 여호와를 경외하면 장수하느니라 그
러나 악인의 수명은 짧아지느니라
28 의인의 소망은 즐거움을 이루어도
악인의 소망은 끊어지느니라
29 여호와의 도가 정직한 자에게는 산성
이요 행악하는 자에게는 멸망이니라
30 의인은 영영히 이동되지 아니하여도
악인은 땅에 거하지 못하게 되느니라
31 의인의 입은 지혜를 내어도 패역한
혀는 베임을 당할 것이니라
32 의인의 입술은 기쁘게 할 것을 알거
늘 악인의 입은 패역을 말하느니라

11

속이는 저울은 여호와께서 미워
하시나 공평한 추는 그가 기뻐
하시느니라
2 교만이 오면 욕도 오거니와 겸손한
자에게는 지혜가 있느니라
3 정직한 자의 성실은 자기를 인도하거

니와 사악한 자의 패역은 자기를 망
하게 하느니라
4 재물은 진노하시는 날에 무익하나
공의는 죽음에서 건지느니라
5 완전한 자의 공의는 자기의 길을 곧
게 하려니와 악한 자는 자기의 악으
로 말미암아 넘어지리라
6 정직한 자의 공의는 자기를 건지려니
와 사악한 자는 자기의 악에 잡히리
라
7 악인은 죽을 때에 그 소망이 끊어지
나니 불의의 소망이 없어지느니라
8 의인은 환난에서 구원을 얻으나 악인
은 자기의 길로 가느니라
9 악인은 입으로 그의 이웃을 망하게
하여도 의인은 그의 지식으로 말미암
아 구원을 얻느니라
10 의인이 형통하면 성읍이 즐거워하고
악인이 패망하면 기뻐 외치느니라
11 성읍은 정직한 자의 축복으로 인하여
진흥하고 악한 자의 입으로 말미암
아 무너지느니라
12 지혜 없는 자는 그의 이웃을 멸시하
나 명철한 자는 잠잠하느니라
13 두루 다니며 한담하는 자는 남의 비
밀을 누설하나 마음이 신실한 자는
그런 것을 숨기느니라
14 지략이 없으면 백성이 망하여도 지략
이 많으면 평안을 누리느니라
15 타인을 위하여 보증이 되는 자는 손
해를 당하여도 보증이 되기를 싫어하
는 자는 평안하니라
16 유덕한 여자는 존영을 얻고 근면한
남자는 재물을 얻느니라
17 인자한 자는 자기의 영혼을 이롭게
하고 잔인한 자는 자기의 몸을 해롭
게 하느니라
18 악인의 삯은 허무하되 공의를 뿌린
자의 상은 확실하니라
19 공의를 굳게 지키는 자는 생명에 이
르고 악을 따르는 자는 사망에 이르
느니라
20 마음이 굽은 자는 여호와께 미움을
받아도 행위가 온전한 자는 그의 기
뻐하심을 받느니라
21 악인은 피차 손을 잡을지라도 벌을
면하지 못할 것이나 의인의 자손은
구원을 얻으리라
22 아름다운 여인이 삼가지 아니하는 것
은 마치 돼지 코에 금 고리 같으니라

365묵상

정직하게 거래하기

만물의 창조자이신 하나님은 놀랍게도 시끌벅적한 시장 바닥에서 상인들이 사용하는 저울추에도 관심을 갖고 계신다. 시장에서 거래할 때, 부정직한 상인들은 많은 이문을 남기려고 부정직하게 저울을 고쳐 사용하곤 했다. 하지만 하나님은 모든 거래에서 정직하기를 명하신다. 정직하고 공평하신 그분은 '공평한 저울추'를 기뻐하신다(잠11:1). 따라서 믿는 자들은 크고 작은 모든 상거래에서 공평한 저울추를 사용하는 정직한 거래를 통해 하나님을 기쁘시게 하고, 다른 이들에게 그분의 의로우신 성품을 드러내야 한다.

23 의인의 소원은 오직 선하나 악인의
소망은 진노를 이루느니라
24 흩어 구제하여도 더욱 부하게 되는
일이 있나니 과도히 아껴도 가난하게
될 뿐이니라
25 구제를 좋아하는 자는 풍족하여질
것이요 남을 윤택하게 하는 자는 자
기도 윤택하여지리라
26 곡식을 내놓지 아니하는 자는 백성
에게 저주를 받을 것이나 파는 자는
그의 머리에 복이 임하리라
27 선을 간절히 구하는 자는 은총을 얻
으려니와 악을 더듬어 찾는 자에게
는 악이 임하리라
28 자기의 재물을 의지하는 자는 패망
하려니와 의인은 푸른 잎사귀 같아서
번성하리라
29 자기 집을 해롭게 하는 자의 소득은
바람이라 미련한 자는 마음이 지혜로
운 자의 종이 되리라
30 의인의 열매는 생명 나무라 지혜로운
자는 사람을 얻느니라
31 보라 의인이라도 이 세상에서 보응
을 받겠거든 하물며 악인과 죄인이리
요

12

훈계를 좋아하는 자는 지식을
좋아하거니와 징계를 싫어하는
자는 짐승과 같으니라
2 선인은 여호와께 은총을 받으려니와
악을 꾀하는 자는 정죄하심을 받으
리라
3 사람이 악으로서 굳게 서지 못하거니
와 의인의 뿌리는 움직이지 아니하느
니라
4 어진 여인은 그 지아비의 면류관이나
욕을 끼치는 여인은 그 지아비의 뼈
가 썩음 같게 하느니라
5 의인의 생각은 정직하여도 악인의 도
모는 속임이니라
6 악인의 말은 사람을 엿보아 피를 흘
리자 하는 것이거니와 정직한 자의 입
은 사람을 구원하느니라
7 악인은 엎드러져서 소멸되려니와 의
인의 집은 서 있으리라
8 사람은 그 지혜대로 칭찬을 받으려
니와 마음이 굽은 자는 멸시를 받으
리라
9 비천히 여김을 받을지라도 종을 부리
는 자는 스스로 높은 체하고도 음식
이 핍절한 자보다 나으니라
10 의인은 자기의 가축의 생명을 돌보나
악인의 긍휼은 잔인이니라
11 자기의 토지를 경작하는 자는 먹을
것이 많거니와 방탕한 것을 따르는
자는 지혜가 없느니라
12 악인은 불의의 이익을 탐하나 의인은

그 뿌리로 말미암아 결실하느니라
13 악인은 입술의 허물로 말미암아 그
물에 걸려도 의인은 환난에서 벗어나
느니라
14 사람은 입의 열매로 말미암아 복록
에 족하며 그 손이 행하는 대로 자기
가 받느니라
15 미련한 자는 자기 행위를 바른 줄로
여기나 지혜로운 자는 권고를 듣느
니라
16 미련한 자는 당장 분노를 나타내거
니와 슬기로운 자는 수욕을 참느니
라
17 진리를 말하는 자는 의를 나타내어
도 거짓 증인은 속이는 말을 하느니
라
18 칼로 찌름 같이 함부로 말하는 자가
있거니와 지혜로운 자의 혀는 양약과
같으니라
19 진실한 입술은 영원히 보존되거니와
거짓 혀는 잠시 동안만 있을 뿐이니
라
20 악을 꾀하는 자의 마음에는 속임이
있고 화평을 의논하는 자에게는 희
락이 있느니라
21 의인에게는 어떤 재앙도 임하지 아니
하려니와 악인에게는 앙화가 가득하
리라
22 거짓 입술은 여호와께 미움을 받아
도 진실하게 행하는 자는 그의 기뻐
하심을 받느니라
23 슬기로운 자는 지식을 감추어도 미련
한 자의 마음은 미련한 것을 전파하
느니라
24 부지런한 자의 손은 사람을 다스리
게 되어도 게으른 자는 부림을 받느
니라
25 근심이 사람의 마음에 있으면 그것으
로 번뇌하게 되나 선한 말은 그것을
즐겁게 하느니라
26 의인은 그 이웃의 인도자가 되나 악
인의 소행은 자신을 미혹하느니라
27 게으른 자는 그 잡을 것도 사냥하지
아니하나니 사람의 부귀는 부지런한
것이니라
28 공의로운 길에 생명이 있나니 그 길
에는 사망이 없느니라

13

지혜로운 아들은 아비의 훈계
를 들으나 거만한 자는 꾸지람
을 즐겨 듣지 아니하느니라
2 사람은 입의 열매로 인하여 복록을
누리거니와 마음이 궤사한 자는 강
포를 당하느니라
3 입을 지키는 자는 자기의 생명을 보
전하나 입술을 크게 벌리는 자에게
는 멸망이 오느니라

4 게으른 자는 마음으로 원하여도 얻
지 못하나 부지런한 자의 마음은 풍
족함을 얻느니라
5 의인은 거짓말을 미워하나 악인은 행
위가 흉악하여 부끄러운 데에 이르
느니라
6 공의는 행실이 정직한 자를 보호하
고 악은 죄인을 패망하게 하느니라
7 스스로 부한 체하여도 아무 것도 없
는 자가 있고 스스로 가난한 체하여
도 재물이 많은 자가 있느니라
8 사람의 재물이 자기 생명의 속전일
수 있으나 가난한 자는 협박을 받을
일이 없느니라
9 의인의 빛은 환하게 빛나고 악인의
등불은 꺼지느니라
10 교만에서는 다툼만 일어날 뿐이라 권
면을 듣는 자는 지혜가 있느니라
11 망령되이 얻은 재물은 줄어가고 손
으로 모은 것은 늘어가느니라
12 소망이 더디 이루어지면 그것이 마음
을 상하게 하거니와 소원이 이루어지
는 것은 곧 생명 나무니라
13 말씀을 멸시하는 자는 자기에게 패
망을 이루고 계명을 두려워하는 자
는 상을 받느니라
14 지혜 있는 자의 교훈은 생명의 샘이
니 사망의 그물에서 벗어나게 하느니
라
15 선한 지혜는 은혜를 베푸나 사악한
자의 길은 험하니라
16 무릇 슬기로운 자는 지식으로 행하
거니와 미련한 자는 자기의 미련한 것
을 나타내느니라
17 악한 사자는 재앙에 빠져도 충성된
사신은 양약이 되느니라
18 훈계를 저버리는 자에게는 궁핍과
수욕이 이르거니와 경계를 받는 자
는 존영을 받느니라
19 소원을 성취하면 마음에 달아도 미련
한 자는 악에서 떠나기를 싫어하느니
라
20 지혜로운 자와 동행하면 지혜를 얻
고 미련한 자와 사귀면 해를 받느니
라
21 재앙은 죄인을 따르고 선한 보응은
의인에게 이르느니라
22 선인은 그 산업을 자자 손손에게 끼
쳐도 죄인의 재물은 의인을 위하여
쌓이느니라
23 가난한 자는 밭을 경작함으로 양식
이 많아지거니와 불의로 말미암아 가
산을 탕진하는 자가 있느니라
24 매를 아끼는 자는 그의 자식을 미워
함이라 자식을 사랑하는 자는 근실
히 징계하느니라

25 의인은 포식하여도 악인의 배는 주리
느니라

14 지혜로운 여인은 자기 집을 세
우되 미련한 여인은 자기 손으
로 그것을 허느니라
2 정직하게 행하는 자는 여호와를 경외
하여도 패역하게 행하는 자는 여호
와를 경멸하느니라
3 미련한 자는 교만하여 입으로 매를
자청하고 지혜로운 자의 입술은 자
기를 보전하느니라
4 소가 없으면 구유는 깨끗하려니와
소의 힘으로 얻는 것이 많으니라
5 신실한 증인은 거짓말을 아니하여도
거짓 증인은 거짓말을 뱉느니라
6 거만한 자는 지혜를 구하여도 얻지
못하거니와 명철한 자는 지식 얻기가
쉬우니라
7 너는 미련한 자의 앞을 떠나라 그 입
술에 지식 있음을 보지 못함이니라
8 슬기로운 자의 지혜는 자기의 길을
아는 것이라도 미련한 자의 어리석음
은 속이는 것이니라
9 미련한 자는 죄를 심상히 여겨도 정직
한 자 중에는 은혜가 있느니라
10 마음의 고통은 자기가 알고 마음의
즐거움은 타인이 참여하지 못하느니
라
11 악한 자의 집은 망하겠고 정직한 자
의 장막은 흥하리라
12 어떤 길은 사람이 보기에 바르나 필
경은 사망의 길이니라
13 웃을 때에도 마음에 슬픔이 있고 즐
거움의 끝에도 근심이 있느니라
14 마음이 굽은 자는 자기 행위로 보응
이 가득하겠고 선한 사람도 자기의
행위로 그러하리라
15 어리석은 자는 온갖 말을 믿으나 슬
기로운 자는 자기의 행동을 삼가느
니라
16 지혜로운 자는 두려워하여 악을 떠
나나 어리석은 자는 방자하여 스스
로 믿느니라
17 노하기를 속히 하는 자는 어리석은
일을 행하고 악한 계교를 꾀하는 자
는 미움을 받느니라
18 어리석은 자는 어리석음으로 기업을
삼아도 슬기로운 자는 지식으로 면
류관을 삼느니라
19 악인은 선인 앞에 엎드리고 불의한
자는 의인의 문에 엎드리느니라
20 가난한 자는 이웃에게도 미움을 받
게 되나 부요한 자는 친구가 많으니
라
21 이웃을 업신여기는 자는 죄를 범하는
자요 빈곤한 자를 불쌍히 여기는 자

는 복이 있는 자니라
22 악을 도모하는 자는 잘못 가는 것이
아니냐 선을 도모하는 자에게는 인
자와 진리가 있으리라
23 모든 수고에는 이익이 있어도 입술
의 말은 궁핍을 이룰 뿐이니라
24 지혜로운 자의 재물은 그의 면류관
이요 미련한 자의 소유는 다만 미련
한 것이니라
25 진실한 증인은 사람의 생명을 구원하
여도 거짓말을 뱉는 사람은 속이느
니라
26 여호와를 경외하는 자에게는 견고한
의뢰가 있나니 그 자녀들에게 피난처
가 있으리라
27 여호와를 경외하는 것은 생명의 샘이
니 사망의 그물에서 벗어나게 하느니
라
28 백성이 많은 것은 왕의 영광이요 백
성이 적은 것은 주권자의 패망이니라
29 노하기를 더디 하는 자는 크게 명철
하여도 마음이 조급한 자는 어리석
음을 나타내느니라
30 평온한 마음은 육신의 생명이나 시기
는 뼈를 썩게 하느니라
31 가난한 사람을 학대하는 자는 그를
지으신 이를 멸시하는 자요 궁핍한
사람을 불쌍히 여기는 자는 주를 공
경하는 자니라
32 악인은 그의 환난에 엎드러져도 의인
은 그의 죽음에도 소망이 있느니라
33 지혜는 명철한 자의 마음에 머물거니
와 미련한 자의 속에 있는 것은 나타
나느니라
34 공의는 나라를 영화롭게 하고 죄는
백성을 욕되게 하느니라
35 슬기롭게 행하는 신하는 왕에게 은
총을 입고 욕을 끼치는 신하는 그의
진노를 당하느니라

15 유순한 대답은 분노를 쉬게 하
여도 과격한 말은 노를 격동하
느니라
2 지혜 있는 자의 혀는 지식을 선히 베
풀고 미련한 자의 입은 미련한 것을
쏟느니라
3 여호와의 눈은 어디서든지 악인과 선
인을 감찰하시느니라
4 온순한 혀는 곧 생명 나무이지만 패
역한 혀는 마음을 상하게 하느니라
5 아비의 훈계를 업신여기는 자는 미련
한 자요 경계를 받는 자는 슬기를 얻
을 자니라
6 의인의 집에는 많은 보물이 있어도
악인의 소득은 고통이 되느니라
7 지혜로운 자의 입술은 지식을 전파하
여도 미련한 자의 마음은 정함이 없

느니라
8 악인의 제사는 여호와께서 미워하셔
도 정직한 자의 기도는 그가 기뻐하
시느니라
9 악인의 길은 여호와께서 미워하셔도
공의를 따라가는 자는 그가 사랑하
시느니라
10 도를 배반하는 자는 엄한 징계를 받
을 것이요 견책을 싫어하는 자는 죽
을 것이니라
11 스올과 아바돈도 여호와의 앞에 드
러나거든 하물며 사람의 마음이리요
12 거만한 자는 견책 받기를 좋아하지
아니하며 지혜 있는 자에게로 가지도
아니하느니라
13 마음의 즐거움은 얼굴을 빛나게 하
여도 마음의 근심은 심령을 상하게
하느니라
14 명철한 자의 마음은 지식을 요구하
고 미련한 자의 입은 미련한 것을 즐
기느니라
15 고난 받는 자는 그 날이 다 험악하나
마음이 즐거운 자는 항상 잔치하느
니라
16 가산이 적어도 여호와를 경외하는 것
이 크게 부하고 번뇌하는 것보다 나
으니라
17 채소를 먹으며 서로 사랑하는 것이
살진 소를 먹으며 서로 미워하는 것
보다 나으니라
18 분을 쉽게 내는 자는 다툼을 일으켜
도 노하기를 더디 하는 자는 시비를
그치게 하느니라
19 게으른 자의 길은 가시 울타리 같으
나 정직한 자의 길은 대로니라
20 지혜로운 아들은 아비를 즐겁게 하
여도 미련한 자는 어미를 업신여기느
니라
21 무지한 자는 미련한 것을 즐겨 하여
도 명철한 자는 그 길을 바르게 하느
니라
22 의논이 없으면 경영이 무너지고 지략
이 많으면 경영이 성립하느니라
23 사람은 그 입의 대답으로 말미암아
기쁨을 얻나니 때에 맞는 말이 얼마
나 아름다운고
24 지혜로운 자는 위로 향한 생명 길로
말미암음으로 그 아래에 있는 스올
을 떠나게 되느니라
25 여호와는 교만한 자의 집을 허시며

365묵상

시기는 뼈를 썩게 한다

'시기는 뼈를 썩게 한다'(잠 14:30)란 표현은 얼마나 분명한 그림을 보여주는가! 정말 그렇다. 시기는 사람의 뼈를 썩게 하는 암(癌)과 같다. 시기와 질투는 사람의 신체적 건강을 포함하여 인생 전체를 파괴한다. 하나님이 주신 것들에 대해 감사하는 대신에 다른 이들이 갖고 있는 것들에 대해 탐내는 시기는 신체와 영혼에 치명적이다. 그래서 몸과 마음을 병들게 한다. 지혜로운 자가 된다는 것은 '자족하는 자'가 된다는 뜻이다. 그런 자는 세상의 물질이나 부귀영화에 마음을 두지 않고 영적인 것에 마음에 두는 자다.

과부의 지계를 정하시느니라
26 악한 꾀는 여호와께서 미워하시나 선
한 말은 정결하니라
27 이익을 탐하는 자는 자기 집을 해롭
게 하나 뇌물을 싫어하는 자는 살게
되느니라
28 의인의 마음은 대답할 말을 깊이 생
각하여도 악인의 입은 악을 쏟느니
라
29 여호와는 악인을 멀리 하시고 의인의
기도를 들으시느니라
30 눈이 밝은 것은 마음을 기쁘게 하고
좋은 기별은 뼈를 윤택하게 하느니
라
31 생명의 경계를 듣는 귀는 지혜로운
자 가운데에 있느니라
32 훈계 받기를 싫어하는 자는 자기의
영혼을 경히 여김이라 견책을 달게
받는 자는 지식을 얻느니라
33 여호와를 경외하는 것은 지혜의 훈계
라 겸손은 존귀의 길잡이니라

16 마음의 경영은 사람에게 있어도
말의 응답은 여호와께로부터
나오느니라
2 사람의 행위가 자기 보기에는 모두
깨끗하여도 여호와는 심령을 감찰하
시느니라
3 너의 행사를 여호와께 맡기라 그리하
면 네가 경영하는 것이 이루어지리라
4 여호와께서 온갖 것을 그 쓰임에 적
당하게 지으셨나니 악인도 악한 날
에 적당하게 하셨느니라
5 무릇 마음이 교만한 자를 여호와께
서 미워하시나니 피차 손을 잡을지라
도 벌을 면하지 못하리라
6 인자와 진리로 인하여 죄악이 속하게
되고 여호와를 경외함으로 말미암아
악에서 떠나게 되느니라
7 사람의 행위가 여호와를 기쁘시게 하
면 그 사람의 원수라도 그와 더불어
화목하게 하시느니라
8 적은 소득이 공의를 겸하면 많은 소
득이 불의를 겸한 것보다 나으니라
9 사람이 마음으로 자기의 길을 계획할
지라도 그의 걸음을 인도하시는 이
는 여호와시니라
10 하나님의 말씀이 왕의 입술에 있은즉
재판할 때에 그의 입이 그르치지 아
니하리라
11 공평한 저울과 접시 저울은 여호와의
것이요 주머니 속의 저울추도 다 그
가 지으신 것이니라
12 악을 행하는 것은 왕들이 미워할 바
니 이는 그 보좌가 공의로 말미암아
굳게 섬이니라
13 의로운 입술은 왕들이 기뻐하는 것

이요 정직하게 말하는 자는 그들의
사랑을 입느니라
14 왕의 진노는 죽음의 사자들과 같아
도 지혜로운 사람은 그것을 쉬게 하
리라
15 왕의 희색은 생명을 뜻하나니 그의
은택이 늦은 비를 내리는 구름과 같
으니라
16 지혜를 얻는 것이 금을 얻는 것보다
얼마나 나은고 명철을 얻는 것이 은
을 얻는 것보다 더욱 나으니라
17 악을 떠나는 것은 정직한 사람의 대
로이니 자기의 길을 지키는 자는 자
기의 영혼을 보전하느니라
18 교만은 패망의 선봉이요 거만한 마
음은 넘어짐의 앞잡이니라
19 겸손한 자와 함께 하여 마음을 낮추
는 것이 교만한 자와 함께 하여 탈취
물을 나누는 것보다 나으니라
20 삼가 말씀에 주의하는 자는 좋은 것
을 얻나니 여호와를 의지하는 자는
복이 있느니라
21 마음이 지혜로운 자는 명철하다 일컬
음을 받고 입이 선한 자는 남의 학식
을 더하게 하느니라
22 명철한 자에게는 그 명철이 생명의
샘이 되거니와 미련한 자에게는 그
미련한 것이 징계가 되느니라
23 지혜로운 자의 마음은 그의 입을 슬
기롭게 하고 또 그의 입술에 지식을
더하느니라
24 선한 말은 꿀송이 같아서 마음에 달
고 뼈에 양약이 되느니라
25 어떤 길은 사람이 보기에 바르나 필
경은 사망의 길이니라
26 고되게 일하는 자는 식욕으로 말미
암아 애쓰나니 이는 그의 입이 자기
를 독촉함이니라
27 불량한 자는 악을 꾀하나니 그 입술
에는 맹렬한 불 같은 것이 있느니라
28 패역한 자는 다툼을 일으키고 말쟁
이는 친한 벗을 이간하느니라
29 강포한 사람은 그 이웃을 꾀어 좋지
아니한 길로 인도하느니라
30 눈짓을 하는 자는 패역한 일을 도모
하며 입술을 닫는 자는 악한 일을 이
루느니라
31 백발은 영화의 면류관이라 공의로운
길에서 얻으리라
32 노하기를 더디하는 자는 용사보다
낫고 자기의 마음을 다스리는 자는
성을 빼앗는 자보다 나으니라
33 제비는 사람이 뽑으나 모든 일을 작
정하기는 여호와께 있느니라

17 마른 떡 한 조각만 있고도 화목
하는 것이 제육이 집에 가득하

고도 다투는 것보다 나으니라
2 슬기로운 종은 부끄러운 짓을 하는
주인의 아들을 다스리겠고 또 형제
들 중에서 유업을 나누어 얻으리라
3 도가니는 은을, 풀무는 금을 연단하
거니와 여호와는 마음을 연단하시느
니라
4 악을 행하는 자는 사악한 입술이 하
는 말을 잘 듣고 거짓말을 하는 자
는 악한 혀가 하는 말에 귀를 기울이
느니라
5 가난한 자를 조롱하는 자는 그를 지
으신 주를 멸시하는 자요 사람의 재
앙을 기뻐하는 자는 형벌을 면하지
못할 자니라
6 손자는 노인의 면류관이요 아비는
자식의 영화니라
7 지나친 말을 하는 것도 미련한 자에
게 합당하지 아니하거든 하물며 거짓
말을 하는 것이 존귀한 자에게 합당
하겠느냐
8 뇌물은 그 임자가 보기에 보석 같은
즉 그가 어디로 향하든지 형통하게
하느니라
9 허물을 덮어 주는 자는 사랑을 구하
는 자요 그것을 거듭 말하는 자는 친
한 벗을 이간하는 자니라
10 한 마디 말로 총명한 자에게 충고하
는 것이 매 백 대로 미련한 자를 때
리는 것보다 더욱 깊이 박히느니라
11 악한 자는 반역만 힘쓰나니 그러므
로 그에게 잔인한 사자가 보냄을 받
으리라
12 차라리 새끼 빼앗긴 암곰을 만날지
언정 미련한 일을 행하는 미련한 자
를 만나지 말 것이니라
13 누구든지 악으로 선을 갚으면 악이
그 집을 떠나지 아니하리라
14 다투는 시작은 둑에서 물이 새는 것
같은즉 싸움이 일어나기 전에 시비를
그칠 것이니라
15 악인을 의롭다 하고 의인을 악하다
하는 이 두 사람은 다 여호와께 미움
을 받느니라
16 미련한 자는 무지하거늘 손에 값을
가지고 지혜를 사려 함은 어찌인고
17 친구는 사랑이 끊어지지 아니하고 형
제는 위급한 때를 위하여 났느니라
18 지혜 없는 자는 남의 손을 잡고 그의
이웃 앞에서 보증이 되느니라
19 다툼을 좋아하는 자는 죄과를 좋아
하는 자요 자기 문을 높이는 자는
파괴를 구하는 자니라
20 마음이 굽은 자는 복을 얻지 못하고
혀가 패역한 자는 재앙에 빠지느니
라

21 미련한 자를 낳는 자는 근심을 당하
나니 미련한 자의 아비는 낙이 없느
니라
22 마음의 즐거움은 양약이라도 심령의
근심은 뼈를 마르게 하느니라
23 악인은 사람의 품에서 뇌물을 받고
재판을 굽게 하느니라
24 지혜는 명철한 자 앞에 있거늘 미련
한 자는 눈을 땅 끝에 두느니라
25 미련한 아들은 그 아비의 근심이 되
고 그 어미의 고통이 되느니라
26 의인을 벌하는 것과 귀인을 정직하다
고 때리는 것은 선하지 못하니라
27 말을 아끼는 자는 지식이 있고 성품
이 냉철한 자는 명철하니라
28 미련한 자라도 잠잠하면 지혜로운 자
로 여겨지고 그의 입술을 닫으면 슬
기로운 자로 여겨지느니라

18 무리에게서 스스로 갈라지는
자는 자기 소욕을 따르는 자라
온갖 참 지혜를 배척하느니라
2 미련한 자는 명철을 기뻐하지 아니하
고 자기의 의사를 드러내기만 기뻐하
느니라
3 악한 자가 이를 때에는 멸시도 따라
오고 부끄러운 것이 이를 때에는 능
욕도 함께 오느니라
4 명철한 사람의 입의 말은 깊은 물과
같고 지혜의 샘은 솟구쳐 흐르는 내
와 같으니라
5 악인을 두둔하는 것과 재판할 때에
의인을 억울하게 하는 것이 선하지
아니하니라
6 미련한 자의 입술은 다툼을 일으키고
그의 입은 매를 자청하느니라
7 미련한 자의 입은 그의 멸망이 되고
그의 입술은 그의 영혼의 그물이 되
느니라
8 남의 말하기를 좋아하는 자의 말은
별식과 같아서 뱃속 깊은 데로 내려
가느니라
9 자기의 일을 게을리하는 자는 패가
하는 자의 형제니라
10 여호와의 이름은 견고한 망대라 의인
은 그리로 달려가서 안전함을 얻느니
라
11 부자의 재물은 그의 견고한 성이라
그가 높은 성벽 같이 여기느니라
12 사람의 마음의 교만은 멸망의 선봉이
요 겸손은 존귀의 길잡이니라
13 사연을 듣기 전에 대답하는 자는 미
련하여 욕을 당하느니라
14 사람의 심령은 그의 병을 능히 이기
려니와 심령이 상하면 그것을 누가
일으키겠느냐
15 명철한 자의 마음은 지식을 얻고 지

혜로운 자의 귀는 지식을 구하느니라
16 사람의 선물은 그의 길을 넓게 하며
또 존귀한 자 앞으로 그를 인도하느
니라
17 송사에서는 먼저 온 사람의 말이 바
른 것 같으나 그의 상대자가 와서 밝
히느니라
18 제비 뽑는 것은 다툼을 그치게 하여
강한 자 사이에 해결하게 하느니라
19 노엽게 한 형제와 화목하기가 견고
한 성을 취하기보다 어려운즉 이러한
다툼은 산성 문빗장 같으니라
20 사람은 입에서 나오는 열매로 말미
암아 배부르게 되나니 곧 그의 입술
에서 나는 것으로 말미암아 만족하
게 되느니라
21 죽고 사는 것이 혀의 힘에 달렸나니
혀를 쓰기 좋아하는 자는 혀의 열매
를 먹으리라
22 아내를 얻는 자는 복을 얻고 여호와
께 은총을 받는 자니라
23 가난한 자는 간절한 말로 구하여도
부자는 엄한 말로 대답하느니라
24 많은 친구를 얻는 자는 해를 당하게
되거니와 어떤 친구는 형제보다 친밀
하니라

19 가난하여도 성실하게 행하는 자
는 입술이 패역하고 미련한 자
보다 나으니라
2 지식 없는 소원은 선하지 못하고 발
이 급한 사람은 잘못 가느니라
3 사람이 미련하므로 자기 길을 굽게
하고 마음으로 여호와를 원망하느니
라
4 재물은 많은 친구를 더하게 하나 가
난한즉 친구가 끊어지느니라
5 거짓 증인은 벌을 면하지 못할 것이
요 거짓말을 하는 자도 피하지 못하
리라
6 너그러운 사람에게는 은혜를 구하는
자가 많고 선물 주기를 좋아하는 자
에게는 사람마다 친구가 되느니라
7 가난한 자는 그의 형제들에게도 미
움을 받거든 하물며 친구야 그를 멀
리 하지 아니하겠느냐 따라가며 말하
려 할지라도 그들이 없어졌으리라
8 지혜를 얻는 자는 자기 영혼을 사랑
하고 명철을 지키는 자는 복을 얻느
니라
9 거짓 증인은 벌을 면하지 못할 것이
요 거짓말을 뱉는 자는 망할 것이니
라
10 미련한 자가 사치하는 것이 적당하지
못하거든 하물며 종이 방백을 다스
림이랴
11 노하기를 더디 하는 것이 사람의 슬

기요 허물을 용서하는 것이 자기의
영광이니라
12 왕의 노함은 사자의 부르짖음 같고
그의 은택은 풀 위의 이슬 같으니라
13 미련한 아들은 그의 아비의 재앙이요
다투는 아내는 이어 떨어지는 물방
울이니라
14 집과 재물은 조상에게서 상속하거니
와 슬기로운 아내는 여호와께로서
말미암느니라
15 게으름이 사람으로 깊이 잠들게 하
나니 태만한 사람은 주릴 것이니라
16 계명을 지키는 자는 자기의 영혼을
지키거니와 자기의 행실을 삼가지 아
니하는 자는 죽으리라
17 가난한 자를 불쌍히 여기는 것은 여
호와께 꾸어 드리는 것이니 그의 선
행을 그에게 갚아 주시리라
18 네가 네 아들에게 희망이 있은즉 그
를 징계하되 죽일 마음은 두지 말지
니라
19 노하기를 맹렬히 하는 자는 벌을 받
을 것이라 네가 그를 건져 주면 다시
그런 일이 생기리라
20 너는 권고를 들으며 훈계를 받으라
그리하면 네가 필경은 지혜롭게 되리
라
21 사람의 마음에는 많은 계획이 있어
도 오직 여호와의 뜻만이 완전히 서
리라
22 사람은 자기의 인자함으로 남에게
사모함을 받느니라 가난한 자는 거
짓말하는 자보다 나으니라
23 여호와를 경외하는 것은 사람으로
생명에 이르게 하는 것이라 경외하는
자는 족하게 지내고 재앙을 당하지
아니하느니라
24 게으른 자는 자기의 손을 그릇에 넣
고서도 입으로 올리기를 괴로워하느
니라
25 거만한 자를 때리라 그리하면 어리석
은 자도 지혜를 얻으리라 명철한 자
를 견책하라 그리하면 그가 지식을
얻으리라
26 아비를 구박하고 어미를 쫓아내는
자는 부끄러움을 끼치며 능욕을 부
르는 자식이니라
27 내 아들아 지식의 말씀에서 떠나게
하는 교훈을 듣지 말지니라
28 망령된 증인은 정의를 업신여기고 악

365묵상

교만은 멸망의 선봉

잠언을 쓴 지혜자는 사람의 '교만'에 특히 주목하고, 12회 이상 교만한 마음의 위험성에 대해 경고했다. 누구든지 교만을 드러내는 것은 조만간 파멸을 초래하는 일이라고 강조했다(잠18:12). 교만한 자는 큰 낭패를 경험한다. 지금 당신은 당신이 이룩해놓은 성취에 대해, 그리고 영적인 신앙경험들에 대해 스스로 자만심을 품고 있는가? 다른 이들 앞에서 무언가 과시하고 싶거나, 아니면 겸손한 척하는 행동 속에 교만한 마음이 숨어 있는가? 당신의 멸망이 시시각각 다가오고 있음을 알고, 속히 교만한 마음을 버려라.

인의 입은 죄악을 삼키느니라
29 심판은 거만한 자를 위하여 예비된
것이요 채찍은 어리석은 자의 등을
위하여 예비된 것이니라

20 포도주는 거만하게 하는 것이
요 독주는 떠들게 하는 것이라
이에 미혹되는 자마다 지혜가 없느니
라
2 왕의 진노는 사자의 부르짖음 같으
니 그를 노하게 하는 것은 자기의 생
명을 해하는 것이니라
3 다툼을 멀리 하는 것이 사람에게 영
광이거늘 미련한 자마다 다툼을 일으
키느니라
4 게으른 자는 가을에 밭 갈지 아니하
나니 그러므로 거둘 때에는 구걸할
지라도 얻지 못하리라
5 사람의 마음에 있는 모략은 깊은 물
같으니라 그럴지라도 명철한 사람은
그것을 길어 내느니라
6 많은 사람이 각기 자기의 인자함을
자랑하나니 충성된 자를 누가 만날
수 있으랴
7 온전하게 행하는 자가 의인이라 그의
후손에게 복이 있느니라
8 심판 자리에 앉은 왕은 그의 눈으로
모든 악을 흩어지게 하느니라
9 내가 내 마음을 정하게 하였다 내 죄
를 깨끗하게 하였다 할 자가 누구냐
10 한결같지 않은 저울 추와 한결같지
않은 되는 다 여호와께서 미워하시느
니라
11 비록 아이라도 자기의 동작으로 자
기 품행이 청결한 여부와 정직한 여
부를 나타내느니라
12 듣는 귀와 보는 눈은 다 여호와께서
지으신 것이니라
13 너는 잠자기를 좋아하지 말라 네가
빈궁하게 될까 두려우니라 네 눈을
뜨라 그리하면 양식이 족하리라
14 물건을 사는 자가 좋지 못하다 좋지
못하다 하다가 돌아간 후에는 자랑
하느니라
15 세상에 금도 있고 진주도 많거니와
지혜로운 입술이 더욱 귀한 보배니라
16 타인을 위하여 보증 선 자의 옷을 취
하라 외인들을 위하여 보증 선 자는
그의 몸을 볼모 잡을지니라
17 속이고 취한 음식물은 사람에게 맛
이 좋은 듯하나 후에는 그의 입에
모래가 가득하게 되리라
18 경영은 의논함으로 성취하나니 지략
을 베풀고 전쟁할지니라
19 두루 다니며 한담하는 자는 남의 비
밀을 누설하나니 입술을 벌린 자를
사귀지 말지니라

20 자기의 아비나 어미를 저주하는 자는
그의 등불이 흑암 중에 꺼짐을 당하
리라
21 처음에 속히 잡은 산업은 마침내 복
이 되지 아니하느니라
22 너는 악을 갚겠다 말하지 말고 여호
와를 기다리라 그가 너를 구원하시리
라
23 한결같지 않은 저울 추는 여호와께
서 미워하시는 것이요 속이는 저울은
좋지 못한 것이니라
24 사람의 걸음은 여호와로 말미암나니
사람이 어찌 자기의 길을 알 수 있으
랴
25 함부로 이 물건은 거룩하다 하여 서
원하고 그 후에 살피면 그것이 그 사
람에게 덫이 되느니라
26 지혜로운 왕은 악인들을 키질하며
타작하는 바퀴를 그들 위에 굴리느
니라
27 사람의 영혼은 여호와의 등불이라
사람의 깊은 속을 살피느니라
28 왕은 인자와 진리로 스스로 보호하
고 그의 왕위도 인자함으로 말미암
아 견고하니라
29 젊은 자의 영화는 그의 힘이요 늙은
자의 아름다움은 백발이니라
30 상하게 때리는 것이 악을 없이하나니
매는 사람 속에 깊이 들어가느니라

21

왕의 마음이 여호와의 손에 있
음이 마치 봇물과 같아서 그가
임의로 인도하시느니라
2 사람의 행위가 자기 보기에는 모두
정직하여도 여호와는 마음을 감찰하
시느니라
3 공의와 정의를 행하는 것은 제사 드
리는 것보다 여호와께서 기쁘게 여기
시느니라
4 눈이 높은 것과 마음이 교만한 것과
악인이 형통한 것은 다 죄니라
5 부지런한 자의 경영은 풍부함에 이를
것이나 조급한 자는 궁핍함에 이를
따름이니라
6 속이는 말로 재물을 모으는 것은 죽
음을 구하는 것이라 곧 불려다니는
안개니라
7 악인의 강포는 자기를 소멸하나니 이
는 정의를 행하기 싫어함이니라
8 죄를 크게 범한 자의 길은 심히 구부
러지고 깨끗한 자의 길은 곧으니라
9 다투는 여인과 함께 큰 집에서 사는
것보다 움막에서 사는 것이 나으니
라
10 악인의 마음은 남의 재앙을 원하나니
그 이웃도 그 앞에서 은혜를 입지 못
하느니라

11 거만한 자가 벌을 받으면 어리석은
자도 지혜를 얻겠고 지혜로운 자가
교훈을 받으면 지식이 더하리라
12 의로우신 자는 악인의 집을 감찰하시
고 악인을 환난에 던지시느니라
13 귀를 막고 가난한 자가 부르짖는 소
리를 듣지 아니하면 자기가 부르짖을
때에도 들을 자가 없으리라
14 은밀한 선물은 노를 쉬게 하고 품 안
의 뇌물은 맹렬한 분을 그치게 하느
니라
15 정의를 행하는 것이 의인에게는 즐거
움이요 죄인에게는 패망이니라
16 명철의 길을 떠난 사람은 사망의 회
중에 거하리라
17 연락을 좋아하는 자는 가난하게 되
고 술과 기름을 좋아하는 자는 부하
게 되지 못하느니라
18 악인은 의인의 속전이 되고 사악한
자는 정직한 자의 대신이 되느니라
19 다투며 성내는 여인과 함께 사는 것
보다 광야에서 사는 것이 나으니라
20 지혜 있는 자의 집에는 귀한 보배와
기름이 있으나 미련한 자는 이것을
다 삼켜 버리느니라
21 공의와 인자를 따라 구하는 자는 생
명과 공의와 영광을 얻느니라
22 지혜로운 자는 용사의 성에 올라가
서 그 성이 의지하는 방벽을 허느니
라
23 입과 혀를 지키는 자는 자기의 영혼
을 환난에서 보전하느니라
24 무례하고 교만한 자를 이름하여 망
령된 자라 하나니 이는 넘치는 교만
으로 행함이니라
25 게으른 자의 욕망이 자기를 죽이나
니 이는 자기의 손으로 일하기를 싫
어함이니라
26 어떤 자는 종일토록 탐하기만 하나
의인은 아끼지 아니하고 베푸느니라
27 악인의 제물은 본래 가증하거든 하
물며 악한 뜻으로 드리는 것이랴
28 거짓 증인은 패망하려니와 확실히 들
은 사람의 말은 힘이 있느니라
29 악인은 자기의 얼굴을 굳게 하나 정
직한 자는 자기의 행위를 삼가느니라
30 지혜로도 못하고, 명철로도 못하고
모략으로도 여호와를 당하지 못하느
니라
31 싸울 날을 위하여 마병을 예비하거니
와 이김은 여호와께 있느니라

22 많은 재물보다 명예를 택할 것
이요 은이나 금보다 은총을 더
욱 택할 것이니라
2 가난한 자와 부한 자가 함께 살거니
와 그 모두를 지으신 이는 여호와시

니라
3 슬기로운 자는 재앙을 보면 숨어 피
하여도 어리석은 자는 나가다가 해
를 받느니라
4 겸손과 여호와를 경외함의 보상은
재물과 영광과 생명이니라
5 패역한 자의 길에는 가시와 올무가
있거니와 영혼을 지키는 자는 이를
멀리 하느니라
6 마땅히 행할 길을 아이에게 가르치
라 그리하면 늙어도 그것을 떠나지
아니하리라
7 부자는 가난한 자를 주관하고 빚진
자는 채주의 종이 되느니라
8 악을 뿌리는 자는 재앙을 거두리니
그 분노의 기세가 쇠하리라
9 선한 눈을 가진 자는 복을 받으리니
이는 양식을 가난한 자에게 줌이니
라
10 거만한 자를 쫓아내면 다툼이 쉬고
싸움과 수욕이 그치느니라
11 마음의 정결을 사모하는 자의 입술
에는 덕이 있으므로 임금이 그의 친
구가 되느니라
12 여호와의 눈은 지식 있는 사람을 지
키시나 사악한 사람의 말은 패하게
하시느니라
13 게으른 자는 말하기를 사자가 밖에
있은즉 내가 나가면 거리에서 찢기겠
다 하느니라
14 음녀의 입은 깊은 함정이라 여호와의
노를 당한 자는 거기 빠지리라
15 아이의 마음에는 미련한 것이 얽혔으
나 징계하는 채찍이 이를 멀리 쫓아
내리라
16 이익을 얻으려고 가난한 자를 학대
하는 자와 부자에게 주는 자는 가난
하여질 뿐이니라
17 너는 귀를 기울여 지혜 있는 자의 말
씀을 들으며 내 지식에 마음을 둘지
어다
18 이것을 네 속에 보존하며 네 입술 위
에 함께 있게 함이 아름다우니라
19 내가 네게 여호와를 의뢰하게 하려
하여 이것을 오늘 특별히 네게 알게
하였노니
20 내가 모략과 지식의 아름다운 것을
너를 위해 기록하여
21 네가 진리의 확실한 말씀을 깨닫게
하며 또 너를 보내는 자에게 진리의
말씀으로 회답하게 하려 함이 아니
냐
22 약한 자를 그가 약하다고 탈취하지
말며 곤고한 자를 성문에서 압제하
지 말라
23 대저 여호와께서 신원하여 주시고 또

그를 노략하는 자의 생명을 빼앗으
시리라
24 노를 품는 자와 사귀지 말며 울분한
자와 동행하지 말지니
25 그의 행위를 본받아 네 영혼을 올무
에 빠뜨릴까 두려움이니라
26 너는 사람과 더불어 손을 잡지 말며
남의 빚에 보증을 서지 말라
27 만일 갚을 것이 네게 없으면 네 누운
침상도 빼앗길 것이라 네가 어찌 그
리하겠느냐
28 네 선조가 세운 옛 지계석을 옮기지
말지니라
29 네가 자기의 일에 능숙한 사람을 보
았느냐 이러한 사람은 왕 앞에 설 것
이요 천한 자 앞에 서지 아니하리라

23

네가 관원과 함께 앉아 음식을
먹게 되거든 삼가 네 앞에 있는
자가 누구인지를 생각하며
2 네가 만일 음식을 탐하는 자이거든
네 목에 칼을 둘 것이니라
3 그의 맛있는 음식을 탐하지 말라 그
것은 속이는 음식이니라
4 부자 되기에 애쓰지 말고 네 사사로
운 지혜를 버릴지어다
5 네가 어찌 허무한 것에 주목하겠느
냐 정녕히 재물은 스스로 날개를 내
어 하늘을 나는 독수리처럼 날아가
리라
6 악한 눈이 있는 자의 음식을 먹지 말
며 그의 맛있는 음식을 탐하지 말지
어다
7 대저 그 마음의 생각이 어떠하면 그
위인도 그러한즉 그가 네게 먹고 마
시라 할지라도 그의 마음은 너와 함
께 하지 아니함이라
8 네가 조금 먹은 것도 토하겠고 네
아름다운 말도 헛된 데로 돌아가리
라
9 미련한 자의 귀에 말하지 말지니 이는
그가 네 지혜로운 말을 업신여길 것
임이니라
10 옛 지계석을 옮기지 말며 고아들의
밭을 침범하지 말지어다
11 대저 그들의 구속자는 강하시니 그
가 너를 대적하여 그들의 원한을 풀
어 주시리라
12 훈계에 착심하며 지식의 말씀에 귀를
기울이라
13 아이를 훈계하지 아니하려고 하지 말
라 채찍으로 그를 때릴지라도 그가
죽지 아니하리라
14 네가 그를 채찍으로 때리면 그의 영
혼을 스올에서 구원하리라
15 내 아들아 만일 네 마음이 지혜로우
면 나 곧 내 마음이 즐겁겠고

16 만일 네 입술이 정직을 말하면 내 속
이 유쾌하리라
17 네 마음으로 죄인의 형통을 부러워하
지 말고 항상 여호와를 경외하라
18 정녕히 네 장래가 있겠고 네 소망이
끊어지지 아니하리라
19 내 아들아 너는 듣고 지혜를 얻어 네
마음을 바른 길로 인도할지니라
20 술을 즐겨 하는 자들과 고기를 탐하
는 자들과도 더불어 사귀지 말라
21 술 취하고 음식을 탐하는 자는 가난
하여질 것이요 잠 자기를 즐겨 하는
자는 해어진 옷을 입을 것임이니라
22 너를 낳은 아비에게 청종하고 네 늙
은 어미를 경히 여기지 말지니라
23 진리를 사되 팔지는 말며 지혜와 훈
계와 명철도 그리할지니라
24 의인의 아비는 크게 즐거울 것이요
지혜로운 자식을 낳은 자는 그로 말
미암아 즐거울 것이니라
25 네 부모를 즐겁게 하며 너를 낳은 어
미를 기쁘게 하라
26 내 아들아 네 마음을 내게 주며 네
눈으로 내 길을 즐거워할지어다
27 대저 음녀는 깊은 구덩이요 이방 여
인은 좁은 함정이라
28 참으로 그는 강도 같이 매복하며 사
람들 중에 사악한 자가 많아지게 하
느니라
29 재앙이 뉘게 있느뇨 근심이 뉘게 있
느뇨 분쟁이 뉘게 있느뇨 원망이 뉘
게 있느뇨 까닭 없는 상처가 뉘게 있
느뇨 붉은 눈이 뉘게 있느뇨
30 술에 잠긴 자에게 있고 혼합한 술을
구하러 다니는 자에게 있느니라
31 포도주는 붉고 잔에서 번쩍이며 순
하게 내려가나니 너는 그것을 보지
도 말지어다
32 그것이 마침내 뱀 같이 물 것이요 독
사 같이 쏠 것이며
33 또 네 눈에는 괴이한 것이 보일 것이
요 네 마음은 구부러진 말을 할 것이
며
34 너는 바다 가운데에 누운 자 같을
것이요 돛대 위에 누운 자 같을 것이
며
35 네가 스스로 말하기를 사람이 나를
때려도 나는 아프지 아니하고 나를
상하게 하여도 내게 감각이 없도다
내가 언제나 깰까 다시 술을 찾겠다

365묵상

지혜로운 투자

현대 자본주의 시대는 돈이 되고 이익을 남기는 것이라면 무엇이든 사고파는 행위가 일반화되었다. 주식시장은 그 대표적인 예다. 하지만 모든 투자에는 위험이 뒤따른다. 신앙세계에서도 비슷한 원리가 적용된다. 어떤 보상을 얻기 위해선 어떤 종류의 희생을 지불해야만 하는 경우가 있다. 지혜자는 진리 곧 지혜와 훈계와 명철에 투자하라고 조언한다(잠23:23). 이를 위해서 세상의 인기, 성공, 명예, 심지어 자기 목숨조차도 희생할 수 있을는지 모른다. 그러나 이런 투자는 결국 최고의 지혜로운 투자가 될 것이다.

하리라

24 너는 악인의 형통함을 부러워하
지 말며 그와 함께 있으려고 하
지도 말지어다
2 그들의 마음은 강포를 품고 그들의
입술은 재앙을 말함이니라
3 집은 지혜로 말미암아 건축되고 명철
로 말미암아 견고하게 되며
4 또 방들은 지식으로 말미암아 각종
귀하고 아름다운 보배로 채우게 되
느니라
5 지혜 있는 자는 강하고 지식 있는 자
는 힘을 더하나니
6 너는 전략으로 싸우라 승리는 지략
이 많음에 있느니라
7 지혜는 너무 높아서 미련한 자가 미
치지 못할 것이므로 그는 성문에서
입을 열지 못하느니라
8 악행하기를 꾀하는 자를 일컬어 사악
한 자라 하느니라
9 미련한 자의 생각은 죄요 거만한 자
는 사람에게 미움을 받느니라
10 네가 만일 환난 날에 낙담하면 네 힘
이 미약함을 보임이니라
11 너는 사망으로 끌려가는 자를 건져
주며 살륙을 당하게 된 자를 구원하
지 아니하려고 하지 말라
12 네가 말하기를 나는 그것을 알지 못
하였노라 할지라도 마음을 저울질
하시는 이가 어찌 통찰하지 못하시겠
으며 네 영혼을 지키시는 이가 어찌
알지 못하시겠느냐 그가 각 사람의
행위대로 보응하시리라
13 내 아들아 꿀을 먹으라 이것이 좋으
니라 송이꿀을 먹으라 이것이 네 입
에 다니라
14 지혜가 네 영혼에게 이와 같은 줄을
알라 이것을 얻으면 정녕히 네 장래
가 있겠고 네 소망이 끊어지지 아니
하리라
15 악한 자여 의인의 집을 엿보지 말며
그가 쉬는 처소를 헐지 말지니라
16 대저 의인은 일곱 번 넘어질지라도
다시 일어나려니와 악인은 재앙으로
말미암아 엎드러지느니라
17 네 원수가 넘어질 때에 즐거워하지
말며 그가 엎드러질 때에 마음에 기
뻐하지 말라
18 여호와께서 이것을 보시고 기뻐하지
아니하사 그의 진노를 그에게서 옮
기실까 두려우니라
19 너는 행악자들로 말미암아 분을 품
지 말며 악인의 형통함을 부러워하지
말라
20 대저 행악자는 장래가 없겠고 악인
의 등불은 꺼지리라

21 내 아들아 여호와와 왕을 경외하고
반역자와 더불어 사귀지 말라
22 대저 그들의 재앙은 속히 임하리니
그 둘의 멸망을 누가 알랴
23 이것도 지혜로운 자들의 말씀이라
재판할 때에 낯을 보아 주는 것이
옳지 못하니라
24 악인에게 네가 옳다 하는 자는 백성
에게 저주를 받을 것이요 국민에게
미움을 받으려니와
25 오직 그를 견책하는 자는 기쁨을 얻
을 것이요 또 좋은 복을 받으리라
26 적당한 말로 대답함은 입맞춤과 같
으니라
27 네 일을 밖에서 다스리며 너를 위하
여 밭에서 준비하고 그 후에 네 집을
세울지니라
28 너는 까닭 없이 네 이웃을 쳐서 증인
이 되지 말며 네 입술로 속이지 말지
니라
29 너는 그가 내게 행함 같이 나도 그
에게 행하여 그가 행한 대로 그 사
람에게 갚겠다 말하지 말지니라
30 내가 게으른 자의 밭과 지혜 없는 자
의 포도원을 지나며 본즉
31 가시덤불이 그 전부에 퍼졌으며 그
지면이 거친 풀로 덮였고 돌담이 무
너져 있기로
32 내가 보고 생각이 깊었고 내가 보고
훈계를 받았노라
33 네가 좀더 자자, 좀더 졸자, 손을 모
으고 좀더 누워 있자 하니
34 네 빈궁이 강도 같이 오며 네 곤핍이
군사 같이 이르리라

솔로몬의 잠언

25 이것도 솔로몬의 잠언이요 유다
왕 히스기야의 신하들이 편집한
것이니라
2 일을 숨기는 것은 하나님의 영화요
일을 살피는 것은 왕의 영화니라
3 하늘의 높음과 땅의 깊음 같이 왕의
마음은 헤아릴 수 없느니라
4 은에서 찌꺼기를 제하라 그리하면 장
색의 쓸 만한 그릇이 나올 것이요
5 왕 앞에서 악한 자를 제하라 그리하
면 그의 왕위가 의로 말미암아 견고
히 서리라
6 왕 앞에서 스스로 높은 체하지 말며
대인들의 자리에 서지 말라
7 이는 사람이 네게 이리로 올라오라
고 말하는 것이 네 눈에 보이는 귀인
앞에서 저리로 내려가라고 말하는 것
보다 나음이니라
8 너는 서둘러 나가서 다투지 말라 마
침내 네가 이웃에게서 욕을 보게 될
때에 네가 어찌할 줄을 알지 못할까

두려우니라
9 너는 이웃과 다투거든 변론만 하고
남의 은밀한 일은 누설하지 말라
10 듣는 자가 너를 꾸짖을 터이요 또 네
게 대한 악평이 네게서 떠나지 아니
할까 두려우니라
11 경우에 합당한 말은 아로새긴 은 쟁
반에 금 사과니라
12 슬기로운 자의 책망은 청종하는 귀
에 금 고리와 정금 장식이니라
13 충성된 사자는 그를 보낸 이에게 마
치 추수하는 날에 얼음 냉수 같아서
능히 그 주인의 마음을 시원하게 하
느니라
14 선물한다고 거짓 자랑하는 자는 비
없는 구름과 바람 같으니라
15 오래 참으면 관원도 설득할 수 있나
니 부드러운 혀는 뼈를 꺾느니라
16 너는 꿀을 보거든 족하리만큼 먹으
라 과식함으로 토할까 두려우니라
17 너는 이웃집에 자주 다니지 말라 그
가 너를 싫어하며 미워할까 두려우니
라
18 자기의 이웃을 쳐서 거짓 증거하는
사람은 방망이요 칼이요 뾰족한 화
살이니라
19 환난 날에 진실하지 못한 자를 의뢰
하는 것은 부러진 이와 위골된 발 같
으니라
20 마음이 상한 자에게 노래하는 것은
추운 날에 옷을 벗음 같고 소다 위
에 식초를 부음 같으니라
21 네 원수가 배고파하거든 음식을 먹
이고 목말라하거든 물을 마시게 하
라
22 그리 하는 것은 핀 숯을 그의 머리에
놓는 것과 일반이요 여호와께서 네
게 갚아 주시리라
23 북풍이 비를 일으킴 같이 참소하는
혀는 사람의 얼굴에 분을 일으키느니
라
24 다투는 여인과 함께 큰 집에서 사는
것보다 움막에서 혼자 사는 것이 나
으니라
25 먼 땅에서 오는 좋은 기별은 목마른
사람에게 냉수와 같으니라
26 의인이 악인 앞에 굴복하는 것은 우
물이 흐려짐과 샘이 더러워짐과 같으
니라
27 꿀을 많이 먹는 것이 좋지 못하고 자
기의 영예를 구하는 것이 헛되니라
28 자기의 마음을 제어하지 아니하는 자
는 성읍이 무너지고 성벽이 없는 것
과 같으니라

26

미련한 자에게는 영예가 적당하
지 아니하니 마치 여름에 눈 오

는 것과 추수 때에 비 오는 것 같으
니라
2 까닭 없는 저주는 참새가 떠도는 것
과 제비가 날아가는 것 같이 이루어
지지 아니하느니라
3 말에게는 채찍이요 나귀에게는 재갈
이요 미련한 자의 등에는 막대기니라
4 미련한 자의 어리석은 것을 따라 대
답하지 말라 두렵건대 너도 그와 같
을까 하노라
5 미련한 자에게는 그의 어리석음을 따
라 대답하라 두렵건대 그가 스스로
지혜롭게 여길까 하노라
6 미련한 자 편에 기별하는 것은 자기
의 발을 베어 버림과 해를 받음과 같
으니라
7 저는 자의 다리는 힘 없이 달렸나니
미련한 자의 입의 잠언도 그러하니라
8 미련한 자에게 영예를 주는 것은 돌
을 물매에 매는 것과 같으니라
9 미련한 자의 입의 잠언은 술 취한 자
가 손에 든 가시나무 같으니라
10 장인이 온갖 것을 만들지라도 미련한
자를 고용하는 것은 지나가는 행인
을 고용함과 같으니라
11 개가 그 토한 것을 도로 먹는 것 같
이 미련한 자는 그 미련한 것을 거듭
행하느니라
12 네가 스스로 지혜롭게 여기는 자를
보느냐 그보다 미련한 자에게 오히
려 희망이 있느니라
13 게으른 자는 길에 사자가 있다 거리
에 사자가 있다 하느니라
14 문짝이 돌쩌귀를 따라서 도는 것 같
이 게으른 자는 침상에서 도느니라
15 게으른 자는 그 손을 그릇에 넣고도
입으로 올리기를 괴로워하느니라
16 게으른 자는 사리에 맞게 대답하는
사람 일곱보다 자기를 지혜롭게 여기
느니라
17 길로 지나가다가 자기와 상관 없는
다툼을 간섭하는 자는 개의 귀를 잡
는 자와 같으니라
18 횃불을 던지며 화살을 쏘아서 사람
을 죽이는 미친 사람이 있나니
19 자기의 이웃을 속이고 말하기를 내
가 희롱하였노라 하는 자도 그러하
니라
20 나무가 다하면 불이 꺼지고 말쟁이가
없어지면 다툼이 쉬느니라
21 숯불 위에 숯을 더하는 것과 타는
불에 나무를 더하는 것 같이 다툼을
좋아하는 자는 시비를 일으키느니라
22 남의 말 하기를 좋아하는 자의 말은
별식과 같아서 뱃속 깊은 데로 내려
가느니라

23 온유한 입술에 악한 마음은 낮은 은
을 입힌 토기니라
24 원수는 입술로는 꾸미고 속으로는
속임을 품나니
25 그 말이 좋을지라도 믿지 말 것은 그
마음에 일곱 가지 가증한 것이 있음
이니라
26 속임으로 그 미움을 감출지라도 그
의 악이 회중 앞에 드러나리라
27 함정을 파는 자는 그것에 빠질 것이
요 돌을 굴리는 자는 도리어 그것에
치이리라
28 거짓말 하는 자는 자기가 해한 자를
미워하고 아첨하는 입은 패망을 일
으키느니라

27

너는 내일 일을 자랑하지 말라
하루 동안에 무슨 일이 일어날
는지 네가 알 수 없음이니라
2 타인이 너를 칭찬하게 하고 네 입으
로는 하지 말며 외인이 너를 칭찬하
게 하고 네 입술로는 하지 말지니라
3 돌은 무겁고 모래도 가볍지 아니하
거니와 미련한 자의 분노는 이 둘보
다 무거우니라
4 분은 잔인하고 노는 창수 같거니와
투기 앞에야 누가 서리요
5 면책은 숨은 사랑보다 나으니라
6 친구의 아픈 책망은 충직으로 말미
암는 것이나 원수의 잦은 입맞춤은
거짓에서 난 것이니라
7 배부른 자는 꿀이라도 싫어하고 주
린 자에게는 쓴 것이라도 다니라
8 고향을 떠나 유리하는 사람은 보금
자리를 떠나 떠도는 새와 같으니라
9 기름과 향이 사람의 마음을 즐겁게
하나니 친구의 충성된 권고가 이와
같이 아름다우니라
10 네 친구와 네 아비의 친구를 버리지
말며 네 환난 날에 형제의 집에 들어
가지 말지어다 가까운 이웃이 먼 형
제보다 나으니라
11 내 아들아 지혜를 얻고 내 마음을 기
쁘게 하라 그리하면 나를 비방하는
자에게 내가 대답할 수 있으리라
12 슬기로운 자는 재앙을 보면 숨어 피
하여도 어리석은 자들은 나가다가
해를 받느니라
13 타인을 위하여 보증 선 자의 옷을 취
하라 외인들을 위하여 보증 선 자는
그의 몸을 볼모 잡을지니라
14 이른 아침에 큰 소리로 자기 이웃을
축복하면 도리어 저주 같이 여기게
되리라
15 다투는 여자는 비 오는 날에 이어 떨
어지는 물방울이라
16 그를 제어하기가 바람을 제어하는

것 같고 오른손으로 기름을 움키는 것 같으니라
17 철이 철을 날카롭게 하는 것 같이 사람이 그의 친구의 얼굴을 빛나게 하느니라
18 무화과나무를 지키는 자는 그 과실을 먹고 자기 주인에게 시중드는 자는 영화를 얻느니라
19 물에 비치면 얼굴이 서로 같은 것 같이 사람의 마음도 서로 비치느니라
20 스올과 아바돈은 만족함이 없고 사람의 눈도 만족함이 없느니라
21 도가니로 은을, 풀무로 금을, 칭찬으로 사람을 단련하느니라
22 미련한 자를 곡물과 함께 절구에 넣고 공이로 찧을지라도 그의 미련은 벗겨지지 아니하느니라
23 네 양 떼의 형편을 부지런히 살피며 네 소 떼에게 마음을 두라
24 대저 재물은 영원히 있지 못하나니 면류관이 어찌 대대에 있으랴
25 풀을 벤 후에는 새로 움이 돋나니 산에서 꼴을 거둘 것이니라
26 어린 양의 털은 네 옷이 되며 염소는 밭을 사는 값이 되며
27 염소의 젖은 넉넉하여 너와 네 집의 음식이 되며 네 여종의 먹을 것이 되느니라

28 악인은 쫓아오는 자가 없어도 도망하나 의인은 사자 같이 담대하니라
2 나라는 죄가 있으면 주관자가 많아져도 명철과 지식 있는 사람으로 말미암아 장구하게 되느니라
3 가난한 자를 학대하는 가난한 자는 곡식을 남기지 아니하는 폭우 같으니라
4 율법을 버린 자는 악인을 칭찬하나 율법을 지키는 자는 악인을 대적하느니라
5 악인은 정의를 깨닫지 못하나 여호와를 찾는 자는 모든 것을 깨닫느니라
6 가난하여도 성실하게 행하는 자는 부유하면서 굽게 행하는 자보다 나으니라
7 율법을 지키는 자는 지혜로운 아들이요 음식을 탐하는 자와 사귀는 자는 아비를 욕되게 하는 자니라
8 중한 변리로 자기 재산을 늘리는 것

365묵상

사람의 유한성과 하나님의 영원성

하나님과 인간 사이의 뚜렷한 차이 중 하나는 무한성과 유한성이다. 유한한 인간은 내일 일을 장담할 수 없다. 하루 동안에 무슨 일이 일어날는지 알 수 없기 때문이다(잠27:1). 그러나 무한하신 하나님은 시공간을 초월하여 모든 것을 아신다. 그분은 어제나 오늘이나 영원토록 동일하시다(히 13:8). 그러면 하나님의 영원성이 우리와 무슨 관계가 있는가? 놀랍게도 그분은 우리를 사랑하셔서 우리 죄를 없애려고 독생자를 내어주셨다. 그 목적은 우리에게 영생을 주셔서 천국에서 자신과 함께 영원히 살도록 하기 위해서다!

은 가난한 사람을 불쌍히 여기는 자
를 위해 그 재산을 저축하는 것이니
라
9 사람이 귀를 돌려 율법을 듣지 아니
하면 그의 기도도 가증하니라
10 정직한 자를 악한 길로 유인하는 자
는 스스로 자기 함정에 빠져도 성실
한 자는 복을 받느니라
11 부자는 자기를 지혜롭게 여기나 가
난해도 명철한 자는 자기를 살펴 아
느니라
12 의인이 득의하면 큰 영화가 있고 악
인이 일어나면 사람이 숨느니라
13 자기의 죄를 숨기는 자는 형통하지
못하나 죄를 자복하고 버리는 자는
불쌍히 여김을 받으리라
14 항상 경외하는 자는 복되거니와 마음
을 완악하게 하는 자는 재앙에 빠지
리라
15 가난한 백성을 압제하는 악한 관원
은 부르짖는 사자와 주린 곰 같으니
라
16 무지한 치리자는 포학을 크게 행하
거니와 탐욕을 미워하는 자는 장수
하리라
17 사람의 피를 흘린 자는 함정으로 달
려갈 것이니 그를 막지 말지니라
18 성실하게 행하는 자는 구원을 받을
것이나 굽은 길로 행하는 자는 곧 넘
어지리라
19 자기의 토지를 경작하는 자는 먹을
것이 많으려니와 방탕을 따르는 자
는 궁핍함이 많으리라
20 충성된 자는 복이 많아도 속히 부하
고자 하는 자는 형벌을 면하지 못하
리라
21 사람의 낯을 보아 주는 것이 좋지 못
하고 한 조각 떡으로 말미암아 사람
이 범법하는 것도 그러하니라
22 악한 눈이 있는 자는 재물을 얻기에
만 급하고 빈궁이 자기에게로 임할
줄은 알지 못하느니라
23 사람을 경책하는 자는 혀로 아첨하
는 자보다 나중에 더욱 사랑을 받느
니라
24 부모의 물건을 도둑질하고서도 죄가
아니라 하는 자는 멸망 받게 하는 자
의 동류니라
25 욕심이 많은 자는 다툼을 일으키나
여호와를 의지하는 자는 풍족하게
되느니라
26 자기의 마음을 믿는 자는 미련한 자
요 지혜롭게 행하는 자는 구원을 얻
을 자니라
27 가난한 자를 구제하는 자는 궁핍하
지 아니하려니와 못 본 체하는 자에

게는 저주가 크리라
28 악인이 일어나면 사람이 숨고 그가
멸망하면 의인이 많아지느니라

29

자주 책망을 받으면서도 목이
곧은 사람은 갑자기 패망을 당
하고 피하지 못하리라
2 의인이 많아지면 백성이 즐거워하고
악인이 권세를 잡으면 백성이 탄식하
느니라
3 지혜를 사모하는 자는 아비를 즐겁
게 하여도 창기와 사귀는 자는 재물
을 잃느니라
4 왕은 정의로 나라를 견고하게 하나
뇌물을 억지로 내게 하는 자는 나라
를 멸망시키느니라
5 이웃에게 아첨하는 것은 그의 발 앞
에 그물을 치는 것이니라
6 악인이 범죄하는 것은 스스로 올무
가 되게 하는 것이나 의인은 노래하
고 기뻐하느니라
7 의인은 가난한 자의 사정을 알아 주
나 악인은 알아 줄 지식이 없느니라
8 거만한 자는 성읍을 요란하게 하여
도 슬기로운 자는 노를 그치게 하느
니라
9 지혜로운 자와 미련한 자가 다투면
지혜로운 자가 노하든지 웃든지 그
다툼은 그침이 없느니라
10 피 흘리기를 좋아하는 자는 온전한
자를 미워하고 정직한 자의 생명을
찾느니라
11 어리석은 자는 자기의 노를 다 드러
내어도 지혜로운 자는 그것을 억제
하느니라
12 관원이 거짓말을 들으면 그의 하인들
은 다 악하게 되느니라
13 가난한 자와 포학한 자가 섞여 살거
니와 여호와께서는 그 모두의 눈에
빛을 주시느니라
14 왕이 가난한 자를 성실히 신원하면
그의 왕위가 영원히 견고하리라
15 채찍과 꾸지람이 지혜를 주거늘 임의
로 행하게 버려 둔 자식은 어미를 욕
되게 하느니라
16 악인이 많아지면 죄도 많아지나니 의
인은 그들의 망함을 보리라
17 네 자식을 징계하라 그리하면 그가
너를 평안하게 하겠고 또 네 마음에
기쁨을 주리라
18 묵시가 없으면 백성이 방자히 행하거
니와 율법을 지키는 자는 복이 있느
니라
19 종은 말로만 하면 고치지 아니하나니
이는 그가 알고도 따르지 아니함이
니라
20 네가 말이 조급한 사람을 보느냐 그

보다 미련한 자에게 오히려 희망이
있느니라
21 종을 어렸을 때부터 곱게 양육하면
그가 나중에는 자식인 체하리라
22 노하는 자는 다툼을 일으키고 성내
는 자는 범죄함이 많으니라
23 사람이 교만하면 낮아지게 되겠고 마
음이 겸손하면 영예를 얻으리라
24 도둑과 짝하는 자는 자기의 영혼을
미워하는 자라 그는 저주를 들어도
진술하지 아니하느니라
25 사람을 두려워하면 올무에 걸리게 되
거니와 여호와를 의지하는 자는 안전
하리라
26 주권자에게 은혜를 구하는 자가 많
으나 사람의 일의 작정은 여호와께
로 말미암느니라
27 불의한 자는 의인에게 미움을 받고
바르게 행하는 자는 악인에게 미움
을 받느니라

아굴의 잠언

30 이 말씀은 야게의 아들 아굴의
잠언이니 그가 이디엘 곧 이디
엘과 우갈에게 이른 것이니라
2 나는 다른 사람에게 비하면 짐승이
라 내게는 사람의 총명이 있지 아니
하니라
3 나는 지혜를 배우지 못하였고 또 거
룩하신 자를 아는 지식이 없거니와
4 하늘에 올라갔다가 내려온 자가 누
구인지, 바람을 그 장중에 모은 자가
누구인지, 물을 옷에 싼 자가 누구인
지, 땅의 모든 끝을 정한 자가 누구
인지, 그의 이름이 무엇인지, 그의 아
들의 이름이 무엇인지 너는 아느냐
5 하나님의 말씀은 다 순전하며 하나님
은 그를 의지하는 자의 방패시니라
6 너는 그의 말씀에 더하지 말라 그가
너를 책망하시겠고 너는 거짓말하는
자가 될까 두려우니라
7 내가 두 가지 일을 주께 구하였사오
니 내가 죽기 전에 내게 거절하지 마
시옵소서
8 곧 헛된 것과 거짓말을 내게서 멀리
하옵시며 나를 가난하게도 마옵시고
부하게도 마옵시고 오직 필요한 양
식으로 나를 먹이시옵소서
9 혹 내가 배불러서 하나님을 모른다
여호와가 누구냐 할까 하오며 혹 내
가 가난하여 도둑질하고 내 하나님
의 이름을 욕되게 할까 두려워함이니
이다
10 너는 종을 그의 상전에게 비방하지
말라 그가 너를 저주하겠고 너는 죄
책을 당할까 두려우니라
11 아비를 저주하며 어미를 축복하지 아

니하는 무리가 있느니라
12 스스로 깨끗한 자로 여기면서도 자
기의 더러운 것을 씻지 아니하는 무
리가 있느니라
13 눈이 심히 높으며 눈꺼풀이 높이 들
린 무리가 있느니라
14 앞니는 장검 같고 어금니는 군도 같
아서 가난한 자를 땅에서 삼키며 궁
핍한 자를 사람 중에서 삼키는 무리
가 있느니라
15 거머리에게는 두 딸이 있어 다오 다
오 하느니라 족한 줄을 알지 못하여
족하다 하지 아니하는 것 서넛이 있
나니
16 곧 스올과 아이 배지 못하는 태와
물로 채울 수 없는 땅과 족하다 하
지 아니하는 불이니라
17 아비를 조롱하며 어미 순종하기를 싫
어하는 자의 눈은 골짜기의 까마귀
에게 쪼이고 독수리 새끼에게 먹히리
라
18 내가 심히 기이히 여기고도 깨닫지
못하는 것 서넛이 있나니
19 곧 공중에 날아다니는 독수리의 자
취와 반석 위로 기어 다니는 뱀의 자
취와 바다로 지나다니는 배의 자취와
남자가 여자와 함께 한 자취며
20 음녀의 자취도 그러하니라 그가 먹고
그의 입을 씻음 같이 말하기를 내가
악을 행하지 아니하였다 하느니라
21 세상을 진동시키며 세상이 견딜 수
없게 하는 것 서넛이 있나니
22 곧 종이 임금된 것과 미련한 자가 음
식으로 배부른 것과
23 미움 받는 여자가 시집 간 것과 여종
이 주모를 이은 것이니라
24 땅에 작고도 가장 지혜로운 것 넷이
있나니
25 곧 힘이 없는 종류로되 먹을 것을 여
름에 준비하는 개미와
26 약한 종류로되 집을 바위 사이에 짓
는 사반과
27 임금이 없으되 다 떼를 지어 나아가
는 메뚜기와
28 손에 잡힐 만하여도 왕궁에 있는 도
마뱀이니라
29 잘 걸으며 위풍 있게 다니는 것 서넛
이 있나니
30 곧 짐승 중에 가장 강하여 아무 짐승
앞에서도 물러가지 아니하는 사자와
31 사냥개와 숫염소와 및 당할 수 없는
왕이니라
32 만일 네가 미련하여 스스로 높은 체
하였거나 혹 악한 일을 도모하였거
든 네 손으로 입을 막으라
33 대저 젖을 저으면 엉긴 젖이 되고 코

를 비틀면 피가 나는 것 같이 노를
격동하면 다툼이 남이니라

르무엘 왕을 훈계한 잠언

31 르무엘 왕이 말씀한 바 곧 그의
어머니가 그를 훈계한 잠언이라
2 내 아들아 내가 무엇을 말하랴 내
태에서 난 아들아 내가 무엇을 말하
랴 서원대로 얻은 아들아 내가 무엇
을 말하랴
3 네 힘을 여자들에게 쓰지 말며 왕들
을 멸망시키는 일을 행하지 말지어
다
4 르무엘아 포도주를 마시는 것이 왕
들에게 마땅하지 아니하고 왕들에게
마땅하지 아니하며 독주를 찾는 것이
주권자들에게 마땅하지 않도다
5 술을 마시다가 법을 잊어버리고 모든
곤고한 자들의 송사를 굽게 할까 두
려우니라
6 독주는 죽게 된 자에게, 포도주는
마음에 근심하는 자에게 줄지어다
7 그는 마시고 자기의 빈궁한 것을 잊
어버리겠고 다시 자기의 고통을 기억
하지 아니하리라
8 너는 말 못하는 자와 모든 고독한
자의 송사를 위하여 입을 열지니라
9 너는 입을 열어 공의로 재판하여 곤
고한 자와 궁핍한 자를 신원할지니라

현숙한 아내

10 누가 현숙한 여인을 찾아 얻겠느냐
그의 값은 진주보다 더 하니라
11 그런 자의 남편의 마음은 그를 믿나
니 산업이 핍절하지 아니하겠으며
12 그런 자는 살아 있는 동안에 그의 남
편에게 선을 행하고 악을 행하지 아
니하느니라
13 그는 양털과 삼을 구하여 부지런히
손으로 일하며
14 상인의 배와 같아서 먼 데서 양식을
가져 오며
15 밤이 새기 전에 일어나서 자기 집안
사람들에게 음식을 나누어 주며 여
종들에게 일을 정하여 맡기며
16 밭을 살펴 보고 사며 자기의 손으로
번 것을 가지고 포도원을 일구며
17 힘 있게 허리를 묶으며 자기의 팔을
강하게 하며
18 자기의 장사가 잘 되는 줄을 깨닫고
밤에 등불을 끄지 아니하며
19 손으로 솜뭉치를 들고 손가락으로
가락을 잡으며
20 그는 곤고한 자에게 손을 펴며 궁핍
한 자를 위하여 손을 내밀며
21 자기 집 사람들은 다 홍색 옷을 입었
으므로 눈이 와도 그는 자기 집 사람
들을 위하여 염려하지 아니하며

22 그는 자기를 위하여 아름다운 이불
을 지으며 세마포와 자색 옷을 입으
며
23 그의 남편은 그 땅의 장로들과 함께
성문에 앉으며 사람들의 인정을 받
으며
24 그는 베로 옷을 지어 팔며 띠를 만들
어 상인들에게 맡기며
25 능력과 존귀로 옷을 삼고 후일을 웃
으며
26 입을 열어 지혜를 베풀며 그의 혀로
인애의 법을 말하며
27 자기의 집안 일을 보살피고 게을리
얻은 양식을 먹지 아니하나니
28 그의 자식들은 일어나 감사하며 그의
남편은 칭찬하기를
29 덕행 있는 여자가 많으나 그대는 모
든 여자보다 뛰어나다 하느니라
30 고운 것도 거짓되고 아름다운 것도
헛되나 오직 여호와를 경외하는 여자
는 칭찬을 받을 것이라
31 그 손의 열매가 그에게로 돌아갈 것
이요 그 행한 일로 말미암아 성문에
서 칭찬을 받으리라

365묵상

현숙한 아내의 일

태초에 하나님은 남자와 여자를 창조하시되, 둘을 동등한 인격체로 지으셨다. 따라서 남자와 여자 간에 성(性)의 구별은 있지만, 성의 차별은 있어선 안 된다. 그러나 역사적으로 여자에 대한 성차별은 얼마나 뿌리가 깊은가! 혹시 여자가 '남자의 일'을 해서는 안 된다는 말을 들어본 적이 있는가? 잠언 31:10-31 부분을 보면, 현숙한 아내도 자기 남편과 똑같은 일을 하고 있다. 하나님은 남자와 여자 모두에게 능력을 주셨다. 형편을 좇아 여자가 집안일만을 하든, 직업을 갖든 어느 쪽도 이상하거나 잘못된 것이 아니다.

전도서 Ecclesiastes

이스라엘 왕 솔로몬이 자신의 인생 말년에 기록한 본서는 스스로의 체험을 바탕으로 인생을 깊이 있게 성찰한 자서전적인 고백록이다. 이 책을 통해서 그는 하나님 없는 인생이 얼마나 허무하고 불행한 삶인지, 그와는 반대로 하나님을 경외하고 그분의 말씀대로 살아가는 인생이 얼마나 가치 있고 복된 것인지를 잘 가르쳐 주고 있다.

제목 '사람들을 불러모으는 자'라는 뜻인 히브리어 '코헬레트'에서 유래한 표제다. 모여든 사람들에게 말씀을 전달하는 '설교자', '전도자'를 가리킨다.

저자 솔로몬. 본서의 내증인 '다윗의 아들 예루살렘 왕'(1:1)의 조건에 부합하는 자는 솔로몬뿐이며, 전승도 솔로몬을 저자로 인정한다.

기록 연대 B.C. 935년경. 본서에 나타나는 후회와 반성, 인간의 유한성에 대한 저자의 고백으로 보아 솔로몬의 통치 말기로 추정된다.

기록 목적 ① 하나님을 떠난 인생의 허무함을 깨닫게 하기 위하여. ② 하나님을 기억하고 경외하는 것이 인간의 본분임을 깨닫게 하기 위하여.

주제 하나님을 떠난 인생의 공허함. 온갖 노력과 수고와 지혜를 다 기울인다 해도 인간의 삶 자체로는 아무 가치가 없다. 오직 하나님을 경외하고 그의 섭리를 따라 살 때 가치 있는 삶이 된다.

특징 ① 유신론적 기결-허무와 염세를 노래하는 듯한 기조나, 결국 하나님을 경외하는 것이 옳은 삶임을 밝혀 유일신 하나님에 대한 신앙을 이끌어 낸다. ② 역설적 논리 전개-결론을 이끌어 낼 때, 전혀 반대되는 이야기들을 전개한 후 그것을 부정하는 역설적 방법을 사용했다.

연대표

B.C.	
1010년	다윗의 40년 통치(~970년)
970년	솔로몬의 40년 통치(~930년)
966년	성전 기공 솔로몬의 전도서(솔로몬의 말년)
930년	왕국의 남북분열
722년	북왕국 이스라엘의 멸망
586년	남왕국(유다)의 멸망

· 전도서의 주요 무대

본서의 내용

Ⅰ. 솔로몬의 개인적인 경험 (1:1–2:26)
Ⅱ. 솔로몬의 일반적인 관찰 (3:1–6:12)
Ⅲ. 솔로몬의 실제적인 충고 (7:1–9:18)
Ⅳ. 솔로몬의 최종적인 결론 (10:1–12:14)

전도서 Ecclesiastes

모든 것이 헛되다

1 다윗의 아들 예루살렘 왕 전도자
의 말씀이라
2 전도자가 이르되 헛되고 헛되며 헛되
고 헛되니 모든 것이 헛되도다
3 해 아래에서 수고하는 모든 수고가
사람에게 무엇이 유익한가
4 한 세대는 가고 한 세대는 오되 땅
은 영원히 있도다
5 해는 뜨고 해는 지되 그 떴던 곳으로
빨리 돌아가고
6 바람은 남으로 불다가 북으로 돌아
가며 이리 돌며 저리 돌아 바람은 그
불던 곳으로 돌아가고
7 모든 강물은 다 바다로 흐르되 바다
를 채우지 못하며 강물은 어느 곳으
로 흐르든지 그리로 연하여 흐르느
니라
8 모든 만물이 피곤하다는 것을 사람
이 말로 다 말할 수는 없나니 눈은
보아도 족함이 없고 귀는 들어도 가
득 차지 아니하도다
9 이미 있던 것이 후에 다시 있겠고 이
미 한 일을 후에 다시 할지라 해 아
래에는 새 것이 없나니
10 무엇을 가리켜 이르기를 보라 이것이
새 것이라 할 것이 있으랴 우리가 있
기 오래 전 세대들에도 이미 있었느
니라
11 이전 세대들이 기억됨이 없으니 장래
세대도 그 후 세대들과 함께 기억됨
이 없으리라

지혜가 많으면 번뇌도 많다

12 나 전도자는 예루살렘에서 이스라엘
왕이 되어
13 마음을 다하며 지혜를 써서 하늘 아
래에서 행하는 모든 일을 연구하며
살핀즉 이는 괴로운 것이니 하나님이
인생들에게 주사 수고하게 하신 것
이라
14 내가 해 아래에서 행하는 모든 일을
보았노라 보라 모두 다 헛되어 바람
을 잡으려는 것이로다
15 구부러진 것도 곧게 할 수 없고 모자
란 것도 셀 수 없도다
16 내가 내 마음 속으로 말하여 이르기
를 보라 내가 크게 되고 지혜를 더
많이 얻었으므로 나보다 먼저 예루
살렘에 있던 모든 사람들보다 낫다
하였나니 내 마음이 지혜와 지식을
많이 만나 보았음이로다
17 내가 다시 지혜를 알고자 하며 미친

것들과 미련한 것들을 알고자 하여
마음을 썼으나 이것도 바람을 잡으
려는 것인 줄을 깨달았도다
18 지혜가 많으면 번뇌도 많으니 지식을
더하는 자는 근심을 더하느니라

즐거움도 헛되다

2 나는 내 마음에 이르기를 자, 내
가 시험삼아 너를 즐겁게 하리니
너는 낙을 누리라 하였으나 보라 이
것도 헛되도다
2 내가 웃음에 관하여 말하여 이르기
를 그것은 미친 것이라 하였고 희락
에 대하여 이르기를 이것이 무슨 소
용이 있는가 하였노라
3 내가 내 마음으로 깊이 생각하기를
내가 어떻게 하여야 내 마음을 지혜
로 다스리면서 술로 내 육신을 즐겁
게 할까 또 내가 어떻게 하여야 천하
의 인생들이 그들의 인생을 살아가
는 동안 어떤 것이 선한 일인지를 알
아볼 때까지 내 어리석음을 꼭 붙잡
아 둘까 하여
4 나의 사업을 크게 하였노라 내가 나
를 위하여 집들을 짓고 포도원을 일
구며
5 여러 동산과 과원을 만들고 그 가운
데에 각종 과목을 심었으며
6 나를 위하여 수목을 기르는 삼림에
물을 주기 위하여 못들을 팠으며
7 남녀 노비들을 사기도 하였고 나를
위하여 집에서 종들을 낳기도 하였으
며 나보다 먼저 예루살렘에 있던 모
든 자들보다도 내가 소와 양 떼의
소유를 더 많이 가졌으며
8 은 금과 왕들이 소유한 보배와 여러
지방의 보배를 나를 위하여 쌓고 또
노래하는 남녀들과 인생들이 기뻐하
는 처첩들을 많이 두었노라
9 내가 이같이 창성하여 나보다 먼저
예루살렘에 있던 모든 자들보다 더
창성하니 내 지혜도 내게 여전하도다
10 무엇이든지 내 눈이 원하는 것을 내
가 금하지 아니하며 무엇이든지 내
마음이 즐거워하는 것을 내가 막지
아니하였으니 이는 나의 모든 수고
를 내 마음이 기뻐하였음이라 이것이
나의 모든 수고로 말미암아 얻은 몫
이로다
11 그 후에 내가 생각해 본즉 내 손으
로 한 모든 일과 내가 수고한 모든
것이 다 헛되어 바람을 잡는 것이며
해 아래에서 무익한 것이로다

지혜자나 우매자나

12 내가 돌이켜 지혜와 망령됨과 어리석
음을 보았나니 왕 뒤에 오는 자는
무슨 일을 행할까 이미 행한 지 오래

전의 일일 뿐이리라
13 내가 보니 지혜가 우매보다 뛰어남이
빛이 어둠보다 뛰어남 같도다
14 지혜자는 그의 눈이 그의 머리 속에
있고 우매자는 어둠 속에 다니지만
그들 모두가 당하는 일이 모두 같으
리라는 것을 나도 깨달아 알았도다
15 내가 내 마음속으로 이르기를 우매
자가 당한 것을 나도 당하리니 내게
지혜가 있었다 한들 내게 무슨 유익
이 있으리요 하였도다 이에 내가 내
마음속으로 이르기를 이것도 헛되도
다 하였도다
16 지혜자도 우매자와 함께 영원하도록
기억함을 얻지 못하나니 후일에는 모
두 다 잊어버린 지 오랠 것임이라 오
호라 지혜자의 죽음이 우매자의 죽
음과 일반이로다
17 이러므로 내가 사는 것을 미워하였노
니 이는 해 아래에서 하는 일이 내게
괴로움이요 모두 다 헛되어 바람을
잡으려는 것이기 때문이로다

수고도 헛되다

18 내가 해 아래에서 내가 한 모든 수
고를 미워하였노니 이는 내 뒤를 이
을 이에게 남겨 주게 됨이라
19 그 사람이 지혜자일지, 우매자일지야
누가 알랴마는 내가 해 아래에서 내
지혜를 다하여 수고한 모든 결과를
그가 다 관리하리니 이것도 헛되도다
20 이러므로 내가 해 아래에서 한 모든
수고에 대하여 내가 내 마음에 실망
하였도다
21 어떤 사람은 그 지혜와 지식과 재주
를 다하여 수고하였어도 그가 얻은
것을 수고하지 아니한 자에게 그의
몫으로 넘겨 주리니 이것도 헛된 것이
며 큰 악이로다
22 사람이 해 아래에서 행하는 모든 수
고와 마음에 애쓰는 것이 무슨 소득
이 있으랴
23 일평생에 근심하며 수고하는 것이
슬픔뿐이라 그의 마음이 밤에도 쉬
지 못하나니 이것도 헛되도다
24 사람이 먹고 마시며 수고하는 것보다
그의 마음을 더 기쁘게 하는 것은 없
나니 내가 이것도 본즉 하나님의 손
에서 나오는 것이로다
25 아, 먹고 즐기는 일을 누가 나보다
더 해 보았으랴
26 하나님은 그가 기뻐하시는 자에게는
지혜와 지식과 희락을 주시나 죄인에
게는 노고를 주시고 그가 모아 쌓게
하사 하나님을 기뻐하는 자에게 그
가 주게 하시지만 이것도 헛되어 바
람을 잡는 것이로다

모든 일에 때가 있다

3 범사에 기한이 있고 천하 만사가
다 때가 있나니
2 날 때가 있고 죽을 때가 있으며 심을
때가 있고 심은 것을 뽑을 때가 있으
며
3 죽일 때가 있고 치료할 때가 있으며
헐 때가 있고 세울 때가 있으며
4 울 때가 있고 웃을 때가 있으며 슬퍼
할 때가 있고 춤출 때가 있으며
5 돌을 던져 버릴 때가 있고 돌을 거둘
때가 있으며 안을 때가 있고 안는 일
을 멀리 할 때가 있으며
6 찾을 때가 있고 잃을 때가 있으며 지
킬 때가 있고 버릴 때가 있으며
7 찢을 때가 있고 꿰맬 때가 있으며 잠
잠할 때가 있고 말할 때가 있으며
8 사랑할 때가 있고 미워할 때가 있으
며 전쟁할 때가 있고 평화할 때가 있
느니라
9 일하는 자가 그의 수고로 말미암아
무슨 이익이 있으랴
10 하나님이 인생들에게 노고를 주사
애쓰게 하신 것을 내가 보았노라
11 하나님이 모든 것을 지으시되 때를
따라 아름답게 하셨고 또 사람들에
게는 영원을 사모하는 마음을 주셨
느니라 그러나 하나님이 하시는 일의
시종을 사람으로 측량할 수 없게 하
셨도다
12 사람들이 사는 동안에 기뻐하며 선
을 행하는 것보다 더 나은 것이 없는
줄을 내가 알았고
13 사람마다 먹고 마시는 것과 수고함
으로 낙을 누리는 그것이 하나님의
선물인 줄도 또한 알았도다
14 하나님께서 행하시는 모든 것은 영원
히 있을 것이라 그 위에 더 할 수도
없고 그것에서 덜 할 수도 없나니 하
나님이 이같이 행하심은 사람들이 그
의 앞에서 경외하게 하려 하심인 줄
을 내가 알았도다
15 이제 있는 것이 옛적에 있었고 장래
에 있을 것도 옛적에 있었나니 하나
님은 이미 지난 것을 다시 찾으시느
니라
16 또 내가 해 아래에서 보건대 재판하
는 곳 거기에도 악이 있고 정의를 행
하는 곳 거기에도 악이 있도다
17 내가 내 마음속으로 이르기를 의인
과 악인을 하나님이 심판하시리니 이
는 모든 소망하는 일과 모든 행사에
때가 있음이라 하였으며
18 내가 내 마음속으로 이르기를 인생
들의 일에 대하여 하나님이 그들을
시험하시리니 그들이 자기가 짐승과

다름이 없는 줄을 깨닫게 하려 하심
이라 하였노라
19 인생이 당하는 일을 짐승도 당하나니
그들이 당하는 일이 일반이라 다 동
일한 호흡이 있어서 짐승이 죽음 같
이 사람도 죽으니 사람이 짐승보다
뛰어남이 없음은 모든 것이 헛됨이로
다
20 다 흙으로 말미암았으므로 다 흙으
로 돌아가나니 다 한 곳으로 가거니
와
21 인생들의 혼은 위로 올라가고 짐승
의 혼은 아래 곧 땅으로 내려가는
줄을 누가 알랴
22 그러므로 나는 사람이 자기 일에 즐
거워하는 것보다 더 나은 것이 없음
을 보았나니 이는 그것이 그의 몫이
기 때문이라 아, 그의 뒤에 일어날 일
이 무엇인지를 보게 하려고 그를 도
로 데리고 올 자가 누구이랴

학대, 수고, 동무

4

내가 다시 해 아래에서 행하는 모
든 학대를 살펴 보았도다 보라 학
대 받는 자들의 눈물이로다 그들에
게 위로자가 없도다 그들을 학대하
는 자들의 손에는 권세가 있으나 그
들에게는 위로자가 없도다
2 그러므로 나는 아직 살아 있는 산 자
들보다 죽은 지 오랜 죽은 자들을
더 복되다 하였으며
3 이 둘보다도 아직 출생하지 아니하
여 해 아래에서 행하는 악한 일을 보
지 못한 자가 더 복되다 하였노라
4 내가 또 본즉 사람이 모든 수고와
모든 재주로 말미암아 이웃에게 시
기를 받으니 이것도 헛되어 바람을
잡는 것이로다
5 우매자는 팔짱을 끼고 있으면서 자
기의 몸만 축내는도다
6 두 손에 가득하고 수고하며 바람을
잡는 것보다 한 손에만 가득하고 평
온함이 더 나으니라
7 내가 또 다시 해 아래에서 헛된 것을
보았도다
8 어떤 사람은 아들도 없고 형제도 없
이 홀로 있으나 그의 모든 수고에는
끝이 없도다 또 비록 그의 눈은 부
요를 족하게 여기지 아니하면서 이르
기를 내가 누구를 위하여는 이같이
수고하고 나를 위하여는 행복을 누

365묵상

영원을 사모하는 마음

일찍이 인생을 탐구한 철학자들이 설파했듯 인생은 정말로 허무한 것인가? 사람은 유구한 역사 속에 잠시 왔다가 먼지처럼 사라지는 그런 존재인가? 성경은 "그렇지 않다!"라고 분명히 말한다. 태초에 하나님께서 사람을 창조하실 때 우리 속에 '영원을 사모하는 마음'을 심어놓으셨기 때문이다(전3:11). 우리가 세상 욕구를 성취했음에도 자주 허무감을 느끼는 것은 우리 마음이 영원한 것을 갈망하고 있기 때문이다. 하나님은 예수 그리스도를 통해 영원한 장소와 생명을 예비해 놓으심으로써 이 갈망을 채울 수 있게 해주셨다.

리지 못하게 하는가 하여도 이것도
헛되어 불행한 노고로다
9 두 사람이 한 사람보다 나음은 그들
이 수고함으로 좋은 상을 얻을 것임
이라
10 혹시 그들이 넘어지면 하나가 그 동
무를 붙들어 일으키려니와 홀로 있어
넘어지고 붙들어 일으킬 자가 없는
자에게는 화가 있으리라
11 또 두 사람이 함께 누우면 따뜻하거
니와 한 사람이면 어찌 따뜻하랴
12 한 사람이면 패하겠거니와 두 사람이
면 맞설 수 있나니 세 겹 줄은 쉽게
끊어지지 아니하느니라

가난하게 태어나서 왕이 되어도

13 가난하여도 지혜로운 젊은이가 늙고
둔하여 경고를 더 받을 줄 모르는
왕보다 나으니
14 그는 자기의 나라에서 가난하게 태
어났을지라도 감옥에서 나와 왕이 되
었음이니라
15 내가 본즉 해 아래에서 다니는 인생
들이 왕의 다음 자리에 있다가 왕을
대신하여 일어난 젊은이와 함께 있고
16 그의 치리를 받는 모든 백성들이 무
수하였을지라도 후에 오는 자들은
그를 기뻐하지 아니하리니 이것도 헛
되어 바람을 잡는 것이로다

하나님을 경외하라

5 너는 하나님의 집에 들어갈 때에
네 발을 삼갈지어다 가까이 하여
말씀을 듣는 것이 우매한 자들이 제
물 드리는 것보다 나으니 그들은 악
을 행하면서도 깨닫지 못함이니라
2 너는 하나님 앞에서 함부로 입을 열
지 말며 급한 마음으로 말을 내지 말
라 하나님은 하늘에 계시고 너는 땅
에 있음이니라 그런즉 마땅히 말을
적게 할 것이라
3 걱정이 많으면 꿈이 생기고 말이 많
으면 우매한 자의 소리가 나타나느니
라
4 네가 하나님께 서원하였거든 갚기를
더디게 하지 말라 하나님은 우매한
자들을 기뻐하지 아니하시나니 서원
한 것을 갚으라
5 서원하고 갚지 아니하는 것보다 서원
하지 아니하는 것이 더 나으니
6 네 입으로 네 육체가 범죄하게 하지
말라 사자 앞에서 내가 서원한 것이
실수라고 말하지 말라 어찌 하나님께
서 네 목소리로 말미암아 진노하사
네 손으로 한 것을 멸하시게 하랴
7 꿈이 많으면 헛된 일들이 많아지고
말이 많아도 그러하니 오직 너는 하
나님을 경외할지니라

8 너는 어느 지방에서든지 빈민을 학대
하는 것과 정의와 공의를 짓밟는 것
을 볼지라도 그것을 이상히 여기지
말라 높은 자는 더 높은 자가 감찰
하고 또 그들보다 더 높은 자들도
있음이니라
9 땅의 소산물은 모든 사람을 위하여
있나니 왕도 밭의 소산을 받느니라

재물과 부요와 존귀도 헛되다

10 은을 사랑하는 자는 은으로 만족하
지 못하고 풍요를 사랑하는 자는 소
득으로 만족하지 아니하나니 이것도
헛되도다
11 재산이 많아지면 먹는 자들도 많아지
나니 그 소유주들은 눈으로 보는 것
외에 무엇이 유익하랴
12 노동자는 먹는 것이 많든지 적든지
잠을 달게 자거니와 부자는 그 부요
함 때문에 자지 못하느니라
13 내가 해 아래에서 큰 폐단되는 일이
있는 것을 보았나니 곧 소유주가 재
물을 자기에게 해가 되도록 소유하
는 것이라
14 그 재물이 재난을 당할 때 없어지나
니 비록 아들은 낳았으나 그 손에
아무것도 없느니라
15 그가 모태에서 벌거벗고 나왔은즉
그가 나온 대로 돌아가고 수고하여
얻은 것을 아무것도 자기 손에 가지
고 가지 못하리니
16 이것도 큰 불행이라 어떻게 왔든지
그대로 가리니 바람을 잡는 수고가
그에게 무엇이 유익하랴
17 일평생을 어두운 데에서 먹으며 많
은 근심과 질병과 분노가 그에게 있
느니라
18 사람이 하나님께서 그에게 주신 바
그 일평생에 먹고 마시며 해 아래에
서 하는 모든 수고 중에서 낙을 보
는 것이 선하고 아름다움을 내가 보
았나니 그것이 그의 몫이로다
19 또한 어떤 사람에게든지 하나님이 재
물과 부요를 그에게 주사 능히 누리
게 하시며 제 몫을 받아 수고함으로
즐거워하게 하신 것은 하나님의 선물
이라
20 그는 자기의 생명의 날을 깊이 생각
하지 아니하리니 이는 하나님이 그의
마음에 기뻐하는 것으로 응답하심이
니라

6 내가 해 아래에서 한 가지 불행한
일이 있는 것을 보았나니 이는 사
람의 마음을 무겁게 하는 것이라
2 어떤 사람은 그의 영혼이 바라는 모
든 소원에 부족함이 없어 재물과 부
요와 존귀를 하나님께 받았으나 하

나님께서 그가 그것을 누리도록 허
락하지 아니하셨으므로 다른 사람이
누리나니 이것도 헛되어 악한 병이로
다
3 사람이 비록 백 명의 자녀를 낳고 또
장수하여 사는 날이 많을지라도 그
의 영혼은 그러한 행복으로 만족하
지 못하고 또 그가 안장되지 못하면
나는 이르기를 낙태된 자가 그보다
는 낫다 하나니
4 낙태된 자는 헛되이 왔다가 어두운
중에 가매 그의 이름이 어둠에 덮이
니
5 햇빛도 보지 못하고 또 그것을 알지
도 못하나 이가 그보다 더 평안함이
라
6 그가 비록 천 년의 갑절을 산다 할지
라도 행복을 보지 못하면 마침내 다
한 곳으로 돌아가는 것뿐이 아니냐
7 사람의 수고는 다 자기의 입을 위함
이나 그 식욕은 채울 수 없느니라
8 지혜자가 우매자보다 나은 것이 무
엇이냐 살아 있는 자들 앞에서 행할
줄을 아는 가난한 자에게는 무슨 유
익이 있는가
9 눈으로 보는 것이 마음으로 공상하
는 것보다 나으나 이것도 헛되어 바
람을 잡는 것이로다
10 이미 있는 것은 무엇이든지 오래 전
부터 그의 이름이 이미 불린 바 되었
으며 사람이 무엇인지도 이미 안 바
되었나니 자기보다 강한 자와는 능히
다툴 수 없느니라
11 헛된 것을 더하게 하는 많은 일들이
있나니 그것들이 사람에게 무슨 유
익이 있으랴
12 헛된 생명의 모든 날을 그림자 같이
보내는 일평생에 사람에게 무엇이
낙인지를 누가 알며 그 후에 해 아래
에서 무슨 일이 있을 것을 누가 능히
그에게 고하리요

지혜자와 우매한 자

7 좋은 이름이 좋은 기름보다 낫고
죽는 날이 출생하는 날보다 나으
며
2 초상집에 가는 것이 잔칫집에 가는
것보다 나으니 모든 사람의 끝이 이
와 같이 됨이라 산 자는 이것을 그의
마음에 둘지어다
3 슬픔이 웃음보다 나음은 얼굴에 근
심하는 것이 마음에 유익하기 때문이
니라
4 지혜자의 마음은 초상집에 있으되
우매한 자의 마음은 혼인집에 있느
니라
5 지혜로운 사람의 책망을 듣는 것이

우매한 자들의 노래를 듣는 것보다
나으니라
6 우매한 자들의 웃음 소리는 솥 밑에
서 가시나무가 타는 소리 같으니 이
것도 헛되니라
7 탐욕이 지혜자를 우매하게 하고 뇌
물이 사람의 명철을 망하게 하느니라
8 일의 끝이 시작보다 낫고 참는 마음
이 교만한 마음보다 나으니
9 급한 마음으로 노를 발하지 말라 노
는 우매한 자들의 품에 머무름이니
라
10 옛날이 오늘보다 나은 것이 어찜이냐
하지 말라 이렇게 묻는 것은 지혜가
아니니라
11 지혜는 유산 같이 아름답고 햇빛을
보는 자에게 유익이 되도다
12 지혜의 그늘 아래에 있음은 돈의 그
늘 아래에 있음과 같으나, 지혜에 관
한 지식이 더 유익함은 지혜가 그 지
혜 있는 자를 살리기 때문이니라
13 하나님께서 행하시는 일을 보라 하
나님께서 굽게 하신 것을 누가 능히
곧게 하겠느냐
14 형통한 날에는 기뻐하고 곤고한 날
에는 되돌아 보아라 이 두 가지를 하
나님이 병행하게 하사 사람이 그의
장래 일을 능히 헤아려 알지 못하게
하셨느니라
15 내 허무한 날을 사는 동안 내가 그
모든 일을 살펴 보았더니 자기의 의
로움에도 불구하고 멸망하는 의인이
있고 자기의 악행에도 불구하고 장
수하는 악인이 있으니
16 지나치게 의인이 되지도 말며 지나치
게 지혜자도 되지 말라 어찌하여 스
스로 패망하게 하겠느냐
17 지나치게 악인이 되지도 말며 지나치
게 우매한 자도 되지 말라 어찌하여
기한 전에 죽으려고 하느냐
18 너는 이것도 잡으며 저것에서도 네
손을 놓지 아니하는 것이 좋으니 하
나님을 경외하는 자는 이 모든 일에
서 벗어날 것임이니라
19 지혜가 지혜자를 성읍 가운데에 있
는 열 명의 권력자들보다 더 능력이
있게 하느니라
20 선을 행하고 전혀 죄를 범하지 아니
하는 의인은 세상에 없기 때문이로
다
21 또한 사람들이 하는 모든 말에 네
마음을 두지 말라 그리하면 네 종이
너를 저주하는 것을 듣지 아니하리라
22 너도 가끔 사람을 저주하였다는 것
을 네 마음도 알고 있느니라
23 내가 이 모든 것을 지혜로 시험하며

스스로 이르기를 내가 지혜자가 되리
라 하였으나 지혜가 나를 멀리 하였
도다
24 이미 있는 것은 멀고 또 깊고 깊도다
누가 능히 통달하랴
25 내가 돌이켜 전심으로 지혜와 명철을
살피고 연구하여 악한 것이 얼마나
어리석은 것이요 어리석은 것이 얼마
나 미친 것인 줄을 알고자 하였더니
26 마음은 올무와 그물 같고 손은 포승
같은 여인은 사망보다 더 쓰다는 사
실을 내가 알아내었도다 그러므로
하나님을 기쁘게 하는 자는 그 여인
을 피하려니와 죄인은 그 여인에게
붙잡히리로다
27 전도자가 이르되 보라 내가 낱낱이
살펴 그 이치를 연구하여 이것을 깨
달았노라
28 내 마음이 계속 찾아 보았으나 아직
도 찾지 못한 것이 이것이라 천 사람
가운데서 한 사람을 내가 찾았으나
이 모든 사람들 중에서 여자는 한 사
람도 찾지 못하였느니라
29 내가 깨달은 것은 오직 이것이라 곧
하나님은 사람을 정직하게 지으셨으
나 사람이 많은 꾀들을 낸 것이니라

8

누가 지혜자와 같으며 누가 사물
의 이치를 아는 자이냐 사람의 지
혜는 그의 얼굴에 광채가 나게 하나
니 그의 얼굴의 사나운 것이 변하느
니라
2 내가 권하노라 왕의 명령을 지키라
이미 하나님을 가리켜 맹세하였음이
니라
3 왕 앞에서 물러가기를 급하게 하지
말며 악한 것을 일삼지 말라 왕은 자
기가 하고자 하는 것을 다 행함이니
라
4 왕의 말은 권능이 있나니 누가 그에
게 이르기를 왕께서 무엇을 하시나이
까 할 수 있으랴
5 명령을 지키는 자는 불행을 알지 못
하리라 지혜자의 마음은 때와 판단
을 분변하나니
6 무슨 일에든지 때와 판단이 있으므
로 사람에게 임하는 화가 심함이니
라
7 사람이 장래 일을 알지 못하나니 장
래 일을 가르칠 자가 누구이랴
8 바람을 주장하여 바람을 움직이게
할 사람도 없고 죽는 날을 주장할
사람도 없으며 전쟁할 때를 모면할
사람도 없으니 악이 그의 주민들을
건져낼 수는 없느니라

악인들과 의인들

9 내가 이 모든 것들을 보고 해 아래

에서 행하는 모든 일을 마음에 두고
살핀즉 사람이 사람을 주장하여 해
롭게 하는 때가 있도다
10 그런 후에 내가 본즉 악인들은 장사
지낸 바 되어 거룩한 곳을 떠나 그들
이 그렇게 행한 성읍 안에서 잊어버
린 바 되었으니 이것도 헛되도다
11 악한 일에 관한 징벌이 속히 실행되
지 아니하므로 인생들이 악을 행하
는 데에 마음이 담대하도다
12 죄인은 백 번이나 악을 행하고도 장
수하거니와 또한 내가 아노니 하나
님을 경외하여 그를 경외하는 자들은
잘 될 것이요
13 악인은 잘 되지 못하며 장수하지 못
하고 그 날이 그림자와 같으리니 이
는 하나님을 경외하지 아니함이니라
14 세상에서 행해지는 헛된 일이 있나니
곧 악인들의 행위에 따라 벌을 받는
의인들도 있고 의인들의 행위에 따라
상을 받는 악인들도 있다는 것이라
내가 이르노니 이것도 헛되도다
15 이에 내가 희락을 찬양하노니 이는
사람이 먹고 마시고 즐거워하는 것보
다 더 나은 것이 해 아래에는 없음이
라 하나님이 사람을 해 아래에서 살
게 하신 날 동안 수고하는 일 중에
그러한 일이 그와 함께 있을 것이니
라
16 내가 마음을 다하여 지혜를 알고자
하며 세상에서 행해지는 일을 보았
는데 밤낮으로 자지 못하는 자도 있
도다
17 또 내가 하나님의 모든 행사를 살펴
보니 해 아래에서 행해지는 일을 사
람이 능히 알아낼 수 없도다 사람이
아무리 애써 알아보려고 할지라도
능히 알지 못하나니 비록 지혜자가
아노라 할지라도 능히 알아내지 못
하리로다

모두 다 하나님의 손 안에 있다

9 이 모든 것을 내가 마음에 두고
이 모든 것을 살펴 본즉 의인들이
나 지혜자들이나 그들의 행위나 모
두 다 하나님의 손 안에 있으니 사랑
을 받을는지 미움을 받을는지 사람
이 알지 못하는 것은 모두 그들의 미
래의 일들임이니라
2 모든 사람에게 임하는 그 모든 것이
일반이라 의인과 악인, 선한 자와 깨

365묵상

죽음의 터널을 지나서

전도자가 해 아래에서 일어나고 있는 모든 일이 "헛되다!"라고 결론을 내렸을 때, 그것은 '죽음'을 의식했기 때문이다. 사실, 죽음 앞에서 모든 것들은 헛되기 때문이다(전 9:1-6). 하지만 하나님은 장막을 걷으시고 우리에게 이 세상 너머의 것들을 보게 하신다. 죽음 너머에 영원한 것들이 있다고 가르치신다. 우리가 그 사실을 믿고 깨달을 때, 우리의 인생은 더 이상 허무하지 않다. 죽음이 우리들 삶의 종착역이 아니기 때문이다. 죽음은 세상 너머에 있는 새롭고 영원한 세계로 들어가는 좀 길고 어두운 터널일 뿐이다.

끗한 자와 깨끗하지 아니한 자, 제사
를 드리는 자와 제사를 드리지 아니
하는 자에게 일어나는 일들이 모두
일반이니 선인과 죄인, 맹세하는 자
와 맹세하기를 무서워하는 자가 일
반이로다
3 모든 사람의 결국은 일반이라 이것은
해 아래에서 행해지는 모든 일 중의
악한 것이니 곧 인생의 마음에는 악
이 가득하여 그들의 평생에 미친 마
음을 품고 있다가 후에는 죽은 자들
에게로 돌아가는 것이라
4 모든 산 자들 중에 들어 있는 자에
게는 누구나 소망이 있음은 산 개가
죽은 사자보다 낫기 때문이니라
5 산 자들은 죽을 줄을 알되 죽은 자
들은 아무것도 모르며 그들이 다시
는 상을 받지 못하는 것은 그들의 이
름이 잊어버린 바 됨이니라
6 그들의 사랑과 미움과 시기도 없어진
지 오래이니 해 아래에서 행하는 모
든 일 중에서 그들에게 돌아갈 몫은
영원히 없느니라
7 너는 가서 기쁨으로 네 음식물을 먹
고 즐거운 마음으로 네 포도주를 마
실지어다 이는 하나님이 네가 하는
일들을 벌써 기쁘게 받으셨음이니라
8 네 의복을 항상 희게 하며 네 머리에
향 기름을 그치지 아니하도록 할지니
라
9 네 헛된 평생의 모든 날 곧 하나님이
해 아래에서 네게 주신 모든 헛된 날
에 네가 사랑하는 아내와 함께 즐겁
게 살지어다 그것이 네가 평생에 해
아래에서 수고하고 얻은 네 몫이니
라
10 네 손이 일을 얻는 대로 힘을 다하여
할지어다 네가 장차 들어갈 스올에
는 일도 없고 계획도 없고 지식도 없
고 지혜도 없음이니라
11 내가 다시 해 아래에서 보니 빠른 경
주자들이라고 선착하는 것이 아니며
용사들이라고 전쟁에 승리하는 것이
아니며 지혜자들이라고 음식물을 얻
는 것도 아니며 명철자들이라고 재물
을 얻는 것도 아니며 지식인들이라고
은총을 입는 것이 아니니 이는 시기
와 기회는 그들 모두에게 임함이니
라
12 분명히 사람은 자기의 시기도 알지
못하나니 물고기들이 재난의 그물에
걸리고 새들이 올무에 걸림 같이 인
생들도 재앙의 날이 그들에게 홀연
히 임하면 거기에 걸리느니라

지혜를 보고 크게 여긴 것

13 내가 또 해 아래에서 지혜를 보고

내가 크게 여긴 것이 이러하니
14 곧 작고 인구가 많지 아니한 어떤 성
읍에 큰 왕이 와서 그것을 에워싸고
큰 흉벽을 쌓고 치고자 할 때에
15 그 성읍 가운데에 가난한 지혜자가
있어서 그의 지혜로 그 성읍을 건진
그것이라 그러나 그 가난한 자를 기
억하는 사람이 없었도다
16 그러므로 내가 이르기를 지혜가 힘
보다 나으나 가난한 자의 지혜가 멸
시를 받고 그의 말들을 사람들이 듣
지 아니한다 하였노라
17 조용히 들리는 지혜자들의 말들이
우매한 자들을 다스리는 자의 호령
보다 나으니라
18 지혜가 무기보다 나으니라 그러나 죄
인 한 사람이 많은 선을 무너지게 하
느니라

10

죽은 파리들이 향기름을 악취가
나게 만드는 것 같이 적은 우매
가 지혜와 존귀를 난처하게 만드느
니라
2 지혜자의 마음은 오른쪽에 있고 우
매자의 마음은 왼쪽에 있느니라
3 우매한 자는 길을 갈 때에도 지혜가
부족하여 각 사람에게 자기가 우매
함을 말하느니라
4 주권자가 네게 분을 일으키거든 너
는 네 자리를 떠나지 말라 공손함이
큰 허물을 용서 받게 하느니라
5 내가 해 아래에서 한 가지 재난을 보
았노니 곧 주권자에게서 나오는 허
물이라
6 우매한 자가 크게 높은 지위들을 얻
고 부자들이 낮은 지위에 앉는도다
7 또 내가 보았노니 종들은 말을 타고
고관들은 종들처럼 땅에 걸어 다니
는도다
8 함정을 파는 자는 거기에 빠질 것이
요 담을 허는 자는 뱀에게 물리리라
9 돌들을 떠내는 자는 그로 말미암아
상할 것이요 나무들을 쪼개는 자는
그로 말미암아 위험을 당하리라
10 철 연장이 무디어졌는데도 날을 갈지
아니하면 힘이 더 드느니라 오직 지
혜는 성공하기에 유익하니라
11 주술을 베풀기 전에 뱀에게 물렸으
면 술객은 소용이 없느니라
12 지혜자의 입의 말들은 은혜로우나
우매자의 입술들은 자기를 삼키나니
13 그의 입의 말들의 시작은 우매요 그
의 입의 결말들은 심히 미친 것이니라
14 우매한 자는 말을 많이 하거니와 사
람은 장래 일을 알지 못하나니 나중
에 일어날 일을 누가 그에게 알리리
요

15 우매한 자들의 수고는 자신을 피곤
하게 할 뿐이라 그들은 성읍에 들어
갈 줄도 알지 못함이니라
16 왕은 어리고 대신들은 아침부터 잔치
하는 나라여 네게 화가 있도다
17 왕은 귀족들의 아들이요 대신들은
취하지 아니하고 기력을 보하려고 정
한 때에 먹는 나라여 네게 복이 있도
다
18 게으른즉 서까래가 내려앉고 손을
놓은즉 집이 새느니라
19 잔치는 희락을 위하여 베푸는 것이요
포도주는 생명을 기쁘게 하는 것이
나 돈은 범사에 이용되느니라
20 심중에라도 왕을 저주하지 말며 침실
에서라도 부자를 저주하지 말라 공
중의 새가 그 소리를 전하고 날짐승
이 그 일을 전파할 것임이니라

지혜로운 삶

11 너는 네 떡을 물 위에 던져라 여
러 날 후에 도로 찾으리라
2 일곱에게나 여덟에게 나눠 줄지어다
무슨 재앙이 땅에 임할는지 네가 알
지 못함이니라
3 구름에 비가 가득하면 땅에 쏟아지
며 나무가 남으로나 북으로나 쓰러
지면 그 쓰러진 곳에 그냥 있으리라
4 풍세를 살펴보는 자는 파종하지 못
할 것이요 구름만 바라보는 자는 거
두지 못하리라
5 바람의 길이 어떠함과 아이 밴 자의
태에서 뼈가 어떻게 자라는지를 네
가 알지 못함 같이 만사를 성취하시
는 하나님의 일을 네가 알지 못하느
니라
6 너는 아침에 씨를 뿌리고 저녁에도
손을 놓지 말라 이것이 잘 될는지, 저
것이 잘 될는지, 혹 둘이 다 잘 될는
지 알지 못함이니라
7 빛은 실로 아름다운 것이라 눈으로
해를 보는 것이 즐거운 일이로다
8 사람이 여러 해를 살면 항상 즐거워
할지로다 그러나 캄캄한 날들이 많
으리니 그 날들을 생각할지로다 다
가올 일은 다 헛되도다

젊은이에게 주는 교훈

9 청년이여 네 어린 때를 즐거워하며
네 청년의 날들을 마음에 기뻐하여
마음에 원하는 길들과 네 눈이 보는
대로 행하라 그러나 하나님이 이 모
든 일로 말미암아 너를 심판하실 줄
알라
10 그런즉 근심이 네 마음에서 떠나게
하며 악이 네 몸에서 물러가게 하라
어릴 때와 검은 머리의 시절이 다 헛
되니라

12

너는 청년의 때에 너의 창조주
를 기억하라 곧 곤고한 날이 이
르기 전에, 나는 아무 낙이 없다고
할 해들이 가깝기 전에
2 해와 빛과 달과 별들이 어둡기 전에,
비 뒤에 구름이 다시 일어나기 전에
그리하라
3 그런 날에는 집을 지키는 자들이 떨
것이며 힘 있는 자들이 구부러질 것이
며 맷돌질 하는 자들이 적으므로 그
칠 것이며 창들로 내다 보는 자가 어
두워질 것이며
4 길거리 문들이 닫혀질 것이며 맷돌
소리가 적어질 것이며 새의 소리로 말
미암아 일어날 것이며 음악하는 여자
들은 다 쇠하여질 것이며
5 또한 그런 자들은 높은 곳을 두려워
할 것이며 길에서는 놀랄 것이며 살
구나무가 꽃이 필 것이며 메뚜기도
짐이 될 것이며 정욕이 그치리니 이는
사람이 자기의 영원한 집으로 돌아가
고 조문객들이 거리로 왕래하게 됨
이니라
6 은 줄이 풀리고 금 그릇이 깨지고 항
아리가 샘 곁에서 깨지고 바퀴가 우
물 위에서 깨지고
7 흙은 여전히 땅으로 돌아가고 영은
그것을 주신 하나님께로 돌아가기
전에 기억하라
8 전도자가 이르되 헛되고 헛되도다 모
든 것이 헛되도다

사람의 본분

9 전도자는 지혜자이어서 여전히 백성
에게 지식을 가르쳤고 또 깊이 생각
하고 연구하여 잠언을 많이 지었으
며
10 전도자는 힘써 아름다운 말들을 구
하였나니 진리의 말씀들을 정직하게
기록하였느니라
11 지혜자들의 말씀들은 찌르는 채찍들
같고 회중의 스승들의 말씀들은 잘
박힌 못 같으니 다 한 목자가 주신
바이니라
12 내 아들아 또 이것들로부터 경계를
받으라 많은 책들을 짓는 것은 끝이
없고 많이 공부하는 것은 몸을 피곤
하게 하느니라
13 일의 결국을 다 들었으니 하나님을
경외하고 그의 명령들을 지킬지어다
이것이 모든 사람의 본분이니라
14 하나님은 모든 행위와 모든 은밀한
일을 선악 간에 심판하시리라

아가 Song of Songs

풍부한 시적 은유와 다양한 상징의 수사학 기법으로 묘사된 본서는 한 왕과 그가 결혼하기를 원하는 한 여인 간의 순수한 사랑을 묘사하고 있는 아름다운 연가(戀歌)이다. 하지만 이 책의 진정한 가치는 그런 사랑의 이야기를 통해, 자기 백성을 향한 하나님의 지고한 사랑과 교회를 향한 그리스도의 순수한 사랑을 알려주는 데 있다.

제목 '노래들 중의 노래'라는 뜻의 히브리어 '쉬르 하쉬림'에서 유래했다.

저자 솔로몬. 본서의 내증(1:1)과 솔로몬이 많은 노래를 지었다는 왕상 4:32의 증거, 그리고 본서를 저술할 만한 해박한 지식(4:13-14;6:4-14)을 갖춘 자는 솔로몬 이외에는 찾기 힘들다는 점이 이를 증명한다.

기록 연대 B.C. 970-960년경. 애정에 대한 섬세한 묘사, 세련되고도 힘찬 필치는 솔로몬의 젊은 시절의 저술임을 나타낸다.

기록 목적 ① 참되고 순결한 남녀간의 사랑을 찬양하기 위하여. ② 그리스도와 그의 신부된 성도의 참사랑의 아름다움을 가르치기 위하여.

주제 그리스도와 교회간의 사랑의 교제. 그리스도를 상징하는 솔로몬과 교회를 상징하는 술람미 여인의 아름다운 사랑의 사건을 통해 교회에 대한 그리스도의 희생적 사랑을 알게 한다.

특징 ① 서정적인 아름다움-단어, 문장 등이 유려하여 회화적이고 자연적인 아름다움을 지닌다. ② 솔직하고 대담한 묘사-남녀간의 사랑이라는 특이한 소재를 가지고 솔직, 대담하게 상황을 표현한다. ③ 절기 낭독서-유다의 종교 절기 중 가장 중요한 유월절의 기념시로 낭독된다.

본서의 내용

I. 사랑의 시작(1:1-3:5)
II. 사랑의 성취(3:6-5:1)
III. 사랑의 위기(5:2-6:1)
IV. 사랑의 성숙(6:2-8:14)

연대표

B.C.	
1010년	다윗의 40년 통치(~970년)
970년	솔로몬의 40년 통치(~930년) 솔로몬의 아가(솔로몬 청년기) 솔로몬의 타락(945~)
930년	왕국의 남북분열
722년	북왕국 이스라엘의 멸망 (사마리아 함락)
586년	남왕국 유다의 멸망 (예루살렘 함락)

· 아가의 주요 무대

아가 Song of Songs

1 솔로몬의 아가라
2 내게 입맞추기를 원하니 네 사랑
이 포도주보다 나음이로구나
3 네 기름이 향기로워 아름답고 네 이
름이 쏟은 향기름 같으므로 처녀들
이 너를 사랑하는구나
4 왕이 나를 그의 방으로 이끌어 들이
시니 너는 나를 인도하라 우리가 너
를 따라 달려가리라 우리가 너로 말
미암아 기뻐하며 즐거워하니 네 사랑
이 포도주보다 더 진함이라 처녀들이
너를 사랑함이 마땅하니라
5 예루살렘 딸들아 내가 비록 검으나
아름다우니 게달의 장막 같을지라도
솔로몬의 휘장과도 같구나
6 내가 햇볕에 쬐어서 거무스름할지라
도 흘겨보지 말 것은 내 어머니의 아
들들이 나에게 노하여 포도원지기로
삼았음이라 나의 포도원을 내가 지키
지 못하였구나
7 내 마음으로 사랑하는 자야 네가 양
치는 곳과 정오에 쉬게 하는 곳을
내게 말하라 내가 네 친구의 양 떼
곁에서 어찌 얼굴을 가린 자 같이 되
랴
8 여인 중에 어여쁜 자야 네가 알지 못
하겠거든 양 떼의 발자취를 따라 목
자들의 장막 곁에서 너의 염소 새끼
를 먹일지니라
9 내 사랑아 내가 너를 바로의 병거의
준마에 비하였구나
10 네 두 뺨은 땋은 머리털로, 네 목은
구슬 꿰미로 아름답구나
11 우리가 너를 위하여 금 사슬에 은을
박아 만들리라
12 왕이 침상에 앉았을 때에 나의 나도
기름이 향기를 뿜어냈구나
13 나의 사랑하는 자는 내 품 가운데
몰약 향주머니요
14 나의 사랑하는 자는 내게 엔게디 포
도원의 고벨화 송이로구나
15 내 사랑아 너는 어여쁘고 어여쁘다
네 눈이 비둘기 같구나
16 나의 사랑하는 자야 너는 어여쁘고
화창하다 우리의 침상은 푸르고
17 우리 집은 백향목 들보, 잣나무 서까

365묵상

사랑은 마술 같은 것

사랑은 마술과 같다. 마술처럼 우리에게 다가온다. 누구든지 사랑에 빠질 때마다 그것은 흥미롭고 신선하고 가슴 벅차고 새롭다. 아무것도 없는 데서 행복의 비둘기가 마술처럼 나타난다. 남녀 간의 지순한 사랑을 묘사한 솔로몬의 노래 아가는 이성에 대한 가슴 설레는 사랑이 아름답다는 것을 알게 해준다. "내 사랑아!"(아 1:15). 이 얼마나 가슴을 두근거리게 하고 설레게 하는 말인가! 사랑은 그저 그런 것이라고 쉽게 말하지 말라. 사랑은 눈물겹도록 아름다운 것이다. 그런 사랑을 사랑하라. 그런 사랑을 살아라.

래로구나

2 나는 사론의 수선화요 골짜기의
백합화로다

2 여자들 중에 내 사랑은 가시나무 가
운데 백합화 같도다
3 남자들 중에 나의 사랑하는 자는 수
풀 가운데 사과나무 같구나 내가 그
그늘에 앉아서 심히 기뻐하였고 그
열매는 내 입에 달았도다
4 그가 나를 인도하여 잔칫집에 들어갔
으니 그 사랑은 내 위에 깃발이로구
나
5 너희는 건포도로 내 힘을 돕고 사과
로 나를 시원하게 하라 내가 사랑하
므로 병이 생겼음이라
6 그가 왼팔로 내 머리를 고이고 오른
팔로 나를 안는구나
7 예루살렘 딸들아 내가 노루와 들사
슴을 두고 너희에게 부탁한다 내 사
랑이 원하기 전에는 흔들지 말고 깨
우지 말지니라
8 내 사랑하는 자의 목소리로구나 보
라 그가 산에서 달리고 작은 산을
빨리 넘어오는구나
9 내 사랑하는 자는 노루와도 같고 어
린 사슴과도 같아서 우리 벽 뒤에 서
서 창으로 들여다보며 창살 틈으로
엿보는구나
10 나의 사랑하는 자가 내게 말하여 이
르기를 나의 사랑, 내 어여쁜 자야
일어나서 함께 가자
11 겨울도 지나고 비도 그쳤고
12 지면에는 꽃이 피고 새가 노래할 때
가 이르렀는데 비둘기의 소리가 우리
땅에 들리는구나
13 무화과나무에는 푸른 열매가 익었고
포도나무는 꽃을 피워 향기를 토하
는구나 나의 사랑, 나의 어여쁜 자야
일어나서 함께 가자
14 바위 틈 낭떠러지 은밀한 곳에 있는
나의 비둘기야 내가 네 얼굴을 보게
하라 네 소리를 듣게 하라 네 소리는
부드럽고 네 얼굴은 아름답구나
15 우리를 위하여 여우 곧 포도원을 허
는 작은 여우를 잡으라 우리의 포도
원에 꽃이 피었음이라
16 내 사랑하는 자는 내게 속하였고 나
는 그에게 속하였도다 그가 백합화
가운데에서 양 떼를 먹이는구나
17 내 사랑하는 자야 날이 저물고 그림
자가 사라지기 전에 돌아와서 베데
르 산의 노루와 어린 사슴 같을지라

3 내가 밤에 침상에서 마음으로 사
랑하는 자를 찾았노라 찾아도 찾
아내지 못하였노라
2 이에 내가 일어나서 성 안을 돌아다

니며 마음에 사랑하는 자를 거리에서
나 큰 길에서나 찾으리라 하고 찾으
나 만나지 못하였노라
3 성 안을 순찰하는 자들을 만나서 묻
기를 내 마음으로 사랑하는 자를 너
희가 보았느냐 하고
4 그들을 지나치자마자 마음에 사랑하
는 자를 만나서 그를 붙잡고 내 어머
니 집으로, 나를 잉태한 이의 방으로
가기까지 놓지 아니하였노라
5 예루살렘 딸들아 내가 노루와 들사
슴을 두고 너희에게 부탁한다 사랑
하는 자가 원하기 전에는 흔들지 말
고 깨우지 말지니라
6 몰약과 유향과 상인의 여러 가지 향
품으로 향내 풍기며 연기 기둥처럼
거친 들에서 오는 자가 누구인가
7 볼지어다 솔로몬의 가마라 이스라엘
용사 중 육십 명이 둘러쌌는데
8 다 칼을 잡고 싸움에 익숙한 사람들
이라 밤의 두려움으로 말미암아 각기
허리에 칼을 찼느니라
9 솔로몬 왕이 레바논 나무로 자기의
가마를 만들었는데
10 그 기둥은 은이요 바닥은 금이요 자
리는 자색 깔개라 그 안에는 예루살
렘 딸들의 사랑이 엮어져 있구나
11 시온의 딸들아 나와서 솔로몬 왕을
보라 혼인날 마음이 기쁠 때에 그의
어머니가 씌운 왕관이 그 머리에 있
구나

4 내 사랑 너는 어여쁘고도 어여쁘
다 너울 속에 있는 네 눈이 비둘기
같고 네 머리털은 길르앗 산 기슭에
누운 염소 떼 같구나
2 네 이는 목욕장에서 나오는 털 깎인
암양 곧 새끼 없는 것은 하나도 없이
각각 쌍태를 낳은 양 같구나
3 네 입술은 홍색 실 같고 네 입은 어
여쁘고 너울 속의 네 뺨은 석류 한
쪽 같구나
4 네 목은 무기를 두려고 건축한 다윗
의 망대 곧 방패 천 개, 용사의 모든
방패가 달린 망대 같고
5 네 두 유방은 백합화 가운데서 꼴을
먹는 쌍태 어린 사슴 같구나
6 날이 저물고 그림자가 사라지기 전에
내가 몰약 산과 유향의 작은 산으로
가리라
7 나의 사랑 너는 어여쁘고 아무 흠이
없구나
8 내 신부야 너는 레바논에서부터 나
와 함께 하고 레바논에서부터 나와
함께 가자 아마나와 스닐과 헤르몬
꼭대기에서 사자 굴과 표범 산에서
내려오너라

9 내 누이, 내 신부야 네가 내 마음을
빼앗았구나 네 눈으로 한 번 보는
것과 네 목의 구슬 한 꿰미로 내 마
음을 빼앗았구나
10 내 누이, 내 신부야 네 사랑이 어찌
그리 아름다운지 네 사랑은 포도주
보다 진하고 네 기름의 향기는 각양
향품보다 향기롭구나
11 내 신부야 네 입술에서는 꿀 방울이
떨어지고 네 혀 밑에는 꿀과 젖이 있
고 네 의복의 향기는 레바논의 향기
같구나
12 내 누이, 내 신부는 잠근 동산이요
덮은 우물이요 봉한 샘이로구나
13 네게서 나는 것은 석류나무와 각종
아름다운 과수와 고벨화와 나도풀과
14 나도와 번홍화와 창포와 계수와 각
종 유향목과 몰약과 침향과 모든 귀
한 향품이요
15 너는 동산의 샘이요 생수의 우물이요
레바논에서부터 흐르는 시내로구나
16 북풍아 일어나라 남풍아 오라 나의
동산에 불어서 향기를 날리라 나의
사랑하는 자가 그 동산에 들어가서
그 아름다운 열매 먹기를 원하노라

5 내 누이, 내 신부야 내가 내 동산
에 들어와서 나의 몰약과 향 재료
를 거두고 나의 꿀송이와 꿀을 먹고
내 포도주와 내 우유를 마셨으니 나
의 친구들아 먹으라 나의 사랑하는
사람들아 많이 마시라
2 내가 잘지라도 마음은 깨었는데 나
의 사랑하는 자의 소리가 들리는구
나 문을 두드려 이르기를 나의 누이,
나의 사랑, 나의 비둘기, 나의 완전한
자야 문을 열어 다오 내 머리에는 이
슬이, 내 머리털에는 밤이슬이 가득
하였다 하는구나
3 내가 옷을 벗었으니 어찌 다시 입겠
으며 내가 발을 씻었으니 어찌 다시
더럽히랴마는
4 내 사랑하는 자가 문틈으로 손을 들
이밀매 내 마음이 움직여서
5 일어나 내 사랑하는 자를 위하여 문
을 열 때 몰약이 내 손에서, 몰약의
즙이 내 손가락에서 문빗장에 떨어지
는구나
6 내가 내 사랑하는 자를 위하여 문을
열었으나 그는 벌써 물러갔네 그가
말할 때에 내 혼이 나갔구나 내가
그를 찾아도 못 만났고 불러도 응답
이 없었노라
7 성 안을 순찰하는 자들이 나를 만나
매 나를 쳐서 상하게 하였고 성벽을
파수하는 자들이 나의 겉옷을 벗겨
가졌도다

8 예루살렘 딸들아 너희에게 내가 부
탁한다 너희가 내 사랑하는 자를 만
나거든 내가 사랑하므로 병이 났다
고 하려무나
9 여자들 가운데에 어여쁜 자야 너의
사랑하는 자가 남의 사랑하는 자보
다 나은 것이 무엇인가 너의 사랑하
는 자가 남의 사랑하는 자보다 나은
것이 무엇이기에 이같이 우리에게 부
탁하는가
10 내 사랑하는 자는 희고도 붉어 많은
사람 가운데에 뛰어나구나
11 머리는 순금 같고 머리털은 고불고
불하고 까마귀 같이 검구나
12 눈은 시냇가의 비둘기 같은데 우유로
씻은 듯하고 아름답게도 박혔구나
13 뺨은 향기로운 꽃밭 같고 향기로운
풀언덕과도 같고 입술은 백합화 같
고 몰약의 즙이 뚝뚝 떨어지는구나
14 손은 황옥을 물린 황금 노리개 같고
몸은 아로새긴 상아에 청옥을 입힌
듯하구나
15 다리는 순금 받침에 세운 화반석 기
둥 같고 생김새는 레바논 같으며 백
향목처럼 보기 좋고
16 입은 심히 달콤하니 그 전체가 사랑
스럽구나 예루살렘 딸들아 이는 내
사랑하는 자요 나의 친구로다

6 여자들 가운데에서 어여쁜 자야
네 사랑하는 자가 어디로 갔는가
네 사랑하는 자가 어디로 돌아갔는
가 우리가 너와 함께 찾으리라
2 내 사랑하는 자가 자기 동산으로 내
려가 향기로운 꽃밭에 이르러서 동
산 가운데에서 양 떼를 먹이며 백합
화를 꺾는구나
3 나는 내 사랑하는 자에게 속하였고
내 사랑하는 자는 내게 속하였으며
그가 백합화 가운데에서 그 양 떼를
먹이는도다
4 내 사랑아 너는 디르사 같이 어여쁘
고, 예루살렘 같이 곱고, 깃발을 세
운 군대 같이 당당하구나
5 네 눈이 나를 놀라게 하니 돌이켜 나
를 보지 말라 네 머리털은 길르앗 산
기슭에 누운 염소 떼 같고
6 네 이는 목욕하고 나오는 암양 떼
같으니 쌍태를 가졌으며 새끼 없는
것은 하나도 없구나
7 너울 속의 네 뺨은 석류 한 쪽 같구나
8 왕비가 육십 명이요 후궁이 팔십 명
이요 시녀가 무수하되
9 내 비둘기, 내 완전한 자는 하나뿐이
로구나 그는 그의 어머니의 외딸이요
그 낳은 자가 귀중하게 여기는 자로
구나 여자들이 그를 보고 복된 자라

하고 왕비와 후궁들도 그를 칭찬하
는구나
10 아침 빛 같이 뚜렷하고 달 같이 아름
답고 해 같이 맑고 깃발을 세운 군
대 같이 당당한 여자가 누구인가
11 골짜기의 푸른 초목을 보려고 포도
나무가 순이 났는가 석류나무가 꽃
이 피었는가 알려고 내가 호도 동산
으로 내려갔을 때에
12 부지중에 내 마음이 나를 내 귀한 백
성의 수레 가운데에 이르게 하였구나
13 돌아오고 돌아오라 술람미 여자야
돌아오고 돌아오라 우리가 너를 보
게 하라 너희가 어찌하여 마하나임에
서 춤추는 것을 보는 것처럼 술람미
여자를 보려느냐

7 귀한 자의 딸아 신을 신은 네 발이
어찌 그리 아름다운가 네 넓적다
리는 둥글어서 숙련공의 손이 만든
구슬 꿰미 같구나
2 배꼽은 섞은 포도주를 가득히 부은
둥근 잔 같고 허리는 백합화로 두른
밀단 같구나
3 두 유방은 암사슴의 쌍태 새끼 같고
4 목은 상아 망대 같구나 눈은 헤스본
바드랍빔 문 곁에 있는 연못 같고 코
는 다메섹을 향한 레바논 망대 같구
나
5 머리는 갈멜 산 같고 드리운 머리털
은 자주 빛이 있으니 왕이 그 머리카
락에 매이었구나
6 사랑아 네가 어찌 그리 아름다운지,
어찌 그리 화창한지 즐겁게 하는구나
7 네 키는 종려나무 같고 네 유방은
그 열매송이 같구나
8 내가 말하기를 종려나무에 올라가서
그 가지를 잡으리라 하였나니 네 유
방은 포도송이 같고 네 콧김은 사과
냄새 같고
9 네 입은 좋은 포도주 같을 것이니라
이 포도주는 내 사랑하는 자를 위하
여 미끄럽게 흘러내려서 자는 자의
입을 움직이게 하느니라
10 나는 내 사랑하는 자에게 속하였도
다 그가 나를 사모하는구나
11 내 사랑하는 자야 우리가 함께 들로
가서 동네에서 유숙하자
12 우리가 일찍이 일어나서 포도원으로
가서 포도 움이 돋았는지, 꽃술이 퍼
졌는지, 석류 꽃이 피었는지 보자 거
기에서 내가 내 사랑을 네게 주리라
13 합환채가 향기를 뿜어내고 우리의
문 앞에는 여러 가지 귀한 열매가 새
것, 묵은 것으로 마련되었구나 내가
내 사랑하는 자 너를 위하여 쌓아 둔
것이로다

8 네가 내 어머니의 젖을 먹은 오라
비 같았더라면 내가 밖에서 너를
만날 때에 입을 맞추어도 나를 업신
여길 자가 없었을 것이라
2 내가 너를 이끌어 내 어머니 집에 들
이고 네게서 교훈을 받았으리라 나
는 향기로운 술 곧 석류즙으로 네게
마시게 하겠고
3 너는 왼팔로는 내 머리를 고이고 오
른손으로는 나를 안았으리라
4 예루살렘 딸들아 내가 너희에게 부
탁한다 내 사랑하는 자가 원하기 전
에는 흔들지 말며 깨우지 말지니라
5 그의 사랑하는 자를 의지하고 거친
들에서 올라오는 여자가 누구인가
너로 말미암아 네 어머니가 고생한 곳
너를 낳은 자가 애쓴 그 곳 사과나
무 아래에서 내가 너를 깨웠노라
6 너는 나를 도장 같이 마음에 품고
도장 같이 팔에 두라 사랑은 죽음
같이 강하고 질투는 스올 같이 잔인
하며 불길 같이 일어나니 그 기세가
여호와의 불과 같으니라
7 많은 물도 이 사랑을 끄지 못하겠고
홍수라도 삼키지 못하나니 사람이 그
의 온 가산을 다 주고 사랑과 바꾸려
할지라도 오히려 멸시를 받으리라
8 우리에게 있는 작은 누이는 아직도
유방이 없구나 그가 청혼을 받는 날
에는 우리가 그를 위하여 무엇을 할
까
9 그가 성벽이라면 우리는 은 망대를
그 위에 세울 것이요 그가 문이라면
우리는 백향목 판자로 두르리라
10 나는 성벽이요 내 유방은 망대 같으
니 그러므로 나는 그가 보기에 화평
을 얻은 자 같구나
11 솔로몬이 바알하몬에 포도원이 있어
지키는 자들에게 맡겨 두고 그들로
각기 그 열매로 말미암아 은 천을 바
치게 하였구나
12 솔로몬 너는 천을 얻겠고 열매를 지
키는 자도 이백을 얻으려니와 내게
속한 내 포도원은 내 앞에 있구나
13 너 동산에 거주하는 자야 친구들이
네 소리에 귀를 기울이니 내가 듣게
하려무나
14 내 사랑하는 자야 너는 빨리 달리라
향기로운 산 위에 있는 노루와도 같
고 어린 사슴과도 같아라

365묵상

교회를 향한 그리스도의 포옹

아가서 8:3은 신랑신부의 아름다운 포옹 장면을 묘사하고 있다. 남녀 간의 사랑에 대한 아름다운 한 폭의 그림 언어와도 같다. 이제 십자가에 달리신 예수님을 생각해보라. 예수님은 우리 죄를 대신해서 십자가에 달리셨고, 머리에는 가시관이 씌워졌으며, 손에는 굵은 못이 박혔다. 바로 여기에 교회를 향한 그리스도의 사랑이 있다! 예수님은 자기 신부를 향해 십자가 위에서 피 묻은 손을 뻗치셨고, 그 손으로 자기 신부된 교회를 사랑으로 포옹하셨다. 이런 사랑으로, 교회는 새 생명을 얻어 지극한 기쁨을 누리게 되었다.

이사야 Isaiah

유다 왕 웃시야 말년부터 므낫세 초기까지 활동한 이사야 선지자는 하나님의 백성들에게 그들이 계속해서 죄를 짓는다면 하나님의 심판을 받을 수밖에 없다는 사실을 경고했다. 그렇지만 선지자는 하나님께서 얼마나 자비롭고 사랑이 많으신 분인지, 또 얼마나 놀라운 약속들을 많이 주셨는지 알려주면서 하나님의 백성들을 위로했다.

제목 '여호와는 구원이시다'라는 뜻으로, 저자의 이름을 반영한다.

저자 이사야. 본서의 내증(1:1; 2:1), 신약 기자의 증거(마 13:14–15; 막 1:2), 히스기야 왕과 관련된 사건들(왕하 19–20장; 대하 32:20–33; 사 36–39장) 등이 이사야 저작설을 뒷받침해 준다.

기록 연대 B.C. 700–680년경. 36–39장에 나오는 앗수르의 침공 사건(B.C. 701년) 직후로부터 이사야가 므낫세 왕에게 순교당할 때까지의 활동 기간 중에 기록했다.

기록 목적 ① 이스라엘이 특별한 언약 백성임을 상기시켜 온전한 관계 회복을 촉구하기 위하여. ② 메시야의 강림을 예언하여 하나님만이 구원의 근거라는 소망을 갖게 하기 위하여.

주제 유다는 누적된 죄악 때문에 멸망하지만, 하나님은 '남은 자'를 보존하여 새롭게 회복하시고, 메시야를 통한 궁극적인 구원을 이루실 것이다.

특징 ① 비유적 표현–의인법, 은유법, 풍자법 등을 써서 극적 효과를 높였다. ② 장엄한 문체–예언의 분량, 내용, 언어 선택 등 모든 면에서 적극적이고도 웅대한 면모를 살렸다. ③ 풍부한 메시야 예언–53장을 비롯한 많은 곳에서 메시야의 생애를 직설적이고도 세밀하게 예언하여, 가장 권위 있는 메시야 예언서 역할을 한다.

본서의 내용

I. 여호와의 심판 예언
① 유다에 대해(1:1–12:6)
② 열방에 대해(13:1–23:18)
③ 여호와의 날(24:1–27:13)
④ 심판과 축복(28:1–35:10)

II. 역사적인 사건
① 앗수르의 침공(36:1–22)
② 히스기야의 신앙(37:1–38)
③ 히스기야의 치유(38:1–22)
④ 히스기야의 교만(39:1–8)

III. 여호와의 구원 예언
① 이스라엘의 구원(40:1–48:22)
② 이스라엘의 구원자(49:1–57:21)
③ 이스라엘의 소망(58:1–66:24)

연대표

B.C.	
930년	왕국의 남북분열
791년	유다 제10대 왕 웃시야 즉위
750년	제11대 왕 요담 즉위
742년	선지자 미가의 사역
740년	선지자 이사야의 사역
735년	제12대 왕 아하스 즉위
728년	제13대 왕 히스기야 즉위
722년	북왕국 사마리아 함락
714년	앗수르의 1, 2차 침략
697년	제 14대 왕 므낫세 즉위
681년	이사야의 순교
605년	갈그미스 전투
	앗수르 패망
	바벨론의 유다 1차 침입
586년	남왕국 예루살렘 함락
538년	바사왕 고레스의 귀환 조서

· 이사야의 주요 무대

이사야 Isaiah

1
유다 왕 웃시야와 요담과 아하스
와 히스기야 시대에 아모스의 아
들 이사야가 유다와 예루살렘에 관
하여 본 계시라

여호와의 말씀

2 하늘이여 들으라 땅이여 귀를 기울이
라 여호와께서 말씀하시기를 내가
자식을 양육하였거늘 그들이 나를
거역하였도다
3 소는 그 임자를 알고 나귀는 그 주
인의 구유를 알건마는 이스라엘은
알지 못하고 나의 백성은 깨닫지 못
하는도다 하셨도다
4 슬프다 범죄한 나라요 허물 진 백성
이요 행악의 종자요 행위가 부패한
자식이로다 그들이 여호와를 버리며
이스라엘의 거룩하신 이를 만홀히 여
겨 멀리하고 물러갔도다
5 너희가 어찌하여 매를 더 맞으려고
패역을 거듭하느냐 온 머리는 병들
었고 온 마음은 피곤하였으며
6 발바닥에서 머리까지 성한 곳이 없이
상한 것과 터진 것과 새로 맞은 흔적
뿐이거늘 그것을 짜며 싸매며 기름
으로 부드럽게 함을 받지 못하였도
다
7 너희의 땅은 황폐하였고 너희의 성읍
들은 불에 탔고 너희의 토지는 너희
목전에서 이방인에게 삼켜졌으며 이
방인에게 파괴됨 같이 황폐하였고
8 딸 시온은 포도원의 망대 같이, 참외
밭의 원두막 같이, 에워 싸인 성읍 같
이 겨우 남았도다
9 만군의 여호와께서 우리를 위하여 생
존자를 조금 남겨 두지 아니하셨더면
우리가 소돔 같고 고모라 같았으리
로다
10 너희 소돔의 관원들아 여호와의 말씀
을 들을지어다 너희 고모라의 백성아
우리 하나님의 법에 귀를 기울일지어
다
11 여호와께서 말씀하시되 너희의 무수
한 제물이 내게 무엇이 유익하뇨 나
는 숫양의 번제와 살진 짐승의 기름
에 배불렀고 나는 수송아지나 어린
양이나 숫염소의 피를 기뻐하지 아니
하노라
12 너희가 내 앞에 보이러 오니 이것을
누가 너희에게 요구하였느냐 내 마
당만 밟을 뿐이니라
13 헛된 제물을 다시 가져오지 말라 분
향은 내가 가증히 여기는 바요 월삭

과 안식일과 대회로 모이는 것도 그
러하니 성회와 아울러 악을 행하는
것을 내가 견디지 못하겠노라
14 내 마음이 너희의 월삭과 정한 절기
를 싫어하나니 그것이 내게 무거운
짐이라 내가 지기에 곤비하였느니라
15 너희가 손을 펼 때에 내가 내 눈을
너희에게서 가리고 너희가 많이 기도
할지라도 내가 듣지 아니하리니 이는
너희의 손에 피가 가득함이라
16 너희는 스스로 씻으며 스스로 깨끗
하게 하여 내 목전에서 너희 악한 행
실을 버리며 행악을 그치고
17 선행을 배우며 정의를 구하며 학대
받는 자를 도와 주며 고아를 위하여
신원하며 과부를 위하여 변호하라 하
셨느니라
18 여호와께서 말씀하시되 오라 우리가
서로 변론하자 너희의 죄가 주홍 같
을지라도 눈과 같이 희어질 것이요
진홍 같이 붉을지라도 양털 같이 희
게 되리라
19 너희가 즐겨 순종하면 땅의 아름다
운 소산을 먹을 것이요
20 너희가 거절하여 배반하면 칼에 삼켜
지리라 여호와의 입의 말씀이니라

죄로 가득 찬 성읍

21 신실하던 성읍이 어찌하여 창기가 되
었는고 정의가 거기에 충만하였고 공
의가 그 가운데에 거하였더니 이제는
살인자들뿐이로다
22 네 은은 찌꺼기가 되었고 네 포도주
에는 물이 섞였도다
23 네 고관들은 패역하여 도둑과 짝하
며 다 뇌물을 사랑하며 예물을 구하
며 고아를 위하여 신원하지 아니하며
과부의 송사를 수리하지 아니하는도
다
24 그러므로 주 만군의 여호와 이스라
엘의 전능자가 말씀하시되 슬프다
내가 장차 내 대적에게 보응하여 내
마음을 편하게 하겠고 내 원수에게
보복하리라
25 내가 또 내 손을 네게 돌려 네 찌꺼
기를 잿물로 씻듯이 녹여 청결하게
하며 네 혼잡물을 다 제하여 버리고
26 내가 네 재판관들을 처음과 같이, 네
모사들을 본래와 같이 회복할 것이
라 그리한 후에야 네가 의의 성읍이
라, 신실한 고을이라 불리리라 하셨
나니
27 시온은 정의로 구속함을 받고 그 돌
아온 자들은 공의로 구속함을 받으
리라
28 그러나 패역한 자와 죄인은 함께 패
망하고 여호와를 버린 자도 멸망할

것이라
29 너희가 기뻐하던 상수리나무로 말미
암아 너희가 부끄러움을 당할 것이
요 너희가 택한 동산으로 말미암아
수치를 당할 것이며
30 너희는 잎사귀 마른 상수리나무 같을
것이요 물 없는 동산 같으리니
31 강한 자는 삼오라기 같고 그의 행위
는 불티 같아서 함께 탈 것이나 끌
사람이 없으리라

칼을 쳐서 보습을 만들고

2 아모스의 아들 이사야가 받은 바
유다와 예루살렘에 관한 말씀이
라
2 말일에 여호와의 전의 산이 모든 산
꼭대기에 굳게 설 것이요 모든 작은
산 위에 뛰어나리니 만방이 그리로
모여들 것이라
3 많은 백성이 가며 이르기를 오라 우
리가 여호와의 산에 오르며 야곱의
하나님의 전에 이르자 그가 그의 길
을 우리에게 가르치실 것이라 우리가
그 길로 행하리라 하리니 이는 율법
이 시온에서부터 나올 것이요 여호와
의 말씀이 예루살렘에서부터 나올
것임이니라
4 그가 열방 사이에 판단하시며 많은
백성을 판결하시리니 무리가 그들의
칼을 쳐서 보습을 만들고 그들의 창
을 쳐서 낫을 만들 것이며 이 나라와
저 나라가 다시는 칼을 들고 서로 치
지 아니하며 다시는 전쟁을 연습하지
아니하리라

여호와의 날

5 야곱 족속아 오라 우리가 여호와의
빛에 행하자
6 주께서 주의 백성 야곱 족속을 버리
셨음은 그들에게 동방 풍속이 가득
하며 그들이 블레셋 사람들 같이 점
을 치며 이방인과 더불어 손을 잡아
언약하였음이라
7 그 땅에는 은금이 가득하고 보화가
무한하며 그 땅에는 마필이 가득하
고 병거가 무수하며
8 그 땅에는 우상도 가득하므로 그들
이 자기 손으로 짓고 자기 손가락으
로 만든 것을 경배하여
9 천한 자도 절하며 귀한 자도 굴복하
오니 그들을 용서하지 마옵소서
10 너희는 바위 틈에 들어가며 진토에
숨어 여호와의 위엄과 그 광대하심의
영광을 피하라
11 그 날에 눈이 높은 자가 낮아지며 교
만한 자가 굴복되고 여호와께서 홀
로 높임을 받으시리라
12 대저 만군의 여호와의 날이 모든 교

만한 자와 거만한 자와 자고한 자에
게 임하리니 그들이 낮아지리라
13 또 레바논의 높고 높은 모든 백향목
과 바산의 모든 상수리나무와
14 모든 높은 산과 모든 솟아 오른 작
은 언덕과
15 모든 높은 망대와 모든 견고한 성벽
과
16 다시스의 모든 배와 모든 아름다운
조각물에 임하리니
17 그 날에 자고한 자는 굴복되며 교만
한 자는 낮아지고 여호와께서 홀로
높임을 받으실 것이요
18 우상들은 온전히 없어질 것이며
19 사람들이 암혈과 토굴로 들어가서
여호와께서 땅을 진동시키려고 일어
나실 때에 그의 위엄과 그 광대하심
의 영광을 피할 것이라
20 사람이 자기를 위하여 경배하려고 만
들었던 은 우상과 금 우상을 그 날
에 두더지와 박쥐에게 던지고
21 암혈과 험악한 바위 틈에 들어가서
여호와께서 땅을 진동시키려고 일어
나실 때에 그의 위엄과 그 광대하심
의 영광을 피하리라
22 너희는 인생을 의지하지 말라 그의
호흡은 코에 있나니 셈할 가치가 어
디 있느냐

예루살렘의 멸망

3 보라 주 만군의 여호와께서 예루
살렘과 유다가 의뢰하며 의지하는
것을 제하여 버리시되 곧 그가 의지
하는 모든 양식과 그가 의지하는 모
든 물과
2 용사와 전사와 재판관과 선지자와
복술자와 장로와
3 오십부장과 귀인과 모사와 정교한
장인과 능란한 요술자를 그리하실
것이며
4 그가 또 소년들을 그들의 고관으로
삼으시며 아이들이 그들을 다스리게
하시리니
5 백성이 서로 학대하며 각기 이웃을
잔해하며 아이가 노인에게, 비천한
자가 존귀한 자에게 교만할 것이며
6 혹시 사람이 자기 아버지 집에서 자
기의 형제를 붙잡고 말하기를 네게
는 겉옷이 있으니 너는 우리의 통치
자가 되어 이 폐허를 네 손아래에 두
라 할 것이면
7 그 날에 그가 소리를 높여 이르기를
나는 고치는 자가 되지 아니하겠노
라 내 집에는 양식도 없고 의복도 없
으니 너희는 나를 백성의 통치자로
삼지 말라 하리라
8 예루살렘이 멸망하였고 유다가 엎드

러졌음은 그들의 언어와 행위가 여호
와를 거역하여 그의 영광의 눈을 범
하였음이라
9 그들의 안색이 불리하게 증거하며
그들의 죄를 말해 주고 숨기지 못함
이 소돔과 같으니 그들의 영혼에 화
가 있을진저 그들이 재앙을 자취하였
도다
10 너희는 의인에게 복이 있으리라 말하
라 그들은 그들의 행위의 열매를 먹
을 것임이요
11 악인에게는 화가 있으리니 이는 그의
손으로 행한 대로 그가 보응을 받을
것임이니라
12 내 백성을 학대하는 자는 아이요 다
스리는 자는 여자들이라 내 백성이여
네 인도자들이 너를 유혹하여 네가
다닐 길을 어지럽히느니라

여호와께서 백성을 심판하시다

13 여호와께서 변론하러 일어나시며 백
성들을 심판하려고 서시도다
14 여호와께서 자기 백성의 장로들과
고관들을 심문하러 오시리니 포도원
을 삼킨 자는 너희이며 가난한 자에
게서 탈취한 물건이 너희의 집에 있
도다
15 어찌하여 너희가 내 백성을 짓밟으며
가난한 자의 얼굴에 맷돌질하느냐
주 만군의 여호와 내가 말하였느니
라 하시도다

시온의 딸들에게 말씀하시다

16 여호와께서 또 말씀하시되 시온의 딸
들이 교만하여 늘인 목, 정을 통하는
눈으로 다니며 아기작거려 걸으며 발
로는 쟁쟁한 소리를 낸다 하시도다
17 그러므로 주께서 시온의 딸들의 정
수리에 딱지가 생기게 하시며 여호와
께서 그들의 하체가 드러나게 하시리
라
18 주께서 그 날에 그들이 장식한 발목
고리와 머리의 망사와 반달 장식과
19 귀 고리와 팔목 고리와 얼굴 가리개
와
20 화관과 발목 사슬과 띠와 향합과 호
신부와
21 반지와 코 고리와
22 예복과 겉옷과 목도리와 손 주머니
와
23 손 거울과 세마포 옷과 머리 수건과
너울을 제하시리니

365묵상

먹구름 뒤쪽은 밝게 빛난다

이사야서 전반에 흐르고 있는 메시지는 먹구름처럼 어둡다. 심판의 선포들로 가득 차 있다. 그러나 3장 10절은 밝은 소망을 보여준다. 삶이 어둡게만 보이는가? 삶을 어둡게 만들고 있는 먹구름이 자신의 암담한 미래이든, 가족 누군가에게 닥친 비극이든, 사회에 만연된 부정부패든, 하나님은 가장 어두운 먹구름이라도 소망의 빛으로 밝게 비추신다. 이사야 시대와 마찬가지로 오늘날에도 하나님은 의인들에게 여전히 말씀하신다. "복이 있으리라!"하고. 우리가 의롭게 산다면, 분명 선한 삶의 열매를 맛볼 수 있다.

24 그 때에 썩은 냄새가 향기를 대신하
고 노끈이 띠를 대신하고 대머리가
숱한 머리털을 대신하고 굵은 베 옷
이 화려한 옷을 대신하고 수치스러
운 흔적이 아름다움을 대신할 것이며
25 너희의 장정은 칼에, 너희의 용사는
전란에 망할 것이며
26 그 성문은 슬퍼하며 곡할 것이요 시
온은 황폐하여 땅에 앉으리라

4 그 날에 일곱 여자가 한 남자를
붙잡고 말하기를 우리가 우리 떡
을 먹으며 우리 옷을 입으리니 다만
당신의 이름으로 우리를 부르게 하
여 우리가 수치를 면하게 하라 하리
라

예루살렘을 청결하게 하실 때

2 그 날에 여호와의 싹이 아름답고 영
화로울 것이요 그 땅의 소산은 이스
라엘의 피난한 자를 위하여 영화롭
고 아름다울 것이며
3 시온에 남아 있는 자, 예루살렘에 머
물러 있는 자 곧 예루살렘 안에 생
존한 자 중 기록된 모든 사람은 거룩
하다 칭함을 얻으리니
4 이는 주께서 심판하는 영과 소멸하
는 영으로 시온의 딸들의 더러움을
씻기시며 예루살렘의 피를 그 중에서
청결하게 하실 때가 됨이라
5 여호와께서 거하시는 온 시온 산과
모든 집회 위에 낮이면 구름과 연기,
밤이면 화염의 빛을 만드시고 그 모
든 영광 위에 덮개를 두시며
6 또 초막이 있어서 낮에는 더위를 피
하는 그늘을 지으며 또 풍우를 피하
여 숨는 곳이 되리라

포도원 노래

5 나는 내가 사랑하는 자를 위하여
노래하되 내가 사랑하는 자의 포
도원을 노래하리라 내가 사랑하는
자에게 포도원이 있음이여 심히 기름
진 산에로다
2 땅을 파서 돌을 제하고 극상품 포도
나무를 심었도다 그 중에 망대를 세
웠고 또 그 안에 술틀을 팠도다 좋
은 포도 맺기를 바랐더니 들포도를
맺었도다
3 예루살렘 주민과 유다 사람들아 구
하노니 이제 나와 내 포도원 사이에
서 사리를 판단하라
4 내가 내 포도원을 위하여 행한 것 외
에 무엇을 더할 것이 있으랴 내가 좋
은 포도 맺기를 기다렸거늘 들포도
를 맺음은 어찌 됨인고
5 이제 내가 내 포도원에 어떻게 행할
지를 너희에게 이르리라 내가 그 울
타리를 걷어 먹힘을 당하게 하며 그

담을 헐어 짓밟히게 할 것이요
6 내가 그것을 황폐하게 하리니 다시
는 가지를 자름이나 북을 돋우지 못
하여 찔레와 가시가 날 것이며 내가
또 구름에게 명하여 그 위에 비를 내
리지 못하게 하리라 하셨으니
7 무릇 만군의 여호와의 포도원은 이
스라엘 족속이요 그가 기뻐하시는
나무는 유다 사람이라 그들에게 정
의를 바라셨더니 도리어 포학이요 그
들에게 공의를 바라셨더니 도리어 부
르짖음이었도다

사람이 저지르는 악한 일

8 가옥에 가옥을 이으며 전토에 전토
를 더하여 빈 틈이 없도록 하고 이
땅 가운데에서 홀로 거주하려 하는
자들은 화 있을진저
9 만군의 여호와께서 내 귀에 말씀하
시되 정녕히 허다한 가옥이 황폐하리
니 크고 아름다울지라도 거주할 자
가 없을 것이며
10 열흘 갈이 포도원에 겨우 포도주 한
바트가 나겠고 한 호멜의 종자를 뿌
려도 간신히 한 에바가 나리라 하시
도다
11 아침에 일찍이 일어나 독주를 마시며
밤이 깊도록 포도주에 취하는 자들
은 화 있을진저
12 그들이 연회에는 수금과 비파와 소
고와 피리와 포도주를 갖추었어도
여호와께서 행하시는 일에 관심을
두지 아니하며 그의 손으로 하신 일
을 보지 아니하는도다
13 그러므로 내 백성이 무지함으로 말
미암아 사로잡힐 것이요 그들의 귀한
자는 굶주릴 것이요 무리는 목마를
것이라
14 그러므로 스올이 욕심을 크게 내어
한량 없이 그 입을 벌린즉 그들의 호
화로움과 그들의 많은 무리와 그들
의 떠드는 것과 그 중에서 즐거워하
는 자가 거기에 빠질 것이라
15 여느 사람은 구푸리고 존귀한 자는
낮아지고 오만한 자의 눈도 낮아질
것이로되
16 오직 만군의 여호와는 정의로우시므
로 높임을 받으시며 거룩하신 하나님
은 공의로우시므로 거룩하다 일컬음
을 받으시리니
17 그 때에는 어린 양들이 자기 초장에
있는 것 같이 풀을 먹을 것이요 유리
하는 자들이 부자의 버려진 밭에서
먹으리라
18 거짓으로 끈을 삼아 죄악을 끌며 수
레 줄로 함 같이 죄악을 끄는 자는
화 있을진저

19 그들이 이르기를 그는 자기의 일을
속속히 이루어 우리에게 보게 할 것
이며 이스라엘의 거룩한 이는 자기의
계획을 속히 이루어 우리가 알게 할
것이라 하는도다
20 악을 선하다 하며 선을 악하다 하며
흑암으로 광명을 삼으며 광명으로
흑암을 삼으며 쓴 것으로 단 것을 삼
으며 단 것으로 쓴 것을 삼는 자들은
화 있을진저
21 스스로 지혜롭다 하며 스스로 명철
하다 하는 자들은 화 있을진저
22 포도주를 마시기에 용감하며 독주를
잘 빚는 자들은 화 있을진저
23 그들은 뇌물로 말미암아 악인을 의
롭다 하고 의인에게서 그 공의를 빼
앗는도다
24 이로 말미암아 불꽃이 그루터기를
삼킴 같이, 마른 풀이 불 속에 떨어짐
같이 그들의 뿌리가 썩겠고 꽃이 티
끌처럼 날리리니 그들이 만군의 여호
와의 율법을 버리며 이스라엘의 거룩
하신 이의 말씀을 멸시하였음이라
25 그러므로 여호와께서 자기 백성에게
노를 발하시고 그들 위에 손을 들어
그들을 치신지라 산들은 진동하며
그들의 시체는 거리 가운데에 분토
같이 되었도다 그럴지라도 그의 노가
돌아서지 아니하였고 그의 손이 여전
히 펼쳐져 있느니라
26 또 그가 기치를 세우시고 먼 나라들
을 불러 땅 끝에서부터 자기에게로
오게 하실 것이라 보라 그들이 빨리
달려올 것이로되
27 그 중에 곤핍하여 넘어지는 자도 없
을 것이며 조는 자나 자는 자도 없을
것이며 그들의 허리띠는 풀리지 아니
하며 그들의 들메끈은 끊어지지 아니
하며
28 그들의 화살은 날카롭고 모든 활은
당겨졌으며 그들의 말굽은 부싯돌
같고 병거 바퀴는 회오리바람 같을
것이며
29 그들의 부르짖음은 암사자 같을 것
이요 그들의 소리지름은 어린 사자들
과 같을 것이라 그들이 부르짖으며
먹이를 움켜 가져가 버려도 건질 자
가 없으리로다
30 그 날에 그들이 바다 물결 소리 같이
백성을 향하여 부르짖으리니 사람이
그 땅을 바라보면 흑암과 고난이 있
고 빛은 구름에 가려서 어두우리라

이사야를 선지자로 부르시다

6 웃시야 왕이 죽던 해에 내가 본즉
주께서 높이 들린 보좌에 앉으셨
는데 그의 옷자락은 성전에 가득하

였고
2 스랍들이 모시고 섰는데 각기 여섯
날개가 있어 그 둘로는 자기의 얼굴
을 가리었고 그 둘로는 자기의 발을
가리었고 그 둘로는 날며
3 서로 불러 이르되 거룩하다 거룩하다
거룩하다 만군의 여호와여 그의 영광
이 온 땅에 충만하도다 하더라
4 이같이 화답하는 자의 소리로 말미암
아 문지방의 터가 요동하며 성전에
연기가 충만한지라
5 그 때에 내가 말하되 화로다 나여 망
하게 되었도다 나는 입술이 부정한
사람이요 나는 입술이 부정한 백성
중에 거주하면서 만군의 여호와이신
왕을 뵈었음이로다 하였더라
6 그 때에 그 스랍 중의 하나가 부젓
가락으로 제단에서 집은 바 핀 숯을
손에 가지고 내게로 날아와서
7 그것을 내 입술에 대며 이르되 보라
이것이 네 입에 닿았으니 네 악이 제
하여졌고 네 죄가 사하여졌느니라 하
더라
8 내가 또 주의 목소리를 들으니 주께
서 이르시되 내가 누구를 보내며 누
가 우리를 위하여 갈꼬 하시니 그 때
에 내가 이르되 내가 여기 있나이다
나를 보내소서 하였더니
9 여호와께서 이르시되 가서 이 백성에
게 이르기를 너희가 듣기는 들어도
깨닫지 못할 것이요 보기는 보아도
알지 못하리라 하여
10 이 백성의 마음을 둔하게 하며 그들
의 귀가 막히고 그들의 눈이 감기게
하라 염려하건대 그들이 눈으로 보
고 귀로 듣고 마음으로 깨닫고 다시
돌아와 고침을 받을까 하노라 하시
기로
11 내가 이르되 주여 어느 때까지니이까
하였더니 주께서 대답하시되 성읍들
은 황폐하여 주민이 없으며 가옥들
에는 사람이 없고 이 토지는 황폐하
게 되며
12 여호와께서 사람들을 멀리 옮기셔서
이 땅 가운데에 황폐한 곳이 많을
때까지니라
13 그 중에 십분의 일이 아직 남아 있을
지라도 이것도 황폐하게 될 것이나
밤나무와 상수리나무가 베임을 당하
여도 그 그루터기는 남아 있는 것 같
이 거룩한 씨가 이 땅의 그루터기니
라 하시더라

아하스 왕에게 삼가며 조용하라 하시다

7 웃시야의 손자요 요담의 아들인
유다의 아하스 왕 때에 아람의 르
신 왕과 르말리야의 아들 이스라엘

의 베가 왕이 올라와서 예루살렘을
쳤으나 능히 이기지 못하니라
2 어떤 사람이 다윗의 집에 알려 이르되
아람이 에브라임과 동맹하였다 하였
으므로 왕의 마음과 그의 백성의 마
음이 숲이 바람에 흔들림 같이 흔들
렸더라
3 그 때에 여호와께서 이사야에게 이
르시되 너와 네 아들 스알야숩은 윗
못 수도 끝 세탁자의 밭 큰 길에 나
가서 아하스를 만나
4 그에게 이르기를 너는 삼가며 조용
하라 르신과 아람과 르말리야의 아
들이 심히 노할지라도 이들은 연기
나는 두 부지깽이 그루터기에 불과
하니 두려워하지 말며 낙심하지 말라
5 아람과 에브라임과 르말리야의 아들
이 악한 꾀로 너를 대적하여 이르기
를
6 우리가 올라가 유다를 쳐서 그것을
쓰러뜨리고 우리를 위하여 그것을
무너뜨리고 다브엘의 아들을 그 중
에 세워 왕으로 삼자 하였으나
7 주 여호와의 말씀이 그 일은 서지 못
하며 이루어지지 못하리라
8 대저 아람의 머리는 다메섹이요 다메
섹의 머리는 르신이며 육십오년 내에
에브라임이 패망하여 다시는 나라를
이루지 못할 것이며
9 에브라임의 머리는 사마리아요 사마
리아의 머리는 르말리야의 아들이니
라 만일 너희가 굳게 믿지 아니하면
너희는 굳게 서지 못하리라 하시니라

임마누엘의 징조

10 여호와께서 또 아하스에게 말씀하여
이르시되
11 너는 네 하나님 여호와께 한 징조를
구하되 깊은 데에서든지 높은 데에
서든지 구하라 하시니
12 아하스가 이르되 나는 구하지 아니
하겠나이다 나는 여호와를 시험하지
아니하겠나이다 한지라
13 이사야가 이르되 다윗의 집이여 원하
건대 들을지어다 너희가 사람을 괴롭
히고서 그것을 작은 일로 여겨 또 나
의 하나님을 괴롭히려 하느냐
14 그러므로 주께서 친히 징조를 너희에
게 주실 것이라 보라 처녀가 잉태하
여 아들을 낳을 것이요 그의 이름을
임마누엘이라 하리라
15 그가 악을 버리며 선을 택할 줄 알
때가 되면 엉긴 젖과 꿀을 먹을 것이
라
16 대저 이 아이가 악을 버리며 선을 택
할 줄 알기 전에 네가 미워하는 두
왕의 땅이 황폐하게 되리라

17 여호와께서 에브라임이 유다를 떠날
때부터 당하여 보지 못한 날을 너와
네 백성과 네 아버지 집에 임하게 하
시리니 곧 앗수르 왕이 오는 날이니
라
18 그 날에는 여호와께서 애굽 하수에
서 먼 곳의 파리와 앗수르 땅의 벌을
부르시리니
19 다 와서 거친 골짜기와 바위 틈과 가
시나무 울타리와 모든 초장에 앉으
리라
20 그 날에는 주께서 하수 저쪽에서 세
내어 온 삭도 곧 앗수르 왕으로 네
백성의 머리 털과 발 털을 미실 것이
요 수염도 깎으시리라
21 그 날에는 사람이 한 어린 암소와 두
양을 기르리니
22 그것들이 내는 젖이 많으므로 엉긴 젖
을 먹을 것이라 그 땅 가운데에 남아
있는 자는 엉긴 젖과 꿀을 먹으리라
23 그 날에는 천 그루에 은 천 개의 가
치가 있는 포도나무가 있던 곳마다
찔레와 가시가 날 것이라
24 온 땅에 찔레와 가시가 있으므로 화
살과 활을 가지고 그리로 갈 것이요
25 보습으로 갈던 모든 산에도 찔레와
가시 때문에 두려워서 그리로 가지
못할 것이요 그 땅은 소를 풀어 놓
으며 양이 밟는 곳이 되리라

이사야의 아들

8 여호와께서 내게 이르시되 너는
큰 서판을 가지고 그 위에 통용
문자로 마헬살랄하스바스라 쓰라
2 내가 진실한 증인 제사장 우리야와
여베레기야의 아들 스가랴를 불러
증언하게 하리라 하시더니
3 내가 내 아내를 가까이 하매 그가 임
신하여 아들을 낳은지라 여호와께서
내게 이르시되 그의 이름을 마헬살
랄하스바스라 하라
4 이는 이 아이가 내 아빠, 내 엄마라
부를 줄 알기 전에 다메섹의 재물과
사마리아의 노략물이 앗수르 왕 앞
에 옮겨질 것임이라 하시니라

앗수르 왕의 침략

5 여호와께서 다시 내게 말씀하여 이
르시되
6 이 백성이 천천히 흐르는 실로아 물
을 버리고 르신과 르말리야의 아들
을 기뻐하느니라

365묵상

그의 이름은 '임마누엘'

현대사회는 사인(sign)이 일반화되었다. 사인은 복잡한 문자를 간편하게 압축시킨 일종의 공식이다. 예컨대, 빨간 신호등은 멈추라는 뜻이다. 성경에서도 하나님은 자기 백성에게 사인을 보내셨다. 인류역사상 가장 놀랍고 위대한 일이 일어날 것임을 사인으로 말씀하셨다. 한 사내아이가 태어나게 될 것인데, 그 이름이 '임마누엘'이라는 사인이다(사 7:14). '임마누엘'은 '하나님이 우리와 함께 계신다'란 뜻이다. 무얼 의미할까? 이 사인의 비밀은 '예수 그리스도'다. 그분이야말로 우리와 함께 계신 하나님이시기 때문이다.

7 그러므로 주 내가 흉용하고 창일한
큰 하수 곧 앗수르 왕과 그의 모든
위력으로 그들을 뒤덮을 것이라 그
모든 골짜기에 차고 모든 언덕에 넘
쳐
8 흘러 유다에 들어와서 가득하여 목
에까지 미치리라 임마누엘이여 그가
펴는 날개가 네 땅에 가득하리라 하
셨느니라

여호와께서 깨우치시다

9 너희 민족들아 함성을 질러 보아라
그러나 끝내 패망하리라 너희 먼 나
라 백성들아 들을지니라 너희 허리를
동이라 그러나 끝내 패망하리라 너희
허리에 띠를 띠라 그러나 끝내 패망
하리라
10 너희는 함께 계획하라 그러나 끝내
이루지 못하리라 말을 해 보아라 끝
내 시행되지 못하리라 이는 하나님이
우리와 함께 계심이니라
11 여호와께서 강한 손으로 내게 알려
주시며 이 백성의 길로 가지 말 것을
내게 깨우쳐 이르시되
12 이 백성이 반역자가 있다고 말하여도
너희는 그 모든 말을 따라 반역자가
있다고 하지 말며 그들이 두려워하는
것을 너희는 두려워하지 말며 놀라지
말고
13 만군의 여호와 그를 너희가 거룩하
다 하고 그를 너희가 두려워하며 무
서워할 자로 삼으라
14 그가 성소가 되시리라 그러나 이스라
엘의 두 집에는 걸림돌과 걸려 넘어
지는 반석이 되실 것이며 예루살렘
주민에게는 함정과 올무가 되시리니
15 많은 사람들이 그로 말미암아 걸려
넘어질 것이며 부러질 것이며 덫에 걸
려 잡힐 것이니라

율법과 증거의 말씀을 따르라

16 너는 증거의 말씀을 싸매며 율법을
내 제자들 가운데에서 봉함하라
17 이제 야곱의 집에 대하여 얼굴을 가
리시는 여호와를 나는 기다리며 그를
바라보리라
18 보라 나와 및 여호와께서 내게 주신
자녀들이 이스라엘 중에 징조와 예표
가 되었나니 이는 시온 산에 계신 만
군의 여호와께로 말미암은 것이니라
19 어떤 사람이 너희에게 말하기를 주절
거리며 속살거리는 신접한 자와 마술
사에게 물으라 하거든 백성이 자기
하나님께 구할 것이 아니냐 산 자를
위하여 죽은 자에게 구하겠느냐 하
라
20 마땅히 율법과 증거의 말씀을 따를
지니 그들이 말하는 바가 이 말씀에

맞지 아니하면 그들이 정녕 아침 빛
을 보지 못하고
21 이 땅으로 헤매며 곤고하며 굶주릴
것이라 그가 굶주릴 때에 격분하여
자기의 왕과 자기의 하나님을 저주할
것이며 위를 쳐다보거나
22 땅을 굽어보아도 환난과 흑암과 고
통의 흑암뿐이리니 그들이 심한 흑암
가운데로 쫓겨 들어가리라

평강의 왕

9 전에 고통 받던 자들에게는 흑암
이 없으리로다 옛적에는 여호와께
서 스불론 땅과 납달리 땅이 멸시를
당하게 하셨더니 후에는 해변 길과
요단 저쪽 이방의 갈릴리를 영화롭게
하셨느니라
2 흑암에 행하던 백성이 큰 빛을 보고
사망의 그늘진 땅에 거주하던 자에
게 빛이 비치도다
3 주께서 이 나라를 창성하게 하시며
그 즐거움을 더하게 하셨으므로 추
수하는 즐거움과 탈취물을 나눌 때
의 즐거움 같이 그들이 주 앞에서 즐
거워하오니
4 이는 그들이 무겁게 멘 멍에와 그들
의 어깨의 채찍과 그 압제자의 막대
기를 주께서 꺾으시되 미디안의 날과
같이 하셨음이니이다
5 어지러이 싸우는 군인들의 신과 피
묻은 겉옷이 불에 섶 같이 살라지리
니
6 이는 한 아기가 우리에게 났고 한 아
들을 우리에게 주신 바 되었는데 그
의 어깨에는 정사를 메었고 그의 이
름은 기묘자라, 모사라, 전능하신 하
나님이라, 영존하시는 아버지라, 평강
의 왕이라 할 것임이라
7 그 정사와 평강의 더함이 무궁하며
또 다윗의 왕좌와 그의 나라에 군림
하여 그 나라를 굳게 세우고 지금 이
후로 영원히 정의와 공의로 그것을
보존하실 것이라 만군의 여호와의 열
심이 이를 이루시리라

주께서 이스라엘을 벌하시리라

8 주께서 야곱에게 말씀을 보내시며
그것을 이스라엘에게 임하게 하셨은
즉
9 모든 백성 곧 에브라임과 사마리아
주민이 알 것이어늘 그들이 교만하고
완악한 마음으로 말하기를
10 벽돌이 무너졌으나 우리는 다듬은
돌로 쌓고 뽕나무들이 찍혔으나 우
리는 백향목으로 그것을 대신하리라
하는도다
11 그러므로 여호와께서 르신의 대적들
을 일으켜 그를 치게 하시며 그의 원

수들을 격동시키시리니
12 앞에는 아람 사람이요 뒤에는 블레
셋 사람이라 그들이 모두 입을 벌려
이스라엘을 삼키리라 그럴지라도 여
호와의 진노가 돌아서지 아니하며 그
의 손이 여전히 펴져 있으리라
13 그리하여도 그 백성이 자기들을 치시
는 이에게로 돌아오지 아니하며 만
군의 여호와를 찾지 아니하도다
14 그러므로 여호와께서 하루 사이에
이스라엘 중에서 머리와 꼬리와 종려
나무 가지와 갈대를 끊으시리니
15 그 머리는 곧 장로와 존귀한 자요 그
꼬리는 곧 거짓말을 가르치는 선지자
라
16 백성을 인도하는 자가 그들을 미혹
하니 인도를 받는 자들이 멸망을 당
하는도다
17 이 백성이 모두 경건하지 아니하며
악을 행하며 모든 입으로 망령되이
말하니 그러므로 주께서 그들의 장
정들을 기뻐하지 아니하시며 그들의
고아와 과부를 긍휼히 여기지 아니
하시리라 그럴지라도 여호와의 진노
가 돌아서지 아니하며 그의 손이 여
전히 펴져 있으리라
18 대저 악행은 불 타오르는 것 같으니
곧 찔레와 가시를 삼키며 빽빽한 수
풀을 살라 연기가 위로 올라가게 함
과 같은 것이라
19 만군의 여호와의 진노로 말미암아 이
땅이 불타리니 백성은 불에 섶과 같
을 것이라 사람이 자기의 형제를 아
끼지 아니하며
20 오른쪽으로 움킬지라도 주리고 왼쪽
으로 먹을지라도 배부르지 못하여
각각 자기 팔의 고기를 먹을 것이며
21 므낫세는 에브라임을, 에브라임은
므낫세를 먹을 것이요 또 그들이 합
하여 유다를 치리라 그럴지라도 여호
와의 진노가 돌아서지 아니하며 그의
손이 여전히 펴져 있으리라

10

불의한 법령을 만들며 불의한
말을 기록하며
2 가난한 자를 불공평하게 판결하여
가난한 내 백성의 권리를 박탈하며
과부에게 토색하고 고아의 것을 약
탈하는 자는 화 있을진저
3 벌하시는 날과 멀리서 오는 환난 때
에 너희가 어떻게 하려느냐 누구에
게로 도망하여 도움을 구하겠으며
너희의 영화를 어느 곳에 두려느냐
4 포로 된 자 아래에 구푸리며 죽임을
당한 자 아래에 엎드러질 따름이니라
그럴지라도 여호와의 진노가 돌아서
지 아니하며 그의 손이 여전히 펴져

있으리라

하나님의 도구인 앗수르

5 앗수르 사람은 화 있을진저 그는 내
진노의 막대기요 그 손의 몽둥이는
내 분노라
6 내가 그를 보내어 경건하지 아니한
나라를 치게 하며 내가 그에게 명령
하여 나를 노하게 한 백성을 쳐서 탈
취하며 노략하게 하며 또 그들을 길
거리의 진흙 같이 짓밟게 하려 하거니
와
7 그의 뜻은 이같지 아니하며 그의 마
음의 생각도 이같지 아니하고 다만
그의 마음은 허다한 나라를 파괴하
며 멸절하려 하는도다
8 그가 이르기를 내 고관들은 다 왕들
이 아니냐
9 갈로는 갈그미스와 같지 아니하며
하맛은 아르밧과 같지 아니하며 사
마리아는 다메섹과 같지 아니하냐
10 내 손이 이미 우상을 섬기는 나라들
에 미쳤나니 그들이 조각한 신상들이
예루살렘과 사마리아의 신상들보다
뛰어났느니라
11 내가 사마리아와 그의 우상들에게
행함 같이 예루살렘과 그의 우상들
에게 행하지 못하겠느냐 하는도다
12 그러므로 주께서 주의 일을 시온 산
과 예루살렘에 다 행하신 후에 앗수
르 왕의 완악한 마음의 열매와 높은
눈의 자랑을 벌하시리라
13 그의 말에 나는 내 손의 힘과 내 지
혜로 이 일을 행하였나니 나는 총명
한 자라 열국의 경계선을 걷어치웠고
그들의 재물을 약탈하였으며 또 용
감한 자처럼 위에 거주한 자들을 낮
추었으며
14 내 손으로 열국의 재물을 얻은 것은
새의 보금자리를 얻음 같고 온 세계
를 얻은 것은 내버린 알을 주움 같았
으나 날개를 치거나 입을 벌리거나
지저귀는 것이 하나도 없었다 하는도
다
15 도끼가 어찌 찍는 자에게 스스로 자
랑하겠으며 톱이 어찌 켜는 자에게
스스로 큰 체하겠느냐 이는 막대기
가 자기를 드는 자를 움직이려 하며
몽둥이가 나무 아닌 사람을 들려 함
과 같음이로다
16 그러므로 주 만군의 여호와께서 살
진 자를 파리하게 하시며 그의 영화
아래에 불이 붙는 것 같이 맹렬히 타
게 하실 것이라
17 이스라엘의 빛은 불이 되고 그의 거
룩하신 이는 불꽃이 되실 것이니라
하루 사이에 그의 가시와 찔레가 소

멸되며
18 그의 숲과 기름진 밭의 영광이 전부
소멸되리니 병자가 점점 쇠약하여 감
같을 것이라
19 그의 숲에 남은 나무의 수가 희소하
여 아이라도 능히 계수할 수 있으리
라

남은 자만 돌아오리라

20 그 날에 이스라엘의 남은 자와 야곱
족속의 피난한 자들이 다시는 자기
를 친 자를 의지하지 아니하고 이스
라엘의 거룩하신 이 여호와를 진실하
게 의지하리니
21 남은 자 곧 야곱의 남은 자가 능하신
하나님께로 돌아올 것이라
22 이스라엘이여 네 백성이 바다의 모래
같을지라도 남은 자만 돌아오리니
넘치는 공의로 파멸이 작정되었음이
라
23 이미 작정된 파멸을 주 만군의 여호
와께서 온 세계 중에 끝까지 행하시
리라

주께서 앗수르를 멸하시리라

24 그러므로 주 만군의 여호와께서 이
르시되 시온에 거주하는 내 백성들
아 앗수르가 애굽이 한 것처럼 막대
기로 너를 때리며 몽둥이를 들어 너
를 칠지라도 그를 두려워하지 말라
25 내가 오래지 아니하여 네게는 분을
그치고 그들은 내 진노로 멸하리라
하시도다
26 만군의 여호와께서 채찍을 들어 그
를 치시되 오렙 바위에서 미디안을
쳐죽이신 것 같이 하실 것이며 막대기
를 드시되 바다를 향하여 애굽에서
하신 것 같이 하실 것이라
27 그 날에 그의 무거운 짐이 네 어깨에
서 떠나고 그의 멍에가 네 목에서 벗
어지되 기름진 까닭에 멍에가 부러지
리라

침략자들의 공격

28 그가 아얏에 이르러 미그론을 지나
믹마스에 그의 장비를 두고
29 산을 넘어 게바에서 유숙하매 라마
는 떨고 사울의 기브아는 도망하도
다
30 딸 갈림아 큰 소리로 외칠지어다 라
이사야 자세히 들을지어다 가련하다
너 아나돗이여
31 맛메나는 피난하며 게빔 주민은 도
망하도다
32 아직 이 날에 그가 놉에서 쉬고 딸
시온 산 곧 예루살렘 산을 향하여
그 손을 흔들리로다
33 보라 주 만군의 여호와께서 혁혁한
위력으로 그 가지를 꺾으시리니 그

장대한 자가 찍힐 것이요 그 높은 자
가 낮아질 것이며
34 쇠로 그 빽빽한 숲을 베시리니 레바
논이 권능 있는 자에게 베임을 당하
리라

평화의 나라

11 이새의 줄기에서 한 싹이 나며
그 뿌리에서 한 가지가 나서 결
실할 것이요
2 그의 위에 여호와의 영 곧 지혜와 총
명의 영이요 모략과 재능의 영이요
지식과 여호와를 경외하는 영이 강림
하시리니
3 그가 여호와를 경외함으로 즐거움을
삼을 것이며 그의 눈에 보이는 대로
심판하지 아니하며 그의 귀에 들리는
대로 판단하지 아니하며
4 공의로 가난한 자를 심판하며 정직으
로 세상의 겸손한 자를 판단할 것이
며 그의 입의 막대기로 세상을 치며
그의 입술의 기운으로 악인을 죽일
것이며
5 공의로 그의 허리띠를 삼으며 성실로
그의 몸의 띠를 삼으리라
6 그 때에 이리가 어린 양과 함께 살며
표범이 어린 염소와 함께 누우며 송
아지와 어린 사자와 살진 짐승이 함
께 있어 어린 아이에게 끌리며
7 암소와 곰이 함께 먹으며 그것들의
새끼가 함께 엎드리며 사자가 소처럼
풀을 먹을 것이며
8 젖 먹는 아이가 독사의 구멍에서 장
난하며 젖 뗀 어린 아이가 독사의 굴
에 손을 넣을 것이라
9 내 거룩한 산 모든 곳에서 해 됨도
없고 상함도 없을 것이니 이는 물이
바다를 덮음 같이 여호와를 아는 지
식이 세상에 충만할 것임이니라

남은 백성이 돌아오리라

10 그 날에 이새의 뿌리에서 한 싹이 나
서 만민의 기치로 설 것이요 열방이
그에게로 돌아오리니 그가 거한 곳
이 영화로우리라
11 그 날에 주께서 다시 그의 손을 펴사
그의 남은 백성을 앗수르와 애굽과
바드로스와 구스와 엘람과 시날과
하맛과 바다 섬들에서 돌아오게 하
실 것이라
12 여호와께서 열방을 향하여 기치를 세
우시고 이스라엘의 쫓긴 자들을 모

365묵상

남은 자여, 돌아오라!

하나님은 더는 유다 백성의 타락상을 참을 수 없어 징계의 매를 드셨다. 하지만 진정 바라신 것은 그들이 회개하고 돌아오는 것이었다(사 10:20-21). 마치 집 나간 탕자가 돌아오기를 간절히 기다리는 아버지의 마음과 같았다. 불순종과 반역으로 주님을 여러 번 떠났음에도 불구하고 다시 돌아오면, 주님은 자상한 아버지처럼 기꺼이 용서하시고 품에 안아주시며 회복시켜 주신다. 그러므로 하나님을 떠나 방황했던 그 절망스런 시간과 상태를 결코 잊지 말고, 이제부터는 주님의 품 안에서 온전히 주님만 사랑해야 한다.

으시며 땅 사방에서 유다의 흩어진
자들을 모으시리니
13 에브라임의 질투는 없어지고 유다를
괴롭게 하던 자들은 끊어지며 에브
라임은 유다를 질투하지 아니하며 유
다는 에브라임을 괴롭게 하지 아니
할 것이요
14 그들이 서쪽으로 블레셋 사람들의
어깨에 날아 앉고 함께 동방 백성을
노략하며 에돔과 모압에 손을 대며
암몬 자손을 자기에게 복종시키리라
15 여호와께서 애굽 해만을 말리시고
그의 손을 유브라데 하수 위에 흔들
어 뜨거운 바람을 일으켜 그 하수를
쳐 일곱 갈래로 나누어 신을 신고 건
너가게 하실 것이라
16 그의 남아 있는 백성 곧 앗수르에서
남은 자들을 위하여 큰 길이 있게 하
시되 이스라엘이 애굽 땅에서 나오던
날과 같게 하시리라

감사 찬송

12 그 날에 네가 말하기를 여호와
여 주께서 전에는 내게 노하셨
사오나 이제는 주의 진노가 돌아섰
고 또 주께서 나를 안위하시오니 내
가 주께 감사하겠나이다 할 것이니라
2 보라 하나님은 나의 구원이시라 내가
신뢰하고 두려움이 없으리니 주 여호
와는 나의 힘이시며 나의 노래시며
나의 구원이심이라
3 그러므로 너희가 기쁨으로 구원의
우물들에서 물을 길으리로다
4 그 날에 너희가 또 말하기를 여호와
께 감사하라 그의 이름을 부르며 그
의 행하심을 만국 중에 선포하며 그
의 이름이 높다 하라
5 여호와를 찬송할 것은 극히 아름다
운 일을 하셨음이니 이를 온 땅에 알
게 할지어다
6 시온의 주민아 소리 높여 부르라 이
스라엘의 거룩하신 이가 너희 중에서
크심이니라 할 것이니라

바벨론에 대한 경고

13 아모스의 아들 이사야가 바벨
론에 대하여 받은 경고라
2 너희는 민둥산 위에 기치를 세우고
소리를 높여 그들을 부르며 손을 흔
들어 그들을 존귀한 자의 문에 들어
가게 하라
3 내가 거룩하게 구별한 자들에게 명
령하고 나의 위엄을 기뻐하는 용사
들을 불러 나의 노여움을 전하게 하
였느니라
4 산에서 무리의 소리가 남이여 많은
백성의 소리 같으니 곧 열국 민족이
함께 모여 떠드는 소리라 만군의 여

호와께서 싸움을 위하여 군대를 검
열하심이로다
5 무리가 먼 나라에서, 하늘 끝에서 왔
음이여 곧 여호와와 그의 진노의 병
기라 온 땅을 멸하려 함이로다
6 너희는 애곡할지어다 여호와의 날이
가까웠으니 전능자에게서 멸망이 임
할 것임이로다
7 그러므로 모든 손의 힘이 풀리고 각
사람의 마음이 녹을 것이라
8 그들이 놀라며 괴로움과 슬픔에 사
로잡혀 해산이 임박한 여자 같이 고
통하며 서로 보고 놀라며 얼굴이 불
꽃 같으리로다
9 보라 여호와의 날 곧 잔혹히 분냄과
맹렬히 노하는 날이 이르러 땅을 황
폐하게 하며 그 중에서 죄인들을 멸
하리니
10 하늘의 별들과 별 무리가 그 빛을 내
지 아니하며 해가 돋아도 어두우며
달이 그 빛을 비추지 아니할 것이로
다
11 내가 세상의 악과 악인의 죄를 벌하
며 교만한 자의 오만을 끊으며 강포
한 자의 거만을 낮출 것이며
12 내가 사람을 순금보다 희소하게 하
며 인생을 오빌의 금보다 희귀하게
하리로다
13 그러므로 나 만군의 여호와가 분하
여 맹렬히 노하는 날에 하늘을 진동
시키며 땅을 흔들어 그 자리에서 떠
나게 하리니
14 그들이 쫓긴 노루나 모으는 자 없는
양 같이 각기 자기 동족에게로 돌아
가며 각기 본향으로 도망할 것이나
15 만나는 자마다 창에 찔리겠고 잡히
는 자마다 칼에 엎드러지겠고
16 그들의 어린 아이들은 그들의 목전
에서 메어침을 당하겠고 그들의 집
은 노략을 당하겠고 그들의 아내는
욕을 당하리라
17 보라 은을 돌아보지 아니하며 금을
기뻐하지 아니하는 메대 사람을 내
가 충동하여 그들을 치게 하리니
18 메대 사람이 활로 청년을 쏘아 죽이
며 태의 열매를 긍휼히 여기지 아니하
며 아이를 애석하게 보지 아니하리라
19 열국의 영광이요 갈대아 사람의 자랑
하는 노리개가 된 바벨론이 하나님
께 멸망 당한 소돔과 고모라 같이 되
리니
20 그 곳에 거주할 자가 없겠고 거처할
사람이 대대에 없을 것이며 아라비아
사람도 거기에 장막을 치지 아니하며
목자들도 그 곳에 그들의 양 떼를
쉬게 하지 아니할 것이요

21 오직 들짐승들이 거기에 엎드리고 부르짖는 짐승이 그들의 가옥에 가득하며 타조가 거기에 깃들이며 들양이 거기에서 뛸 것이요

22 그의 궁성에는 승냥이가 부르짖을 것이요 화려하던 궁전에는 들개가 울 것이라 그의 때가 가까우며 그의 날이 오래지 아니하리라

포로에서 돌아오다

14

여호와께서 야곱을 긍휼히 여기시며 이스라엘을 다시 택하여 그들의 땅에 두시리니 나그네 된 자가 야곱 족속과 연합하여 그들에게 예속될 것이며

2 민족들이 그들을 데리고 그들의 본토에 돌아오리니 이스라엘 족속이 여호와의 땅에서 그들을 얻어 노비로 삼겠고 전에 자기를 사로잡던 자들을 사로잡고 자기를 압제하던 자들을 주관하리라

스올로 내려간 바벨론 왕

3 여호와께서 너를 슬픔과 곤고와 및 네가 수고하는 고역에서 놓으시고 안식을 주시는 날에

4 너는 바벨론 왕에 대하여 이 노래를 지어 이르기를 압제하던 자가 어찌 그리 그쳤으며 강포한 성이 어찌 그리 폐하였는고

5 여호와께서 악인의 몽둥이와 통치자의 규를 꺾으셨도다

6 그들이 분내어 여러 민족을 치되 치기를 마지아니하였고 노하여 열방을 억압하여도 그 억압을 막을 자 없었더니

7 이제는 온 땅이 조용하고 평온하니 무리가 소리 높여 노래하는도다

8 향나무와 레바논의 백향목도 너로 말미암아 기뻐하여 이르기를 네가 넘어져 있은즉 올라와서 우리를 베어 버릴 자 없다 하는도다

9 아래의 스올이 너로 말미암아 소동하여 네가 오는 것을 영접하되 그것이 세상의 모든 영웅을 너로 말미암아 움직이게 하며 열방의 모든 왕을 그들의 왕좌에서 일어서게 하므로

10 그들은 다 네게 말하여 이르기를 너도 우리 같이 연약하게 되었느냐 너도 우리 같이 되었느냐 하리로다

11 네 영화가 스올에 떨어졌음이여 네 비파 소리까지로다 구더기가 네 아래에 깔림이여 지렁이가 너를 덮었도다

12 너 아침의 아들 계명성이여 어찌 그리 하늘에서 떨어졌으며 너 열국을 엎은 자여 어찌 그리 땅에 찍혔는고

13 네가 네 마음에 이르기를 내가 하늘

에 올라 하나님의 뭇 별 위에 내 자
리를 높이리라 내가 북극 집회의 산
위에 앉으리라
14 가장 높은 구름에 올라가 지극히 높
은 이와 같아지리라 하는도다
15 그러나 이제 네가 스올 곧 구덩이 맨
밑에 떨어짐을 당하리로다
16 너를 보는 이가 주목하여 너를 자세
히 살펴 보며 말하기를 이 사람이 땅
을 진동시키며 열국을 놀라게 하며
17 세계를 황무하게 하며 성읍을 파괴
하며 그에게 사로잡힌 자들을 집으
로 놓아 보내지 아니하던 자가 아니
냐 하리로다
18 열방의 모든 왕들은 모두 각각 자기
집에서 영광 중에 자건마는
19 오직 너는 자기 무덤에서 내쫓겼으니
가증한 나무 가지 같고 칼에 찔려 돌
구덩이에 떨어진 주검들에 둘러싸였
으니 밟힌 시체와 같도다
20 네가 네 땅을 망하게 하였고 네 백성
을 죽였으므로 그들과 함께 안장되
지 못하나니 악을 행하는 자들의 후
손은 영원히 이름이 불려지지 아니하
리로다 할지니라

여호와께서 바벨론을 멸하시리라

21 너희는 그들의 조상들의 죄악으로
말미암아 그의 자손 도륙하기를 준
비하여 그들이 일어나 땅을 차지하여
성읍들로 세상을 가득하게 하지 못
하게 하라
22 만군의 여호와께서 말씀하시되 내가
일어나 그들을 쳐서 이름과 남은 자
와 아들과 후손을 바벨론에서 끊으
리라 나 여호와의 말이니라
23 내가 또 그것이 고슴도치의 굴혈과
물 웅덩이가 되게 하고 또 멸망의 빗
자루로 청소하리라 나 만군의 여호
와의 말이니라 하시니라

여호와께서 앗수르를 파하시리라

24 만군의 여호와께서 맹세하여 이르시
되 내가 생각한 것이 반드시 되며 내
가 경영한 것을 반드시 이루리라
25 내가 앗수르를 나의 땅에서 파하며
나의 산에서 그것을 짓밟으리니 그
때에 그의 멍에가 이스라엘에게서
떠나고 그의 짐이 그들의 어깨에서
벗어질 것이라
26 이것이 온 세계를 향하여 정한 경영
이며 이것이 열방을 향하여 편 손이
라 하셨나니
27 만군의 여호와께서 경영하셨은즉 누
가 능히 그것을 폐하며 그의 손을 펴
셨은즉 누가 능히 그것을 돌이키랴

여호와께서 블레셋을 소멸시키시리라

28 아하스 왕이 죽던 해에 받은 이 경고

가 임하니라
29 블레셋 온 땅이여 너를 치던 막대기
가 부러졌다고 기뻐하지 말라 뱀의
뿌리에서는 독사가 나겠고 그의 열
매는 날아다니는 불뱀이 되리라
30 가난한 자의 장자는 먹겠고 궁핍한
자는 평안히 누우려니와 내가 네 뿌
리를 기근으로 죽일 것이요 네게 남
은 자는 살륙을 당하리라
31 성문이여 슬피 울지어다 성읍이여 부
르짖을지어다 너 블레셋이여 다 소멸
되리로다 대저 연기가 북방에서 오는
데 그 대열에서 벗어난 자가 없느니
라
32 그 나라 사신들에게 어떻게 대답하
겠느냐 여호와께서 시온을 세우셨으
니 그의 백성의 곤고한 자들이 그 안
에서 피난하리라 할 것이니라

여호와께서 모압을 황폐하게 하시리라

15 모압에 관한 경고라 하룻밤에
모압 알이 망하여 황폐할 것이
며 하룻밤에 모압 기르가 망하여 황
폐할 것이라
2 그들은 바잇과 디본 산당에 올라가
서 울며 모압은 느보와 메드바를 위
하여 통곡하는도다 그들이 각각 머리
카락을 밀고 각각 수염을 깎았으며
3 거리에서는 굵은 베로 몸을 동였으
며 지붕과 넓은 곳에서는 각기 애통
하여 심히 울며
4 헤스본과 엘르알레는 부르짖으며
그들의 소리는 야하스까지 들리니
그러므로 모압의 군사들이 크게 부
르짖으며 그들의 혼이 속에서 떠는
도다
5 내 마음이 모압을 위하여 부르짖는
도다 그 피난민들은 소알과 에글랏
슬리시야까지 이르고 울며 루힛 비탈
길로 올라가며 호로나임 길에서 패
망을 울부짖으니
6 니므림 물이 마르고 풀이 시들었으며
연한 풀이 말라 청청한 것이 없음이
로다
7 그러므로 그들이 얻은 재물과 쌓았
던 것을 가지고 버드나무 시내를 건
너리니
8 이는 곡성이 모압 사방에 둘렸고 슬
피 부르짖음이 에글라임에 이르며
부르짖음이 브엘엘림에 미치며
9 디몬 물에는 피가 가득함이로다 그
럴지라도 내가 디몬에 재앙을 더 내
리되 모압에 도피한 자와 그 땅에 남
은 자에게 사자를 보내리라

모압이 통곡하고 근심하리라

16 너희는 이 땅 통치자에게 어린
양들을 드리되 셀라에서부터 광

야를 지나 딸 시온 산으로 보낼지니
라
2 모압의 딸들은 아르논 나루에서 떠
다니는 새 같고 보금자리에서 흩어
진 새 새끼 같을 것이라
3 너는 방도를 베풀며 공의로 판결하
며 대낮에 밤 같이 그늘을 지으며 쫓
겨난 자들을 숨기며 도망한 자들을
발각되게 하지 말며
4 나의 쫓겨난 자들이 너와 함께 있게
하되 너 모압은 멸절하는 자 앞에서
그들에게 피할 곳이 되라 대저 토색
하는 자가 망하였고 멸절하는 자가
그쳤고 압제하는 자가 이 땅에서 멸
절하였으며
5 다윗의 장막에 인자함으로 왕위가
굳게 설 것이요 그 위에 앉을 자는
충실함으로 판결하며 정의를 구하며
공의를 신속히 행하리라
6 우리가 모압의 교만을 들었나니 심히
교만하도다 그가 거만하며 교만하며
분노함도 들었거니와 그의 자랑이 헛
되도다
7 그러므로 모압이 모압을 위하여 통
곡하되 다 통곡하며 길하레셋 건포
도 떡을 위하여 그들이 슬퍼하며 심
히 근심하리니
8 이는 헤스본의 밭과 십마의 포도나
무가 말랐음이라 전에는 그 가지가
야셀에 미쳐 광야에 이르고 그 싹이
자라서 바다를 건넜더니 이제 열국의
주권자들이 그 좋은 가지를 꺾었도
다
9 그러므로 내가 야셀의 울음처럼 십
마의 포도나무를 위하여 울리라 헤
스본이여, 엘르알레여, 내 눈물로 너
를 적시리니 너의 여름 실과, 네 농작
물에 즐거운 소리가 그쳤음이라
10 즐거움과 기쁨이 기름진 밭에서 떠났
고 포도원에는 노래와 즐거운 소리
가 없어지겠고 틀에는 포도를 밟을
사람이 없으리니 이는 내가 즐거운
소리를 그치게 하였음이라
11 이러므로 내 마음이 모압을 위하여
수금 같이 소리를 발하며 내 창자가
길하레셋을 위하여 그러하도다
12 모압이 그 산당에서 피곤하도록 봉
사하며 자기 성소에 나아가서 기도할
지라도 소용없으리로다
13 이는 여호와께서 오래 전부터 모압

365묵상

누가 능히 막으랴!

이사야 당시(주전 8세기 초), 앗수르 제국의 군대는 누구도 막을 수 없는 강력한 군대였다. 당시 중근동 지역의 모든 나라들과 민족들이 그 군대의 잔인한 말발굽 아래 속절없이 짓밟혔다. 유다도 벌벌 떨었다. 하지만 그 강력한 군대를 능히 짓밟을 분이 계신다. 바로 하나님이시다(사 14:24-27)! 만유의 왕이신 하나님은 전능자이시기 때문에 누구도 그 뜻을 좌절시킬 수 없고, 누구도 그분을 막을 수 없다. 그러므로 우리를 두렵게 만드는 세상의 모든 '앗수르 군대'를 이기는 비결은 하나님만 굳게 의지하는 것이다.

을 들어 하신 말씀이거니와
14 이제 여호와께서 말씀하여 이르시되
품꾼의 정한 해와 같이 삼 년 내에
모압의 영화와 그 큰 무리가 능욕을
당할지라 그 남은 수가 심히 적어 보
잘것없이 되리라 하시도다

여호와께서 에브라임과 다메섹을 멸하시리라

17 다메섹에 관한 경고라 보라 다
메섹이 장차 성읍을 이루지 못
하고 무너진 무더기가 될 것이라
2 아로엘의 성읍들이 버림을 당하리니
양 무리를 치는 곳이 되어 양이 눕되
놀라게 할 자가 없을 것이며
3 에브라임의 요새와 다메섹 나라와
아람의 남은 자가 멸절하여 이스라엘
자손의 영광 같이 되리라 만군의 여
호와의 말씀이니라
4 그 날에 야곱의 영광이 쇠하고 그의
살진 몸이 파리하리니
5 마치 추수하는 자가 곡식을 거두어
가지고 그의 손으로 이삭을 벤 것 같
고 르바임 골짜기에서 이삭을 주운
것 같으리라
6 그러나 그 안에 주울 것이 남으리니
감람나무를 흔들 때에 가장 높은 가
지 꼭대기에 과일 두세 개가 남음 같
겠고 무성한 나무의 가장 먼 가지에
네다섯 개가 남음 같으리라 이스라
엘의 하나님 여호와의 말씀이니라
7 그 날에 사람이 자기를 지으신 이를
바라보겠으며 그의 눈이 이스라엘의
거룩하신 이를 뵙겠고
8 자기 손으로 만든 제단을 바라보지
아니하며 자기 손가락으로 지은 아
세라나 태양상을 보지 아니할 것이며
9 그 날에 그 견고한 성읍들이 옛적에
이스라엘 자손 앞에서 버린 바 된 수
풀 속의 처소와 작은 산 꼭대기의 처
소 같아서 황폐하리니
10 이는 네가 네 구원의 하나님을 잊어
버리며 네 능력의 반석을 마음에 두
지 아니한 까닭이라 그러므로 네가
기뻐하는 나무를 심으며 이방의 나
무 가지도 이종하는도다
11 네가 심는 날에 울타리를 두르고 아
침에 네 씨가 잘 발육하도록 하였으
나 근심과 심한 슬픔의 날에 농작물
이 없어지리라

주께서 열방을 꾸짖어 흩으시리라

12 슬프다 많은 민족이 소동하였으되
바다 파도가 치는 소리 같이 그들이
소동하였고 열방이 충돌하였으되 큰
물이 몰려옴 같이 그들도 충돌하였
도다
13 열방이 충돌하기를 많은 물이 몰려

옴과 같이 하나 주께서 그들을 꾸짖
으시리니 그들이 멀리 도망함이 산에
서 겨가 바람 앞에 흩어짐 같겠고 폭
풍 앞에 떠도는 티끌 같을 것이라
14 보라 저녁에 두려움을 당하고 아침
이 오기 전에 그들이 없어졌나니 이
는 우리를 노략한 자들의 몫이요 우
리를 강탈한 자들의 보응이니라

여호와께서 구스를 두고 하신 말씀

18 슬프다 구스의 강 건너편 날개
치는 소리 나는 땅이여
2 갈대 배를 물에 띄우고 그 사자를
수로로 보내며 이르기를 민첩한 사절
들아 너희는 강들이 흘러 나누인 나
라로 가되 장대하고 준수한 백성 곧
시초부터 두려움이 되며 강성하여 대
적을 밟는 백성에게로 가라 하는도
다
3 세상의 모든 거민, 지상에 사는 너희
여 산들 위에 기치를 세우거든 너희
는 보고 나팔을 불거든 너희는 들을
지니라
4 여호와께서 내게 이르시되 내가 나의
처소에서 조용히 감찰함이 쬐이는 일
광 같고 가을 더위에 운무 같도다
5 추수하기 전에 꽃이 떨어지고 포도가
맺혀 익어갈 때에 내가 낫으로 그 연
한 가지를 베며 퍼진 가지를 찍어 버
려서
6 산의 독수리들과 땅의 들짐승들에게
던져 주리니 산의 독수리들이 그것으
로 여름을 지내며 땅의 들짐승들이
다 그것으로 겨울을 지내리라 하셨
음이라
7 그 때에 강들이 흘러 나누인 나라의
장대하고 준수한 백성 곧 시초부터
두려움이 되며 강성하여 대적을 밟는
백성이 만군의 여호와께 드릴 예물
을 가지고 만군의 여호와의 이름을
두신 곳 시온 산에 이르리라

여호와께서 애굽에 임하시리라

19 애굽에 관한 경고라 보라 여호
와께서 빠른 구름을 타고 애굽
에 임하시리니 애굽의 우상들이 그
앞에서 떨겠고 애굽인의 마음이 그
속에서 녹으리로다
2 내가 애굽인을 격동하여 애굽인을
치리니 그들이 각기 형제를 치며 각기
이웃을 칠 것이요 성읍이 성읍을 치
며 나라가 나라를 칠 것이며
3 애굽인의 정신이 그 속에서 쇠약할
것이요 그의 계획을 내가 깨뜨리리니
그들이 우상과 마술사와 신접한 자
와 요술객에게 물으리로다
4 그가 애굽인을 잔인한 주인의 손에
붙이리니 포학한 왕이 그들을 다스리

리라 주 만군의 여호와의 말씀이니라
5 바닷물이 없어지겠고 강이 잦아서 마
르겠고
6 강들에서는 악취가 나겠고 애굽의
강물은 줄어들고 마르므로 갈대와
부들이 시들겠으며
7 나일 가까운 곳 나일 언덕의 초장과
나일 강 가까운 곡식 밭이 다 말라서
날려가 없어질 것이며
8 어부들은 탄식하며 나일 강에 낚시를
던지는 자마다 슬퍼하며 물 위에 그
물을 치는 자는 피곤할 것이며
9 세마포를 만드는 자와 베 짜는 자들
이 수치를 당할 것이며
10 그의 기둥이 부서지고 품꾼들이 다
마음에 근심하리라
11 소안의 방백은 어리석었고 바로의 가
장 지혜로운 모사의 책략은 우둔하
여졌으니 너희가 어떻게 바로에게 이
르기를 나는 지혜로운 자들의 자손
이라 나는 옛 왕들의 후예라 할 수
있으랴
12 너의 지혜로운 자가 어디 있느냐 그
들이 만군의 여호와께서 애굽에 대
하여 정하신 뜻을 알 것이요 곧 네게
말할 것이니라
13 소안의 방백들은 어리석었고 놉의
방백들은 미혹되었도다 그들은 애굽
종족들의 모퉁잇돌이거늘 애굽을 그
릇 가게 하였도다
14 여호와께서 그 가운데 어지러운 마
음을 섞으셨으므로 그들이 애굽을
매사에 잘못 가게 함이 취한 자가 토
하면서 비틀거림 같게 하였으니
15 애굽에서 머리나 꼬리며 종려나무 가
지나 갈대가 아무 할 일이 없으리라

애굽 사람이 여호와께 경배하리라

16 그 날에 애굽이 부녀와 같을 것이라
그들이 만군의 여호와께서 흔드시는
손이 그들 위에 흔들림으로 말미암
아 떨며 두려워할 것이며
17 유다의 땅은 애굽의 두려움이 되리니
이는 만군의 여호와께서 애굽에 대
하여 정하신 계획으로 말미암음이라
그 소문을 듣는 자마다 떨리라
18 그 날에 애굽 땅에 가나안 방언을
말하며 만군의 여호와를 가리켜 맹세
하는 다섯 성읍이 있을 것이며 그 중
하나를 멸망의 성읍이라 칭하리라
19 그 날에 애굽 땅 중앙에는 여호와를
위하여 제단이 있겠고 그 변경에는
여호와를 위하여 기둥이 있을 것이요
20 이것이 애굽 땅에서 만군의 여호와를
위하여 징조와 증거가 되리니 이는
그들이 그 압박하는 자들로 말미암
아 여호와께 부르짖겠고 여호와께서

는 그들에게 한 구원자이자 보호자
를 보내사 그들을 건지실 것임이라
21 여호와께서 자기를 애굽에 알게 하
시리니 그 날에 애굽이 여호와를 알
고 제물과 예물을 그에게 드리고 경
배할 것이요 여호와께 서원하고 그
대로 행하리라
22 여호와께서 애굽을 치실지라도 치시
고는 고치실 것이므로 그들이 여호
와께로 돌아올 것이라 여호와께서
그들의 간구함을 들으시고 그들을
고쳐 주시리라
23 그 날에 애굽에서 앗수르로 통하는
대로가 있어 앗수르 사람은 애굽으
로 가겠고 애굽 사람은 앗수르로 갈
것이며 애굽 사람이 앗수르 사람과
함께 경배하리라
24 그 날에 이스라엘이 애굽 및 앗수르
와 더불어 셋이 세계 중에 복이 되리
니
25 이는 만군의 여호와께서 복 주시며
이르시되 내 백성 애굽이여, 내 손으
로 지은 앗수르여, 나의 기업 이스라
엘이여, 복이 있을지어다 하실 것임이
라

벗은 선지자의 예표

20 앗수르의 사르곤 왕이 다르단
을 아스돗으로 보내매 그가 와
서 아스돗을 쳐서 취하던 해니라
2 그 때에 여호와께서 아모스의 아들
이사야에게 말씀하여 이르시되 갈지
어다 네 허리에서 베를 끄르고 네 발
에서 신을 벗을지니라 하시매 그가
그대로 하여 벗은 몸과 벗은 발로
다니니라
3 여호와께서 이르시되 나의 종 이사야
가 삼 년 동안 벗은 몸과 벗은 발로
다니며 애굽과 구스에 대하여 징조
와 예표가 되었느니라
4 이와 같이 애굽의 포로와 구스의 사
로잡힌 자가 앗수르 왕에게 끌려갈
때에 젊은 자나 늙은 자가 다 벗은
몸과 벗은 발로 볼기까지 드러내어
애굽의 수치를 보이리니
5 그들이 바라던 구스와 자랑하던 애
굽으로 말미암아 그들이 놀라고 부
끄러워할 것이라
6 그 날에 이 해변 주민이 말하기를 우
리가 믿던 나라 곧 우리가 앗수르 왕
에게서 벗어나기를 바라고 달려가서
도움을 구하던 나라가 이같이 되었
은즉 우리가 어찌 능히 피하리요 하
리라

바벨론 멸망에 관한 묵시

21 해변 광야에 관한 경고라 적병
이 광야에서, 두려운 땅에서 네

겁 회오리바람 같이 몰려왔도다
2 혹독한 묵시가 내게 보였도다 속이
는 자는 속이고 약탈하는 자는 약탈
하도다 엘람이여 올라가고 메대여
에워싸라 그의 모든 탄식을 내가 그
치게 하였노라 하시도다
3 이러므로 나의 요통이 심하여 해산이
임박한 여인의 고통 같은 고통이 나
를 엄습하였으므로 내가 괴로워서
듣지 못하며 놀라서 보지 못하도다
4 내 마음이 어지럽고 두려움이 나를
놀라게 하며 희망의 서광이 변하여
내게 떨림이 되도다
5 그들이 식탁을 베풀고 파수꾼을 세
우고 먹고 마시도다 너희 고관들아
일어나 방패에 기름을 바를지어다
6 주께서 내게 이르시되 가서 파수꾼
을 세우고 그가 보는 것을 보고하게
하되
7 마병대가 쌍쌍이 오는 것과 나귀 떼
와 낙타 떼를 보거든 귀 기울여 자세
히 들으라 하셨더니
8 파수꾼이 사자 같이 부르짖기를 주
여 내가 낮에 늘 망대에 서 있었고
밤이 새도록 파수하는 곳에 있었더
니
9 보소서 마병대가 쌍쌍이 오나이다
하니 그가 대답하여 이르시되 함락되
었도다 함락되었도다 바벨론이여 그
들이 조각한 신상들이 다 부서져 땅
에 떨어졌도다 하시도다
10 내가 짓밟은 너여, 내가 타작한 너여,
내가 이스라엘의 하나님 만군의 여호
와께 들은 대로 너희에게 전하였노
라

두마에 관한 경고

11 두마에 관한 경고라 사람이 세일에
서 나를 부르되 파수꾼이여 밤이 어
떻게 되었느냐 파수꾼이여 밤이 어떻
게 되었느냐
12 파수꾼이 이르되 아침이 오나니 밤
도 오리라 네가 물으려거든 물으라
너희는 돌아올지니라 하더라

아라비아에 관한 경고

13 아라비아에 관한 경고라 드단 대상
들이여 너희가 아라비아 수풀에서 유
숙하리라
14 데마 땅의 주민들아 물을 가져다가
목마른 자에게 주고 떡을 가지고 도
피하는 자를 영접하라
15 그들이 칼날을 피하며 뺀 칼과 당긴
활과 전쟁의 어려움에서 도망하였음
이니라
16 주께서 이같이 내게 이르시되 품꾼의
정한 기한 같이 일 년 내에 게달의 영
광이 다 쇠멸하리니

17 게달 자손 중 활 가진 용사의 남은
수가 적으리라 하시니라 이스라엘의
하나님 여호와의 말씀이니라

환상의 골짜기에 관한 경고

22 환상의 골짜기에 관한 경고라
네가 지붕에 올라감은 어찌함인
고
2 소란하며 떠들던 성, 즐거워하던 고
을이여 너의 죽임을 당한 자들은 칼
에 죽은 것도 아니요 전쟁에 사망한
것도 아니라
3 너의 관원들도 다 함께 도망하였다
가 활을 버리고 결박을 당하였고 너
의 멀리 도망한 자들도 발견되어 다
함께 결박을 당하였도다
4 그러므로 내가 말하노니 돌이켜 나
를 보지 말지어다 나는 슬피 통곡하
겠노라 내 딸 백성이 패망하였음으
로 말미암아 나를 위로하려고 힘쓰지
말지니라
5 환상의 골짜기에 주 만군의 여호와
께로부터 이르는 소란과 밟힘과 혼
란의 날이여 성벽의 무너뜨림과 산악
에 사무쳐 부르짖는 소리로다
6 엘람 사람은 화살통을 메었고 병거
탄 자와 마병이 함께 하였고 기르 사
람은 방패를 드러냈으니
7 병거는 네 아름다운 골짜기에 가득
하였고 마병은 성문에 정렬되었도다
8 그가 유다에게 덮였던 것을 벗기매
그 날에야 네가 수풀 곳간의 병기를
바라보았고
9 너희가 다윗 성의 무너진 곳이 많은
것도 보며 너희가 아랫못의 물도 모
으며
10 또 예루살렘의 가옥을 계수하며 그
가옥을 헐어 성벽을 견고하게도 하며
11 너희가 또 옛 못의 물을 위하여 두
성벽 사이에 저수지를 만들었느니라
그러나 너희가 이를 행하신 이를 앙
망하지 아니하였고 이 일을 옛적부터
경영하신 이를 공경하지 아니하였느
니라
12 그 날에 주 만군의 여호와께서 명령
하사 통곡하며 애곡하며 머리 털을
뜯으며 굵은 베를 띠라 하셨거늘
13 너희가 기뻐하며 즐거워하여 소를 죽
이고 양을 잡아 고기를 먹고 포도주
를 마시면서 내일 죽으리니 먹고 마
시자 하는도다

365묵상

슬퍼할 시기엔 슬퍼하라

사람이 때를 잘 분별하는 것은 지혜로운 일이다. 그런데 이 같은 '때'를 분별함에 있어 예루살렘 주민은 참으로 어리석었다. 넘치는 죄악으로 인해 심판의 날을 앞두고 있는 예루살렘이 결코 축제를 벌일 기쁨의 때가 아니었다. 그래서 하나님은 이사야 선지자를 통해 굵은 베옷을 입고 죄를 통곡하며 다가올 재난을 슬퍼하라고 명하셨다(사 22:12-14). 지금 당신의 때는 어떤 때인가? 죄로 인해 깊이 슬퍼할 때에 혹시 즐거워하고 있지는 않는가? 당신이 '때'를 잘 분별하여 적절하게 반응한다면, 당신은 진정 지혜로운 자다.

14 만군의 여호와께서 친히 내 귀에 들
려 이르시되 진실로 이 죄악은 너희가
죽기까지 용서하지 못하리라 하셨느
니라 주 만군의 여호와의 말씀이니라

셉나에게 경고하시다

15 주 만군의 여호와께서 이르시되 너는
가서 그 국고를 맡고 왕궁 맡은 자
셉나를 보고 이르기를
16 네가 여기와 무슨 관계가 있느냐 여
기에 누가 있기에 여기서 너를 위하
여 묘실을 팠느냐 높은 곳에 자기를
위하여 묘실을 팠고 반석에 자기를
위하여 처소를 쪼아내었도다
17 나 여호와가 너를 단단히 결박하고
장사 같이 세게 던지되
18 반드시 너를 모질게 감싸서 공 같이
광막한 곳에 던질 것이라 주인의 집
에 수치를 끼치는 너여 네가 그 곳에
서 죽겠고 네 영광의 수레도 거기에
있으리라
19 내가 너를 네 관직에서 쫓아내며 네
지위에서 낮추리니
20 그 날에 내가 힐기야의 아들 내 종
엘리아김을 불러
21 네 옷을 그에게 입히며 네 띠를 그에
게 띠워 힘 있게 하고 네 정권을 그의
손에 맡기리니 그가 예루살렘 주민
과 유다의 집의 아버지가 될 것이며
22 내가 또 다윗의 집의 열쇠를 그의 어
깨에 두리니 그가 열면 닫을 자가 없
겠고 닫으면 열 자가 없으리라
23 못이 단단한 곳에 박힘 같이 그를 견
고하게 하리니 그가 그의 아버지 집
에 영광의 보좌가 될 것이요
24 그의 아버지 집의 모든 영광이 그 위
에 걸리리니 그 후손과 족속 되는 각
작은 그릇 곧 종지로부터 모든 항아
리까지니라
25 만군의 여호와께서 이르시되 그 날에
는 단단한 곳에 박혔던 못이 삭으리
니 그 못이 부러져 떨어지므로 그 위
에 걸린 물건이 부서지리라 하셨다
하라 나 여호와의 말이니라

두로와 시돈에 대한 경고

23 두로에 관한 경고라 다시스의
배들아 너희는 슬피 부르짖을지
어다 두로가 황무하여 집이 없고 들
어갈 곳도 없음이요 이 소식이 깃딤
땅에서부터 그들에게 전파되었음이
라
2 바다에 왕래하는 시돈 상인들로 말
미암아 부요하게 된 너희 해변 주민
들아 잠잠하라
3 시홀의 곡식 곧 나일의 추수를 큰 물
로 수송하여 들였으니 열국의 시장이
되었도다

4 시돈이여 너는 부끄러워할지어다 대
저 바다 곧 바다의 요새가 말하기를
나는 산고를 겪지 못하였으며 출산
하지 못하였으며 청년들을 양육하지
도 못하였으며 처녀들을 생육하지도
못하였다 하였음이라
5 그 소식이 애굽에 이르면 그들이 두
로의 소식으로 말미암아 고통 받으
리로다
6 너희는 다시스로 건너갈지어다 해변
주민아 너희는 슬피 부르짖을지어다
7 이것이 옛날에 건설된 너희 희락의 성
곧 그 백성이 자기 발로 먼 지방까지
가서 머물던 성읍이냐
8 면류관을 씌우던 자요 그 상인들은
고관들이요 그 무역상들은 세상에
존귀한 자들이었던 두로에 대하여
누가 이 일을 정하였느냐
9 만군의 여호와께서 그것을 정하신 것
이라 모든 누리던 영화를 욕되게 하
시며 세상의 모든 교만하던 자가 멸
시를 받게 하려 하심이라
10 딸 다시스여 나일 같이 너희 땅에 넘
칠지어다 너를 속박함이 다시는 없으
리라
11 여호와께서 바다 위에 그의 손을 펴
사 열방을 흔드시며 여호와께서 가
나안에 대하여 명령을 내려 그 견고
한 성들을 무너뜨리게 하시고
12 이르시되 너 학대 받은 처녀 딸 시돈
아 네게 다시는 희락이 없으리니 일
어나 깃딤으로 건너가라 거기에서도
네가 평안을 얻지 못하리라 하셨느니
라
13 갈대아 사람의 땅을 보라 그 백성이
없어졌나니 곧 앗수르 사람이 그 곳
을 들짐승이 사는 곳이 되게 하였으
되 그들이 망대를 세우고 궁전을 헐
어 황무하게 하였느니라
14 다시스의 배들아 너희는 슬피 부르
짖으라 너희의 견고한 성이 파괴되었
느니라
15 그 날부터 두로가 한 왕의 연한 같이
칠십 년 동안 잊어버린 바 되었다가
칠십 년이 찬 후에 두로는 기생의 노
래 같이 될 것이라
16 잊어버린 바 되었던 너 음녀여 수금
을 가지고 성읍에 두루 다니며 기묘
한 곡조로 많은 노래를 불러서 너를
다시 기억하게 하라 하였느니라
17 칠십 년이 찬 후에 여호와께서 두로
를 돌보시리니 그가 다시 값을 받고
지면에 있는 열방과 음란을 행할 것
이며
18 그 무역한 것과 이익을 거룩히 여호
와께 돌리고 간직하거나 쌓아 두지

아니하리니 그 무역한 것이 여호와
앞에 사는 자가 배불리 먹을 양식,
잘 입을 옷감이 되리라

여호와께서 땅을 벌하시리라

24

보라 여호와께서 땅을 공허하
게 하시며 황폐하게 하시며 지
면을 뒤집어엎으시고 그 주민을 흩으
시리니
2 백성과 제사장이 같을 것이며 종과
상전이 같을 것이며 여종과 여주인이
같을 것이며 사는 자와 파는 자가 같
을 것이며 빌려 주는 자와 빌리는 자
가 같을 것이며 이자를 받는 자와 이
자를 내는 자가 같을 것이라
3 땅이 온전히 공허하게 되고 온전히
황무하게 되리라 여호와께서 이 말씀
을 하셨느니라
4 땅이 슬퍼하고 쇠잔하며 세계가 쇠약
하고 쇠잔하며 세상 백성 중에 높은
자가 쇠약하며
5 땅이 또한 그 주민 아래서 더럽게 되
었으니 이는 그들이 율법을 범하며
율례를 어기며 영원한 언약을 깨뜨렸
음이라
6 그러므로 저주가 땅을 삼켰고 그 중
에 사는 자들이 정죄함을 당하였고
땅의 주민이 불타서 남은 자가 적도
다
7 새 포도즙이 슬퍼하고 포도나무가
쇠잔하며 마음이 즐겁던 자가 다 탄
식하며
8 소고 치는 기쁨이 그치고 즐거워하
는 자의 소리가 끊어지고 수금 타는
기쁨이 그쳤으며
9 노래하면서 포도주를 마시지 못하고
독주는 그 마시는 자에게 쓰게 될 것
이라
10 약탈을 당한 성읍이 허물어지고 집마
다 닫혀서 들어가는 자가 없으며
11 포도주가 없으므로 거리에서 부르짖
으며 모든 즐거움이 사라졌으며 땅의
기쁨이 소멸되었도다
12 성읍이 황무하고 성문이 파괴되었느
니라
13 세계 민족 중에 이러한 일이 있으리
니 곧 감람나무를 흔듦 같고 포도를
거둔 후에 그 남은 것을 주움 같을
것이니라
14 무리가 소리를 높여 부를 것이며 여
호와의 위엄으로 말미암아 바다에서
부터 크게 외치리니
15 그러므로 너희가 동방에서 여호와를
영화롭게 하며 바다 모든 섬에서 이
스라엘의 하나님 여호와의 이름을 영
화롭게 할 것이라
16 땅 끝에서부터 노래하는 소리가 우

리에게 들리기를 의로우신 이에게 영
광을 돌리세 하도다 그러나 나는 이
르기를 나는 쇠잔하였고 나는 쇠잔
하였으니 내게 화가 있도다 배신자
들은 배신하고 배신자들이 크게 배
신하였도다
17 땅의 주민아 두려움과 함정과 올무
가 네게 이르렀나니
18 두려운 소리로 말미암아 도망하는
자는 함정에 빠지겠고 함정 속에서
올라오는 자는 올무에 걸리리니 이
는 위에 있는 문이 열리고 땅의 기초
가 진동함이라
19 땅이 깨지고 깨지며 땅이 갈라지고
갈라지며 땅이 흔들리고 흔들리며
20 땅이 취한 자 같이 비틀비틀하며 원
두막 같이 흔들리며 그 위의 죄악이
중하므로 떨어져서 다시는 일어나지
못하리라
21 그 날에 여호와께서 높은 데에서 높
은 군대를 벌하시며 땅에서 땅의 왕
들을 벌하시리니
22 그들이 죄수가 깊은 옥에 모임 같이
모이게 되고 옥에 갇혔다가 여러 날
후에 형벌을 받을 것이라
23 그 때에 달이 수치를 당하고 해가
부끄러워하리니 이는 만군의 여호와
께서 시온 산과 예루살렘에서 왕이
되시고 그 장로들 앞에서 영광을 나
타내실 것임이라

찬송

25 여호와여 주는 나의 하나님이시
라 내가 주를 높이고 주의 이름
을 찬송하오리니 주는 기사를 옛적
에 정하신 뜻대로 성실함과 진실함으
로 행하셨음이라
2 주께서 성읍을 돌무더기로 만드시며
견고한 성읍을 황폐하게 하시며 외인
의 궁성을 성읍이 되지 못하게 하사
영원히 건설되지 못하게 하셨으므로
3 강한 민족이 주를 영화롭게 하며 포
학한 나라들의 성읍이 주를 경외하리
이다
4 주는 포학자의 기세가 성벽을 치는
폭풍과 같을 때에 빈궁한 자의 요새
이시며 환난 당한 가난한 자의 요새
이시며 폭풍 중의 피난처시며 폭양을
피하는 그늘이 되셨사오니
5 마른 땅에 폭양을 제함 같이 주께서
이방인의 소란을 그치게 하시며 폭양
을 구름으로 가림 같이 포학한 자의
노래를 낮추시리이다

여호와께서 연회를 베푸시리라

6 만군의 여호와께서 이 산에서 만민을
위하여 기름진 것과 오래 저장하였던
포도주로 연회를 베푸시리니 곧 골

수가 가득한 기름진 것과 오래 저장
하였던 맑은 포도주로 하실 것이며
7 또 이 산에서 모든 민족의 얼굴을 가
린 가리개와 열방 위에 덮인 덮개를
제하시며
8 사망을 영원히 멸하실 것이라 주 여
호와께서 모든 얼굴에서 눈물을 씻
기시며 자기 백성의 수치를 온 천하
에서 제하시리라 여호와께서 이같이
말씀하셨느니라

여호와께서 모압을 벌하시리라

9 그 날에 말하기를 이는 우리의 하나
님이시라 우리가 그를 기다렸으니 그
가 우리를 구원하시리로다 이는 여호
와시라 우리가 그를 기다렸으니 우리
는 그의 구원을 기뻐하며 즐거워하리
라 할 것이며
10 여호와의 손이 이 산에 나타나시리니
모압이 거름물 속에서 초개가 밟힘
같이 자기 처소에서 밟힐 것인즉
11 그가 헤엄치는 자가 헤엄치려고 손
을 폄 같이 그 속에서 그의 손을 펼
것이나 여호와께서 그의 교만으로
인하여 그 손이 능숙함에도 불구하
고 그를 누르실 것이라
12 네 성벽의 높은 요새를 헐어 땅에 내
리시되 진토에 미치게 하시리라

여호와께서 백성에게 승리를 주시리라

26 그 날에 유다 땅에서 이 노래를
부르리라 우리에게 견고한 성읍
이 있음이여 여호와께서 구원을 성벽
과 외벽으로 삼으시리로다
2 너희는 문들을 열고 신의를 지키는
의로운 나라가 들어오게 할지어다
3 주께서 심지가 견고한 자를 평강하
고 평강하도록 지키시리니 이는 그가
주를 신뢰함이니이다
4 너희는 여호와를 영원히 신뢰하라 주
여호와는 영원한 반석이심이로다
5 높은 데에 거주하는 자를 낮추시며
솟은 성을 헐어 땅에 엎으시되 진토
에 미치게 하셨도다
6 발이 그것을 밟으리니 곧 빈궁한 자
의 발과 곤핍한 자의 걸음이리로다
7 의인의 길은 정직함이여 정직하신 주
께서 의인의 첩경을 평탄하게 하시도
다
8 여호와여 주께서 심판하시는 길에서
우리가 주를 기다렸사오며 주의 이름
을 위하여 또 주를 기억하려고 우리
영혼이 사모하나이다
9 밤에 내 영혼이 주를 사모하였사온즉
내 중심이 주를 간절히 구하오리니 이
는 주께서 땅에서 심판하시는 때에
세계의 거민이 의를 배움이니이다
10 악인은 은총을 입을지라도 의를 배

우지 아니하며 정직한 자의 땅에서
불의를 행하고 여호와의 위엄을 돌
아보지 아니하는도다
11 여호와여 주의 손이 높이 들릴지라도
그들이 보지 아니하오나 백성을 위하
시는 주의 열성을 보면 부끄러워할 것
이라 불이 주의 대적들을 사르리이다
12 여호와여 주께서 우리를 위하여 평강
을 베푸시오리니 주께서 우리의 모든
일도 우리를 위하여 이루심이니이다
13 여호와 우리 하나님이시여 주 외에
다른 주들이 우리를 관할하였사오나
우리는 주만 의지하고 주의 이름을
부르리이다
14 그들은 죽었은즉 다시 살지 못하겠
고 사망하였은즉 일어나지 못할 것이
니 이는 주께서 벌하여 그들을 멸하
사 그들의 모든 기억을 없이하셨음이
니이다
15 여호와여 주께서 이 나라를 더 크게
하셨고 이 나라를 더 크게 하셨나이
다 스스로 영광을 얻으시고 이 땅의
모든 경계를 확장하셨나이다
16 여호와여 그들이 환난 중에 주를 앙
모하였사오며 주의 징벌이 그들에게
임할 때에 그들이 간절히 주께 기도
하였나이다
17 여호와여 잉태한 여인이 산기가 임박
하여 산고를 겪으며 부르짖음 같이
우리가 주 앞에서 그와 같으니이다
18 우리가 잉태하고 산고를 당하였을지
라도 바람을 낳은 것 같아서 땅에
구원을 베풀지 못하였고 세계의 거
민을 출산하지 못하였나이다
19 주의 죽은 자들은 살아나고 그들의
시체들은 일어나리이다 티끌에 누운
자들아 너희는 깨어 노래하라 주의
이슬은 빛난 이슬이니 땅이 죽은 자
들을 내놓으리로다

심판과 회복

20 내 백성아 갈지어다 네 밀실에 들어
가서 네 문을 닫고 분노가 지나기까
지 잠깐 숨을지어다
21 보라 여호와께서 그의 처소에서 나
오사 땅의 거민의 죄악을 벌하실 것이
라 땅이 그 위에 잦았던 피를 드러내
고 그 살해 당한 자를 다시는 덮지
아니하리라

27 그 날에 여호와께서 그의 견고
하고 크고 강한 칼로 날랜 뱀

365묵상

평강에 평강을 더하시는 주님

'평강'을 뜻하는 히브리어는 '샬롬'이다. 이 말의 바탕에 깔린 기본 의미는 '전체적인 조화로움'이다. 삶의 모든 영역에서 모난 데 없이 마음과 생활의 평안함을 누리는 것을 뜻하는 말이다. 우리는 이 같은 '샬롬'을 어디서 얻을 수 있을까? 성경은, 하나님이 자신을 믿는 자들에게 주시는 유산으로 묘사하고 있다(사 26:3). 따라서 우리가 샬롬의 삶을 누리려면 견고한 마음으로 하나님을 믿고, 그 분을 우리 삶의 중심에 모셔야 한다. 이렇게 할 때 하나님은 날마다 매순간 우리에게 평강에 평강을 더해 주실 것이다. 샬롬!

리워야단 곧 꼬불꼬불한 뱀 리워야
단을 벌하시며 바다에 있는 용을 죽
이시리라
2 그 날에 너희는 아름다운 포도원을
두고 노래를 부를지어다
3 나 여호와는 포도원지기가 됨이여 때
때로 물을 주며 밤낮으로 간수하여
아무든지 이를 해치지 못하게 하리
로다
4 나는 포도원에 대하여 노함이 없나
니 찔레와 가시가 나를 대적하여 싸
운다 하자 내가 그것을 밟고 모아
불사르리라
5 그리하지 아니하면 내 힘을 의지하고
나와 화친하며 나와 화친할 것이니라
6 후일에는 야곱의 뿌리가 박히며 이스
라엘의 움이 돋고 꽃이 필 것이라 그
들이 그 결실로 지면을 채우리로다
7 주께서 그 백성을 치셨던들 그 백성
을 친 자들을 치심과 같았겠으며 백
성이 죽임을 당하였던들 백성을 죽인
자가 죽임을 당함과 같았겠느냐
8 주께서 백성을 적당하게 견책하사
쫓아내실 때에 동풍 부는 날에 폭풍
으로 그들을 옮기셨느니라
9 야곱의 불의가 속함을 얻으며 그의
죄 없이함을 받을 결과는 이로 말미
암나니 곧 그가 제단의 모든 돌을
부서진 횟돌 같게 하며 아세라와 태
양상이 다시 서지 못하게 함에 있는
것이라
10 대저 견고한 성읍은 적막하고 거처가
황무하며 버림 받아 광야와 같은즉
송아지가 거기에서 먹고 거기에 누우
며 그 나무 가지를 먹어 없이하리라
11 가지가 마르면 꺾이나니 여인들이 와
서 그것을 불사를 것이라 백성이 지
각이 없으므로 그들을 지으신 이가
불쌍히 여기지 아니하시며 그들을 조
성하신 이가 은혜를 베풀지 아니하시
리라
12 너희 이스라엘 자손들아 그 날에 여
호와께서 창일하는 하수에서부터 애
굽 시내에까지 과실을 떠는 것 같이
너희를 하나하나 모으시리라
13 그 날에 큰 나팔을 불리니 앗수르
땅에서 멸망하는 자들과 애굽 땅으
로 쫓겨난 자들이 돌아와서 예루살
렘 성산에서 여호와께 예배하리라

에브라임의 면류관이 밟히리라

28 에브라임의 술취한 자들의 교만
한 면류관은 화 있을진저 술에
빠진 자의 성 곧 영화로운 관 같이
기름진 골짜기 꼭대기에 세운 성이여
쇠잔해 가는 꽃 같으니 화 있을진저
2 보라 주께 있는 강하고 힘 있는 자가

쏟아지는 우박 같이, 파괴하는 광풍
같이, 큰 물이 넘침 같이 손으로 그
면류관을 땅에 던지리니
3 에브라임의 술취한 자들의 교만한 면
류관이 발에 밟힐 것이라
4 그 기름진 골짜기 꼭대기에 있는 그
의 영화가 쇠잔해 가는 꽃이 여름 전
에 처음 익은 무화과와 같으리니 보
는 자가 그것을 보고 얼른 따서 먹으
리로다
5 그 날에 만군의 여호와께서 자기 백
성의 남은 자에게 영화로운 면류관이
되시며 아름다운 화관이 되실 것이라
6 재판석에 앉은 자에게는 판결하는
영이 되시며 성문에서 싸움을 물리치
는 자에게는 힘이 되시리로다
7 그리하여도 이들은 포도주로 말미암
아 옆 걸음 치며 독주로 말미암아 비
틀거리며 제사장과 선지자도 독주로
말미암아 옆 걸음 치며 포도주에 빠
지며 독주로 말미암아 비틀거리며 환
상을 잘못 풀며 재판할 때에 실수하
나니
8 모든 상에는 토한 것, 더러운 것이
가득하고 깨끗한 곳이 없도다

여호와께서 그들이 붙잡히게 하시리라

9 그들이 이르기를 그가 누구에게 지
식을 가르치며 누구에게 도를 전하
여 깨닫게 하려는가 젖 떨어져 품을
떠난 자들에게 하려는가
10 대저 경계에 경계를 더하며 경계에
경계를 더하며 교훈에 교훈을 더하
며 교훈에 교훈을 더하되 여기서도
조금, 저기서도 조금 하는구나 하는
도다
11 그러므로 더듬는 입술과 다른 방언
으로 그가 이 백성에게 말씀하시리라
12 전에 그들에게 이르시기를 이것이 너
희 안식이요 이것이 너희 상쾌함이니
너희는 곤비한 자에게 안식을 주라
하셨으나 그들이 듣지 아니하였으므
로
13 여호와께서 그들에게 말씀하시되 경
계에 경계를 더하며 경계에 경계를
더하며 교훈에 교훈을 더하며 교훈
에 교훈을 더하고 여기서도 조금, 저
기서도 조금 하사 그들이 가다가 뒤
로 넘어져 부러지며 걸리며 붙잡히게
하시리라

시온의 기초 돌

14 이러므로 예루살렘에서 이 백성을
다스리는 너희 오만한 자여 여호와의
말씀을 들을지어다
15 너희가 말하기를 우리는 사망과 언약
하였고 스올과 맹약하였은즉 넘치는
재앙이 밀려올지라도 우리에게 미치

지 못하리니 우리는 거짓을 우리의
피난처로 삼았고 허위 아래에 우리
를 숨겼음이라 하는도다
16 그러므로 주 여호와께서 이같이 이
르시되 보라 내가 한 돌을 시온에 두
어 기초를 삼았노니 곧 시험한 돌이
요 귀하고 견고한 기촛돌이라 그것
을 믿는 이는 다급하게 되지 아니하
리로다
17 나는 정의를 측량줄로 삼고 공의를
저울추로 삼으니 우박이 거짓의 피난
처를 소탕하며 물이 그 숨는 곳에 넘
칠 것인즉
18 너희가 사망과 더불어 세운 언약이
폐하며 스올과 더불어 맺은 맹약이
서지 못하여 넘치는 재앙이 밀려올
때에 너희가 그것에게 밟힘을 당할
것이라
19 그것이 지나갈 때마다 너희를 잡을
것이니 아침마다 지나가며 주야로 지
나가리니 소식을 깨닫는 것이 오직
두려움이라
20 침상이 짧아서 능히 몸을 펴지 못하
며 이불이 좁아서 능히 몸을 싸지 못
함 같으리라 하셨느니라
21 대저 여호와께서 브라심 산에서와 같
이 일어나시며 기브온 골짜기에서와
같이 진노하사 자기의 일을 행하시리
니 그의 일이 비상할 것이며 자기의
사역을 이루시리니 그의 사역이 기이
할 것임이라
22 그러므로 너희는 오만한 자가 되지
말라 너희 결박이 단단해질까 하노라
대저 온 땅을 멸망시키기로 작정하신
것을 내가 만군의 주 여호와께로부
터 들었느니라

여호와의 모략과 지혜

23 너희는 귀를 기울여 내 목소리를 들
으라 자세히 내 말을 들으라
24 파종하려고 가는 자가 어찌 쉬지 않
고 갈기만 하겠느냐 자기 땅을 개간
하며 고르게만 하겠느냐
25 지면을 이미 평평히 하였으면 소회향
을 뿌리며 대회향을 뿌리며 소맥을
줄줄이 심으며 대맥을 정한 곳에 심
으며 귀리를 그 가에 심지 아니하겠
느냐
26 이는 그의 하나님이 그에게 적당한
방법을 보이사 가르치셨음이며
27 소회향은 도리깨로 떨지 아니하며 대
회향에는 수레 바퀴를 굴리지 아니
하고 소회향은 작대기로 떨고 대회
향은 막대기로 떨며
28 곡식은 부수는가, 아니라 늘 떨기만
하지 아니하고 그것에 수레바퀴를
굴리고 그것을 말굽으로 밟게 할지

라도 부수지는 아니하나니
29 이도 만군의 여호와께로부터 난 것
이라 그의 경영은 기묘하며 지혜는
광대하니라

아리엘을 괴롭게 하리라

29

슬프다 아리엘이여 아리엘이여
다윗이 진 친 성읍이여 해마다
절기가 돌아오려니와
2 내가 아리엘을 괴롭게 하리니 그가
슬퍼하고 애곡하며 내게 아리엘과
같이 되리라
3 내가 너를 사면으로 둘러 진을 치며
너를 에워 대를 쌓아 너를 치리니
4 네가 낮아져서 땅에서 말하며 네 말
소리가 나직이 티끌에서 날 것이라
네 목소리가 신접한 자의 목소리 같
이 땅에서 나며 네 말소리가 티끌에
서 지껄이리라
5 그럴지라도 네 대적의 무리는 세미한
티끌 같겠고 강포한 자의 무리는 날
려 가는 겨 같으리니 그 일이 순식간
에 갑자기 일어날 것이라
6 만군의 여호와께서 우레와 지진과
큰 소리와 회오리바람과 폭풍과 맹
렬한 불꽃으로 그들을 징벌하실 것
인즉
7 아리엘을 치는 열방의 무리 곧 아리
엘과 그 요새를 쳐서 그를 곤고하게
하는 모든 자는 꿈 같이, 밤의 환상
같이 되리니
8 주린 자가 꿈에 먹었을지라도 깨면
그 속은 여전히 비고 목마른 자가 꿈
에 마셨을지라도 깨면 곤비하며 그
속에 갈증이 있는 것 같이 시온 산을
치는 열방의 무리가 그와 같으리라

입술로는 공경하나 마음은 떠났다

9 너희는 놀라고 놀라라 너희는 맹인이
되고 맹인이 되라 그들의 취함이 포
도주로 말미암음이 아니며 그들의 비
틀거림이 독주로 말미암음이 아니니
라
10 대저 여호와께서 깊이 잠들게 하는
영을 너희에게 부어 주사 너희의 눈
을 감기셨음이니 그가 선지자들과 너
희의 지도자인 선견자들을 덮으셨음
이라
11 그러므로 모든 계시가 너희에게는
봉한 책의 말처럼 되었으니 그것을
글 아는 자에게 주며 이르기를 그대
에게 청하노니 이를 읽으라 하면 그
가 대답하기를 그것이 봉해졌으니 나
는 못 읽겠노라 할 것이요
12 또 그 책을 글 모르는 자에게 주며
이르기를 그대에게 청하노니 이를 읽
으라 하면 그가 대답하기를 나는 글
을 모른다 할 것이니라

13 주께서 이르시되 이 백성이 입으로는
나를 가까이 하며 입술로는 나를 공
경하나 그들의 마음은 내게서 멀리
떠났나니 그들이 나를 경외함은 사람
의 계명으로 가르침을 받았을 뿐이
라
14 그러므로 내가 이 백성 중에 기이한
일 곧 기이하고 가장 기이한 일을 다
시 행하리니 그들 중에서 지혜자의
지혜가 없어지고 명철자의 총명이 가
려지리라

이제부터는 교훈을 받으리라

15 자기의 계획을 여호와께 깊이 숨기려
하는 자들은 화 있을진저 그들의 일
을 어두운 데에서 행하며 이르기를
누가 우리를 보랴 누가 우리를 알랴
하니
16 너희의 패역함이 심하도다 토기장이
를 어찌 진흙 같이 여기겠느냐 지음
을 받은 물건이 어찌 자기를 지은 이
에게 대하여 이르기를 그가 나를 짓
지 아니하였다 하겠으며 빚음을 받
은 물건이 자기를 빚은 이에게 대하
여 이르기를 그가 총명이 없다 하겠
느냐
17 오래지 아니하여 레바논이 기름진 밭
으로 변하지 아니하겠으며 기름진 밭
이 숲으로 여겨지지 아니하겠느냐
18 그 날에 못 듣는 사람이 책의 말을
들을 것이며 어둡고 캄캄한 데에서
맹인의 눈이 볼 것이며
19 겸손한 자에게 여호와로 말미암아
기쁨이 더하겠고 사람 중 가난한 자
가 이스라엘의 거룩하신 이로 말미암
아 즐거워하리니
20 이는 강포한 자가 소멸되었으며 오만
한 자가 그쳤으며 죄악의 기회를 엿
보던 자가 다 끊어졌음이라
21 그들은 송사로 사람에게 죄를 씌우
며 성문에서 판단하는 자를 올무로
잡듯 하며 헛된 일로 의인을 억울하
게 하느니라
22 그러므로 아브라함을 구속하신 여호
와께서 야곱 족속에 대하여 이같이
말씀하시되 야곱이 이제는 부끄러워
하지 아니하겠고 그의 얼굴이 이제는
창백해지지 아니할 것이며
23 그의 자손은 내 손이 그 가운데에서
행한 것을 볼 때에 내 이름을 거룩하
다 하며 야곱의 거룩한 이를 거룩하
다 하며 이스라엘의 하나님을 경외할
것이며
24 마음이 혼미하던 자들도 총명하게 되
며 원망하던 자들도 교훈을 받으리
라 하셨느니라

애굽과 맺은 맹약이 헛되다

30 여호와께서 이르시되 패역한 자
식들은 화 있을진저 그들이 계
교를 베푸나 나로 말미암지 아니하
며 맹약을 맺으나 나의 영으로 말미
암지 아니하고 죄에 죄를 더하도다
2 그들이 바로의 세력 안에서 스스로
강하려 하며 애굽의 그늘에 피하려
하여 애굽으로 내려갔으되 나의 입
에 묻지 아니하였도다
3 그러므로 바로의 세력이 너희의 수치
가 되며 애굽의 그늘에 피함이 너희
의 수욕이 될 것이라
4 그 고관들이 소안에 있고 그 사신들
이 하네스에 이르렀으나
5 그들이 다 자기를 유익하게 하지 못
하는 민족으로 말미암아 수치를 당
하리니 그 민족이 돕지도 못하며 유
익하게도 못하고 수치가 되게 하며
수욕이 되게 할 뿐임이니라
6 네겝 짐승들에 관한 경고라
사신들이 그들의 재물을 어린 나귀 등
에 싣고 그들의 보물을 낙타 안장에
얹고 암사자와 수사자와 독사와 및
날아다니는 불뱀이 나오는 위험하고
곤고한 땅을 지나 자기에게 무익한
민족에게로 갔으나
7 애굽의 도움은 헛되고 무익하니라
그러므로 내가 애굽을 가만히 앉은
라합이라 일컬었느니라

패역한 백성

8 이제 가서 백성 앞에서 서판에 기록
하며 책에 써서 후세에 영원히 있게
하라
9 대저 이는 패역한 백성이요 거짓말
하는 자식들이요 여호와의 법을 듣
기 싫어하는 자식들이라
10 그들이 선견자들에게 이르기를 선견
하지 말라 선지자들에게 이르기를 우
리에게 바른 것을 보이지 말라 우리
에게 부드러운 말을 하라 거짓된 것
을 보이라
11 너희는 바른 길을 버리며 첩경에서
돌이키라 이스라엘의 거룩하신 이를
우리 앞에서 떠나시게 하라 하는도다
12 이러므로 이스라엘의 거룩하신 이가
이같이 말씀하시되 너희가 이 말을
업신여기고 압박과 허망을 믿어 그것
을 의지하니
13 이 죄악이 너희에게 마치 무너지려고
터진 담이 불쑥 나와 순식간에 무너

365묵상

고대 선지자들의 경고

이사야 29장은 예루살렘의 죄악에 대한 경고이고, 30장은 애굽과의 동맹에 대한 경고다. 이런 경고들은 모두 옛적 이야기에 불과한 것일까? 아니다! 현대를 살아가고 있는 우리에게 소중한 교훈을 준다. 첫째, 하나님이 죄를 얼마나 심각하게 생각하시는지 알게 해준다. 둘째, 하나님을 의지하는 대신에 세상의 다른 헛된 것들을 의지하는 것이 얼마나 어리석은 일인지 알게 해준다. 셋째, 하나님의 크신 인내와 자비하심을 보여준다. 따라서 지겹도록 반복되는 고대 선지자들의 경고를 통해 소중한 교훈을 배워야 한다.

짐 같게 되리라 하셨은즉
14 그가 이 나라를 무너뜨리시되 토기장
이가 그릇을 깨뜨림 같이 아낌이 없
이 부수시리니 그 조각 중에서, 아궁
이에서 불을 붙이거나 물 웅덩이에서
물을 뜰 것도 얻지 못하리라
15 주 여호와 이스라엘의 거룩하신 이가
이같이 말씀하시되 너희가 돌이켜 조
용히 있어야 구원을 얻을 것이요 잠
잠하고 신뢰하여야 힘을 얻을 것이거
늘 너희가 원하지 아니하고
16 이르기를 아니라 우리가 말 타고 도
망하리라 하였으므로 너희가 도망할
것이요 또 이르기를 우리가 빠른 짐
승을 타리라 하였으므로 너희를 쫓
는 자들이 빠르리니
17 한 사람이 꾸짖은즉 천 사람이 도망
하겠고 다섯이 꾸짖은즉 너희가 다
도망하고 너희 남은 자는 겨우 산 꼭
대기의 깃대 같겠고 산마루 위의 기
치 같으리라 하셨느니라

하나님을 기다리는 자는 복이 있도다

18 그러나 여호와께서 기다리시나니 이
는 너희에게 은혜를 베풀려 하심이
요 일어나시리니 이는 너희를 긍휼히
여기려 하심이라 대저 여호와는 정의
의 하나님이심이라 그를 기다리는 자
마다 복이 있도다
19 시온에 거주하며 예루살렘에 거주하
는 백성아 너는 다시 통곡하지 아니
할 것이라 그가 네 부르짖는 소리로
말미암아 네게 은혜를 베푸시되 그
가 들으실 때에 네게 응답하시리라
20 주께서 너희에게 환난의 떡과 고생의
물을 주시나 네 스승은 다시 숨기지
아니하시리니 네 눈이 네 스승을 볼
것이며
21 너희가 오른쪽으로 치우치든지 왼쪽
으로 치우치든지 네 뒤에서 말소리가
네 귀에 들려 이르기를 이것이 바른
길이니 너희는 이리로 가라 할 것이며
22 또 너희가 너희 조각한 우상에 입힌
은과 부어 만든 우상에 올린 금을
더럽게 하여 불결한 물건을 던짐 같
이 던지며 이르기를 나가라 하리라
23 네가 땅에 뿌린 종자에 주께서 비를
주사 땅이 먹을 것을 내며 곡식이 풍
성하고 기름지게 하실 것이며 그 날
에 네 가축이 광활한 목장에서 먹을
것이요
24 밭 가는 소와 어린 나귀도 키와 쇠스
랑으로 까부르고 맛있게 한 먹이를
먹을 것이며
25 크게 살육하는 날 망대가 무너질 때
에 고산마다 준령마다 그 위에 개울
과 시냇물이 흐를 것이며

26 여호와께서 자기 백성의 상처를 싸매
시며 그들의 맞은 자리를 고치시는
날에는 달빛은 햇빛 같겠고 햇빛은
일곱 배가 되어 일곱 날의 빛과 같으
리라

여호와께서 앗수르를 치시리라

27 보라 여호와의 이름이 원방에서부터
오되 그의 진노가 불 붙듯 하며 빽
빽한 연기가 일어나듯 하며 그의 입
술에는 분노가 찼으며 그의 혀는 맹
렬한 불 같으며
28 그의 호흡은 마치 창일하여 목에까
지 미치는 하수 같은즉 그가 멸하는
키로 열방을 까부르며 여러 민족의
입에 미혹하는 재갈을 물리시리니
29 너희가 거룩한 절기를 지키는 밤에
하듯이 노래할 것이며 피리를 불며
여호와의 산으로 가서 이스라엘의
반석에게로 나아가는 자 같이 마음
에 즐거워할 것이라
30 여호와께서 그의 장엄한 목소리를
듣게 하시며 혁혁한 진노로 그의 팔
의 치심을 보이시되 맹렬한 화염과
폭풍과 폭우와 우박으로 하시리니
31 여호와의 목소리에 앗수르가 낙담할
것이며 주께서는 막대기로 치실 것이
라
32 여호와께서 예정하신 몽둥이를 앗수
르 위에 더하실 때마다 소고를 치며
수금을 탈 것이며 그는 전쟁 때에 팔
을 들어 그들을 치시리라
33 대저 도벳은 이미 세워졌고 또 왕을
위하여 예비된 것이라 깊고 넓게 하였
고 거기에 불과 많은 나무가 있은즉
여호와의 호흡이 유황 개천 같아서
이를 사르시리라

31 도움을 구하러 애굽으로 내려
가는 자들은 화 있을진저 그들
은 말을 의지하며 병거의 많음과 마
병의 심히 강함을 의지하고 이스라엘
의 거룩하신 이를 앙모하지 아니하며
여호와를 구하지 아니하나니
2 여호와께서도 지혜로우신즉 재앙을
내리실 것이라 그의 말씀들을 변하게
하지 아니하시고 일어나사 악행하는
자들의 집을 치시며 행악을 돕는 자
들을 치시리니
3 애굽은 사람이요 신이 아니며 그들의
말들은 육체요 영이 아니라 여호와
께서 그의 손을 펴시면 돕는 자도 넘
어지며 도움을 받는 자도 엎드러져서
다 함께 멸망하리라
4 여호와께서 이같이 내게 이르시되 큰
사자나 젊은 사자가 자기의 먹이를 움
키고 으르렁거릴 때에 그것을 치려고
여러 목자를 불러 왔다 할지라도 그

것이 그들의 소리로 말미암아 놀라지
아니할 것이요 그들의 떠듦으로 말미
암아 굴복하지 아니할 것이라 이와
같이 나 만군의 여호와가 강림하여 시
온 산과 그 언덕에서 싸울 것이라
5 새가 날개 치며 그 새끼를 보호함 같
이 나 만군의 여호와가 예루살렘을
보호할 것이라 그것을 호위하며 건지
며 뛰어넘어 구원하리라 하셨느니라
6 이스라엘 자손들아 너희는 심히 거역
하던 자에게로 돌아오라
7 너희가 자기 손으로 만들어 범죄한
은 우상, 금 우상을 그 날에는 각 사
람이 던져 버릴 것이며
8 앗수르는 칼에 엎드러질 것이나 사람
의 칼로 말미암음이 아니겠고 칼에
삼켜질 것이나 사람의 칼로 말미암음
이 아닐 것이며 그는 칼 앞에서 도망
할 것이요 그의 장정들은 복역하는
자가 될 것이라
9 그의 반석은 두려움으로 말미암아 물
러가겠고 그의 고관들은 기치로 말미
암아 놀라리라 이는 여호와의 말씀이
라 여호와의 불은 시온에 있고 여호
와의 풀무는 예루살렘에 있느니라

의로 통치할 왕

32 보라 장차 한 왕이 공의로 통치
할 것이요 방백들이 정의로 다
스릴 것이며
2 또 그 사람은 광풍을 피하는 곳, 폭
우를 가리는 곳 같을 것이며 마른 땅
에 냇물 같을 것이며 곤비한 땅에 큰
바위 그늘 같으리니
3 보는 자의 눈이 감기지 아니할 것이
요 듣는 자가 귀를 기울일 것이며
4 조급한 자의 마음이 지식을 깨닫고
어눌한 자의 혀가 민첩하여 말을 분
명히 할 것이라
5 어리석은 자를 다시 존귀하다 부르지
아니하겠고 우둔한 자를 다시 존귀
한 자라 말하지 아니하리니
6 이는 어리석은 자는 어리석은 것을
말하며 그 마음에 불의를 품어 간사
를 행하며 패역한 말로 여호와를 거
스르며 주린 자의 속을 비게 하며 목
마른 자에게서 마실 것을 없어지게
함이며
7 악한 자는 그 그릇이 악하여 악한 계
획을 세워 거짓말로 가련한 자를 멸
하며 가난한 자가 말을 바르게 할지
라도 그리함이거니와
8 존귀한 자는 존귀한 일을 계획하나니
그는 항상 존귀한 일에 서리라

심판과 회복

9 너희 안일한 여인들아 일어나 내 목
소리를 들을지어다 너희 염려 없는

딸들아 내 말에 귀를 기울일지어다
10 너희 염려 없는 여자들아 일 년 남짓
지나면 너희가 당황하리니 포도 수확
이 없으며 열매 거두는 일이 이르지
않을 것임이라
11 너희 안일한 여자들아 떨지어다 너희
염려 없는 자들아 당황할지어다 옷을
벗어 몸을 드러내고 베로 허리를 동
일지어다
12 그들은 좋은 밭으로 인하여 열매 많
은 포도나무로 인하여 가슴을 치게
될 것이니라
13 내 백성의 땅에 가시와 찔레가 나며
희락의 성읍, 기뻐하는 모든 집에 나
리니
14 대저 궁전이 폐한 바 되며 인구 많던
성읍이 적막하며 오벨과 망대가 영원
히 굴혈이 되며 들나귀가 즐기는 곳
과 양 떼의 초장이 되려니와
15 마침내 위에서부터 영을 우리에게 부
어 주시리니 광야가 아름다운 밭이
되며 아름다운 밭을 숲으로 여기게
되리라
16 그 때에 정의가 광야에 거하며 공의
가 아름다운 밭에 거하리니
17 공의의 열매는 화평이요 공의의 결과
는 영원한 평안과 안전이라
18 내 백성이 화평한 집과 안전한 거처
와 조용히 쉬는 곳에 있으려니와
19 그 숲은 우박에 상하고 성읍은 파괴
되리라
20 모든 물 가에 씨를 뿌리고 소와 나
귀를 그리로 모는 너희는 복이 있느
니라

은혜를 구하는 기도

33 너 학대를 당하지 아니하고도
학대하며 속이고도 속임을 당
하지 아니하는 자여 화 있을진저 네
가 학대하기를 그치면 네가 학대를
당할 것이며 네가 속이기를 그치면
사람이 너를 속이리라
2 여호와여 우리에게 은혜를 베푸소서
우리가 주를 앙망하오니 주는 아침
마다 우리의 팔이 되시며 환난 때에
우리의 구원이 되소서
3 요란한 소리로 말미암아 민족들이
도망하며 주께서 일어나심으로 말미
암아 나라들이 흩어졌나이다
4 황충의 떼 같이 사람이 너희의 노략
물을 모을 것이며 메뚜기가 뛰어오름
같이 그들이 그 위로 뛰어오르리라
5 여호와께서는 지극히 존귀하시니 그
는 높은 곳에 거하심이요 정의와 공
의를 시온에 충만하게 하심이라
6 네 시대에 평안함이 있으며 구원과
지혜와 지식이 풍성할 것이니 여호와

를 경외함이 네 보배니라

높은 곳에 거할 자

7 보라 그들의 용사가 밖에서 부르짖
으며 평화의 사신들이 슬피 곡하며
8 대로가 황폐하여 행인이 끊어지며 대
적이 조약을 파하고 성읍들을 멸시
하며 사람을 생각하지 아니하며
9 땅이 슬퍼하고 쇠잔하며 레바논은
부끄러워하고 마르며 사론은 사막과
같고 바산과 갈멜은 나뭇잎을 떨어
뜨리는도다
10 여호와께서 이르시되 내가 이제 일어
나며 내가 이제 나를 높이며 내가 이
제 지극히 높아지리니
11 너희가 겨를 잉태하고 짚을 해산할
것이며 너희의 호흡은 불이 되어 너희
를 삼킬 것이며
12 민족들은 불에 굽는 횟돌 같겠고 잘
라서 불에 사르는 가시나무 같으리
로다
13 너희 먼 데에 있는 자들아 내가 행한
것을 들으라 너희 가까이에 있는 자
들아 나의 권능을 알라
14 시온의 죄인들이 두려워하며 경건하
지 아니한 자들이 떨며 이르기를 우
리 중에 누가 삼키는 불과 함께 거하
겠으며 우리 중에 누가 영영히 타는
것과 함께 거하리요 하도다
15 오직 공의롭게 행하는 자, 정직히 말
하는 자, 토색한 재물을 가증히 여기
는 자, 손을 흔들어 뇌물을 받지 아
니하는 자, 귀를 막아 피 흘리려는 꾀
를 듣지 아니하는 자, 눈을 감아 악
을 보지 아니하는 자,
16 그는 높은 곳에 거하리니 견고한 바
위가 그의 요새가 되며 그의 양식은
공급되고 그의 물은 끊어지지 아니
하리라

시온 성을 보라

17 네 눈은 왕을 그의 아름다운 가운데
에서 보며 광활한 땅을 눈으로 보겠
고
18 네 마음은 두려워하던 것을 생각해
내리라 계산하던 자가 어디 있느냐
공세를 계량하던 자가 어디 있느냐
망대를 계수하던 자가 어디 있느냐
19 네가 강포한 백성을 보지 아니하리
라 그 백성은 방언이 어려워 네가 알
아듣지 못하며 말이 이상하여 네가
깨닫지 못하는 자니라
20 우리 절기의 시온 성을 보라 네 눈이
안정된 처소인 예루살렘을 보리니 그
것은 옮겨지지 아니할 장막이라 그
말뚝이 영영히 뽑히지 아니할 것이요
그 줄이 하나도 끊어지지 아니할 것
이며

21 여호와는 거기에 위엄 중에 우리와
함께 계시리니 그 곳에는 여러 강과
큰 호수가 있으나 노 젓는 배나 큰
배가 통행하지 못하리라
22 대저 여호와는 우리 재판장이시요 여
호와는 우리에게 율법을 세우신 이
요 여호와는 우리의 왕이시니 그가
우리를 구원하실 것임이라
23 네 돛대 줄이 풀렸으니 돛대의 밑을
튼튼히 하지 못하였고 돛을 달지 못
하였느니라 때가 되면 많은 재물을
탈취하여 나누리니 저는 자도 그 재
물을 취할 것이며
24 그 거주민은 내가 병들었노라 하지
아니할 것이라 거기에 사는 백성이
사죄함을 받으리라

여호와께서 원수들을 벌하시리라

34 열국이여 너희는 나아와 들을지
어다 민족들이여 귀를 기울일지
어다 땅과 땅에 충만한 것, 세계와
세계에서 나는 모든 것이여 들을지
어다
2 대저 여호와께서 열방을 향하여 진노
하시며 그들의 만군을 향하여 분내
사 그들을 진멸하시며 살륙 당하게
하셨은즉
3 그 살륙 당한 자는 내던진 바 되며
그 사체의 악취가 솟아오르고 그 피
에 산들이 녹을 것이며
4 하늘의 만상이 사라지고 하늘들이
두루마리 같이 말리되 그 만상의 쇠
잔함이 포도나무 잎이 마름 같고 무
화과나무 잎이 마름 같으리라
5 여호와의 칼이 하늘에서 족하게 마셨
은즉 보라 이것이 에돔 위에 내리며
진멸하시기로 한 백성 위에 내려 그
를 심판할 것이라
6 여호와의 칼이 피 곧 어린 양과 염소
의 피에 만족하고 기름 곧 숫양의 콩
팥 기름으로 윤택하니 이는 여호와
를 위한 희생이 보스라에 있고 큰 살
륙이 에돔 땅에 있음이라
7 들소와 송아지와 수소가 함께 도살
장에 내려가니 그들의 땅이 피에 취
하며 흙이 기름으로 윤택하리라
8 이것은 여호와께서 보복하시는 날이
요 시온의 송사를 위하여 신원하시는
해라
9 에돔의 시내들은 변하여 역청이 되고
그 티끌은 유황이 되고 그 땅은 불

365묵상

주님은 나의 견고한 반석

모래 먼지 휘날리는 허허벌판의 광야, 그 광야에 우뚝 서 있는 우람하고 견고한 바위. 아무도 이 바위를 움직일 수 없다. 바람이 세차게 불어도 꿈쩍도 안 한다. 폭풍우가 몰아쳐도 초연하다. 이 바위는 언제나 변함없이 똑같은 자리를 지키고 있다. 오늘날 우리에게 이런 바위 같은 분이 계신다. 바로 하나님이시다(사 33:16). 그 분은 강력하시고 견고하시며 변함없으시다. 우리가 기쁠 때에도 슬플 때에도 힘들 때에도, 우리 곁에 항상 함께 계신다. 광야의 크고 견고한 바위처럼, 하나님은 우리의 영원한 반석이시다.

이며 승냥이의 눕던 곳에 풀과 갈대
와 부들이 날 것이며
8 거기에 대로가 있어 그 길을 거룩한
길이라 일컫는 바 되리니 깨끗하지
못한 자는 지나가지 못하겠고 오직
구속함을 입은 자들을 위하여 있게
될 것이라 우매한 행인은 그 길로 다
니지 못할 것이며
9 거기에는 사자가 없고 사나운 짐승이
그리로 올라가지 아니하므로 그것을
만나지 못하겠고 오직 구속함을 받
은 자만 그리로 행할 것이며
10 여호와의 속량함을 받은 자들이 돌
아오되 노래하며 시온에 이르러 그
들의 머리 위에 영영한 희락을 띠고
기쁨과 즐거움을 얻으리니 슬픔과
탄식이 사라지리로다

앗수르가 예루살렘을 협박하다

36

히스기야 왕 십사년에 앗수르
왕 산헤립이 올라와서 유다의
모든 견고한 성을 쳐서 취하니라
2 앗수르 왕이 라기스에서부터 랍사게
를 예루살렘으로 보내되 대군을 거
느리고 히스기야 왕에게로 가게 하
매 그가 윗못 수도 곁 세탁자의 밭
큰 길에 서매
3 힐기야의 아들 왕궁 맡은 자 엘리아
김과 서기관 셉나와 아삽의 아들 사
관 요아가 그에게 나아가니라
4 랍사게가 그들에게 이르되 이제 히
스기야에게 말하라 대왕 앗수르 왕
이 이같이 말씀하시기를 네가 믿는
바 그 믿는 것이 무엇이냐
5 내가 말하노니 네가 족히 싸울 계략
과 용맹이 있노라 함은 입술에 붙은
말뿐이니라 네가 이제 누구를 믿고
나를 반역하느냐
6 보라 네가 애굽을 믿는도다 그것은
상한 갈대 지팡이와 같은 것이라 사
람이 그것을 의지하면 손이 찔리리니
애굽 왕 바로는 그를 믿는 모든 자
에게 이와 같으니라
7 혹시 네가 내게 이르기를 우리는 우
리 하나님 여호와를 신뢰하노라 하리
라마는 그는 그의 산당과 제단을 히
스기야가 제하여 버리고 유다와 예
루살렘에 명령하기를 너희는 이 제단
앞에서만 예배하라 하던 그 신이 아
니냐 하셨느니라
8 그러므로 이제 청하노니 내 주 앗수
르 왕과 내기하라 내가 네게 말 이천
필을 주어도 너는 그 탈 자를 능히
내지 못하리라
9 그런즉 네가 어찌 내 주의 종 가운데
극히 작은 총독 한 사람인들 물리칠
수 있으랴 어찌 애굽을 믿고 병거와

붙는 역청이 되며
10 낮에나 밤에나 꺼지지 아니하고 그
연기가 끊임없이 떠오를 것이며 세세
에 황무하여 그리로 지날 자가 영영
히 없겠고
11 당아새와 고슴도치가 그 땅을 차지
하며 부엉이와 까마귀가 거기에 살
것이라 여호와께서 그 위에 혼란의
줄과 공허의 추를 드리우실 것인즉
12 그들이 국가를 이으려 하여 귀인들
을 부르되 아무도 없겠고 그 모든
방백도 없게 될 것이요
13 그 궁궐에는 가시나무가 나며 그 견
고한 성에는 엉겅퀴와 새품이 자라서
승냥이의 굴과 타조의 처소가 될 것
이니
14 들짐승이 이리와 만나며 숫염소가 그
동류를 부르며 올빼미가 거기에 살
면서 쉬는 처소로 삼으며
15 부엉이가 거기에 깃들이고 알을 낳아
까서 그 그늘에 모으며 솔개들도 각
각 제 짝과 함께 거기에 모이리라
16 너희는 여호와의 책에서 찾아 읽어보
라 이것들 가운데서 빠진 것이 하나
도 없고 제 짝이 없는 것이 없으리니
이는 여호와의 입이 이를 명령하셨고
그의 영이 이것들을 모으셨음이라
17 여호와께서 그것들을 위하여 제비를
뽑으시며 그의 손으로 줄을 띠어 그
땅을 그것들에게 나누어 주셨으니
그들이 영원히 차지하며 대대로 거기
에 살리라

거룩한 길

35 광야와 메마른 땅이 기뻐하며
사막이 백합화 같이 피어 즐거
워하며
2 무성하게 피어 기쁜 노래로 즐거워하
며 레바논의 영광과 갈멜과 사론의
아름다움을 얻을 것이라 그것들이
여호와의 영광 곧 우리 하나님의 아
름다움을 보리로다
3 너희는 약한 손을 강하게 하며 떨리
는 무릎을 굳게 하며
4 겁내는 자들에게 이르기를 굳세어
라, 두려워하지 말라, 보라 너희 하나
님이 오사 보복하시며 갚아 주실 것
이라 하나님이 오사 너희를 구하시리
라 하라
5 그 때에 맹인의 눈이 밝을 것이며 못
듣는 사람의 귀가 열릴 것이며
6 그 때에 저는 자는 사슴 같이 뛸 것
이며 말 못하는 자의 혀는 노래하리
니 이는 광야에서 물이 솟겠고 사막
에서 시내가 흐를 것임이라
7 뜨거운 사막이 변하여 못이 될 것이
며 메마른 땅이 변하여 원천이 될 것

기병을 얻으려 하느냐
10 내가 이제 올라와서 이 땅을 멸하는
것이 여호와의 뜻이 없음이겠느냐 여
호와께서 내게 이르시기를 올라가
그 땅을 쳐서 멸하라 하셨느니라 하
니라
11 이에 엘리아김과 셉나와 요아가 랍
사게에게 이르되 우리가 아람 방언
을 아오니 청하건대 그 방언으로 당
신의 종들에게 말하고 성 위에 있는
백성이 듣는 데에서 우리에게 유다
방언으로 말하지 마소서 하니
12 랍사게가 이르되 내 주께서 이 일을
네 주와 네게만 말하라고 나를 보내
신 것이냐 너희와 함께 자기의 대변
을 먹으며 자기의 소변을 마실 성 위
에 앉은 사람들에게도 하라고 보내
신 것이 아니냐 하더라
13 이에 랍사게가 일어서서 유다 방언으
로 크게 외쳐 이르되 너희는 대왕 앗
수르 왕의 말씀을 들으라
14 왕의 말씀에 너희는 히스기야에게 미
혹되지 말라 그가 능히 너희를 건지
지 못할 것이니라
15 히스기야가 너희에게 여호와를 신뢰
하게 하려는 것을 따르지 말라 그가
말하기를 여호와께서 반드시 우리를
건지시리니 이 성이 앗수르 왕의 손
에 넘어가지 아니하리라 할지라도
16 히스기야의 말을 듣지 말라 앗수르
왕이 또 이같이 말씀하시기를 너희는
내게 항복하고 내게로 나아오라 그
리하면 너희가 각각 자기의 포도와
자기의 무화과를 먹을 것이며 각각
자기의 우물 물을 마실 것이요
17 내가 와서 너희를 너희 본토와 같이
곡식과 포도주와 떡과 포도원이 있
는 땅에 옮기기까지 하리라
18 혹시 히스기야가 너희에게 이르기를
여호와께서 우리를 건지시리라 할지
라도 속지 말라 열국의 신들 중에 자
기의 땅을 앗수르 왕의 손에서 건진
자가 있느냐
19 하맛과 아르밧의 신들이 어디 있느냐
스발와임의 신들이 어디 있느냐 그들
이 사마리아를 내 손에서 건졌느냐
20 이 열방의 신들 중에 어떤 신이 자기
의 나라를 내 손에서 건져냈기에 여
호와가 능히 예루살렘을 내 손에서
건지겠느냐 하셨느니라 하니라
21 그러나 그들이 잠잠하여 한 말도 대
답하지 아니하였으니 이는 왕이 그들
에게 명령하여 대답하지 말라 하였음
이었더라
22 그 때에 힐기야의 아들 왕궁 맡은 자
엘리아김과 서기관 셉나와 아삽의 아

들 사관 요아가 자기의 옷을 찢고 히
스기야에게 나아가서 랍사게의 말을
그에게 전하니라

왕이 이사야의 말을 듣고자 하다

37 히스기야 왕이 듣고 자기의 옷
을 찢고 굵은 베 옷을 입고 여
호와의 전으로 갔고
2 왕궁 맡은 자 엘리아김과 서기관 셉
나와 제사장 중 어른들도 굵은 베
옷을 입으니라 왕이 그들을 아모스
의 아들 선지자 이사야에게로 보내매
3 그들이 이사야에게 이르되 히스기야
의 말씀에 오늘은 환난과 책벌과 능
욕의 날이라 아이를 낳으려 하나 해
산할 힘이 없음 같도다
4 당신의 하나님 여호와께서 랍사게의
말을 들으셨을 것이라 그가 그의 상
전 앗수르 왕의 보냄을 받고 살아
계시는 하나님을 훼방하였은즉 당신
의 하나님 여호와께서 혹시 그 말로
말미암아 견책하실까 하노라 그런즉
바라건대 당신은 이 남아 있는 자를
위하여 기도하라 하시더이다 하니라
5 그리하여 히스기야 왕의 신하들이 이
사야에게 나아가매
6 이사야가 그들에게 이르되 너희는 너
희 주에게 이렇게 말하라 여호와께
서 이같이 말씀하시되 너희가 들은
바 앗수르 왕의 종들이 나를 능욕한
말로 말미암아 두려워하지 말라
7 보라 내가 영을 그의 속에 두리니 그
가 소문을 듣고 그의 고국으로 돌아
갈 것이며 또 내가 그를 그의 고국에
서 칼에 죽게 하리라 하셨느니라 하
니라

앗수르가 또 다른 협박을 하다

8 앗수르 왕이 라기스를 떠났다 함을
듣고 랍사게가 돌아가다가 그 왕을
만나니 립나를 치고 있더라
9 그 때에 앗수르 왕이 구스 왕 디르
하가의 일에 관하여 들은즉 사람들
이 이르기를 그가 나와서 왕과 싸우
려 한다 하는지라 이 말을 듣고 사자
들을 히스기야에게 보내며 이르되
10 너희는 유다의 히스기야 왕에게 이같
이 말하여 이르기를 너는 네가 신뢰
하는 하나님이 예루살렘이 앗수르
왕의 손에 넘어가지 아니하리라 하는
말에 속지 말라
11 앗수르 왕들이 모든 나라에 어떤 일
을 행하였으며 그것을 어떻게 멸절시
켰는지 네가 들었으리니 네가 구원을
받겠느냐
12 나의 조상들이 멸하신 열방 고산과
하란과 레셉과 및 들라살에 있는 에
덴 자손을 그 나라들의 신들이 건졌

더냐
13 하맛 왕과 아르밧 왕과 스발와임 성
의 왕과 헤나 왕과 이와 왕이 어디
있느냐 하라 하였더라
14 히스기야가 그 사자들의 손에서 글
을 받아 보고 여호와의 전에 올라가
서 그 글을 여호와 앞에 펴 놓고
15 여호와께 기도하여 이르되
16 그룹 사이에 계신 이스라엘 하나님
만군의 여호와여 주는 천하 만국에
유일하신 하나님이시라 주께서 천지
를 만드셨나이다
17 여호와여 귀를 기울여 들으시옵소서
여호와여 눈을 뜨고 보시옵소서 산
헤립이 사람을 보내어 살아 계시는
하나님을 훼방한 모든 말을 들으시
옵소서
18 여호와여 앗수르 왕들이 과연 열국
과 그들의 땅을 황폐하게 하였고
19 그들의 신들을 불에 던졌사오나 그
들은 신이 아니라 사람의 손으로 만
든 것일 뿐이요 나무와 돌이라 그러
므로 멸망을 당하였나이다
20 우리 하나님 여호와여 이제 우리를
그의 손에서 구원하사 천하 만국이
주만이 여호와이신 줄을 알게 하옵
소서 하니라

이사야가 왕에게 전한 말

21 아모스의 아들 이사야가 사람을 보
내어 히스기야에게 이르되 이스라엘
의 하나님 여호와께서 말씀하시되 네
가 앗수르의 산헤립 왕의 일로 내게
기도하였도다 하시고
22 여호와께서 그에 대하여 이같이 이르
시되 처녀 딸 시온이 너를 멸시하며
조소하였고 딸 예루살렘이 너를 향
하여 머리를 흔들었느니라
23 네가 훼방하며 능욕한 것은 누구에
게냐 네가 소리를 높이며 눈을 높이
들어 향한 것은 누구에게냐 곧 이스
라엘의 거룩하신 이에게니라
24 네가 네 종을 통해서 내 주를 훼방
하여 이르기를 내가 나의 허다한 병
거를 거느리고 산들의 꼭대기에 올
라가며 레바논의 깊은 곳에 이르렀
으니 높은 백향목과 아름다운 향나
무를 베고 또 그 제일 높은 곳에 들
어가 살진 땅의 수풀에 이를 것이며
25 내가 우물을 파서 물을 마셨으니 내
발바닥으로 애굽의 모든 하수를 말
리리라 하였도다
26 네가 어찌하여 듣지 못하였느냐 이
일들은 내가 태초부터 행한 바요 상
고부터 정한 바로서 이제 내가 이루
어 네가 견고한 성읍들을 헐어 돌무
더기가 되게 하였노라

27 그러므로 그 주민들이 힘이 약하여
놀라며 수치를 당하여 들의 풀 같이,
푸른 나물 같이, 지붕의 풀 같이, 자
라지 못한 곡초 같이 되었느니라
28 네 거처와 네 출입과 네가 나를 거슬
러 분노함을 내가 아노라
29 네가 나를 거슬러 분노함과 네 오만
함이 내 귀에 들렸으므로 내가 갈고
리로 네 코를 꿰며 재갈을 네 입에
물려 너를 오던 길로 돌아가게 하리
라 하셨나이다
30 왕이여 이것이 왕에게 징조가 되리니
올해는 스스로 난 것을 먹을 것이요
둘째 해에는 또 거기에서 난 것을 먹
을 것이요 셋째 해에는 심고 거두며
포도나무를 심고 그 열매를 먹을 것
이니이다
31 유다 족속 중에 피하여 남은 자는
다시 아래로 뿌리를 박고 위로 열매
를 맺으리니
32 이는 남은 자가 예루살렘에서 나오
며 피하는 자가 시온 산에서 나올 것
임이라 만군의 여호와의 열심이 이를
이루시리이다
33 그러므로 여호와께서 앗수르 왕에
대하여 이같이 이르시되 그가 이 성
에 이르지 못하며 화살 하나도 이리
로 쏘지 못하며 방패를 가지고 성에
가까이 오지도 못하며 흉벽을 쌓고
치지도 못할 것이요
34 그가 오던 길 곧 그 길로 돌아가고
이 성에 이르지 못하리라 나 여호와
의 말이니라
35 대저 내가 나를 위하며 내 종 다윗을
위하여 이 성을 보호하며 구원하리라
하셨나이다 하니라
36 여호와의 사자가 나가서 앗수르 진중
에서 십팔만 오천인을 쳤으므로 아침
에 일찍이 일어나 본즉 시체뿐이라
37 이에 앗수르의 산헤립 왕이 떠나 돌
아가서 니느웨에 거주하더니
38 자기 신 니스록의 신전에서 경배할
때에 그의 아들 아드람멜렉과 사레
셀이 그를 칼로 죽이고 아라랏 땅으
로 도망하였으므로 그의 아들 에살
핫돈이 이어 왕이 되니라

히스기야 왕의 발병과 회복

38 그 때에 히스기야가 병들어 죽
게 되니 아모스의 아들 선지자
이사야가 나아가 그에게 이르되 여

365묵상

성경의 교훈을 나의 삶속에 적용하기

앗수르 왕 산헤립의 침공과 히스기야 왕의 기도, 그리고 하나님의 기적적인 구원! 이 이야기는 성경에 세 번이나 언급되었다(왕하 18-19장; 대하 32장; 사 36-37장). 이것은 이 이야기가 매우 중요하다는 것을 뜻한다. 하나님은 어떤 특별한 교훈을 우리에게 들려주시려 하셨을까? 교훈의 핵심은 이것이다. 우리가 삶의 위기에 처할 때 우리의 기도를 들으시고 그 모든 위기에서 우리를 구원해 주실 수 있는 유일하고 참된 신은 하나님뿐이라는 사실이다. 삶의 위기에 처했는가? 옛적 히스기야 왕처럼 하나님을 의지하라!

호와께서 이같이 말씀하시기를 너는
네 집에 유언하라 네가 죽고 살지 못
하리라 하셨나이다 하니
2 히스기야가 얼굴을 벽으로 향하고
여호와께 기도하여
3 이르되 여호와여 구하오니 내가 주
앞에서 진실과 전심으로 행하며 주의
목전에서 선하게 행한 것을 기억하옵
소서 하고 히스기야가 심히 통곡하니
4 이에 여호와의 말씀이 이사야에게 임
하여 이르시되
5 너는 가서 히스기야에게 이르기를 네
조상 다윗의 하나님 여호와께서 이같
이 말씀하시기를 내가 네 기도를 들
었고 네 눈물을 보았노라 내가 네
수한에 십오 년을 더하고
6 너와 이 성을 앗수르 왕의 손에서 건
져내겠고 내가 또 이 성을 보호하리
라
7 이는 여호와께로 말미암는 너를 위
한 징조이니 곧 여호와께서 하신 말
씀을 그가 이루신다는 증거이니라
8 보라 아하스의 해시계에 나아갔던
해 그림자를 뒤로 십 도를 물러가게
하리라 하셨다 하라 하시더니 이에
해시계에 나아갔던 해의 그림자가 십
도를 물러가니라
9 유다 왕 히스기야가 병들었다가 그
의 병이 나은 때에 기록한 글이 이러
하니라
10 내가 말하기를 나의 중년에 스올의
문에 들어가고 나의 여생을 빼앗기
게 되리라 하였도다
11 내가 또 말하기를 내가 다시는 여호
와를 뵈옵지 못하리니 산 자의 땅에
서 다시는 여호와를 뵈옵지 못하겠
고 내가 세상의 거민 중에서 한 사람
도 다시는 보지 못하리라 하였도다
12 나의 거처는 목자의 장막을 걷음 같
이 나를 떠나 옮겨졌고 직공이 베를
걷어 말음 같이 내가 내 생명을 말았
도다 주께서 나를 틀에서 끊으시리
니 조석간에 나를 끝내시리라
13 내가 아침까지 견디었사오나 주께서
사자 같이 나의 모든 뼈를 꺾으시오
니 조석간에 나를 끝내시리라
14 나는 제비 같이, 학 같이 지저귀며 비
둘기 같이 슬피 울며 내 눈이 쇠하도
록 앙망하나이다 여호와여 내가 압제
를 받사오니 나의 중보가 되옵소서
15 주께서 내게 말씀하시고 또 친히 이
루셨사오니 내가 무슨 말씀을 하오
리이까 내 영혼의 고통으로 말미암
아 내가 종신토록 방황하리이다
16 주여 사람이 사는 것이 이에 있고 내
심령의 생명도 온전히 거기에 있사오

니 원하건대 나를 치료하시며 나를
살려 주옵소서
17 보옵소서 내게 큰 고통을 더하신 것
은 내게 평안을 주려 하심이라 주께
서 내 영혼을 사랑하사 멸망의 구덩
이에서 건지셨고 내 모든 죄를 주의
등 뒤에 던지셨나이다
18 스올이 주께 감사하지 못하며 사망
이 주를 찬양하지 못하며 구덩이에
들어간 자가 주의 신실을 바라지 못
하되
19 오직 산 자 곧 산 자는 오늘 내가 하
는 것과 같이 주께 감사하며 주의 신
실을 아버지가 그의 자녀에게 알게
하리이다
20 여호와께서 나를 구원하시리니 우리
가 종신토록 여호와의 전에서 수금
으로 나의 노래를 노래하리로다
21 이사야가 이르기를 한 뭉치 무화과
를 가져다가 종처에 붙이면 왕이 나
으리라 하였고
22 히스기야도 말하기를 내가 여호와의
전에 올라갈 징조가 무엇이냐 하였더
라

바벨론에서 온 사자들

39 그 때에 발라단의 아들 바벨론
왕 므로닥발라단이 히스기야가
병 들었다가 나았다 함을 듣고 히스
기야에게 글과 예물을 보낸지라
2 히스기야가 사자들로 말미암아 기뻐
하여 그들에게 보물 창고 곧 은금과
향료와 보배로운 기름과 모든 무기
고에 있는 것을 다 보여 주었으니 히
스기야가 궁중의 소유와 전 국내의
소유를 보이지 아니한 것이 없는지라
3 이에 선지자 이사야가 히스기야 왕에
게 나아와 묻되 그 사람들이 무슨
말을 하였으며 어디서 왕에게 왔나이
까 하니 히스기야가 이르되 그들이
원방 곧 바벨론에서 내게 왔나이다
하니라
4 이사야가 이르되 그들이 왕의 궁전에
서 무엇을 보았나이까 하니 히스기야
가 대답하되 그들이 내 궁전에 있는
것을 다 보았나이다 내 창고에 있는
것으로 보이지 아니한 보물이 하나
도 없나이다 하니라
5 이사야가 히스기야에게 이르되 왕은
만군의 여호와의 말씀을 들으소서
6 보라 날이 이르리니 네 집에 있는 모
든 소유와 네 조상들이 오늘까지 쌓
아 둔 것이 모두 바벨론으로 옮긴
바 되고 남을 것이 없으리라 여호와
의 말이니라
7 또 네게서 태어날 자손 중에서 몇이
사로잡혀 바벨론 왕궁의 환관이 되리

라 하셨나이다 하니
8 히스기야가 이사야에게 이르되 당신
이 이른 바 여호와의 말씀이 좋소이
다 하고 또 이르되 내 생전에는 평안
과 견고함이 있으리로다 하니라

희망의 말씀

40

너희의 하나님이 이르시되 너희
는 위로하라 내 백성을 위로하
라
2 너희는 예루살렘의 마음에 닿도록
말하며 그것에게 외치라 그 노역의
때가 끝났고 그 죄악이 사함을 받았
느니라 그의 모든 죄로 말미암아 여
호와의 손에서 벌을 배나 받았느니
라 할지니라 하시니라
3 외치는 자의 소리여 이르되 너희는
광야에서 여호와의 길을 예비하라
사막에서 우리 하나님의 대로를 평탄
하게 하라
4 골짜기마다 돋우어지며 산마다, 언덕
마다 낮아지며 고르지 아니한 곳이
평탄하게 되며 험한 곳이 평지가 될
것이요
5 여호와의 영광이 나타나고 모든 육
체가 그것을 함께 보리라 이는 여호
와의 입이 말씀하셨느니라
6 말하는 자의 소리여 이르되 외치라 대
답하되 내가 무엇이라 외치리이까 하
니 이르되 모든 육체는 풀이요 그의
모든 아름다움은 들의 꽃과 같으니
7 풀은 마르고 꽃이 시듦은 여호와의
기운이 그 위에 붊이라 이 백성은 실
로 풀이로다
8 풀은 마르고 꽃은 시드나 우리 하나
님의 말씀은 영원히 서리라 하라
9 아름다운 소식을 시온에 전하는 자
여 너는 높은 산에 오르라 아름다운
소식을 예루살렘에 전하는 자여 너
는 힘써 소리를 높이라 두려워하지
말고 소리를 높여 유다의 성읍들에
게 이르기를 너희의 하나님을 보라
하라
10 보라 주 여호와께서 장차 강한 자로
임하실 것이요 친히 그의 팔로 다스
리실 것이라 보라 상급이 그에게 있
고 보응이 그의 앞에 있으며
11 그는 목자 같이 양 떼를 먹이시며 어
린 양을 그 팔로 모아 품에 안으시
며 젖먹이는 암컷들을 온순히 인도하
시리로다

비교할 수 없는 하나님

12 누가 손바닥으로 바닷물을 헤아렸
으며 뼘으로 하늘을 쟀으며 땅의 티
끌을 되에 담아 보았으며 접시 저울
로 산들을, 막대 저울로 언덕들을 달
아 보았으랴

13 누가 여호와의 영을 지도하였으며 그
의 모사가 되어 그를 가르쳤으랴
14 그가 누구와 더불어 의논하셨으며
누가 그를 교훈하였으며 그에게 정
의의 길로 가르쳤으며 지식을 가르쳤
으며 통달의 도를 보여 주었느냐
15 보라 그에게는 열방이 통의 한 방울
물과 같고 저울의 작은 티끌 같으며
섬들은 떠오르는 먼지 같으리니
16 레바논은 땔감에도 부족하겠고 그
짐승들은 번제에도 부족할 것이라
17 그의 앞에는 모든 열방이 아무것도
아니라 그는 그들을 없는 것 같이,
빈 것 같이 여기시느니라
18 그런즉 너희가 하나님을 누구와 같
다 하겠으며 무슨 형상을 그에게 비
기겠느냐
19 우상은 장인이 부어 만들었고 장색
이 금으로 입혔고 또 은 사슬을 만
든 것이니라
20 궁핍한 자는 거제를 드릴 때에 썩지
아니하는 나무를 택하고 지혜로운
장인을 구하여 우상을 만들어 흔들
리지 아니하도록 세우느니라
21 너희가 알지 못하였느냐 너희가 듣지
못하였느냐 태초부터 너희에게 전하
지 아니하였느냐 땅의 기초가 창조될
때부터 너희가 깨닫지 못하였느냐
22 그는 땅 위 궁창에 앉으시나니 땅에
사는 사람들은 메뚜기 같으니라 그
가 하늘을 차일 같이 펴셨으며 거주
할 천막 같이 치셨고
23 귀인들을 폐하시며 세상의 사사들을
헛되게 하시나니
24 그들은 겨우 심기고 겨우 뿌려졌으며
그 줄기가 겨우 땅에 뿌리를 박자 곧
하나님이 입김을 부시니 그들은 말라
회오리바람에 불려 가는 초개 같도다
25 거룩하신 이가 이르시되 그런즉 너희
가 나를 누구에게 비교하여 나를 그
와 동등하게 하겠느냐 하시니라
26 너희는 눈을 높이 들어 누가 이 모든
것을 창조하였나 보라 주께서는 수
효대로 만상을 이끌어 내시고 그들
의 모든 이름을 부르시나니 그의 권
세가 크고 그의 능력이 강하므로 하
나도 빠짐이 없느니라
27 야곱아 어찌하여 네가 말하며 이스라
엘아 네가 이르기를 내 길은 여호와
께 숨겨졌으며 내 송사는 내 하나님
에게서 벗어난다 하느냐
28 너는 알지 못하였느냐 듣지 못하였
느냐 영원하신 하나님 여호와, 땅 끝
까지 창조하신 이는 피곤하지 않으시
며 곤비하지 않으시며 명철이 한이 없
으시며

29 피곤한 자에게는 능력을 주시며 무
능한 자에게는 힘을 더하시나니
30 소년이라도 피곤하며 곤비하며 장정
이라도 넘어지며 쓰러지되
31 오직 여호와를 앙망하는 자는 새 힘
을 얻으리니 독수리가 날개치며 올라
감 같을 것이요 달음박질하여도 곤
비하지 아니하겠고 걸어가도 피곤하
지 아니하리로다

나 여호와가 응답하리라

41

섬들아 내 앞에 잠잠하라 민족
들아 힘을 새롭게 하라 가까이
나아오라 그리고 말하라 우리가 서
로 재판 자리에 가까이 나아가자
2 누가 동방에서 사람을 일깨워서 공
의로 그를 불러 자기 발 앞에 이르게
하였느냐 열국을 그의 앞에 넘겨 주
며 그가 왕들을 다스리게 하되 그들
이 그의 칼에 티끌 같게, 그의 활에
불리는 초개 같게 하매
3 그가 그들을 쫓아가서 그의 발로 가
보지 못한 길을 안전히 지났나니
4 이 일을 누가 행하였느냐 누가 이루
었느냐 누가 처음부터 만대를 불러
내었느냐 나 여호와라 처음에도 나
요 나중 있을 자에게도 내가 곧 그
니라
5 섬들이 보고 두려워하며 땅 끝이 무
서워 떨며 함께 모여 와서
6 각기 이웃을 도우며 그 형제에게 이
르기를 너는 힘을 내라 하고
7 목공은 금장색을 격려하며 망치로
고르게 하는 자는 메질꾼을 격려하
며 이르되 땜질이 잘 된다 하니 그가
못을 단단히 박아 우상을 흔들리지
아니하게 하는도다
8 그러나 나의 종 너 이스라엘아 내가
택한 야곱아 나의 벗 아브라함의 자
손아
9 내가 땅 끝에서부터 너를 붙들며 땅
모퉁이에서부터 너를 부르고 네게
이르기를 너는 나의 종이라 내가 너
를 택하고 싫어하여 버리지 아니하였
다 하였노라
10 두려워하지 말라 내가 너와 함께 함
이라 놀라지 말라 나는 네 하나님이
됨이라 내가 너를 굳세게 하리라 참
으로 너를 도와 주리라 참으로 나의
의로운 오른손으로 너를 붙들리라
11 보라 네게 노하던 자들이 수치와 욕
을 당할 것이요 너와 다투는 자들이
아무것도 아닌 것 같이 될 것이며 멸
망할 것이라
12 네가 찾아도 너와 싸우던 자들을 만
나지 못할 것이요 너를 치는 자들은
아무것도 아닌 것 같고 허무한 것 같

이 되리니
13 이는 나 여호와 너의 하나님이 네 오
른손을 붙들고 네게 이르기를 두려
워하지 말라 내가 너를 도우리라 하
실 것임이니라
14 버러지 같은 너 야곱아, 너희 이스라
엘 사람들아 두려워하지 말라 나 여
호와가 말하노니 내가 너를 도울 것
이라 네 구속자는 이스라엘의 거룩
한 이이니라
15 보라 내가 너를 이가 날카로운 새 타
작기로 삼으리니 네가 산들을 쳐서
부스러기를 만들 것이며 작은 산들
을 겨 같이 만들 것이라
16 네가 그들을 까부른즉 바람이 그들
을 날리겠고 회오리바람이 그들을
흩어 버릴 것이로되 너는 여호와로
말미암아 즐거워하겠고 이스라엘의
거룩한 이로 말미암아 자랑하리라
17 가련하고 가난한 자가 물을 구하되
물이 없어서 갈증으로 그들의 혀가
마를 때에 나 여호와가 그들에게 응
답하겠고 나 이스라엘의 하나님이
그들을 버리지 아니할 것이라
18 내가 헐벗은 산에 강을 내며 골짜기
가운데에 샘이 나게 하며 광야가 못
이 되게 하며 마른 땅이 샘 근원이 되
게 할 것이며
19 내가 광야에는 백향목과 싯딤 나무
와 화석류와 들감람나무를 심고 사
막에는 잣나무와 소나무와 황양목
을 함께 두리니
20 무리가 보고 여호와의 손이 지으신
바요 이스라엘의 거룩한 이가 이것을
창조하신 바인 줄 알며 함께 헤아리
며 깨달으리라

여호와께서 거짓 신들에게 말씀하시다

21 나 여호와가 말하노니 너희 우상들
은 소송하라 야곱의 왕이 말하노니
너희는 확실한 증거를 보이라
22 장차 당할 일을 우리에게 진술하라
또 이전 일이 어떠한 것도 알게 하라
우리가 마음에 두고 그 결말을 알아
보리라 혹 앞으로 올 일을 듣게 하며
23 뒤에 올 일을 알게 하라 그리하면 너
희가 신들인 줄 우리가 알리라 또 복
을 내리든지 재난을 내리든지 하라
우리가 함께 보고 놀라리라
24 보라 너희는 아무것도 아니며 너희
일은 허망하며 너희를 택한 자는 가

365묵상

하나님의 두 팔

하나님을 의인화하면, 그분은 두 팔을 가지신 분이시다. 한 팔은 강한 오른 팔이고, 다른 한 팔은 부드러운 왼팔이다. 강한 오른 팔은 주권적인 권능으로 열방을 통치하신다(사 40:11). 다른 왼팔은 부드러운 팔로서 하나님은 이 팔로서 선한 목자처럼 자기 백성을 자상하게 보살펴 주신다(사 40:11). 연약한 양떼 같은 자기 백성을 이 팔로써 섬세하게 돌보신다. 오늘날에도 하나님은 강한 권능과 자상한 보살핌의 두 팔로써 우리를 품어주신다. 그러므로 우리가 하나님의 두 팔에 안길 때 참된 안전과 위로를 보장받게 된다.

증하니라
25 내가 한 사람을 일으켜 북방에서 오
게 하며 내 이름을 부르는 자를 해
돋는 곳에서 오게 하였나니 그가 이
르러 고관들을 석회 같이, 토기장이
가 진흙을 밟음 같이 하리니
26 누가 처음부터 이 일을 알게 하여 우
리가 알았느냐 누가 이전부터 알게
하여 우리가 옳다고 말하게 하였느냐
알게 하는 자도 없고 들려 주는 자도
없고 너희 말을 듣는 자도 없도다
27 내가 비로소 시온에게 너희는 이제
그들을 보라 하였노라 내가 기쁜 소
식을 전할 자를 예루살렘에 주리라
28 내가 본즉 한 사람도 없으며 내가 물
어도 그들 가운데에 한 말도 대답할
조언자가 없도다
29 보라 그들은 다 헛되며 그들의 행사
는 허무하며 그들이 부어 만든 우상
들은 바람이요 공허한 것뿐이니라

주의 종

42 내가 붙드는 나의 종, 내 마음
에 기뻐하는 자 곧 내가 택한
사람을 보라 내가 나의 영을 그에게
주었은즉 그가 이방에 정의를 베풀
리라
2 그는 외치지 아니하며 목소리를 높이
지 아니하며 그 소리를 거리에 들리
게 하지 아니하며
3 상한 갈대를 꺾지 아니하며 꺼져가는
등불을 끄지 아니하고 진실로 정의
를 시행할 것이며
4 그는 쇠하지 아니하며 낙담하지 아니
하고 세상에 정의를 세우기에 이르
리니 섬들이 그 교훈을 앙망하리라
5 하늘을 창조하여 펴시고 땅과 그 소
산을 내시며 땅 위의 백성에게 호흡
을 주시며 땅에 행하는 자에게 영을
주시는 하나님 여호와께서 이같이 말
씀하시되
6 나 여호와가 의로 너를 불렀은즉 내
가 네 손을 잡아 너를 보호하며 너를
세워 백성의 언약과 이방의 빛이 되
게 하리니
7 네가 눈먼 자들의 눈을 밝히며 갇힌
자를 감옥에서 이끌어 내며 흑암에
앉은 자를 감방에서 나오게 하리라
8 나는 여호와이니 이는 내 이름이라
나는 내 영광을 다른 자에게, 내 찬
송을 우상에게 주지 아니하리라
9 보라 전에 예언한 일이 이미 이루어
졌느니라 이제 내가 새 일을 알리노
라 그 일이 시작되기 전에라도 너희
에게 이르노라

새 노래로 찬송하라

10 항해하는 자들과 바다 가운데의 만

물과 섬들과 거기에 사는 사람들아
여호와께 새 노래로 노래하며 땅 끝
에서부터 찬송하라
11 광야와 거기에 있는 성읍들과 게달
사람이 사는 마을들은 소리를 높이
라 셀라의 주민들은 노래하며 산 꼭
대기에서 즐거이 부르라
12 여호와께 영광을 돌리며 섬들 중에
서 그의 찬송을 전할지어다
13 여호와께서 용사 같이 나가시며 전사
같이 분발하여 외쳐 크게 부르시며
그 대적을 크게 치시리로다

구원의 약속

14 내가 오랫동안 조용하며 잠잠하고
참았으나 내가 해산하는 여인 같이
부르짖으리니 숨이 차서 심히 헐떡일
것이라
15 내가 산들과 언덕들을 황폐하게 하
며 그 모든 초목들을 마르게 하며
강들이 섬이 되게 하며 못들을 마르
게 할 것이며
16 내가 맹인들을 그들이 알지 못하는
길로 이끌며 그들이 알지 못하는 지
름길로 인도하며 암흑이 그 앞에서
광명이 되게 하며 굽은 데를 곧게 할
것이라 내가 이 일을 행하여 그들을
버리지 아니하리니
17 조각한 우상을 의지하며 부어 만든
우상을 향하여 너희는 우리의 신이라
하는 자는 물리침을 받아 크게 수치
를 당하리라

백성들이 깨닫지 못하다

18 너희 못 듣는 자들아 들으라 너희 맹
인들아 밝히 보라
19 맹인이 누구냐 내 종이 아니냐 누가
내가 보내는 내 사자 같이 못 듣는
자겠느냐 누가 내게 충성된 자 같이
맹인이겠느냐 누가 여호와의 종 같
이 맹인이겠느냐
20 네가 많은 것을 볼지라도 유의하지
아니하며 귀가 열려 있을지라도 듣지
아니하는도다
21 여호와께서 그의 의로 말미암아 기쁨
으로 교훈을 크게 하며 존귀하게 하
려 하셨으나
22 이 백성이 도둑 맞으며 탈취를 당하
며 다 굴 속에 잡히며 옥에 갇히도다
노략을 당하되 구할 자가 없고 탈취
를 당하되 되돌려 주라 말할 자가 없
도다
23 너희 중에 누가 이 일에 귀를 기울이
겠느냐 누가 뒤에 올 일을 삼가 듣
겠느냐
24 야곱이 탈취를 당하게 하신 자가 누
구냐 이스라엘을 약탈자들에게 넘기
신 자가 누구냐 여호와가 아니시냐

우리가 그에게 범죄하였도다 그들이
그의 길로 다니기를 원하지 아니하며
그의 교훈을 순종하지 아니하였도다
25 그러므로 여호와께서 맹렬한 진노와
전쟁의 위력을 이스라엘에게 쏟아
부으시매 그 사방에서 불타오르나
깨닫지 못하며 몸이 타나 마음에 두
지 아니하는도다

구원의 약속

43 야곱아 너를 창조하신 여호와
께서 지금 말씀하시느니라 이스
라엘아 너를 지으신 이가 말씀하시느
니라 너는 두려워하지 말라 내가 너
를 구속하였고 내가 너를 지명하여
불렀나니 너는 내 것이라
2 네가 물 가운데로 지날 때에 내가 너
와 함께 할 것이라 강을 건널 때에
물이 너를 침몰하지 못할 것이며 네
가 불 가운데로 지날 때에 타지도
아니할 것이요 불꽃이 너를 사르지도
못하리니
3 대저 나는 여호와 네 하나님이요 이
스라엘의 거룩한 이요 네 구원자임이
라 내가 애굽을 너의 속량물로, 구스
와 스바를 너를 대신하여 주었노라
4 네가 내 눈에 보배롭고 존귀하며 내
가 너를 사랑하였은즉 내가 네 대신
사람들을 내어 주며 백성들이 네 생
명을 대신하리니
5 두려워하지 말라 내가 너와 함께 하
여 네 자손을 동쪽에서부터 오게 하
며 서쪽에서부터 너를 모을 것이며
6 내가 북쪽에게 이르기를 내놓으라
남쪽에게 이르기를 가두어 두지 말
라 내 아들들을 먼 곳에서 이끌며 내
딸들을 땅 끝에서 오게 하며
7 내 이름으로 불려지는 모든 자 곧
내가 내 영광을 위하여 창조한 자를
오게 하라 그를 내가 지었고 그를
내가 만들었느니라

이스라엘은 여호와의 증인

8 눈이 있어도 보지 못하고 귀가 있어
도 듣지 못하는 백성을 이끌어 내라
9 열방은 모였으며 민족들이 회집하였
는데 그들 중에 누가 이 일을 알려
주며 이전 일들을 우리에게 들려 주
겠느냐 그들이 그들의 증인을 세워
서 자기들의 옳음을 나타내고 듣는
자들이 옳다고 말하게 하여 보라
10 나 여호와가 말하노라 너희는 나의
증인, 나의 종으로 택함을 입었나니
이는 너희가 나를 알고 믿으며 내가
그인 줄 깨닫게 하려 함이라 나의 전
에 지음을 받은 신이 없었느니라 나
의 후에도 없으리라
11 나 곧 나는 여호와라 나 외에 구원자

가 없느니라
12 내가 알려 주었으며 구원하였으며 보
였고 너희 중에 다른 신이 없었나니
그러므로 너희는 나의 증인이요 나는
하나님이니라 여호와의 말씀이니라
13 과연 태초로부터 나는 그이니 내 손
에서 건질 자가 없도다 내가 행하리
니 누가 막으리요

바벨론으로부터 빠져 나오다

14 너희의 구속자요 이스라엘의 거룩한
이 여호와가 말하노라 너희를 위하여
내가 바벨론에 사람을 보내어 모든
갈대아 사람에게 자기들이 연락하던
배를 타고 도망하여 내려가게 하리라
15 나는 여호와 너희의 거룩한 이요 이
스라엘의 창조자요 너희의 왕이니라
16 나 여호와가 이같이 말하노라 바다
가운데에 길을, 큰 물 가운데에 지름
길을 내고
17 병거와 말과 군대의 용사를 이끌어
내어 그들이 일시에 엎드러져 일어나
지 못하고 소멸하기를 꺼져가는 등
불 같게 하였느니라
18 너희는 이전 일을 기억하지 말며 옛날
일을 생각하지 말라
19 보라 내가 새 일을 행하리니 이제 나
타낼 것이라 너희가 그것을 알지 못
하겠느냐 반드시 내가 광야에 길을
사막에 강을 내리니
20 장차 들짐승 곧 승냥이와 타조도 나
를 존경할 것은 내가 광야에 물을,
사막에 강들을 내어 내 백성, 내가
택한 자에게 마시게 할 것임이라
21 이 백성은 내가 나를 위하여 지었나
니 나를 찬송하게 하려 함이니라

이스라엘의 죄

22 그러나 야곱아 너는 나를 부르지 아
니하였고 이스라엘아 너는 나를 괴
롭게 여겼으며
23 네 번제의 양을 내게로 가져오지 아
니하였고 네 제물로 나를 공경하지
아니하였느니라 나는 제물로 말미암
아 너를 수고롭게 하지 아니하였고
유향으로 말미암아 너를 괴롭게 하
지 아니하였거늘
24 너는 나를 위하여 돈으로 향품을 사
지 아니하며 희생의 기름으로 나를
흡족하게 하지 아니하고 네 죄짐으
로 나를 수고롭게 하며 네 죄악으로
나를 괴롭게 하였느니라
25 나 곧 나는 나를 위하여 네 허물을
도말하는 자니 네 죄를 기억하지 아
니하리라
26 너는 나에게 기억이 나게 하라 우리
가 함께 변론하자 너는 말하여 네가
의로움을 나타내라

27 네 시조가 범죄하였고 너의 교사들이
나를 배반하였나니
28 그러므로 내가 성소의 어른들에게
욕되게 하며 야곱이 진멸 당하도록
내어 주며 이스라엘이 비방 거리가
되게 하리라

나 외에 다른 신이 없다

44 나의 종 야곱, 내가 택한 이스
라엘아 이제 들으라
2 너를 만들고 너를 모태에서부터 지어
낸 너를 도와 줄 여호와가 이같이 말
하노라 나의 종 야곱, 내가 택한 여
수룬아 두려워하지 말라
3 나는 목마른 자에게 물을 주며 마른
땅에 시내가 흐르게 하며 나의 영을
네 자손에게, 나의 복을 네 후손에
게 부어 주리니
4 그들이 풀 가운데에서 솟아나기를
시냇가의 버들 같이 할 것이라
5 한 사람은 이르기를 나는 여호와께
속하였다 할 것이며 또 한 사람은 야
곱의 이름으로 자기를 부를 것이며
또 다른 사람은 자기가 여호와께 속
하였음을 그의 손으로 기록하고 이
스라엘의 이름으로 존귀히 여김을
받으리라
6 이스라엘의 왕인 여호와, 이스라엘의
구원자인 만군의 여호와가 이같이 말
하노라 나는 처음이요 나는 마지막
이라 나 외에 다른 신이 없느니라
7 내가 영원한 백성을 세운 이후로 나
처럼 외치며 알리며 나에게 설명할 자
가 누구냐 있거든 될 일과 장차 올
일을 그들에게 알릴지어다
8 너희는 두려워하지 말며 겁내지 말라
내가 예로부터 너희에게 듣게 하지
아니하였느냐 알리지 아니하였느냐
너희는 나의 증인이라 나 외에 신이
있겠느냐 과연 반석은 없나니 다른
신이 있음을 내가 알지 못하노라

우상은 무익한 것

9 우상을 만드는 자는 다 허망하도다
그들이 원하는 것들은 무익한 것이거
늘 그것들의 증인들은 보지도 못하
며 알지도 못하니 그러므로 수치를
당하리라
10 신상을 만들며 무익한 우상을 부어
만든 자가 누구냐
11 보라 그와 같은 무리들이 다 수치를
당할 것이라 그 대장장이들은 사람
일 뿐이라 그들이 다 모여 서서 두려
워하며 함께 수치를 당할 것이니라
12 철공은 철로 연장을 만들고 숯불로
일하며 망치를 가지고 그것을 만들며
그의 힘센 팔로 그 일을 하나 배가
고프면 기운이 없고 물을 마시지 아

니하면 피로하니라
13 목공은 줄을 늘여 재고 붓으로 긋고
대패로 밀고 곡선자로 그어 사람의
아름다움을 따라 사람의 모양을 만
들어 집에 두게 하며
14 그는 자기를 위하여 백향목을 베며
디르사 나무와 상수리나무를 취하며
숲의 나무들 가운데에서 자기를 위
하여 한 나무를 정하며 나무를 심고
비를 맞고 자라게도 하느니라
15 이 나무는 사람이 땔감을 삼는 것이
거늘 그가 그것을 가지고 자기 몸을
덥게도 하고 불을 피워 떡을 굽기도
하고 신상을 만들어 경배하며 우상
을 만들고 그 앞에 엎드리기도 하는
구나
16 그 중의 절반은 불에 사르고 그 절반
으로는 고기를 구워 먹고 배불리며
또 몸을 덥게 하여 이르기를 아하 따
뜻하다 내가 불을 보았구나 하면서
17 그 나머지로 신상 곧 자기의 우상을
만들고 그 앞에 엎드려 경배하며 그
것에게 기도하여 이르기를 너는 나의
신이니 나를 구원하라 하는도다
18 그들이 알지도 못하고 깨닫지도 못
함은 그들의 눈이 가려서 보지 못하
며 그들의 마음이 어두워져서 깨닫지
못함이니라
19 마음에 생각도 없고 지식도 없고 총
명도 없으므로 내가 그것의 절반을
불 사르고 또한 그 숯불 위에서 떡
도 굽고 고기도 구워 먹었거늘 내가
어찌 그 나머지로 가증한 물건을 만
들겠으며 내가 어찌 그 나무 토막 앞
에 굴복하리요 말하지 아니하니
20 그는 재를 먹고 허탄한 마음에 미혹
되어 자기의 영혼을 구원하지 못하며
나의 오른손에 거짓 것이 있지 아니
하냐 하지도 못하느니라

창조자요 구속자이신 여호와

21 야곱아 이스라엘아 이 일을 기억하
라 너는 내 종이니라 내가 너를 지었
으니 너는 내 종이니라 이스라엘아
너는 나에게 잊혀지지 아니하리라
22 내가 네 허물을 빽빽한 구름 같이,
네 죄를 안개 같이 없이하였으니 너
는 내게로 돌아오라 내가 너를 구속
하였음이니라
23 여호와께서 이 일을 행하셨으니 하늘
아 노래할지어다 땅의 깊은 곳들아

365묵상

의지할 분은 오직 하나님

이사야는 우상이 생겨나는 과정을 우스꽝스럽게 자세히 묘사했다. 요점은, 우상은 나무나 돌, 쇳덩이 등을 재료 삼아 사람이 만든 것에 불과한데, 그것을 신으로 섬긴다는 것이다(사 44:9-20). 오늘날에도 사람들은 자신들이 만들어 놓은 그 무엇, 예컨대 부동산, 사업, 보험, 통장 등을 절대적으로 의존하는 경향이 있다. 하지만 그런 것들은 언젠가는 사라지는 것들로서 참된 소망이 될 수 없다. 계획하고 준비하는 일은 나쁘지 않다. 하지만 우리가 진정 의지해야 할 분은 '오직 하나님'이라는 사실을 잠시도 잊지 말아야 한다.

높이 부를지어다 산들아 숲과 그 가
운데의 모든 나무들아 소리내어 노
래할지어다 여호와께서 야곱을 구속
하셨으니 이스라엘 중에 자기의 영광
을 나타내실 것임이로다
24 네 구속자요 모태에서 너를 지은 나
여호와가 이같이 말하노라 나는 만
물을 지은 여호와라 홀로 하늘을 폈
으며 나와 함께 한 자 없이 땅을 펼
쳤고
25 헛된 말을 하는 자들의 징표를 폐하
며 점 치는 자들을 미치게 하며 지혜
로운 자들을 물리쳐 그들의 지식을
어리석게 하며
26 그의 종의 말을 세워 주며 그의 사자
들의 계획을 성취하게 하며 예루살렘
에 대하여는 이르기를 거기에 사람이
살리라 하며 유다 성읍들에 대하여
는 중건될 것이라 내가 그 황폐한 곳
들을 복구시키리라 하며
27 깊음에 대하여는 이르기를 마르라 내
가 네 강물들을 마르게 하리라 하며
28 고레스에 대하여는 이르기를 내 목
자라 그가 나의 모든 기쁨을 성취하
리라 하며 예루살렘에 대하여는 이
르기를 중건되리라 하며 성전에 대하
여는 네 기초가 놓여지리라 하는 자
니라

여호와께서 고레스를 세우시다

45 여호와께서 그의 기름 부음을
받은 고레스에게 이같이 말씀
하시되 내가 그의 오른손을 붙들고
그 앞에 열국을 항복하게 하며 내가
왕들의 허리를 풀어 그 앞에 문들을
열고 성문들이 닫히지 못하게 하리라
2 내가 너보다 앞서 가서 험한 곳을 평
탄하게 하며 놋문을 쳐서 부수며 쇠
빗장을 꺾고
3 네게 흑암 중의 보화와 은밀한 곳에
숨은 재물을 주어 네 이름을 부르는
자가 나 여호와 이스라엘의 하나님인
줄을 네가 알게 하리라
4 내가 나의 종 야곱, 내가 택한 자 이
스라엘을 위하여 네 이름을 불러 너
는 나를 알지 못하였을지라도 네게
칭호를 주었노라
5 나는 여호와라 나 외에 다른 이가 없
나니 나 밖에 신이 없느니라 너는 나
를 알지 못하였을지라도 나는 네 띠
를 동일 것이요
6 해 뜨는 곳에서든지 지는 곳에서든
지 나 밖에 다른 이가 없는 줄을 알
게 하리라 나는 여호와라 다른 이가
없느니라
7 나는 빛도 짓고 어둠도 창조하며 나
는 평안도 짓고 환난도 창조하나니

나는 여호와라 이 모든 일들을 행하
는 자니라 하였노라
8 하늘이여 위로부터 공의를 뿌리며 구
름이여 의를 부을지어다 땅이여 열려
서 구원을 싹트게 하고 공의도 함께
움돋게 할지어다 나 여호와가 이 일
을 창조하였느니라

창조의 주, 역사의 주

9 질그릇 조각 중 한 조각 같은 자가
자기를 지으신 이와 더불어 다툴진대
화 있을진저 진흙이 토기장이에게 너
는 무엇을 만드느냐 또는 네가 만든
것이 그는 손이 없다 말할 수 있겠느
냐
10 아버지에게는 무엇을 낳았소 하고
묻고 어머니에게는 무엇을 낳으려고
해산의 수고를 하였소 하고 묻는 자
는 화 있을진저
11 이스라엘의 거룩하신 이 곧 이스라엘
을 지으신 여호와께서 이같이 이르시
되 너희가 장래 일을 내게 물으며 또
내 아들들과 내 손으로 한 일에 관
하여 내게 명령하려느냐
12 내가 땅을 만들고 그 위에 사람을
창조하였으며 내가 내 손으로 하늘
을 펴고 하늘의 모든 군대에게 명령
하였노라
13 내가 공의로 그를 일으킨지라 그의
모든 길을 곧게 하리니 그가 나의 성
읍을 건축할 것이며 사로잡힌 내 백
성을 값이나 갚음이 없이 놓으리라 만
군의 여호와의 말이니라 하셨느니라
14 여호와께서 이같이 말씀하시되 애굽
의 소득과 구스가 무역한 것과 스바
의 장대한 남자들이 네게로 건너와서
네게 속할 것이요 그들이 너를 따를
것이라 사슬에 매여 건너와서 네게
굴복하고 간구하기를 하나님이 과연
네게 계시고 그 외에는 다른 하나님
이 없다 하리라 하시니라
15 구원자 이스라엘의 하나님이여 진실
로 주는 스스로 숨어 계시는 하나님
이시니이다
16 우상을 만드는 자는 부끄러움을 당
하며 욕을 받아 다 함께 수욕 중에
들어갈 것이로되
17 이스라엘은 여호와께 구원을 받아
영원한 구원을 얻으리니 너희가 영원
히 부끄러움을 당하거나 욕을 받지
아니하리로다
18 대저 여호와께서 이같이 말씀하시되
하늘을 창조하신 이 그는 하나님이시
니 그가 땅을 지으시고 그것을 만드
셨으며 그것을 견고하게 하시되 혼돈
하게 창조하지 아니하시고 사람이 거
주하게 그것을 지으셨으니 나는 여

호와라 나 외에 다른 이가 없느니라
하시니라
19 나는 감추어진 곳과 캄캄한 땅에서
말하지 아니하였으며 야곱 자손에게
너희가 나를 혼돈 중에서 찾으라고
이르지 아니하였노라 나 여호와는 의
를 말하고 정직한 것을 알리느니라

구원을 베푸시는 분은 하나님

20 열방 중에서 피난한 자들아 너희는
모여 오라 함께 가까이 나아오라 나
무 우상을 가지고 다니며 구원하지
못하는 신에게 기도하는 자들은 무
지한 자들이니라
21 너희는 알리며 진술하고 또 함께 의
논하여 보라 이 일을 옛부터 듣게 한
자가 누구냐 이전부터 그것을 알게
한 자가 누구냐 나 여호와가 아니냐
나 외에 다른 신이 없나니 나는 공의
를 행하며 구원을 베푸는 하나님이
라 나 외에 다른 이가 없느니라
22 땅의 모든 끝이여 내게로 돌이켜 구
원을 받으라 나는 하나님이라 다른
이가 없느니라
23 내가 나를 두고 맹세하기를 내 입에
서 공의로운 말이 나갔은즉 돌아오
지 아니하나니 내게 모든 무릎이 꿇
겠고 모든 혀가 맹세하리라 하였노라
24 내게 대한 어떤 자의 말에 공의와 힘
은 여호와께만 있나니 사람들이 그
에게로 나아갈 것이라 무릇 그에게
노하는 자는 부끄러움을 당하리라
그러나
25 이스라엘 자손은 다 여호와로 말미
암아 의롭다 함을 얻고 자랑하리라
하느니라

46

벨은 엎드러졌고 느보는 구부
러졌도다 그들의 우상들은 짐
승과 가축에게 실렸으니 너희가 떠메
고 다니던 그것들이 피곤한 짐승의
무거운 짐이 되었도다
2 그들은 구부러졌고 그들은 일제히
엎드러졌으므로 그 짐을 구하여 내
지 못하고 자기들도 잡혀 갔느니라
3 야곱의 집이여 이스라엘 집에 남은
모든 자여 내게 들을지어다 배에서
태어남으로부터 내게 안겼고 태에서
남으로부터 내게 업힌 너희여
4 너희가 노년에 이르기까지 내가 그리
하겠고 백발이 되기까지 내가 너희를
품을 것이라 내가 지었은즉 내가 업
을 것이요 내가 품고 구하여 내리라
5 너희가 나를 누구에게 비기며 누구
와 짝하며 누구와 비교하여 서로 같
다 하겠느냐
6 사람들이 주머니에서 금을 쏟아 내
며 은을 저울에 달아 도금장이에게

주고 그것으로 신을 만들게 하고 그
것에게 엎드려 경배하며
7 그것을 들어 어깨에 메어다가 그의
처소에 두면 그것이 서 있고 거기에
서 능히 움직이지 못하며 그에게 부
르짖어도 능히 응답하지 못하며 고
난에서 구하여 내지도 못하느니라
8 너희 패역한 자들아 이 일을 기억하
고 장부가 되라 이 일을 마음에 두라
9 너희는 옛적 일을 기억하라 나는 하
나님이라 나 외에 다른 이가 없느니
라 나는 하나님이라 나 같은 이가 없
느니라
10 내가 시초부터 종말을 알리며 아직
이루지 아니한 일을 옛적부터 보이고
이르기를 나의 뜻이 설 것이니 내가
나의 모든 기뻐하는 것을 이루리라
하였노라
11 내가 동쪽에서 사나운 날짐승을 부
르며 먼 나라에서 나의 뜻을 이룰 사
람을 부를 것이라 내가 말하였은즉
반드시 이룰 것이요 계획하였은즉 반
드시 시행하리라
12 마음이 완악하여 공의에서 멀리 떠난
너희여 내게 들으라
13 내가 나의 공의를 가깝게 할 것인즉
그것이 멀지 아니하나니 나의 구원이
지체하지 아니할 것이라 내가 나의
영광인 이스라엘을 위하여 구원을 시
온에 베풀리라

바벨론 심판

47 처녀 딸 바벨론이여 내려와서
티끌에 앉으라 딸 갈대아여 보
좌가 없어졌으니 땅에 앉으라 네가
다시는 곱고 아리땁다 일컬음을 받
지 못할 것임이라
2 맷돌을 가지고 가루를 갈고 너울을
벗으며 치마를 걷어 다리를 드러내고
강을 건너라
3 네 속살이 드러나고 네 부끄러운 것
이 보일 것이라 내가 보복하되 사람
을 아끼지 아니하리라
4 우리의 구원자는 그의 이름이 만군의
여호와 이스라엘의 거룩한 이시니라
5 딸 갈대아여 잠잠히 앉으라 흑암으로
들어가라 네가 다시는 여러 왕국의
여주인이라 일컬음을 받지 못하리라
6 전에 내가 내 백성에게 노하여 내 기
업을 욕되게 하여 그들을 네 손에 넘
겨 주었거늘 네가 그들을 긍휼히 여
기지 아니하고 늙은이에게 네 멍에
를 심히 무겁게 메우며
7 말하기를 내가 영영히 여주인이 되리
라 하고 이 일을 네 마음에 두지도
아니하며 그들의 종말도 생각하지
아니하였도다

8 그러므로 사치하고 평안히 지내며 마
음에 이르기를 나뿐이라 나 외에 다
른 이가 없도다 나는 과부로 지내지
도 아니하며 자녀를 잃어버리는 일도
모르리라 하는 자여 너는 이제 들을
지어다
9 한 날에 갑자기 자녀를 잃으며 과부
가 되는 이 두 가지 일이 네게 임할
것이라 네가 무수한 주술과 많은 주
문을 빌릴지라도 이 일이 온전히 네
게 임하리라
10 네가 네 악을 의지하고 스스로 이르
기를 나를 보는 자가 없다 하나니 네
지혜와 네 지식이 너를 유혹하였음이
라 네 마음에 이르기를 나뿐이라 나
외에 다른 이가 없다 하였으므로
11 재앙이 네게 임하리라 그러나 네가
그 근원을 알지 못할 것이며 손해가
네게 이르리라 그러나 이를 물리칠
능력이 없을 것이며 파멸이 홀연히 네
게 임하리라 그러나 네가 알지 못할
것이니라
12 이제 너는 젊어서부터 힘쓰던 주문과
많은 주술을 가지고 맞서 보라 혹시
유익을 얻을 수 있을는지, 혹시 놀라
게 할 수 있을는지,
13 네가 많은 계략으로 말미암아 피곤
하게 되었도다 하늘을 살피는 자와
별을 보는 자와 초하룻날에 예고하
는 자들에게 일어나 네게 임할 그 일
에서 너를 구원하게 하여 보라
14 보라 그들은 초개 같아서 불에 타리
니 그 불꽃의 세력에서 스스로 구원
하지 못할 것이라 이 불은 덥게 할
숯불이 아니요 그 앞에 앉을 만한
불도 아니니라
15 네가 같이 힘쓰던 자들이 네게 이같
이 되리니 어려서부터 너와 함께 장사
하던 자들이 각기 제 길로 흩어지고
너를 구원할 자가 없으리라

하나님께서 새 일을 약속하시다

48

야곱의 집이여 이를 들을지어다
너희는 이스라엘의 이름으로 일
컬음을 받으며 유다의 허리에서 나왔
으며 여호와의 이름으로 맹세하며 이
스라엘의 하나님을 기념하면서도 진
실이 없고 공의가 없도다
2 그들은 거룩한 성 출신이라고 스스
로 부르며 이스라엘의 하나님을 의지
한다 하며 그의 이름이 만군의 여호
와라고 하나
3 내가 예로부터 처음 일들을 알게 하
였고 내 입에서 그것들이 나갔으며
또 내가 그것들을 듣게 하였고 내가
홀연히 행하여 그 일들이 이루어졌느
니라

4 내가 알거니와 너는 완고하며 네 목
은 쇠의 힘줄이요 네 이마는 놋이라
5 그러므로 내가 이 일을 예로부터 네
게 알게 하였고 일이 이루어지기 전
에 그것을 네게 듣게 하였느니라 그
것을 네가 듣게 하여 네가 이것을 내
신이 행한 바요 내가 새긴 신상과 부
어 만든 신상이 명령한 바라 말하지
못하게 하였느니라
6 네가 들었으니 이 모든 것을 보라 너
희가 선전하지 아니하겠느냐 이제부
터 내가 새 일 곧 네가 알지 못하던
은비한 일을 네게 듣게 하노니
7 이 일들은 지금 창조된 것이요 옛 것
이 아니라 오늘 이전에는 네가 듣지
못하였으니 이는 네가 말하기를 내
가 이미 알았노라 하지 못하게 하려
함이라
8 네가 과연 듣지도 못하였고 알지도
못하였으며 네 귀가 옛적부터 열리지
못하였나니 이는 네가 정녕 배신하여
모태에서부터 네가 배역한 자라 불
린 줄을 내가 알았음이라
9 내 이름을 위하여 내가 노하기를 더
디 할 것이며 내 영광을 위하여 내가
참고 너를 멸절하지 아니하리라
10 보라 내가 너를 연단하였으나 은처럼
하지 아니하고 너를 고난의 풀무 불
에서 택하였노라
11 나는 나를 위하며 나를 위하여 이를
이룰 것이라 어찌 내 이름을 욕되게
하리요 내 영광을 다른 자에게 주지
아니하리라

처음이요 마지막이신 분

12 야곱아 내가 부른 이스라엘아 내게
들으라 나는 그니 나는 처음이요 또
나는 마지막이라
13 과연 내 손이 땅의 기초를 정하였고
내 오른손이 하늘을 폈나니 내가 그
들을 부르면 그것들이 일제히 서느니
라
14 너희는 다 모여 들으라 나 여호와가
사랑하는 자는 나의 기뻐하는 뜻을
바벨론에 행하리니 그의 팔이 갈대
아인에게 임할 것이라 그들 중에 누
가 이 일들을 알게 하였느냐
15 나 곧 내가 말하였고 또 내가 그를
부르며 그를 인도하였나니 그 길이
형통하리라
16 너희는 내게 가까이 나아와 이것을

365묵상

점(占)에 대해서

영적인 세계는 실제로 있다. 거기엔 두 그룹이 있다. '하나님의 왕국'과 '사탄의 왕국'이다. 그런데 사람이 자신의 미래를 알아보려고 점을 치는 행위는 사탄의 영역에 발을 내딛는 것으로, 성경은 그런 행위를 일체 하지 말라고 강력하게 경고한다(신 18:10-12). 자칫 영혼이 사냥당할 수 있기 때문이다. 만일 미래가 불안하고 걱정되면, 믿는 자들은 사람의 길흉화복을 전적으로 주관하시는 하나님께 기도하고 그분을 의지하면 된다. 그 외 온갖 종류의 점에 의존하는 것은 단순한 재미가 아니라 엄연히 죄다(사 47:12).

들으라 내가 처음부터 비밀히 말하지
아니하였나니 그것이 있을 때부터 내
가 거기에 있었노라 하셨느니라 이제
는 주 여호와께서 나와 그의 영을 보
내셨느니라

백성을 인도하시는 하나님

17 너희의 구속자시요 이스라엘의 거룩
하신 이이신 여호와께서 이르시되 나
는 네게 유익하도록 가르치고 너를
마땅히 행할 길로 인도하는 네 하나
님 여호와라
18 네가 나의 명령에 주의하였더라면 네
평강이 강과 같았겠고 네 공의가 바
다 물결 같았을 것이며
19 네 자손이 모래 같았겠고 네 몸의
소생이 모래 알 같아서 그의 이름이
내 앞에서 끊어지지 아니하였겠고 없
어지지 아니하였으리라 하셨느니라
20 너희는 바벨론에서 나와서 갈대아인
을 피하고 즐거운 소리로 이를 알게
하여 들려 주며 땅 끝까지 반포하여
이르기를 여호와께서 그의 종 야곱
을 구속하셨다 하라
21 여호와께서 그들을 사막으로 통과하
게 하시던 때에 그들이 목마르지 아
니하게 하시되 그들을 위하여 바위에
서 물이 흘러나게 하시며 바위를 쪼
개사 물이 솟아나게 하셨느니라
22 여호와께서 말씀하시되 악인에게는
평강이 없다 하셨느니라

이방의 빛 이스라엘

49 섬들아 내게 들으라 먼 곳 백성
들아 귀를 기울이라 여호와께서
태에서부터 나를 부르셨고 내 어머니
의 복중에서부터 내 이름을 기억하셨
으며
2 내 입을 날카로운 칼 같이 만드시고
나를 그의 손 그늘에 숨기시며 나를
갈고 닦은 화살로 만드사 그의 화살
통에 감추시고
3 내게 이르시되 너는 나의 종이요 내
영광을 네 속에 나타낼 이스라엘이
라 하셨느니라
4 그러나 나는 말하기를 내가 헛되이
수고하였으며 무익하게 공연히 내 힘
을 다하였다 하였도다 참으로 나에
대한 판단이 여호와께 있고 나의 보
응이 나의 하나님께 있느니라
5 이제 여호와께서 말씀하시나니 그는
태에서부터 나를 그의 종으로 지으
신 이시요 야곱을 그에게로 돌아오
게 하시는 이시니 이스라엘이 그에게
로 모이는도다 그러므로 내가 여호
와 보시기에 영화롭게 되었으며 나의
하나님은 나의 힘이 되셨도다
6 그가 이르시되 네가 나의 종이 되어

야곱의 지파들을 일으키며 이스라엘
중에 보전된 자를 돌아오게 할 것은
매우 쉬운 일이라 내가 또 너를 이방
의 빛으로 삼아 나의 구원을 베풀어
서 땅 끝까지 이르게 하리라
7 이스라엘의 구속자 이스라엘의 거룩
한 이이신 여호와께서 사람에게 멸시
를 당하는 자, 백성에게 미움을 받는
자, 관원들에게 종이 된 자에게 이같
이 이르시되 왕들이 보고 일어서며
고관들이 경배하리니 이는 이스라엘
의 거룩하신 이 신실하신 여호와 그
가 너를 택하였음이니라

예루살렘의 회복

8 여호와께서 이같이 이르시되 은혜의
때에 내가 네게 응답하였고 구원의
날에 내가 너를 도왔도다 내가 장차
너를 보호하여 너를 백성의 언약으
로 삼으며 나라를 일으켜 그들에게
그 황무하였던 땅을 기업으로 상속
하게 하리라
9 내가 잡혀 있는 자에게 이르기를 나
오라 하며 흑암에 있는 자에게 나타
나라 하리라 그들이 길에서 먹겠고
모든 헐벗은 산에도 그들의 풀밭이
있을 것인즉
10 그들이 주리거나 목마르지 아니할 것
이며 더위와 볕이 그들을 상하지 아
니하리니 이는 그들을 긍휼히 여기는
이가 그들을 이끌되 샘물 근원으로
인도할 것임이라
11 내가 나의 모든 산을 길로 삼고 나의
대로를 돋우리니
12 어떤 사람은 먼 곳에서, 어떤 사람은
북쪽과 서쪽에서, 어떤 사람은 시님
땅에서 오리라
13 하늘이여 노래하라 땅이여 기뻐하라
산들이여 즐거이 노래하라 여호와께
서 그의 백성을 위로하셨은즉 그의
고난 당한 자를 긍휼히 여기실 것임
이라
14 오직 시온이 이르기를 여호와께서 나
를 버리시며 주께서 나를 잊으셨다
하였거니와
15 여인이 어찌 그 젖 먹는 자식을 잊겠
으며 자기 태에서 난 아들을 긍휼히
여기지 않겠느냐 그들은 혹시 잊을지
라도 나는 너를 잊지 아니할 것이라
16 내가 너를 내 손바닥에 새겼고 너의
성벽이 항상 내 앞에 있나니
17 네 자녀들은 빨리 걸으며 너를 헐며
너를 황폐하게 하던 자들은 너를 떠
나가리라
18 네 눈을 들어 사방을 보라 그들이
다 모여 네게로 오느니라 나 여호와
가 이르노라 내가 나의 삶으로 맹세

하노니 네가 반드시 그 모든 무리를
장식처럼 몸에 차며 그것을 띠기를
신부처럼 할 것이라
19 이는 네 황폐하고 적막한 곳들과 네
파멸을 당하였던 땅이 이제는 주민이
많아 좁게 될 것이며 너를 삼켰던 자
들이 멀리 떠날 것이니라
20 자식을 잃었을 때에 낳은 자녀가 후
일에 네 귀에 말하기를 이곳이 내게
좁으니 넓혀서 내가 거주하게 하라
하리니
21 그 때에 네가 네 마음에 이르기를
누가 나를 위하여 이들을 낳았는고
나는 자녀를 잃고 외로워졌으며 사로
잡혀 유리하였거늘 이들을 누가 양
육하였는고 나는 홀로 남았거늘 이
들은 어디서 생겼는고 하리라
22 주 여호와가 이같이 이르노라 내가
뭇 나라를 향하여 나의 손을 들고 민
족들을 향하여 나의 기치를 세울 것
이라 그들이 네 아들들을 품에 안고
네 딸들을 어깨에 메고 올 것이며
23 왕들은 네 양부가 되며 왕비들은 네
유모가 될 것이며 그들이 얼굴을 땅
에 대고 네게 절하고 네 발의 티끌을
핥을 것이니 네가 나를 여호와인 줄
을 알리라 나를 바라는 자는 수치를
당하지 아니하리라
24 용사가 빼앗은 것을 어떻게 도로 빼
앗으며 승리자에게 사로잡힌 자를
어떻게 건져낼 수 있으랴
25 여호와가 이같이 말하노라 용사의
포로도 빼앗을 것이요 두려운 자의
빼앗은 것도 건져낼 것이니 이는 내
가 너를 대적하는 자를 대적하고 네
자녀를 내가 구원할 것임이라
26 내가 너를 억압하는 자들에게 자기의
살을 먹게 하며 새 술에 취함 같이
자기의 피에 취하게 하리니 모든 육
체가 나 여호와는 네 구원자요 네 구
속자요 야곱의 전능자인 줄 알리라

50 나 여호와가 이같이 말하노라
내가 너희의 어미를 내보낸 이
혼 증서가 어디 있느냐 내가 어느 채
주에게 너희를 팔았느냐 보라 너희
는 너희의 죄악으로 말미암아 팔렸고
너희의 어미는 너희의 배역함으로 말
미암아 내보냄을 받았느니라
2 내가 왔어도 사람이 없었으며 내가
불러도 대답하는 자가 없었음은 어
찌 됨이냐 내 손이 어찌 짧아 구속하
지 못하겠느냐 내게 어찌 건질 능력
이 없겠느냐 보라 내가 꾸짖어 바다
를 마르게 하며 강들을 사막이 되게
하며 물이 없어졌으므로 그 물고기
들이 악취를 내며 갈하여 죽으리라

3 내가 흑암으로 하늘을 입히며 굵은
베로 덮느니라

주를 거역하지 아니하다

4 주 여호와께서 학자들의 혀를 내게
주사 나로 곤고한 자를 말로 어떻게
도와 줄 줄을 알게 하시고 아침마다
깨우치시되 나의 귀를 깨우치사 학자
들 같이 알아듣게 하시도다
5 주 여호와께서 나의 귀를 여셨으므
로 내가 거역하지도 아니하며 뒤로
물러가지도 아니하며
6 나를 때리는 자들에게 내 등을 맡기
며 나의 수염을 뽑는 자들에게 나의
뺨을 맡기며 모욕과 침 뱉음을 당하
여도 내 얼굴을 가리지 아니하였느니
라
7 주 여호와께서 나를 도우시므로 내
가 부끄러워하지 아니하고 내 얼굴
을 부싯돌 같이 굳게 하였으므로 내
가 수치를 당하지 아니할 줄 아노라
8 나를 의롭다 하시는 이가 가까이 계
시니 나와 다툴 자가 누구냐 나와 함
께 설지어다 나의 대적이 누구냐 내
게 가까이 나아올지어다
9 보라 주 여호와께서 나를 도우시리
니 나를 정죄할 자 누구냐 보라 그들
은 다 옷과 같이 해어지며 좀이 그들
을 먹으리라
10 너희 중에 여호와를 경외하며 그의
종의 목소리를 청종하는 자가 누구
냐 흑암 중에 행하여 빛이 없는 자라
도 여호와의 이름을 의뢰하며 자기
하나님께 의지할지어다
11 보라 불을 피우고 횃불을 둘러 띤
자여 너희가 다 너희의 불꽃 가운데
로 걸어가며 너희가 피운 횃불 가운
데로 걸어갈지어다 너희가 내 손에서
얻을 것이 이것이라 너희가 고통이 있
는 곳에 누우리라

위로의 말씀

51 의를 따르며 여호와를 찾아 구
하는 너희는 내게 들을지어다
너희를 떠낸 반석과 너희를 파낸 우
묵한 구덩이를 생각하여 보라
2 너희의 조상 아브라함과 너희를 낳은
사라를 생각하여 보라 아브라함이
혼자 있을 때에 내가 그를 부르고
그에게 복을 주어 창성하게 하였느
니라
3 나 여호와가 시온의 모든 황폐한 곳
들을 위로하여 그 사막을 에덴 같게,
그 광야를 여호와의 동산 같게 하였
나니 그 가운데에 기뻐함과 즐거워
함과 감사함과 창화하는 소리가 있
으리라
4 내 백성이여 내게 주의하라 내 나라

여 내게 귀를 기울이라 이는 율법이
내게서부터 나갈 것임이라 내가 내
공의를 만민의 빛으로 세우리라
5 내 공의가 가깝고 내 구원이 나갔은
즉 내 팔이 만민을 심판하리니 섬들이
나를 앙망하여 내 팔에 의지하리라
6 너희는 하늘로 눈을 들며 그 아래의
땅을 살피라 하늘이 연기 같이 사라
지고 땅이 옷 같이 해어지며 거기에
사는 자들이 하루살이 같이 죽으려
니와 나의 구원은 영원히 있고 나의
공의는 폐하여지지 아니하리라
7 의를 아는 자들아, 마음에 내 율법이
있는 백성들아, 너희는 내게 듣고 그
들의 비방을 두려워하지 말라 그들의
비방에 놀라지 말라
8 옷 같이 좀이 그들을 먹을 것이며 양
털 같이 좀벌레가 그들을 먹을 것이
나 나의 공의는 영원히 있겠고 나의
구원은 세세에 미치리라
9 여호와의 팔이여 깨소서 깨소서 능력
을 베푸소서 옛날 옛시대에 깨신 것
같이 하소서 라합을 저미시고 용을
찌르신 이가 어찌 주가 아니시며
10 바다를, 넓고 깊은 물을 말리시고 바
다 깊은 곳에 길을 내어 구속 받은
자들을 건너게 하신 이가 어찌 주가
아니시니이까

11 여호와께 구속 받은 자들이 돌아와
노래하며 시온으로 돌아오니 영원한
기쁨이 그들의 머리 위에 있고 즐거
움과 기쁨을 얻으리니 슬픔과 탄식이
달아나리이다
12 이르시되 너희를 위로하는 자는 나
곧 나이니라 너는 어떠한 자이기에
죽을 사람을 두려워하며 풀 같이 될
사람의 아들을 두려워하느냐
13 하늘을 펴고 땅의 기초를 정하고 너
를 지은 자 여호와를 어찌하여 잊어
버렸느냐 너를 멸하려고 준비하는 저
학대자의 분노를 어찌하여 항상 종
일 두려워하느냐 학대자의 분노가 어
디 있느냐
14 결박된 포로가 속히 놓일 것이니 죽
지도 아니할 것이요 구덩이로 내려가
지도 아니할 것이며 그의 양식이 부
족하지도 아니하리라
15 나는 네 하나님 여호와라 바다를 휘
저어서 그 물결을 뒤흔들게 하는 자
이니 그의 이름은 만군의 여호와니라
16 내가 내 말을 네 입에 두고 내 손 그
늘로 너를 덮었나니 이는 내가 하늘
을 펴며 땅의 기초를 정하며 시온에
게 이르기를 너는 내 백성이라 말하
기 위함이니라
비틀걸음 치게 하는 잔을 거두리라

17 여호와의 손에서 그의 분노의 잔을
마신 예루살렘이여 깰지어다 깰지어
다 일어설지어다 네가 이미 비틀걸음
치게 하는 큰 잔을 마셔 다 비웠도다
18 네가 낳은 모든 아들 중에 너를 인
도할 자가 없고 네가 양육한 모든
아들 중에 그 손으로 너를 이끌 자
도 없도다
19 이 두 가지 일이 네게 닥쳤으니 누가
너를 위하여 슬퍼하랴 곧 황폐와 멸
망이요 기근과 칼이라 누가 너를 위
로하랴
20 네 아들들이 곤비하여 그물에 걸린
영양 같이 온 거리 모퉁이에 누웠으
니 그들에게 여호와의 분노와 네 하
나님의 견책이 가득하도다
21 그러므로 너 곤고하며 포도주가 아
니라도 취한 자여 이 말을 들으라
22 네 주 여호와, 그의 백성의 억울함을
풀어 주시는 네 하나님이 이같이 말
씀하시되 보라 내가 비틀걸음 치게
하는 잔 곧 나의 분노의 큰 잔을 네
손에서 거두어서 네가 다시는 마시지
못하게 하고
23 그 잔을 너를 괴롭게 하던 자들의 손
에 두리라 그들은 일찍이 네게 이르
기를 엎드리라 우리가 넘어가리라 하
던 자들이라 너를 넘어가려는 그들에
게 네가 네 허리를 땅과 같게, 길거리
와 같게 하였느니라 하시니라

여호와께서 예루살렘을 구속하시다

52 시온이여 깰지어다 깰지어다 네
힘을 낼지어다 거룩한 성 예루
살렘이여 네 아름다운 옷을 입을지
어다 이제부터 할례 받지 아니한 자
와 부정한 자가 다시는 네게로 들어
옴이 없을 것임이라
2 너는 티끌을 털어 버릴지어다 예루살
렘이여 일어나 앉을지어다 사로잡힌
딸 시온이여 네 목의 줄을 스스로 풀
지어다
3 여호와께서 이와 같이 말씀하시되 너
희가 값 없이 팔렸으니 돈 없이 속량
되리라
4 주 여호와께서 이와 같이 말씀하시되
내 백성이 전에 애굽에 내려가서 거
기에 거류하였고 앗수르인은 공연히
그들을 압박하였도다
5 그러므로 이제 여호와께서 말씀하시
되 내 백성이 까닭 없이 잡혀갔으니

365묵상

우리를 속량하신 하나님

속량(贖良)이란 몸값을 치르고 노예 신분에서 풀려나 자유인의 신분이 되는 것이다. 우리는 아무것도 아닌 것을 위해 우리 자신을 사탄에게 아주 값싸게 팔았다. 그래서 우리 모두는 죄의 노예였다. 이 노예 신분에서 벗어나 자유인이 되는 유일한 길은 하나님의 독생자이신 예수 그리스도의 피 값을 지불하는 것이었다. 하나님은 조건 없는 아가페 사랑으로 독생자를 십자가에 내어주심으로써 우리를 속량하셨다. 그 결과, 우리는 돈 없이 죄의 노예에서 벗어나 자유인이 되었다(사 52:3). 어찌 찬양하지 않을 수 있으랴!

내가 여기서 어떻게 하랴 여호와께서
말씀하시되 그들을 관할하는 자들이
떠들며 내 이름을 항상 종일토록 더
럽히도다
6 그러므로 내 백성은 내 이름을 알리
라 그러므로 그 날에는 그들이 이
말을 하는 자가 나인 줄을 알리라 내
가 여기 있느니라
7 좋은 소식을 전하며 평화를 공포하
며 복된 좋은 소식을 가져오며 구원
을 공포하며 시온을 향하여 이르기
를 네 하나님이 통치하신다 하는 자
의 산을 넘는 발이 어찌 그리 아름다
운가
8 네 파수꾼들의 소리로다 그들이 소
리를 높여 일제히 노래하니 이는 여
호와께서 시온으로 돌아오실 때에
그들의 눈이 마주 보리로다
9 너 예루살렘의 황폐한 곳들아 기쁜
소리를 내어 함께 노래할지어다 이
는 여호와께서 그의 백성을 위로하
셨고 예루살렘을 구속하셨음이라
10 여호와께서 열방의 목전에서 그의 거
룩한 팔을 나타내셨으므로 땅 끝까
지도 모두 우리 하나님의 구원을 보
았도다
11 너희는 떠날지어다 떠날지어다 거기
서 나오고 부정한 것을 만지지 말지
어다 그 가운데에서 나올지어다 여
호와의 기구를 메는 자들이여 스스
로 정결하게 할지어다
12 여호와께서 너희 앞에서 행하시며 이
스라엘의 하나님이 너희 뒤에서 호위
하시리니 너희가 황급히 나오지 아니
하며 도망하듯 다니지 아니하리라

고난 받는 종

13 보라 내 종이 형통하리니 받들어 높
이 들려서 지극히 존귀하게 되리라
14 전에는 그의 모양이 타인보다 상하
였고 그의 모습이 사람들보다 상하
였으므로 많은 사람이 그에 대하여
놀랐거니와
15 그가 나라들을 놀라게 할 것이며 왕
들은 그로 말미암아 그들의 입을 봉
하리니 이는 그들이 아직 그들에게
전파되지 아니한 것을 볼 것이요 아
직 듣지 못한 것을 깨달을 것임이라

53 우리가 전한 것을 누가 믿었느
냐 여호와의 팔이 누구에게 나
타났느냐
2 그는 주 앞에서 자라나기를 연한 순
같고 마른 땅에서 나온 뿌리 같아서
고운 모양도 없고 풍채도 없은즉 우
리가 보기에 흠모할 만한 아름다운
것이 없도다
3 그는 멸시를 받아 사람들에게 버림

받았으며 간고를 많이 겪었으며 질고
를 아는 자라 마치 사람들이 그에게
서 얼굴을 가리는 것 같이 멸시를 당
하였고 우리도 그를 귀히 여기지 아
니하였도다
4 그는 실로 우리의 질고를 지고 우리
의 슬픔을 당하였거늘 우리는 생각
하기를 그는 징벌을 받아 하나님께
맞으며 고난을 당한다 하였노라
5 그가 찔림은 우리의 허물 때문이요
그가 상함은 우리의 죄악 때문이라
그가 징계를 받으므로 우리는 평화
를 누리고 그가 채찍에 맞으므로 우
리는 나음을 받았도다
6 우리는 다 양 같아서 그릇 행하여 각
기 제 길로 갔거늘 여호와께서는 우
리 모두의 죄악을 그에게 담당시키셨
도다
7 그가 곤욕을 당하여 괴로울 때에도
그의 입을 열지 아니하였음이여 마치
도수장으로 끌려 가는 어린 양과 털
깎는 자 앞에서 잠잠한 양 같이 그의
입을 열지 아니하였도다
8 그는 곤욕과 심문을 당하고 끌려 갔
으나 그 세대 중에 누가 생각하기를
그가 살아 있는 자들의 땅에서 끊어
짐은 마땅히 형벌 받을 내 백성의 허
물 때문이라 하였으리요
9 그는 강포를 행하지 아니하였고 그
의 입에 거짓이 없었으나 그의 무덤이
악인들과 함께 있었으며 그가 죽은
후에 부자와 함께 있었도다
10 여호와께서 그에게 상함을 받게 하
시기를 원하사 질고를 당하게 하셨은
즉 그의 영혼을 속건제물로 드리기에
이르면 그가 씨를 보게 되며 그의 날
은 길 것이요 또 그의 손으로 여호와
께서 기뻐하시는 뜻을 성취하리로다
11 그가 자기 영혼의 수고한 것을 보고
만족하게 여길 것이라 나의 의로운
종이 자기 지식으로 많은 사람을 의
롭게 하며 또 그들의 죄악을 친히 담
당하리로다
12 그러므로 내가 그에게 존귀한 자와
함께 몫을 받게 하며 강한 자와 함
께 탈취한 것을 나누게 하리니 이는
그가 자기 영혼을 버려 사망에 이르
게 하며 범죄자 중 하나로 헤아림을
받았음이니라 그러나 그가 많은 사
람의 죄를 담당하며 범죄자를 위하여
기도하였느니라

하나님의 영원한 자비

54 잉태하지 못하며 출산하지 못한
너는 노래할지어다 산고를 겪지
못한 너는 외쳐 노래할지어다 이는
홀로 된 여인의 자식이 남편 있는 자

의 자식보다 많음이라 여호와께서 말
씀하셨느니라
2 네 장막터를 넓히며 네 처소의 휘장
을 아끼지 말고 널리 펴되 너의 줄을
길게 하며 너의 말뚝을 견고히 할지
어다
3 이는 네가 좌우로 퍼지며 네 자손은
열방을 얻으며 황폐한 성읍들을 사
람 살 곳이 되게 할 것임이라
4 두려워하지 말라 네가 수치를 당하지
아니하리라 놀라지 말라 네가 부끄러
움을 보지 아니하리라 네가 네 젊었
을 때의 수치를 잊겠고 과부 때의 치
욕을 다시 기억함이 없으리니
5 이는 너를 지으신 이가 네 남편이시
라 그의 이름은 만군의 여호와이시며
네 구속자는 이스라엘의 거룩한 이
시라 그는 온 땅의 하나님이라 일컬
음을 받으실 것이라
6 여호와께서 너를 부르시되 마치 버림
을 받아 마음에 근심하는 아내 곧
어릴 때에 아내가 되었다가 버림을
받은 자에게 함과 같이 하실 것임이
라 네 하나님께서 말씀하셨느니라
7 내가 잠시 너를 버렸으나 큰 긍휼로
너를 모을 것이요
8 내가 넘치는 진노로 내 얼굴을 네게
서 잠시 가렸으나 영원한 자비로 너
를 긍휼히 여기리라 네 구속자 여호
와께서 말씀하셨느니라
9 이는 내게 노아의 홍수와 같도다 내
가 다시는 노아의 홍수로 땅 위에 범
람하지 못하게 하리라 맹세한 것 같
이 내가 네게 노하지 아니하며 너를
책망하지 아니하기로 맹세하였노니
10 산들이 떠나며 언덕들은 옮겨질지라
도 나의 자비는 네게서 떠나지 아니
하며 나의 화평의 언약은 흔들리지
아니하리라 너를 긍휼히 여기시는 여
호와께서 말씀하셨느니라

미래의 예루살렘

11 너 곤고하며 광풍에 요동하여 안위
를 받지 못한 자여 보라 내가 화려한
채색으로 네 돌 사이에 더하며 청옥
으로 네 기초를 쌓으며
12 홍보석으로 네 성벽을 지으며 석류석
으로 네 성문을 만들고 네 지경을 다
보석으로 꾸밀 것이며
13 네 모든 자녀는 여호와의 교훈을 받
을 것이니 네 자녀에게는 큰 평안이
있을 것이며
14 너는 공의로 설 것이며 학대가 네게
서 멀어질 것인즉 네가 두려워하지 아
니할 것이며 공포도 네게 가까이하지
못할 것이라
15 보라 그들이 분쟁을 일으킬지라도

나로 말미암지 아니한 것이니 누구든
지 너와 분쟁을 일으키는 자는 너로
말미암아 패망하리라
16 보라 숯불을 불어서 자기가 쓸 만한
연장을 제조하는 장인도 내가 창조
하였고 파괴하며 진멸하는 자도 내가
창조하였은즉
17 너를 치려고 제조된 모든 연장이 쓸
모가 없을 것이라 일어나 너를 대적
하여 송사하는 모든 혀는 네게 정죄
를 당하리니 이는 여호와의 종들의
기업이요 이는 그들이 내게서 얻은
공의니라 여호와의 말씀이니라

하나님의 긍휼

55 오호라 너희 모든 목마른 자들
아 물로 나아오라 돈 없는 자
도 오라 너희는 와서 사 먹되 돈 없
이, 값 없이 와서 포도주와 젖을 사
라
2 너희가 어찌하여 양식이 아닌 것을 위
하여 은을 달아 주며 배부르게 하지
못할 것을 위하여 수고하느냐 내게
듣고 들을지어다 그리하면 너희가 좋
은 것을 먹을 것이며 너희 자신들이
기름진 것으로 즐거움을 얻으리라
3 너희는 귀를 기울이고 내게로 나아
와 들으라 그리하면 너희의 영혼이
살리라 내가 너희를 위하여 영원한
언약을 맺으리니 곧 다윗에게 허락한
확실한 은혜이니라
4 보라 내가 그를 만민에게 증인으로
세웠고 만민의 인도자와 명령자로 삼
았나니
5 보라 네가 알지 못하는 나라를 네가
부를 것이며 너를 알지 못하는 나라
가 네게로 달려올 것은 여호와 네 하
나님 곧 이스라엘의 거룩하신 이로
말미암음이니라 이는 그가 너를 영화
롭게 하였느니라
6 너희는 여호와를 만날 만한 때에 찾
으라 가까이 계실 때에 그를 부르라
7 악인은 그의 길을, 불의한 자는 그의
생각을 버리고 여호와께로 돌아오라
그리하면 그가 긍휼히 여기시리라 우
리 하나님께로 돌아오라 그가 너그
럽게 용서하시리라
8 이는 내 생각이 너희의 생각과 다르
며 내 길은 너희의 길과 다름이니라
여호와의 말씀이니라
9 이는 하늘이 땅보다 높음 같이 내 길
은 너희의 길보다 높으며 내 생각은
너희의 생각보다 높으니라
10 이는 비와 눈이 하늘로부터 내려서
그리로 되돌아가지 아니하고 땅을
적셔서 소출이 나게 하며 싹이 나게
하여 파종하는 자에게는 종자를 주

며 먹는 자에게는 양식을 줌과 같이
11 내 입에서 나가는 말도 이와 같이 헛
되이 내게로 되돌아오지 아니하고
나의 기뻐하는 뜻을 이루며 내가 보
낸 일에 형통함이니라
12 너희는 기쁨으로 나아가며 평안히 인
도함을 받을 것이요 산들과 언덕들
이 너희 앞에서 노래를 발하고 들의
모든 나무가 손뼉을 칠 것이며
13 잣나무는 가시나무를 대신하여 나며
화석류는 찔레를 대신하여 날 것이라
이것이 여호와의 기념이 되며 영영한
표징이 되어 끊어지지 아니하리라

여호와께 연합한 사람

56 여호와께서 이와 같이 말씀하시
기를 너희는 정의를 지키며 의를
행하라 이는 나의 구원이 가까이 왔
고 나의 공의가 나타날 것임이라 하
셨도다
2 안식일을 지켜 더럽히지 아니하며 그
의 손을 금하여 모든 악을 행하지 아
니하여야 하나니 이와 같이 하는 사
람, 이와 같이 굳게 잡는 사람은 복
이 있느니라
3 여호와께 연합한 이방인은 말하기를
여호와께서 나를 그의 백성 중에서
반드시 갈라내시리라 하지 말며 고자
도 말하기를 나는 마른 나무라 하지
말라
4 여호와께서 이와 같이 말씀하시기를
나의 안식일을 지키며 내가 기뻐하는
일을 선택하며 나의 언약을 굳게 잡
는 고자들에게는
5 내가 내 집에서, 내 성 안에서 아들
이나 딸보다 나은 기념물과 이름을
그들에게 주며 영원한 이름을 주어
끊어지지 아니하게 할 것이며
6 또 여호와와 연합하여 그를 섬기며
여호와의 이름을 사랑하며 그의 종이
되며 안식일을 지켜 더럽히지 아니하
며 나의 언약을 굳게 지키는 이방인
마다
7 내가 곧 그들을 나의 성산으로 인도
하여 기도하는 내 집에서 그들을 기
쁘게 할 것이며 그들의 번제와 희생
을 나의 제단에서 기꺼이 받게 되리
니 이는 내 집은 만민이 기도하는 집
이라 일컬음이 될 것임이라
8 이스라엘의 쫓겨난 자를 모으시는
주 여호와가 말하노니 내가 이미 모
은 백성 외에 또 모아 그에게 속하
게 하리라 하셨느니라

몰지각한 목자들

9 들의 모든 짐승들아 숲 가운데의 모
든 짐승들아 와서 먹으라
10 이스라엘의 파수꾼들은 맹인이요 다

무지하며 벙어리 개들이라 짖지 못하
며 다 꿈꾸는 자들이요 누워 있는 자
들이요 잠자기를 좋아하는 자들이니
11 이 개들은 탐욕이 심하여 족한 줄을
알지 못하는 자들이요 그들은 몰지
각한 목자들이라 다 제 길로 돌아가
며 사람마다 자기 이익만 추구하며
12 오라 내가 포도주를 가져오리라 우
리가 독주를 잔뜩 마시자 내일도 오
늘 같이 크게 넘치리라 하느니라

우상 숭배를 규탄하시다

57 의인이 죽을지라도 마음에 두
는 자가 없고 진실한 이들이 거
두어 감을 당할지라도 깨닫는 자가
없도다
2 의인들은 악한 자들 앞에서 불리어
가도다 그들은 평안에 들어갔나니
바른 길로 가는 자들은 그들의 침상
에서 편히 쉬리라
3 무당의 자식, 간음자와 음녀의 자식
들아 너희는 가까이 오라
4 너희가 누구를 희롱하느냐 누구를
향하여 입을 크게 벌리며 혀를 내미
느냐 너희는 패역의 자식, 거짓의 후
손이 아니냐
5 너희가 상수리나무 사이, 모든 푸른
나무 아래에서 음욕을 피우며 골짜
기 가운데 바위 틈에서 자녀를 도살
하는도다
6 골짜기 가운데 매끄러운 돌들 중에
네 몫이 있으니 그것들이 곧 네가 제
비 뽑아 얻은 것이라 또한 네가 전제
와 예물을 그것들에게 드리니 내가
어찌 위로를 받겠느냐
7 네가 높고 높은 산 위에 네 침상을
베풀었고 네가 또 거기에 올라가서
제사를 드렸으며
8 네가 또 네 기념표를 문과 문설주 뒤
에 두었으며 네가 나를 떠나 벗고 올
라가서 네 침상을 넓히고 그들과 언
약하며 또 네가 그들의 침상을 사랑
하여 그 벌거벗은 것을 보았으며
9 네가 기름을 가지고 몰렉에게 나아
가되 향품을 더하였으며 네가 또 사
신을 먼 곳에 보내고 스올에까지 내
려가게 하였으며
10 네가 길이 멀어서 피곤할지라도 헛되
다 말하지 아니함은 네 힘이 살아났
으므로 쇠약하여지지 아니함이라
11 네가 누구를 두려워하며 누구로 말

365묵상

의인의 때 이른 죽음

성경은 의인이 오래 살 것이라고 약속한다(신 5:32-33). 하지만 이사야 때만 해도 예루살렘의 경건한 의인들이 일찍 죽어갔다. 오늘날 우리도 신앙의 사람이 갑자기 죽는 일을 경험한다. 왜 그런가? 악한 사람은 죽지 않고 오래 사는데…. 이사야의 대답은 이러하다. 의인의 때 이른 죽음은 언젠가 세상에 닥쳐올 심판의 재앙으로부터 미리 보호된 것이라는 것이다(사 57:1-2). 이사야의 말은 큰 위로를 준다. 어차피 사람은 죽음의 터널을 지나야 한다. 그들은 하나님의 선한 뜻에 따라 조금 일찍 하늘나라로 갔을 뿐이다.

미암아 놀랐기에 거짓을 말하며 나를
생각하지 아니하며 이를 마음에 두지
아니하였느냐 네가 나를 경외하지 아
니함은 내가 오랫동안 잠잠했기 때
문이 아니냐
12 네 공의를 내가 보이리라 네가 행한
일이 네게 무익하니라
13 네가 부르짖을 때에 네가 모은 우상
들에게 너를 구원하게 하라 그것들
은 다 바람에 날려 가겠고 기운에
불려갈 것이로되 나를 의뢰하는 자는
땅을 차지하겠고 나의 거룩한 산을
기업으로 얻으리라

인도하고 고치겠다고 하신 약속

14 그가 말하기를 돋우고 돋우어 길을
수축하여 내 백성의 길에서 거치는
것을 제하여 버리라 하리라
15 지극히 존귀하며 영원히 거하시며 거
룩하다 이름하는 이가 이와 같이 말
씀하시되 내가 높고 거룩한 곳에 있
으며 또한 통회하고 마음이 겸손한
자와 함께 있나니 이는 겸손한 자의
영을 소생시키며 통회하는 자의 마음
을 소생시키려 함이라
16 내가 영원히 다투지 아니하며 내가
끊임없이 노하지 아니할 것은 내가
지은 그의 영과 혼이 내 앞에서 피곤
할까 함이라
17 그의 탐심의 죄악으로 말미암아 내가
노하여 그를 쳤으며 또 내 얼굴을 가
리고 노하였으나 그가 아직도 패역
하여 자기 마음의 길로 걸어가도다
18 내가 그의 길을 보았은즉 그를 고쳐
줄 것이라 그를 인도하며 그와 그를
슬퍼하는 자들에게 위로를 다시 얻
게 하리라
19 입술의 열매를 창조하는 자 여호와
가 말하노라 먼 데 있는 자에게든지
가까운 데 있는 자에게든지 평강이
있을지어다 평강이 있을지어다 내가
그를 고치리라 하셨느니라
20 그러나 악인은 평온함을 얻지 못하
고 그 물이 진흙과 더러운 것을 늘
솟구쳐 내는 요동하는 바다와 같으
니라
21 내 하나님의 말씀에 악인에게는 평
강이 없다 하셨느니라

여호와께서 기뻐하시는 금식

58 크게 외치라 목소리를 아끼지
말라 네 목소리를 나팔 같이 높
여 내 백성에게 그들의 허물을, 야곱
의 집에 그들의 죄를 알리라
2 그들이 날마다 나를 찾아 나의 길 알
기를 즐거워함이 마치 공의를 행하여
그의 하나님의 규례를 저버리지 아니
하는 나라 같아서 의로운 판단을 내

게 구하며 하나님과 가까이 하기를
즐거워하는도다
3 우리가 금식하되 어찌하여 주께서 보
지 아니하시오며 우리가 마음을 괴롭
게 하되 어찌하여 주께서 알아 주지
아니하시나이까 보라 너희가 금식하
는 날에 오락을 구하며 온갖 일을 시
키는도다
4 보라 너희가 금식하면서 논쟁하며 다
투며 악한 주먹으로 치는도다 너희가
오늘 금식하는 것은 너희의 목소리
를 상달하게 하려는 것이 아니니라
5 이것이 어찌 내가 기뻐하는 금식이
되겠으며 이것이 어찌 사람이 자기의
마음을 괴롭게 하는 날이 되겠느냐
그의 머리를 갈대 같이 숙이고 굵은
베와 재를 펴는 것을 어찌 금식이라
하겠으며 여호와께 열납될 날이라 하
겠느냐
6 내가 기뻐하는 금식은 흉악의 결박
을 풀어 주며 멍에의 줄을 끌러 주며
압제 당하는 자를 자유하게 하며 모
든 멍에를 꺾는 것이 아니겠느냐
7 또 주린 자에게 네 양식을 나누어 주
며 유리하는 빈민을 집에 들이며 헐
벗은 자를 보면 입히며 또 네 골육을
피하여 스스로 숨지 아니하는 것이
아니겠느냐
8 그리하면 네 빛이 새벽 같이 비칠 것
이며 네 치유가 급속할 것이며 네 공
의가 네 앞에 행하고 여호와의 영광
이 네 뒤에 호위하리니
9 네가 부를 때에는 나 여호와가 응답
하겠고 네가 부르짖을 때에는 내가
여기 있다 하리라
만일 네가 너희 중에서 멍에와 손가락
질과 허망한 말을 제하여 버리고
10 주린 자에게 네 심정이 동하여 괴로
워하는 자의 심정을 만족하게 하면
네 빛이 흑암 중에서 떠올라 네 어둠
이 낮과 같이 될 것이며
11 여호와가 너를 항상 인도하여 메마
른 곳에서도 네 영혼을 만족하게 하
며 네 뼈를 견고하게 하리니 너는 물
댄 동산 같겠고 물이 끊어지지 아니
하는 샘 같을 것이라
12 네게서 날 자들이 오래 황폐된 곳들
을 다시 세울 것이며 너는 역대의 파
괴된 기초를 쌓으리니 너를 일컬어
무너진 데를 보수하는 자라 할 것이
며 길을 수축하여 거할 곳이 되게 하
는 자라 하리라

안식일을 지키면

13 만일 안식일에 네 발을 금하여 내 성
일에 오락을 행하지 아니하고 안식일
을 일컬어 즐거운 날이라, 여호와의

성일을 존귀한 날이라 하여 이를 존
귀하게 여기고 네 길로 행하지 아니
하며 네 오락을 구하지 아니하며 사
사로운 말을 하지 아니하면
14 네가 여호와 안에서 즐거움을 얻을
것이라 내가 너를 땅의 높은 곳에 올
리고 네 조상 야곱의 기업으로 기르
리라 여호와의 입의 말씀이니라

선지자가 백성의 죄악을 규탄하다

59 여호와의 손이 짧아 구원하지
못하심도 아니요 귀가 둔하여
듣지 못하심도 아니라
2 오직 너희 죄악이 너희와 너희 하나님
사이를 갈라 놓았고 너희 죄가 그의
얼굴을 가리어서 너희에게서 듣지 않
으시게 함이니라
3 이는 너희 손이 피에, 너희 손가락이
죄악에 더러워졌으며 너희 입술은 거
짓을 말하며 너희 혀는 악독을 냄이라
4 공의대로 소송하는 자도 없고 진실
하게 판결하는 자도 없으며 허망한
것을 의뢰하며 거짓을 말하며 악행을
잉태하여 죄악을 낳으며
5 독사의 알을 품으며 거미줄을 짜나
니 그 알을 먹는 자는 죽을 것이요
그 알이 밟힌즉 터져서 독사가 나올
것이니라
6 그 짠 것으로는 옷을 이룰 수 없을
것이요 그 행위로는 자기를 가릴 수
없을 것이며 그 행위는 죄악의 행위
라 그 손에는 포악한 행동이 있으며
7 그 발은 행악하기에 빠르고 무죄한
피를 흘리기에 신속하며 그 생각은
악한 생각이라 황폐와 파멸이 그 길
에 있으며
8 그들은 평강의 길을 알지 못하며 그
들이 행하는 곳에는 정의가 없으며
굽은 길을 스스로 만드나니 무릇 이
길을 밟는 자는 평강을 알지 못하느
니라

백성이 죄악을 자백하다

9 그러므로 정의가 우리에게서 멀고 공
의가 우리에게 미치지 못한즉 우리가
빛을 바라나 어둠뿐이요 밝은 것을
바라나 캄캄한 가운데에 행하므로
10 우리가 맹인 같이 담을 더듬으며 눈
없는 자 같이 두루 더듬으며 낮에도
황혼 때 같이 넘어지니 우리는 강장
한 자 중에서도 죽은 자 같은지라
11 우리가 곰 같이 부르짖으며 비둘기
같이 슬피 울며 정의를 바라나 없고
구원을 바라나 우리에게서 멀도다
12 이는 우리의 허물이 주의 앞에 심히
많으며 우리의 죄가 우리를 쳐서 증
언하오니 이는 우리의 허물이 우리와
함께 있음이니라 우리의 죄악을 우리

가 아니이다
13 우리가 여호와를 배반하고 속였으며
우리 하나님을 따르는 데에서 돌이
켜 포학과 패역을 말하며 거짓말을
마음에 잉태하여 낳으니
14 정의가 뒤로 물리침이 되고 공의가
멀리 섰으며 성실이 거리에 엎드러지
고 정직이 나타나지 못하는도다
15 성실이 없어지므로 악을 떠나는 자가
탈취를 당하는도다

여호와께서 백성을 구원하려고 하시다

여호와께서 이를 살피시고 그 정의가
없는 것을 기뻐하지 아니하시고
16 사람이 없음을 보시며 중재자가 없
음을 이상히 여기셨으므로 자기 팔로
스스로 구원을 베푸시며 자기의 공
의를 스스로 의지하사
17 공의를 갑옷으로 삼으시며 구원을
자기의 머리에 써서 투구로 삼으시며
보복을 속옷으로 삼으시며 열심을
입어 겉옷으로 삼으시고
18 그들의 행위대로 갚으시되 그 원수
에게 분노하시며 그 원수에게 보응
하시며 섬들에게 보복하실 것이라
19 서쪽에서 여호와의 이름을 두려워하
겠고 해 돋는 쪽에서 그의 영광을
두려워할 것은 여호와께서 그 기운
에 몰려 급히 흐르는 강물 같이 오실
것임이로다
20 여호와의 말씀이니라 구속자가 시온
에 임하며 야곱의 자손 가운데에서
죄과를 떠나는 자에게 임하리라
21 여호와께서 이르시되 내가 그들과
세운 나의 언약이 이러하니 곧 네 위
에 있는 나의 영과 네 입에 둔 나의
말이 이제부터 영원하도록 네 입에서
와 네 후손의 입에서와 네 후손의 후
손의 입에서 떠나지 아니하리라 하시
니라 여호와의 말씀이니라

예루살렘이 받을 영광

60 일어나라 빛을 발하라 이는 네
빛이 이르렀고 여호와의 영광이
네 위에 임하였음이니라
2 보라 어둠이 땅을 덮을 것이며 캄캄
함이 만민을 가리려니와 오직 여호와
께서 네 위에 임하실 것이며 그의 영
광이 네 위에 나타나리니
3 나라들은 네 빛으로, 왕들은 비치는
네 광명으로 나아오리라
4 네 눈을 들어 사방을 보라 무리가
다 모여 네게로 오느니라 네 아들들
은 먼 곳에서 오겠고 네 딸들은 안기
어 올 것이라
5 그 때에 네가 보고 기쁜 빛을 내며
네 마음이 놀라고 또 화창하리니 이
는 바다의 부가 네게로 돌아오며 이

방 나라들의 재물이 네게로 옴이라
6 허다한 낙타, 미디안과 에바의 어린
낙타가 네 가운데에 가득할 것이며
스바 사람들은 다 금과 유향을 가지
고 와서 여호와의 찬송을 전파할 것
이며
7 게달의 양 무리는 다 네게로 모일 것
이요 느바욧의 숫양은 네게 공급되
고 내 제단에 올라 기꺼이 받음이 되
리니 내가 내 영광의 집을 영화롭게
하리라
8 저 구름 같이, 비둘기들이 그 보금자
리로 날아가는 것 같이 날아오는 자
들이 누구냐
9 곧 섬들이 나를 앙망하고 다시스의
배들이 먼저 이르되 먼 곳에서 네 자
손과 그들의 은금을 아울러 싣고 와
서 네 하나님 여호와의 이름에 드리
려 하며 이스라엘의 거룩한 이에게
드리려 하는 자들이라 이는 내가 너
를 영화롭게 하였음이라
10 내가 노하여 너를 쳤으나 이제는 나
의 은혜로 너를 불쌍히 여겼은즉 이
방인들이 네 성벽을 쌓을 것이요 그
들의 왕들이 너를 섬길 것이며
11 네 성문이 항상 열려 주야로 닫히지
아니하리니 이는 사람들이 네게로 이
방 나라들의 재물을 가져오며 그들
의 왕들을 포로로 이끌어 옴이라
12 너를 섬기지 아니하는 백성과 나라는
파멸하리니 그 백성들은 반드시 진멸
되리라
13 레바논의 영광 곧 잣나무와 소나무
와 황양목이 함께 네게 이르러 내 거
룩한 곳을 아름답게 할 것이며 내가
나의 발 둘 곳을 영화롭게 할 것이라
14 너를 괴롭히던 자의 자손이 몸을 굽
혀 네게 나아오며 너를 멸시하던 모
든 자가 네 발 아래에 엎드려 너를
일컬어 여호와의 성읍이라, 이스라엘
의 거룩한 이의 시온이라 하리라
15 전에는 네가 버림을 당하며 미움을
당하였으므로 네게로 가는 자가 없
었으나 이제는 내가 너를 영원한 아
름다움과 대대의 기쁨이 되게 하리니
16 네가 이방 나라들의 젖을 빨며 뭇 왕
의 젖을 빨고 나 여호와는 네 구원
자, 네 구속자, 야곱의 전능자인 줄
알리라
17 내가 금을 가지고 놋을 대신하며 은
을 가지고 철을 대신하며 놋으로 나
무를 대신하며 철로 돌을 대신하며
화평을 세워 관원으로 삼으며 공의
를 세워 감독으로 삼으리니
18 다시는 강포한 일이 네 땅에 들리지
않을 것이요 황폐와 파멸이 네 국경

안에 다시 없을 것이며 네가 네 성벽
을 구원이라, 네 성문을 찬송이라 부
를 것이라
19 다시는 낮에 해가 네 빛이 되지 아니
하며 달도 네게 빛을 비추지 않을 것
이요 오직 여호와가 네게 영원한 빛
이 되며 네 하나님이 네 영광이 되리니
20 다시는 네 해가 지지 아니하며 네 달
이 물러가지 아니할 것은 여호와가
네 영원한 빛이 되고 네 슬픔의 날이
끝날 것임이라
21 네 백성이 다 의롭게 되어 영원히 땅
을 차지하리니 그들은 내가 심은 가
지요 내가 손으로 만든 것으로서 나
의 영광을 나타낼 것인즉
22 그 작은 자가 천 명을 이루겠고 그
약한 자가 강국을 이룰 것이라 때가
되면 나 여호와가 속히 이루리라

구원의 아름다운 소식

61 주 여호와의 영이 내게 내리셨
으니 이는 여호와께서 내게 기
름을 부으사 가난한 자에게 아름다
운 소식을 전하게 하려 하심이라 나
를 보내사 마음이 상한 자를 고치며
포로된 자에게 자유를, 갇힌 자에게
놓임을 선포하며
2 여호와의 은혜의 해와 우리 하나님의
보복의 날을 선포하여 모든 슬픈 자
를 위로하되
3 무릇 시온에서 슬퍼하는 자에게 화
관을 주어 그 재를 대신하며 기쁨의
기름으로 그 슬픔을 대신하며 찬송
의 옷으로 그 근심을 대신하시고 그
들이 의의 나무 곧 여호와께서 심으
신 그 영광을 나타낼 자라 일컬음을
받게 하려 하심이라
4 그들은 오래 황폐하였던 곳을 다시
쌓을 것이며 옛부터 무너진 곳을 다
시 일으킬 것이며 황폐한 성읍 곧 대
대로 무너져 있던 것들을 중수할 것
이며
5 외인은 서서 너희 양 떼를 칠 것이요
이방 사람은 너희 농부와 포도원지기
가 될 것이나
6 오직 너희는 여호와의 제사장이라 일
컬음을 받을 것이라 사람들이 너희를
우리 하나님의 봉사자라 할 것이며
너희가 이방 나라들의 재물을 먹으며
그들의 영광을 얻어 자랑할 것이니라
7 너희가 수치 대신에 보상을 배나 얻

365묵상

예수 그리스도의 전령이 되기

먼저 이사야 61장 1-2절 부분을 읽어보자. 후일 예수님이 회당에서 무리들을 가르치실 때, 이사야가 기록한 이 구절들을 읽으시고 자신이 바로 그 사명을 감당할 자라고 선언하셨다(눅 4:16-21). 오늘날 그 사명은 우리의 몫이다. 예수님으로 인해 복음을 전해 듣고 죄의 사슬에서 자유를 얻은 우리의 몫이다. 이제 우리가 그 복음을 전하여 죄의 사슬에 얽매인 자들이 풀려나게 도와주어야 한다. 먼저 그 복음을 받아들여 구원받은 우리는 다른 이들에게 복음을 전할 수 있는 특권과 의무를 지닌 그리스도의 전령들이다.

으며 능욕 대신에 몫으로 말미암아
즐거워할 것이라 그리하여 그들의 땅
에서 갑절이나 얻고 영원한 기쁨이
있으리라
8 무릇 나 여호와는 정의를 사랑하며
불의의 강탈을 미워하여 성실히 그들
에게 갚아 주고 그들과 영원한 언약
을 맺을 것이라
9 그들의 자손을 뭇 나라 가운데에, 그
들의 후손을 만민 가운데에 알리리니
무릇 이를 보는 자가 그들은 여호와
께 복 받은 자손이라 인정하리라
10 내가 여호와로 말미암아 크게 기뻐
하며 내 영혼이 나의 하나님으로 말
미암아 즐거워하리니 이는 그가 구원
의 옷을 내게 입히시며 공의의 겉옷
을 내게 더하심이 신랑이 사모를 쓰
며 신부가 자기 보석으로 단장함 같
게 하셨음이라
11 땅이 싹을 내며 동산이 거기 뿌린 것
을 움돋게 함 같이 주 여호와께서
공의와 찬송을 모든 나라 앞에 솟아
나게 하시리라

62 나는 시온의 의가 빛 같이, 예루
살렘의 구원이 횃불 같이 나타
나도록 시온을 위하여 잠잠하지 아니
하며 예루살렘을 위하여 쉬지 아니할
것인즉
2 이방 나라들이 네 공의를, 뭇 왕이
다 네 영광을 볼 것이요 너는 여호와
의 입으로 정하실 새 이름으로 일컬
음이 될 것이며
3 너는 또 여호와의 손의 아름다운 관,
네 하나님의 손의 왕관이 될 것이라
4 다시는 너를 버림 받은 자라 부르지
아니하며 다시는 네 땅을 황무지라
부르지 아니하고 오직 너를 헵시바
라 하며 네 땅을 쁄라라 하리니 이는
여호와께서 너를 기뻐하실 것이며 네
땅이 결혼한 것처럼 될 것임이라
5 마치 청년이 처녀와 결혼함 같이 네
아들들이 너를 취하겠고 신랑이 신부
를 기뻐함 같이 네 하나님이 너를 기
뻐하시리라
6 예루살렘이여 내가 너의 성벽 위에
파수꾼을 세우고 그들로 하여금 주
야로 계속 잠잠하지 않게 하였느니
라 너희 여호와를 기억하시게 하는
자들아 너희는 쉬지 말며
7 또 여호와께서 예루살렘을 세워 세
상에서 찬송을 받게 하시기까지 그
로 쉬지 못하시게 하라
8 여호와께서 그 오른손, 그 능력의 팔
로 맹세하시되 내가 다시는 네 곡식
을 네 원수들에게 양식으로 주지 아
니하겠고 네가 수고하여 얻은 포도

주를 이방인이 마시지 못하게 할 것
인즉
9 오직 추수한 자가 그것을 먹고 나 여
호와를 찬송할 것이요 거둔 자가 그
것을 나의 성소 뜰에서 마시리라 하
셨느니라
10 성문으로 나아가라 나아가라 백성이
올 길을 닦으라 큰 길을 수축하고
수축하라 돌을 제하라 만민을 위하
여 기치를 들라
11 여호와께서 땅 끝까지 선포하시되 너
희는 딸 시온에게 이르라 보라 네 구
원이 이르렀느니라 보라 상급이 그에
게 있고 보응이 그 앞에 있느니라 하
셨느니라
12 사람들이 너를 일컬어 거룩한 백성이
라 여호와께서 구속하신 자라 하겠
고 또 너를 일컬어 찾은 바 된 자요
버림 받지 아니한 성읍이라 하리라

여호와의 승리

63 에돔에서 오는 이 누구며 붉은
옷을 입고 보스라에서 오는 이
누구냐 그의 화려한 의복 큰 능력으
로 걷는 이가 누구냐 그는 나이니 공
의를 말하는 이요 구원하는 능력을
가진 이니라
2 어찌하여 네 의복이 붉으며 네 옷이
포도즙틀을 밟는 자 같으냐
3 만민 가운데 나와 함께 한 자가 없이
내가 홀로 포도즙틀을 밟았는데 내
가 노함으로 말미암아 무리를 밟았
고 분함으로 말미암아 짓밟았으므로
그들의 선혈이 내 옷에 튀어 내 의복
을 다 더럽혔음이니
4 이는 내 원수 갚는 날이 내 마음에
있고 내가 구속할 해가 왔으나
5 내가 본즉 도와 주는 자도 없고 붙
들어 주는 자도 없으므로 이상하게
여겨 내 팔이 나를 구원하며 내 분이
나를 붙들었음이라
6 내가 노함으로 말미암아 만민을 밟
았으며 내가 분함으로 말미암아 그
들을 취하게 하고 그들의 선혈이 땅
에 쏟아지게 하였느니라

이스라엘에게 베푸신 은총

7 내가 여호와께서 우리에게 베푸신
모든 자비와 그의 찬송을 말하며 그
의 사랑을 따라, 그의 많은 자비를
따라 이스라엘 집에 베푸신 큰 은총
을 말하리라
8 그가 말씀하시되 그들은 실로 나의
백성이요 거짓을 행하지 아니하는 자
녀라 하시고 그들의 구원자가 되사
9 그들의 모든 환난에 동참하사 자기
앞의 사자로 하여금 그들을 구원하
시며 그의 사랑과 그의 자비로 그들

을 구원하시고 옛적 모든 날에 그들
을 드시며 안으셨으나
10 그들이 반역하여 주의 성령을 근심하
게 하였으므로 그가 돌이켜 그들의
대적이 되사 친히 그들을 치셨더니
11 백성이 옛적 모세의 때를 기억하여
이르되 백성과 양 떼의 목자를 바다
에서 올라오게 하신 이가 이제 어디
계시냐 그들 가운데에 성령을 두신
이가 이제 어디 계시냐
12 그의 영광의 팔이 모세의 오른손을
이끄시며 그의 이름을 영원하게 하려
하사 그들 앞에서 물을 갈라지게 하
시고
13 그들을 깊음으로 인도하시되 광야에
있는 말 같이 넘어지지 않게 하신 이
가 이제 어디 계시냐
14 여호와의 영이 그들을 골짜기로 내
려가는 가축 같이 편히 쉬게 하셨도
다 주께서 이와 같이 주의 백성을 인
도하사 이름을 영화롭게 하셨나이다
하였느니라

자비와 사랑을 구하는 기도

15 주여 하늘에서 굽어 살피시며 주의
거룩하고 영화로운 처소에서 보옵소
서 주의 열성과 주의 능하신 행동이
이제 어디 있나이까 주께서 베푸시던
간곡한 자비와 사랑이 내게 그쳤나
이다
16 주는 우리 아버지시라 아브라함은
우리를 모르고 이스라엘은 우리를
인정하지 아니할지라도 여호와여, 주
는 우리의 아버지시라 옛날부터 주의
이름을 우리의 구속자라 하셨거늘
17 여호와여 어찌하여 우리로 주의 길에
서 떠나게 하시며 우리의 마음을 완
고하게 하사 주를 경외하지 않게 하
시나이까 원하건대 주의 종들 곧 주
의 기업인 지파들을 위하사 돌아오시
옵소서
18 주의 거룩한 백성이 땅을 차지한 지
오래지 아니하여서 우리의 원수가 주
의 성소를 유린하였사오니
19 우리는 주의 다스림을 받지 못하는
자 같으며 주의 이름으로 일컬음을
받지 못하는 자 같이 되었나이다

64

원하건대 주는 하늘을 가르고
강림하시고 주 앞에서 산들이
진동하기를
2 불이 섶을 사르며 불이 물을 끓임 같
게 하사 주의 원수들이 주의 이름을
알게 하시며 이방 나라들로 주 앞에
서 떨게 하옵소서
3 주께서 강림하사 우리가 생각하지
못한 두려운 일을 행하시던 그 때에
산들이 주 앞에서 진동하였사오니

4 주 외에는 자기를 앙망하는 자를 위
하여 이런 일을 행한 신을 옛부터 들
은 자도 없고 귀로 들은 자도 없고
눈으로 본 자도 없었나이다
5 주께서 기쁘게 공의를 행하는 자와
주의 길에서 주를 기억하는 자를 선
대하시거늘 우리가 범죄하므로 주께
서 진노하셨사오며 이 현상이 이미 오
래 되었사오니 우리가 어찌 구원을
얻을 수 있으리이까
6 무릇 우리는 다 부정한 자 같아서 우
리의 의는 다 더러운 옷 같으며 우리
는 다 잎사귀 같이 시들므로 우리의
죄악이 바람 같이 우리를 몰아가나이
다
7 주의 이름을 부르는 자가 없으며 스
스로 분발하여 주를 붙잡는 자가 없
사오니 이는 주께서 우리에게 얼굴
을 숨기시며 우리의 죄악으로 말미암
아 우리가 소멸되게 하셨음이니이다
8 그러나 여호와여, 이제 주는 우리 아
버지시니이다 우리는 진흙이요 주는
토기장이시니 우리는 다 주의 손으로
지으신 것이니이다
9 여호와여, 너무 분노하지 마시오며
죄악을 영원히 기억하지 마시옵소서
구하오니 보시옵소서 보시옵소서 우
리는 다 주의 백성이니이다
10 주의 거룩한 성읍들이 광야가 되었으
며 시온이 광야가 되었으며 예루살렘
이 황폐하였나이다
11 우리 조상들이 주를 찬송하던 우리
의 거룩하고 아름다운 성전이 불에
탔으며 우리가 즐거워하던 곳이 다
황폐하였나이다
12 여호와여 일이 이러하거늘 주께서 아
직도 가만히 계시려 하시나이까 주께
서 아직도 잠잠하시고 우리에게 심한
괴로움을 받게 하시려나이까

하나님께서 패역한 백성을 벌하시다

65 나는 나를 구하지 아니하던 자
에게 물음을 받았으며 나를 찾
지 아니하던 자에게 찾아냄이 되었으
며 내 이름을 부르지 아니하던 나라
에 내가 여기 있노라 내가 여기 있노
라 하였노라
2 내가 종일 손을 펴서 자기 생각을 따
라 옳지 않은 길을 걸어가는 패역한
백성들을 불렀나니
3 곧 동산에서 제사하며 벽돌 위에서
분향하여 내 앞에서 항상 내 노를 일
으키는 백성이라
4 그들이 무덤 사이에 앉으며 은밀한
처소에서 밤을 지내며 돼지고기를 먹
으며 가증한 것들의 국을 그릇에 담
으면서

5 사람에게 이르기를 너는 네 자리에
서 있고 내게 가까이 하지 말라 나는
너보다 거룩함이라 하나니 이런 자들
은 내 코의 연기요 종일 타는 불이로
다
6 보라 이것이 내 앞에 기록되었으니
내가 잠잠하지 아니하고 반드시 보
응하되 그들의 품에 보응하리라
7 너희의 죄악과 너희 조상들의 죄악은
한 가지니 그들이 산 위에서 분향하
며 작은 산 위에서 나를 능욕하였음
이라 그러므로 내가 먼저 그들의 행
위를 헤아리고 그들의 품에 보응하
리라 여호와가 말하였느니라
8 여호와께서 이와 같이 말씀하시되 포
도송이에는 즙이 있으므로 사람들이
말하기를 그것을 상하지 말라 거기
복이 있느니라 하나니 나도 내 종들
을 위하여 그와 같이 행하여 다 멸하
지 아니하고
9 내가 야곱에게서 씨를 내며 유다에
게서 나의 산들을 기업으로 얻을 자
를 내리니 내가 택한 자가 이를 기업
으로 얻을 것이요 나의 종들이 거기
에 살 것이라
10 사론은 양 떼의 우리가 되겠고 아골
골짜기는 소 떼가 눕는 곳이 되어 나
를 찾은 내 백성의 소유가 되려니와
11 오직 나 여호와를 버리며 나의 성산
을 잊고 갓에게 상을 베풀며 므니에
게 섞은 술을 가득히 붓는 너희여
12 내가 너희를 칼에 붙일 것인즉 다 구
푸리고 죽임을 당하리니 이는 내가
불러도 너희가 대답하지 아니하며 내
가 말하여도 듣지 아니하고 나의 눈
에 악을 행하였으며 내가 즐겨하지
아니하는 일을 택하였음이니라
13 이러므로 주 여호와께서 이와 같이
말씀하시니라 보라 나의 종들은 먹
을 것이로되 너희는 주릴 것이니라
보라 나의 종들은 마실 것이로되 너
희는 갈할 것이니라 보라 나의 종들
은 기뻐할 것이로되 너희는 수치를
당할 것이니라
14 보라 나의 종들은 마음이 즐거우므
로 노래할 것이로되 너희는 마음이
슬프므로 울며 심령이 상하므로 통
곡할 것이며
15 또 너희가 남겨 놓은 이름은 내가 택
한 자의 저줏거리가 될 것이니라 주
여호와 내가 너를 죽이고 내 종들은
다른 이름으로 부르리라
16 이러므로 땅에서 자기를 위하여 복을
구하는 자는 진리의 하나님을 향하여
복을 구할 것이요 땅에서 맹세하는
자는 진리의 하나님으로 맹세하리니

이는 이전 환난이 잊어졌고 내 눈 앞
에 숨겨졌음이라

새 하늘과 새 땅 창조

17 보라 내가 새 하늘과 새 땅을 창조
하나니 이전 것은 기억되거나 마음에
생각나지 아니할 것이라
18 너희는 내가 창조하는 것으로 말미
암아 영원히 기뻐하며 즐거워할지니
라 보라 내가 예루살렘을 즐거운 성
으로 창조하며 그 백성을 기쁨으로
삼고
19 내가 예루살렘을 즐거워하며 나의
백성을 기뻐하리니 우는 소리와 부
르짖는 소리가 그 가운데에서 다시
는 들리지 아니할 것이며
20 거기는 날 수가 많지 못하여 죽는 어
린이와 수한이 차지 못한 노인이 다
시는 없을 것이라 곧 백 세에 죽는
자를 젊은이라 하겠고 백 세가 못되
어 죽는 자는 저주 받은 자이리라
21 그들이 가옥을 건축하고 그 안에 살
겠고 포도나무를 심고 열매를 먹을
것이며
22 그들이 건축한 데에 타인이 살지 아
니할 것이며 그들이 심은 것을 타인
이 먹지 아니하리니 이는 내 백성의
수한이 나무의 수한과 같겠고 내가
택한 자가 그 손으로 일한 것을 길이
누릴 것이며
23 그들의 수고가 헛되지 않겠고 그들
이 생산한 것이 재난을 당하지 아니
하리니 그들은 여호와의 복된 자의
자손이요 그들의 후손도 그들과 같
을 것임이라
24 그들이 부르기 전에 내가 응답하겠
고 그들이 말을 마치기 전에 내가 들
을 것이며
25 이리와 어린 양이 함께 먹을 것이며
사자가 소처럼 짚을 먹을 것이며 뱀
은 흙을 양식으로 삼을 것이니 나의
성산에서는 해함도 없겠고 상함도
없으리라 여호와께서 말씀하시니라

여호와께서 민족들을 심판하시다

66 여호와께서 이와 같이 말씀하시
되 하늘은 나의 보좌요 땅은 나
의 발판이니 너희가 나를 위하여 무
슨 집을 지으랴 내가 안식할 처소가
어디랴
2 나 여호와가 말하노라 내 손이 이 모
든 것을 지었으므로 그들이 생겼느

365묵상

하나님이 돌보는 사람

어찌해야 하나님의 돌보심을 받을 수 있을까? 이사야는 명료하게 그 비결을 알려준다(사 66:2). 첫째, 가난하고 통회하는 마음을 가져라. 즉 '겸손하라'는 말이다. 둘째, 하나님의 말로 인하여 떨어라. 즉, 하나님의 말씀을 존중하라는 뜻이다. 어리석게도 사람들은 하나님의 돌보심을 받기 위해 이것들보다 더욱 복잡한 온갖 규칙들을 만들어낸다. 신약시대의 바리새인들과 서기관들은 이 분야의 전문가들이다. 그러나 하나님의 규칙은 아주 간단하다. 하나님은 겸손한 마음으로 하나님의 말씀대로 살아가는 자들을 돌보신다.

니라 무릇 마음이 가난하고 심령에
통회하며 내 말을 듣고 떠는 자 그
사람은 내가 돌보려니와
3 소를 잡아 드리는 것은 살인함과 다
름이 없이 하고 어린 양으로 제사드
리는 것은 개의 목을 꺾음과 다름이
없이 하며 드리는 예물은 돼지의 피
와 다름이 없이 하고 분향하는 것은
우상을 찬송함과 다름이 없이 행하
는 그들은 자기의 길을 택하며 그들
의 마음은 가증한 것을 기뻐한즉
4 나 또한 유혹을 그들에게 택하여 주
며 그들이 무서워하는 것을 그들에
게 임하게 하리니 이는 내가 불러도
대답하는 자가 없으며 내가 말하여
도 그들이 듣지 않고 오직 나의 목전
에서 악을 행하며 내가 기뻐하지 아
니하는 것을 택하였음이라 하시니라
5 여호와의 말씀으로 말미암아 떠는
자들아 그의 말씀을 들을지어다 이
르시되 너희 형제가 너희를 미워하며
내 이름으로 말미암아 너희를 쫓아
내며 이르기를 여호와께서는 영광을
나타내사 너희 기쁨을 우리에게 보이
시기를 원하노라 하였으나 그들은
수치를 당하리라 하셨느니라
6 떠드는 소리가 성읍에서부터 들려 오
며 목소리가 성전에서부터 들리니 이
는 여호와께서 그의 원수에게 보응
하시는 목소리로다
7 시온은 진통을 하기 전에 해산하며
고통을 당하기 전에 남아를 낳았으니
8 이러한 일을 들은 자가 누구이며 이
러한 일을 본 자가 누구이냐 나라가
어찌 하루에 생기겠으며 민족이 어찌
한 순간에 태어나겠느냐 그러나 시
온은 진통하는 즉시 그 아들을 순산
하였도다
9 여호와께서 이르시되 내가 아이를 갖
도록 하였은즉 해산하게 하지 아니
하겠느냐 네 하나님이 이르시되 나는
해산하게 하는 이인즉 어찌 태를 닫
겠느냐 하시니라
10 예루살렘을 사랑하는 자들이여 다 그
성읍과 함께 기뻐하라 다 그 성읍과
함께 즐거워하라 그 성을 위하여 슬
퍼하는 자들이여 다 그 성의 기쁨으
로 말미암아 그 성과 함께 기뻐하라
11 너희가 젖을 빠는 것 같이 그 위로하
는 품에서 만족하겠고 젖을 넉넉히
빤 것 같이 그 영광의 풍성함으로 말
미암아 즐거워하리라
12 여호와께서 이와 같이 말씀하시되 보
라 내가 그에게 평강을 강 같이, 그
에게 뭇 나라의 영광을 넘치는 시내
같이 주리니 너희가 그 성읍의 젖을

빨 것이며 너희가 옆에 안기며 그 무
릎에서 놀 것이라
13 어머니가 자식을 위로함 같이 내가
너희를 위로할 것인즉 너희가 예루살
렘에서 위로를 받으리니
14 너희가 이를 보고 마음이 기뻐서 너
희 뼈가 연한 풀의 무성함 같으리라
여호와의 손은 그의 종들에게 나타
나겠고 그의 진노는 그의 원수에게
더하리라
15 보라 여호와께서 불에 둘러싸여 강
림하시리니 그의 수레들은 회오리바
람 같으리로다 그가 혁혁한 위세로
노여움을 나타내시며 맹렬한 화염으
로 책망하실 것이라
16 여호와께서 불과 칼로 모든 혈육에
게 심판을 베푸신즉 여호와께 죽임
당할 자가 많으리니
17 스스로 거룩하게 구별하며 스스로
정결하게 하고 동산에 들어가서 그
가운데에 있는 자를 따라 돼지 고기
와 가증한 물건과 쥐를 먹는 자가 다
함께 망하리라 여호와의 말씀이니라
18 내가 그들의 행위와 사상을 아노라
때가 이르면 뭇 나라와 언어가 다른
민족들을 모으리니 그들이 와서 나의
영광을 볼 것이며
19 내가 그들 가운데에서 징조를 세워
서 그들 가운데에서 도피한 자를 여
러 나라 곧 다시스와 뿔과 활을 당기
는 룻과 및 두발과 야완과 또 나의
명성을 듣지도 못하고 나의 영광을
보지도 못한 먼 섬들로 보내리니 그
들이 나의 영광을 뭇 나라에 전파하
리라
20 나 여호와가 말하노라 이스라엘 자
손이 예물을 깨끗한 그릇에 담아 여
호와의 집에 드림 같이 그들이 너희
모든 형제를 뭇 나라에서 나의 성산
예루살렘으로 말과 수레와 교자와
노새와 낙타에 태워다가 여호와께
예물로 드릴 것이요
21 나는 그 가운데에서 택하여 제사장
과 레위인을 삼으리라 여호와의 말이
니라
22 내가 지을 새 하늘과 새 땅이 내 앞
에 항상 있는 것 같이 너희 자손과 너
희 이름이 항상 있으리라 여호와의
말이니라
23 여호와가 말하노라 매월 초하루와
매 안식일에 모든 혈육이 내 앞에 나
아와 예배하리라
24 그들이 나가서 내게 패역한 자들의
시체들을 볼 것이라 그 벌레가 죽지
아니하며 그 불이 꺼지지 아니하여
모든 혈육에게 가증함이 되리라

예레미야 Jeremiah

남 왕국 유다의 마지막 다섯 왕의 시기에 대략 50여 년 동안 활동한 예레미야 선지자는 유다 백성들에게 그들이 계속해서 하나님을 거역하고 그분의 말씀에 불순종하면 하나님의 심판을 받아 멀리 이방의 바벨론 땅으로 포로가 되어 끌려갈 것이라고 눈물을 흘리며 경고했다. 아울러 그는 장차 이루어질 '새 언약'의 비전을 제시했다.

제목 '여호와께서 높이신다'라는 뜻으로, 저자의 이름을 반영하고 있다.

저자 예레미야. 본서의 내증(1:1; 7:1; 36:1–3)과 대하 36:21의 증거 등이 이를 뒷받침해 준다.

기록 연대 B.C. 627–586년경. 본서의 기록 연대는 저자의 활동 연대와 동일한 것으로 추정되어, 1:2–3에 근거하여 B.C. 627–586년까지로 여겨진다.

기록 목적 ① 다가올 심판을 선포하여 유다로 회개케 하기 위하여. ② '새 언약'을 선포하여 유다를 하나님의 새로운 백성이 되게 하기 위하여.

주제 하나님의 심판과 구원. 죄악을 징벌하시는 하나님의 심판이 이루어지는 모습을 보이고, 동시에 새로운 구원을 약속하여 회개함으로써 새로운 언약의 백성이 될 것을 가르치고 있다.

특징 ① 새 언약의 선포–이스라엘 국가 공동체의 멸망과 함께 언약을 온전히 이행하는 새로운 공동체가 이루어질 것을 선포했다. ② 메시지 전달 방법의 특이성–시각적 방법(18:1–12;19:10–13), 저자의 신상을 이용한 상징(16:1–9) 등 다각적인 방법으로 메시지를 전달했다.

본서의 내용

I. 유다에 대한 예언 (1:1–25:38)

II. 예레미야의 생애
① 예레미야의 투쟁 (26:1–29:32)
② 예레미야의 회복 약속 (30:1–33:26)
③ 예루살렘의 함락 (34:1–45:5)

III. 열방에 대한 예언 (46:1–51:64)

IV. 예루살렘의 함락
① 예루살렘의 함락(52:1–11)
② 성전의 파괴(52:12–23)
③ 바벨론 포수(捕囚) (52:24–30)
④ 여호야긴 왕의 석방 (52:31–34)

연대표

B.C.	
640년	요시야 왕 즉위
	선지자 스바냐의 사역(~621년)
627년	예레미야의 사역(~586년)
622년	종교개혁과 성전 중수
612년	앗수르의 수도 니느웨의 함락
	선지자 하박국의 사역(~589년)
609년	므깃도 전투와 요시야 왕 전사
608년	두루마리 소화 사건
605년	갈그미스 전투
	바벨론의 1차 침공(1차 포로)
	다니엘의 사역(605–530년)
602년	여호야김의 반 바벨론 정책
597년	바벨론의 2차 침공(2차 포로)
	시드기야의 반바벨론 동맹
593년	에스겔의 사역(593–570년)
588년	바벨론의 3차 침공
586년	예루살렘 함락(3차 포로)
580년	예레미야 죽음

· 예레미야의 주요 무대

예레미야 Jeremiah

1 베냐민 땅 아나돗의 제사장들 중
힐기야의 아들 예레미야의 말이라
2 아몬의 아들 유다 왕 요시야가 다스
린 지 십삼 년에 여호와의 말씀이 예
레미야에게 임하였고
3 요시야의 아들 유다의 왕 여호야김
시대부터 요시야의 아들 유다의 왕
시드기야의 십일년 말까지 곧 오월에
예루살렘이 사로잡혀 가기까지 임하
니라

여호와의 말씀이 예레미야에게 임하다

4 여호와의 말씀이 내게 임하니라 이르
시되
5 내가 너를 모태에 짓기 전에 너를 알
았고 네가 배에서 나오기 전에 너를
성별하였고 너를 여러 나라의 선지자
로 세웠노라 하시기로
6 내가 이르되 슬프도소이다 주 여호
와여 보소서 나는 아이라 말할 줄을
알지 못하나이다 하니
7 여호와께서 내게 이르시되 너는 아이
라 말하지 말고 내가 너를 누구에게
보내든지 너는 가며 내가 네게 무엇
을 명령하든지 너는 말할지니라
8 너는 그들 때문에 두려워하지 말라
내가 너와 함께 하여 너를 구원하리
라 나 여호와의 말이니라 하시고
9 여호와께서 그의 손을 내밀어 내 입
에 대시며 여호와께서 내게 이르시되
보라 내가 내 말을 네 입에 두었노
라
10 보라 내가 오늘 너를 여러 나라와 여
러 왕국 위에 세워 네가 그것들을 뽑
고 파괴하며 파멸하고 넘어뜨리며 건
설하고 심게 하였느니라 하시니라

살구나무 가지와 끓는 가마 환상

11 여호와의 말씀이 또 내게 임하니라
이르시되 예레미야야 네가 무엇을
보느냐 하시매 내가 대답하되 내가
살구나무 가지를 보나이다
12 여호와께서 내게 이르시되 네가 잘
보았도다 이는 내가 내 말을 지켜 그
대로 이루려 함이라 하시니라
13 여호와의 말씀이 다시 내게 임하니라
이르시되 네가 무엇을 보느냐 대답
하되 끓는 가마를 보나이다 그 윗면
이 북에서부터 기울어졌나이다 하니
14 여호와께서 내게 이르시되 재앙이 북
방에서 일어나 이 땅의 모든 주민들
에게 부어지리라
15 내가 북방 왕국들의 모든 족속들을
부를 것인즉 그들이 와서 예루살렘

성문 어귀에 각기 자리를 정하고 그
사방 모든 성벽과 유다 모든 성읍들
을 치리라 여호와의 말이니라
16 우리가 나를 버리고 다른 신들에게
분향하며 자기 손으로 만든 것들에
절하였은즉 내가 나의 심판을 그들
에게 선고하여 그들의 모든 죄악을
징계하리라
17 그러므로 너는 네 허리를 동이고 일
어나 내가 네게 명령한 바를 다 그들
에게 말하라 그들 때문에 두려워하
지 말라 네가 그들 앞에서 두려움을
당하지 않게 하리라
18 보라 내가 오늘 너를 그 온 땅과 유
다 왕들과 그 지도자들과 그 제사장
들과 그 땅 백성 앞에 견고한 성읍,
쇠기둥, 놋성벽이 되게 하였은즉
19 그들이 너를 치나 너를 이기지 못하
리니 이는 내가 너와 함께 하여 너를
구원할 것임이니라 여호와의 말이니
라

여호와께서 기억하시다

2 여호와의 말씀이 내게 임하니라
이르시되
2 가서 예루살렘의 귀에 외칠지니라 여
호와께서 이와 같이 말씀하시기를
내가 너를 위하여 네 청년 때의 인애
와 네 신혼 때의 사랑을 기억하노니
곧 씨 뿌리지 못하는 땅, 그 광야에
서 나를 따랐음이니라
3 이스라엘은 여호와를 위한 성물 곧
그의 소산 중 첫 열매이니 그를 삼키
는 자면 모두 벌을 받아 재앙이 그
들에게 닥치리라 여호와의 말씀이니
라

조상들이 여호와를 멀리하였다

4 야곱의 집과 이스라엘의 집 모든 족
속들아 여호와의 말씀을 들으라
5 나 여호와가 이와 같이 말하노라 너
희 조상들이 내게서 무슨 불의함을
보았기에 나를 멀리 하고 가서 헛된
것을 따라 헛되이 행하였느냐
6 그들이 우리를 애굽 땅에서 인도하
여 내시고 광야 곧 사막과 구덩이
땅, 건조하고 사망의 그늘진 땅, 사
람이 그 곳으로 다니지 아니하고 그
곳에 사람이 거주하지 아니하는 땅
을 우리가 통과하게 하시던 여호와
께서 어디 계시냐 하고 말하지 아니
하였도다
7 내가 너희를 기름진 땅에 인도하여
그것의 열매와 그것의 아름다운 것을
먹게 하였거늘 너희가 이리로 들어와
서는 내 땅을 더럽히고 내 기업을 역
겨운 것으로 만들었으며
8 제사장들은 여호와께서 어디 계시냐

말하지 아니하였으며 율법을 다루는
자들은 나를 알지 못하며 관리들도
나에게 반역하며 선지자들은 바알의
이름으로 예언하고 무익한 것들을
따랐느니라

백성이 행한 악

9 그러므로 내가 다시 싸우고 너희 자
손들과도 싸우리라 여호와의 말씀이
니라
10 너희는 깃딤 섬들에 건너가 보며 게
달에도 사람을 보내 이같은 일이 있
었는지를 자세히 살펴보라
11 어느 나라가 그들의 신들을 신 아닌
것과 바꾼 일이 있느냐 그러나 나의
백성은 그의 영광을 무익한 것과 바
꾸었도다
12 너 하늘아 이 일로 말미암아 놀랄지
어다 심히 떨지어다 두려워할지어다
여호와의 말씀이니라
13 내 백성이 두 가지 악을 행하였나니
곧 그들이 생수의 근원되는 나를 버
린 것과 스스로 웅덩이를 판 것인데
그것은 그 물을 가두지 못할 터진 웅
덩이들이니라

이스라엘의 악과 반역

14 이스라엘이 종이냐 씨종이냐 어찌하
여 포로가 되었느냐
15 어린 사자들이 그를 향하여 부르짖
으며 소리를 질러 그의 땅을 황폐하
게 하였으며 그의 성읍들은 불타서
주민이 없게 되었으며
16 놉과 다바네스의 자손도 네 정수리
를 상하였으니
17 네 하나님 여호와가 너를 길로 인도
할 때에 네가 그를 떠남으로 이를
자취함이 아니냐
18 네가 시홀의 물을 마시려고 애굽으
로 가는 길에 있음은 어찌 됨이며 또
네가 그 강물을 마시려고 앗수르로
가는 길에 있음은 어찌 됨이냐
19 네 악이 너를 징계하겠고 네 반역이
너를 책망할 것이라 그런즉 네 하나
님 여호와를 버림과 네 속에 나를 경
외함이 없는 것이 악이요 고통인 줄
알라 주 만군의 여호와의 말씀이니
라

이방 신을 따라 가는 이스라엘

20 네가 옛적부터 네 멍에를 꺾고 네 결
박을 끊으며 말하기를 나는 순종하
지 아니하리라 하고 모든 높은 산 위

365묵상

하나님과의 첫 사랑

하나님과 이스라엘의 관계는 자주 신랑과 신부 사이로 묘사된다. 이런 관점에서 처음 결혼언약을 맺은 신혼단계에서는 이스라엘이 하나님을 기쁘시게 해드렸다. 하지만 세월이 흐르자, 이스라엘은 주변 국가들의 우상을 받아들임으로써 하나님을 거역했다. 그래서 하나님은 선지자들을 통해 뜨겁고 순수했던 자신과의 첫 사랑 상태로 돌아올 것을 촉구하셨다(렘 2:2). 옛적 이스라엘이 그러했듯, 세상길을 좇으려는 유혹은 오늘날 우리에게도 있다. 하지만 모든 유혹을 떨치고 우리는 하나님과의 첫 사랑 상태를 유지해야 한다.

에서와 모든 푸른 나무 아래에서 너
는 몸을 굽혀 행음하도다
21 내가 너를 순전한 참 종자 곧 귀한
포도나무로 심었거늘 내게 대하여
이방 포도나무의 악한 가지가 됨은
어찌 됨이냐
22 주 여호와의 말씀이니라 네가 잿물
로 스스로 씻으며 네가 많은 비누를
쓸지라도 네 죄악이 내 앞에 그대로
있으리니
23 네가 어찌 말하기를 나는 더럽혀지지
아니하였다 바알들의 뒤를 따르지
아니하였다 하겠느냐 골짜기 속에
있는 네 길을 보라 네 행한 바를 알
것이니라 발이 빠른 암낙타가 그의
길을 어지러이 달리는 것과 같았으며
24 너는 광야에 익숙한 들암나귀들이
그들의 성욕이 일어나므로 헐떡거림
같았도다 그 발정기에 누가 그것을
막으리요 그것을 찾는 것들이 수고
하지 아니하고 그 발정기에 만나리라
25 내가 또 말하기를 네 발을 제어하여
벗은 발이 되게 하지 말며 목을 갈하
게 하지 말라 하였으나 오직 너는 말
하기를 아니라 이는 헛된 말이라 내
가 이방 신들을 사랑하였은즉 그를
따라 가겠노라 하도다

유다를 심판하리라

26 도둑이 붙들리면 수치를 당함 같이
이스라엘 집 곧 그들의 왕들과 지도
자들과 제사장들과 선지자들이 수치
를 당하였느니라
27 그들이 나무를 향하여 너는 나의 아
버지라 하며 돌을 향하여 너는 나를
낳았다 하고 그들의 등을 내게로 돌
리고 그들의 얼굴은 내게로 향하지
아니하다가 그들이 환난을 당할 때
에는 이르기를 일어나 우리를 구원하
소서 하리라
28 너를 위하여 네가 만든 네 신들이 어
디 있느냐 그들이 네가 환난을 당할
때에 구원할 수 있으면 일어날 것이
니라 유다여 너의 신들이 너의 성읍
수와 같도다
29 너희가 나에게 대항함은 어찌 됨이냐
너희가 다 내게 잘못하였느니라 여호
와의 말씀이니라
30 내가 너희 자녀들을 때린 것이 무익
함은 그들이 징계를 받아들이지 아
니함이라 너희 칼이 사나운 사자 같
이 너희 선지자들을 삼켰느니라
31 너희 이 세대여 여호와의 말을 들어
보라 내가 이스라엘에게 광야가 되
었었느냐 캄캄한 땅이 되었었느냐 무
슨 이유로 내 백성이 말하기를 우리
는 놓였으니 다시 주께로 가지 아니

하겠다 하느냐
32 처녀가 어찌 그의 패물을 잊겠느냐
신부가 어찌 그의 예복을 잊겠느냐
오직 내 백성은 나를 잊었나니 그 날
수는 셀 수 없거늘
33 네가 어찌 사랑을 얻으려고 네 행위
를 아름답게 꾸미느냐 그러므로 네
행위를 악한 여자들에게까지 가르쳤
으며
34 또 네 옷단에는 죄 없는 가난한 자
를 죽인 피가 묻었나니 그들이 담 구
멍을 뚫었기 때문이 아니라 오직 이
모든 일 때문이니라
35 그러나 너는 말하기를 나는 무죄하니
그의 진노가 참으로 내게서 떠났다
하거니와 보라 네 말이 나는 죄를 범
하지 아니하였다 하였으므로 내가 너
를 심판하리라
36 네가 어찌하여 네 길을 바꾸어 부지
런히 돌아다니느냐 네가 앗수르로
말미암아 수치를 당함 같이 또한 애
굽으로 말미암아 수치를 당할 것이
라
37 네가 두 손으로 네 머리를 싸고 거기
서도 나가리니 이는 네가 의지하는
자들을 나 여호와가 버렸으므로 네
가 그들로 말미암아 형통하지 못할
것임이라

유다의 음란과 행악

3 그들이 말하기를 가령 사람이 그
의 아내를 버리므로 그가 그에게
서 떠나 타인의 아내가 된다 하자 남
편이 그를 다시 받겠느냐 그리하면
그 땅이 크게 더러워지지 아니하겠느
냐 하느니라 네가 많은 무리와 행음
하고서도 내게로 돌아오려느냐 여호
와의 말씀이니라
2 네 눈을 들어 헐벗은 산을 보라 네가
행음하지 아니한 곳이 어디 있느냐
네가 길 가에 앉아 사람들을 기다린
것이 광야에 있는 아라바 사람 같아
서 음란과 행악으로 이 땅을 더럽혔
도다
3 그러므로 단비가 그쳤고 늦은 비가
없어졌느니라 그럴지라도 네가 창녀
의 낯을 가졌으므로 수치를 알지 못
하느니라
4 네가 이제부터는 내게 부르짖기를
나의 아버지여 아버지는 나의 청년 시
절의 보호자이시오니
5 노여움을 한없이 계속하시겠으며 끝
까지 품으시겠나이까 하지 아니하겠
느냐 보라 네가 이같이 말하여도 악
을 행하여 네 욕심을 이루었느니라
하시니라

배역한 이스라엘과 반역한 유다

6 요시야 왕 때에 여호와께서 또 내게
이르시되 너는 배역한 이스라엘이 행
한 바를 보았느냐 그가 모든 높은
산에 오르며 모든 푸른 나무 아래로
가서 거기서 행음하였도다
7 그가 이 모든 일들을 행한 후에 내
가 말하기를 그가 내게로 돌아오리
라 하였으나 아직도 내게로 돌아오
지 아니하였고 그의 반역한 자매 유
다는 그것을 보았느니라
8 내게 배역한 이스라엘이 간음을 행
하였으므로 내가 그를 내쫓고 그에
게 이혼서까지 주었으되 그의 반역한
자매 유다가 두려워하지 아니하고
자기도 가서 행음함을 내가 보았노
라
9 그가 돌과 나무와 더불어 행음함을
가볍게 여기고 행음하여 이 땅을 더
럽혔거늘
10 이 모든 일이 있어도 그의 반역한 자
매 유다가 진심으로 내게 돌아오지
아니하고 거짓으로 할 뿐이니라 여호
와의 말씀이니라
11 여호와께서 내게 이르시되 배역한 이
스라엘은 반역한 유다보다 자신이
더 의로움이 나타났나니
12 너는 가서 북을 향하여 이 말을 선포
하여 이르라 여호와께서 이르시되 배
역한 이스라엘아 돌아오라 나의 노
한 얼굴을 너희에게로 향하지 아니하
리라 나는 긍휼이 있는 자라 노를 한
없이 품지 아니하느니라 여호와의 말
씀이니라
13 너는 오직 네 죄를 자복하라 이는 네
하나님 여호와를 배반하고 네 길로
달려 이방인들에게로 나아가 모든
푸른 나무 아래로 가서 내 목소리를
듣지 아니하였음이라 여호와의 말씀
이니라
14 여호와의 말씀이니라 배역한 자식들
아 돌아오라 나는 너희 남편임이라
내가 너희를 성읍에서 하나와 족속
중에서 둘을 택하여 너희를 시온으
로 데려오겠고
15 내가 또 내 마음에 합한 목자들을
너희에게 주리니 그들이 지식과 명철
로 너희를 양육하리라
16 여호와의 말씀이니라 너희가 이 땅에
서 번성하여 많아질 때에는 사람들이
여호와의 언약궤를 다시는 말하지
아니할 것이요 생각하지 아니할 것이
요 기억하지 아니할 것이요 찾지 아
니할 것이요 다시는 만들지 아니할
것이며
17 그 때에 예루살렘이 그들에게 여호
와의 보좌라 일컬음이 되며 모든 백

성이 그리로 모이리니 곧 여호와의
이름으로 말미암아 예루살렘에 모이
고 다시는 그들의 악한 마음의 완악
한 대로 그들이 행하지 아니할 것이
며
18 그 때에 유다 족속이 이스라엘 족속
과 동행하여 북에서부터 나와서 내
가 너희 조상들에게 기업으로 준 땅
에 그들이 함께 이르리라

이스라엘의 배역

19 내가 말하기를 내가 어떻게 하든지
너를 자녀들 중에 두며 허다한 나라
들 중에 아름다운 기업인 이 귀한 땅
을 네게 주리라 하였고 내가 다시 말
하기를 너희가 나를 나의 아버지라
하고 나를 떠나지 말 것이니라 하였
노라
20 그런데 이스라엘 족속아 마치 아내
가 그의 남편을 속이고 떠나감 같이
너희가 확실히 나를 속였느니라 여호
와의 말씀이니라
21 소리가 헐벗은 산 위에서 들리니 곧
이스라엘 자손이 애곡하며 간구하는
것이라 그들이 그들의 길을 굽게 하
며 자기 하나님 여호와를 잊어버렸음
이로다
22 배역한 자식들아 돌아오라 내가 너
희의 배역함을 고치리라 하시니라

진실한 회개

보소서 우리가 주께 왔사오니 주는 우
리 하나님 여호와이심이니이다
23 작은 산들과 큰 산 위에서 떠드는 것
은 참으로 헛된 일이라 이스라엘의
구원은 진실로 우리 하나님 여호와께
있나이다
24 부끄러운 그것이 우리가 청년의 때로
부터 우리 조상들의 산업인 양 떼와
소 떼와 아들들과 딸들을 삼켰사온
즉
25 우리는 수치 중에 눕겠고 우리의 치
욕이 우리를 덮을 것이니 이는 우리
와 우리 조상들이 청년의 때로부터
오늘까지 우리 하나님 여호와께 범죄
하여 우리 하나님 여호와의 목소리에
순종하지 아니하였음이니이다

돌아오라고 하시다

4 여호와께서 이르시되 이스라엘아
네가 돌아오려거든 내게로 돌아
오라 네가 만일 나의 목전에서 가증
한 것을 버리고 네가 흔들리지 아니
하며
2 진실과 정의와 공의로 여호와의 삶을
두고 맹세하면 나라들이 나로 말미
암아 스스로 복을 빌며 나로 말미암
아 자랑하리라
3 여호와께서 유다와 예루살렘 사람에

게 이와 같이 이르노라 너희 묵은 땅
을 갈고 가시덤불에 파종하지 말라
4 유다인과 예루살렘 주민들아 너희는
스스로 할례를 행하여 너희 마음 가
죽을 베고 나 여호와께 속하라 그리
하지 아니하면 너희 악행으로 말미암
아 나의 분노가 불 같이 일어나 사르
리니 그것을 끌 자가 없으리라

나라들을 멸하는 자가 나아오다

5 너희는 유다에 선포하며 예루살렘에
공포하여 이르기를 이 땅에서 나팔
을 불라 하며 또 크게 외쳐 이르기를
너희는 모이라 우리가 견고한 성으로
들어가자 하고
6 시온을 향하여 깃발을 세우라, 도피
하라, 지체하지 말라, 내가 북방에서
재난과 큰 멸망을 가져오리라
7 사자가 그 수풀에서 올라왔으며 나
라들을 멸하는 자가 나아 왔으되 네
땅을 황폐하게 하려고 이미 그의 처
소를 떠났은즉 네 성읍들이 황폐하
여 주민이 없게 되리니
8 이로 말미암아 너희는 굵은 베를 두
르고 애곡하라 이는 여호와의 맹렬
한 노가 아직 너희에게서 돌이키지
아니하였음이라
9 여호와의 말씀이니라 그 날에 왕과
지도자들은 낙심할 것이며 제사장들
은 놀랄 것이며 선지자들은 깜짝 놀
라리라
10 내가 이르되 슬프도소이다 주 여호
와여 주께서 진실로 이 백성과 예루
살렘을 크게 속이셨나이다 이르시기
를 너희에게 평강이 있으리라 하시더
니 칼이 생명에 이르렀나이다

백성에게 심판을 행하리라

11 그 때에 이 백성과 예루살렘에 전할
자가 있어서 뜨거운 바람이 광야에
있는 헐벗은 산에서 내 딸 백성에게
불어온다 하리라 이는 키질하기 위함
도 아니요 정결하게 하려 함도 아니
며
12 이보다 더 강한 바람이 나를 위하여
오리니 이제 내가 그들에게 심판을
행할 것이라
13 보라 그가 구름 같이 올라오나니 그
의 병거는 회오리바람 같고 그의 말
들은 독수리보다 빠르도다 우리에
게 화 있도다 우리는 멸망하도다 하
리라
14 예루살렘아 네 마음의 악을 씻어 버
리라 그리하면 구원을 얻으리라 네
악한 생각이 네 속에 얼마나 오래 머
물겠느냐
15 단에서 소리를 선포하며 에브라임 산
에서 재앙을 공포하는도다

16 너희는 여러 나라에 전하며 또 예루
살렘에 알리기를 에워싸고 치는 자
들이 먼 땅에서부터 와서 유다 성읍
들을 향하여 소리를 지른다 하라
17 그들이 밭을 지키는 자 같이 예루살
렘을 에워싸나니 이는 그가 나를 거
역했기 때문이니라 여호와의 말씀이
니라
18 네 길과 행위가 이 일들을 부르게 하
였나니 이는 네가 악함이라 그 고통
이 네 마음에까지 미치느니라

선지자의 탄식

19 슬프고 아프다 내 마음속이 아프고
내 마음이 답답하여 잠잠할 수 없으
니 이는 나의 심령이 나팔 소리와 전
쟁의 경보를 들음이로다
20 패망에 패망이 연속하여 온 땅이 탈
취를 당하니 나의 장막과 휘장은 갑
자기 파멸되도다
21 내가 저 깃발을 보며 나팔 소리 듣기
를 어느 때까지 할꼬
22 내 백성은 나를 알지 못하는 어리석
은 자요 지각이 없는 미련한 자식이
라 악을 행하기에는 지각이 있으나
선을 행하기에는 무지하도다

혼돈의 환상

23 보라 내가 땅을 본즉 혼돈하고 공허
하며 하늘에는 빛이 없으며
24 내가 산들을 본즉 다 진동하며 작은
산들도 요동하며
25 내가 본즉 사람이 없으며 공중의 새
가 다 날아갔으며
26 보라 내가 본즉 좋은 땅이 황무지가
되었으며 그 모든 성읍이 여호와의 앞
그의 맹렬한 진노 앞에 무너졌으니
27 여호와께서 이와 같이 말씀하시길 이
온 땅이 황폐할 것이나 내가 진멸하
지는 아니할 것이며
28 이로 말미암아 땅이 슬퍼할 것이며
위의 하늘이 어두울 것이라 내가 이
미 말하였으며 작정하였고 후회하지
아니하였은즉 또한 거기서 돌이키지
아니하리라 하셨음이로다
29 기병과 활 쏘는 자의 함성으로 말미
암아 모든 성읍 사람들이 도망하여
수풀에 들어가고 바위에 기어오르며
각 성읍이 버림을 당하여 거기 사는
사람이 없나니
30 멸망을 당한 자여 네가 어떻게 하려
느냐 네가 붉은 옷을 입고 금장식으

365묵상

남편 된 하나님께로 속히 돌아가라

예레미야는 하나님을 이스라엘의 남편으로 소개했다. 구약시대에 아내에 대한 남편의 중요한 의무 중 하나는 '보호해주는 것'이었다. 하지만 당시 유다 백성은 어리석게도 아무 힘도 없는 이방 우상들에게 자신들의 안전과 보호를 부탁했다. 그래서 예레미야는 참된 남편은 하나님뿐이라고 일깨워주었다. 시내 산에서 결혼언약을 맺은 이후로 이스라엘은 아내의 맹세를 깨뜨렸지만, 하나님은 남편의 의무를 신실히 준수하셨다. 이 점을 일깨우면서 예레미야는 남편 된 하나님께로 속히 돌아올 것을 촉구했다(렘 3:14).

로 단장하고 눈을 그려 꾸밀지라도
네가 화장한 것이 헛된 일이라 연인
들이 너를 멸시하여 네 생명을 찾느
니라
31 내가 소리를 들은즉 여인의 해산하
는 소리 같고 초산하는 자의 고통하
는 소리 같으니 이는 시온의 딸의 소
리라 그가 헐떡이며 그의 손을 펴고
이르기를 내게 화가 있도다 죽이는
자로 말미암아 나의 심령이 피곤하도
다 하는도다

예루살렘의 허물과 반역

5 너희는 예루살렘 거리로 빨리 다
니며 그 넓은 거리에서 찾아보고
알라 너희가 만일 정의를 행하며 진리
를 구하는 자를 한 사람이라도 찾으
면 내가 이 성읍을 용서하리라
2 그들이 여호와께서 살아 계심을 두
고 맹세할지라도 실상은 거짓 맹세니
라
3 여호와여 주의 눈이 진리를 찾지 아
니하시나이까 주께서 그들을 치셨을
지라도 그들이 아픈 줄을 알지 못하
며 그들을 멸하셨을지라도 그들이 징
계를 받지 아니하고 그들의 얼굴을
바위보다 굳게 하여 돌아오기를 싫
어하므로
4 내가 말하기를 이 무리는 비천하고
어리석은 것뿐이라 여호와의 길, 자기
하나님의 법을 알지 못하니
5 내가 지도자들에게 가서 그들에게
말하리라 그들은 여호와의 길, 자기
하나님의 법을 안다 하였더니 그들도
일제히 멍에를 꺾고 결박을 끊은지라
6 그러므로 수풀에서 나오는 사자가
그들을 죽이며 사막의 이리가 그들
을 멸하며 표범이 성읍들을 엿본즉
그리로 나오는 자마다 찢기리니 이는
그들의 허물이 많고 반역이 심함이니
이다
7 내가 어찌 너를 용서하겠느냐 네 자
녀가 나를 버리고 신이 아닌 것들로
맹세하였으며 내가 그들을 배불리
먹인즉 그들이 간음하며 창기의 집에
허다히 모이며
8 그들은 두루 다니는 살진 수말 같이
각기 이웃의 아내를 따르며 소리지르
는도다
9 여호와의 말씀이니라 내가 어찌 이
일들에 대하여 벌하지 아니하겠으며
내 마음이 이런 나라에 보복하지 않
겠느냐

여호와께서 백성을 버리시다

10 너희는 그 성벽에 올라가 무너뜨리되
다 무너뜨리지 말고 그 가지만 꺾어
버리라 여호와의 것이 아님이니라

11 여호와의 말씀이니라 이스라엘의 집
과 유다의 집이 내게 심히 반역하였
느니라
12 그들이 여호와를 인정하지 아니하며
말하기를 여호와께서는 계시지 아니
하니 재앙이 우리에게 임하지 아니할
것이요 우리가 칼과 기근을 보지 아
니할 것이며
13 선지자들은 바람이라 말씀이 그들의
속에 있지 아니한즉 그같이 그들이
당하리라 하느니라
14 그러므로 만군의 하나님 여호와께서
이와 같이 말씀하시니라 너희가 이
말을 하였은즉 볼지어다 내가 네 입
에 있는 나의 말을 불이 되게 하고
이 백성을 나무가 되게 하여 불사르
리라
15 여호와의 말씀이니라 이스라엘 집이
여 보라 내가 한 나라를 먼 곳에서
너희에게로 오게 하리니 곧 강하고
오랜 민족이라 그 나라 말을 네가 알
지 못하며 그 말을 네가 깨닫지 못하
느니라
16 그 화살통은 열린 무덤이요 그 사람
들은 다 용사라
17 그들이 네 자녀들이 먹을 추수 곡물
과 양식을 먹으며 네 양 떼와 소 떼
를 먹으며 네 포도나무와 무화과나
무 열매를 먹으며 네가 믿는 견고한
성들을 칼로 파멸하리라
18 여호와의 말씀이니라 그 때에도 내
가 너희를 진멸하지는 아니하리라
19 그들이 만일 이르기를 우리 하나님
여호와께서 어찌하여 이 모든 일을
우리에게 행하셨느냐 하거든 너는
그들에게 이르기를 너희가 여호와를
버리고 너희 땅에서 이방 신들을 섬
겼은즉 이와 같이 너희 것이 아닌 땅
에서 이방인들을 섬기리라 하라

여호와께서 백성에게 이르시다

20 너는 이를 야곱 집에 선포하며 유다
에 공포하여 이르기를
21 어리석고 지각이 없으며 눈이 있어도
보지 못하며 귀가 있어도 듣지 못하
는 백성이여 이를 들을지어다
22 여호와의 말씀이니라 너희가 나를 두
려워하지 아니하느냐 내 앞에서 떨지
아니하겠느냐 내가 모래를 두어 바
다의 한계를 삼되 그것으로 영원한
한계를 삼고 지나치지 못하게 하였
으므로 파도가 거세게 이나 그것을
이기지 못하며 뛰노나 그것을 넘지
못하느니라
23 그러나 너희 백성은 배반하며 반역하
는 마음이 있어서 이미 배반하고 갔
으며

24 또 너희 마음으로 우리에게 이른 비
와 늦은 비를 때를 따라 주시며 우리
를 위하여 추수 기한을 정하시는 우
리 하나님 여호와를 경외하자 말하지
도 아니하니
25 너희 허물이 이러한 일들을 물리쳤고
너희 죄가 너희로부터 좋은 것을 막
았느니라
26 내 백성 가운데 악인이 있어서 새 사
냥꾼이 매복함 같이 지키며 덫을 놓
아 사람을 잡으며
27 새장에 새들이 가득함 같이 너희 집
들에 속임이 가득하도다 그러므로
너희가 번창하고 거부가 되어
28 살지고 윤택하며 또 행위가 심히 악
하여 자기 이익을 얻으려고 송사 곧
고아의 송사를 공정하게 하지 아니
하며 빈민의 재판을 공정하게 판결하
지 아니하니
29 내가 이 일들에 대하여 벌하지 아니
하겠으며 내 마음이 이같은 나라에
보복하지 아니하겠느냐 여호와의 말
씀이니라
30 이 땅에 무섭고 놀라운 일이 있도다
31 선지자들은 거짓을 예언하며 제사장
들은 자기 권력으로 다스리며 내 백
성은 그것을 좋게 여기니 마지막에는
너희가 어찌하려느냐

벌 받을 성 예루살렘

6 베냐민 자손들아 예루살렘 가운
데로부터 피난하라 드고아에서 나
팔을 불고 벧학게렘에서 깃발을 들
라 재앙과 큰 파멸이 북방에서 엿보
아 옴이니라
2 아름답고 우아한 시온의 딸을 내가
멸절하리니
3 목자들이 그 양 떼를 몰고 와서 주
위에 자기 장막을 치고 각기 그 처소
에서 먹이리로다
4 너희는 그를 칠 준비를 하라 일어나
라 우리가 정오에 올라가자 아하 아
깝다 날이 기울어 저녁 그늘이 길었
구나
5 일어나라 우리가 밤에 올라가서 그
요새들을 헐자 하도다
6 만군의 여호와께서 이와 같이 말하
노라 너희는 나무를 베어서 예루살
렘을 향하여 목책을 만들라 이는 벌
받을 성이라 그 중에는 오직 포학한
것뿐이니라
7 샘이 그 물을 솟구쳐냄 같이 그가
그 악을 드러내니 폭력과 탈취가 거
기에서 들리며 질병과 살상이 내 앞
에 계속하느니라
8 예루살렘아 너는 훈계를 받으라 그
리하지 아니하면 내 마음이 너를 싫

어하고 너를 황폐하게 하여 주민이
없는 땅으로 만들리라

벌 받을 백성

9 만군의 여호와께서 이와 같이 말씀
하시되 포도를 따듯이 그들이 이스
라엘의 남은 자를 말갛게 주우리라
너는 포도 따는 자처럼 네 손을 광
주리에 자주자주 놀리라 하시나니
10 내가 누구에게 말하며 누구에게 경
책하여 듣게 할꼬 보라 그 귀가 할례
를 받지 못하였으므로 듣지 못하는
도다 보라 여호와의 말씀을 그들이
자신들에게 욕으로 여기고 이를 즐
겨 하지 아니하니
11 그러므로 여호와의 분노가 내게 가
득하여 참기 어렵도다 그것을 거리에
있는 아이들과 모인 청년들에게 부
으리니 남편과 아내와 나이 든 사람
과 늙은이가 다 잡히리로다
12 내가 그 땅 주민에게 내 손을 펼 것
인즉 그들의 집과 밭과 아내가 타인
의 소유로 이전되리라 여호와의 말씀
이니라
13 이는 그들이 가장 작은 자로부터 큰
자까지 다 탐욕을 부리며 선지자로부
터 제사장까지 다 거짓을 행함이라
14 그들이 내 백성의 상처를 가볍게 여
기면서 말하기를 평강하다 평강하다
하나 평강이 없도다
15 그들이 가증한 일을 행할 때에 부끄
러워하였느냐 아니라 조금도 부끄러
워 하지 않을 뿐 아니라 얼굴도 붉어
지지 않았느니라 그러므로 그들이 엎
드러지는 자와 함께 엎드러질 것이라
내가 그들을 벌하리니 그 때에 그들
이 거꾸러지리라 여호와의 말씀이니
라

선한 길로 가지 아니하다

16 여호와께서 이와 같이 말씀하시되 너
희는 길에 서서 보며 옛적 길 곧 선한
길이 어디인지 알아보고 그리로 가라
너희 심령이 평강을 얻으리라 하나
그들의 대답이 우리는 그리로 가지
않겠노라 하였으며
17 내가 또 너희 위에 파수꾼을 세웠으
니 나팔 소리를 들으라 하나 그들의
대답이 우리는 듣지 않겠노라 하였
도다
18 그러므로 너희 나라들아 들으라 무
리들아 그들이 당할 일을 알라
19 땅이여 들으라 내가 이 백성에게 재
앙을 내리리니 이것이 그들의 생각의
결과라 그들이 내 말을 듣지 아니하
며 내 율법을 거절하였음이니라
20 시바에서 유향과 먼 곳에서 향품을
내게로 가져옴은 어찌함이냐 나는

그들의 번제를 받지 아니하며 그들의
희생제물을 달게 여기지 않노라
21 그러므로 여호와께서 이와 같이 말
씀하시니라 보라 내가 이 백성 앞에
장애물을 두리니 아버지와 아들들이
함께 거기에 걸려 넘어지며 이웃과
그의 친구가 함께 멸망하리라

북방에서 쳐들어 오는 민족

22 여호와께서 이와 같이 말씀하시되 보
라 한 민족이 북방에서 오며 큰 나라
가 땅 끝에서부터 떨쳐 일어나나니
23 그들은 활과 창을 잡았고 잔인하여
사랑이 없으며 그 목소리는 바다처럼
포효하는 소리라 그들이 말을 타고
전사 같이 다 대열을 벌이고 시온의
딸인 너를 치려 하느니라 하시도다
24 우리가 그 소문을 들었으므로 손이
약하여졌고 고통이 우리를 잡았으므
로 그 아픔이 해산하는 여인 같도다
25 너희는 밭에도 나가지 말라 길로도
다니지 말라 원수의 칼이 있고 사방
에 두려움이 있음이라
26 딸 내 백성이 굵은 베를 두르고 재
에서 구르며 독자를 잃음 같이 슬퍼
하며 통곡할지어다 멸망시킬 자가 갑
자기 우리에게 올 것임이라
27 내가 이미 너를 내 백성 중에 망대와
요새로 삼아 그들의 길을 알고 살피
게 하였노라
28 그들은 다 심히 반역한 자며 비방하
며 돌아다니는 자며 그들은 놋과 철
이며 다 사악한 자라
29 풀무불을 맹렬히 불면 그 불에 납이
살라져서 단련하는 자의 일이 헛되게
되느니라 이와 같이 악한 자가 제거
되지 아니하나니
30 사람들이 그들을 내버린 은이라 부
르게 될 것은 여호와께서 그들을 버
렸음이라

여호와의 말씀을 들으라

7 여호와께로부터 예레미야에게 말
씀이 임하니라 이르시되
2 너는 여호와의 집 문에 서서 이 말을
선포하여 이르기를 여호와께 예배하
러 이 문으로 들어가는 유다 사람들
아 여호와의 말씀을 들으라
3 만군의 여호와 이스라엘의 하나님께
서 이와 같이 말씀하시되 너희 길과
행위를 바르게 하라 그리하면 내가
너희로 이 곳에 살게 하리라
4 너희는 이것이 여호와의 성전이라, 여
호와의 성전이라, 여호와의 성전이라
하는 거짓말을 믿지 말라
5 너희가 만일 길과 행위를 참으로 바
르게 하여 이웃들 사이에 정의를 행
하며

6 이방인과 고아와 과부를 압제하지
아니하며 무죄한 자의 피를 이 곳에
서 흘리지 아니하며 다른 신들 뒤를
따라 화를 자초하지 아니하면
7 내가 너희를 이 곳에 살게 하리니 곧
너희 조상에게 영원무궁토록 준 땅
에니라
8 보라 너희가 무익한 거짓말을 의존하
는도다
9 너희가 도둑질하며 살인하며 간음하
며 거짓 맹세하며 바알에게 분향하며
너희가 알지 못하는 다른 신들을 따
르면서
10 내 이름으로 일컬음을 받는 이 집에
들어와서 내 앞에 서서 말하기를 우
리가 구원을 얻었나이다 하느냐 이는
이 모든 가증한 일을 행하려 함이로
다
11 내 이름으로 일컬음을 받는 이 집이
너희 눈에는 도둑의 소굴로 보이느
냐 보라 나 곧 내가 그것을 보았노
라 여호와의 말씀이니라
12 너희는 내가 처음으로 내 이름을 둔
처소 실로에 가서 내 백성 이스라엘
의 악에 대하여 내가 어떻게 행하였
는지를 보라
13 여호와의 말씀이니라 이제 너희가 그
모든 일을 행하였으며 내가 너희에
게 말하되 새벽부터 부지런히 말하여
도 듣지 아니하였고 너희를 불러도
대답하지 아니하였느니라
14 그러므로 내가 실로에 행함 같이 너
희가 신뢰하는 바 내 이름으로 일컬
음을 받는 이 집 곧 너희와 너희 조
상들에게 준 이 곳에 행하겠고
15 내가 너희 모든 형제 곧 에브라임 온
자손을 쫓아낸 것 같이 내 앞에서 너
희를 쫓아내리라 하셨다 할지니라

여호와를 순종하지 아니하는 백성

16 그런즉 너는 이 백성을 위하여 기도
하지 말라 그들을 위하여 부르짖어
구하지 말라 내게 간구하지 말라 내
가 네게서 듣지 아니하리라
17 너는 그들이 유다 성읍들과 예루살
렘 거리에서 행하는 일을 보지 못하
느냐
18 자식들은 나무를 줍고 아버지들은
불을 피우며 부녀들은 가루를 반죽
하여 하늘의 여왕을 위하여 과자를
만들며 그들이 또 다른 신들에게 전

365묵상

누구에게 듣게 할꼬?

예레미야는 "누구에게 듣게 할꼬?" 하면서, 하나님의 메시지를 어떻게 하면 귀에 할례를 받지 못한 자들, 곧 마음이 완악한 유다 백성에게 효과적으로 전할 수 있을지 고민했다(렘 6:10). 예레미야의 고민은 오늘날 그리스도의 복음을 세상 사람에게 전해야 할 사명이 주어진 우리의 고민이기도 하다. 이러한 사명을 수행할 때, 비록 더디고 힘들지라도 적대적인 자세가 아니라 친구로 다가갈 필요가 있다. 그래서 진정 그들의 영혼에 관심이 있다는 사실을 말과 행동으로 보여준다면, 훨씬 효과를 거둘 수 있을 것이다.

제를 부음으로 나의 노를 일으키느
니라
19 여호와의 말씀이니라 그들이 나를 격
노하게 함이냐 자기 얼굴에 부끄러
움을 자취함이 아니냐
20 그러므로 주 여호와께서 이와 같이
말씀하시니라 보라 나의 진노와 분
노를 이 곳과 사람과 짐승과 들나무
와 땅의 소산에 부으리니 불 같이 살
라지고 꺼지지 아니하리라 하시니라
21 만군의 여호와 이스라엘의 하나님께
서 이와 같이 말씀하시되 너희 희생
제물과 번제물의 고기를 아울러 먹
으라
22 사실은 내가 너희 조상들을 애굽 땅
에서 인도하여 낸 날에 번제나 희생
에 대하여 말하지 아니하며 명령하지
아니하고
23 오직 내가 이것을 그들에게 명령하여
이르기를 너희는 내 목소리를 들으
라 그리하면 나는 너희 하나님이 되
겠고 너희는 내 백성이 되리라 너희
는 내가 명령한 모든 길로 걸어가라
그리하면 복을 받으리라 하였으나
24 그들이 순종하지 아니하며 귀를 기울
이지도 아니하고 자신들의 악한 마음
의 꾀와 완악한 대로 행하여 그 등을
내게로 돌리고 그 얼굴을 향하지 아
니하였으며
25 너희 조상들이 애굽 땅에서 나온 날
부터 오늘까지 내가 내 종 선지자들
을 너희에게 보내되 끊임없이 보내었
으나
26 너희가 나에게 순종하지 아니하며 귀
를 기울이지 아니하고 목을 굳게 하
여 너희 조상들보다 악을 더 행하였
느니라
27 네가 그들에게 이 모든 말을 할지라
도 그들이 너에게 순종하지 아니할
것이요 네가 그들을 불러도 그들이
네게 대답하지 아니하리니
28 너는 그들에게 말하기를 너희는 너희
하나님 여호와의 목소리를 순종하지
아니하며 교훈을 받지 아니하는 민
족이라 진실이 없어져 너희 입에서 끊
어졌다 할지니라

도벳 사당을 건축

29 너의 머리털을 베어 버리고 벗은 산
위에서 통곡할지어다 여호와께서 그
노하신 바 이 세대를 끊어 버리셨음
이라
30 여호와께서 말씀하시되 유다 자손이
나의 눈 앞에 악을 행하여 내 이름으
로 일컬음을 받는 집에 그들의 가증
한 것을 두어 집을 더럽혔으며
31 힌놈의 아들 골짜기에 도벳 사당을

건축하고 그들의 자녀들을 불에 살
랐나니 내가 명령하지 아니하였고 내
마음에 생각하지도 아니한 일이니라
32 그러므로 여호와께서 말씀하시니라
날이 이르면 이 곳을 도벳이라 하거
나 힌놈의 아들의 골짜기라 말하지
아니하고 죽임의 골짜기라 말하리니
이는 도벳에 자리가 없을 만큼 매장
했기 때문이니라
33 이 백성의 시체가 공중의 새와 땅의
짐승의 밥이 될 것이나 그것을 쫓을
자가 없을 것이라
34 그 때에 내가 유다 성읍들과 예루살
렘 거리에 기뻐하는 소리, 즐거워하
는 소리, 신랑의 소리, 신부의 소리가
끊어지게 하리니 땅이 황폐하리라

8 여호와의 말씀이니라 그 때에 사
람들이 유다 왕들의 뼈와 그의 지
도자들의 뼈와 제사장들의 뼈와 선
지자들의 뼈와 예루살렘 주민의 뼈
를 그 무덤에서 끌어내어
2 그들이 사랑하며 섬기며 뒤따르며 구
하며 경배하던 해와 달과 하늘의 뭇
별 아래에서 펼쳐지게 하리니 그 뼈
가 거두이거나 묻히지 못하여 지면에
서 분토 같을 것이며
3 이 악한 민족의 남아 있는 자, 무릇
내게 쫓겨나서 각처에 남아 있는 자
들이 사는 것보다 죽는 것을 원하리
라 만군의 여호와의 말씀이니라

죄와 벌

4 너는 또 그들에게 말하기를 여호와
의 말씀에 사람이 엎드러지면 어찌
일어나지 아니하겠으며 사람이 떠나
갔으면 어찌 돌아오지 아니하겠느냐
5 이 예루살렘 백성이 항상 나를 떠나
물러감은 어찌함이냐 그들이 거짓을
고집하고 돌아오기를 거절하도다
6 내가 귀를 기울여 들은즉 그들이 정
직을 말하지 아니하며 그들의 악을
뉘우쳐서 내가 행한 것이 무엇인고
말하는 자가 없고 전쟁터로 향하여
달리는 말 같이 각각 그 길로 행하도
다
7 공중의 학은 그 정한 시기를 알고 산
비둘기와 제비와 두루미는 그들이
올 때를 지키거늘 내 백성은 여호와
의 규례를 알지 못하도다
8 너희가 어찌 우리는 지혜가 있고 우
리에게는 여호와의 율법이 있다 말하
겠느냐 참으로 서기관의 거짓의 붓이
거짓되게 하였나니
9 지혜롭다 하는 자들은 부끄러움을
당하며 두려워 떨다가 잡히리라 보라
그들이 여호와의 말을 버렸으니 그
들에게 무슨 지혜가 있으랴

10 그러므로 내가 그들의 아내를 타인
에게 주겠고 그들의 밭을 그 차지할
자들에게 주리니 그들은 가장 작은
자로부터 큰 자까지 다 욕심내며 선
지자로부터 제사장까지 다 거짓을 행
함이라
11 그들이 딸 내 백성의 상처를 가볍게
여기면서 말하기를 평강하다, 평강하
다 하나 평강이 없도다
12 그들이 가증한 일을 행할 때에 부끄
러워하였느냐 아니라 조금도 부끄러
워 하지 않을 뿐 아니라 얼굴도 붉어
지지 아니하였느니라 그러므로 그들
이 엎드러질 자와 함께 엎드러질 것
이라 내가 그들을 벌할 때에 그들이
거꾸러지리라 여호와의 말씀이니라
13 여호와의 말씀이니라 내가 그들을
진멸하리니 포도나무에 포도가 없을
것이며 무화과나무에 무화과가 없을
것이며 그 잎사귀가 마를 것이라 내
가 그들에게 준 것이 없어지리라 하
셨나니
14 우리가 어찌 가만히 앉았으랴 모일지
어다 우리가 견고한 성읍들로 들어
가서 거기에서 멸망하자 우리가 여호
와께 범죄하였으므로 우리 하나님 여
호와께서 우리를 멸하시며 우리에게
독한 물을 마시게 하심이니라
15 우리가 평강을 바라나 좋은 것이 없
으며 고침을 입을 때를 바라나 놀라
움뿐이로다
16 그 말의 부르짖음이 단에서부터 들리
고 그 준마들이 우는 소리에 온 땅
이 진동하며 그들이 이르러 이 땅과
그 소유와 성읍과 그 중의 주민을
삼켰도다
17 여호와의 말씀이니라 내가 술법으로
도 제어할 수 없는 뱀과 독사를 너희
가운데 보내리니 그것들이 너희를 물
리라 하시도다

선지자의 번뇌

18 슬프다 나의 근심이여 어떻게 위로를
받을 수 있을까 내 마음이 병들었도
다
19 딸 내 백성의 심히 먼 땅에서 부르짖
는 소리로다 여호와께서 시온에 계
시지 아니한가, 그의 왕이 그 가운데
계시지 아니한가 그들이 어찌하여 그
조각한 신상과 이방의 헛된 것들로
나를 격노하게 하였는고 하시니
20 추수할 때가 지나고 여름이 다하였
으나 우리는 구원을 얻지 못한다 하
는도다
21 딸 내 백성이 상하였으므로 나도 상
하여 슬퍼하며 놀라움에 잡혔도다
22 길르앗에는 유향이 있지 아니한가

그 곳에는 의사가 있지 아니한가 딸
내 백성이 치료를 받지 못함은 어찌
됨인고

9 어찌하면 내 머리는 물이 되고 내
눈은 눈물 근원이 될꼬 죽임을 당
한 딸 내 백성을 위하여 주야로 울리
로다
2 내가 광야에서 나그네가 머무를 곳
을 얻는다면 내 백성을 떠나 가리니
그들은 다 간음하는 자요 반역한 자
의 무리가 됨이로다
3 여호와의 말씀이니라 그들이 활을
당김 같이 그들의 혀를 놀려 거짓을
말하며 그들이 이 땅에서 강성하나
진실하지 아니하고 악에서 악으로 진
행하며 또 나를 알지 못하느니라
4 너희는 각기 이웃을 조심하며 어떤
형제든지 믿지 말라 형제마다 완전히
속이며 이웃마다 다니며 비방함이라
5 그들은 각기 이웃을 속이며 진실을
말하지 아니하며 그들의 혀로 거짓말
하기를 가르치며 악을 행하기에 지치
거늘
6 네가 사는 곳이 속이는 일 가운데 있
도다 그들은 속이는 일로 말미암아
나를 알기를 싫어하느니라 여호와의
말씀이니라
7 그러므로 만군의 여호와께서 이와
같이 말씀하시되 보라 내가 내 딸 백
성을 어떻게 처치할꼬 그들을 녹이
고 연단하리라
8 그들의 혀는 죽이는 화살이라 거짓을
말하며 입으로는 그 이웃에게 평화
를 말하나 마음으로는 해를 꾸미는
도다
9 내가 이 일들로 말미암아 그들에게
벌하지 아니하겠으며 내 마음이 이런
나라에 보복하지 않겠느냐 여호와의
말씀이니라
10 내가 산들을 위하여 울며 부르짖으
며 광야 목장을 위하여 슬퍼하나니
이는 그것들이 불에 탔으므로 지나
는 자가 없으며 거기서 가축의 소리
가 들리지 아니하며 공중의 새도 짐
승도 다 도망하여 없어졌음이라
11 내가 예루살렘을 무더기로 만들며
승냥이 굴이 되게 하겠고 유다의 성
읍들을 황폐하게 하여 주민이 없게
하리라
12 지혜가 있어서 이 일을 깨달을 만한
자가 누구며 여호와의 입의 말씀을
받아서 선포할 자가 누구인고 이 땅
이 어찌하여 멸망하여 광야 같이 불
타서 지나가는 자가 없게 되었느냐
13 여호와께서 말씀하시되 이는 그들이
내가 그들의 앞에 세운 나의 율법을

버리고 내 목소리를 순종하지 아니
하며 그대로 행하지 아니하고
14 그 마음의 완악함을 따라 그 조상들
이 자기에게 가르친 바알들을 따랐
음이라
15 그러므로 만군의 여호와 이스라엘의
하나님께서 이와 같이 말씀하시니라
보라 내가 그들 곧 이 백성에게 쑥
을 먹이며 독한 물을 마시게 하고
16 그들과 그들의 조상이 알지 못하던
여러 나라 가운데에 그들을 흩어 버
리고 진멸되기까지 그 뒤로 칼을 보
내리라 하셨느니라

사랑과 정의와 공의를 행하시는 여호와

17 만군의 여호와께서 이와 같이 말씀
하시되 너희는 잘 생각해 보고 곡하
는 부녀를 불러오며 또 사람을 보내
지혜로운 부녀를 불러오되
18 그들로 빨리 와서 우리를 위하여 애
곡하여 우리의 눈에서 눈물이 떨어지
게 하며 우리 눈꺼풀에서 물이 쏟아
지게 하라
19 이는 시온에서 통곡하는 소리가 들
리기를 우리가 아주 망하였구나 우리
가 크게 부끄러움을 당하였구나 우
리가 그 땅을 떠난 것은 그들이 우리
거처를 헐었음이로다 함이로다
20 부녀들이여 여호와의 말씀을 들으라
너희 귀에 그 입의 말씀을 받으라 너
희 딸들에게 애곡하게 하고 각기 이
웃에게 슬픈 노래를 가르치라
21 무릇 사망이 우리 창문을 통하여 넘
어 들어오며 우리 궁실에 들어오며
밖에서는 자녀들을 거리에서는 청년
들을 멸절하려 하느니라
22 너는 이같이 말하라 여호와의 말씀에
사람의 시체가 분토 같이 들에 떨어
질 것이며 추수하는 자의 뒤에 버려
져 거두지 못한 곡식단 같이 되리라
하셨느니라
23 여호와께서 이와 같이 말씀하시되 지
혜로운 자는 그의 지혜를 자랑하지
말라 용사는 그의 용맹을 자랑하지
말라 부자는 그의 부함을 자랑하지
말라
24 자랑하는 자는 이것으로 자랑할지니
곧 명철하여 나를 아는 것과 나 여호
와는 사랑과 정의와 공의를 땅에 행
하는 자인 줄 깨닫는 것이라 나는 이
일을 기뻐하노라 여호와의 말씀이니
라
25 여호와의 말씀이니라 보라 날이 이르
면 할례 받은 자와 할례 받지 못한
자를 내가 다 벌하리니
26 곧 애굽과 유다와 에돔과 암몬 자손
과 모압과 및 광야에 살면서 살쩍을

깎은 자들에게라 무릇 모든 민족은
할례를 받지 못하였고 이스라엘은
마음에 할례를 받지 못하였느니라
하셨느니라

우상의 가르침과 참 하나님 여호와

10 이스라엘 집이여 여호와께서 너
희에게 이르시는 말씀을 들을
지어다
2 여호와께서 이와 같이 말씀하시되 여
러 나라의 길을 배우지 말라 이방 사
람들은 하늘의 징조를 두려워하거니
와 너희는 그것을 두려워하지 말라
3 여러 나라의 풍습은 헛된 것이니 삼림
에서 벤 나무요 기술공의 두 손이 도
끼로 만든 것이라
4 그들이 은과 금으로 그것에 꾸미고
못과 장도리로 그것을 든든히 하여
흔들리지 않게 하나니
5 그것이 둥근 기둥 같아서 말도 못하
며 걸어다니지도 못하므로 사람이 메
어야 하느니라 그것이 그들에게 화
를 주거나 복을 주지 못하나니 너희
는 두려워하지 말라 하셨느니라
6 여호와여 주와 같은 이 없나이다 주
는 크시니 주의 이름이 그 권능으로
말미암아 크시니이다
7 이방 사람들의 왕이시여 주를 경외하
지 아니할 자가 누구리이까 이는 주
께 당연한 일이라 여러 나라와 여러
왕국들의 지혜로운 자들 가운데 주
와 같은 이가 없음이니이다
8 그들은 다 무지하고 어리석은 것이니
우상의 가르침은 나무뿐이라
9 다시스에서 가져온 은박과 우바스에
서 가져온 금으로 꾸미되 기술공과
은장색의 손으로 만들었고 청색 자
색 옷을 입었나니 이는 정교한 솜씨
로 만든 것이거니와
10 오직 여호와는 참 하나님이시요 살아
계신 하나님이시요 영원한 왕이시라
그 진노하심에 땅이 진동하며 그 분
노하심을 이방이 능히 당하지 못하
느니라
11 너희는 이같이 그들에게 이르기를 천
지를 짓지 아니한 신들은 땅 위에서,
이 하늘 아래에서 망하리라 하라

만물의 조성자 만군의 여호와

12 여호와께서 그의 권능으로 땅을 지
으셨고 그의 지혜로 세계를 세우셨
고 그의 명철로 하늘을 펴셨으며

365묵상

그러므로 이제 눈물을 쏟아라!

유다 백성이 죄 때문에 심판을 받아 포로 신세로 바벨론 땅에 끌려갈 운명에 처했을 때, 예레미야 선지자는 예루살렘의 부녀들을 향해 "눈꺼풀에서 물이 쏟아지게 하라"(9:18)고 외쳤다. 눈물을 쏟으며 죄에 대해 통곡하라는 말이다. 오늘날 우리 시대도 타락했다. 그런데 나에겐 그 타락을 막을 아무런 재능과 능력이 없다고 한탄하지 마라. 당신에겐 눈물이 있다! 당신은 그 눈물로써 잠든 영혼을 일깨울 수 있고, 죄에 찌든 세상에 경종을 울릴 수 있다. 그러므로 이제 울라! 타락한 시대와 병든 영혼을 위하여 크게 울라!

13 그가 목소리를 내신즉 하늘에 많은
물이 생기나니 그는 땅 끝에서 구름
이 오르게 하시며 비를 위하여 번개
치게 하시며 그 곳간에서 바람을 내
시거늘
14 사람마다 어리석고 무식하도다 은장
이마다 자기의 조각한 신상으로 말미
암아 수치를 당하나니 이는 그가 부
어 만든 우상은 거짓 것이요 그 속에
생기가 없음이라
15 그것들은 헛 것이요 망령되이 만든
것인즉 징벌하실 때에 멸망할 것이나
16 야곱의 분깃은 이같지 아니하시니 그
는 만물의 조성자요 이스라엘은 그
의 기업의 지파라 그 이름은 만군의
여호와시니라

백성의 탄식

17 에워싸인 가운데에 앉은 자여 네 짐
꾸러미를 이 땅에서 꾸리라
18 여호와께서 이와 같이 말씀하시되 보
라 내가 이 땅에 사는 자를 이번에는
내던질 것이라 그들을 괴롭게 하여
깨닫게 하리라 하셨느니라
19 슬프다 내 상처여 내가 중상을 당하
였도다 그러나 내가 말하노라 이는
참으로 고난이라 내가 참아야 하리
로다
20 내 장막이 무너지고 나의 모든 줄이
끊어졌으며 내 자녀가 나를 떠나가고
있지 아니하니 내 장막을 세울 자와
내 휘장을 칠 자가 다시 없도다
21 목자들은 어리석어 여호와를 찾지 아
니하므로 형통하지 못하며 그 모든
양 떼는 흩어졌도다
22 들을지어다 북방에서부터 크게 떠드
는 소리가 들리니 유다 성읍들을 황
폐하게 하여 승냥이의 거처가 되게
하리로다
23 여호와여 내가 알거니와 사람의 길이
자신에게 있지 아니하니 걸음을 지도
함이 걷는 자에게 있지 아니하니이다
24 여호와여 나를 징계하옵시되 너그러
이 하시고 진노로 하지 마옵소서 주
께서 내가 없어지게 하실까 두려워하
나이다
25 주를 알지 못하는 이방 사람들과 주
의 이름으로 기도하지 아니하는 족
속들에게 주의 분노를 부으소서 그
들은 야곱을 씹어 삼켜 멸하고 그의
거처를 황폐하게 하였나이다 하니라

여호와께서 이르신 언약의 말

11 여호와께로부터 예레미야에게
임한 말씀이라 이르시되
2 너희는 이 언약의 말을 듣고 유다인
과 예루살렘 주민에게 말하라
3 그들에게 이르기를 이스라엘의 하나

님 여호와께서 이와 같이 말씀하시되
이 언약의 말을 따르지 않는 자는 저
주를 받을 것이니라
4 이 언약은 내가 너희 조상들을 쇠풀
무 애굽 땅에서 이끌어내던 날에 그
들에게 명령한 것이라 곧 내가 이르
기를 너희는 내 목소리를 순종하고
나의 모든 명령을 따라 행하라 그리
하면 너희는 내 백성이 되겠고 나는
너희의 하나님이 되리라
5 내가 또 너희 조상들에게 한 맹세는
그들에게 젖과 꿀이 흐르는 땅을 주
리라 한 언약을 이루리라 한 것인데
오늘이 그것을 증언하느니라 하라
하시기로 내가 대답하여 이르되 아멘
여호와여 하였노라
6 여호와께서 내게 이르시되 너는 이
모든 말로 유다 성읍들과 예루살렘
거리에서 선포하여 이르기를 너희는
이 언약의 말을 듣고 지키라
7 내가 너희 조상들을 애굽 땅에서 인
도하여 낸 날부터 오늘까지 간절히
경계하며 끊임없이 경계하기를 너희
는 내 목소리를 순종하라 하였으나
8 그들이 순종하지 아니하며 귀를 기울
이지도 아니하고 각각 그 악한 마음
의 완악한 대로 행하였으므로 내가
그들에게 행하라 명령하였어도 그들
이 행하지 아니한 이 언약의 모든 규
정대로 그들에게 이루게 하였느니라
하라
9 여호와께서 또 내게 이르시되 유다인
과 예루살렘 주민 중에 반역이 있도
다
10 그들이 내 말 듣기를 거절한 자기들
의 선조의 죄악으로 돌아가서 다른
신들을 따라 섬겼은즉 이스라엘 집
과 유다 집이 내가 그들의 조상들과
맺은 언약을 깨뜨렸도다
11 그러므로 나 여호와가 이와 같이 말
하노라 보라 내가 재앙을 그들에게
내리리니 그들이 피할 수 없을 것이
라 그들이 내게 부르짖을지라도 내
가 듣지 아니할 것인즉
12 유다 성읍들과 예루살렘 주민이 그
분향하는 신들에게 가서 부르짖을지
라도 그 신들이 그 고난 가운데에서
절대로 그들을 구원하지 못하리라
13 유다야 네 신들이 네 성읍의 수와 같
도다 너희가 예루살렘 거리의 수대로
그 수치스러운 물건의 제단 곧 바알
에게 분향하는 제단을 쌓았도다
14 그러므로 너는 이 백성을 위하여 기
도하지 말라 그들을 위하여 부르짖
거나 구하지 말라 그들이 그 고난으
로 말미암아 내게 부르짖을 때에 내

가 그들에게서 듣지 아니하리라
15 나의 사랑하는 자가 많은 악한 음모
를 꾸미더니 나의 집에서 무엇을 하
려느냐 거룩한 제물 고기로 네 재난
을 피할 수 있겠느냐 그 때에 네가
기뻐하겠느냐
16 여호와께서는 그의 이름을 일컬어 좋
은 열매 맺는 아름다운 푸른 감람나
무라 하였었으나 큰 소동 중에 그
위에 불을 피웠고 그 가지는 꺾였도
다
17 바알에게 분향함으로 나의 노여움을
일으킨 이스라엘 집과 유다 집의 악
으로 말미암아 그를 심은 만군의 여
호와께서 그에게 재앙을 선언하셨느
니라

아나돗 사람들이 예레미야를 죽이려고 꾀하다

18 여호와께서 내게 알게 하셨으므로
내가 그것을 알았나이다 그 때에 주
께서 그들의 행위를 내게 보이셨나이
다
19 나는 끌려서 도살 당하러 가는 순한
어린 양과 같으므로 그들이 나를 해
하려고 꾀하기를 우리가 그 나무와
열매를 함께 박멸하자 그를 살아 있
는 자의 땅에서 끊어서 그의 이름이
다시 기억되지 못하게 하자 함을 내
가 알지 못하였나이다
20 공의로 판단하시며 사람의 마음을
감찰하시는 만군의 여호와여 나의 원
통함을 주께 아뢰었사오니 그들에게
대한 주의 보복을 내가 보리이다 하
였더니
21 여호와께서 아나돗 사람들에 대하여
이와 같이 말씀하시되 그들이 네 생
명을 빼앗으려고 찾아 이르기를 너
는 여호와의 이름으로 예언하지 말
라 두렵건대 우리 손에 죽을까 하노
라 하도다
22 그러므로 만군의 여호와께서 이와
같이 말씀하시니라 보라 내가 그들
을 벌하리니 청년들은 칼에 죽으며
자녀들은 기근에 죽고
23 남는 자가 없으리라 내가 아나돗 사
람에게 재앙을 내리리니 곧 그들을
벌할 해에니라

예레미야의 질문

12 여호와여 내가 주와 변론할 때
에는 주께서 의로우시니이다 그
러나 내가 주께 질문하옵나니 악한
자의 길이 형통하며 반역한 자가 다
평안함은 무슨 까닭이니이까
2 주께서 그들을 심으시므로 그들이
뿌리가 박히고 장성하여 열매를 맺었
거늘 그들의 입은 주께 가까우나 그

들의 마음은 머니이다
3 여호와여 주께서 나를 아시고 나를
보시며 내 마음이 주를 향하여 어떠
함을 감찰하시오니 양을 잡으려고
끌어냄과 같이 그들을 끌어내시되
죽일 날을 위하여 그들을 구별하옵
소서
4 언제까지 이 땅이 슬퍼하며 온 지방
의 채소가 마르리이까 짐승과 새들
도 멸절하게 되었사오니 이는 이 땅
주민이 악하여 스스로 말하기를 그
가 우리의 나중 일을 보지 못하리라
함이니이다
5 만일 네가 보행자와 함께 달려도 피
곤하면 어찌 능히 말과 경주하겠느
냐 네가 평안한 땅에서는 무사하려
니와 요단 강 물이 넘칠 때에는 어찌
하겠느냐
6 네 형제와 아버지의 집이라도 너를
속이며 네 뒤에서 크게 외치나니 그
들이 네게 좋은 말을 할지라도 너는
믿지 말지니라

황무지의 슬픔과 여호와의 분노

7 내가 내 집을 버리며 내 소유를 내던
져 내 마음으로 사랑하는 것을 그 원
수의 손에 넘겼나니
8 내 소유가 숲속의 사자 같이 되어서
나를 향하여 그 소리를 내므로 내가
그를 미워하였음이로라
9 내 소유가 내게 대하여는 무늬 있는
매가 아니냐 매들이 그것을 에워싸
지 아니하느냐 너희는 가서 들짐승들
을 모아다가 그것을 삼키게 하라
10 많은 목자가 내 포도원을 헐며 내 몫
을 짓밟아서 내가 기뻐하는 땅을 황
무지로 만들었도다
11 그들이 이를 황폐하게 하였으므로
그 황무지가 나를 향하여 슬퍼하는
도다 온 땅이 황폐함은 이를 마음에
두는 자가 없음이로다
12 파괴하는 자들이 광야의 모든 벗은
산 위에 이르렀고 여호와의 칼이 땅
이 끝에서 저 끝까지 삼키니 모든 육
체가 평안하지 못하도다
13 무리가 밀을 심어도 가시를 거두며
수고하여도 소득이 없은즉 그 소산
으로 말미암아 스스로 수치를 당하
리니 이는 여호와의 분노로 말미암음
이니라

여호와의 악한 이웃에 대하여

14 내가 내 백성 이스라엘에게 기업으
로 준 소유에 손을 대는 나의 모든
악한 이웃에 대하여 여호와께서 이
와 같이 말씀하시니라 보라 내가 그
들을 그 땅에서 뽑아 버리겠고 유다
집을 그들 가운데서 뽑아 내리라

15 내가 그들을 뽑아 낸 후에 내가 돌
이켜 그들을 불쌍히 여겨서 각 사람
을 그들의 기업으로, 각 사람을 그
땅으로 다시 인도하리니
16 그들이 내 백성의 도를 부지런히 배
우며 살아 있는 여호와라는 내 이름
으로 맹세하기를 자기들이 내 백성
을 가르쳐 바알로 맹세하게 한 것 같
이 하면 그들이 내 백성 가운데에 세
움을 입으려니와
17 그들이 순종하지 아니하면 내가 반
드시 그 나라를 뽑으리라 뽑아 멸하
리라 여호와의 말씀이니라

허리 띠

13 여호와께서 이와 같이 내게 이
르시되 너는 가서 베 띠를 사서
네 허리에 띠고 물에 적시지 말라 하
시기로
2 내가 여호와의 말씀대로 띠를 사서
내 허리에 띠니라
3 여호와의 말씀이 다시 내게 임하여
이르시되
4 너는 사서 네 허리에 띤 띠를 가지고
일어나 유브라데로 가서 거기서 그것
을 바위 틈에 감추라 하시기로
5 내가 여호와께서 내게 명령하신 대로
가서 그것을 유브라데 물 가에 감추
니라
6 여러 날 후에 여호와께서 내게 이르
시되 일어나 유브라데로 가서 내가
네게 명령하여 거기 감추게 한 띠를
가져오라 하시기로
7 내가 유브라데로 가서 그 감추었던
곳을 파고 띠를 가져오니 띠가 썩어
서 쓸 수 없게 되었더라
8 여호와의 말씀이 내게 임하니라 이르
시되
9 여호와께서 이와 같이 말씀하시니라
내가 유다의 교만과 예루살렘의 큰
교만을 이같이 썩게 하리라
10 이 악한 백성이 내 말 듣기를 거절하
고 그 마음의 완악한 대로 행하며 다
른 신들을 따라 그를 섬기며 그에게
절하니 그들이 이 띠가 쓸 수 없음
같이 되리라
11 여호와의 말씀이니라 띠가 사람의 허
리에 속함 같이 내가 이스라엘 온 집
과 유다 온 집으로 내게 속하게 하
여 그들로 내 백성이 되게 하며 내
이름과 명예와 영광이 되게 하려 하
였으나 그들이 듣지 아니하였느니라

포도주 가죽부대

12 그러므로 너는 이 말로 그들에게 이
르기를 이스라엘의 하나님 여호와의
말씀에 모든 가죽부대가 포도주로
차리라 하셨다 하라 그리하면 그들이

네게 이르기를 모든 가죽부대가 포
도주로 찰 줄을 우리가 어찌 알지 못
하리요 하리니
13 너는 다시 그들에게 이르기를 여호
와의 말씀에 보라 내가 이 땅의 모든
주민과 다윗의 왕위에 앉은 왕들과
제사장들과 선지자들과 예루살렘 모
든 주민으로 잔뜩 취하게 하고
14 또 그들에게 각 사람이 충돌하여 상
하게 하되 부자 사이에도 그러하게
할 것이라 내가 그들을 불쌍히 여기
지 아니하며 사랑하지 아니하며 아끼
지 아니하고 멸하리라 하셨다 하라
여호와의 말씀이니라

교만에 대한 경고

15 너희는 들을지어다, 귀를 기울일지어
다, 교만하지 말지어다, 여호와께서
말씀하셨음이라
16 그가 어둠을 일으키시기 전, 너희 발
이 어두운 산에 거치기 전, 너희 바라
는 빛이 사망의 그늘로 변하여 침침
한 어둠이 되게 하시기 전에 너희 하
나님 여호와께 영광을 돌리라
17 너희가 이를 듣지 아니하면 나의 심령
이 너희 교만으로 말미암아 은밀한
곳에서 울 것이며 여호와의 양 떼가
사로잡힘으로 말미암아 눈물을 흘려
통곡하리라
18 너는 왕과 왕후에게 전하기를 스스
로 낮추어 앉으라 관 곧 영광의 면류
관이 내려졌다 하라
19 네겝의 성읍들이 봉쇄되어 열 자가
없고 유다가 다 잡혀가되 온전히 잡
혀가도다
20 너는 눈을 들어 북방에서 오는 자들
을 보라 네게 맡겼던 양 떼, 네 아름
다운 양 떼는 어디 있느냐
21 너의 친구 삼았던 자를 그가 네 위에
우두머리로 세우실 때에 네가 무슨
말을 하겠느냐 네가 고통에 사로잡
힘이 산고를 겪는 여인 같지 않겠느
냐
22 네가 마음으로 이르기를 어찌하여
이런 일이 내게 닥쳤는고 하겠으나
네 죄악이 크므로 네 치마가 들리고
네 발뒤꿈치가 상함이니라
23 구스인이 그의 피부를, 표범이 그의
반점을 변하게 할 수 있느냐 할 수
있을진대 악에 익숙한 너희도 선을
행할 수 있으리라

365묵상

하나님의 유용한 허리띠

한때 유다 백성은 하나님께 허리띠 같은 존재였다. 그만큼 하나님과 가까웠고 나라들 사이에서 중요한 역할을 했다. 그러나 유다가 타락하고 교만해져 이방 나라들과 섞이게 되자, 그들의 유용성은 잠식당했고 결국 못쓰게 된 허리띠처럼 되었다(렘 13:1-7). 영적 교만과 세상적인 타협, 하나님께 대한 무관심은 오늘날 우리의 심령 역시 파먹어 들어간다. 맛을 잃은 소금 같아진다(마 5:13). 그러나 겸손과 회개의 삶은 우리의 유용성을 계속 유지시켜 하나님의 고귀한 백성으로서의 허리띠 역할을 잘 감당케 해줄 것이다.

24 그러므로 내가 그들을 사막 바람에
불려가는 검불 같이 흩으리로다
25 여호와의 말씀이니라 이는 네 몫이요
내가 헤아려 정하여 네게 준 분깃이
니 네가 나를 잊어버리고 거짓을 신
뢰하는 까닭이라
26 그러므로 내가 네 치마를 네 얼굴에
까지 들춰서 네 수치를 드러내리라
27 내가 너의 간음과 사악한 소리와 들
의 작은 산 위에서 네가 행한 음란과
음행과 가증한 것을 보았노라 화 있
을진저 예루살렘이여 네가 얼마나 오
랜 후에야 정결하게 되겠느냐 하시니
라

칼과 기근

14 가뭄에 대하여 예레미야에게
임한 여호와의 말씀이라
2 유다가 슬퍼하며 성문의 무리가 피곤
하여 땅 위에서 애통하니 예루살렘의
부르짖음이 위로 오르도다
3 귀인들은 자기 사환들을 보내어 물
을 얻으려 하였으나 그들이 우물에
갔어도 물을 얻지 못하여 빈 그릇으
로 돌아오니 부끄럽고 근심하여 그
들의 머리를 가리며
4 땅에 비가 없어 지면이 갈라지니 밭
가는 자가 부끄러워서 그의 머리를
가리는도다
5 들의 암사슴은 새끼를 낳아도 풀이
없으므로 내버리며
6 들 나귀들은 벗은 산 위에 서서 승냥
이 같이 헐떡이며 풀이 없으므로 눈
이 흐려지는도다
7 여호와여 우리의 죄악이 우리에게 대
하여 증언할지라도 주는 주의 이름
을 위하여 일하소서 우리의 타락함이
많으니이다 우리가 주께 범죄하였나
이다
8 이스라엘의 소망이시요 고난 당한
때의 구원자시여 어찌하여 이 땅에서
거류하는 자 같이, 하룻밤을 유숙하
는 나그네 같이 하시나이까
9 어찌하여 놀란 자 같으시며 구원하지
못하는 용사 같으시니이까 여호와여
주는 그래도 우리 가운데 계시고 우
리는 주의 이름으로 일컬음을 받는
자이오니 우리를 버리지 마옵소서
10 여호와께서 이 백성에 대하여 이와
같이 말씀하시되 그들이 어그러진 길
을 사랑하여 그들의 발을 멈추지 아
니하므로 여호와께서 그들을 받지
아니하고 이제 그들의 죄를 기억하시
고 그 죄를 벌하시리라 하시고
11 여호와께서 또 내게 이르시되 너는
이 백성을 위하여 복을 구하지 말라
12 그들이 금식할지라도 내가 그 부르

짖음을 듣지 아니하겠고 번제와 소
제를 드릴지라도 내가 그것을 받지
아니할 뿐 아니라 칼과 기근과 전염
병으로 내가 그들을 멸하리라
13 이에 내가 말하되 슬프도소이다 주
여호와여 보시옵소서 선지자들이 그
들에게 이르기를 너희가 칼을 보지
아니하겠고 기근은 너희에게 이르지
아니할 것이라 내가 이 곳에서 너희
에게 확실한 평강을 주리라 하나이
다
14 여호와께서 내게 이르시되 선지자들
이 내 이름으로 거짓 예언을 하도다
나는 그들을 보내지 아니하였고 그
들에게 명령하거나 이르지 아니하였
거늘 그들이 거짓 계시와 점술과 헛
된 것과 자기 마음의 거짓으로 너희
에게 예언하는도다
15 그러므로 내가 보내지 아니하였어도
내 이름으로 예언하여 이르기를 칼
과 기근이 이 땅에 이르지 아니하리
라 하는 선지자들에 대하여 여호와
께서 이와 같이 말씀하셨노라 그 선
지자들은 칼과 기근에 멸망할 것이요
16 그들의 예언을 받은 백성은 기근과
칼로 말미암아 예루살렘 거리에 던짐
을 당할 것인즉 그들을 장사할 자가
없을 것이요 그들의 아내와 아들과
딸이 그렇게 되리니 이는 내가 그들
의 악을 그 위에 부음이니라
17 너는 이 말로 그들에게 이르라 내
눈이 밤낮으로 그치지 아니하고 눈
물을 흘리리니 이는 처녀 딸 내 백성
이 큰 파멸, 중한 상처로 말미암아
망함이라
18 내가 들에 나간즉 칼에 죽은 자요
내가 성읍에 들어간즉 기근으로 병
든 자며 선지자나 제사장이나 알지
못하는 땅으로 두루 다니도다

백성이 주께 간구하다

19 주께서 유다를 온전히 버리시나이까
주의 심령이 시온을 싫어하시나이까
어찌하여 우리를 치시고 치료하지 아
니하시나이까 우리가 평강을 바라도
좋은 것이 없고 치료 받기를 기다리
나 두려움만 보나이다
20 여호와여 우리의 악과 우리 조상의
죄악을 인정하나이다 우리가 주께 범
죄하였나이다
21 주의 이름을 위하여 우리를 미워하지
마옵소서 주의 영광의 보좌를 욕되
게 마옵소서 주께서 우리와 세우신
언약을 기억하시고 폐하지 마옵소서
22 이방인의 우상 가운데 능히 비를 내
리게 할 자가 있나이까 하늘이 능히
소나기를 내릴 수 있으리이까 우리

하나님 여호와여 그리하는 자는 주
가 아니시니이까 그러므로 우리가 주
를 앙망하옵는 것은 주께서 이 모든
것을 만드셨음이니이다 하니라

네 가지로 백성을 벌하리라

15 여호와께서 내게 이르시되 모세
와 사무엘이 내 앞에 섰다 할지
라도 내 마음은 이 백성을 향할 수
없나니 그들을 내 앞에서 쫓아 내보
내라
2 그들이 만일 네게 말하기를 우리가
어디로 나아가리요 하거든 너는 그
들에게 이르기를 여호와께서 이와
같이 말씀하시니라 죽을 자는 죽음
으로 나아가고 칼을 받을 자는 칼로
나아가고 기근을 당할 자는 기근으
로 나아가고 포로 될 자는 포로 됨
으로 나아갈지니라 하셨다 하라
3 여호와의 말씀이니라 내가 그들을
네 가지로 벌하리니 곧 죽이는 칼과
찢는 개와 삼켜 멸하는 공중의 새와
땅의 짐승으로 할 것이며
4 유다 왕 히스기야의 아들 므낫세가
예루살렘에 행한 것으로 말미암아
내가 그들을 세계 여러 민족 가운데
에 흩으리라
5 예루살렘아 너를 불쌍히 여길 자 누
구며 너를 위해 울 자 누구며 돌이켜
네 평안을 물을 자 누구냐
6 여호와께서 이르시되 네가 나를 버렸
고 내게서 물러갔으므로 네게로 내
손을 펴서 너를 멸하였노니 이는 내
가 뜻을 돌이키기에 지쳤음이로다
7 내가 그들을 그 땅의 여러 성문에서
키로 까불러 그 자식을 끊어서 내 백
성을 멸하였나니 이는 그들이 자기들
의 길에서 돌이키지 아니하였음이라
8 그들의 과부가 내 앞에 바다 모래보
다 더 많아졌느니라 내가 대낮에 파
멸시킬 자를 그들에게로 데려다가
그들과 청년들의 어미를 쳐서 놀람과
두려움을 그들에게 갑자기 닥치게
하였으며
9 일곱을 낳은 여인에게는 쇠약하여 기
절하게 하며 아직도 대낮에 그의 해
가 떨어져서 그에게 수치와 근심을
당하게 하였느니라 그 남은 자는 그
들의 대적의 칼에 붙이리라 여호와의
말씀이니라

예레미야의 기도와 여호와의 말씀

10 내게 재앙이로다 나의 어머니여 어머
니께서 나를 온 세계에 다투는 자와
싸우는 자를 만날 자로 낳으셨도다
내가 꾸어 주지도 아니하였고 사람
이 내게 꾸이지도 아니하였건마는 다
나를 저주하는도다

11 여호와께서 이르시되 내가 진실로 너
를 강하게 할 것이요 너에게 복을 받
게 할 것이며 내가 진실로 네 원수로
재앙과 환난의 때에 네게 간구하게
하리라
12 누가 능히 철 곧 북방의 철과 놋을
꺾으리요
13 그러나 네 모든 죄로 말미암아 네 국
경 안의 모든 재산과 보물로 값 없이
탈취를 당하게 할 것이며
14 네 원수와 함께 네가 알지 못하는
땅에 이르게 하리니 이는 나의 진노
의 맹렬한 불이 너희를 사르려 함이
라
15 여호와여 주께서 아시오니 원하건대
주는 나를 기억하시며 돌보시사 나
를 박해하는 자에게 보복하시고 주
의 오래 참으심으로 말미암아 나로
멸망하지 아니하게 하옵시며 주를 위
하여 내가 부끄러움 당하는 줄을 아
시옵소서
16 만군의 하나님 여호와시여 나는 주의
이름으로 일컬음을 받는 자라 내가
주의 말씀을 얻어 먹었사오니 주의
말씀은 내게 기쁨과 내 마음의 즐거
움이오나
17 내가 기뻐하는 자의 모임 가운데 앉
지 아니하며 즐거워하지도 아니하고
주의 손에 붙들려 홀로 앉았사오니
이는 주께서 분노로 내게 채우셨음
이니이다
18 나의 고통이 계속하며 상처가 중하여
낫지 아니함은 어찌 됨이니이까 주께
서는 내게 대하여 물이 말라서 속이
는 시내 같으시리이까
19 여호와께서 이와 같이 말씀하시되 네
가 만일 돌아오면 내가 너를 다시 이
끌어 내 앞에 세울 것이며 네가 만일
헛된 것을 버리고 귀한 것을 말한다
면 너는 나의 입이 될 것이라 그들은
네게로 돌아오려니와 너는 그들에게
로 돌아가지 말지니라
20 내가 너로 이 백성 앞에 견고한 놋
성벽이 되게 하리니 그들이 너를 칠지
라도 이기지 못할 것은 내가 너와 함
께 하여 너를 구하여 건짐이라 여호
와의 말씀이니라
21 내가 너를 악한 자의 손에서 건지며
무서운 자의 손에서 구원하리라

백성에게 할 말

16 여호와의 말씀이 또 내게 임하
여 이르시되
2 너는 이 땅에서 아내를 맞이하지 말
며 자녀를 두지 말지니라
3 이 곳에서 낳은 자녀와 이 땅에서 그
들을 해산한 어머니와 그들을 낳은

아버지에 대하여 여호와께서 이와 같
이 말씀하시오니
4 그들은 독한 병으로 죽어도 아무도
슬퍼하지 않을 것이며 묻어 주지 않
아 지면의 분토와 같을 것이며 칼과
기근에 망하고 그 시체는 공중의 새
와 땅의 짐승의 밥이 되리라
5 여호와께서 이와 같이 말씀하시되 초
상집에 들어가지 말라 가서 통곡하지
말며 그들을 위하여 애곡하지 말라
내가 이 백성에게서 나의 평강을 빼
앗으며 인자와 사랑을 제함이라 여
호와의 말씀이니라
6 큰 자든지 작은 자든지 이 땅에서 죽
으리니 그들이 매장되지 못할 것이며
그들을 위하여 애곡하는 자도 없겠
고 자기 몸을 베거나 머리털을 미는
자도 없을 것이며
7 그 죽은 자로 말미암아 슬퍼하는 자
와 떡을 떼며 위로하는 자가 없을 것
이며 그들의 아버지나 어머니의 상사
를 위하여 위로의 잔을 그들에게 마
시게 할 자가 없으리라
8 너는 잔칫집에 들어가서 그들과 함
께 앉아 먹거나 마시지 말라
9 만군의 여호와 이스라엘의 하나님께
서 이와 같이 말씀하시니라 보라 기
뻐하는 소리와 즐거워하는 소리와
신랑의 소리와 신부의 소리를 내가
네 목전, 네 시대에 이 곳에서 끊어지
게 하리라
10 네가 이 모든 말로 백성에게 말할
때에 그들이 네게 묻기를 여호와께
서 우리에게 이 모든 큰 재앙을 선포
하심은 어찌 됨이며 우리의 죄악은
무엇이며 우리가 우리 하나님 여호와
께 범한 죄는 무엇이냐 하거든
11 너는 그들에게 대답하기를 여호와께
서 말씀하시되 너희 조상들이 나를
버리고 다른 신들을 따라서 그들을
섬기며 그들에게 절하고 나를 버려
내 율법을 지키지 아니하였음이라
12 너희가 너희 조상들보다 더욱 악을
행하였도다 보라 너희가 각기 악한
마음의 완악함을 따라 행하고 나에
게 순종하지 아니하였으므로
13 내가 너희를 이 땅에서 쫓아내어 너
희와 너희 조상들이 알지 못하던 땅
에 이르게 할 것이라 너희가 거기서
주야로 다른 신들을 섬기리니 이는
내가 너희에게 은혜를 베풀지 아니
함이라 하셨다 하라

포로의 귀환

14 여호와의 말씀이니라 그러나 보라 날
이 이르리니 다시는 이스라엘 자손을
애굽 땅에서 인도하여 내신 여호와

께서 살아 계심을 두고 맹세하지 아
니하고
15 이스라엘 자손을 북방 땅과 그 쫓겨
났던 모든 나라에서 인도하여 내신
여호와께서 살아 계심을 두고 맹세
하리라 내가 그들을 그들의 조상들
에게 준 그들의 땅으로 인도하여 들
이리라

악과 죄를 배나 갚을 것이라

16 여호와의 말씀이니라 보라 내가 많
은 어부를 불러다가 그들을 낚게 하
며 그 후에 많은 포수를 불러다가
그들을 모든 산과 모든 언덕과 바위
틈에서 사냥하게 하리니
17 이는 내 눈이 그들의 행위를 살펴보
므로 그들이 내 얼굴 앞에서 숨기지
못하며 그들의 죄악이 내 목전에서
숨겨지지 못함이라
18 내가 우선 그들의 악과 죄를 배나 갚
을 것은 그들이 그 미운 물건의 시체
로 내 땅을 더럽히며 그들의 가증한
것으로 내 기업에 가득하게 하였음
이라

예레미야의 기도

19 여호와 나의 힘, 나의 요새, 환난날의
피난처시여 민족들이 땅 끝에서 주께
이르러 말하기를 우리 조상들의 계
승한 바는 허망하고 거짓되고 무익한
것뿐이라
20 사람이 어찌 신 아닌 것을 자기의 신
으로 삼겠나이까 하리이다
21 여호와께서 이르시되 보라 이번에 그
들에게 내 손과 내 능력을 알려서 그
들로 내 이름이 여호와인 줄 알게 하
리라

유다의 죄와 벌

17 유다의 죄는 금강석 끝 철필로
기록되되 그들의 마음 판과 그
들의 제단 뿔에 새겨졌거늘
2 그들의 자녀가 높은 언덕 위 푸른 나
무 곁에 있는 그 제단들과 아세라들
을 생각하도다
3 들에 있는 나의 산아 네 온 영토의
죄로 말미암아 내가 네 재산과 네 모
든 보물과 산당들로 노략을 당하게
하리니
4 내가 네게 준 네 기업에서 네 손을
뗄 것이며 또 내가 너로 하여금 너의
알지 못하는 땅에서 네 원수를 섬기
게 하리니 이는 너희가 내 노를 맹렬

365묵상

비록 외롭고 소외당할지라도

하나님께 헌신하고 충성함으로 인해 예레미야가 경험했던 소외와 고립은 그의 마음을 너무도 아프게 했다. 진정 나라와 백성을 사랑했던 예레미야는 사랑하는 백성들의 일부가 되어 그들에게 받아들여지고 싶었다. 하지만 예레미야는 사람들에게 인정받는 것과 하나님에게 인정받는 것 가운데 하나를 선택해야 할 때가 있다는 것을 알고 있었고, 결국엔 하나님께 인정받는 길을 택했다. 비록 외롭고 소외당할지라도 우리가 하나님께 인정받는 길을 선택한다면, 하나님께 소중한 보호의 약속을 받을 수 있다(렘 15:15-21).

하게 하여 영원히 타는 불을 일으켰
음이라
5 여호와께서 이와 같이 말씀하시니라
무릇 사람을 믿으며 육신으로 그의
힘을 삼고 마음이 여호와에게서 떠
난 그 사람은 저주를 받을 것이라
6 그는 사막의 떨기나무 같아서 좋은
일이 오는 것을 보지 못하고 광야 간
조한 곳, 건건한 땅, 사람이 살지 않
는 땅에 살리라
7 그러나 무릇 여호와를 의지하며 여호
와를 의뢰하는 그 사람은 복을 받을
것이라
8 그는 물 가에 심어진 나무가 그 뿌리
를 강변에 뻗치고 더위가 올지라도
두려워하지 아니하며 그 잎이 청청하
며 가무는 해에도 걱정이 없고 결실
이 그치지 아니함 같으리라
9 만물보다 거짓되고 심히 부패한 것은
마음이라 누가 능히 이를 알리요마
는
10 나 여호와는 심장을 살피며 폐부를
시험하고 각각 그의 행위와 그의 행
실대로 보응하나니
11 불의로 치부하는 자는 자고새가 낳
지 아니한 알을 품음 같아서 그의 중
년에 그것이 떠나겠고 마침내 어리석
은 자가 되리라

예레미야의 간구

12 영화로우신 보좌여 시작부터 높이 계
시며 우리의 성소이시며
13 이스라엘의 소망이신 여호와여 무릇
주를 버리는 자는 다 수치를 당할 것
이라 무릇 여호와를 떠나는 자는 흙
에 기록이 되오리니 이는 생수의 근
원이신 여호와를 버림이니이다
14 여호와여 주는 나의 찬송이시오니 나
를 고치소서 그리하시면 내가 낫겠나
이다 나를 구원하소서 그리하시면 내
가 구원을 얻으리이다
15 보라 그들이 내게 이르기를 여호와
의 말씀이 어디 있느냐 이제 임하게
할지어다 하나이다
16 나는 목자의 직분에서 물러가지 아니
하고 주를 따랐사오며 재앙의 날도
내가 원하지 아니하였음을 주께서
아시는 바라 내 입술에서 나온 것이
주의 목전에 있나이다
17 주는 내게 두려움이 되지 마옵소서
재앙의 날에 주는 나의 피난처시니이
다
18 나를 박해하는 자로 치욕을 당하게
하시고 나로 치욕을 당하게 마옵소
서 그들은 놀라게 하시고 나는 놀라
게 하지 마시옵소서 재앙의 날을 그
들에게 임하게 하시며 배나 되는 멸

망으로 그들을 멸하소서

안식일을 거룩하게 하라

19 여호와께서 내게 이와 같이 말씀하
시되 너는 가서 유다 왕들이 출입하
는 평민의 문과 예루살렘 모든 문에
서서
20 무리에게 이르기를 이 문으로 들어
오는 유다 왕들과 유다 모든 백성과
예루살렘 모든 주민인 너희는 여호
와의 말씀을 들을지어다
21 여호와께서 이와 같이 말씀하시되 너
희는 스스로 삼가서 안식일에 짐을
지고 예루살렘 문으로 들어오지 말며
22 안식일에 너희 집에서 짐을 내지 말며
어떤 일이라도 하지 말고 내가 너희
조상들에게 명령함 같이 안식일을 거
룩히 할지어다
23 그들은 순종하지 아니하며 귀를 기
울이지 아니하며 그 목을 곧게 하여
듣지 아니하며 교훈을 받지 아니하였
느니라
24 여호와의 말씀이니라 너희가 만일 삼
가 나를 순종하여 안식일에 짐을 지
고 이 성문으로 들어오지 아니하며
안식일을 거룩히 하여 어떤 일이라도
하지 아니하면
25 다윗의 왕위에 앉아 있는 왕들과 고
관들이 병거와 말을 타고 이 성문으
로 들어오되 그들과 유다 모든 백성
과 예루살렘 주민들이 함께 그리할
것이요 이 성은 영원히 있을 것이며
26 사람들이 유다 성읍들과 예루살렘에
둘린 곳들과 베냐민 땅과 평지와 산
지와 네겝으로부터 와서 번제와 희
생과 소제와 유향과 감사제물을 여
호와의 성전에 가져오려니와
27 그러나 만일 너희가 나를 순종하지
아니하고 안식일을 거룩되게 아니하
여 안식일에 짐을 지고 예루살렘 문
으로 들어오면 내가 성문에 불을 놓
아 예루살렘 궁전을 삼키게 하리니
그 불이 꺼지지 아니하리라 하셨다
할지니라 하시니라

토기장이의 비유

18 여호와께로부터 예레미야에게
임한 말씀에 이르시되
2 너는 일어나 토기장이의 집으로 내려
가라 내가 거기에서 내 말을 네게 들
려 주리라 하시기로
3 내가 토기장이의 집으로 내려가서 본
즉 그가 녹로로 일을 하는데
4 진흙으로 만든 그릇이 토기장이의
손에서 터지매 그가 그것으로 자기
의견에 좋은 대로 다른 그릇을 만들
더라
5 그 때에 여호와의 말씀이 내게 임하

니라 이르시되
6 여호와의 말씀이니라 이스라엘 족속
아 이 토기장이가 하는 것 같이 내가
능히 너희에게 행하지 못하겠느냐 이
스라엘 족속아 진흙이 토기장이의
손에 있음 같이 너희가 내 손에 있느
니라
7 내가 어느 민족이나 국가를 뽑거나
부수거나 멸하려 할 때에
8 만일 내가 말한 그 민족이 그의 악에
서 돌이키면 내가 그에게 내리기로
생각하였던 재앙에 대하여 뜻을 돌
이키겠고
9 내가 어느 민족이나 국가를 건설하거
나 심으려 할 때에
10 만일 그들이 나 보기에 악한 것을 행
하여 내 목소리를 청종하지 아니하면
내가 그에게 유익하게 하리라고 한
복에 대하여 뜻을 돌이키리라
11 그러므로 이제 너는 유다 사람들과
예루살렘 주민들에게 말하여 이르기
를 여호와의 말씀에 보라 내가 너희
에게 재앙을 내리며 계책을 세워 너
희를 치려 하노니 너희는 각기 악한
길에서 돌이키며 너희의 길과 행위를
아름답게 하라 하셨다 하라
12 그러나 그들이 말하기를 이는 헛되니
우리는 우리의 계획대로 행하며 우리
는 각기 악한 마음이 완악한 대로 행
하리라 하느니라

이스라엘이 가증한 일을 행하다

13 그러므로 여호와께서 이와 같이 말
씀하시니라 너희는 누가 이러한 일을
들었는지 여러 나라 가운데 물어보
라 처녀 이스라엘이 심히 가증한 일
을 행하였도다
14 레바논의 눈이 어찌 들의 바위를 떠
나겠으며 먼 곳에서 흘러내리는 찬물
이 어찌 마르겠느냐
15 무릇 내 백성은 나를 잊고 허무한 것
에게 분향하거니와 이러한 것들은
그들로 그들의 길 곧 그 옛길에서 넘
어지게 하며 곁길 곧 닦지 아니한 길
로 행하게 하여
16 그들의 땅으로 두려움과 영원한 웃
음 거리가 되게 하리니 그리로 지나
는 자마다 놀라서 그의 머리를 흔들
리라
17 내가 그들을 그들의 원수 앞에서 흩
어 버리기를 동풍으로 함 같이 할 것
이며 그들의 재난의 날에는 내가 그
들에게 등을 보이고 얼굴을 보이지
아니하리라

예레미야를 죽이려 하다

18 그들이 말하기를 오라 우리가 꾀를
내어 예레미야를 치자 제사장에게서

율법이, 지혜로운 자에게서 책략이,
선지자에게서 말씀이 끊어지지 아니
할 것이니 오라 우리가 혀로 그를 치
고 그의 어떤 말에도 주의하지 말자
하나이다
19 여호와여 나를 돌아보사 나와 더불
어 다투는 그들의 목소리를 들어 보
옵소서
20 어찌 악으로 선을 갚으리이까마는
그들이 나의 생명을 해하려고 구덩이
를 팠나이다 내가 주의 분노를 그들
에게서 돌이키려 하고 주의 앞에 서
서 그들을 위하여 유익한 말을 한 것
을 기억하옵소서
21 그러하온즉 그들의 자녀를 기근에
내어 주시며 그들을 칼의 세력에 넘
기시며 그들의 아내들은 자녀를 잃고
과부가 되며 그 장정은 죽음을 당하
며 그 청년은 전장에서 칼을 맞게 하
시며
22 주께서 군대로 갑자기 그들에게 이
르게 하사 그들의 집에서 부르짖음
이 들리게 하옵소서 이는 그들이 나
를 잡으려고 구덩이를 팠고 내 발을
빠뜨리려고 올무를 놓았음이니이다
23 여호와여 그들이 나를 죽이려 하는
계략을 주께서 다 아시오니 그 악을
사하지 마옵시며 그들의 죄를 주의
목전에서 지우지 마시고 그들을 주
앞에 넘어지게 하시되 주께서 노하시
는 때에 이같이 그들에게 행하옵소
서 하니라

깨진 옹기

19 여호와께서 이와 같이 말씀하시
되 가서 토기장이의 옹기를 사
고 백성의 어른들과 제사장의 어른
몇 사람과
2 하시드 문 어귀 곁에 있는 힌놈의 아
들의 골짜기로 가서 거기에서 내가
네게 이른 말을 선포하여
3 말하기를 너희 유다 왕들과 예루살
렘 주민아 여호와의 말씀을 들으라
만군의 여호와 이스라엘의 하나님이
이같이 말씀하시되 보라 내가 이 곳
에 재앙을 내릴 것이라 그것을 듣는
모든 자의 귀가 떨리니
4 이는 그들이 나를 버리고 이 곳을 불
결하게 하며 이 곳에서 자기와 자기
조상들과 유다 왕들이 알지 못하던
다른 신들에게 분향하며 무죄한 자
의 피로 이 곳에 채웠음이며
5 또 그들이 바알을 위하여 산당을 건
축하고 자기 아들들을 바알에게 번
제로 불살라 드렸나니 이는 내가 명
령하거나 말하거나 뜻한 바가 아니니
라

6 그러므로 보라 다시는 이 곳을 도벳
이나 힌놈의 아들의 골짜기라 부르
지 아니하고 오직 죽임의 골짜기라
부르는 날이 이를 것이라 여호와의
말이니라
7 내가 이 곳에서 유다와 예루살렘의
계획을 무너뜨려 그들로 그 대적 앞
과 생명을 찾는 자의 손의 칼에 엎드
러지게 하고 그 시체를 공중의 새와
땅의 짐승의 밥이 되게 하며
8 이 성읍으로 놀람과 조롱 거리가 되
게 하리니 그 모든 재앙으로 말미암
아 지나는 자마다 놀라며 조롱할 것
이며
9 그들이 그들의 원수와 그들의 생명
을 찾는 자에게 둘러싸여 곤경에 빠
질 때에 내가 그들이 그들의 아들의
살, 딸의 살을 먹게 하고 또 각기 친
구의 살을 먹게 하리라 하셨다 하고
10 너는 함께 가는 자의 목전에서 그 옹
기를 깨뜨리고
11 그들에게 이르기를 만군의 여호와께
서 이와 같이 말씀하시되 사람이 토
기장이의 그릇을 한 번 깨뜨리면 다
시 완전하게 할 수 없나니 이와 같이
내가 이 백성과 이 성읍을 무너뜨리
리니 도벳에 매장할 자리가 없을 만
큼 매장하리라
12 여호와의 말씀이니라 내가 이 곳과
그 가운데 주민에게 이같이 행하여
이 성읍으로 도벳 같게 할 것이라
13 예루살렘 집들과 유다 왕들의 집들
이 그 집 위에서 하늘의 만상에 분향
하고 다른 신들에게 전제를 부음으
로 더러워졌은즉 도벳 땅처럼 되리라
하셨다 하라 하시니
14 예레미야가 여호와께서 자기를 보내
사 예언하게 하신 도벳에서 돌아와
여호와의 집 뜰에 서서 모든 백성에
게 말하되
15 만군의 여호와 이스라엘의 하나님께
서 이와 같이 말씀하시되 보라 내가
이 성읍에 대하여 선언한 모든 재앙
을 이 성읍과 그 모든 촌락에 내리리
니 이는 그들의 목을 곧게 하여 내
말을 듣지 아니함이라 하시니라

예레미야와 바스훌

20 임멜의 아들 제사장 바스훌은
여호와의 성전의 총감독이라 그
가 예레미야의 이 일 예언함을 들은
지라
2 이에 바스훌이 선지자 예레미야를
때리고 여호와의 성전에 있는 베냐민
문 위층에 목에 씌우는 나무 고랑으
로 채워 두었더니
3 다음날 바스훌이 예레미야를 목에

씌우는 나무 고랑에서 풀어 주매 예
레미야가 그에게 이르되 여호와께서
네 이름을 바스훌이라 아니하시고
마골밋사빕이라 하시느니라
4 여호와께서 이와 같이 말씀하시되 보
라 내가 너로 너와 네 모든 친구에게
두려움이 되게 하리니 그들이 그들의
원수들의 칼에 엎드러질 것이요 네
눈은 그것을 볼 것이며 내가 온 유다
를 바벨론 왕의 손에 넘기리니 그가
그들을 사로잡아 바벨론으로 옮겨
칼로 죽이리라
5 내가 또 이 성읍의 모든 부와 그 모
든 소득과 그 모든 귀중품과 유다
왕들의 모든 보물을 그 원수의 손에
넘기리니 그들이 그것을 탈취하여 바
벨론으로 가져가리라
6 바스훌아 너와 네 집에 사는 모든
사람이 포로 되어 옮겨지리니 네가
바벨론에 이르러 거기서 죽어 거기
묻힐 것이라 너와 너의 거짓 예언을
들은 네 모든 친구도 그와 같으리라
하셨느니라

예레미야가 여호와께 사정을 아뢰다

7 여호와여 주께서 나를 권유하시므로
내가 그 권유를 받았사오며 주께서
나보다 강하사 이기셨으므로 내가
조롱 거리가 되니 사람마다 종일토록
나를 조롱하나이다
8 내가 말할 때마다 외치며 파멸과 멸
망을 선포하므로 여호와의 말씀으로
말미암아 내가 종일토록 치욕과 모
욕 거리가 됨이니이다
9 내가 다시는 여호와를 선포하지 아니
하며 그의 이름으로 말하지 아니하리
라 하면 나의 마음이 불붙는 것 같아
서 골수에 사무치니 답답하여 견딜
수 없나이다
10 나는 무리의 비방과 사방이 두려워함
을 들었나이다 그들이 이르기를 고
소하라 우리도 고소하리라 하오며
내 친한 벗도 다 내가 실족하기를 기
다리며 그가 혹시 유혹을 받게 되면
우리가 그를 이기어 우리 원수를 갚
자 하나이다
11 그러하오나 여호와는 두려운 용사
같으시며 나와 함께 하시므로 나를
박해하는 자들이 넘어지고 이기지 못
할 것이오며 그들은 지혜롭게 행하
지 못하므로 큰 치욕을 당하오리니

365묵상

말할 뿐만 아니라, 실제로 보여주기

누군가에게 무얼 설명할 때 많은 말보다 한 장의 그림이 훨씬 효과적일 수 있다. 예컨대 길을 안내할 경우가 그렇다. 이런 이유로 예레미야는 유다 백성에게 하나님의 메시지를 효과적으로 전달하기 위해 '옹기를 깨뜨리는 행위'를 보여주었다(렘 19장). 이것은 오늘날 소중한 교훈을 준다. 어느 시대를 막론하고, 믿는 자들이 예수 그리스도의 십자가 복음을 전함에 있어서 가장 효과적인 수단은 말로써만 복음을 외치는 것이 아니라, 먼저 복음을 받아들인 우리가 빛과 소금의 삶을 행위로 보여주는 것이다(마 5:13-16).

그 치욕은 길이 잊지 못할 것이니이
다
12 의인을 시험하사 그 폐부와 심장을
보시는 만군의 여호와여 나의 사정을
주께 아뢰었사온즉 주께서 그들에게
보복하심을 나에게 보게 하옵소서
13 여호와께 노래하라 너희는 여호와를
찬양하라 가난한 자의 생명을 행악
자의 손에서 구원하셨음이니라
14 내 생일이 저주를 받았더면, 나의 어
머니가 나를 낳던 날이 복이 없었더
면,
15 나의 아버지에게 소식을 전하여 이르
기를 당신이 득남하였다 하여 아버지
를 즐겁게 하던 자가 저주를 받았더
면,
16 그 사람은 여호와께서 무너뜨리시고
후회하지 아니하신 성읍 같이 되었더
면, 그가 아침에는 부르짖는 소리,
낮에는 떠드는 소리를 듣게 하였더
면, 좋을 뻔하였나니
17 이는 그가 나를 태에서 죽이지 아니
하셨으며 나의 어머니를 내 무덤이 되
지 않게 하셨으며 그의 배가 부른 채
로 항상 있지 않게 하신 까닭이로다
18 어찌하여 내가 태에서 나와서 고생
과 슬픔을 보며 나의 날을 부끄러움
으로 보내는고 하니라

여호와께서 두신 생명의 길과 사망의 길

21 여호와께로부터 예레미야에게
말씀이 임하니라 시드기야 왕이
말기야의 아들 바스훌과 제사장 마
아세야의 아들 스바냐를 예레미야에
게 보내니라
2 바벨론의 느부갓네살 왕이 우리를
치니 청컨대 너는 우리를 위하여 여
호와께 간구하라 여호와께서 혹시
그의 모든 기적으로 우리를 도와 행
하시면 그가 우리를 떠나리라 하니
3 예레미야가 그들에게 대답하되 너희
는 시드기야에게 이같이 말하라
4 이스라엘의 하나님 여호와께서 이와
같이 말씀하시되 보라 너희가 성 밖
에서 바벨론의 왕과 또 너희를 에워
싼 갈대아인과 싸우는 데 쓰는 너희
손의 무기를 내가 뒤로 돌릴 것이요
그것들을 이 성 가운데 모아들이리
라
5 내가 든 손과 강한 팔 곧 진노와 분
노와 대노로 친히 너희를 칠 것이며
6 내가 또 사람이나 짐승이나 이 성에
있는 것을 다 치리니 그들이 큰 전염
병에 죽으리라 하셨다 하라
7 여호와의 말씀이니라 그 후에 내가
유다의 왕 시드기야와 그의 신하들
과 백성과 및 이 성읍에서 전염병과

칼과 기근에서 남은 자를 바벨론의
느부갓네살 왕의 손과 그들의 원수
의 손과 그들의 생명을 찾는 자들의
손에 넘기리니 그가 칼날로 그들을
치되 측은히 여기지 아니하며 긍휼히
여기지 아니하며 불쌍히 여기지 아니
하리라 하셨느니라
8 여호와께서 말씀하시기를 보라 내가
너희 앞에 생명의 길과 사망의 길을
두었노라 너는 이 백성에게 전하라
하셨느니라
9 이 성읍에 사는 자는 칼과 기근과 전
염병에 죽으려니와 너희를 에워싼 갈
대아인에게 나가서 항복하는 자는
살 것이나 그의 목숨은 전리품 같이
되리라
10 여호와의 말씀이니라 내가 나의 얼굴
을 이 성읍으로 향함은 복을 내리기
위함이 아니요 화를 내리기 위함이라
이 성읍이 바벨론 왕의 손에 넘김이
될 것이요 그는 그것을 불사르리라

유다 왕의 집에 내린 벌

11 유다 왕의 집에 대한 여호와의 말을
들으라
12 여호와께서 이와 같이 말씀하시니라
다윗의 집이여 너는 아침마다 정의롭
게 판결하여 탈취 당한 자를 압박자
의 손에서 건지라 그리하지 아니하면
너희의 악행 때문에 내 분노가 불 같
이 일어나서 사르리니 능히 끌 자가
없으리라
13 여호와의 말씀이니라 골짜기와 평원
바위의 주민아 보라 너희가 말하기를
누가 내려와서 우리를 치리요 누가
우리의 거처에 들어오리요 하거니와
나는 네 대적이라
14 내가 너희 행위대로 너희를 벌할 것
이요 내가 또 수풀에 불을 놓아 그
모든 주위를 사르리라 여호와의 말
씀이니라

유다 왕의 집에 선언하다

22

여호와께서 이와 같이 말씀하시
되 너는 유다 왕의 집에 내려가
서 거기에서 이 말을 선언하여
2 이르기를 다윗의 왕위에 앉은 유다
왕이여 너와 네 신하와 이 문들로 들
어오는 네 백성은 여호와의 말씀을
들을지니라
3 여호와께서 이와 같이 말씀하시되 너
희가 정의와 공의를 행하여 탈취 당
한 자를 압박하는 자의 손에서 건지
고 이방인과 고아와 과부를 압제하
거나 학대하지 말며 이 곳에서 무죄
한 피를 흘리지 말라
4 너희가 참으로 이 말을 준행하면 다
윗의 왕위에 앉을 왕들과 신하들과

백성이 병거와 말을 타고 이 집 문으
로 들어오게 되리라
5 그러나 너희가 이 말을 듣지 아니하
면 내가 나를 두고 맹세하노니 이 집
이 황폐하리라 여호와의 말씀이니라
6 여호와께서 유다 왕의 집에 대하여
이와 같이 말씀하시니라 네가 내게
길르앗 같고 레바논의 머리이나 내가
반드시 너로 광야와 주민이 없는 성
읍을 만들 것이라
7 내가 너를 파멸할 자를 준비하리니
그들이 각기 손에 무기를 가지고 네
아름다운 백향목을 찍어 불에 던지
리라
8 여러 민족들이 이 성읍으로 지나가며
서로 말하기를 여호와가 이 큰 성읍
에 이같이 행함은 어찌 됨인고 하겠
고
9 그들이 대답하기는 이는 그들이 자
기 하나님 여호와의 언약을 버리고
다른 신들에게 절하고 그를 섬긴 까
닭이라 하셨다 할지니라

살룸 왕에 대하여 말하다

10 너희는 죽은 자를 위하여 울지 말며
그를 위하여 애통하지 말고 잡혀 간
자를 위하여 슬피 울라 그는 다시 돌
아와 그 고국을 보지 못할 것임이라
11 여호와께서 유다 왕 요시야의 아들
곧 그의 아버지 요시야를 이어 왕이
되었다가 이 곳에서 나간 살룸에 대
하여 이와 같이 말씀하시니라 그가
이 곳으로 다시 돌아오지 못하고
12 잡혀 간 곳에서 그가 거기서 죽으리
니 이 땅을 다시 보지 못하리라

여호야김 왕에 대하여 말하다

13 불의로 그 집을 세우며 부정하게 그
다락방을 지으며 자기의 이웃을 고
용하고 그의 품삯을 주지 아니하는
자에게 화 있을진저
14 그가 이르기를 내가 나를 위하여 큰
집과 넓은 다락방을 지으리라 하고
자기를 위하여 창문을 만들고 그것
에 백향목으로 입히고 붉은 빛으로
칠하도다
15 네가 백향목을 많이 사용하여 왕이
될 수 있겠느냐 네 아버지가 먹거나
마시지 아니하였으며 정의와 공의를
행하지 아니하였느냐 그 때에 그가
형통하였었느니라
16 그는 가난한 자와 궁핍한 자를 변호
하고 형통하였나니 이것이 나를 앎이
아니냐 여호와의 말씀이니라
17 그러나 네 두 눈과 마음은 탐욕과
무죄한 피를 흘림과 압박과 포악을
행하려 할 뿐이니라
18 그러므로 여호와께서 유다의 왕 요

시야의 아들 여호야김에게 대하여 이
와 같이 말씀하시니라 무리가 그를
위하여 슬프다 내 형제여, 슬프다 내
자매여 하며 통곡하지 아니할 것이며
그를 위하여 슬프다 주여 슬프다 그
영광이여 하며 통곡하지도 아니할 것
이라
19 그가 끌려 예루살렘 문 밖에 던져지
고 나귀 같이 매장함을 당하리라

예루살렘에 대한 탄식

20 너는 레바논에 올라 외치며 바산에서
네 소리를 높이며 아바림에서 외치라
이는 너를 사랑하는 자가 다 멸망하
였음이라
21 네가 평안할 때에 내가 네게 말하였
으나 네 말이 나는 듣지 아니하리라
하였나니 네가 어려서부터 내 목소리
를 청종하지 아니함이 네 습관이라
22 네 목자들은 다 바람에 삼켜질 것이
요 너를 사랑하는 자들은 사로잡혀
가리니 그 때에 네가 반드시 네 모든
악 때문에 수치와 욕을 당하리라
23 레바논에 살면서 백향목에 깃들이는
자여 여인이 해산하는 고통 같은 고
통이 네게 임할 때에 너의 가련함이
얼마나 심하랴

여호와께서 고니야 왕을 심판하시다

24 여호와의 말씀이니라 나의 삶으로 맹
세하노니 유다 왕 여호야김의 아들
고니야가 나의 오른손의 인장반지라
할지라도 내가 빼어
25 네 생명을 찾는 자의 손과 네가 두려
워하는 자의 손 곧 바벨론의 왕 느
부갓네살의 손과 갈대아인의 손에
줄 것이라
26 내가 너와 너를 낳은 어머니를 너희
가 나지 아니한 다른 지방으로 쫓아
내리니 너희가 거기에서 죽으리라
27 그들이 그들의 마음에 돌아오기를
사모하는 땅에 돌아오지 못하리라
28 이 사람 고니야는 천하고 깨진 그릇
이냐 좋아하지 아니하는 그릇이냐
어찌하여 그와 그의 자손이 쫓겨나서
알지 못하는 땅에 들어갔는고
29 땅이여, 땅이여, 땅이여, 여호와의 말
을 들을지니라
30 여호와께서 이와 같이 말씀하시니라
너희는 이 사람이 자식이 없겠고 그
의 평생 동안 형통하지 못할 자라 기
록하라 이는 그의 자손 중 형통하여
다윗의 왕위에 앉아 유다를 다스릴
사람이 다시는 없을 것임이라 하시니
라

미래의 왕 메시아

23 여호와의 말씀이니라 내 목장의
양 떼를 멸하며 흩어지게 하는

목자에게 화 있으리라
2 그러므로 이스라엘의 하나님 여호와
께서 내 백성을 기르는 목자에게 이
와 같이 말씀하시니라 너희가 내 양
떼를 흩으며 그것을 몰아내고 돌보
지 아니하였도다 보라 내가 너희의
악행 때문에 너희에게 보응하리라
여호와의 말씀이니라
3 내가 내 양 떼의 남은 것을 그 몰려
갔던 모든 지방에서 모아 다시 그 우
리로 돌아오게 하리니 그들의 생육
이 번성할 것이며
4 내가 그들을 기르는 목자들을 그들
위에 세우리니 그들이 다시는 두려워
하거나 놀라거나 잃어 버리지 아니하
리라 여호와의 말씀이니라
5 여호와의 말씀이니라 보라 때가 이
르리니 내가 다윗에게 한 의로운 가
지를 일으킬 것이라 그가 왕이 되어
지혜롭게 다스리며 세상에서 정의와
공의를 행할 것이며
6 그의 날에 유다는 구원을 받겠고 이
스라엘은 평안히 살 것이며 그의 이
름은 여호와 우리의 공의라 일컬음
을 받으리라
7 그러므로 여호와의 말씀이니라 보라
날이 이르리니 그들이 다시는 이스라
엘 자손을 애굽 땅에서 인도하여 내
신 여호와의 사심으로 맹세하지 아니
하고
8 이스라엘 집 자손을 북쪽 땅, 그 모
든 쫓겨났던 나라에서 인도하여 내신
여호와의 사심으로 맹세할 것이며 그
들이 자기 땅에 살리라 하시니라

선지자들에 대한 말씀

9 선지자들에 대한 말씀이라
내 마음이 상하며 내 모든 뼈가 떨리며
내가 취한 사람 같으며 포도주에 잡
힌 사람 같으니 이는 여호와와 그 거
룩한 말씀 때문이라
10 이 땅에 간음하는 자가 가득하도다
저주로 말미암아 땅이 슬퍼하며 광
야의 초장들이 마르나니 그들의 행
위가 악하고 힘쓰는 것이 정직하지
못함이로다
11 여호와의 말씀이니라 선지자와 제사
장이 다 사악한지라 내가 내 집에서
도 그들의 악을 발견하였노라
12 그러므로 그들의 길이 그들에게 어
두운 가운데 미끄러운 곳과 같이 되
고 그들이 밀어냄을 당하여 그 길에
엎드러질 것이라 그들을 벌하는 해에
내가 그들에게 재앙을 내리리라 여
호와의 말씀이니라
13 내가 사마리아 선지자들 가운데 우
매함을 보았나니 그들은 바알을 의

지하고 예언하여 내 백성 이스라엘
을 그릇되게 하였고
14 내가 예루살렘 선지자들 가운데도
가증한 일을 보았나니 그들은 간음
을 행하며 거짓을 말하며 악을 행하
는 자의 손을 강하게 하여 사람으로
그 악에서 돌이킴이 없게 하였은즉
그들은 다 내 앞에서 소돔과 다름이
없고 그 주민은 고모라와 다름이 없
느니라
15 그러므로 만군의 여호와께서 선지자
에 대하여 이와 같이 말씀하시니라
보라 내가 그들에게 쑥을 먹이며 독
한 물을 마시게 하리니 이는 사악이
예루살렘 선지자들로부터 나와서 온
땅에 퍼짐이라 하시니라
16 만군의 여호와께서 이와 같이 말씀
하시되 너희에게 예언하는 선지자들
의 말을 듣지 말라 그들은 너희에게
헛된 것을 가르치나니 그들이 말한
묵시는 자기 마음으로 말미암은 것
이요 여호와의 입에서 나온 것이 아
니니라
17 항상 그들이 나를 멸시하는 자에게
이르기를 너희가 평안하리라 여호와
의 말씀이니라 하며 또 자기 마음이
완악한 대로 행하는 모든 사람에게
이르기를 재앙이 너희에게 임하지 아
니하리라 하였느니라
18 누가 여호와의 회의에 참여하여 그
말을 알아들었으며 누가 귀를 기울
여 그 말을 들었느냐
19 보라 여호와의 노여움이 일어나 폭
풍과 회오리바람처럼 악인의 머리를
칠 것이라
20 여호와의 진노가 내 마음의 뜻하는
바를 행하여 이루기까지는 그치지 아
니하나니 너희가 끝날에 그것을 완전
히 깨달으리라
21 이 선지자들은 내가 보내지 아니하였
어도 달음질하며 내가 그들에게 이
르지 아니하였어도 예언하였은즉
22 그들이 만일 나의 회의에 참여하였더
라면 내 백성에게 내 말을 들려서 그
들을 악한 길과 악한 행위에서 돌이
키게 하였으리라
23 여호와의 말씀이니라 나는 가까운
데에 있는 하나님이요 먼 데에 있는
하나님은 아니냐
24 여호와의 말씀이니라 사람이 내게 보

365묵상

우리의 상처를 치료하시는 주님

사람은 하나님의 눈을 피해 숨을 수 없다. 천지에 충만하신 하나님은 우리가 아주 은밀한 곳에 숨어있다고 해서 찾아내지 못하는 분이 아니다(렘 23:24). 이제 병원의 수술대를 생각해보라. 당신에게 수술 받아야할 큰 상처가 있다면, 당신은 수술대 위에 누워 의사의 수술을 기다려야 한다. 영적으로 볼 때 이와 똑같은 방식으로 죄로 인한 당신의 상처를 하나님 앞에 내놓아야 한다. 조금도 부끄러워하거나 숨기지 말고, 위대한 영혼의 의사이신 하나님의 치료를 확신하는 가운데 나의 상처를 아뢰고 드러내야 한다.

이지 아니하려고 누가 자신을 은밀한
곳에 숨길 수 있겠느냐 여호와가 말
하노라 나는 천지에 충만하지 아니
하냐
25 내 이름으로 거짓을 예언하는 선지자
들의 말에 내가 꿈을 꾸었다 꿈을
꾸었다고 말하는 것을 내가 들었노
라
26 거짓을 예언하는 선지자들이 언제까
지 이 마음을 품겠느냐 그들은 그
마음의 간교한 것을 예언하느니라
27 그들이 서로 꿈 꾼 것을 말하니 그
생각인즉 그들의 조상들이 바알로
말미암아 내 이름을 잊어버린 것 같
이 내 백성으로 내 이름을 잊게 하려
함이로다
28 여호와의 말씀이니라 꿈을 꾼 선지자
는 꿈을 말할 것이요 내 말을 받은
자는 성실함으로 내 말을 말할 것이
라 겨가 어찌 알곡과 같겠느냐
29 여호와의 말씀이니라 내 말이 불 같
지 아니하냐 바위를 쳐서 부스러뜨리
는 방망이 같지 아니하냐
30 여호와의 말씀이라 그러므로 보라
서로 내 말을 도둑질하는 선지자들
을 내가 치리라
31 여호와의 말씀이니라 보라 그들이 혀
를 놀려 여호와가 말씀하셨다 하는
선지자들을 내가 치리라
32 여호와의 말씀이니라 보라 거짓 꿈을
예언하여 이르며 거짓과 헛된 자만으
로 내 백성을 미혹하게 하는 자를
내가 치리라 내가 그들을 보내지 아
니하였으며 명령하지 아니하였나니
그들은 이 백성에게 아무 유익이 없
느니라 여호와의 말씀이니라

여호와의 엄중한 말씀

33 이 백성이나 선지자나 제사장이 네게
물어 이르기를 여호와의 엄중한 말
씀이 무엇인가 묻거든 너는 그들에
게 대답하기를 엄중한 말씀이 무엇
이냐 묻느냐 여호와의 말씀에 내가
너희를 버리리라 하셨고
34 또 여호와의 엄중한 말씀이라 하는
선지자에게나 제사장에게나 백성에
게는 내가 그 사람과 그 집안을 벌
하리라 하셨다 하고
35 너희는 서로 이웃과 형제에게 묻기를
여호와께서 무엇이라 응답하셨으며
여호와께서 무엇이라 말씀하셨느냐
하고
36 다시는 여호와의 엄중한 말씀이라 말
하지 말라 각 사람의 말이 자기에게
중벌이 되리니 이는 너희가 살아 계신
하나님, 만군의 여호와 우리 하나님의
말씀을 망령되이 사용함이니라 하고

37 너는 또 선지자에게 말하기를 여호
와께서 네게 무엇이라 대답하셨으며
여호와께서 무엇이라 말씀하셨느냐
38 너희는 여호와의 엄중한 말씀이라 말
하도다 그러므로 여호와께서 이와
같이 말씀하시되 내가 너희에게 사람
을 보내어 너희는 여호와의 엄중한
말씀이라 하지 말라 하였으나 너희가
여호와의 엄중한 말씀이라는 이 말
을 하였은즉
39 내가 너희를 온전히 잊어버리며 내가
너희와 너희 조상들에게 준 이 성읍
을 내 앞에서 내버려
40 너희는 영원한 치욕과 잊지 못할 영
구한 수치를 당하게 하리라 하셨느
니라

좋은 무화과 나쁜 무화과

24 바벨론의 느부갓네살 왕이 유
다 왕 여호야김의 아들 여고냐
와 유다 고관들과 목공들과 철공들
을 예루살렘에서 바벨론으로 옮긴
후에 여호와께서 여호와의 성전 앞
에 놓인 무화과 두 광주리를 내게
보이셨는데
2 한 광주리에는 처음 익은 듯한 극히
좋은 무화과가 있고 한 광주리에는
나빠서 먹을 수 없는 극히 나쁜 무화
과가 있더라
3 여호와께서 내게 이르시되 예레미야
야 네가 무엇을 보느냐 하시매 내가
대답하되 무화과이온데 그 좋은 무
화과는 극히 좋고 그 나쁜 것은 아
주 나빠서 먹을 수 없게 나쁘니이다
하니
4 여호와의 말씀이 또 내게 임하니라
이르시되
5 이스라엘의 하나님 여호와께서 이와
같이 말씀하시니라 내가 이 곳에서
옮겨 갈대아인의 땅에 이르게 한 유
다 포로를 이 좋은 무화과 같이 잘
돌볼 것이라
6 내가 그들을 돌아보아 좋게 하여 다
시 이 땅으로 인도하여 세우고 헐지
아니하며 심고 뽑지 아니하겠고
7 내가 여호와인 줄 아는 마음을 그들
에게 주어서 그들이 전심으로 내게
돌아오게 하리니 그들은 내 백성이
되겠고 나는 그들의 하나님이 되리라
8 여호와께서 이와 같이 말씀하시니라
내가 유다의 왕 시드기야와 그 고관
들과 예루살렘의 남은 자로서 이 땅
에 남아 있는 자와 애굽 땅에 사는
자들을 나빠서 먹을 수 없는 이 나쁜
무화과 같이 버리되
9 세상 모든 나라 가운데 흩어서 그들
에게 환난을 당하게 할 것이며 또 그

들에게 내가 쫓아 보낼 모든 곳에서
부끄러움을 당하게 하며 말 거리가
되게 하며 조롱과 저주를 받게 할 것
이며
10 내가 칼과 기근과 전염병을 그들 가
운데 보내 그들이 내가 그들과 그들
의 조상들에게 준 땅에서 멸절하기
까지 이르게 하리라 하시니라

칠십 년 동안 바벨론 왕을 섬기리라

25 유다의 왕 요시야의 아들 여호
야김 넷째 해 곧 바벨론의 왕
느부갓네살 원년에 유다의 모든 백
성에 관한 말씀이 예레미야에게 임
하니라
2 선지자 예레미야가 유다의 모든 백성
과 예루살렘의 모든 주민에게 말하
여 이르되
3 유다의 왕 아몬의 아들 요시야 왕 열
셋째 해부터 오늘까지 이십삼 년 동
안 여호와의 말씀이 내게 임하기로
내가 너희에게 꾸준히 일렀으나 너희
가 순종하지 아니하였느니라
4 그러므로 여호와께서 그의 모든 종
선지자를 너희에게 끊임없이 보내셨
으나 너희가 순종하지 아니하였으며
귀를 기울여 듣지도 아니하였도다
5 그가 이르시기를 너희는 각자의 악한
길과 악행을 버리고 돌아오라 그리
하면 나 여호와가 너희와 너희 조상
들에게 영원부터 영원까지 준 그 땅
에 살리라
6 너희는 다른 신을 따라다니며 섬기거
나 경배하지 말며 너희 손으로 만든
것으로써 나의 노여움을 일으키지 말
라 그리하면 내가 너희를 해하지 아
니하리라 하였으나
7 너희가 내 말을 순종하지 아니하고
너희 손으로 만든 것으로써 나의 노
여움을 일으켜 스스로 해하였느니라
여호와의 말씀이니라
8 그러므로 만군의 여호와께서 이와
같이 말씀하시니라 너희가 내 말을
듣지 아니하였느니라
9 보라 내가 북쪽 모든 종족과 내 종
바벨론의 왕 느부갓네살을 불러다가
이 땅과 그 주민과 사방 모든 나라
를 쳐서 진멸하여 그들을 놀램과 비
웃음 거리가 되게 하며 땅으로 영원
한 폐허가 되게 할 것이라 여호와의
말씀이니라
10 내가 그들 중에서 기뻐하는 소리와
즐거워하는 소리와 신랑의 소리와 신
부의 소리와 맷돌 소리와 등불 빛이
끊어지게 하리니
11 이 모든 땅이 폐허가 되어 놀랄 일이
될 것이며 이 민족들은 칠십 년 동안

바벨론의 왕을 섬기리라
12 여호와의 말씀이니라 칠십 년이 끝나
면 내가 바벨론의 왕과 그의 나라와
갈대아인의 땅을 그 죄악으로 말미
암아 벌하여 영원히 폐허가 되게 하
되
13 내가 그 땅을 향하여 선언한 바 곧
예레미야가 모든 민족을 향하여 예
언하고 이 책에 기록한 나의 모든 말
을 그 땅에 임하게 하리라
14 그리하여 여러 민족과 큰 왕들이 그
들로 자기들을 섬기게 할 것이나 나
는 그들의 행위와 그들의 손이 행한
대로 갚으리라

모든 나라에 내리는 진노의 술잔

15 이스라엘의 하나님 여호와께서 이같
이 내게 이르시되 너는 내 손에서 이
진노의 술잔을 받아가지고 내가 너
를 보내는 바 그 모든 나라로 하여
금 마시게 하라
16 그들이 마시고 비틀거리며 미친 듯이
행동하리니 이는 내가 그들 중에 칼
을 보냈기 때문이니라 하시기로
17 내가 여호와의 손에서 그 잔을 받아
서 여호와께서 나를 보내신 바 그 모
든 나라로 마시게 하되
18 예루살렘과 유다 성읍들과 그 왕들
과 그 고관들로 마시게 하였더니 그
들이 멸망과 놀램과 비웃음과 저주
를 당함이 오늘과 같으니라
19 또 애굽의 왕 바로와 그의 신하들과
그의 고관들과 그의 모든 백성과
20 모든 섞여 사는 민족들과 우스 땅의
모든 왕과 블레셋 사람의 땅 모든
왕과 아스글론과 가사와 에그론과
아스돗의 나머지 사람들과
21 에돔과 모압과 암몬 자손과
22 두로의 모든 왕과 시돈의 모든 왕과
바다 건너쪽 섬의 왕들과
23 드단과 데마와 부스와 살쩍을 깎은
모든 자와
24 아라비아의 모든 왕과 광야에서 섞
여 사는 민족들의 모든 왕과
25 시므리의 모든 왕과 엘람의 모든 왕
과 메대의 모든 왕과
26 북쪽 원근의 모든 왕과 지면에 있는
세상의 모든 나라로 마시게 하니라
세삭 왕은 그 후에 마시리라
27 너는 그들에게 이르기를 만군의 여
호와 이스라엘의 하나님의 말씀에 너
희는 내가 너희 가운데 보내는 칼 앞
에서 마시며 취하여 토하고 엎드러져
다시는 일어나지 말아라 하셨느니라
28 그들이 만일 네 손에서 잔을 받아 마
시기를 거절하거든 너는 그들에게 이
르기를 만군의 여호와께서 말씀하시

기를 너희가 반드시 마셔야 하리라
29 보라 내가 내 이름으로 일컬음을 받
는 성에서부터 재앙 내리기를 시작하
였은즉 너희가 어찌 능히 형벌을 면
할 수 있느냐 면하지 못하리니 이는
내가 칼을 불러 세상의 모든 주민을
칠 것임이라 하셨다 하라 만군의 여
호와의 말씀이니라
30 그러므로 너는 그들에게 이 모든 말
로 예언하여 이르기를 여호와께서
높은 데서 포효하시고 그의 거룩한
처소에서 소리를 내시며 그의 초장을
향하여 크게 부르시고 세상 모든 주
민에 대하여 포도 밟는 자 같이 흥겹
게 노래하시리라
31 요란한 소리가 땅 끝까지 이름은 여
호와께서 뭇 민족과 다투시며 모든
육체를 심판하시며 악인을 칼에 내
어 주셨음이라 여호와의 말씀이니라
32 만군의 여호와께서 이와 같이 말씀
하시니라 보라 재앙이 나서 나라에서
나라에 미칠 것이며 큰 바람이 땅 끝
에서 일어날 것이라
33 그 날에 여호와에게 죽임을 당한 자
가 땅 이 끝에서 땅 저 끝에 미칠 것
이나 그들을 위하여 애곡하는 자도
없고 시신을 거두어 주는 자도 없고
매장하여 주는 자도 없으리니 그들
은 지면에서 분토가 되리로다
34 너희 목자들아 외쳐 애곡하라 너희
양 떼의 인도자들아 잿더미에서 뒹굴
라 이는 너희가 도살 당할 날과 흩음
을 당할 기한이 찼음인즉 너희가 귀
한 그릇이 떨어짐 같이 될 것이라
35 목자들은 도망할 수 없겠고 양 떼의
인도자들은 도주할 수 없으리로다
36 목자들이 부르짖는 소리와 양 떼의
인도자들이 애곡하는 소리여 여호와
가 그들의 초장을 황폐하게 함이로
다
37 평화로운 목장들이 여호와의 진노하
시는 열기 앞에서 적막하게 되리라
38 그가 젊은 사자 같이 그 굴에서 나오
셨으니 그 호통치시는 분의 분노와
그의 극렬한 진노로 말미암아 그들
의 땅이 폐허가 되리로다 하시니라

여호와의 성전 뜰에서 말씀을 전하다

26 유다의 왕 요시야의 아들 여호
야김이 다스리기 시작한 때에
여호와께로부터 이 말씀이 임하여 이
르시되
2 여호와께서 이와 같이 말씀하시니라
너는 여호와의 성전 뜰에 서서 유다
모든 성읍에서 여호와의 성전에 와서
예배하는 자에게 내가 네게 명령하
여 이르게 한 모든 말을 전하되 한

마디도 감하지 말라
3 그들이 듣고 혹시 각각 그 악한 길에
서 돌아오리라 그리하면 내가 그들의
악행으로 말미암아 그들에게 재앙
을 내리려 하던 뜻을 돌이키리라
4 너는 그들에게 이와 같이 이르라 여
호와의 말씀에 너희가 나를 순종하
지 아니하며 내가 너희 앞에 둔 내
율법을 행하지 아니하며
5 내가 너희에게 나의 종 선지자들을
꾸준히 보내 그들의 말을 순종하라
고 하였으나 너희는 순종하지 아니
하였느니라
6 내가 이 성전을 실로 같이 되게 하고
이 성을 세계 모든 민족의 저줏거리
가 되게 하리라 하셨느니라
7 예레미야가 여호와의 성전에서 이 말
을 하매 제사장들과 선지자들과 모
든 백성이 듣더라
8 예레미야가 여호와께서 명령하신 말
씀을 모든 백성에게 전하기를 마치
매 제사장들과 선지자들과 모든 백
성이 그를 붙잡고 이르되 네가 반드
시 죽어야 하리라
9 어찌하여 네가 여호와의 이름을 의지
하고 예언하여 이르기를 이 성전이
실로 같이 되겠고 이 성이 황폐하여
주민이 없으리라 하느냐 하며 그 모
든 백성이 여호와의 성전에서 예레미
야를 향하여 모여드니라
10 유다의 고관들이 이 말을 듣고 왕궁
에서 여호와의 성전으로 올라가 여호
와의 성전 새 대문의 입구에 앉으매
11 제사장들과 선지자들이 고관들과 모
든 백성에게 말하여 이르되 이 사람
은 죽는 것이 합당하니 너희 귀로 들
음 같이 이 성에 관하여 예언하였음
이라
12 예레미야가 모든 고관과 백성에게
말하여 이르되 여호와께서 나를 보
내사 너희가 들은 바 모든 말로 이
성전과 이 성을 향하여 예언하게 하
셨느니라
13 그런즉 너희는 너희 길과 행위를 고
치고 너희 하나님 여호와의 목소리를
청종하라 그리하면 여호와께서 너희
에게 선언하신 재앙에 대하여 뜻을
돌이키시리라
14 보라 나는 너희 손에 있으니 너희 의
견에 좋은 대로, 옳은 대로 하려니와

365묵상

죽음보다 강한 복음 증거의 삶

죄로 인해 유다가 망하고 예루살렘 성전이 파괴될 것이라는 예레미야 선지자의 심판 메시지는 백성들의 강력한 반발을 불러일으켰고, 그들은 예레미야를 죽이려 했다(렘 26:8-19). 교회 역사상 하나님의 말씀을 전하다가 죽임 당한 순교자들의 수는 얼마나 될까? 사탄이 지배하는 이 땅 위에서 복음 증거가 쉬웠던 적은 한 번도 없었다. 핍박의 연속이었다. 그럼에도 불구하고 많은 신앙인들이 더욱 담대하게 복음을 전했다. 이런 사실을 생각할 때, 믿는 자로서 때로 배척과 비웃음쯤 당한다고 움츠러들어서야 되겠는가!

15 너희는 분명히 알아라 너희가 나를
죽이면 반드시 무죄한 피를 너희 몸
과 이 성과 이 성 주민에게 돌리는 것
이니라 이는 여호와께서 진실로 나를
보내사 이 모든 말을 너희 귀에 말하
게 하셨음이라
16 고관들과 모든 백성이 제사장들과
선지자들에게 이르되 이 사람이 우리
하나님 여호와의 이름으로 우리에게
말하였으니 죽일 만한 이유가 없느니
라
17 그러자 그 지방의 장로 중 몇 사람이
일어나 백성의 온 회중에게 말하여
이르기를
18 유다의 왕 히스기야 시대에 모레셋
사람 미가가 유다의 모든 백성에게
예언하여 이르되 만군의 여호와께서
이와 같이 말씀하셨느니라 시온은 밭
같이 경작지가 될 것이며 예루살렘은
돌 무더기가 되며 이 성전의 산은 산
당의 숲과 같이 되리라 하였으나
19 유다의 왕 히스기야와 모든 유다가
그를 죽였느냐 히스기야가 여호와를
두려워하여 여호와께 간구하매 여호
와께서 그들에게 선언한 재앙에 대
하여 뜻을 돌이키지 아니하셨느냐 우
리가 이같이 하면 우리의 생명을 스
스로 심히 해롭게 하는 것이니라
20 또 여호와의 이름으로 예언한 사람
이 있었는데 곧 기럇여아림 스마야의
아들 우리야라 그가 예레미야의 모
든 말과 같이 이 성과 이 땅에 경고
하여 예언하매
21 여호야김 왕과 그의 모든 용사와 모
든 고관이 그의 말을 듣고서 왕이 그
를 죽이려 하매 우리야가 그 말을 듣
고 두려워 애굽으로 도망하여 간지
라
22 여호야김 왕이 사람을 애굽으로 보
내되 곧 악볼의 아들 엘라단과 몇 사
람을 함께 애굽으로 보냈더니
23 그들이 우리야를 애굽에서 연행하여
여호야김 왕에게로 그를 데려오매
왕이 칼로 그를 죽이고 그의 시체를
평민의 묘지에 던지게 하니라
24 사반의 아들 아히감의 손이 예레미야
를 도와 주어 그를 백성의 손에 내어
주지 아니하여 죽이지 못하게 하니라

거짓 선지자들과 싸우는 예레미야

27 유다의 왕 요시야의 아들 여호
야김이 다스리기 시작할 때에
여호와께서 말씀으로 예레미야에게
임하시니라
2 여호와께서 이와 같이 내게 말씀하
시되 너는 줄과 멍에를 만들어 네 목
에 걸고

3 유다의 왕 시드기야를 보러 예루살
렘에 온 사신들의 손에도 그것을 주
어 에돔의 왕과 모압의 왕과 암몬 자
손의 왕과 두로의 왕과 시돈의 왕에
게 보내며
4 그들에게 명령하여 그들의 주께 말
하게 하기를 만군의 여호와 이스라
엘의 하나님께서 이와 같이 말씀하시
되 너희는 너희의 주께 이같이 전하
라
5 나는 내 큰 능력과 나의 쳐든 팔로
땅과 지상에 있는 사람과 짐승들을
만들고 내가 보기에 옳은 사람에게
그것을 주었노라
6 이제 내가 이 모든 땅을 내 종 바벨
론의 왕 느부갓네살의 손에 주고 또
들짐승들을 그에게 주어서 섬기게
하였나니
7 모든 나라가 그와 그의 아들과 손자
를 그 땅의 기한이 이르기까지 섬기
리라 또한 많은 나라들과 큰 왕들이
그 자신을 섬기리라
8 여호와의 말씀이니라 바벨론의 왕
느부갓네살을 섬기지 아니하며 그 목
으로 바벨론의 왕의 멍에를 메지 아
니하는 백성과 나라는 내가 그들이
멸망하기까지 칼과 기근과 전염병으
로 그 민족을 벌하리라
9 너희는 너희 선지자나 복술가나 꿈꾸
는 자나 술사나 요술자가 이르기를
너희가 바벨론의 왕을 섬기게 되지
아니하리라 하여도 너희는 듣지 말라
10 그들은 너희에게 거짓을 예언하여 너
희가 너희 땅에서 멀리 떠나게 하며
또 내가 너희를 몰아내게 하며 너희
를 멸망하게 하느니라
11 그러나 그 목으로 바벨론의 왕의 멍
에를 메고 그를 섬기는 나라는 내가
그들을 그 땅에 머물러 밭을 갈며 거
기서 살게 하리라 하셨다 하라 여호
와의 말씀이니라 하시니라
12 내가 이 모든 말씀대로 유다의 왕 시
드기야에게 전하여 이르되 왕과 백성
은 바벨론 왕의 멍에를 목에 메고
그와 그의 백성을 섬기소서 그리하면
사시리라
13 어찌하여 당신과 당신의 백성이 여호
와께서 바벨론의 왕을 섬기지 아니하
는 나라에 대하여 하신 말씀과 같이
칼과 기근과 전염병에 죽으려 하나이
까
14 그러므로 당신들은 바벨론의 왕을
섬기게 되지 아니하리라 하는 선지자
의 말을 듣지 마소서 그들은 거짓을
예언함이니이다
15 이는 여호와의 말씀이니라 내가 그

들을 보내지 아니하였거늘 그들이
내 이름으로 거짓을 예언하니 내가
너희를 몰아내리니 너희와 너희에게
예언하는 선지자들이 멸망하리라
16 내가 또 제사장들과 그 모든 백성에
게 전하여 이르되 여호와께서 이와
같이 말씀하시기를 보라 여호와의 성
전의 기구를 이제 바벨론에서 속히
돌려오리라고 너희에게 예언하는 선
지자들의 말을 듣지 말라 이는 그들
이 거짓을 예언함이니라 하셨나니
17 너희는 그들의 말을 듣지 말고 바벨
론의 왕을 섬기라 그리하면 살리라
어찌하여 이 성을 황무지가 되게 하
려느냐
18 만일 그들이 선지자이고 여호와의 말
씀을 가지고 있다면 그들이 여호와의
성전에와 유다의 왕의 궁전에와 예
루살렘에 남아 있는 기구를 바벨론
으로 옮겨가지 못하도록 만군의 여
호와께 구하여야 할 것이니라
19 만군의 여호와께서 기둥들과 큰 대
야와 받침들과 이 성에 남아 있는 기
구에 대하여 이같이 말씀하시나니
20 이것은 바벨론의 왕 느부갓네살이
유다의 왕 여호야김의 아들 여고니야
와 유다와 예루살렘 모든 귀인을 예
루살렘에서 바벨론으로 사로잡아
옮길 때에 가져가지 아니하였던 것이
라
21 만군의 여호와 이스라엘의 하나님께
서 여호와의 성전과 유다의 왕의 궁
전과 예루살렘에 남아 있는 그 기구
에 대하여 이와 같이 말씀하셨느니라
22 그것들이 바벨론으로 옮겨지고 내가
이것을 돌보는 날까지 거기에 있을
것이니라 그 후에 내가 그것을 올려
와 이 곳에 그것들을 되돌려 두리라
여호와의 말씀이니라

예레미야와 하나냐

28 그 해 곧 유다 왕 시드기야가
다스리기 시작한 지 사 년 다섯
째 달 기브온 앗술의 아들 선지자 하
나냐가 여호와의 성전에서 제사장들
과 모든 백성이 보는 앞에서 내게 말
하여 이르되
2 만군의 여호와 이스라엘의 하나님이
이같이 일러 말씀하시기를 내가 바벨
론의 왕의 멍에를 꺾었느니라
3 내가 바벨론의 왕 느부갓네살이 이
곳에서 빼앗아 바벨론으로 옮겨 간
여호와의 성전 모든 기구를 이 년 안
에 다시 이 곳으로 되돌려 오리라
4 내가 또 유다의 왕 여호야김의 아들
여고니야와 바벨론으로 간 유다 모
든 포로를 다시 이 곳으로 돌아오게

하리니 이는 내가 바벨론의 왕의 멍
에를 꺾을 것임이라 여호와의 말씀이
니라 하니라
5 선지자 예레미야가 여호와의 성전에
서 있는 제사장들과 모든 백성들이
보는 앞에서 선지자 하나냐에게 말
하니라
6 선지자 예레미야가 말하니라 아멘,
여호와는 이같이 하옵소서 여호와께
서 네가 예언한 말대로 이루사 여호
와의 성전 기구와 모든 포로를 바벨
론에서 이 곳으로 되돌려 오시기를
원하노라
7 그러나 너는 내가 네 귀와 모든 백성
의 귀에 이르는 이 말을 잘 들으라
8 나와 너 이전의 선지자들이 예로부터
많은 땅들과 큰 나라들에 대하여 전
쟁과 재앙과 전염병을 예언하였느니
라
9 평화를 예언하는 선지자는 그 예언
자의 말이 응한 후에야 그가 진실로
여호와께서 보내신 선지자로 인정 받
게 되리라
10 선지자 하나냐가 선지자 예레미야의
목에서 멍에를 빼앗아 꺾고
11 모든 백성 앞에서 하나냐가 말하여
이르되 여호와께서 이와 같이 말씀하
시니라 내가 이 년 안에 모든 민족의
목에서 바벨론의 왕 느부갓네살의
멍에를 이와 같이 꺾어 버리리라 하셨
느니라 하매 선지자 예레미야가 자기
의 길을 가니라
12 선지자 하나냐가 선지자 예레미야의
목에서 멍에를 꺾어 버린 후에 여호
와의 말씀이 예레미야에게 임하니라
이르시기를
13 너는 가서 하나냐에게 말하여 이르기
를 여호와의 말씀에 네가 나무 멍에
들을 꺾었으나 그 대신 쇠 멍에들을
만들었느니라
14 만군의 여호와 이스라엘의 하나님께
서 이와 같이 말씀하시니라 내가 쇠
멍에로 이 모든 나라의 목에 메워 바
벨론의 왕 느부갓네살을 섬기게 하
였으니 그들이 그를 섬기리라 내가
들짐승도 그에게 주었느니라 하라
15 선지자 예레미야가 선지자 하나냐에
게 이르되 하나냐여 들으라 여호와
께서 너를 보내지 아니하셨거늘 네가
이 백성에게 거짓을 믿게 하는도다
16 그러므로 여호와께서 이와 같이 말
씀하시되 내가 너를 지면에서 제하리
니 네가 여호와께 패역한 말을 하였
음이라 네가 금년에 죽으리라 하였더
니
17 선지자 하나냐가 그 해 일곱째 달에

죽었더라

포로에게 보낸 예레미야의 편지

29 선지자 예레미야가 예루살렘에
서 이같은 편지를 느부갓네살이
예루살렘에서 바벨론으로 끌고 간
포로 중 남아 있는 장로들과 제사장
들과 선지자들과 모든 백성에게 보
냈는데
2 그 때는 여고니야 왕과 왕후와 궁중
내시들과 유다와 예루살렘의 고관들
과 기능공과 토공들이 예루살렘에서
떠난 후라
3 유다의 왕 시드기야가 바벨론으로
보내어 바벨론의 왕 느부갓네살에게
로 가게 한 사반의 아들 엘라사와 힐
기야의 아들 그마랴 편으로 말하되
4 만군의 여호와 이스라엘의 하나님께
서 예루살렘에서 바벨론으로 사로잡
혀 가게 한 모든 포로에게 이와 같이
말씀하시니라
5 너희는 집을 짓고 거기에 살며 텃밭
을 만들고 그 열매를 먹으라
6 아내를 맞이하여 자녀를 낳으며 너희
아들이 아내를 맞이하며 너희 딸이
남편을 맞아 그들로 자녀를 낳게 하
여 너희가 거기에서 번성하고 줄어들
지 아니하게 하라
7 너희는 내가 사로잡혀 가게 한 그 성
읍의 평안을 구하고 그를 위하여 여
호와께 기도하라 이는 그 성읍이 평
안함으로 너희도 평안할 것임이라
8 만군의 여호와 이스라엘의 하나님께
서 이와 같이 말씀하시니라 너희 중
에 있는 선지자들에게와 점쟁이에게
미혹되지 말며 너희가 꾼 꿈도 곧이
듣고 믿지 말라
9 내가 그들을 보내지 아니하였어도
그들이 내 이름으로 거짓을 예언함
이라 여호와의 말씀이니라
10 여호와께서 이와 같이 말씀하시니라
바벨론에서 칠십 년이 차면 내가 너
희를 돌보고 나의 선한 말을 너희에
게 성취하여 너희를 이 곳으로 돌아
오게 하리라
11 여호와의 말씀이니라 너희를 향한 나
의 생각을 내가 아나니 평안이요 재
앙이 아니니라 너희에게 미래와 희망
을 주는 것이니라
12 너희가 내게 부르짖으며 내게 와서
기도하면 내가 너희들의 기도를 들을
것이요
13 너희가 온 마음으로 나를 구하면 나
를 찾을 것이요 나를 만나리라
14 이것은 여호와의 말씀이니라 나는 너
희들을 만날 것이며 너희를 포로된
중에서 다시 돌아오게 하되 내가 쫓

아 보내었던 나라들과 모든 곳에서
모아 사로잡혀 떠났던 그 곳으로 돌
아오게 하리라 이것은 여호와의 말
씀이니라
15 너희가 말하기를 여호와께서 우리를
위하여 바벨론에서 선지자를 일으키
셨느니라
16 다윗의 왕좌에 앉은 왕과 이 성에 사
는 모든 백성 곧 너희와 함께 포로
되어 가지 아니한 너희 형제에게 여
호와께서 이와 같이 말씀하셨느니라
17 만군의 여호와께서 이와 같이 말씀
하시되 보라 내가 칼과 기근과 전염
병을 그들에게 보내어 그들에게 상
하여 먹을 수 없는 몹쓸 무화과 같게
하겠고
18 내가 칼과 기근과 전염병으로 그들
을 뒤따르게 하며 그들을 세계 여러
나라 가운데에 흩어 학대를 당하게
할 것이며 내가 그들을 쫓아낸 나라
들 가운데에서 저주와 경악과 조소
와 수모의 대상이 되게 하리라
19 여호와의 말씀이니라 너희들이 내 말
을 듣지 않았기 때문이니라 내가 내
종 선지자들을 너희들에게 꾸준히
보냈으나 너희는 그들의 말을 듣지
않았느니라 여호와의 말씀이니라
20 그런즉 내가 예루살렘에서 바벨론으
로 보낸 너희 모든 포로여 여호와의
말씀을 들을지니라
21 만군의 여호와 이스라엘의 하나님께
서 골라야의 아들 아합과 마아세야
의 아들 시드기야에 대하여 이와 같
이 말씀하시니라 그들은 내 이름으
로 너희에게 거짓을 예언한 자라 보
라 내가 그들을 바벨론의 왕 느부갓
네살의 손에 넘기리니 그가 너희 눈
앞에서 그들을 죽일 것이라
22 바벨론에 있는 유다의 모든 포로가
그들을 저줏거리로 삼아서 이르기를
여호와께서 너를 바벨론 왕이 불살
라 죽인 시드기야와 아합 같게 하시
기를 원하노라 하리니
23 이는 그들이 이스라엘 중에서 어리석
게 행하여 그 이웃의 아내와 간음하
며 내가 그들에게 명령하지 아니한
거짓을 내 이름으로 말함이라 나는
알고 있는 자로서 증인이니라 여호와
의 말씀이니라 하시니라

스마야에게 보낸 편지와 여호와의 말씀

365묵상

아무도 방해할 수 없는 하나님의 계획

거짓 선지자 하나냐는 예레미야 선지자의 목에서 멍에를 취하여 꺾으면서 '두 해가 차기 전에' 바벨론의 권세가 그처럼 꺾이게 될 것이라고 예언했다(렘 28:11). 이처럼 하나냐는 하나님의 형벌을 최소화함으로써 유다 백성의 죄의 심각성을 극소화시켰다. 하지만 아이로니컬하게도 극소화된 것은 그 자신의 목숨이었다. 하나님은 그 해에 하나냐의 생명을 취함으로써 이 거짓 선지자의 영향력을 극소화시키셨다(렘 28:15-17). 보라, 하나님께서 행하시기로 계획하시면 누구도 하나님의 계획을 변경시키거나 방해할 수 없다.

24 너는 느헬람 사람 스마야에게 이같
이 말하여 이르라
25 만군의 여호와 이스라엘의 하나님께
서 이와 같이 말씀하여 이르시되 네
가 네 이름으로 예루살렘에 있는 모
든 백성과 제사장 마아세야의 아들
스바냐와 모든 제사장에게 글을 보
내 이르기를
26 여호와께서 너를 제사장 여호야다를
대신하여 제사장을 삼아 여호와의 성
전 감독자로 세우심은 모든 미친 자
와 선지자 노릇을 하는 자들을 목에
씌우는 나무 고랑과 목에 씌우는 쇠
고랑을 채우게 하심이어늘
27 이제 네가 어찌하여 너희 중에 선지
자 노릇을 하는 아나돗 사람 예레미
야를 책망하지 아니하느냐
28 그가 바벨론에 있는 우리에게 편지
하기를 오래 지내야 하리니 너희는
집을 짓고 살며 밭을 일구고 그 열매
를 먹으라 하셨다 하니라
29 제사장 스바냐가 스마야의 글을 선
지자 예레미야에게 읽어서 들려 줄
때에
30 여호와의 말씀이 예레미야에게 임하
여 이르시되
31 너는 모든 포로에게 전언하여 이르
기를 여호와께서 느헬람 사람 스마
야를 두고 이같이 말씀하셨느니라
내가 그를 보내지 아니하였거늘 스
마야가 너희에게 예언하고 너희에게
거짓을 믿게 하였도다
32 그러므로 여호와께서 이와 같이 말
씀하시니라 보라 내가 느헬람 사람
스마야와 그의 자손을 벌하리니 그
가 나 여호와께 패역한 말을 하였기
때문에 이 백성 중에 살아 남을 그
의 자손이 하나도 없을 것이라 내가
내 백성에게 행하려 하는 복된 일을
그가 보지 못하리라 하셨느니라 이것
은 여호와의 말씀이니라

포로를 돌아오게 할 것이라

30 여호와께로부터 말씀이 예레미
야에게 임하여 이르시니라
2 이스라엘의 하나님 여호와께서 이와
같이 말씀하여 이르시기를 내가 네게
일러 준 모든 말을 책에 기록하라
3 여호와의 말씀이니라 보라 내가 내
백성 이스라엘과 유다의 포로를 돌
아가게 할 날이 오리니 내가 그들을
그 조상들에게 준 땅으로 돌아오게
할 것이니 그들이 그 땅을 차지하리
라 여호와께서 말씀하시니라
4 여호와께서 이스라엘과 유다에 대하
여 하신 말씀이 이러하니라
5 여호와께서 이와 같이 말씀하시되 우

리가 무서워 떠는 자의 소리를 들으
니 두려움이요 평안함이 아니로다
6 너희는 자식을 해산하는 남자가 있
는가 물어보라 어찌하여 모든 남자
가 해산하는 여자 같이 손을 자기 허
리에 대고 모든 얼굴이 겁에 질려 새
파래졌는가
7 슬프다 그 날이여 그와 같이 엄청난
날이 없으리라 그 날은 야곱의 환난
의 때가 됨이로다 그러나 그가 환난
에서 구하여 냄을 얻으리로다
8 만군의 여호와의 말씀이라 그 날에
내가 네 목에서 그 멍에를 꺾어 버리
며 네 포박을 끊으리니 다시는 이방
인을 섬기지 않으리라
9 그들은 그들의 하나님 여호와를 섬
기며 내가 그들을 위하여 세울 그들
의 왕 다윗을 섬기리라
10 여호와의 말씀이니라 그러므로 나의
종 야곱아 너는 두려워하지 말라 이
스라엘아 놀라지 말라 내가 너를 먼
곳으로부터 구원하고 네 자손을 잡
혀가 있는 땅에서 구원하리니 야곱이
돌아와서 태평과 안락을 누릴 것이며
두렵게 할 자가 없으리라
11 이는 여호와의 말씀이라 내가 너와
함께 있어 너를 구원할 것이라 너를
흩었던 그 모든 이방을 내가 멸망시
키리라 그럴지라도 너만은 멸망시키
지 아니하리라 그러나 내가 법에 따
라 너를 징계할 것이요 결코 무죄한
자로만 여기지는 아니하리라
12 여호와께서 이와 같이 말씀하시니라
네 상처는 고칠 수 없고 네 부상은
중하도다
13 네 송사를 처리할 재판관이 없고 네
상처에는 약도 없고 처방도 없도다
14 너를 사랑하던 자가 다 너를 잊고 찾
지 아니하니 이는 네 악행이 많고 네
죄가 많기 때문에 나는 네 원수가 당
할 고난을 네가 받게 하며 잔인한 징
계를 내렸도다
15 너는 어찌하여 네 상처 때문에 부르
짖느냐 네 고통이 심하도다 네 악행
이 많고 네 죄가 허다하므로 내가 이
일을 너에게 행하였느니라
16 그러므로 너를 먹는 모든 자는 잡아
먹힐 것이며 네 모든 대적은 사로잡
혀 갈 것이고 너에게서 탈취해 간 자
는 탈취를 당할 것이며 너에게서 노
략질한 모든 자는 노략물이 되리라
17 여호와의 말씀이니라 그들이 쫓겨난
자라 하매 시온을 찾는 자가 없은즉
내가 너의 상처로부터 새 살이 돋아
나게 하여 너를 고쳐 주리라
18 여호와께서 말씀하시니라 보라 내가

야곱 장막의 포로들을 돌아오게 할
것이고 그 거처들에 사랑을 베풀 것
이라 성읍은 그 폐허가 된 언덕 위에
건축될 것이요 그 보루는 규정에 따
라 사람이 살게 되리라
19 그들에게서 감사하는 소리가 나오고
즐거워하는 자들의 소리가 나오리라
내가 그들을 번성하게 하리니 그들
의 수가 줄어들지 아니하겠고 내가
그들을 존귀하게 하리니 그들은 비
천하여지지 아니하리라
20 그의 자손은 예전과 같겠고 그 회중
은 내 앞에 굳게 설 것이며 그를 압
박하는 모든 사람은 내가 다 벌하리
라
21 그 영도자는 그들 중에서 나올 것이
요 그 통치자도 그들 중에서 나오리
라 내가 그를 가까이 오게 하리니 그
가 내게 가까이 오리라 참으로 담대
한 마음으로 내게 가까이 올 자가
누구냐 여호와의 말씀이니라
22 너희는 내 백성이 되겠고 나는 너희
들의 하나님이 되리라
23 보라 여호와의 노여움이 일어나 폭
풍과 회오리바람처럼 악인의 머리 위
에서 회오리칠 것이라
24 여호와의 진노는 그의 마음의 뜻한
바를 행하여 이루기까지는 돌이키지
아니하나니 너희가 끝날에 그것을 깨
달으리라

이스라엘을 다시 세우고 지키시리라

31 여호와의 말씀이니라 그 때에
내가 이스라엘 모든 종족의 하
나님이 되고 그들은 내 백성이 되리
라
2 여호와께서 이같이 말씀하시니라 칼
에서 벗어난 백성이 광야에서 은혜를
입었나니 곧 내가 이스라엘로 안식
을 얻게 하려 갈 때에라
3 옛적에 여호와께서 나에게 나타나사
내가 영원한 사랑으로 너를 사랑하
기에 인자함으로 너를 이끌었다 하였
노라
4 처녀 이스라엘아 내가 다시 너를 세
우리니 네가 세움을 입을 것이요 네
가 다시 소고를 들고 즐거워하는 자
들과 함께 춤추며 나오리라
5 네가 다시 사마리아 산들에 포도나
무들을 심되 심는 자가 그 열매를 따
기 시작하리라
6 에브라임 산 위에서 파수꾼이 외치는
날이 있을 것이라 이르기를 너희는
일어나라 우리가 시온에 올라가서 우
리 하나님 여호와께로 나아가자 하
리라
7 여호와께서 이와 같이 말씀하시니라

너희는 여러 민족의 앞에 서서 야곱
을 위하여 기뻐 외치라 너희는 전파
하며 찬양하며 말하라 여호와여 주의
백성 이스라엘의 남은 자를 구원하
소서 하라
8 보라 나는 그들을 북쪽 땅에서 인도
하며 땅 끝에서부터 모으리라 그들
중에는 맹인과 다리 저는 사람과 잉
태한 여인과 해산하는 여인이 함께
있으며 큰 무리를 이루어 이 곳으로
돌아오리라
9 그들이 울며 돌아오리니 나의 인도함
을 받고 간구할 때에 내가 그들을
넘어지지 아니하고 물 있는 계곡의
곧은 길로 가게 하리라 나는 이스라
엘의 아버지요 에브라임은 나의 장
자니라
10 이방들이여 너희는 여호와의 말씀을
듣고 먼 섬에 전파하여 이르기를 이
스라엘을 흩으신 자가 그를 모으시
고 목자가 그 양 떼에게 행함 같이
그를 지키시리로다
11 여호와께서 야곱을 구원하시되 그들
보다 강한 자의 손에서 속량하셨으
니
12 그들이 와서 시온의 높은 곳에서 찬
송하며 여호와의 복 곧 곡식과 새 포
도주와 기름과 어린 양의 떼와 소의
떼를 얻고 크게 기뻐하리라 그 심령
은 물 댄 동산 같겠고 다시는 근심이
없으리로다 할지어다
13 그 때에 처녀는 춤추며 즐거워하겠
고 청년과 노인은 함께 즐거워하리니
내가 그들의 슬픔을 돌려서 즐겁게
하며 그들을 위로하여 그들의 근심
으로부터 기쁨을 얻게 할 것임이라
14 내가 기름으로 제사장들의 마음을
흡족하게 하며 내 복으로 내 백성을
만족하게 하리라 여호와의 말씀이니
라

라헬의 애곡과 여호와의 위로

15 여호와께서 이와 같이 말씀하시니라
라마에서 슬퍼하며 통곡하는 소리가
들리니 라헬이 그 자식 때문에 애곡
하는 것이라 그가 자식이 없어져서 위
로 받기를 거절하는도다
16 여호와께서 이와 같이 말씀하시니라
네 울음 소리와 네 눈물을 멈추어라
네 일에 삯을 받을 것인즉 그들이 그
의 대적의 땅에서 돌아오리라 여호와
의 말씀이니라
17 너의 장래에 소망이 있을 것이라 너
의 자녀가 자기들의 지경으로 돌아오
리라 여호와의 말씀이니라
18 에브라임이 스스로 탄식함을 내가
분명히 들었노니 주께서 나를 징벌하

시매 멍에에 익숙하지 못한 송아지
같은 내가 징벌을 받았나이다 주는
나의 하나님 여호와이시니 나를 이끌
어 돌이키소서 그리하시면 내가 돌아
오겠나이다
19 내가 돌이킨 후에 뉘우쳤고 내가 교
훈을 받은 후에 내 볼기를 쳤사오니
이는 어렸을 때의 치욕을 지므로 부
끄럽고 욕됨이니이다 하도다
20 에브라임은 나의 사랑하는 아들 기
뻐하는 자식이 아니냐 내가 그를 책
망하여 말할 때마다 깊이 생각하노
라 그러므로 그를 위하여 내 창자가
들끓으니 내가 반드시 그를 불쌍히
여기리라 여호와의 말씀이니라
21 처녀 이스라엘아 너의 이정표를 세우
며 너의 푯말을 만들고 큰 길 곧 네
가 전에 가던 길을 마음에 두라 돌아
오라 네 성읍들로 돌아오라
22 반역한 딸아 네가 어느 때까지 방황
하겠느냐 여호와가 새 일을 세상에
창조하였나니 곧 여자가 남자를 둘
러 싸리라

사로잡힌 자를 돌아오게 할 때

23 만군의 여호와 이스라엘의 하나님께
서 이와 같이 말씀하시니라 내가 그
사로잡힌 자를 돌아오게 할 때에 그
들이 유다 땅과 그 성읍들에서 다시
이 말을 쓰리니 곧 의로운 처소여, 거
룩한 산이여, 여호와께서 네게 복 주
시기를 원하노라 할 것이며
24 유다와 그 모든 성읍의 농부와 양
떼를 인도하는 자가 거기에 함께 살
리니
25 이는 내가 그 피곤한 심령을 상쾌하
게 하며 모든 연약한 심령을 만족하
게 하였음이라 하시기로
26 내가 깨어 보니 내 잠이 달았더라
27 여호와의 말씀이니라 보라 내가 사
람의 씨와 짐승의 씨를 이스라엘 집
과 유다 집에 뿌릴 날이 이르리니
28 깨어서 그들을 뿌리 뽑으며 무너뜨
리며 전복하며 멸망시키며 괴롭게 하
던 것과 같이 내가 깨어서 그들을 세
우며 심으리라 여호와의 말씀이니라
29 그 때에 그들이 말하기를 다시는 아
버지가 신 포도를 먹었으므로 아들
들의 이가 시다 하지 아니하겠고
30 신 포도를 먹는 자마다 그의 이가 신
것 같이 누구나 자기의 죄악으로 말
미암아 죽으리라

새 언약

31 여호와의 말씀이니라 보라 날이 이르
리니 내가 이스라엘 집과 유다 집에
새 언약을 맺으리라
32 이 언약은 내가 그들의 조상들의 손

을 잡고 애굽 땅에서 인도하여 내던
날에 맺은 것과 같지 아니할 것은 내
가 그들의 남편이 되었어도 그들이
내 언약을 깨뜨렸음이라 여호와의
말씀이니라
33 그러나 그 날 후에 내가 이스라엘 집
과 맺을 언약은 이러하니 곧 내가 나
의 법을 그들의 속에 두며 그들의 마
음에 기록하여 나는 그들의 하나님
이 되고 그들은 내 백성이 될 것이라
여호와의 말씀이니라
34 그들이 다시는 각기 이웃과 형제를
가르쳐 이르기를 너는 여호와를 알
라 하지 아니하리니 이는 작은 자로
부터 큰 자까지 다 나를 알기 때문이
라 내가 그들의 악행을 사하고 다시
는 그 죄를 기억하지 아니하리라 여
호와의 말씀이니라
35 여호와께서 이와 같이 말씀하셨느니
라 그는 해를 낮의 빛으로 주셨고
달과 별들을 밤의 빛으로 정하였고
바다를 뒤흔들어 그 파도로 소리치
게 하나니 그의 이름은 만군의 여호
와니라
36 이 법도가 내 앞에서 폐할진대 이스
라엘 자손도 내 앞에서 끊어져 영원
히 나라가 되지 못하리라 여호와의
말씀이니라
37 여호와께서 이와 같이 말씀하시니라
위에 있는 하늘을 측량할 수 있으며
밑에 있는 땅의 기초를 탐지할 수 있
다면 내가 이스라엘 자손이 행한 모
든 일로 말미암아 그들을 다 버리리
라 여호와의 말씀이니라
38 보라, 날이 이르리니 이 성은 하나넬
망대로부터 모퉁이 문에 이르기까지
여호와를 위하여 건축될 것이라 여호
와의 말씀이니라
39 측량줄이 곧게 가렙 언덕 밑에 이르
고 고아로 돌아
40 시체와 재의 모든 골짜기와 기드론
시내에 이르는 모든 고지 곧 동쪽
마문의 모퉁이에 이르기까지 여호와
의 거룩한 곳이니라 영원히 다시는
뽑거나 전복하지 못할 것이니라

여호와의 말씀대로 아나돗의 밭을 사다

32 유다의 시드기야 왕 열째 해 곧
느부갓네살 열여덟째 해에 여
호와의 말씀이 예레미야에게 임하니
라

365묵상

새 언약은 은총의 십자가 언약

예레미야는 이제 하나님이 자기 백성과 '새 언약'을 맺을 것이라고 선포했다(렘 31:31-34). 그렇다면 '옛 언약'은 무엇인가? 그것은 시내 산에서 체결된 '율법 언약'을 가리킨다. 이스라엘은 옛 언약을 지키는 데 실패했다. 하지만 '새 언약'은 예수님의 십자가 죽음으로 인해 체결된 '십자가 언약'을 가리킨다. 새 언약 아래에서 하나님은 우리의 모든 죄를 용서해주셨고, 하나님의 말씀을 돌판이 아닌 마음속에 새겨놓으셨다. 따라서 오늘날 믿는 자들은 예수님의 십자가 대속(代贖)으로 인해 거룩한 백성 곧 '성도'가 되었다.

2 그 때에 바벨론 군대는 예루살렘을
에워싸고 선지자 예레미야는 유다의
왕의 궁중에 있는 시위대 뜰에 갇혔
으니
3-5 이는 그가 예언하기를 여호와의 말
씀에 보라 내가 이 성을 바벨론 왕의
손에 넘기리니 그가 차지할 것이며
유다 왕 시드기야는 갈대아인의 손
에서 벗어나지 못하고 반드시 바벨
론 왕의 손에 넘겨진 바 되리니 입이
입을 대하여 말하고 눈이 서로 볼 것
이며 그가 시드기야를 바벨론으로
끌어 가리니 시드기야는 내가 돌볼
때까지 거기에 있으리라 여호와께서
이와 같이 말씀하시니라 너희가 갈대
아인과 싸울지라도 승리하지 못하리
라 하셨다 하였더니 유다 왕 시드기
야가 이르되 네가 어찌하여 이같이
예언하였느냐 하고 그를 가두었음이
었더라
6 예레미야가 이르되 여호와의 말씀이
내게 임하였느니라 이르시기를
7 보라 네 숙부 살룸의 아들 하나멜이
네게 와서 말하기를 너는 아나돗에
있는 내 밭을 사라 이 기업을 무를
권리가 네게 있느니라 하리라 하시더
니
8 여호와의 말씀과 같이 나의 숙부의
아들 하나멜이 시위대 뜰 안 나에게
와서 이르되 청하노니 너는 베냐민
땅 아나돗에 있는 나의 밭을 사라 기
업의 상속권이 네게 있고 무를 권리
가 네게 있으니 너를 위하여 사라 하
는지라 내가 이것이 여호와의 말씀인
줄 알았으므로
9 내 숙부의 아들 하나멜의 아나돗에
있는 밭을 사는데 은 십칠 세겔을 달
아 주되
10 증서를 써서 봉인하고 증인을 세우
고 은을 저울에 달아 주고
11 법과 규례대로 봉인하고 봉인하지
아니한 매매 증서를 내가 가지고
12 나의 숙부의 아들 하나멜과 매매 증
서에 인 친 증인 앞과 시위대 뜰에
앉아 있는 유다 모든 사람 앞에서
그 매매 증서를 마세야의 손자 네리
야의 아들 바룩에게 부치며
13 그들의 앞에서 바룩에게 명령하여 이
르되
14 만군의 여호와 이스라엘의 하나님께
서 이와 같이 말씀하시기를 너는 이
증서 곧 봉인하고 봉인하지 않은 매
매 증서를 가지고 토기에 담아 오랫
동안 보존하게 하라
15 만군의 여호와 이스라엘의 하나님께
서 이와 같이 말씀하시니라 사람이

이 땅에서 집과 밭과 포도원을 다시
사게 되리라 하셨다 하니라

예레미야의 기도

16 내가 매매 증서를 네리야의 아들 바
룩에게 넘겨 준 뒤에 여호와께 기도
하여 이르되
17 슬프도소이다 주 여호와여 주께서
큰 능력과 펴신 팔로 천지를 지으셨
사오니 주에게는 할 수 없는 일이 없
으시니이다
18 주는 은혜를 천만인에게 베푸시며
아버지의 죄악을 그 후손의 품에 갚
으시오니 크고 능력 있으신 하나님이
시요 이름은 만군의 여호와시니이다
19 주는 책략에 크시며 하시는 일에 능
하시며 인류의 모든 길을 주목하시며
그의 길과 그의 행위의 열매대로 보
응하시나이다
20 주께서 애굽 땅에서 표적과 기사를
행하셨고 오늘까지도 이스라엘과 인
류 가운데 그와 같이 행하사 주의 이
름을 오늘과 같이 되게 하셨나이다
21 주께서 표적과 기사와 강한 손과 펴
신 팔과 큰 두려움으로 주의 백성 이
스라엘을 애굽 땅에서 인도하여 내
시고
22 그들에게 주시기로 그 조상들에게
맹세하신 바 젖과 꿀이 흐르는 땅을
그들에게 주셨으므로
23 그들이 들어가서 이를 차지하였거늘
주의 목소리를 순종하지 아니하며
주의 율법에서 행하지 아니하며 무릇
주께서 행하라 명령하신 일을 행하지
아니하였으므로 주께서 이 모든 재
앙을 그들에게 내리셨나이다
24 보옵소서 이 성을 빼앗으려고 만든
참호가 이 성에 이르렀고 칼과 기근
과 전염병으로 말미암아 이 성이 이
를 치는 갈대아인의 손에 넘긴 바 되
었으니 주의 말씀대로 되었음을 주
께서 보시나이다
25 주 여호와여 주께서 내게 은으로 밭
을 사며 증인을 세우라 하셨으나 이
성은 갈대아인의 손에 넘기신 바 되
었나이다
26 그 때에 여호와의 말씀이 예레미야
에게 임하여 이르시되
27 나는 여호와요 모든 육체의 하나님
이라 내게 할 수 없는 일이 있겠느냐
28 그러므로 여호와께서 이와 같이 말
씀하시니라 보라 내가 이 성을 갈대
아인의 손과 바벨론의 느부갓네살
왕의 손에 넘길 것인즉 그가 차지할
것이라
29 이 성을 치는 갈대아인이 와서 이 성
읍에 불을 놓아 성과 집 곧 그 지붕

에서 바알에게 분향하며 다른 신들
에게 전제를 드려 나를 격노하게 한
집들을 사르리니
30 이는 이스라엘 자손과 유다 자손이
예로부터 내 눈 앞에 악을 행하였을
뿐이라 이스라엘 자손은 그의 손으
로 만든 것을 가지고 나를 격노하게
한 것뿐이니라 여호와의 말씀이니라
31 이 성이 건설된 날부터 오늘까지 나
의 노여움과 분을 일으키므로 내가
내 앞에서 그것을 옮기려 하노니
32 이는 이스라엘 자손과 유다 자손이
모든 악을 행하여 내 노여움을 일으
켰음이라 그들과 그들의 왕들과 그
의 고관들과 그의 제사장들과 그의
선지자들과 유다 사람들과 예루살렘
주민들이 다 그러하였느니라
33 그들이 등을 내게로 돌리고 얼굴을
내게로 향하지 아니하며 내가 그들
을 가르치되 끊임없이 가르쳤는데도
그들이 교훈을 듣지 아니하며 받지
아니하고
34 내 이름으로 일컫는 집에 자기들의
가증한 물건들을 세워서 그 집을 더
럽게 하며
35 힌놈의 아들의 골짜기에 바알의 산
당을 건축하였으며 자기들의 아들들
과 딸들을 몰렉 앞으로 지나가게 하
였느니라 그들이 이런 가증한 일을
행하여 유다로 범죄하게 한 것은 내
가 명령한 것도 아니요 내 마음에 둔
것도 아니니라

영원한 언약

36 그러나 이스라엘의 하나님 여호와께
서 너희가 말하는 바 칼과 기근과 전
염병으로 말미암아 바벨론 왕의 손
에 넘긴 바 되었다 하는 이 성에 대하
여 이와 같이 말씀하시니라
37 보라 내가 노여움과 분함과 큰 분노
로 그들을 쫓아 보내었던 모든 지방
에서 그들을 모아들여 이 곳으로 돌
아오게 하여 안전히 살게 할 것이라
38 그들은 내 백성이 되겠고 나는 그들
의 하나님이 될 것이며
39 내가 그들에게 한 마음과 한 길을
주어 자기들과 자기 후손의 복을 위
하여 항상 나를 경외하게 하고
40 내가 그들에게 복을 주기 위하여 그
들을 떠나지 아니하리라 하는 영원한
언약을 그들에게 세우고 나를 경외
함을 그들의 마음에 두어 나를 떠나
지 않게 하고
41 내가 기쁨으로 그들에게 복을 주되
분명히 나의 마음과 정성을 다하여
그들을 이 땅에 심으리라
42 여호와께서 이와 같이 말씀하시니라

내가 이 백성에게 이 큰 재앙을 내린
것 같이 허락한 모든 복을 그들에게
내리리라
43 너희가 말하기를 황폐하여 사람이나
짐승이 없으며 갈대아인의 손에 넘긴
바 되었다 하는 이 땅에서 사람들이
밭을 사되
44 베냐민 땅과 예루살렘 사방과 유다
성읍들과 산지의 성읍들과 저지대의
성읍들과 네겝의 성읍들에 있는 밭
을 은으로 사고 증서를 기록하여 봉
인하고 증인을 세우리니 이는 내가
그들의 포로를 돌아오게 함이니라
여호와의 말씀이니라

이스라엘과 유다의 회복에 대한 언약

33

예레미야가 아직 시위대 뜰에
갇혀 있을 때에 여호와의 말씀
이 그에게 두 번째로 임하니라 이르
시되
2 일을 행하시는 여호와, 그것을 만들
며 성취하시는 여호와, 그의 이름을
여호와라 하는 이가 이와 같이 이르
시도다
3 너는 내게 부르짖으라 내가 네게 응
답하겠고 네가 알지 못하는 크고 은
밀한 일을 네게 보이리라
4 이스라엘의 하나님 여호와께서 말씀
하시니라 무리가 이 성읍의 가옥과
유다 왕궁을 헐어서 갈대아인의 참
호와 칼을 대항하여
5 싸우려 하였으나 내가 나의 노여움
과 분함으로 그들을 죽이고 그들의
시체로 이 성을 채우게 하였나니 이
는 그들의 모든 악행으로 말미암아
나의 얼굴을 가리어 이 성을 돌아보
지 아니하였음이라
6 그러나 보라 내가 이 성읍을 치료하
며 고쳐 낫게 하고 평안과 진실이 풍
성함을 그들에게 나타낼 것이며
7 내가 유다의 포로와 이스라엘의 포
로를 돌아오게 하여 그들을 처음과
같이 세울 것이며
8 내가 그들을 내게 범한 그 모든 죄
악에서 정하게 하며 그들이 내게 범
하며 행한 모든 죄악을 사할 것이라
9 이 성읍이 세계 열방 앞에서 나의 기
쁜 이름이 될 것이며 찬송과 영광이
될 것이요 그들은 내가 이 백성에게
베푼 모든 복을 들을 것이요 내가
이 성읍에 베푼 모든 복과 모든 평
안으로 말미암아 두려워하며 떨리라
10-11 여호와께서 이와 같이 말씀하시니
라 너희가 가리켜 말하기를 황폐하여
사람도 없고 짐승도 없다 하던 여기
곧 황폐하여 사람도 없고 주민도 없
고 짐승도 없던 유다 성읍들과 예루

살렘 거리에서 즐거워하는 소리, 기
뻐하는 소리, 신랑의 소리, 신부의 소
리와 및 만군의 여호와께 감사하라,
여호와는 선하시니 그 인자하심이 영
원하다 하는 소리와 여호와의 성전에
감사제를 드리는 자들의 소리가 다
시 들리리니 이는 내가 이 땅의 포로
를 돌려보내어 지난 날처럼 되게 할
것임이라 여호와의 말씀이니라
12 만군의 여호와께서 이와 같이 말씀
하시니라 황폐하여 사람도 없고 짐승
도 없던 이 곳과 그 모든 성읍에 다
시 목자가 살 곳이 있으리니 그의 양
떼를 눕게 할 것이라
13 산지 성읍들과 평지 성읍들과 네겝의
성읍들과 베냐민 땅과 예루살렘 사
면과 유다 성읍들에서 양 떼가 다시
계수하는 자의 손 아래로 지나리라
여호와께서 말씀하시니라
14 여호와의 말씀이니라 보라 내가 이
스라엘 집과 유다 집에 대하여 일러
준 선한 말을 성취할 날이 이르리라
15 그 날 그 때에 내가 다윗에게서 한
공의로운 가지가 나게 하리니 그가
이 땅에 정의와 공의를 실행할 것이
라
16 그 날에 유다가 구원을 받겠고 예루
살렘이 안전히 살 것이며 이 성은 여
호와는 우리의 의라는 이름을 얻으
리라
17 여호와께서 이와 같이 말씀하시니라
이스라엘 집의 왕위에 앉을 사람이
다윗에게 영원히 끊어지지 아니할 것
이며
18 내 앞에서 번제를 드리며 소제를 사
르며 다른 제사를 항상 드릴 레위 사
람 제사장들도 끊어지지 아니하리라
하시니라
19 여호와의 말씀이 예레미야에게 임하
니라 이르시되
20 여호와께서 이와 같이 말씀하시니라
너희가 능히 낮에 대한 나의 언약과
밤에 대한 나의 언약을 깨뜨려 주야
로 그 때를 잃게 할 수 있을진대
21 내 종 다윗에게 세운 나의 언약도 깨
뜨려 그에게 그의 자리에 앉아 다스
릴 아들이 없게 할 수 있겠으며 내가
나를 섬기는 레위인 제사장에게 세
운 언약도 파할 수 있으리라
22 하늘의 만상은 셀 수 없으며 바다의
모래는 측량할 수 없나니 내가 그와
같이 내 종 다윗의 자손과 나를 섬기
는 레위인을 번성하게 하리라 하시니
라
23 여호와의 말씀이 예레미야에게 임하
니라 이르시되

24 이 백성이 말하기를 여호와께서 자기
가 택하신 그들 중에 두 가계를 버리
셨다 한 것을 네가 생각하지 아니하
느냐 그들이 내 백성을 멸시하여 자
기들 앞에서 나라로 인정하지 아니하
도다
25 여호와께서 이와 같이 말씀하시니라
내가 주야와 맺은 언약이 없다든지
천지의 법칙을 내가 정하지 아니하였
다면
26 야곱과 내 종 다윗의 자손을 버리고
다시는 다윗의 자손 중에서 아브라
함과 이삭과 야곱의 자손을 다스릴
자를 택하지 아니하리라 내가 그 포
로된 자를 돌아오게 하고 그를 불쌍
히 여기리라

시드기야 왕에 대한 말씀

34 바벨론의 느부갓네살 왕과 그
의 모든 군대와 그의 통치하에
있는 땅의 모든 나라와 모든 백성이
예루살렘과 그 모든 성읍을 칠 때에
말씀이 여호와께로부터 예레미야에
게 임하여 이르시되
2 이스라엘의 하나님 여호와께서 이와
같이 말씀하시니라 너는 가서 유다의
시드기야 왕에게 아뢰어 이르기를 여
호와의 말씀에 보라 내가 이 성을 바
벨론 왕의 손에 넘기리니 그가 이 성
을 불사를 것이라
3 네가 그의 손에서 벗어나지 못하고
반드시 사로잡혀 그의 손에 넘겨져서
네 눈은 바벨론 왕의 눈을 볼 것이며
그의 입은 네 입을 마주 대하여 말할
것이요 너는 바벨론으로 가리라
4 그러나 유다의 시드기야 왕이여 여호
와의 말씀을 들으라 여호와께서 네
게 대하여 이와 같이 말씀하시니라
네가 칼에 죽지 아니하고
5 평안히 죽을 것이며 사람이 너보다
먼저 있은 네 조상들 곧 선왕들에게
분향하던 것 같이 네게 분향하며 너
를 위하여 애통하기를 슬프다 주여
하리니 이는 내가 말하였음이라 여호
와의 말씀이니라 하시니라
6 선지자 예레미야가 이 모든 말씀을
예루살렘에서 유다의 시드기야 왕에
게 아뢰니라
7 그 때에 바벨론의 왕의 군대가 예루
살렘과 유다의 남은 모든 성읍들을
쳤으니 곧 라기스와 아세가라 유다

365묵상

자연을 통해 하나님을 신뢰하기

낮이 지나면 밤이 온다. 해는 동쪽에서 떠올라 서쪽으로 진다. 우리에게 익숙한 지극히 평범한 이 같은 자연현상은 그저 우연인가? 예레미야는 창조된 우주를 살펴보면 하나님에 대해 더 많은 것을 알 수 있다고 말한다(렘 33:20, 25). 자연법칙을 통해 우리는 하나님이 변함없는 분이라는 사실을 알게 된다. 하나님께서 우리를 다루시는 원리도 자연이 드러내고 있는 특성과 조화를 이룬다. 따라서 우리는 변함없는 하나님을 굳건히 신뢰할 수 있다. 그분은 언약에 충실하신, 절대로 변치 않는 우리의 영원한 하나님이시다!

의 견고한 성읍 중에 이것들만 남았
음이더라

여호와 앞에서 맺은 계약을 어기다

8 시드기야 왕이 예루살렘에 있는 모
든 백성과 한 가지로 하나님 앞에서
계약을 맺고 자유를 선포한 후에 여
호와께로부터 말씀이 예레미야에게
임하니라
9 그 계약은 사람마다 각기 히브리 남
녀 노비를 놓아 자유롭게 하고 그의
동족 유다인을 종으로 삼지 못하게
한 것이라
10 이 계약에 가담한 고관들과 모든 백
성이 각기 노비를 자유롭게 하고 다
시는 종을 삼지 말라 함을 듣고 순
복하여 놓았더니
11 후에 그들의 뜻이 변하여 자유를 주
었던 노비를 끌어다가 복종시켜 다시
노비로 삼았더라
12 그러므로 여호와의 말씀이 여호와께
로부터 예레미야에게 임하니라 이르
시되
13 이스라엘 하나님 여호와께서 이와 같
이 말씀하시니라 내가 너희 선조를
애굽 땅 종의 집에서 인도하여 낼 때
에 그들과 언약을 맺으며 이르기를
14 너희 형제 히브리 사람이 네게 팔려
왔거든 너희는 칠 년 되는 해에 그를
놓아 줄 것이니라 그가 육 년 동안
너를 섬겼은즉 그를 놓아 자유롭게
할지니라 하였으나 너희 선조가 내게
순종하지 아니하며 귀를 기울이지도
아니하였느니라
15 그러나 너희는 이제 돌이켜 내 눈 앞
에 바른 일을 행하여 각기 이웃에게
자유를 선포하되 내 이름으로 일컬
음을 받는 집에서 내 앞에서 계약을
맺었거늘
16 너희가 돌이켜 내 이름을 더럽히고
각기 놓아 그들의 마음대로 자유롭
게 하였던 노비를 끌어다가 다시 너
희에게 복종시켜 너희의 노비로 삼았
도다
17 그러므로 여호와께서 이와 같이 말
씀하시니라 너희가 나에게 순종하지
아니하고 각기 형제와 이웃에게 자
유를 선포한 것을 실행하지 아니하였
은즉 내가 너희를 대적하여 칼과 전
염병과 기근에게 자유를 주리라 여
호와의 말씀이니라 내가 너희를 세계
여러 나라 가운데에 흩어지게 할 것
이며
18 송아지를 둘로 쪼개고 그 두 조각
사이로 지나매 내 앞에 언약을 맺었
으나 그 말을 실행하지 아니하여 내
계약을 어긴 그들을

19 곧 송아지 두 조각 사이로 지난 유다
고관들과 예루살렘 고관들과 내시
들과 제사장들과 이 땅 모든 백성을
20 내가 그들의 원수의 손과 그들의 생
명을 찾는 자의 손에 넘기리니 그들
의 시체가 공중의 새와 땅의 짐승의
먹이가 될 것이며
21 또 내가 유다의 시드기야 왕과 그의
고관들을 그의 원수의 손과 그의 생
명을 찾는 자의 손과 너희에게서 떠
나간 바벨론 왕의 군대의 손에 넘기
리라
22 여호와의 말씀이니라 보라 내가 그
들에게 명령하여 이 성읍에 다시 오
게 하리니 그들이 이 성을 쳐서 빼앗
아 불사를 것이라 내가 유다의 성읍
들을 주민이 없어 처참한 황무지가
되게 하리라

예레미야와 레갑 사람들

35 유다의 요시야 왕의 아들 여호
야김 때에 여호와께로부터 말
씀이 예레미야에게 임하여 이르시되
2 너는 레갑 사람들의 집에 가서 그들
에게 말하고 그들을 여호와의 집 한
방으로 데려다가 포도주를 마시게
하라 하시니라
3 이에 내가 하바시냐의 손자요 예레
미야의 아들인 야아사냐와 그의 형제
와 그의 모든 아들과 모든 레갑 사
람들을 데리고
4 여호와의 집에 이르러 익다랴의 아들
하나님의 사람 하난의 아들들의 방
에 들였는데 그 방은 고관들의 방
곁이요 문을 지키는 살룸의 아들 마
아세야의 방 위더라
5 내가 레갑 사람들의 후손들 앞에 포
도주가 가득한 종지와 술잔을 놓고
마시라 권하매
6 그들이 이르되 우리는 포도주를 마
시지 아니하겠노라 레갑의 아들 우리
선조 요나답이 우리에게 명령하여 이
르기를 너희와 너희 자손은 영원히
포도주를 마시지 말며
7 너희가 집도 짓지 말며 파종도 하지
말며 포도원을 소유하지도 말고 너
희는 평생 동안 장막에 살아라 그리
하면 너희가 머물러 사는 땅에서 너
희 생명이 길리라 하였으므로
8 우리가 레갑의 아들 우리 선조 요나
답이 우리에게 명령한 모든 말을 순
종하여 우리와 우리 아내와 자녀가
평생 동안 포도주를 마시지 아니하
며
9 살 집도 짓지 아니하며 포도원이나
밭이나 종자도 가지지 아니하고
10 장막에 살면서 우리 선조 요나답이

우리에게 명령한 대로 다 지켜 행하
였노라
11 그러나 바벨론의 느부갓네살 왕이
이 땅에 올라왔을 때에 우리가 말하
기를 갈대아인의 군대와 수리아인의
군대를 피하여 예루살렘으로 가자
하고 우리가 예루살렘에 살았노라
12 그 때에 여호와의 말씀이 예레미야
에게 임하여 이르시되
13 만군의 여호와 이스라엘의 하나님께
서 이와 같이 말씀하시니라 너는 가
서 유다 사람들과 예루살렘 주민에
게 이르기를 너희가 내 말을 들으며
교훈을 받지 아니하겠느냐 여호와의
말씀이니라
14 레갑의 아들 요나답이 그의 자손에
게 포도주를 마시지 말라 한 그 명령
은 실행되도다 그들은 그 선조의 명
령을 순종하여 오늘까지 마시지 아니
하거늘 내가 너희에게 말하고 끊임없
이 말하여도 너희는 내게 순종하지
아니하도다
15 내가 내 종 모든 선지자를 너희에게
보내고 끊임없이 보내며 이르기를 너
희는 이제 각기 악한 길에서 돌이켜
행위를 고치고 다른 신을 따라 그를
섬기지 말라 그리하면 너희는 내가 너
희와 너희 선조에게 준 이 땅에 살리
라 하여도 너희가 귀를 기울이지 아
니하며 내게 순종하지 아니하였느니
라
16 레갑의 아들 요나답의 자손은 그의
선조가 그들에게 명령한 그 명령을
지켜 행하나 이 백성은 내게 순종하
지 아니하도다
17 그러므로 만군의 여호와 이스라엘의
하나님께서 이와 같이 말씀하시니라
보라 내가 유다와 예루살렘의 모든
주민에게 내가 그들에게 대하여 선
포한 모든 재앙을 내리리니 이는 내
가 그들에게 말하여도 듣지 아니하
며 불러도 대답하지 아니함이니라 하
셨다 하라
18 예레미야가 레갑 사람의 가문에게
이르되 만군의 여호와 이스라엘의 하
나님께서 이와 같이 말씀하시기를 너
희가 너희 선조 요나답의 명령을 순
종하여 그의 모든 규율을 지키며 그
가 너희에게 명령한 것을 행하였도다
19 그러므로 만군의 여호와 이스라엘의
하나님께서 이와 같이 말씀하시니라
레갑의 아들 요나답에게서 내 앞에
설 사람이 영원히 끊어지지 아니하리
라 하시니라

바룩이 여호와의 성전에서
두루마리를 낭독하다

36

유다의 요시야 왕의 아들 여호
야김 제사년에 여호와께로부터
예레미야에게 말씀이 임하니라 이르
시되
2 너는 두루마리 책을 가져다가 내가
네게 말하던 날 곧 요시야의 날부터
오늘까지 이스라엘과 유다와 모든
나라에 대하여 내가 네게 일러 준 모
든 말을 거기에 기록하라
3 유다 가문이 내가 그들에게 내리려
한 모든 재난을 듣고 각기 악한 길
에서 돌이키리니 그리하면 내가 그
악과 죄를 용서하리라 하시니라
4 이에 예레미야가 네리야의 아들 바
룩을 부르매 바룩이 예레미야가 불
러 주는 대로 여호와께서 그에게 이
르신 모든 말씀을 두루마리 책에 기
록하니라
5 예레미야가 바룩에게 명령하여 이르
되 나는 붙잡혔으므로 여호와의 집
에 들어갈 수 없으니
6 너는 들어가서 내가 말한 대로 두루
마리에 기록한 여호와의 말씀을 금
식일에 여호와의 성전에 있는 백성의
귀에 낭독하고 유다 모든 성읍에서
온 자들의 귀에도 낭독하라
7 그들이 여호와 앞에 기도를 드리며
각기 악한 길을 떠나리라 여호와께서
이 백성에 대하여 선포하신 노여움과
분이 크니라
8 네리야의 아들 바룩이 선지자 예레미
야가 자기에게 명령한 대로 하여 여
호와의 성전에서 책에 있는 여호와의
모든 말씀을 낭독하니라
9 유다의 요시야 왕의 아들 여호야김의
제오년 구월에 예루살렘 모든 백성
과 유다 성읍들에서 예루살렘에 이
른 모든 백성이 여호와 앞에서 금식
을 선포한지라
10 바룩이 여호와의 성전 위뜰 곧 여호
와의 성전에 있는 새 문 어귀 곁에 있
는 사반의 아들 서기관 그마랴의 방
에서 그 책에 기록된 예레미야의 말
을 모든 백성에게 낭독하니라

바룩이 고관 앞에서 두루마리를 낭독하다

11 사반의 손자요 그마랴의 아들인 미
가야가 그 책에 기록된 여호와의 말
씀을 다 듣고
12 왕궁에 내려가서 서기관의 방에 들어
가니 모든 고관 곧 서기관 엘리사마
와 스마야의 아들 들라야와 악볼의
아들 엘라단과 사반의 아들 그마랴
와 하나냐의 아들 시드기야와 모든
고관이 거기에 앉아 있는지라
13 미가야가 바룩이 백성의 귀에 책을

낭독할 때에 들은 모든 말을 그들에
게 전하매
14 이에 모든 고관이 구시의 증손 셀레
먀의 손자 느다냐의 아들 여후디를
바룩에게 보내 이르되 너는 백성의
귀에 낭독한 두루마리를 손에 가지
고 오라 네리야의 아들 바룩이 두루
마리를 손에 가지고 그들에게로 오
니
15 그들이 바룩에게 이르되 앉아서 이
를 우리 귀에 낭독하라 바룩이 그들
의 귀에 낭독하매
16 그들이 그 모든 말씀을 듣고 놀라
서로 보며 바룩에게 이르되 우리가
이 모든 말을 왕에게 아뢰리라
17 그들이 또 바룩에게 물어 이르되 너
는 그가 불러 주는 이 모든 말을 어
떻게 기록하였느냐 청하노니 우리에
게 알리라
18 바룩이 대답하되 그가 그의 입으로
이 모든 말을 내게 불러 주기로 내가
먹으로 책에 기록하였노라
19 이에 고관들이 바룩에게 이르되 너
는 가서 예레미야와 함께 숨고 너희
가 있는 곳을 사람에게 알리지 말라
하니라

왕이 두루마리를 태우다

20 그들이 두루마리를 서기관 엘리사마
의 방에 두고 뜰에 들어가 왕께 나
아가서 이 모든 말을 왕의 귀에 아뢰
니
21 왕이 여후디를 보내어 두루마리를
가져오게 하매 여후디가 서기관 엘리
사마의 방에서 가져다가 왕과 왕의
곁에 선 모든 고관의 귀에 낭독하니
22 그 때는 아홉째 달이라 왕이 겨울
궁전에 앉았고 그 앞에는 불 피운
화로가 있더라
23 여후디가 서너 쪽을 낭독하면 왕이
칼로 그것을 연하여 베어 화로 불에
던져서 두루마리를 모두 태웠더라
24 왕과 그의 신하들이 이 모든 말을 듣
고도 두려워하거나 자기들의 옷을
찢지 아니하였고
25 엘라단과 들라야와 그마랴가 왕께
두루마리를 불사르지 말도록 아뢰어
도 왕이 듣지 아니하였으며
26 왕이 왕의 아들 여라므엘과 아스리
엘의 아들 스라야와 압디엘의 아들
셀레먀에게 명령하여 서기관 바룩과
선지자 예레미야를 잡으라 하였으나
여호와께서 그들을 숨기셨더라

예레미야가 말씀을 다시 쓰다

27 왕이 두루마리와 바룩이 예레미야의
입을 통해 기록한 말씀을 불사른 후
에 여호와의 말씀이 예레미야에게

임하니라 이르시되
28 너는 다시 다른 두루마리를 가지고
유다의 여호야김 왕이 불사른 첫 두
루마리의 모든 말을 기록하고
29 또 유다의 여호야김 왕에 대하여 이
와 같이 말하기를 여호와의 말씀에
네가 이 두루마리를 불사르며 말하
기를 네가 어찌하여 바벨론의 왕이
반드시 와서 이 땅을 멸하고 사람과
짐승을 이 땅에서 없어지게 하리라
하는 말을 이 두루마리에 기록하였
느냐 하도다
30 그러므로 여호와께서 유다의 왕 여
호야김에 대하여 이와 같이 말씀하시
니라 그에게 다윗의 왕위에 앉을 자
가 없게 될 것이요 그의 시체는 버림
을 당하여 낮에는 더위, 밤에는 추위
를 당하리라
31 또 내가 그와 그의 자손과 신하들을
그들의 죄악으로 말미암아 벌할 것이
라 내가 일찍이 그들과 예루살렘 주
민과 유다 사람에게 그 모든 재난을
내리리라 선포하였으나 그들이 듣지
아니하였느니라
32 이에 예레미야가 다른 두루마리를
가져다가 네리야의 아들 서기관 바룩
에게 주매 그가 유다의 여호야김 왕
이 불사른 책의 모든 말을 예레미야
가 전하는 대로 기록하고 그 외에도
그 같은 말을 많이 더 하였더라

느부갓네살이 시드기야를 유다 왕으로 삼다

37 요시야의 아들 시드기야가 여호
야김의 아들 고니야의 뒤를 이
어 왕이 되었으니 이는 바벨론의 느
부갓네살 왕이 그를 유다 땅의 왕으
로 삼음이었더라
2 그와 그의 신하와 그의 땅 백성이 여
호와께서 선지자 예레미야에게 하신
말씀을 듣지 아니하니라
3 시드기야 왕이 셀레먀의 아들 여후
갈과 마아세야의 아들 제사장 스바
냐를 선지자 예레미야에게 보내 청
하되 너는 우리를 위하여 우리 하나
님 여호와께 기도하라 하였으니
4 그 때에 예레미야가 갇히지 아니하였
으므로 백성 가운데 출입하는 중이
었더라
5 바로의 군대가 애굽에서 나오매 예
루살렘을 에워쌌던 갈대아인이 그

365묵상

결코 불태워질 수 없는 하나님의 말씀

하나님은 예레미야 선지자에게 이제껏 선포한 유다 백성에 대한 심판의 메시지를 두루마리에 기록하도록 지시하셨다. 그래서 예레미야는 하나님의 말씀을 두루마리에 기록했고, 그 말씀을 유다 왕에게 들려주었다. 그러나 유다 왕 여호야김은 죄를 지적하고 있는 그런 두루마리를 싫어했다. 그래서 그 두루마리를 조각내어 화로에 불태웠다(렘 36장). 자, 그러면 하나님의 말씀도 함께 불태워졌는가? 아니다! 인간이 그것을 없애려고 어떤 시도를 한다고 해도, 하나님이 살아계시는 한 하나님의 말씀은 영원토록 지속된다.

소문을 듣고 예루살렘에서 떠났더라
6 여호와의 말씀이 선지자 예레미야에
게 임하여 이르시되
7 이스라엘의 하나님 여호와께서 이와
같이 말씀하시니라 너희를 보내어 내
게 구하게 한 유다의 왕에게 아뢰라
너희를 도우려고 나왔던 바로의 군
대는 자기 땅 애굽으로 돌아가겠고
8 갈대아인이 다시 와서 이 성을 쳐서
빼앗아 불사르리라
9 여호와께서 이와 같이 말씀하시니라
너희는 스스로 속여 말하기를 갈대
아인이 반드시 우리를 떠나리라 하지
말라 그들이 떠나지 아니하리라
10 가령 너희가 너희를 치는 갈대아인의
온 군대를 쳐서 그 중에 부상자만
남긴다 할지라도 그들이 각기 장막
에서 일어나 이 성을 불사르리라

예레미야를 붙잡아 가두다

11 갈대아인의 군대가 바로의 군대를
두려워하여 예루살렘에서 떠나매
12 예레미야가 베냐민 땅에서 백성 가
운데 분깃을 받으려고 예루살렘을
떠나 그리로 가려 하여
13 베냐민 문에 이른즉 하나냐의 손자
요 셀레먀의 아들인 이리야라 이름
하는 문지기의 우두머리가 선지자 예
레미야를 붙잡아 이르되 네가 갈대
아인에게 항복하려 하는도다
14 예레미야가 이르되 거짓이다 나는 갈
대아인에게 항복하려 하지 아니하노
라 이리야가 듣지 아니하고 예레미야
를 잡아 고관들에게로 끌어 가매
15 고관들이 노여워하여 예레미야를 때
려서 서기관 요나단의 집에 가두었으
니 이는 그들이 이 집을 옥으로 삼았
음이더라
16 예레미야가 뚜껑 씌운 웅덩이에 들
어간 지 여러 날 만에
17 시드기야 왕이 사람을 보내어 그를
이끌어내고 왕궁에서 그에게 비밀히
물어 이르되 여호와께로부터 받은
말씀이 있느냐 예레미야가 대답하되
있나이다 또 이르되 왕이 바벨론의
왕의 손에 넘겨지리이다
18 예레미야가 다시 시드기야 왕에게 이
르되 내가 왕에게나 왕의 신하에게
나 이 백성에게 무슨 죄를 범하였기
에 나를 옥에 가두었나이까
19 바벨론의 왕이 와서 왕과 이 땅을 치
지 아니하리라고 예언한 왕의 선지자
들이 이제 어디 있나이까
20 내 주 왕이여 이제 청하건대 내게 들
으시며 나의 탄원을 받으사 나를 서
기관 요나단의 집으로 돌려보내지
마옵소서 내가 거기에서 죽을까 두

려워하나이다
21 이에 시드기야 왕이 명령하여 예레미
야를 감옥 뜰에 두고 떡 만드는 자
의 거리에서 매일 떡 한 개씩 그에게
주게 하매 성중에 떡이 떨어질 때까
지 이르니라 예레미야가 감옥 뜰에
머무니라

예레미야가 구덩이에 갇히다

38 맛단의 아들 스바댜와 바스훌
의 아들 그다랴와 셀레먀의 아
들 유갈과 말기야의 아들 바스훌이
예레미야가 모든 백성에게 이르는
말을 들은즉 이르기를
2 여호와께서 이와 같이 말씀하시되 이
성에 머무는 자는 칼과 기근과 전염
병에 죽으리라 그러나 갈대아인에게
항복하는 자는 살리니 그는 노략물
을 얻음 같이 자기의 목숨을 건지리
라
3 여호와께서 이와 같이 말씀하시니라
이 성이 반드시 바벨론의 왕의 군대
의 손에 넘어가리니 그가 차지하리라
하셨다 하는지라
4 이에 그 고관들이 왕께 아뢰되 이 사
람이 백성의 평안을 구하지 아니하고
재난을 구하오니 청하건대 이 사람
을 죽이소서 그가 이같이 말하여 이
성에 남은 군사의 손과 모든 백성의
손을 약하게 하나이다
5 시드기야 왕이 이르되 보라 그가 너
희 손 안에 있느니라 왕은 조금도 너
희를 거스를 수 없느니라 하는지라
6 그들이 예레미야를 끌어다가 감옥
뜰에 있는 왕의 아들 말기야의 구덩
이에 던져 넣을 때에 예레미야를 줄
로 달아내렸는데 그 구덩이에는 물
이 없고 진창뿐이므로 예레미야가 진
창 속에 빠졌더라
7 왕궁 내시 구스인 에벳멜렉이 그들
이 예레미야를 구덩이에 던져 넣었음
을 들으니라 그 때에 왕이 베냐민 문
에 앉았더니
8 에벳멜렉이 왕궁에서 나와 왕께 아
뢰어 이르되
9 내 주 왕이여 저 사람들이 선지자 예
레미야에게 행한 모든 일은 악하니
이다 성 중에 떡이 떨어졌거늘 그들
이 그를 구덩이에 던져 넣었으니 그
가 거기에서 굶어 죽으리이다 하니
10 왕이 구스 사람 에벳멜렉에게 명령
하여 이르되 너는 여기서 삼십 명을
데리고 가서 선지자 예레미야가 죽기
전에 그를 구덩이에서 끌어내라
11 에벳멜렉이 사람들을 데리고 왕궁
곳간 밑 방에 들어가서 거기에서 헝
겊과 낡은 옷을 가져다가 그것을 구

덩이에 있는 예레미야에게 밧줄로
내리며
12 구스인 에벳멜렉이 예레미야에게 이
르되 당신은 이 헝겊과 낡은 옷을 당
신의 겨드랑이에 대고 줄을 그 아래
에 대시오 예레미야가 그대로 하매
13 그들이 줄로 예레미야를 구덩이에서
끌어낸지라 예레미야가 시위대 뜰에
머무니라

시드기야가 예레미야에게 묻다

14 시드기야 왕이 사람을 보내어 선지자
예레미야를 여호와의 성전 셋째 문으
로 데려오게 하고 왕이 예레미야에
게 이르되 내가 네게 한 가지 일을 물
으리니 한 마디도 내게 숨기지 말라
15 예레미야가 시드기야에게 이르되 내
가 이 일을 왕에게 아시게 하여도 왕
이 결코 나를 죽이지 아니하시리이까
가령 내가 왕을 권한다 할지라도 왕
이 듣지 아니하시리이다
16 시드기야 왕이 비밀히 예레미야에게
맹세하여 이르되 우리에게 이 영혼을
지으신 여호와께서 살아 계심을 두
고 맹세하노니 내가 너를 죽이지도
아니하겠으며 네 생명을 찾는 그 사
람들의 손에 넘기지도 아니하리라 하
는지라
17 예레미야가 시드기야에게 이르되 만
군의 하나님이신 이스라엘의 하나님
여호와께서 이와 같이 말씀하시되 네
가 만일 바벨론의 왕의 고관들에게
항복하면 네 생명이 살겠고 이 성이
불사름을 당하지 아니하겠고 너와
네 가족이 살려니와
18 네가 만일 나가서 바벨론의 왕의 고
관들에게 항복하지 아니하면 이 성이
갈대아인의 손에 넘어가리니 그들이
이 성을 불사를 것이며 너는 그들의
손을 벗어나지 못하리라 하셨나이다
19 시드기야 왕이 예레미야에게 이르되
나는 갈대아인에게 항복한 유다인을
두려워하노라 염려하건대 갈대아인
이 나를 그들의 손에 넘기면 그들이
나를 조롱할까 하노라 하는지라
20 예레미야가 이르되 그 무리가 왕을
그들에게 넘기지 아니하리이다 원하
옵나니 내가 왕에게 아뢴 바 여호와
의 목소리에 순종하소서 그리하면 왕
이 복을 받아 생명을 보전하시리이다
21 그러나 만일 항복하기를 거절하시면
여호와께서 내게 보이신 말씀대로
되리이다
22 보라 곧 유다 왕궁에 남아 있는 모
든 여자가 바벨론 왕의 고관들에게
로 끌려갈 것이요 그 여자들은 네게
말하기를 네 친구들이 너를 꾀어 이

기고 네 발이 진흙에 빠짐을 보고 물
러갔도다 하리라
23 네 아내들과 자녀는 갈대아인에게로
끌려가겠고 너는 그들의 손에서 벗
어나지 못하고 바벨론 왕의 손에 잡
히리라 또 네가 이 성읍으로 불사름
을 당하게 하리라 하셨나이다
24 시드기야가 예레미야에게 이르되 너
는 이 말을 어느 사람에게도 알리지
말라 그리하면 네가 죽지 아니하리라
25 만일 고관들이 내가 너와 말하였다
함을 듣고 와서 네게 말하기를 네가
왕에게 말씀한 것을 우리에게 전하
라 우리에게 숨기지 말라 그리하면
우리가 너를 죽이지 아니하리라 또
왕이 네게 말씀한 것을 전하라 하거
든
26 그들에게 대답하되 내가 왕 앞에 간
구하기를 나를 요나단의 집으로 되
돌려 보내지 마소서 그리하여 거기서
죽지 않게 하옵소서 하였다 하라 하
니라
27 모든 고관이 예레미야에게 와서 물
으매 그가 왕이 명령한 모든 말대로
대답하였으므로 일이 탄로되지 아니
하였고 그들은 그와 더불어 말하기
를 그쳤더라
28 예레미야가 예루살렘이 함락되는 날
까지 감옥 뜰에 머물렀더라

예루살렘이 함락되다

39 유다의 시드기야 왕의 제구년
열째 달에 바벨론의 느부갓네
살 왕과 그의 모든 군대가 와서 예
루살렘을 에워싸고 치더니
2 시드기야의 제십일년 넷째 달 아홉
째 날에 성이 함락되니라 예루살렘이
함락되매
3 바벨론의 왕의 모든 고관이 나타나
중문에 앉으니 곧 네르갈사레셀과
삼갈네부와 내시장 살스김이니 네르
갈사레셀은 궁중 장관이며 바벨론의
왕의 나머지 고관들도 있더라
4 유다의 시드기야 왕과 모든 군사가
그들을 보고 도망하되 밤에 왕의 동
산 길을 따라 두 담 샛문을 통하여
성읍을 벗어나서 아라바로 갔더니
5 갈대아인의 군대가 그들을 따라 여
리고 평원에서 시드기야에게 미쳐 그
를 잡아서 데리고 하맛 땅 리블라에
있는 바벨론의 느부갓네살 왕에게로
올라가매 왕이 그를 심문하였더라
6 바벨론의 왕이 리블라에서 시드기야
의 눈 앞에서 그의 아들들을 죽였고
왕이 또 유다의 모든 귀족을 죽였으
며
7 왕이 또 시드기야의 눈을 빼게 하고

바벨론으로 옮기려고 사슬로 결박하
였더라
8 갈대아인들이 왕궁과 백성의 집을
불사르며 예루살렘 성벽을 헐었고
9 사령관 느부사라단이 성중에 남아
있는 백성과 자기에게 항복한 자와
그 외의 남은 백성을 잡아 바벨론으
로 옮겼으며
10 사령관 느부사라단이 아무 소유가
없는 빈민을 유다 땅에 남겨 두고 그
날에 포도원과 밭을 그들에게 주었
더라

예레미야가 석방되다

11 바벨론의 느부갓네살 왕이 예레미야
에 대하여 사령관 느부사라단에게
명령하여 이르되
12 그를 데려다가 선대하고 해하지 말며
그가 네게 말하는 대로 행하라
13 이에 사령관 느부사라단과 내시장
느부사스반과 궁중 장관 네르갈사
레셀과 바벨론 왕의 모든 장관이
14 사람을 보내어 예레미야를 감옥 뜰
에서 데리고 사반의 손자 아히감의
아들 그다랴에게 넘겨서 그를 집으
로 데려가게 하매 그가 백성 가운데
에 사니라

여호와께서 에벳멜렉에게 구원을 약속하시다

15 예레미야가 감옥 뜰에 갇혔을 때에
여호와의 말씀이 그에게 임하니라 이
르시되
16 너는 가서 구스인 에벳멜렉에게 말
하기를 만군의 여호와 이스라엘의
하나님의 말씀에 내가 이 성에 재난
을 내리고 복을 내리지 아니하리라
한 나의 말이 그 날에 네 눈 앞에 이
루리라
17 여호와의 말씀이니라 내가 그 날에
너를 구원하리니 네가 그 두려워하는
사람들의 손에 넘겨지지 아니하리라
18 내가 반드시 너를 구원할 것인즉 네
가 칼에 죽지 아니하고 네가 노략물
같이 네 목숨을 얻을 것이니 이는 네
가 나를 믿었음이라 여호와의 말씀이
니라 하시더라

40 사령관 느부사라단이 예루살렘
과 유다의 포로를 바벨론으로
옮기는 중에 예레미야도 잡혀 사슬
로 결박되어 가다가 라마에서 풀려난
후에 말씀이 여호와께로부터 예레미
야에게 임하니라
2 사령관이 예레미야를 불러다가 이르
되 네 하나님 여호와께서 이 곳에 이
재난을 선포하시더니
3 여호와께서 그가 말씀하신 대로 행
하셨으니 이는 너희가 여호와께 범죄

하고 그의 목소리에 순종하지 아니
하였으므로 이제 이루어졌도다 이 일
이 너희에게 임한 것이니라
4 보라 내가 오늘 네 손의 사슬을 풀
어 너를 풀어 주노니 만일 네가 나와
함께 바벨론으로 가는 것을 좋게 여
기거든 가자 내가 너를 선대하리라
만일 나와 함께 바벨론으로 가는 것
을 좋지 않게 여기거든 그만 두라 보
라 온 땅이 네 앞에 있나니 네가 좋
게 여기는 대로 옳게 여기는 곳으로
갈지니라 하니라
5 예레미야가 아직 돌이키기 전에 그가
다시 이르되 너는 바벨론의 왕이 유
다 성읍들을 맡도록 세운 사반의 손
자 아히감의 아들 그다랴에게로 돌
아가서 그와 함께 백성 가운데 살거
나 네가 옳게 여기는 곳으로 가거나
할지니라 하고 그 사령관이 그에게
양식과 선물을 주어 보내매
6 예레미야가 미스바로 가서 아히감의
아들 그다랴에게로 나아가서 그 땅
에 남아 있는 백성 가운데 그와 함
께 사니라

유다 총독 그다랴

7 들에 있는 모든 지휘관과 그 부하들
이 바벨론의 왕이 아히감의 아들 그
다랴에게 그 땅을 맡기고 남녀와 유
아와 바벨론으로 잡혀가지 아니한
빈민을 그에게 위임하였다 함을 듣
고
8 그들 곧 느다냐의 아들 이스마엘과
가레아의 두 아들 요하난과 요나단
과 단후멧의 아들 스라야와 느도바
사람 에배의 아들들과 마아가 사람
의 아들 여사냐와 그들의 사람들이
미스바로 가서 그다랴에게 이르니
9 사반의 손자 아히감의 아들 그다랴
가 그들과 그들의 사람들에게 맹세
하며 이르되 너희는 갈대아 사람을
섬기기를 두려워하지 말고 이 땅에
살면서 바벨론의 왕을 섬기라 그리하
면 너희에게 유익하리라
10 보라 나는 미스바에 살면서 우리에
게로 오는 갈대아 사람을 섬기리니
너희는 포도주와 여름 과일과 기름
을 모아 그릇에 저장하고 너희가 얻
은 성읍들에 살라 하니라
11 모압과 암몬 자손 중과 에돔과 모든
지방에 있는 유다 사람도 바벨론의

365묵상

전쟁과 하나님

인류의 타락 이후, 인류의 역사가 시작된 이래 부족들, 민족들, 나라들 사이에 크고 작은 싸움이 그친 적이 없었다. 사람들이 하나님을 무시하고 그분의 말씀을 거역할 때 전쟁은 도처에서 일어난다. 그렇지만 전쟁은 사람들만의 일이 아니다. 하나님은 모든 전쟁을 주관하신다. 일례로, 유다가 바벨론에게 멸망당하는 것은 유다 백성에게 값비싼 교훈을 주기 위함이었다(렘 39:1-10). 그러므로 꼭 비극적인 전쟁을 통해서가 아니라 평화를 누리고 있을 때 하나님의 말씀에 순종하고 그분의 뜻을 올바로 깨닫는 것이 중요하다.

왕이 유다에 사람을 남겨 둔 것과 사
반의 손자 아히감의 아들 그다랴를
그들을 위하여 세웠다 함을 듣고
12 그 모든 유다 사람이 쫓겨났던 각처
에서 돌아와 유다 땅 미스바에 사는
그다랴에게 이르러 포도주와 여름
과일을 심히 많이 모으니라

그다랴 총독을 죽이다

13 가레아의 아들 요하난과 들에 있던
모든 군 지휘관들이 미스바에 사는
그다랴에게 이르러
14 그에게 이르되 암몬 자손의 왕 바알
리스가 네 생명을 빼앗으려 하여 느
다냐의 아들 이스마엘을 보낸 줄 네
가 아느냐 하되 아히감의 아들 그다
랴가 믿지 아니한지라
15 가레아의 아들 요하난이 미스바에서
그다랴에게 비밀히 말하여 이르되 청
하노니 내가 가서 사람이 모르게 느
다냐의 아들 이스마엘을 죽이게 하
라 어찌하여 그가 네 생명을 빼앗게
하여 네게 모인 모든 유다 사람을
흩어지게 하며 유다의 남은 자로 멸
망을 당하게 하랴 하니라
16 그러나 아히감의 아들 그다랴가 가
레아의 아들 요하난에게 이르되 네
가 이 일을 행하지 말 것이니라 네가
이스마엘에 대하여 한 말은 진정이
아니니라 하니라

41 일곱째 달에 왕의 종친 엘리사
마의 손자요 느다냐의 아들로
서 왕의 장관인 이스마엘이 열 사람
과 함께 미스바로 가서 아히감의 아
들 그다랴에게 이르러 미스바에서
함께 떡을 먹다가
2 느다냐의 아들 이스마엘과 그와 함
께 있던 열 사람이 일어나서 바벨론
의 왕의 그 땅을 위임했던 사반의 손
자 아히감의 아들 그다랴를 칼로 쳐
죽였고
3 이스마엘이 또 미스바에서 그다랴와
함께 있던 모든 유다 사람과 거기에
있는 갈대아 군사를 죽였더라
4 그가 그다랴를 죽인 지 이틀이 되었
어도 이를 아는 사람이 없었더라
5 그 때에 사람 팔십 명이 자기들의 수
염을 깎고 옷을 찢고 몸에 상처를
내고 손에 소제물과 유향을 가지고
세겜과 실로와 사마리아로부터 와서
여호와의 성전으로 나아가려 한지라
6 느다냐의 아들 이스마엘이 그들을
영접하러 미스바에서 나와 울면서 가
다가 그들을 만나 아히감의 아들 그
다랴에게로 가자 하더라
7 그들이 성읍 중앙에 이를 때에 느다
냐의 아들 이스마엘이 자기와 함께

있던 사람들과 더불어 그들을 죽여
구덩이 가운데에 던지니라
8 그 중의 열 사람은 이스마엘에게 이
르기를 우리가 밀과 보리와 기름과
꿀을 밭에 감추었으니 우리를 죽이
지 말라 하니 그가 그치고 그들을 그
의 형제와 마찬가지로 죽이지 아니하
였더라
9 이스마엘이 그다랴에게 속한 사람들
을 죽이고 그 시체를 던진 구덩이는
아사 왕이 이스라엘의 바아사 왕을
두려워하여 팠던 것이라 느다냐의 아
들 이스마엘이 그가 쳐죽인 사람들
의 시체를 거기에 채우고
10 미스바에 남아 있는 왕의 딸들과 모
든 백성 곧 사령관 느부사라단이 아
히감의 아들 그다랴에게 위임하였던
바 미스바에 남아 있는 모든 백성을
이스마엘이 사로잡되 곧 느다냐의
아들 이스마엘이 그들을 사로잡고
암몬 자손에게로 가려고 떠나니라
11 가레아의 아들 요하난과 그와 함께
있는 모든 군 지휘관이 느다냐의 아
들 이스마엘이 행한 모든 악을 듣고
12 모든 사람을 데리고 느다냐의 아들
이스마엘과 싸우러 가다가 기브온
큰 물 가에서 그를 만나매
13 이스마엘과 함께 있던 모든 백성이
가레아의 아들 요하난과 그와 함께
있던 모든 군 지휘관을 보고 기뻐한
지라
14 이에 미스바에서 이스마엘이 사로잡
은 그 모든 백성이 돌이켜 가레아의
아들 요하난에게로 돌아가니
15 느다냐의 아들 이스마엘이 여덟 사람
과 함께 요하난을 피하여 암몬 자손
에게로 가니라
16 가레아의 아들 요하난과 그와 함께
있던 모든 군 지휘관이 느다냐의 아
들 이스마엘이 아히감의 아들 그다
랴를 죽이고 미스바에서 잡아간 모
든 남은 백성 곧 군사와 여자와 유
아와 내시를 기브온에서 빼앗아 가
지고 돌아와서
17 애굽으로 가려고 떠나 베들레헴 근
처에 있는 게롯김함에 머물렀으니
18 이는 느다냐의 아들 이스마엘이 바
벨론의 왕이 그 땅을 위임한 아히감
의 아들 그다랴를 죽였으므로 그들
이 갈대아 사람을 두려워함이었더라

백성이 예레미야에게 기도를 간구하다

42 이에 모든 군대의 지휘관과 가
레아의 아들 요하난과 호사야
의 아들 여사냐와 백성의 낮은 자로
부터 높은 자까지 다 나아와
2 선지자 예레미야에게 이르되 당신은

우리의 탄원을 듣고 이 남아 있는 모
든 자를 위하여 당신의 하나님 여호
와께 기도해 주소서 당신이 보는 바
와 같이 우리는 많은 사람 중에서 남
은 적은 무리이니
3 당신의 하나님 여호와께서 우리가 마
땅히 갈 길과 할 일을 보이시기를 원
하나이다
4 선지자 예레미야가 그들에게 이르되
내가 너희 말을 들었은즉 너희 말대
로 너희 하나님 여호와께 기도하고
무릇 여호와께서 너희에게 응답하시
는 것을 숨김이 없이 너희에게 말하
리라
5 그들이 예레미야에게 이르되 우리가
당신의 하나님 여호와께서 당신을 보
내사 우리에게 이르시는 모든 말씀
대로 행하리이다 여호와께서는 우리
가운데에 진실하고 성실한 증인이 되
시옵소서
6 우리가 당신을 우리 하나님 여호와께
보냄은 그의 목소리가 우리에게 좋
든지 좋지 않든지를 막론하고 순종
하려 함이라 우리가 우리 하나님 여
호와의 목소리를 순종하면 우리에게
복이 있으리이다 하니라

여호와의 말씀

7 십일 후에 여호와의 말씀이 예레미야
에게 임하니
8 그가 가레아의 아들 요하난과 그와
함께 있는 모든 군 지휘관과 백성의
낮은 자로부터 높은 자까지 다 부르
고
9 그들에게 이르되 너희가 나를 보내
어 너희의 간구를 이스라엘의 하나님
여호와께 드리게 하지 아니하였느냐
그가 이렇게 이르니라
10 너희가 이 땅에 눌러 앉아 산다면 내
가 너희를 세우고 헐지 아니하며 너
희를 심고 뽑지 아니하리니 이는 내
가 너희에게 내린 재난에 대하여 뜻
을 돌이킴이라
11 여호와의 말씀이니라 너희는 너희가
두려워하는 바벨론의 왕을 겁내지
말라 내가 너희와 함께 있어 너희를
구원하며 그의 손에서 너희를 건지리
니 두려워하지 말라
12 내가 너희를 불쌍히 여기리니 그도
너희를 불쌍히 여겨 너희를 너희 본
향으로 돌려보내리라 하셨느니라
13 그러나 만일 너희가 너희 하나님 여
호와의 말씀을 복종하지 아니하고
말하기를 우리는 이 땅에 살지 아니
하리라 하며
14 또 너희가 말하기를 아니라 우리는
전쟁도 보이지 아니하며 나팔 소리도

들리지 아니하며 양식의 궁핍도 당하
지 아니하는 애굽 땅으로 들어가 살
리라 하는도다
15 그러므로 너희 유다의 남은 자여 이
제 여호와의 말씀을 들으라 만군의
여호와 이스라엘의 하나님께서 이와
같이 말씀하시되 너희가 만일 애굽에
들어가서 거기에 살기로 고집하면
16 너희가 두려워하는 칼이 애굽 땅으
로 따라가서 너희에게 미칠 것이요
너희가 두려워하는 기근이 애굽으로
급히 따라가서 너희에게 임하리니 너
희가 거기에서 죽을 것이라
17 무릇 애굽으로 들어가서 거기에 머
물러 살기로 고집하는 모든 사람은
이와 같이 되리니 곧 칼과 기근과 전
염병에 죽을 것인즉 내가 그들에게
내리는 재난을 벗어나서 남을 자 없
으리라
18 만군의 여호와 이스라엘의 하나님께
서 이와 같이 말씀하시되 나의 노여
움과 분을 예루살렘 주민에게 부은
것 같이 너희가 애굽에 이를 때에 나
의 분을 너희에게 부으리니 너희가
가증함과 놀램과 저주와 치욕 거리
가 될 것이라 너희가 다시는 이 땅을
보지 못하리라 하시도다
19 유다의 남은 자들아 여호와께서 너
희를 두고 하신 말씀에 너희는 애굽
으로 가지 말라 하셨고 나도 오늘 너
희에게 경고한 것을 너희는 분명히
알라
20 너희가 나를 너희 하나님 여호와께
보내며 이르기를 우리를 위하여 우리
하나님 여호와께 기도하고 우리 하
나님 여호와께서 말씀하신 대로 우
리에게 전하라 우리가 그대로 행하
리라 하여 너희 마음을 속였느니라
21 너희 하나님 여호와께서 나를 보내사
너희에게 명하신 말씀을 내가 오늘
너희에게 전하였어도 너희가 너희 하
나님 여호와의 목소리를 도무지 순
종하지 아니하였은즉
22 너희가 가서 머물려고 하는 곳에서
칼과 기근과 전염병에 죽을 줄 분명
히 알지니라

예레미야가 애굽으로 가다

43 예레미야가 모든 백성에게 그
들의 하나님 여호와의 말씀 곧
그들의 하나님 여호와께서 자기를
보내사 그들에게 이르신 이 모든 말
씀을 말하기를 마치니
2 호사야의 아들 아사랴와 가레아의
아들 요하난과 모든 오만한 자가 예
레미야에게 말하기를 네가 거짓을
말하는도다 우리 하나님 여호와께서

너희는 애굽에 살려고 그리로 가지
말라고 너를 보내어 말하게 하지 아
니하셨느니라
3 이는 네리야의 아들 바룩이 너를 부
추겨서 우리를 대적하여 갈대아 사람
의 손에 넘겨 죽이며 바벨론으로 붙
잡아가게 하려 함이라
4 이에 가레아의 아들 요하난과 모든
군 지휘관과 모든 백성이 유다 땅에
살라 하시는 여호와의 목소리를 순
종하지 아니하고
5 가레아의 아들 요하난과 모든 군 지
휘관이 유다의 남은 자 곧 쫓겨났던
여러 나라 가운데에서 유다 땅에 살
려 하여 돌아온 자
6 곧 남자와 여자와 유아와 왕의 딸들
과 사령관 느부사라단이 사반의 손
자 아히감의 아들 그다랴에게 맡겨
둔 모든 사람과 선지자 예레미야와
네리야의 아들 바룩을 거느리고
7 애굽 땅에 들어가 다바네스에 이르
렀으니 그들이 여호와의 목소리를
순종하지 아니함이러라
8 다바네스에서 여호와의 말씀이 예레
미야에게 임하여 이르시되
9 너는 유다 사람의 눈 앞에서 네 손으
로 큰 돌 여러 개를 가져다가 다바네
스에 있는 바로의 궁전 대문의 벽돌
로 쌓은 축대에 진흙으로 감추라
10 그리고 너는 그들에게 말하기를 만
군의 여호와 이스라엘의 하나님께서
이와 같이 말씀하시되 보라 내가 내
종 바벨론의 느부갓네살 왕을 불러
오리니 그가 그의 왕좌를 내가 감추
게 한 이 돌들 위에 놓고 또 그 화려
한 큰 장막을 그 위에 치리라
11 그가 와서 애굽 땅을 치고 죽일 자는
죽이고 사로잡을 자는 사로잡고 칼
로 칠 자는 칼로 칠 것이라
12 내가 애굽 신들의 신당들을 불지르
리라 느부갓네살이 그들을 불사르며
그들을 사로잡을 것이요 목자가 그
의 몸에 옷을 두름 같이 애굽 땅을
자기 몸에 두르고 평안히 그 곳을 떠
날 것이며
13 그가 또 애굽 땅 벧세메스의 석상들
을 깨뜨리고 애굽 신들의 신당들을
불사르리라 하셨다 할지니라 하니라

애굽의 유다 사람에게 하신 말씀

44 애굽 땅에 사는 모든 유다 사
람 곧 믹돌과 다바네스와 놉과
바드로스 지방에 사는 자에 대하여
말씀이 예레미야에게 임하니라 이르
시되
2 만군의 여호와 이스라엘의 하나님께
서 이와 같이 말씀하시니라 너희가

예루살렘과 유다 모든 성읍에 내린
나의 모든 재난을 보았느니라 보라
오늘 그것들이 황무지가 되었고 사
는 사람이 없나니
3 이는 그들이 자기나 너희나 너희 조
상들이 알지 못하는 다른 신들에게
나아가 분향하여 섬겨서 나의 노여움
을 일으킨 악행으로 말미암음이라
4 내가 나의 모든 종 선지자들을 너희
에게 보내되 끊임없이 보내어 이르기
를 너희는 내가 미워하는 이 가증한
일을 행하지 말라 하였으나
5 그들이 듣지 아니하며 귀를 기울이지
아니하고 다른 신들에게 여전히 분
향하여 그들의 악에서 돌이키지 아니
하였으므로
6 나의 분과 나의 노여움을 쏟아서 유
다 성읍들과 예루살렘 거리를 불살
랐더니 그것들이 오늘과 같이 폐허와
황무지가 되었느니라
7 만군의 하나님 이스라엘의 하나님 여
호와께서 이와 같이 말씀하셨느니라
너희가 어찌하여 큰 악을 행하여 자
기 영혼을 해하며 유다 가운데에서
너희의 남자와 여자와 아이와 젖 먹
는 자를 멸절하여 남은 자가 없게 하
려느냐
8 어찌하여 너희가 너희 손이 만든 것
으로 나의 노여움을 일으켜 너희가
가서 머물러 사는 애굽 땅에서 다른
신들에게 분향함으로 끊어 버림을
당하여 세계 여러 나라 가운데에서
저주와 수치 거리가 되고자 하느냐
9 너희가 유다 땅과 예루살렘 거리에서
행한 너희 조상들의 악행과 유다 왕
들의 악행과 왕비들의 악행과 너희의
악행과 너희 아내들의 악행을 잊었
느냐
10 그들이 오늘까지 겸손하지 아니하며
두려워하지도 아니하고 내가 너희와
너희 조상들 앞에 세운 나의 율법과
나의 법규를 지켜 행하지 아니하느니
라
11 그러므로 만군의 여호와 이스라엘의
하나님께서 이와 같이 말씀하시니라
보라 내가 얼굴을 너희에게로 향하
여 환난을 내리고 온 유다를 끊어 버
릴 것이며
12 내가 또 애굽 땅에 머물러 살기로 고
집하고 그리로 들어간 유다의 남은

365묵상

내 삶의 우상을 없애기

예레미야는 유다와 예루살렘의 멸망 원인을 밝히 알려준다. 그것은, 그들이 하나님을 버리고 이방의 우상들을 섬기므로 하나님의 진노를 불러일으켰기 때문이었다(렘 44:2-3). 하나님의 백성으로서 오직 하나님께 마땅히 드려야하는 영광과 경배를 엉뚱한 이방의 거짓 신들에게 돌린 것이 멸망의 결정적 원인이었다. 오늘날 우리는 소중한 교훈을 배워야 한다. 우리는 우리 삶의 최우선 가치를 하나님께 둠으로써 그분께 합당한 영광과 경배를 돌려야 한다. 지금 어떤가? 당신에겐 하나님보다 더 소중한 무엇은 혹 없는가?

자들을 처단하리니 그들이 다 멸망하
여 애굽 땅에서 엎드러질 것이라 그
들이 칼과 기근에 망하되 낮은 자로
부터 높은 자까지 칼과 기근에 죽어
서 저주와 놀램과 조롱과 수치의 대
상이 되리라
13 내가 예루살렘을 벌한 것 같이 애굽
땅에 사는 자들을 칼과 기근과 전염
병으로 벌하리니
14 애굽 땅에 들어가서 거기에 머물러
살려는 유다의 남은 자 중에 피하거
나 살아 남아 소원대로 돌아와서 살
고자 하여 유다 땅에 돌아올 자가
없을 것이라 도망치는 자들 외에는
돌아올 자가 없으리라 하셨느니라
15 그리하여 자기 아내들이 다른 신들
에게 분향하는 줄을 아는 모든 남자
와 곁에 섰던 모든 여인 곧 애굽 땅
바드로스에 사는 모든 백성의 큰 무
리가 예레미야에게 대답하여 이르되
16 네가 여호와의 이름으로 우리에게
하는 말을 우리가 듣지 아니하고
17 우리 입에서 낸 모든 말을 반드시 실
행하여 우리가 본래 하던 것 곧 우리
와 우리 선조와 우리 왕들과 우리 고
관들이 유다 성읍들과 예루살렘 거
리에서 하던 대로 하늘의 여왕에게
분향하고 그 앞에 전제를 드리리라
그 때에는 우리가 먹을 것이 풍부하
며 복을 받고 재난을 당하지 아니하
였더니
18 우리가 하늘의 여왕에게 분향하고
그 앞에 전제 드리던 것을 폐한 후부
터는 모든 것이 궁핍하고 칼과 기근
에 멸망을 당하였느니라 하며
19 여인들은 이르되 우리가 하늘의 여왕
에게 분향하고 그 앞에 전제를 드릴
때에 어찌 우리 남편의 허락이 없이
그의 형상과 같은 과자를 만들어 놓
고 전제를 드렸느냐 하는지라
20 예레미야가 남녀 모든 무리 곧 이 말
로 대답하는 모든 백성에게 일러 이
르되
21 너희가 너희 선조와 너희 왕들과 고
관들과 유다 땅 백성이 유다 성읍들
과 예루살렘 거리에서 분향한 일을
여호와께서 기억하셨고 그의 마음에
떠오른 것이 아닌가
22 여호와께서 너희 악행과 가증한 행위
를 더 참을 수 없으셨으므로 너희 땅
이 오늘과 같이 황폐하며 놀램과 저
줏거리가 되어 주민이 없게 되었나니
23 너희가 분향하여 여호와께 범죄하였
으며 여호와의 목소리를 순종하지
아니하고 여호와의 율법과 법규와
여러 증거대로 행하지 아니하였으므

로 이 재난이 오늘과 같이 너희에게
일어났느니라
24 예레미야가 다시 모든 백성과 모든
여인에게 말하되 애굽 땅에서 사는
모든 유다 사람이여 여호와의 말씀
을 들으라
25 만군의 여호와 이스라엘의 하나님께
서 이와 같이 말씀하시되 너희와 너희
아내들이 입으로 말하고 손으로 이
루려 하여 이르기를 우리가 서원한
대로 반드시 이행하여 하늘의 여왕
에게 분향하고 전제를 드리리라 하
였은즉 너희 서원을 성취하며 너희 서
원을 이행하라 하시느니라
26 그러므로 애굽 땅에서 사는 모든 유
다 사람이여 여호와의 말씀을 들으
라 여호와께서 말씀하시되 보라 내
가 나의 큰 이름으로 맹세하였은즉
애굽 온 땅에 사는 유다 사람들의
입에서 다시는 내 이름을 부르며 주
여호와의 살아 계심을 두고 맹세하
노라 하는 자가 없으리라
27 보라 내가 깨어 있어 그들에게 재난
을 내리고 복을 내리지 아니하리니
애굽 땅에 있는 유다 모든 사람이
칼과 기근에 망하여 멸절되리라
28 그런즉 칼을 피한 소수의 사람이 애
굽 땅에서 나와 유다 땅으로 돌아오
리니 애굽 땅에 들어가서 거기에 머
물러 사는 유다의 모든 남은 자가
내 말과 그들의 말 가운데서 누구의
말이 진리인지 알리라
29 여호와의 말씀이니라 내가 이 곳에서
너희를 벌할 표징이 이것이라 내가 너
희에게 재난을 내리리라 한 말이 반
드시 이루어질 것을 그것으로 알게
하리라
30 보라 내가 유다의 시드기야 왕을 그
의 원수 곧 그의 생명을 찾는 바벨론
의 느부갓네살 왕의 손에 넘긴 것 같
이 애굽의 바로 호브라 왕을 그의 원
수들 곧 그의 생명을 찾는 자들의
손에 넘겨 주리라 여호와께서 이와
같이 말씀하셨느니라

여호와께서 바룩에게 구원을 약속하시다

45 유다의 요시야 왕의 아들 여호
야김 넷째 해에 네리야의 아들
바룩이 예레미야가 불러 주는 대로
이 모든 말을 책에 기록하니라 그 때
에 선지자 예레미야가 그에게 말하
여 이르되
2 바룩아 이스라엘의 하나님 여호와께
서 네게 이같이 말씀하셨느니라
3 네가 일찍이 말하기를 화로다 여호
와께서 나의 고통에 슬픔을 더하셨
으니 나는 나의 탄식으로 피곤하여

평안을 찾지 못하도다
4 너는 그에게 이르라 여호와께서 이
와 같이 말씀하시기를 보라 나는 내
가 세운 것을 헐기도 하며 내가 심은
것을 뽑기도 하나니 온 땅에 그리하
겠거늘
5 네가 너를 위하여 큰 일을 찾느냐 그
것을 찾지 말라 보라 내가 모든 육체
에 재난을 내리리라 그러나 네가 가
는 모든 곳에서는 내가 너에게 네
생명을 노략물 주듯 하리라 여호와
의 말씀이니라

애굽에 관한 여호와의 말씀

46 이방 나라들에 대하여 선지자
예레미야에게 임한 여호와의 말
씀이라
2 애굽에 관한 것이라 곧 유다의 요시
야 왕의 아들 여호야김 넷째 해에
유브라데 강 가 갈그미스에서 바벨
론의 느부갓네살 왕에게 패한 애굽
의 왕 바로느고의 군대에 대한 말씀
이라
3 너희는 작은 방패와 큰 방패를 예비
하고 나가서 싸우라
4 너희 기병이여 말에 안장을 지워 타며
투구를 쓰고 나서며 창을 갈며 갑옷
을 입으라
5 여호와의 말씀이니라 내가 본즉 그
들이 놀라 물러가며 그들의 용사는
패하여 황급히 도망하며 뒤를 돌아
보지 아니함은 어찌이냐 두려움이 그
들의 사방에 있음이로다
6 발이 빠른 자도 도망하지 못하며 용
사도 피하지 못하고 그들이 다 북쪽
에서 유브라데 강 가에 넘어지며 엎
드러지는도다
7 강의 물이 출렁임 같고 나일 강이 불
어남 같은 자가 누구냐
8 애굽은 나일 강이 불어남 같고 강물
이 출렁임 같도다 그가 이르되 내가
일어나 땅을 덮어 성읍들과 그 주민
을 멸할 것이라
9 말들아 달려라 병거들아 정신 없이
달려라 용사여 나오라 방패 잡은 구
스 사람과 붓 사람과 활을 당기는
루딤 사람이여 나올지니라 하거니와
10 그 날은 주 만군의 여호와께서 그의
대적에게 원수 갚는 보복일이라 칼
이 배부르게 삼키며 그들의 피를 넘
치도록 마시리니 주 만군의 여호와께
서 북쪽 유브라데 강 가에서 희생제
물을 받으실 것임이로다
11 처녀 딸 애굽이여 길르앗으로 올라
가서 유향을 취하라 네가 치료를 많
이 받아도 효력이 없어 낫지 못하리
라

12 네 수치가 나라들에 들렸고 네 부르
짖음은 땅에 가득하였나니 용사가
용사에게 걸려 넘어져 둘이 함께 엎
드러졌음이라

느부갓네살이 애굽을 치리라

13 바벨론의 느부갓네살 왕이 와서 애
굽 땅을 칠 일에 대하여 선지자 예레
미야에게 이르신 여호와의 말씀이라
14 너희는 애굽에 선포하며 믹돌과 놉
과 다바네스에 선포하여 말하기를
너희는 굳건히 서서 준비하라 네 사
방이 칼에 삼키웠느니라
15 너희 장사들이 쓰러짐은 어찌함이냐
그들이 서지 못함은 여호와께서 그
들을 몰아내신 까닭이니라
16 그가 많은 사람을 넘어지게 하시매
사람이 사람 위에 엎드러지며 이르되
일어나라 우리가 포악한 칼을 피하여
우리 민족에게로, 우리 고향으로 돌
아가자 하도다
17 그들이 그 곳에서 부르짖기를 애굽
의 바로 왕이 망하였도다 그가 기회
를 놓쳤도다
18 만군의 여호와라 일컫는 왕이 이르시
되 나의 삶으로 맹세하노니 그가 과
연 산들 중의 다볼 같이, 해변의 갈
멜 같이 오리라
19 애굽에 사는 딸이여 너는 너를 위하
여 포로의 짐을 꾸리라 놉이 황무하
며 불에 타서 주민이 없을 것임이라
20 애굽은 심히 아름다운 암송아지일지
라도 북으로부터 쇠파리 떼가 줄곧
오리라
21 또 그 중의 고용꾼은 살진 수송아지
같아서 돌이켜 함께 도망하고 서지
못하였나니 재난의 날이 이르렀고 벌
받는 때가 왔음이라
22 애굽의 소리가 뱀의 소리 같으리니
이는 그들의 군대가 벌목하는 자 같
이 도끼를 가지고 올 것임이라
23 여호와의 말씀이니라 그들이 황충보
다 많아서 셀 수 없으므로 조사할
수 없는 그의 수풀을 찍을 것이라
24 딸 애굽이 수치를 당하여 북쪽 백성
의 손에 붙임을 당하리로다
25 만군의 여호와 이스라엘의 하나님께
서 말씀하시니라 보라 내가 노의 아
몬과 바로와 애굽과 애굽 신들과 왕
들 곧 바로와 및 그를 의지하는 자
들을 벌할 것이라
26 내가 그들의 생명을 노리는 자의 손
곧 바벨론의 느부갓네살 왕의 손과
그 종들의 손에 넘기리라 그럴지라도
그 후에는 그 땅이 이전 같이 사람
살 곳이 되리라 여호와의 말씀이니라

이스라엘을 구원하리라

27 내 종 야곱아 두려워하지 말라 이스
라엘아 놀라지 말라 보라 내가 너를
먼 곳에서 구원하며 네 자손을 포로
된 땅에서 구원하리니 야곱이 돌아와
서 평안하며 걱정 없이 살게 될 것이
라 그를 두렵게 할 자 없으리라
28 여호와의 말씀이니라 내 종 야곱아
내가 너와 함께 있나니 두려워하지
말라 내가 너를 흩었던 그 나라들은
다 멸할지라도 너는 사라지지 아니하
리라 내가 너를 법도대로 징계할 것
이요 결코 무죄한 자로 여기지 아니
하리라 하시니라

블레셋 사람을 유린하시는 날

47 바로가 가사를 치기 전에 블레
셋 사람에 대하여 선지자 예레
미야에게 임한 여호와의 말씀이라
2 여호와께서 이와 같이 말씀하시되 보
라 물이 북쪽에서 일어나 물결치는
시내를 이루어 그 땅과 그 중에 있는
모든 것과 그 성읍과 거기에 사는 자
들을 휩쓸리니 사람들이 부르짖으며
그 땅 모든 주민이 울부짖으리라
3 군마의 발굽 소리와 달리는 병거 바
퀴가 진동하는 소리 때문에 아버지의
손맥이 풀려서 자기의 자녀를 돌보지
못하리니
4 이는 블레셋 사람을 유린하시며 두
로와 시돈에 남아 있는 바 도와 줄
자를 다 끊어 버리시는 날이 올 것임
이라 여호와께서 갑돌 섬에 남아 있
는 블레셋 사람을 유린하시리라
5 가사는 대머리가 되었고 아스글론과
그들에게 남아 있는 평지가 잠잠하
게 되었나니 네가 네 몸 베기를 어느
때까지 하겠느냐
6 오호라 여호와의 칼이여 네가 언제
까지 쉬지 않겠느냐 네 칼집에 들어
가서 가만히 쉴지어다
7 여호와께서 이를 명령하셨은즉 어떻
게 잠잠하며 쉬겠느냐 아스글론과
해변을 치려 하여 그가 정하셨느니라
하니라

모압의 멸망

48 모압에 관한 것이라 만군의 여
호와 이스라엘의 하나님께서 이
와 같이 말씀하시되 오호라 느보여
그가 유린 당하였도다 기랴다임이 수
치를 당하여 점령되었고 미스갑이 수
치를 당하여 파괴되었으니
2 모압의 찬송 소리가 없어졌도다 헤
스본에서 무리가 그를 해하려고 악
을 도모하고 이르기를 와서 그를 끊
어서 나라를 이루지 못하게 하자 하
는도다 맛멘이여 너도 조용하게 되
리니 칼이 너를 뒤쫓아 가리라

3 호로나임에서 부르짖는 소리여 황폐
와 큰 파멸이로다
4 모압이 멸망을 당하여 그 어린이들의
부르짖음이 들리는도다
5 그들이 루힛 언덕으로 올라가면서 울
고 호로나임 내리막 길에서 파멸의
고통스런 울부짖음을 듣는도다
6 도망하여 네 생명을 구원하여 광야
의 노간주나무 같이 될지어다
7 네가 네 업적과 보물을 의뢰하므로
너도 정복을 당할 것이요 그모스는
그의 제사장들과 고관들과 함께 포
로되어 갈 것이라
8 파멸하는 자가 각 성읍에 이를 것인
즉 한 성읍도 면하지 못할 것이며 골
짜기가 멸망하였으며 평지는 파멸되
어 여호와의 말씀과 같으리로다
9 모압에 날개를 주어 날아 피하게 하
라 그 성읍들이 황폐하여 거기에 사
는 자가 없으리로다
10 여호와의 일을 게을리 하는 자는 저
주를 받을 것이요 자기 칼을 금하여
피를 흘리지 아니하는 자도 저주를
받을 것이로다

모압이 황폐하였다

11 모압은 젊은 시절부터 평안하고 포
로도 되지 아니하였으므로 마치 술이
그 찌끼 위에 있고 이 그릇에서 저
그릇으로 옮기지 않음 같아서 그 맛
이 남아 있고 냄새가 변하지 아니하
였도다
12 그러므로 여호와께서 말씀하시니라
날이 이르리니 내가 술을 옮겨 담는
사람을 보낼 것이라 그들이 기울여서
그 그릇을 비게 하고 그 병들을 부
수리니
13 이스라엘 집이 벧엘을 의뢰하므로
수치를 당한 것 같이 모압이 그모스
로 말미암아 수치를 당하리로다
14 너희가 어찌하여 말하기를 우리는 용
사요 능란한 전사라 하느냐
15 만군의 여호와라 일컫는 왕께서 이와
같이 말하노라 모압이 황폐하였도다
그 성읍들은 사라졌고 그 선택 받은
장정들은 내려가서 죽임을 당하니
16 모압의 재난이 가까웠고 그 고난이
속히 닥치리로다
17 그의 사면에 있는 모든 자여, 그의
이름을 아는 모든 자여, 그를 위로하
며 말하기를 어찌하여 강한 막대기,

365묵상

나의 꿈과 하나님의 계획

예레미야의 서기관인 바룩은 큰일을 경영할 꿈을 가졌다. 그는 훌륭한 가문에서 태어났기 때문에 높은 목표를 가질 수 있었고 실현 가능성도 있었다. 하지만 결국 바룩은 예레미야와 함께 주님을 섬기는 삶을 살게 되었다. 그 결과, 많은 시련과 박해를 받았다(렘 45:3-5). 바룩은 자신이 꿈꾸던 본래의 꿈은 이루어지지 않았지만, 그는 하나님의 위대하신 계획의 일부가 되었다. 오늘날 당신은 당신의 꿈에만 매몰된 나머지 하나님의 위대한 계획을 간과하진 않는가? 하나님의 크신 계획 앞에 나의 작은 꿈을 헌신하자.

아름다운 지팡이가 부러졌는고 할지
니라
18 디본에 사는 딸아 네 영화에서 내려
와 메마른 데 앉으라 모압을 파멸하
는 자가 올라와서 너를 쳐서 네 요새
를 깨뜨렸음이로다
19 아로엘에 사는 여인이여 길 곁에 서
서 지키며 도망하는 자와 피하는 자
에게 무슨 일이 생겼는지 물을지어
다
20 모압이 패하여 수치를 받나니 너희는
울면서 부르짖으며 아르논 가에서 이
르기를 모압이 황폐하였다 할지어다
21 심판이 평지에 이르렀나니 곧 홀론과
야사와 메바앗과
22 디본과 느보와 벧디블라다임과
23 기랴다임과 벧가물과 벧므온과
24 그리욧과 보스라와 모압 땅 원근 모
든 성읍에로다
25 모압의 뿔이 잘렸고 그 팔이 부러졌
도다 여호와의 말씀이니라

모압이 조롱 거리가 되리라

26 모압으로 취하게 할지어다 이는 그
가 여호와에 대하여 교만함이라 그
가 그 토한 것에서 뒹굴므로 조롱 거
리가 되리로다
27 네가 이스라엘을 조롱하지 아니하였
느냐 그가 도둑 가운데에서 발견되
었느냐 네가 그를 말할 때마다 네 머
리를 흔드는도다
28 모압 주민들아 너희는 성읍을 떠나
바위 사이에 살지어다 깊은 골짜기
어귀에 깃들이는 비둘기 같이 할지어
다
29 우리가 모압의 교만을 들었나니 심한
교만 곧 그의 자고와 오만과 자랑과
그 마음의 거만이로다
30 여호와의 말씀이니라 내가 그의 노여
워함의 허탄함을 아노니 그가 자랑
하여도 아무 것도 성취하지 못하였도
다
31 그러므로 내가 모압을 위하여 울며
온 모압을 위하여 부르짖으리니 무리
가 길헤레스 사람을 위하여 신음하리
로다
32 십마의 포도나무여 너의 가지가 바다
를 넘어 야셀 바다까지 뻗었더니 너
의 여름 과일과 포도 수확을 탈취하
는 자가 나타났으니 내가 너를 위하
여 울기를 야셀이 우는 것보다 더하
리로다
33 기쁨과 환희가 옥토와 모압 땅에서
빼앗겼도다 내가 포도주 틀에 포도
주가 끊어지게 하리니 외치며 밟는
자가 없을 것이라 그 외침은 즐거운
외침이 되지 못하리로다

34 헤스본에서 엘르알레를 지나 야하스
까지와 소알에서 호로나임을 지나
에글랏 셀리시야에 이르는 지역에
사는 사람들이 소리를 내어 부르짖
음은 니므림의 물도 황폐하였음이로
다
35 여호와의 말씀이라 모압 산당에서
제사하며 그 신들에게 분향하는 자
를 내가 끊어버리리라

모압이 벌 받을 해

36 그러므로 나의 마음이 모압을 위하
여 피리 같이 소리 내며 나의 마음이
길헤레스 사람들을 위하여 피리 같이
소리 내나니 이는 그가 모은 재물이
없어졌음이라
37 모든 사람이 대머리가 되었고 모든
사람이 수염을 밀었으며 손에 칼자
국이 있고 허리에 굵은 베가 둘렸고
38 모압의 모든 지붕과 거리 각처에서
슬피 우는 소리가 들리니 내가 모압
을 마음에 들지 않는 그릇 같이 깨
뜨렸음이라 여호와의 말씀이니라
39 어찌하여 모압이 파괴되었으며 어찌
하여 그들이 애곡하는가 모압이 부
끄러워서 등을 돌렸도다 그런즉 모
압이 그 사방 모든 사람의 조롱 거리
와 공포의 대상이 되리로다
40 이는 여호와의 말씀이니라 보라 그
가 독수리 같이 날아와서 모압 위에
그의 날개를 펴리라
41 성읍들이 점령을 당하며 요새가 함락
되는 날에 모압 용사의 마음이 산고
를 당하는 여인 같을 것이라
42 모압이 여호와를 거슬러 자만하였으
므로 멸망하고 다시 나라를 이루지
못하리로다
43 여호와의 말씀이니라 모압 주민아
두려움과 함정과 올무가 네게 닥치
나니
44 두려움에서 도망하는 자는 함정에
떨어지겠고 함정에서 나오는 자는
올무에 걸리리니 이는 내가 모압이
벌 받을 해가 임하게 할 것임이라 여
호와의 말씀이니라
45 도망하는 자들이 기진하여 헤스본
그늘 아래에 서니 이는 불이 헤스본
에서 나며 불길이 시혼 가운데 나서
모압의 살쩍과 떠드는 자들의 정수
리를 사름이로다
46 모압이여 네게 화가 있도다 그모스
의 백성이 망하였도다 네 아들들은
사로잡혀 갔고 네 딸들은 포로가 되
었도다
47 그러나 내가 마지막 날에 모압의 포
로를 돌려보내리라 여호와의 말씀이
니라 모압의 심판이 여기까지니라

암몬이 받을 심판

49 암몬 자손에 대한 말씀이라 여
호와께서 이와 같이 말씀하시되
이스라엘이 자식이 없느냐 상속자가
없느냐 말감이 갓을 점령하며 그 백
성이 그 성읍들에 사는 것은 어찌 됨
이냐
2 여호와의 말씀이니라 그러므로 보라
날이 이르리니 내가 전쟁 소리로 암
몬 자손의 랍바에 들리게 할 것이라
랍바는 폐허더미 언덕이 되겠고 그
마을들은 불에 탈 것이며 그 때에 이
스라엘은 자기를 점령하였던 자를 점
령하리라 여호와의 말씀이니라
3 헤스본아 슬피 울지어다 아이가 황
폐하였도다 너희 랍바의 딸들아 부
르짖을지어다 굵은 베를 감고 애통
하며 울타리 가운데에서 허둥지둥할
지어다 말감과 그 제사장들과 그 고
관들이 다 사로잡혀 가리로다
4 패역한 딸아 어찌하여 골짜기 곧 네
흐르는 골짜기를 자랑하느냐 네가
어찌하여 재물을 의뢰하여 말하기를
누가 내게 대적하여 오리요 하느냐
5 주 만군의 여호와의 말씀이니라 보
라 내가 두려움을 네 사방에서 네게
오게 하리니 너희 각 사람이 앞으로
쫓겨 나갈 것이요 도망하는 자들을
모을 자가 없으리라
6 그러나 그 후에 내가 암몬 자손의
포로를 돌아가게 하리라 여호와의
말씀이니라

에돔이 받을 심판

7 에돔에 대한 말씀이라 만군의 여호
와께서 이와 같이 말씀하시되 데만에
다시는 지혜가 없게 되었느냐 명철한
자에게 책략이 끊어졌느냐 그들의
지혜가 없어졌느냐
8 드단 주민아 돌이켜 도망할지어다 깊
은 곳에 숨을지어다 내가 에서의 재
난을 그에게 닥치게 하여 그를 벌할
때가 이르게 하리로다
9 포도를 거두는 자들이 네게 이르면
약간의 열매도 남기지 아니하겠고 밤
에 도둑이 오면 그 욕심이 차기까지
멸하느니라
10 그러나 내가 에서의 옷을 벗겨 그 숨
은 곳이 드러나게 하였나니 그가 그
몸을 숨길 수 없을 것이라 그 자손과
형제와 이웃이 멸망하였은즉 그가 없
어졌느니라
11 네 고아들을 버려도 내가 그들을 살
리리라 네 과부들은 나를 의지할 것
이니라
12 여호와께서 이와 같이 말씀하시니라
보라 술잔을 마시는 습관이 없는 자

도 반드시 마시겠거든 네가 형벌을
온전히 면하겠느냐 면하지 못하리니
너는 반드시 마시리라
13 여호와의 말씀이니라 내가 나를 두
고 맹세하노니 보스라가 놀램과 치
욕 거리와 황폐함과 저줏거리가 될
것이요 그 모든 성읍이 영원히 황폐
하리라 하시니라
14 내가 여호와에게서부터 오는 소식을
들었노라 사절을 여러 나라 가운데
보내어 이르시되 너희는 모여와서 그
를 치며 일어나서 싸우라
15 보라 내가 너를 여러 나라 가운데에
서 작아지게 하였고 사람들 가운데
에서 멸시를 받게 하였느니라
16 바위 틈에 살며 산꼭대기를 점령한
자여 스스로 두려운 자인 줄로 여김
과 네 마음의 교만이 너를 속였도다
네가 독수리 같이 보금자리를 높은
데에 지었을지라도 내가 그리로부터
너를 끌어내리리라 이는 여호와의 말
씀이니라
17 에돔이 공포의 대상이 되리니 그리로
지나는 자마다 놀라며 그 모든 재앙
으로 말미암아 탄식하리로다
18 여호와께서 말씀하시니라 소돔과 고
모라와 그 이웃 성읍들이 멸망한 것
같이 거기에 사는 사람이 없으며 그
가운데에 머물러 살 사람이 아무도
없으리라
19 보라 사자가 요단 강의 깊은 숲에서
나타나듯이 그가 와서 견고한 처소
를 칠 것이라 내가 즉시 그들을 거기
에서 쫓아내고 택한 자를 내가 그
위에 세우리니 나와 같은 자 누구며
나와 더불어 다툴 자 누구며 내 앞에
설 목자가 누구냐
20 그런즉 에돔에 대한 여호와의 의도
와 데만 주민에 대하여 결심하신 여
호와의 계획을 들으라 양 떼의 어린
것들을 그들이 반드시 끌고 다니며
괴롭히고 그 처소로 황폐하게 하지
않으랴
21 그들이 넘어지는 소리에 땅이 진동하
며 그가 부르짖는 소리는 홍해에 들
리리라
22 보라 원수가 독수리 같이 날아와서
그의 날개를 보스라 위에 펴는 그
날에 에돔 용사의 마음이 진통하는
여인 같이 되리라 하시니라

다메섹이 받을 심판

23 다메섹에 대한 말씀이라 하맛과 아
르밧이 수치를 당하리니 이는 흉한
소문을 듣고 낙담함이니라 바닷가에
서 비틀거리며 평안이 없도다
24 다메섹이 피곤하여 몸을 돌이켜 달

아나려 하니 떨림이 그를 움켜잡고
해산하는 여인 같이 고통과 슬픔이
그를 사로잡았도다
25 어찌하여 찬송의 성읍, 나의 즐거운
성읍이 버린 것이 되었느냐
26 이는 만군의 여호와의 말씀이니라 그
런즉 그 날에 그의 장정들은 그 거리
에 엎드러지겠고 모든 군사는 멸절될
것이며
27 내가 다메섹의 성벽에 불을 지르리니
벤하닷의 궁전이 불타리라

게달과 하솔이 받을 심판

28 바벨론의 느부갓네살 왕에게 공격을
받은 게달과 하솔 나라들에 대한 말
씀이라 여호와께서 이와 같이 말씀
하시되 너희는 일어나 게달로 올라가
서 동방 자손들을 황폐하게 하라
29 너희는 그들의 장막과 양 떼를 빼앗
으며 휘장과 모든 기구와 낙타를 빼
앗아다가 소유로 삼고 그들을 향하
여 외치기를 두려움이 사방에 있다
할지니라
30 여호와의 말씀이니라 하솔 주민아
도망하라 멀리 가서 깊은 곳에 살라
이는 바벨론의 느부갓네살 왕이 너
를 칠 모략과 너를 칠 계책을 세웠음
이라
31 여호와의 말씀이니라 너는 일어나 고
요하고도 평안히 사는 백성 곧 성문
이나 문빗장이 없이 홀로 사는 국민
을 치라
32 그들의 낙타들은 노략물이 되겠고
그들의 많은 가축은 탈취를 당할 것
이라 내가 그 살쩍을 깎는 자들을
사면에 흩고 그 재난을 여러 곳에서
오게 하리라 여호와의 말씀이니라
33 하솔은 큰 뱀의 거처가 되어 영원히
황폐하리니 거기 사는 사람이나 그
가운데에 머물러 사는 사람이 아무
도 없게 되리라 하시니라

엘람이 받을 심판

34 유다 왕 시드기야가 즉위한 지 오래
지 아니하여서 엘람에 대한 여호와의
말씀이 선지자 예레미야에게 임하여
이르시되
35 만군의 여호와가 이같이 말하노라
보라 내가 엘람의 힘의 으뜸가는 활
을 꺾을 것이요
36 하늘의 사방에서부터 사방 바람을
엘람에 오게 하여 그들을 사방으로
흩으리니 엘람에서 쫓겨난 자가 가지
않는 나라가 없으리라
37 여호와의 말씀이니라 내가 엘람으로
그의 원수의 앞, 그의 생명을 노리는
자의 앞에서 놀라게 할 것이며 내가
재앙 곧 나의 진노를 그들 위에 내릴

것이며 내가 또 그 뒤로 칼을 보내어
그들을 멸망시키리라
38 내가 나의 보좌를 엘람에 주고 왕과
고관들을 그 곳에서 멸하리라 여호
와의 말씀이니라
39 그러나 말일에 이르러 내가 엘람의
포로를 돌아가게 하리라 여호와의
말씀이니라

바벨론이 받을 심판

50 여호와께서 선지자 예레미야에
게 바벨론과 갈대아 사람의 땅
에 대하여 하신 말씀이라
2 너희는 나라들 가운데에 전파하라
공포하라 깃발을 세우라 숨김이 없
이 공포하여 이르라 바벨론이 함락
되고 벨이 수치를 당하며 므로닥이
부스러지며 그 신상들은 수치를 당
하며 우상들은 부스러진다 하라
3 이는 한 나라가 북쪽에서 나와서 그
를 쳐서 그 땅으로 황폐하게 하여 그
가운데에 사는 자가 없게 할 것임이
라 사람이나 짐승이 다 도망할 것임
이니라
4 여호와의 말씀이니라 그 날 그 때에
이스라엘 자손이 돌아오며 유다 자
손도 함께 돌아오되 그들이 울면서
그 길을 가며 그의 하나님 여호와께
구할 것이며
5 그들이 그 얼굴을 시온으로 향하여
그 길을 물으며 말하기를 너희는 오
라 잊을 수 없는 영원한 언약으로 여
호와와 연합하라 하리라
6 바벨론에서 도망하라 갈대아 땅에서
나오라 내 백성은 잃어 버린 양 떼로
다 그 목자들이 그들을 곁길로 가게
하여 산으로 돌이키게 하였으므로
그들이 산에서 언덕으로 돌아다니며
쉴 곳을 잊었도다
7 그들을 만나는 자들은 그들을 삼키
며 그의 대적은 말하기를 그들이 여
호와 곧 의로운 처소시며 그의 조상
들의 소망이신 여호와께 범죄하였음
인즉 우리는 무죄하다 하였느니라
8 너희는 바벨론 가운데에서 도망하라
갈대아 사람의 땅에서 나오라 양 떼
에 앞서가는 숫염소 같이 하라
9 보라 내가 큰 민족의 무리를 북쪽에
서 올라오게 하여 바벨론을 대항하
게 하리니 그들이 대열을 벌이고 쳐
서 정복할 것이라 그들의 화살은 노

365묵상

울며 하나님께 돌아오라

우리가 죄악 중에 깊이 빠져 있을 땐 죄가 죄인 줄 제대로 알지 못한다. 우리가 죄에 대해 고통을 느낀다는 것은 신앙 회복의 첫 단계다(렘 50:4-5). 죄가 더 이상 삶에 기쁨이 아니라 고통만 안겨줄뿐이라는 진리를 비로소 깨달은 것이다. 회개는 하나님 앞에서 나의 자아가 깨지는 것이다. 그런 깨짐에는 슬픔의 눈물이 뒤따른다. 그러한 회개의 과정을 통과할 때 그때부터 나의 영혼이 새 출발을 하게 된다. 명심할 것은, 이런 슬픔의 통회 과정이 한 번의 의식행위가 되어선 안 되고 지속적인 태도가 되어야 한다.

련한 용사의 화살 같아서 허공을 치
지 아니하리라
10 갈대아가 약탈을 당할 것이라 그를
약탈하는 자마다 만족하리라 여호와
의 말씀이니라

바벨론의 멸망

11 나의 소유를 노략하는 자여 너희가
즐거워하며 기뻐하고 타작하는 송아
지 같이 발굽을 구르며 군마 같이 우
는도다
12 그러므로 너희의 어머니가 큰 수치를
당하리라 너희를 낳은 자가 치욕을
당하리라 보라 그가 나라들 가운데
의 마지막과 광야와 마른 땅과 거친
계곡이 될 것이며
13 여호와의 진노로 말미암아 주민이 없
어 완전히 황무지가 될 것이라 바벨
론을 지나가는 자마다 그 모든 재난
에 놀라며 탄식하리로다
14 바벨론을 둘러 대열을 벌이고 활을
당기는 모든 자여 화살을 아끼지 말
고 쏘라 그가 여호와께 범죄하였음
이라
15 그 주위에서 고함을 지르리로다 그
가 항복하였고 그 요새는 무너졌고
그 성벽은 허물어졌으니 이는 여호와
께서 그가 행한 대로 그에게 내리시
는 보복이라 그가 행한 대로 그에게
갚으시는도다
16 파종하는 자와 추수 때에 낫을 잡은
자를 바벨론에서 끊어 버리라 사람
들이 그 압박하는 칼을 두려워하여
각기 동족에게로 돌아가며 고향으로
도망하리라

이스라엘을 돌아오게 하리라

17 이스라엘은 흩어진 양이라 사자들이
그를 따르도다 처음에는 앗수르 왕
이 먹었고 다음에는 바벨론의 느부
갓네살 왕이 그의 뼈를 꺾도다
18 그러므로 만군의 여호와 이스라엘의
하나님이 이와 같이 말하노라 보라
내가 앗수르의 왕을 벌한 것 같이 바
벨론의 왕과 그 땅을 벌하고
19 이스라엘을 다시 그의 목장으로 돌
아가게 하리니 그가 갈멜과 바산에
서 양을 기를 것이며 그의 마음이 에
브라임과 길르앗 산에서 만족하리라
20 여호와의 말씀이니라 그 날 그 때에
는 이스라엘의 죄악을 찾을지라도
없겠고 유다의 죄를 찾을지라도 찾
아내지 못하리니 이는 내가 남긴 자
를 용서할 것임이라

여호와께서 바벨론을 심판하시다

21 이는 여호와의 말씀이니라 너희는 올
라가서 므라다임의 땅을 치며 브곳의
주민을 쳐서 진멸하되 내가 너희에게

명령한 대로 다하라
22 그 땅에 싸움의 소리와 큰 파멸이 있
으리라
23 온 세계의 망치가 어찌 그리 꺾여 부
서졌는고 바벨론이 어찌 그리 나라
들 가운데에 황무지가 되었는고
24 바벨론아 내가 너를 잡으려고 올무
를 놓았더니 네가 깨닫지 못하여 걸
렸고 네가 여호와와 싸웠으므로 발
각되어 잡혔도다
25 여호와께서 그의 병기창을 열고 분
노의 무기를 꺼냄은 주 만군의 여호
와께서 갈대아 사람의 땅에 행할 일
이 있음이라
26 먼 곳에 있는 너희는 와서 그를 치고
그의 곳간을 열고 그것을 곡식더미처
럼 쌓아 올려라 그를 진멸하고 남기
지 말라
27 그의 황소를 다 죽이라 그를 도살하
러 내려 보내라 그들에게 화 있도다
그들의 날, 그 벌 받는 때가 이르렀
음이로다
28 바벨론 땅에서 도피한 자의 소리여
시온에서 우리 하나님 여호와의 보복
하시는 것, 그의 성전의 보복하시는
것을 선포하는 소리로다
29 활 쏘는 자를 바벨론에 소집하라 활
을 당기는 자여 그 사면으로 진을 쳐
서 피하는 자가 없게 하라 그가 일한
대로 갚고 그가 행한 대로 그에게
갚으라 그가 이스라엘의 거룩한 자
여호와를 향하여 교만하였음이라
30 그러므로 그 날에 장정들이 그 거리
에 엎드러지겠고 군사들이 멸절되리
라 여호와의 말씀이니라
31 주 만군의 여호와의 말씀이니라 교
만한 자여 보라 내가 너를 대적하나
니 너의 날 곧 내가 너를 벌할 때가
이르렀음이라
32 교만한 자가 걸려 넘어지겠고 그를
일으킬 자가 없을 것이며 내가 그의
성읍들에 불을 지르리니 그의 주위
에 있는 것을 다 삼키리라
33 만군의 여호와께서 이와 같이 말씀
하시니라 이스라엘 자손과 유다 자
손이 함께 학대를 받는도다 그들을
사로잡은 자는 다 그들을 붙들고 놓
아 주지 아니하리라
34 그들의 구원자는 강하니 그의 이름은
만군의 여호와라 반드시 그들 때문
에 싸우시리니 그 땅에 평안함을 주
고 바벨론 주민은 불안하게 하리라
35 여호와의 말씀이니라 칼이 갈대아인
의 위에와 바벨론 주민의 위에와 그
고관들과 지혜로운 자의 위에 떨어지
리라

36 칼이 자랑하는 자의 위에 떨어지리니
그들이 어리석게 될 것이며 칼이 용사
의 위에 떨어지리니 그들이 놀랄 것이
며
37 칼이 그들의 말들과 병거들과 그들
중에 있는 여러 민족의 위에 떨어지리
니 그들이 여인들 같이 될 것이며 칼
이 보물 위에 떨어지리니 그것이 약
탈되리라
38 가뭄이 물 위에 내리어 그것을 말리
리니 이는 그 땅이 조각한 신상의 땅
이요 그들은 무서운 것을 보고 실성
하였음이니라
39 그러므로 사막의 들짐승이 승냥이와
함께 거기에 살겠고 타조도 그 가운
데에 살 것이요 영원히 주민이 없으
며 대대에 살 자가 없으리라
40 여호와의 말씀이니라 하나님께서 소
돔과 고모라와 그 이웃 성읍들을 뒤
엎었듯이 거기에 사는 사람이 없게
하며 그 가운데에 머물러 사는 사람
이 아무도 없게 하시리라
41 보라 한 민족이 북쪽에서 오고 큰 나
라와 여러 왕이 충동을 받아 땅 끝에
서 일어나리니
42 그들은 활과 투창을 가진 자라 잔인
하여 불쌍히 여기지 아니하며 그들의
목소리는 바다가 설레임 같도다 딸
바벨론아 그들이 말을 타고 무사 같
이 각기 네 앞에서 대열을 갖추었도
다
43 바벨론의 왕이 그 소문을 듣고 손이
약하여지며 고통에 사로잡혀 해산하
는 여인처럼 진통하는도다
44 보라 사자가 요단의 깊은 숲에서 나
타나듯이 그가 와서 견고한 처소를
칠 것이라 내가 즉시 그들을 거기에
서 쫓아내고 택한 자를 내가 그 자리
에 세우리니 나와 같은 자 누구며 출
두하라고 나에게 명령할 자가 누구
며 내 앞에 설 목자가 누구냐
45 그런즉 바벨론에 대한 여호와의 계
획과 갈대아 사람의 땅에 대하여 품
은 여호와의 생각을 들으라 양 떼의
어린 것들을 그들이 반드시 끌어 가
고 그들의 초장을 황폐하게 하리니
46 바벨론이 약탈 당하는 소리에 땅이
진동하며 그 부르짖음이 나라들 가
운데에 들리리라 하시도다

바벨론을 멸하시는 여호와

51 여호와께서 이와 같이 말씀하시
되 보라 내가 멸망시키는 자의
심령을 부추겨 바벨론을 치고 또 나
를 대적하는 자 중에 있는 자를 치되
2 내가 타국인을 바벨론에 보내어 키
질하여 그의 땅을 비게 하리니 재난

의 날에 그를 에워싸고 치리로다
3 활을 당기는 자를 향하며 갑옷을 입
고 일어선 자를 향하여 쏘는 자는 그
의 활을 당길 것이라 그의 장정들을
불쌍히 여기지 말며 그의 군대를 전
멸시켜라
4 무리가 갈대아 사람의 땅에서 죽임
을 당하여 엎드러질 것이요 관통상을
당한 자가 거리에 있으리라
5 이스라엘과 유다가 이스라엘의 거룩
하신 이를 거역하므로 죄과가 땅에
가득하나 그의 하나님 만군의 여호
와에게 버림 받은 홀아비는 아니니
라
6 바벨론 가운데서 도망하여 나와서
각기 생명을 구원하고 그의 죄악으
로 말미암아 끊어짐을 보지 말지어다
이는 여호와의 보복의 때니 그에게
보복하시리라
7 바벨론은 여호와의 손에 잡혀 있어
온 세계가 취하게 하는 금잔이라 뭇
민족이 그 포도주를 마심으로 미쳤
도다
8 바벨론이 갑자기 넘어져 파멸되니 이
로 말미암아 울라 그 상처를 위하여
유향을 구하라 혹 나으리로다
9 우리가 바벨론을 치료하려 하여도
낫지 아니한즉 버리고 각기 고향으
로 돌아가자 그 화가 하늘에 미쳤고
궁창에 달하였음이로다
10 여호와께서 우리 공의를 드러내셨으
니 오라 시온에서 우리 하나님 여호
와의 일을 선포하자
11 화살을 갈며 둥근 방패를 준비하라
여호와께서 메대 왕들의 마음을 부
추기사 바벨론을 멸하기로 뜻하시나
니 이는 여호와께서 보복하시는 것
곧 그의 성전을 위하여 보복하시는
것이라
12 바벨론 성벽을 향하여 깃발을 세우
고 튼튼히 지키며 파수꾼을 세우며
복병을 매복시켜 방비하라 이는 여호
와께서 바벨론 주민에 대하여 말씀
하신 대로 계획하시고 행하심이로다
13 많은 물 가에 살면서 재물이 많은 자
여 네 재물의 한계 곧 네 끝이 왔도
다
14 만군의 여호와께서 자기의 목숨을
두고 맹세하시되 내가 진실로 사람
을 메뚜기 같이 네게 가득하게 하리
니 그들이 너를 향하여 환성을 높이
리라 하시도다

여호와를 찬양하다

15 여호와께서 그의 능력으로 땅을 지
으셨고 그의 지혜로 세계를 세우셨
고 그의 명철로 하늘들을 펴셨으며

16 그가 목소리를 내신즉 하늘에 많은
물이 생기나니 그는 땅 끝에서 구름
이 오르게 하시며 비를 위하여 번개
를 치게 하시며 그의 곳간에서 바람
을 내시거늘
17 사람마다 어리석고 무식하도다 금장
색마다 자기가 만든 신상으로 말미
암아 수치를 당하나니 이는 그 부어
만든 우상은 거짓이요 그 속에 생기
가 없음이라
18 그것들은 헛된 것이요 조롱 거리이니
징벌하시는 때에 멸망할 것이나
19 야곱의 분깃은 그와 같지 아니하시니
그는 만물을 지으신 분이요 이스라
엘은 그의 소유인 지파라 그의 이름
은 만군의 여호와시니라

바벨론은 여호와의 철퇴

20 여호와께서 이르시되 너는 나의 철퇴
곧 무기라 나는 네가 나라들을 분쇄
하며 네가 국가들을 멸하며
21 네가 말과 기마병을 분쇄하며 네가
병거와 병거대를 부수며
22 네가 남자와 여자를 분쇄하며 네가
노년과 유년을 분쇄하며 네가 청년과
처녀를 분쇄하며
23 네가 목자와 그 양 떼를 분쇄하며
네가 농부와 그 멍엣소를 분쇄하며
네가 도백과 태수들을 분쇄하도록
하리로다
24 너희 눈 앞에서 그들이 시온에서 모
든 악을 행한 대로 내가 바벨론과
갈대아 모든 주민에게 갚으리라 여
호와의 말씀이니라

바벨론이 황무지가 되리라

25 여호와의 말씀이니라 온 세계를 멸
하는 멸망의 산아 보라 나는 네 원수
라 나의 손을 네 위에 펴서 너를 바
위에서 굴리고 너로 불 탄 산이 되게
할 것이니
26 사람이 네게서 집 모퉁잇돌이나 기촛
돌을 취하지 아니할 것이요 너는 영
원히 황무지가 될 것이니라 여호와의
말씀이니라
27 땅에 깃발을 세우며 나라들 가운데
에 나팔을 불어서 나라들을 동원시
켜 그를 치며 아라랏과 민니와 아스
그나스 나라를 불러 모아 그를 치며
사무관을 세우고 그를 치되 극성스
런 메뚜기 같이 그 말들을 몰아오게
하라
28 뭇 백성 곧 메대 사람의 왕들과 그
도백들과 그 모든 태수와 그 관할하
는 모든 땅을 준비시켜 그를 치게 하
라
29 땅이 진동하며 소용돌이치나니 이는
여호와께서 바벨론을 쳐서 그 땅으

로 황폐하여 주민이 없게 할 계획이
섰음이라
30 바벨론의 용사는 싸움을 그치고 그
들의 요새에 머무르나 기력이 쇠하여
여인 같이 되며 그들의 거처는 불타
고 그 문빗장은 부러졌으며
31 보발꾼은 보발꾼을 맞으려고 달리며
전령은 전령을 맞으려고 달려가 바벨
론의 왕에게 전하기를 그 성읍 사방
이 함락되었으며
32 모든 나루는 빼앗겼으며 갈대밭이
불탔으며 군사들이 겁에 질렸더이다
하리라

여호와께서 이스라엘을 위하여 보복하시다

33 만군의 여호와 이스라엘의 하나님께
서 이와 같이 말씀하시되 딸 바벨론
은 때가 이른 타작 마당과 같은지라
멀지 않아 추수 때가 이르리라 하시
도다
34 바벨론의 느부갓네살 왕이 나를 먹
으며 나를 멸하며 나를 빈 그릇이 되
게 하며 큰 뱀 같이 나를 삼키며 나
의 좋은 음식으로 그 배를 채우고
나를 쫓아내었으니
35 내가 받은 폭행과 내 육체에 대한
학대가 바벨론에 돌아가기를 원한다
고 시온 주민이 말할 것이요 내 피
흘린 죄가 갈대아 주민에게로 돌아
가기를 원한다고 예루살렘이 말하리
라
36 그러므로 여호와께서 이와 같이 말
씀하시되 보라 내가 네 송사를 듣고
너를 위하여 보복하여 그의 바다를
말리며 그의 샘을 말리리니
37 바벨론이 돌무더기가 되어서 승냥이
의 거처와 혐오의 대상과 탄식 거리
가 되고 주민이 없으리라
38 그들이 다 젊은 사자 같이 소리지르
며 새끼 사자 같이 으르렁거리며
39 열정이 일어날 때에 내가 연회를 베
풀고 그들이 취하여 기뻐하다가 영원
히 잠들어 깨지 못하게 하리라 여호
와의 말씀이니라
40 내가 그들을 끌어내려서 어린 양과
숫양과 숫염소가 도살장으로 가는
것 같게 하리라

바벨론의 파멸을 노래하다

41 슬프다 세삭이 함락되었도다 온 세
상의 칭찬 받는 성읍이 빼앗겼도다

365묵상

그의 이름은 만군의 여호와

'여호와'라는 이름은 두 가지 뜻을 지녔다. 하나는 '스스로 있는 자'이고(출 3:14), 또 하나는 '이스라엘의 구원자'다(출 6:2-7). 둘을 종합하면, 여호와는 영원히 살아 계셔서 자기 백성을 구원하시는 분이라는 의미다. 그렇기 때문에 하나님은 선지자들에게 이 이름으로 메시지를 선포할 것을 명하셨다. 홀로 있다는 느낌을 받고 있는가? 현재가 우울하고 미래가 암담한가? 그러한 때는 만물의 조성자요 야곱의 분깃이신 '만군의 여호와'를 기억하라(렘 51:19). 그 이름 속에 내 삶의 모든 문제를 해결하는 해답이 들어 있다.

슬프다 바벨론이 나라들 가운데에
황폐하였도다
42 바다가 바벨론에 넘침이여 그 노도
소리가 그 땅을 뒤덮었도다
43 그 성읍들은 황폐하여 마른 땅과 사
막과 사람이 살지 않는 땅이 되었으
니 그리로 지나가는 사람이 없도다
44 내가 벨을 바벨론에서 벌하고 그가
삼킨 것을 그의 입에서 끌어내리니
민족들이 다시는 그에게로 몰려가지
아니하겠고 바벨론 성벽은 무너졌도
다
45 나의 백성아 너희는 그 중에서 나와
각기 여호와의 진노를 피하라
46 너희 마음을 나약하게 말며 이 땅에
서 들리는 소문으로 말미암아 두려
워하지 말라 소문은 이 해에도 있겠
고 저 해에도 있으리라 그 땅에는 강
포함이 있어 다스리는 자가 다스리는
자를 서로 치리라
47 그러므로 보라 날이 이르리니 내가
바벨론의 우상들을 벌할 것이라 그
온 땅이 치욕을 당하겠고 그 죽임 당
할 자가 모두 그 가운데에 엎드러질
것이며
48 하늘과 땅과 그 안에 있는 모든 것이
바벨론으로 말미암아 기뻐 노래하리
니 이는 파멸시키는 자가 북쪽에서
그에게 옴이라 여호와의 말씀이니라
49 바벨론이 이스라엘을 죽여 엎드러뜨
림 같이 온 세상이 바벨론에서 죽임
을 당하여 엎드러지리라

여호와께서 바벨론에 보복하시다

50 칼을 피한 자들이여 멈추지 말고 걸
어가라 먼 곳에서 여호와를 생각하며
예루살렘을 너희 마음에 두라
51 외국인이 여호와의 거룩한 성전에 들
어가므로 우리가 책망을 들으며 수
치를 당하여 모욕이 우리 얼굴을 덮
었느니라
52 보라 날이 이르리니 내가 그 우상들
을 벌할 것이라 부상자들이 그 땅에
서 한숨을 지으리라 여호와의 말씀이
니라
53 가령 바벨론이 하늘까지 솟아오른다
하자 높은 곳에 있는 피난처를 요새
로 삼더라도 멸망시킬 자가 내게로
부터 그들에게 임하리라 여호와의
말씀이니라

바벨론이 황폐하리라

54 바벨론으로부터 부르짖는 소리가 들
리도다 갈대아 사람의 땅에 큰 파멸
의 소리가 들리도다
55 이는 여호와께서 바벨론을 황폐하게
하사 그 큰 소리를 끊으심이로다 원
수는 많은 물 같이 그 파도가 사나

우며 그 물결은 요란한 소리를 내는
도다
56 곧 멸망시키는 자가 바벨론에 이르
렀음이라 그 용사들이 사로잡히고
그들의 활이 꺾이도다 여호와는 보
복의 하나님이시니 반드시 보응하시
리로다
57 만군의 여호와라 일컫는 왕이 이와
같이 말씀하시되 내가 그 고관들과
지혜 있는 자들과 도백들과 태수들
과 용사들을 취하게 하리니 그들이
영원히 잠들어 깨어나지 못하리라
58 만군의 여호와께서 이와 같이 말씀
하시니라 바벨론의 성벽은 훼파되겠
고 그 높은 문들은 불에 탈 것이며
백성들의 수고는 헛될 것이요 민족들
의 수고는 불탈 것인즉 그들이 쇠잔
하리라

예레미야가 바벨론에 예언을 전하다

59 유다의 시드기야 왕 제사년에 마세
야의 손자 네리야의 아들 스라야가
그 왕과 함께 바벨론으로 갈 때에
선지자 예레미야가 그에게 말씀을
명령하니 스라야는 병참감이더라
60 예레미야가 바벨론에 닥칠 모든 재
난 곧 바벨론에 대하여 기록한 이 모
든 말씀을 한 책에 기록하고
61 스라야에게 말하기를 너는 바벨론에
이르거든 삼가 이 모든 말씀을 읽고
62 말하기를 여호와여 주께서 이 곳에
대하여 말씀하시기를 이 땅을 멸하여
사람이나 짐승이 거기에 살지 못하게
하고 영원한 폐허가 되리라 하셨나이
다 하라 하니라
63 너는 이 책 읽기를 다한 후에 책에
돌을 매어 유브라데 강 속에 던지며
64 말하기를 바벨론이 나의 재난 때문
에 이같이 몰락하여 다시 일어서지
못하리니 그들이 피폐하리라 하라 하
니라 예레미야의 말이 이에 끝나니라

시드기야의 배반과 죽음

52 시드기야가 왕위에 오를 때에
나이가 이십일 세라 예루살렘에
서 십일 년 동안 다스리니라 그의 어
머니의 이름은 하무달이라 립나인 예
레미야의 딸이더라
2 그가 여호야김의 모든 행위를 본받
아 여호와 보시기에 악을 행한지라
3 여호와께서 예루살렘과 유다에게 진
노하심이 그들을 자기 앞에서 쫓아
내시기까지 이르렀더라 시드기야가
바벨론 왕을 배반하니라
4 시드기야 제구년 열째 달 열째 날에
바벨론 왕 느부갓네살이 그의 모든
군대를 거느리고 예루살렘을 치러
올라와서 그 성에 대하여 진을 치고

주위에 토성을 쌓으매
5 그 성이 시드기야 왕 제십일년까지
포위되었더라
6 그 해 넷째 달 구일에 성중에 기근이
심하여 그 땅 백성의 양식이 떨어졌더
라
7 그 성벽이 파괴되매 모든 군사가 밤
중에 그 성에서 나가 두 성벽 사이
왕의 동산 곁문 길로 도망하여 갈대
아인들이 그 성읍을 에워쌌으므로
그들이 아라바 길로 가더니
8 갈대아 군대가 그 왕을 뒤쫓아 가서
여리고 평지에서 시드기야를 따라 잡
으매 왕의 모든 군대가 그를 떠나
흩어진지라
9 그들이 왕을 사로잡아 그를 하맛 땅
리블라에 있는 바벨론 왕에게로 끌
고 가매 그가 시드기야를 심문하니
라
10 바벨론 왕이 시드기야의 아들들을
그의 눈 앞에서 죽이고 또 리블라에
서 유다의 모든 고관을 죽이며
11 시드기야의 두 눈을 빼고 놋사슬로
그를 결박하여 바벨론 왕이 그를 바
벨론으로 끌고 가서 그가 죽는 날까
지 옥에 가두었더라

여호와의 성전이 헐리다

12 바벨론의 느부갓네살 왕의 열아홉째
해 다섯째 달 열째 날에 바벨론 왕
의 어전 사령관 느부사라단이 예루살
렘에 이르러
13 여호와의 성전과 왕궁을 불사르고
예루살렘의 모든 집과 고관들의 집
까지 불살랐으며
14 사령관을 따르는 갈대아 사람의 모
든 군대가 예루살렘 사면 성벽을 헐
었더라
15 사령관 느부사라단이 백성 중 가난
한 자와 성중에 남아 있는 백성과 바
벨론 왕에게 항복한 자와 무리의 남
은 자를 사로잡아 갔고
16 가난한 백성은 남겨 두어 포도원을
관리하는 자와 농부가 되게 하였더라
17 갈대아 사람은 또 여호와의 성전의
두 놋기둥과 받침들과 여호와의 성전
의 놋대야를 깨뜨려 그 놋을 바벨론
으로 가져갔고
18 가마들과 부삽들과 부집게들과 주
발들과 숟가락들과 섬길 때에 쓰는
모든 놋그릇을 다 가져갔고
19 사령관은 잔들과 화로들과 주발들과
솥들과 촛대들과 숟가락들과 바리들
곧 금으로 만든 물건의 금과 은으로
만든 물건의 은을 가져갔더라
20 솔로몬 왕이 여호와의 성전을 위하여
만든 두 기둥과 한 바다와 그 받침

아래에 있는 열두 놋 소 곧 이 모든
기구의 놋 무게는 헤아릴 수 없었더
라
21 그 기둥은 한 기둥의 높이가 십팔 규
빗이요 그 둘레는 십이 규빗이며 그
속이 비었고 그 두께는 네 손가락
두께이며
22 기둥 위에 놋머리가 있어 그 높이가
다섯 규빗이요 머리 사면으로 돌아가
며 꾸민 망사와 석류가 다 놋이며 또
다른 기둥에도 이런 모든 것과 석류
가 있었더라
23 그 사면에 있는 석류는 아흔여섯 개
요 그 기둥에 둘린 그물 위에 있는
석류는 도합이 백 개이었더라

유다 백성이 바벨론으로 사로잡혀 가다

24 사령관이 대제사장 스라야와 부제사
장 스바냐와 성전 문지기 세 사람을
사로잡고
25 또 성 안에서 사람을 사로잡았으니
곧 군사를 거느린 지휘관 한 사람과
또 성중에서 만난 왕의 내시 칠 명과
군인을 감독하는 군 지휘관의 서기관
하나와 성 안에서 만난 평민 육십 명
이라
26 사령관 느부사라단은 그들을 사로잡
아 리블라에 있는 바벨론의 왕에게
나아가매
27 바벨론의 왕이 하맛 땅 리블라에서
다 쳐 죽였더라 이와 같이 유다가 사
로잡혀 본국에서 떠났더라
28 느부갓네살이 사로잡아 간 백성은
이러하니라 제칠년에 유다인이 삼천
이십삼 명이요
29 느부갓네살의 열여덟째 해에 예루살
렘에서 사로잡아 간 자가 팔백삼십
이 명이요
30 느부갓네살의 제이십삼년에 사령관
느부사라단이 사로잡아 간 유다 사
람이 칠백사십오 명이니 그 총수가
사천육백 명이더라
31 유다 왕 여호야긴이 사로잡혀 간 지
삼십칠 년 곧 바벨론의 에윌므로닥
왕의 즉위 원년 열두째 달 스물다섯
째 날 그가 유다의 여호야긴 왕의 머
리를 들어 주었고 감옥에서 풀어 주
었더라
32 그에게 친절하게 말하고 그의 자리
를 그와 함께 바벨론에 있는 왕들의
자리보다 높이고
33 그 죄수의 의복을 갈아 입혔고 그의
평생 동안 항상 왕의 앞에서 먹게 하
였으며
34 그가 날마다 쓸 것을 바벨론의 왕에
게서 받는 정량이 있었고 죽는 날까
지 곧 종신토록 받았더라

예레미야애가 Lamentations

본서는 예루살렘의 멸망을 읊은 조가(弔歌)이다. 즉 바벨론 군대에 의해 예루살렘 도성이 멸망한 후에 예레미야 선지자가 지은 다섯 편의 슬픈 노래이다. 이 슬픈 노래는 하나님의 무서운 징벌을 초래한 죄악에 대해 회개하는 노래이고, 또한 슬픔 속에서도 하나님의 언약을 믿는 가운데 다시금 회복될 날을 기대하는 소망의 노래이다.

제목 히브리어 성경의 표제는 비통함을 나타내는 본서의 첫 단어인 '아 어찌하여(에카)'이고, 현재의 표제는 랍비들이 처음에 사용한 '애가(키노드)'에서 유래한 것이다.

저자 예레미야. 예레미야서와의 내용적인 일관성, 그리고 예레미야가 애가를 자주 지었다는 사실(대하 35:25) 등이 이를 뒷받침해 주며, 특히 예루살렘의 멸망에 대한 세밀한 묘사는 이를 목격했던 예레미야의 저작권에 대한 확신을 준다.

기록 연대 B.C. 586년 바벨론의 3차 침입으로 예루살렘이 함락된 직후에 기록되었다.

기록 목적 ① 하나님의 심판 예언이 성취되었음을 보여 주어 미래의 교훈으로 삼게 하기 위하여. ② 궁극적인 소망이 되시는 하나님을 찬양하여 조국의 멸망으로 실의에 빠진 이스라엘 백성들에게 새 희망을 주기 위하여.

주제 멸망의 참상과 새 소망. 회개의 권유를 거절하여 멸망에까지 이른 이스라엘의 참혹한 모습과, 아울러 하나님이 계시므로 새 소망을 가질 수 있음을 시적 운율로 노래했다.

특징 ① 답관체 형식-각 장을 히브리 알파벳의 수와 같은 22절로 배열하여 각 절의 첫 자를 히브리 알파벳의 순서대로 배치한 특이한 문학 양식을 따랐다. 3장은 이 형식을 세 번 반복한 것이다. ② 감정의 극한 대조-전체적으로 지극한 애조를 띠고 있으나 3장의 중반에 하나님을 향한 소망을 노래하여 멸망한 백성의 나아갈 길을 보여 주었다.

본서의 내용

I. 첫 번째 애가	– 선지자의 비탄(3:1–66)
– 예루살렘의 폐허(1:1–22)	**IV. 네 번째 애가**
II. 두 번째 애가	– 심판의 원인(4:1–22)
– 심판 날의 참상(2:1–22)	**V. 다섯 번째 애가**
III. 세 번째 애가	– 회복의 기도(5:1–22)

연대표

B.C.	
640년	요시야 왕 즉위
	선지자 스바냐의 사역(~621년)
627년	예레미야의 사역(~586년)
612년	앗수르의 수도 니느웨의 함락
	선지자 하박국의 사역(~589년)
609년	므깃도 전투와 요시야 왕 전사
605년	갈그미스 전투
	바벨론의 1차 침공
	포로된 다니엘(1차 포로)
	다니엘의 사역(605–530년)
597년	바벨론의 2차 침공
	포로된 에스겔(2차 포로)
593년	에스겔의 사역(593–570년)
588년	바벨론의 3차 침공
586년	예루살렘 함락(3차 포로)
580년	예레미야 죽음

· 예레미야애가의 주요 무대

예레미야애가 Lamentations

예루살렘의 슬픔

1 슬프다 이 성이여 전에는 사람들
이 많더니 이제는 어찌 그리 적막
하게 앉았는고 전에는 열국 중에 크
던 자가 이제는 과부 같이 되었고 전
에는 열방 중에 공주였던 자가 이제
는 강제 노동을 하는 자가 되었도다
2 밤에는 슬피 우니 눈물이 뺨에 흐름
이여 사랑하던 자들 중에 그에게 위
로하는 자가 없고 친구들도 다 배반
하여 원수들이 되었도다
3 유다는 환난과 많은 고난 가운데에
사로잡혀 갔도다 그가 열국 가운데
에 거주하면서 쉴 곳을 얻지 못함이
여 그를 핍박하는 모든 자들이 궁지
에서 그를 뒤따라 잡았도다
4 시온의 도로들이 슬퍼함이여 절기를
지키려 나아가는 사람이 없음이로다
모든 성문들이 적막하며 제사장들이
탄식하며 처녀들이 근심하며 시온도
곤고를 받았도다
5 그의 대적들이 머리가 되고 그의 원
수들이 형통함은 그의 죄가 많으므
로 여호와께서 그를 곤고하게 하셨
음이라 어린 자녀들이 대적에게 사로
잡혔도다
6 딸 시온의 모든 영광이 떠나감이여
그의 모든 지도자들은 꼴을 찾지 못
한 사슴들처럼 뒤쫓는 자 앞에서 힘
없이 달아났도다
7 예루살렘이 환난과 유리하는 고통을
당하는 날에 옛날의 모든 즐거움을
기억하였음이여 그의 백성이 대적의
손에 넘어졌으나 그를 돕는 자가 없
었고 대적들은 그의 멸망을 비웃는
도다
8 예루살렘이 크게 범죄함으로 조소거
리가 되었으니 전에 그에게 영광을
돌리던 모든 사람이 그의 벗었음을
보고 업신여김이여 그는 탄식하며 물
러가는도다
9 그의 더러운 것이 그의 옷깃에 묻어
있으나 그의 나중을 생각하지 아니
함이여 그러므로 놀랍도록 낮아져도
그를 위로할 자가 없도다 여호와여
원수가 스스로 큰 체하오니 나의 환

365묵상

예레미야의 눈물

예레미야는 울었다(애 1:2). 조국 유다는 몰락했고, 하나님의 성전은 파괴되었으며, 동포들은 포로가 되어 먼 바벨론 땅으로 끌려갔다. 진정 하나님의 성전을 사랑한 신앙인이고, 조국과 동포를 아낀 애국자인 예레미야의 눈에서 어찌 눈물이 흐르지 않을 수 있겠는가! 그는 울면서 하나님의 자비를 간구했다. 예레미야와 같이, 오늘날 우리도 극한 슬픔과 고통 중에 빠졌을 때 눈물로 하나님께 기도해야 한다. 그러면, 우리는 하나님의 무한하신 사랑 안에 있는 우리의 모습을 발견하고 새로운 소망을 가질 수 있을 것이다.

난을 감찰하소서
10 대적이 손을 펴서 그의 모든 보물들
을 빼앗았나이다 주께서 이미 이방인
들을 막아 주의 성회에 들어오지 못
하도록 명령하신 그 성소에 그들이
들어간 것을 예루살렘이 보았나이다
11 그 모든 백성이 생명을 이으려고 보
물로 먹을 것들을 바꾸었더니 지금
도 탄식하며 양식을 구하나이다 나
는 비천하오니 여호와여 나를 돌보시
옵소서
12 지나가는 모든 사람들이여 너희에게
는 관계가 없는가 나의 고통과 같은
고통이 있는가 볼지어다 여호와께서
그의 진노하신 날에 나를 괴롭게 하
신 것이로다
13 높은 곳에서 나의 골수에 불을 보내
어 이기게 하시고 내 발 앞에 그물을
치사 나로 물러가게 하셨음이여 종일
토록 나를 피곤하게 하여 황폐하게
하셨도다
14 내 죄악의 멍에를 그의 손으로 묶고
얽어 내 목에 올리사 내 힘을 피곤하
게 하셨음이여 내가 감당할 수 없는
자의 손에 주께서 나를 넘기셨도다
15 주께서 내 영토 안 나의 모든 용사
들을 없는 것 같이 여기시고 성회를
모아 내 청년들을 부수심이여 처녀
딸 유다를 내 주께서 술틀에 밟으셨
도다
16 이로 말미암아 내가 우니 내 눈에 눈
물이 물 같이 흘러내림이여 나를 위
로하여 내 생명을 회복시켜 줄 자가
멀리 떠났음이로다 원수들이 이기매
내 자녀들이 외롭도다
17 시온이 두 손을 폈으나 그를 위로할
자가 없도다 여호와께서 야곱의 사
방에 있는 자들에게 명령하여 야곱
의 대적들이 되게 하셨으니 예루살렘
은 그들 가운데에 있는 불결한 자가
되었도다
18 여호와는 의로우시도다 그러나 내가
그의 명령을 거역하였도다 너희 모든
백성들아 내 말을 듣고 내 고통을
볼지어다 나의 처녀들과 나의 청년들
이 사로잡혀 갔도다
19 내가 내 사랑하는 자들을 불렀으나
그들은 나를 속였으며 나의 제사장
들과 장로들은 그들의 목숨을 회복
시킬 그들의 양식을 구하다가 성 가
운데에서 기절하였도다
20 여호와여 보시옵소서 내가 환난을
당하여 나의 애를 다 태우고 나의 마
음이 상하오니 나의 반역이 심히 큼
이니이다 밖에서는 칼이 내 아들을
빼앗아 가고 집 안에서는 죽음 같은

것이 있나이다
21 그들이 내가 탄식하는 것을 들었으
나 나를 위로하는 자가 없으며 나의
모든 원수들은 내가 재난 당하는 것
을 듣고 주께서 이렇게 행하신 것을
기뻐하나이다 그러나 주께서 그 선
포하신 날을 이르게 하셔서 그들이
나와 같이 되게 하소서
22 그들의 모든 악을 주 앞에 가지고
오게 하시고 나의 모든 죄악들로 말
미암아 내게 행하신 것 같이 그들에
게 행하옵소서 나의 탄식이 많고 나
의 마음이 병들었나이다

예루살렘에 대한 여호와의 진노

2 슬프다 주께서 어찌 그리 진노하
사 딸 시온을 구름으로 덮으셨는
가 이스라엘의 아름다움을 하늘에서
땅에 던지셨음이여 그의 진노의 날에
그의 발판을 기억하지 아니하셨도다
2 주께서 야곱의 모든 거처들을 삼키
시고 긍휼히 여기지 아니하셨음이여
노하사 딸 유다의 견고한 성채들을
허물어 땅에 엎으시고 나라와 그 지
도자들을 욕되게 하셨도다
3 맹렬한 진노로 이스라엘의 모든 뿔
을 자르셨음이여 원수 앞에서 그의
오른손을 뒤로 거두어 들이시고 맹
렬한 불이 사방으로 불사름 같이 야
곱을 불사르셨도다
4 원수 같이 그의 활을 당기고 대적처
럼 그의 오른손을 들고 서서 눈에
드는 아름다운 모든 사람을 죽이셨
음이여 딸 시온의 장막에 그의 노를
불처럼 쏟으셨도다
5 주께서 원수 같이 되어 이스라엘을
삼키셨음이여 그 모든 궁궐들을 삼
키셨고 견고한 성들을 무너뜨리사 딸
유다에 근심과 애통을 더하셨도다
6 주께서 그의 초막을 동산처럼 헐어
버리시며 그의 절기를 폐하셨도다 여
호와께서 시온에서 절기와 안식일을
잊어버리게 하시며 그가 진노하사 왕
과 제사장을 멸시하셨도다
7 여호와께서 또 자기 제단을 버리시며
자기 성소를 미워하시며 궁전의 성벽
들을 원수의 손에 넘기셨으매 그들
이 여호와의 전에서 떠들기를 절기의
날과 같이 하였도다
8 여호와께서 딸 시온의 성벽을 헐기로
결심하시고 줄을 띠고 무너뜨리는 일
에서 손을 거두지 아니하사 성벽과
성곽으로 통곡하게 하셨으매 그들이
함께 쇠하였도다
9 성문이 땅에 묻히며 빗장이 부서져
파괴되고 왕과 지도자들이 율법 없
는 이방인들 가운데에 있으며 그 성

의 선지자들은 여호와의 묵시를 받지
못하는도다
10 딸 시온의 장로들이 땅에 앉아 잠잠
하고 티끌을 머리에 덮어쓰고 굵은
베를 허리에 둘렀음이여 예루살렘 처
녀들은 머리를 땅에 숙였도다
11 내 눈이 눈물에 상하며 내 창자가 끓
어지며 내 간이 땅에 쏟아졌으니 이
는 딸 내 백성이 패망하여 어린 자녀
와 젖 먹는 아이들이 성읍 길거리에
기절함이로다
12 그들이 성읍 길거리에서 상한 자처럼
기절하여 그의 어머니들의 품에서 혼
이 떠날 때에 어머니들에게 이르기를
곡식과 포도주가 어디 있느냐 하도
다
13 딸 예루살렘이여 내가 무엇으로 네
게 증거하며 무엇으로 네게 비유할
까 처녀 딸 시온이여 내가 무엇으로
네게 비교하여 너를 위로할까 너의
파괴됨이 바다 같이 크니 누가 너를
고쳐 줄소냐
14 네 선지자들이 네게 대하여 헛되고
어리석은 묵시를 보았으므로 네 죄
악을 드러내어서 네가 사로잡힌 것을
돌이키지 못하였도다 그들이 거짓 경
고와 미혹하게 할 것만 보았도다
15 모든 지나가는 자들이 다 너를 향하
여 박수치며 딸 예루살렘을 향하여
비웃고 머리를 흔들며 말하기를 온전
한 영광이라, 모든 세상 사람들의 기
쁨이라 일컫던 성이 이 성이냐 하며
16 네 모든 원수들은 너를 향하여 그들
의 입을 벌리며 비웃고 이를 갈며 말
하기를 우리가 그를 삼켰도다 우리
가 바라던 날이 과연 이 날이라 우리
가 얻기도 하고 보기도 하였다 하도
다
17 여호와께서 이미 정하신 일을 행하시
고 옛날에 명령하신 말씀을 다 이루
셨음이여 긍휼히 여기지 아니하시고
무너뜨리사 원수가 너로 말미암아 즐
거워하게 하며 네 대적자들의 뿔로
높이 들리게 하셨도다
18 그들의 마음이 주를 향하여 부르짖
기를 딸 시온의 성벽아 너는 밤낮으
로 눈물을 강처럼 흘릴지어다 스스
로 쉬지 말고 네 눈동자를 쉬게 하지
말지어다
19 초저녁에 일어나 부르짖을지어다 네
마음을 주의 얼굴 앞에 물 쏟듯 할
지어다 각 길 어귀에서 주려 기진한
네 어린 자녀들의 생명을 위하여 주
를 향하여 손을 들지어다 하였도다
20 여호와여 보시옵소서 주께서 누구에
게 이같이 행하셨는지요 여인들이 어

찌 자기 열매 곧 그들이 낳은 아이들
을 먹으오며 제사장들과 선지자들이
어찌 주의 성소에서 죽임을 당하오리
이까
21 늙은이와 젊은이가 다 길바닥에 엎
드러졌사오며 내 처녀들과 내 청년들
이 칼에 쓰러졌나이다 주께서 주의
진노의 날에 죽이시되 긍휼히 여기지
아니하시고 도륙하셨나이다
22 주께서 내 두려운 일들을 사방에서
부르시기를 절기 때 무리를 부름 같
이 하셨나이다 여호와께서 진노하시
는 날에는 피하거나 남은 자가 없나
이다 내가 낳아 기르는 아이들을 내
원수가 다 멸하였나이다

진노, 회개, 소망

3 여호와의 분노의 매로 말미암아
고난 당한 자는 나로다
2 나를 이끌어 어둠 안에서 걸어가게
하시고 빛 안에서 걸어가지 못하게
하셨으며
3 종일토록 손을 들어 자주자주 나를
치시는도다
4 나의 살과 가죽을 쇠하게 하시며 나
의 뼈들을 꺾으셨고
5 고통과 수고를 쌓아 나를 에우셨으
며
6 나를 어둠 속에 살게 하시기를 죽은
지 오랜 자 같게 하셨도다
7 나를 둘러싸서 나가지 못하게 하시
고 내 사슬을 무겁게 하셨으며
8 내가 부르짖어 도움을 구하나 내 기
도를 물리치시며
9 다듬은 돌을 쌓아 내 길들을 막으사
내 길들을 굽게 하셨도다
10 그는 내게 대하여 엎드려 기다리는
곰과 은밀한 곳에 있는 사자 같으사
11 나의 길들로 치우치게 하시며 내 몸
을 찢으시며 나를 적막하게 하셨도다
12 활을 당겨 나를 화살의 과녁으로 삼
으심이여
13 화살통의 화살들로 내 허리를 맞추
셨도다
14 나는 내 모든 백성에게 조롱거리 곧
종일토록 그들의 노랫거리가 되었도
다
15 나를 쓴 것들로 배불리시고 쑥으로
취하게 하셨으며
16 조약돌로 내 이들을 꺾으시고 재로
나를 덮으셨도다
17 주께서 내 심령이 평강에서 멀리 떠
나게 하시니 내가 복을 내어버렸음이
여
18 스스로 이르기를 나의 힘과 여호와
께 대한 내 소망이 끊어졌다 하였도
다

19 내 고초와 재난 곧 쑥과 담즙을 기
억하소서
20 내 마음이 그것을 기억하고 내가 낙
심이 되오나
21 이것을 내가 내 마음에 담아 두었더
니 그것이 오히려 나의 소망이 되었
사옴은
22 여호와의 인자와 긍휼이 무궁하시므
로 우리가 진멸되지 아니함이니이다
23 이것들이 아침마다 새로우니 주의 성
실하심이 크시도소이다
24 내 심령에 이르기를 여호와는 나의
기업이시니 그러므로 내가 그를 바라
리라 하도다
25 기다리는 자들에게나 구하는 영혼들
에게 여호와는 선하시도다
26 사람이 여호와의 구원을 바라고 잠
잠히 기다림이 좋도다
27 사람은 젊었을 때에 멍에를 메는 것
이 좋으니
28 혼자 앉아서 잠잠할 것은 주께서 그
것을 그에게 메우셨음이라
29 그대의 입을 땅의 티끌에 댈지어다
혹시 소망이 있을지로다
30 자기를 치는 자에게 뺨을 돌려대어
치욕으로 배불릴지어다
31 이는 주께서 영원하도록 버리지 아니
하실 것임이며
32 그가 비록 근심하게 하시나 그의 풍
부한 인자하심에 따라 긍휼히 여기실
것임이라
33 주께서 인생으로 고생하게 하시며
근심하게 하심은 본심이 아니시로다
34 세상에 있는 모든 갇힌 자들을 발로
밟는 것과
35 지존자의 얼굴 앞에서 사람의 재판
을 굽게 하는 것과
36 사람의 송사를 억울하게 하는 것은
다 주께서 기쁘게 보시는 것이 아니
로다
37 주의 명령이 아니면 누가 이것을 능
히 말하여 이루게 할 수 있으랴
38 화와 복이 지존자의 입으로부터 나
오지 아니하느냐
39 살아 있는 사람은 자기 죄들 때문에
벌을 받나니 어찌 원망하랴
40 우리가 스스로 우리의 행위들을 조
사하고 여호와께로 돌아가자
41 우리의 마음과 손을 아울러 하늘에
계신 하나님께 들자
42 우리의 범죄함과 우리의 반역함을 주
께서 사하지 아니하시고
43 진노로 자신을 가리시고 우리를 추격
하시며 죽이시고 긍휼을 베풀지 아니
하셨나이다
44 주께서 구름으로 자신을 가리사 기

도가 상달되지 못하게 하시고
45 우리를 뭇 나라 가운데에서 쓰레기
와 폐물로 삼으셨으므로
46 우리의 모든 원수들이 우리를 향하여
그들의 입을 크게 벌렸나이다
47 두려움과 함정과 파멸과 멸망이 우리
에게 임하였도다
48 딸 내 백성의 파멸로 말미암아 내 눈
에는 눈물이 시내처럼 흐르도다
49 내 눈에 흐르는 눈물이 그치지 아니
하고 쉬지 아니함이여
50 여호와께서 하늘에서 살피시고 돌아
보실 때까지니라
51 나의 성읍의 모든 여자들을 내 눈으
로 보니 내 심령이 상하는도다
52 나의 원수들이 이유없이 나를 새처럼
사냥하는도다
53 그들이 내 생명을 끊으려고 나를 구
덩이에 넣고 그 위에 돌을 던짐이여
54 물이 내 머리 위로 넘치니 내가 스스
로 이르기를 이제는 멸절되었다 하도
다
55 여호와여 내가 심히 깊은 구덩이에서
주의 이름을 불렀나이다
56 주께서 이미 나의 음성을 들으셨사오
니 이제 나의 탄식과 부르짖음에 주
의 귀를 가리지 마옵소서
57 내가 주께 아뢴 날에 주께서 내게
가까이 하여 이르시되 두려워하지 말
라 하셨나이다
58 주여 주께서 내 심령의 원통함을 풀
어 주셨고 내 생명을 속량하셨나이
다
59 여호와여 나의 억울함을 보셨사오니
나를 위하여 원통함을 풀어주옵소서
60 그들이 내게 보복하며 나를 모해함
을 주께서 다 보셨나이다
61 여호와여 그들이 나를 비방하며 나
를 모해하는 모든 것
62 곧 일어나 나를 치는 자들의 입술에
서 나오는 것들과 종일 나를 모해하
는 것들을 들으셨나이다
63 그들이 앉으나 서나 나를 조롱하여
노래하는 것을 주목하여 보옵소서
64 여호와여 주께서 그들의 손이 행한
대로 그들에게 보응하사
65 그들에게 거만한 마음을 주시고 그
들에게 저주를 내리소서
66 주께서 진노로 그들을 뒤쫓으사 여
호와의 하늘 아래에서 멸하소서

365묵상

또다시 기회가 있다!

예레미야는 죄는 고통을 겪어야 한다는 것을 알고 있었다. 하지만 죄를 지은 자에겐 아무런 희망이 없는 것인지 궁금해 했다. 예레미야가 발견한 답은 "그래도 소망이 있다!"였다(애 3:25-29). 만약 당신이 어떠한 심각한 죄를 지었고, 그에 따른 고통을 겪고 있다고 하더라도, 당신에겐 아직 기회가 있다. 하나님은 당신을 용서하시고, 이번엔 잘 할 수 있는 기회를 주실 것이다. 하지만 그 기회가 올 때까지는 소망 중에 기다리면서 힘든 시간들을 감당해야 한다. 그러므로 포기해선 안 되고, 기회가 올 땐 잘해야 한다.

멸망 후의 예루살렘

4 슬프다 어찌 그리 금이 빛을 잃고
순금이 변질하였으며 성소의 돌들
이 거리 어귀마다 쏟아졌는고
2 순금에 비할 만큼 보배로운 시온의
아들들이 어찌 그리 토기장이가 만든
질항아리 같이 여김이 되었는고
3 들개들도 젖을 주어 그들의 새끼를
먹이나 딸 내 백성은 잔인하여 마치
광야의 타조 같도다
4 젖먹이가 목말라서 혀가 입천장에 붙
음이여 어린 아이들이 떡을 구하나
떼어 줄 사람이 없도다
5 맛있는 음식을 먹던 자들이 외롭게
거리 거리에 있으며 이전에는 붉은
옷을 입고 자라난 자들이 이제는 거
름더미를 안았도다
6 전에 소돔이 사람의 손을 대지 아니
하였는데도 순식간에 무너지더니 이
제는 딸 내 백성의 죄가 소돔의 죄악
보다 무겁도다
7 전에는 존귀한 자들의 몸이 눈보다
깨끗하고 젖보다 희며 산호들보다
붉어 그들의 윤택함이 갈아서 빛낸
청옥 같더니
8 이제는 그들의 얼굴이 숯보다 검고
그들의 가죽이 뼈들에 붙어 막대기
같이 말랐으니 어느 거리에서든지 알
아볼 사람이 없도다
9 칼에 죽은 자들이 주려 죽은 자들보
다 나음은 토지 소산이 끊어지므로
그들은 찔림 받은 자들처럼 점점 쇠
약하여 감이로다
10 딸 내 백성이 멸망할 때에 자비로운
부녀들이 자기들의 손으로 자기들의
자녀들을 삶아 먹었도다
11 여호와께서 그의 분을 내시며 그의
맹렬한 진노를 쏟으심이여 시온에 불
을 지르사 그 터를 사르셨도다
12 대적과 원수가 예루살렘 성문으로
들어갈 줄은 세상의 모든 왕들과 천
하 모든 백성이 믿지 못하였었도다
13 그의 선지자들의 죄들과 제사장들의
죄악들 때문이니 그들이 성읍 안에서
의인들의 피를 흘렸도다
14 그들이 거리 거리에서 맹인 같이 방
황함이여 그들의 옷들이 피에 더러워
졌으므로 아무도 만질 수 없도다
15 사람들이 그들에게 외쳐 이르기를 저
리 가라 부정하다, 저리 가라, 저리
가라, 만지지 말라 하였음이여 그들
이 도망하여 방황할 때에 이방인들
이 말하기를 그들이 다시는 여기서
살지 못하리라 하였도다
16 여호와께서 노하여 그들을 흩으시
고 다시는 돌보지 아니하시리니 그

들이 제사장들을 높이지 아니하였으
며 장로들을 대접하지 아니하였음이
로다
17 우리가 헛되이 도움을 바라므로 우
리의 눈이 상함이여 우리를 구원하지
못할 나라를 바라보고 바라보았도
다
18 그들이 우리의 걸음을 엿보니 우리가
거리마다 다 다닐 수 없음이여 우리
의 끝이 가깝고 우리의 날들이 다하
였으며 우리의 종말이 이르렀도다
19 우리를 뒤쫓는 자들이 하늘의 독수
리들보다 빠름이여 산 꼭대기까지도
뒤쫓으며 광야에서도 우리를 잡으려
고 매복하였도다
20 우리의 콧김 곧 여호와께서 기름 부
으신 자가 그들의 함정에 빠졌음이여
우리가 그를 가리키며 전에 이르기를
우리가 그의 그늘 아래에서 이방인
들 중에 살겠다 하던 자로다
21 우스 땅에 사는 딸 에돔아 즐거워하
며 기뻐하라 잔이 네게도 이를지니
네가 취하여 벌거벗으리라
22 딸 시온아 네 죄악의 형벌이 다하였
으니 주께서 다시는 너로 사로잡혀
가지 아니하게 하시리로다 딸 에돔
아 주께서 네 죄악을 벌하시며 네 허
물을 드러내시리로다

긍휼을 위한 기도

5 여호와여 우리가 당한 것을 기억
하시고 우리가 받은 치욕을 살펴
보옵소서
2 우리의 기업이 외인들에게, 우리의 집
들도 이방인들에게 돌아갔나이다
3 우리는 아버지 없는 고아들이오며
우리의 어머니는 과부들 같으니
4 우리가 은을 주고 물을 마시며 값을
주고 나무들을 가져오며
5 우리를 뒤쫓는 자들이 우리의 목을
눌렀사오니 우리가 기진하여 쉴 수
없나이다
6 우리가 애굽 사람과 앗수르 사람과
악수하고 양식을 얻어 배불리고자
하였나이다
7 우리의 조상들은 범죄하고 없어졌으
며 우리는 그들의 죄악을 담당하였나
이다
8 종들이 우리를 지배함이여 그들의
손에서 건져낼 자가 없나이다
9 광야에는 칼이 있으므로 죽기를 무
릅써야 양식을 얻사오니
10 굶주림의 열기로 말미암아 우리의 피
부가 아궁이처럼 검으니이다
11 대적들이 시온에서 부녀들을, 유다
각 성읍에서 처녀들을 욕보였나이다
12 지도자들은 그들의 손에 매달리고

장로들의 얼굴도 존경을 받지 못하
나이다
13 청년들이 맷돌을 지며 아이들이 나무
를 지다가 엎드러지오며
14 노인들은 다시 성문에 앉지 못하며
청년들은 다시 노래하지 못하나이다
15 우리의 마음에는 기쁨이 그쳤고 우
리의 춤은 변하여 슬픔이 되었사오
며
16 우리의 머리에서는 면류관이 떨어졌
사오니 오호라 우리의 범죄 때문이니
이다
17 이러므로 우리의 마음이 피곤하고 이
러므로 우리 눈들이 어두우며
18 시온 산이 황폐하여 여우가 그 안에
서 노나이다
19 여호와여 주는 영원히 계시오며 주의
보좌는 대대에 이르나이다
20 주께서 어찌하여 우리를 영원히 잊으
시오며 우리를 이같이 오래 버리시나
이까
21 여호와여 우리를 주께로 돌이키소서
그리하시면 우리가 주께로 돌아가겠
사오니 우리의 날들을 다시 새롭게
하사 옛적 같게 하옵소서
22 주께서 우리를 아주 버리셨사오며 우
리에게 진노하심이 참으로 크시니이
다

에스겔 Ezekiel

바벨론의 제2차 침공 때에 포로가 되어 바벨론 땅으로 끌려간 에스겔은 그곳에서 선지자의 소명을 받고 활동했는데, 바벨론의 포로가 하나님의 백성들을 향해 그 모든 일이 죄악에 대한 하나님의 심판임을 일깨워 주었다. 그런 후에 선지자는 이제라도 회개하고 돌이키면 하나님의 은혜로 다시금 회복될 수 있을 것이라고 격려했다.

제목 '하나님이 강하게 하신다'라는 뜻으로 저자의 이름을 반영하고 있다.

저자 에스겔. 본서의 내증(1:1; 24:24)과 전체적인 내용의 일관성, 본서에서 묘사되는 저자의 성품과 인격에 대한 기록들을 살펴볼 때, 본서가 단일 저자에 의해 기록되었으며, 그 저자가 에스겔임을 추정할 수 있다.

기록 연대 B.C. 593–570년경. 여호야긴 왕이 사로잡힌 지 5년 되는 해(B.C. 593년, 1:2)로부터 27년(B.C. 570년, 29:17)까지의 기간인 저자의 활동 연대와 일치한다.

기록 목적 ① 유다의 멸망이 범죄의 결과임을 알게 하기 위하여. ② 여호와는 이스라엘뿐만 아니라 전세계의 하나님이 되심을 가르치기 위하여. ③ 바벨론의 포로가 된 유다 백성들에게 미래에 대한 소망을 주기 위하여.

주제 하나님의 절대 주권. 이스라엘뿐만 아니라 바벨론을 비롯한 전역사를 주관하시는 절대 주권의 소유자이신 하나님께서 이스라엘을 회복하시고 영원히 함께 거하실 것이다.

특징 ① 다수의 상징–많은 환상과 상징을 통하여 보다 생생하고 사실적인 예언이 되게 했다. ② 이상주의적 시각–40장에서 48장까지 성전을 비롯하여 회복된 이스라엘을 이상적인 모습으로 묘사, 종말론적인 색채를 띠게 했다.

본서의 내용

Ⅰ. 에스겔의 소명 (1:1–3:27)	Ⅲ. 열방에 임할 심판 (25:1–32:32)
Ⅱ. 유다에 임할 심판 (4:1–24:27)	Ⅳ. 이스라엘의 회복 (33:1–48:35)

연대표

B.C.	
722년	사마리아 멸망
612년	니느웨 멸망
605년	갈그미스 전쟁
600년	바벨론의 1차 유다 침공 (다니엘 포로됨)
597년	바벨론의 2차 유다 침공 (에스겔 포로됨)
593년	에스겔의 소명과 사역
588년	바벨론의 3차 유다 침공
586년	예루살렘 함락(4월 9일)
580년	다니엘의 풀무불
573년	성지 회복에 대한 에스겔의 환상 (40:1–48:35)
570년	에스겔의 사역 종결
539년	고레스의 바벨론 점령

· 에스겔의 주요 무대

에스겔 Ezekiel

여호와의 보좌

1 서른째 해 넷째 달 초닷새에 내가
그발 강 가 사로잡힌 자 중에 있
을 때에 하늘이 열리며 하나님의 모
습이 내게 보이니
2 여호야긴 왕이 사로잡힌 지 오 년 그
달 초닷새라
3 갈대아 땅 그발 강 가에서 여호와의
말씀이 부시의 아들 제사장 나 에스
겔에게 특별히 임하고 여호와의 권능
이 내 위에 있으니라
4 내가 보니 북쪽에서부터 폭풍과 큰
구름이 오는데 그 속에서 불이 번쩍
번쩍하여 빛이 그 사방에 비치며 그
불 가운데 단 쇠 같은 것이 나타나
보이고
5 그 속에서 네 생물의 형상이 나타나
는데 그들의 모양이 이러하니 그들
에게 사람의 형상이 있더라
6 그들에게 각각 네 얼굴과 네 날개가
있고
7 그들의 다리는 곧은 다리요 그들의
발바닥은 송아지 발바닥 같고 광낸
구리 같이 빛나며
8 그 사방 날개 밑에는 각각 사람의 손
이 있더라 그 네 생물의 얼굴과 날개
가 이러하니
9 날개는 다 서로 연하였으며 갈 때에
는 돌이키지 아니하고 일제히 앞으로
곧게 행하며
10 그 얼굴들의 모양은 넷의 앞은 사람
의 얼굴이요 넷의 오른쪽은 사자의
얼굴이요 넷의 왼쪽은 소의 얼굴이요
넷의 뒤는 독수리의 얼굴이니
11 그 얼굴은 그러하며 그 날개는 들어
펴서 각기 둘씩 서로 연하였고 또 둘
은 몸을 가렸으며
12 영이 어떤 쪽으로 가면 그 생물들도
그대로 가되 돌이키지 아니하고 일제
히 앞으로 곧게 행하며
13 또 생물들의 모양은 타는 숯불과 횃
불 모양 같은데 그 불이 그 생물 사
이에서 오르락내리락 하며 그 불은
광채가 있고 그 가운데에서는 번개
가 나며
14 그 생물들은 번개 모양 같이 왕래하
더라
15 내가 그 생물들을 보니 그 생물들
곁에 있는 땅 위에는 바퀴가 있는데
그 네 얼굴을 따라 하나씩 있고
16 그 바퀴의 모양과 그 구조는 황옥
같이 보이는데 그 넷은 똑같은 모양

을 가지고 있으며 그들의 모양과 구
조는 바퀴 안에 바퀴가 있는 것 같으
며
17 그들이 갈 때에는 사방으로 향한 대
로 돌이키지 아니하고 가며
18 그 둘레는 높고 무서우며 그 네 둘
레로 돌아가면서 눈이 가득하며
19 그 생물들이 갈 때에 바퀴들도 그
곁에서 가고 그 생물들이 땅에서 들
릴 때에 바퀴들도 들려서
20 영이 어떤 쪽으로 가면 생물들도 영
이 가려 하는 곳으로 가고 바퀴들도
그 곁에서 들리니 이는 생물의 영이
그 바퀴들 가운데에 있음이니라
21 그들이 가면 이들도 가고 그들이 서
면 이들도 서고 그들이 땅에서 들릴
때에는 이들도 그 곁에서 들리니 이
는 생물의 영이 그 바퀴들 가운데에
있음이더라
22 그 생물의 머리 위에는 수정 같은 궁
창의 형상이 있어 보기에 두려운데
그들의 머리 위에 펼쳐져 있고
23 그 궁창 밑에 생물들의 날개가 서로
향하여 펴 있는데 이 생물은 두 날개
로 몸을 가렸고 저 생물도 두 날개
로 몸을 가렸더라
24 생물들이 갈 때에 내가 그 날개 소
리를 들으니 많은 물 소리와도 같으
며 전능자의 음성과도 같으며 떠드는
소리 곧 군대의 소리와도 같더니 그
생물이 설 때에 그 날개를 내렸더라
25 그 머리 위에 있는 궁창 위에서부터
음성이 나더라 그 생물이 설 때에 그
날개를 내렸더라
26 그 머리 위에 있는 궁창 위에 보좌의
형상이 있는데 그 모양이 남보석 같
고 그 보좌의 형상 위에 한 형상이
있어 사람의 모양 같더라
27 내가 보니 그 허리 위의 모양은 단
쇠 같아서 그 속과 주위가 불 같고
내가 보니 그 허리 아래의 모양도 불
같아서 사방으로 광채가 나며
28 그 사방 광채의 모양은 비 오는 날
구름에 있는 무지개 같으니 이는 여
호와의 영광의 형상의 모양이라 내가
보고 엎드려 말씀하시는 이의 음성
을 들으니라

에스겔을 선지자로 부르시다

2 그가 내게 이르시되 인자야 네 발
로 일어서라 내가 네게 말하리라

365묵상

하나님의 영광스런 존전에서

사방 광채가 나는 여호와의 영광의 형상에 접하게 되었을 때, 에스겔은 즉시 땅에 얼굴을 대고 엎드렸다. 그런 후에 에스겔은 하나님께서 자신에게 하시는 말씀을 들었다(겔 1:28). 이런 에스겔의 모습은 하나님의 백성이 그분의 존전에서 취할 수밖에 없는 전형적인 모델이다. 첫째, 우리는 하나님의 영광스런 임재 앞에 자신을 완전 굴복시키는 겸손한 자세를 가져야 한다. 둘째, 우리는 하나님께서 말씀하시는 바를 조용히 들어야 한다. 그것은 단지 귀로만 듣는 것을 뜻하지 않고 마음으로 듣는 것까지를 포함한다.

하시며
2 그가 내게 말씀하실 때에 그 영이 내
게 임하사 나를 일으켜 내 발로 세우
시기로 내가 그 말씀하시는 자의 소
리를 들으니
3 내게 이르시되 인자야 내가 너를 이
스라엘 자손 곧 패역한 백성, 나를
배반하는 자에게 보내노라 그들과
그 조상들이 내게 범죄하여 오늘까
지 이르렀나니
4 이 자손은 얼굴이 뻔뻔하고 마음이
굳은 자니라 내가 너를 그들에게 보
내노니 너는 그들에게 이르기를 주
여호와의 말씀이 이러하시다 하라
5 그들은 패역한 족속이라 그들이 듣
든지 아니 듣든지 그들 가운데에 선
지자가 있음을 알지니라
6 인자야 너는 비록 가시와 찔레와 함
께 있으며 전갈 가운데에 거주할지라
도 그들을 두려워하지 말고 그들의
말을 두려워하지 말지어다 그들은
패역한 족속이라도 그 말을 두려워
하지 말며 그 얼굴을 무서워하지 말
지어다
7 그들은 심히 패역한 자라 그들이 듣
든지 아니 듣든지 너는 내 말로 고할
지어다
8 너 인자야 내가 네게 이르는 말을 듣
고 그 패역한 족속 같이 패역하지 말
고 네 입을 벌리고 내가 네게 주는
것을 먹으라 하시기로
9 내가 보니 보라 한 손이 나를 향하여
펴지고 보라 그 안에 두루마리 책이
있더라
10 그가 그것을 내 앞에 펴시니 그 안팎
에 글이 있는데 그 위에 애가와 애
곡과 재앙의 말이 기록되었더라

3 또 그가 내게 이르시되 인자야 너
는 발견한 것을 먹으라 너는 이 두
루마리를 먹고 가서 이스라엘 족속
에게 말하라 하시기로
2 내가 입을 벌리니 그가 그 두루마리
를 내게 먹이시며
3 내게 이르시되 인자야 내가 네게 주
는 이 두루마리를 네 배에 넣으며 네
창자에 채우라 하시기에 내가 먹으
니 그것이 내 입에서 달기가 꿀 같더
라
4 그가 또 내게 이르시되 인자야 이스
라엘 족속에게 가서 내 말로 그들에
게 고하라
5 너를 언어가 다르거나 말이 어려운
백성에게 보내는 것이 아니요 이스
라엘 족속에게 보내는 것이라
6 너를 언어가 다르거나 말이 어려워
네가 그들의 말을 알아 듣지 못할

나라들에게 보내는 것이 아니니라
내가 너를 그들에게 보냈다면 그들
은 정녕 네 말을 들었으리라
7 그러나 이스라엘 족속은 이마가 굳
고 마음이 굳어 네 말을 듣고자 아니
하리니 이는 내 말을 듣고자 아니함
이니라
8 보라 내가 그들의 얼굴을 마주보도
록 네 얼굴을 굳게 하였고 그들의 이
마를 마주보도록 네 이마를 굳게 하
였으되
9 네 이마를 화석보다 굳은 금강석 같
이 하였으니 그들이 비록 반역하는
족속이라도 두려워하지 말며 그들의
얼굴을 무서워하지 말라 하시니라
10 또 내게 이르시되 인자야 내가 네게
이를 모든 말을 너는 마음으로 받으
며 귀로 듣고
11 사로잡힌 네 민족에게로 가서 그들
이 듣든지 아니 듣든지 그들에게 고
하여 이르기를 주 여호와의 말씀이
이러하시다 하라
12 때에 주의 영이 나를 들어올리시는데
내가 내 뒤에서 크게 울리는 소리를
들으니 찬송할지어다 여호와의 영광
이 그의 처소로부터 나오는도다 하니
13 이는 생물들의 날개가 서로 부딪치
는 소리와 생물 곁의 바퀴 소리라 크
게 울리는 소리더라
14 주의 영이 나를 들어올려 데리고 가
시는데 내가 근심하고 분한 마음으
로 가니 여호와의 권능이 힘 있게 나
를 감동시키시더라
15 이에 내가 델아빕에 이르러 그 사로
잡힌 백성 곧 그발 강 가에 거주하는
자들에게 나아가 그 중에서 두려워
떨며 칠 일을 지내니라

파수꾼 에스겔

16 칠 일 후에 여호와의 말씀이 내게 임
하여 이르시되
17 인자야 내가 너를 이스라엘 족속의
파수꾼으로 세웠으니 너는 내 입의
말을 듣고 나를 대신하여 그들을 깨
우치라
18 가령 내가 악인에게 말하기를 너는
꼭 죽으리라 할 때에 네가 깨우치지
아니하거나 말로 악인에게 일러서 그
의 악한 길을 떠나 생명을 구원하게
하지 아니하면 그 악인은 그의 죄악
중에서 죽으려니와 내가 그의 피 값
을 네 손에서 찾을 것이고
19 네가 악인을 깨우치되 그가 그의 악
한 마음과 악한 행위에서 돌이키지
아니하면 그는 그의 죄악 중에서 죽
으려니와 너는 네 생명을 보존하리
라

20 또 의인이 그의 공의에서 돌이켜 악
을 행할 때에는 이미 행한 그의 공의
는 기억할 바 아니라 내가 그 앞에
거치는 것을 두면 그가 죽을지니 이
는 네가 그를 깨우치지 않음이니라
그는 그의 죄 중에서 죽으려니와 그
의 피 값은 내가 네 손에서 찾으리라
21 그러나 네가 그 의인을 깨우쳐 범죄
하지 아니하게 함으로 그가 범죄하지
아니하면 정녕 살리니 이는 깨우침을
받음이며 너도 네 영혼을 보존하리
라

에스겔이 말 못하는 자가 되다

22 여호와께서 권능으로 거기서 내게 임
하시고 또 내게 이르시되 일어나 들
로 나아가라 내가 거기서 너와 말하
리라 하시기로
23 내가 일어나 들로 나아가니 여호와의
영광이 거기에 머물렀는데 내가 전에
그발 강 가에서 보던 영광과 같은지
라 내가 곧 엎드리니
24 주의 영이 내게 임하사 나를 일으켜
내 발로 세우시고 내게 말씀하여 이
르시되 너는 가서 네 집에 들어가 문
을 닫으라
25 너 인자야 보라 무리가 네 위에 줄을
놓아 너를 동여매리니 네가 그들 가
운데에서 나오지 못할 것이라
26 내가 네 혀를 네 입천장에 붙게 하여
네가 말 못하는 자가 되어 그들을
꾸짖는 자가 되지 못하게 하리니 그
들은 패역한 족속임이니라
27 그러나 내가 너와 말할 때에 네 입을
열리니 너는 그들에게 이르기를 주
여호와의 말씀이 이러하시다 하라 들
을 자는 들을 것이요 듣기 싫은 자는
듣지 아니하리니 그들은 반역하는
족속임이니라

예루살렘을 그리고 에워싸라

4 너 인자야 토판을 가져다가 그것
을 네 앞에 놓고 한 성읍 곧 예루
살렘을 그 위에 그리고
2 그 성읍을 에워싸되 그것을 향하여
사다리를 세우고 그것을 향하여 흙
으로 언덕을 쌓고 그것을 향하여 진
을 치고 그것을 향하여 공성퇴를 둘
러 세우고
3 또 철판을 가져다가 너와 성읍 사이
에 두어 철벽을 삼고 성을 포위하는
것처럼 에워싸라 이것이 이스라엘 족
속에게 징조가 되리라
4 너는 또 왼쪽으로 누워 이스라엘 족
속의 죄악을 짊어지되 네가 눕는 날
수대로 그 죄악을 담당할지니라
5 내가 그들의 범죄한 햇수대로 네게
날수를 정하였나니 곧 삼백구십 일이

나라 너는 이렇게 이스라엘 족속의
죄악을 담당하고
6 그 수가 차거든 너는 오른쪽으로 누
워 유다 족속의 죄악을 담당하라 내
가 네게 사십 일로 정하였나니 하루
가 일 년이니라
7 너는 또 네 얼굴을 에워싸인 예루살
렘 쪽으로 향하고 팔을 걷어 올리고
예언하라
8 내가 줄로 너를 동이리니 네가 에워
싸는 날이 끝나기까지 몸을 이리 저
리 돌리지 못하리라
9 너는 밀과 보리와 콩과 팥과 조와 귀
리를 가져다가 한 그릇에 담고 너를
위하여 떡을 만들어 네가 옆으로 눕
는 날수 곧 삼백구십 일 동안 먹되
10 너는 음식물을 달아서 하루 이십 세
겔씩 때를 따라 먹고
11 물도 육분의 일 힌씩 되어서 때를 따
라 마시라
12 너는 그것을 보리떡처럼 만들어 먹되
그들의 목전에서 인분 불을 피워 구
울지니라
13 또 여호와께서 이르시되 내가 여러
나라들로 쫓아내어 흩어 버릴 이스
라엘 자손이 거기서 이같이 부정한
떡을 먹으리라 하시기로
14 내가 말하되 아하 주 여호와여 나는
영혼을 더럽힌 일이 없었나이다 어려
서부터 지금까지 스스로 죽은 것이
나 짐승에게 찢긴 것을 먹지 아니하
였고 가증한 고기를 입에 넣지 아니
하였나이다
15 여호와께서 내게 이르시되 보라 쇠똥
으로 인분을 대신하기를 허락하노니
너는 그것으로 떡을 구울지니라
16 또 내게 이르시되 인자야 내가 예루
살렘에서 의뢰하는 양식을 끊으리니
백성이 근심 중에 떡을 달아 먹고 두
려워 떨며 물을 되어 마시다가
17 떡과 물이 부족하여 피차에 두려워
하여 떨며 그 죄악 중에서 쇠패하리
라

머리털과 수염을 깎는 상징

5 너 인자야 너는 날카로운 칼을 가
져다가 삭도로 삼아 네 머리털과
수염을 깎아서 저울로 달아 나누어
두라
2 그 성읍을 에워싸는 날이 차거든 너
는 터럭 삼분의 일은 성읍 안에서 불
사르고 삼분의 일은 성읍 사방에서
칼로 치고 또 삼분의 일은 바람에 흩
으라 내가 그 뒤를 따라 칼을 빼리
라
3 너는 터럭 중에서 조금을 네 옷자락
에 싸고

4 또 그 가운데에서 얼마를 불에 던져
사르라 그 속에서 불이 이스라엘 온
족속에게로 나오리라
5 주 여호와께서 이와 같이 이르시되
이것이 곧 예루살렘이라 내가 그를
이방인 가운데에 두어 나라들이 둘
러 있게 하였거늘
6 그가 내 규례를 거슬러서 이방인보
다 악을 더 행하며 내 율례도 그리함
이 그를 둘러 있는 나라들보다 더하
니 이는 그들이 내 규례를 버리고 내
율례를 행하지 아니하였음이니라
7 그러므로 나 주 여호와가 말하노라
너희 요란함이 너희를 둘러싸고 있는
이방인들보다 더하여 내 율례를 행
하지 아니하며 내 규례를 지키지 아
니하고 너희를 둘러 있는 이방인들의
규례대로도 행하지 아니하였느니라
8 그러므로 나 주 여호와가 말하노라
나 곧 내가 너를 치며 이방인의 목전
에서 너에게 벌을 내리되
9 네 모든 가증한 일로 말미암아 내가
전무후무하게 네게 내릴지라
10 그리한즉 네 가운데에서 아버지가
아들을 잡아먹고 아들이 그 아버지
를 잡아먹으리라 내가 벌을 네게 내
리고 너희 중에 남은 자를 다 사방에
흩으리라

11 그러므로 나 주 여호와가 말하노라
내가 나의 삶을 두고 맹세하노니 네
가 모든 미운 물건과 모든 가증한 일
로 내 성소를 더럽혔은즉 나도 너를
아끼지 아니하며 긍휼을 베풀지 아니
하고 미약하게 하리니
12 너희 가운데에서 삼분의 일은 전염병
으로 죽으며 기근으로 멸망할 것이
요 삼분의 일은 너의 사방에서 칼에
엎드러질 것이며 삼분의 일은 내가
사방에 흩어 버리고 또 그 뒤를 따라
가며 칼을 빼리라
13 이와 같이 내 노가 다한즉 그들을
향한 분이 풀려서 내 마음이 가라앉
으리라 내 분이 그들에게 다한즉 나
여호와가 열심으로 말한 줄을 그들
이 알리라
14 내가 이르되 또 너를 황무하게 하고
너를 둘러싸고 있는 이방인들 중에
서 모든 지나가는 자의 목전에 모욕
거리가 되게 하리니
15 내 노와 분과 중한 책망으로 네게
벌을 내린즉 너를 둘러싸고 있는 이
방인들에게 네가 수치와 조롱 거리
가 되고 두려움과 경고가 되리라 나
여호와의 말이니라
16 내가 멸망하게 하는 기근의 독한 화
살을 너희에게 보내되 기근을 더하여

너희가 의뢰하는 양식을 끊을 것이라
17 내가 기근과 사나운 짐승을 너희에
게 보내 외롭게 하고 너희 가운데에
전염병과 살륙이 일어나게 하고 또
칼이 너희에게 임하게 하리라 나 여
호와의 말이니라

여호와께서 우상 숭배를 심판하시다

6 여호와의 말씀이 내게 임하여 이
르시되
2 인자야 너는 이스라엘 산을 향하여
그들에게 예언하여
3 이르기를 이스라엘 산들아 주 여호
와의 말씀을 들으라 주 여호와께서
산과 언덕과 시내와 골짜기를 향하여
이같이 말씀하시기를 나 곧 내가 칼
이 너희에게 임하게 하여 너희 산당
을 멸하리니
4 너희 제단들이 황폐하고 분향제단들
이 깨뜨려질 것이며 너희가 죽임을
당하여 너희 우상 앞에 엎드러지게
할 것이라
5 이스라엘 자손의 시체를 그 우상 앞
에 두며 너희 해골을 너희 제단 사방
에 흩으리라
6 내가 너희가 거주하는 모든 성읍이
사막이 되게 하며 산당을 황폐하게
하리니 이는 너희 제단이 깨어지고
황폐하며 너희 우상들이 깨어져 없어
지며 너희 분향제단들이 찍히며 너희
가 만든 것이 폐하여지며
7 또 너희가 죽임을 당하여 엎드러지게
하여 내가 여호와인 줄을 너희가 알
게 하려 함이라
8 그러나 너희가 여러 나라에 흩어질
때에 내가 너희 중에서 칼을 피하여
이방인들 중에 살아 남은 자가 있게
할지라
9 너희 중에서 살아 남은 자가 사로잡
혀 이방인들 중에 있어서 나를 기억
하되 그들이 음란한 마음으로 나를
떠나고 음란한 눈으로 우상을 섬겨
나를 근심하게 한 것을 기억하고 스
스로 한탄하리니 이는 그 모든 가증
한 일로 악을 행하였음이라
10 그 때에야 그들이 나를 여호와인 줄
알리라 내가 이런 재앙을 그들에게
내리겠다 한 말이 헛되지 아니하니라
11 주 여호와께서 이같이 이르시되 너는
손뼉을 치고 발을 구르며 말할지어
다 오호라 이스라엘 족속이 모든 가

365묵상

죄악을 일깨워주기

에스겔은 바벨론의 포로 된 유다 백성의 죄악을 지적했다. 보다 효과적으로 지적하기 위해 하나님의 명령에 따라 날카로운 칼을 가지고 자신의 머리털과 수염을 깎아 그 털을 불태우거나 바람에 흩날리는 퍼포먼스를 연출했다(겔 5:1-12). 에스겔 선지자처럼, 우리도 우리 시대의 갖가지 죄악들에 대해 하나님의 말씀으로 지적하고 회개를 외치는 노력을 해야 한다. 죄를 과소평가하지 말고, 무엇보다 죄악의 끔찍한 결과에 대해 우리 스스로 마음의 고통과 아픔을 느끼면서 긍휼과 사랑의 마음으로 힘껏 외쳐야 한다.

증한 악을 행하므로 마침내 칼과 기
근과 전염병에 망하되
12 먼 데 있는 자는 전염병에 죽고 가까
운 데 있는 자는 칼에 엎드러지고 남
아 있어 에워싸인 자는 기근에 죽으
리라 이같이 내 진노를 그들에게 이
룬즉
13 그 죽임 당한 시체들이 그 우상들 사
이에, 제단 사방에, 각 높은 고개 위
에, 모든 산 꼭대기에, 모든 푸른 나
무 아래에, 무성한 상수리나무 아래
곧 그 우상에게 분향하던 곳에 있으
리니 내가 여호와인 줄을 너희가 알
리라
14 내가 내 손을 그들의 위에 펴서 그가
사는 온 땅 곧 광야에서부터 디블라
까지 황량하고 황폐하게 하리니 내
가 여호와인 줄을 그들이 알리라

이스라엘의 끝이 다가오다

7 또 여호와의 말씀이 내게 임하여
이르시되
2 너 인자야 주 여호와께서 이스라엘
땅에 관하여 이같이 말씀하셨느니라
끝났도다 이 땅 사방의 일이 끝났도
다
3 이제는 네게 끝이 이르렀나니 내가
내 진노를 네게 나타내어 네 행위를
심판하고 네 모든 가증한 일을 보응
하리라
4 내가 너를 불쌍히 여기지 아니하며
긍휼히 여기지도 아니하고 네 행위대
로 너를 벌하여 네 가증한 일이 너희
중에 나타나게 하리니 내가 여호와
인 줄을 너희가 알리라
5 주 여호와께서 이같이 이르시되 재앙
이로다, 비상한 재앙이로다 볼지어다
그것이 왔도다
6 끝이 왔도다, 끝이 왔도다 끝이 너에
게 왔도다 볼지어다 그것이 왔도다
7 이 땅 주민아 정한 재앙이 네게 임하
도다 때가 이르렀고 날이 가까웠으
니 요란한 날이요 산에서 즐거이 부
르는 날이 아니로다
8 이제 내가 속히 분을 네게 쏟고 내
진노를 네게 이루어서 네 행위대로
너를 심판하여 네 모든 가증한 일을
네게 보응하되
9 내가 너를 불쌍히 여기지 아니하며
긍휼히 여기지도 아니하고 네 행위대
로 너를 벌하여 너의 가증한 일이 너
희 중에 나타나게 하리니 나 여호와
가 때리는 이임을 네가 알리라
10 볼지어다 그 날이로다 볼지어다 임박
하도다 정한 재앙이 이르렀으니 몽
둥이가 꽃이 피며 교만이 싹이 났도
다

11 포학이 일어나서 죄악의 몽둥이가 되
었은즉 그들도, 그 무리도, 그 재물
도 하나도 남지 아니하며 그 중의 아
름다운 것도 없어지리로다
12 때가 이르렀고 날이 가까웠으니 사
는 자도 기뻐하지 말고 파는 자도
근심하지 말 것은 진노가 그 모든 무
리에게 임함이로다
13 파는 자가 살아 있다 할지라도 다시
돌아가서 그 판 것을 얻지 못하리니
이는 묵시가 그 모든 무리에게 돌아
오지 아니하고, 사람이 그 죄악으로
말미암아 자기의 목숨을 유지할 수
없으리라 하였음이로다

이스라엘이 받는 벌

14 그들이 나팔을 불어 온갖 것을 준비
하였을지라도 전쟁에 나갈 사람이 없
나니 이는 내 진노가 그 모든 무리에
게 이르렀음이라
15 밖에는 칼이 있고 안에는 전염병과
기근이 있어서 밭에 있는 자는 칼에
죽을 것이요 성읍에 있는 자는 기근
과 전염병에 망할 것이며
16 도망하는 자는 산 위로 피하여 다 각
기 자기 죄악 때문에 골짜기의 비둘
기들처럼 슬피 울 것이며
17 모든 손은 피곤하고 모든 무릎은 물
과 같이 약할 것이라
18 그들이 굵은 베로 허리를 묶을 것이
요 두려움이 그들을 덮을 것이요 모
든 얼굴에는 수치가 있고 모든 머리
는 대머리가 될 것이며
19 그들이 그 은을 거리에 던지며 그 금
을 오물 같이 여기리니 이는 여호와
내가 진노를 내리는 날에 그들의 은
과 금이 능히 그들을 건지지 못하며
능히 그 심령을 족하게 하거나 그 창
자를 채우지 못하고 오직 죄악의 걸
림돌이 됨이로다
20 그들이 그 화려한 장식으로 말미암
아 교만을 품었고 또 그것으로 가증
한 우상과 미운 물건을 만들었은즉
내가 그것을 그들에게 오물이 되게
하여
21 타국인의 손에 넘겨 노략하게 하며
세상 악인에게 넘겨 그들이 약탈하여
더럽히게 하고
22 내가 또 내 얼굴을 그들에게서 돌이
키리니 그들이 내 은밀한 처소를 더
럽히고 포악한 자도 거기 들어와서
더럽히리라
23 너는 쇠사슬을 만들라 이는 피 흘리
는 죄가 그 땅에 가득하고 포악이
그 성읍에 찼음이라
24 내가 극히 악한 이방인들을 데려와서
그들이 그 집들을 점령하게 하고 강

한 자의 교만을 그치게 하리니 그들
의 성소가 더럽힘을 당하리라
25 패망이 이르리니 그들이 평강을 구
하여도 없을 것이라
26 환난에 환난이 더하고 소문에 소문
이 더할 때에 그들이 선지자에게서
묵시를 구하나 헛될 것이며 제사장에
게는 율법이 없어질 것이요 장로에게
는 책략이 없어질 것이며
27 왕은 애통하고 고관은 놀람을 옷 입
듯 하며 주민의 손은 떨리리라 내가
그 행위대로 그들에게 갚고 그 죄악
대로 그들을 심판하리니 내가 여호
와인 줄을 그들이 알리라

예루살렘의 우상 숭배

8 여섯째 해 여섯째 달 초닷새에 나
는 집에 앉았고 유다의 장로들은
내 앞에 앉아 있는데 주 여호와의 권
능이 거기에서 내게 내리기로
2 내가 보니 불 같은 형상이 있더라 그
허리 아래의 모양은 불 같고 허리 위
에는 광채가 나서 단 쇠 같은데
3 그가 손 같은 것을 펴서 내 머리털
한 모숨을 잡으며 주의 영이 나를 들
어 천지 사이로 올리시고 하나님의
환상 가운데에 나를 이끌어 예루살
렘으로 가서 안뜰로 들어가는 북향
한 문에 이르시니 거기에는 질투의
우상 곧 질투를 일어나게 하는 우상
의 자리가 있는 곳이라
4 이스라엘 하나님의 영광이 거기에 있
는데 내가 들에서 본 모습과 같더라
5 그가 내게 이르시되 인자야 이제 너
는 눈을 들어 북쪽을 바라보라 하시
기로 내가 눈을 들어 북쪽을 바라보
니 제단문 어귀 북쪽에 그 질투의 우
상이 있더라
6 그가 또 내게 이르시되 인자야 이스
라엘 족속이 행하는 일을 보느냐 그
들이 여기에서 크게 가증한 일을 행
하여 나로 내 성소를 멀리 떠나게 하
느니라 너는 다시 다른 큰 가증한 일
을 보리라 하시더라
7 그가 나를 이끌고 뜰 문에 이르시기
로 내가 본즉 담에 구멍이 있더라
8 그가 내게 이르시되 인자야 너는 이
담을 헐라 하시기로 내가 그 담을 헐
니 한 문이 있더라
9 또 내게 이르시되 들어가서 그들이
거기에서 행하는 가증하고 악한 일
을 보라 하시기로
10 내가 들어가 보니 각양 곤충과 가증
한 짐승과 이스라엘 족속의 모든 우
상을 그 사방 벽에 그렸고
11 이스라엘 족속의 장로 중 칠십 명이
그 앞에 섰으며 사반의 아들 야아사

냐도 그 가운데에 섰고 각기 손에
향로를 들었는데 향연이 구름 같이
오르더라
12 또 내게 이르시되 인자야 이스라엘
족속의 장로들이 각각 그 우상의 방
안 어두운 가운데에서 행하는 것을
네가 보았느냐 그들이 이르기를 여
호와께서 우리를 보지 아니하시며 여
호와께서 이 땅을 버리셨다 하느니라
13 또 내게 이르시되 너는 다시 그들이
행하는 바 다른 큰 가증한 일을 보
리라 하시더라
14 그가 또 나를 데리고 여호와의 전으
로 들어가는 북문에 이르시기로 보
니 거기에 여인들이 앉아 담무스를
위하여 애곡하더라
15 그가 또 내게 이르시되 인자야 네가
그것을 보았느냐 너는 또 이보다 더
큰 가증한 일을 보리라 하시더라
16 그가 또 나를 데리고 여호와의 성전
안뜰에 들어가시니라 보라 여호와의
성전 문 곧 현관과 제단 사이에서 약
스물다섯 명이 여호와의 성전을 등지
고 낯을 동쪽으로 향하여 동쪽 태양
에게 예배하더라
17 또 내게 이르시되 인자야 네가 보았
느냐 유다 족속이 여기에서 행한 가
증한 일을 적다 하겠느냐 그들이 그
땅을 폭행으로 채우고 또 다시 내
노여움을 일으키며 심지어 나뭇가지
를 그 코에 두었느니라
18 그러므로 나도 분노로 갚아 불쌍히
여기지 아니하며 긍휼을 베풀지도 아
니하리니 그들이 큰 소리로 내 귀에
부르짖을지라도 내가 듣지 아니하리
라

예루살렘을 향하여 분노를 쏟으시다

9 또 그가 큰 소리로 내 귀에 외쳐
이르시되 이 성읍을 관할하는 자
들이 각기 죽이는 무기를 손에 들고
나아오게 하라 하시더라
2 내가 보니 여섯 사람이 북향한 윗문
길로부터 오는데 각 사람의 손에 죽
이는 무기를 잡았고 그 중의 한 사람
은 가는 베 옷을 입고 허리에 서기관
의 먹 그릇을 찼더라 그들이 들어와
서 놋 제단 곁에 서더라
3 그룹에 머물러 있던 이스라엘 하나님
의 영광이 성전 문지방에 이르더니 여
호와께서 그 가는 베 옷을 입고 서기
관의 먹 그릇을 찬 사람을 불러
4 여호와께서 이르시되 너는 예루살렘
성읍 중에 순행하여 그 가운데에서
행하는 모든 가증한 일로 말미암아
탄식하며 우는 자의 이마에 표를 그
리라

5 그들에 대하여 내 귀에 이르시되 너
희는 그를 따라 성읍 중에 다니며 불
쌍히 여기지 말며 긍휼을 베풀지 말
고 쳐서
6 늙은 자와 젊은 자와 처녀와 어린이
와 여자를 다 죽이되 이마에 표 있는
자에게는 가까이 하지 말라 내 성소
에서 시작할지니라 하시매 그들이 성
전 앞에 있는 늙은 자들로부터 시작
하더라
7 그가 또 그들에게 이르시되 너희는
성전을 더럽혀 시체로 모든 뜰에 채
우라 너희는 나가라 하시매 그들이
나가서 성읍 중에서 치더라
8 그들이 칠 때에 내가 홀로 있었는지
라 엎드려 부르짖어 이르되 아하 주
여호와여 예루살렘을 향하여 분노를
쏟으시오니 이스라엘의 남은 자를
모두 멸하려 하시나이까
9 그가 내게 이르시되 이스라엘과 유
다 족속의 죄악이 심히 중하여 그 땅
에 피가 가득하며 그 성읍에 불법이
찼나니 이는 그들이 이르기를 여호와
께서 이 땅을 버리셨으며 여호와께서
보지 아니하신다 함이라
10 그러므로 내가 그들을 불쌍히 여기
지 아니하며 긍휼을 베풀지 아니하
고 그들의 행위대로 그들의 머리에
갚으리라 하시더라
11 보라 가는 베 옷을 입고 허리에 먹
그릇을 찬 사람이 복명하여 이르되
주께서 내게 명령하신 대로 내가 준
행하였나이다 하더라

여호와의 영광이 성전을 떠나시다

10 이에 내가 보니 그룹들 머리 위
궁창에 남보석 같은 것이 나타
나는데 그들 위에 보좌의 형상이 있
는 것 같더라
2 하나님이 가는 베 옷을 입은 사람에
게 말씀하여 이르시되 너는 그룹 밑
에 있는 바퀴 사이로 들어가 그 속에
서 숯불을 두 손에 가득히 움켜 가지
고 성읍 위에 흩으라 하시매 그가 내
목전에서 들어가더라
3 그 사람이 들어갈 때에 그룹들은 성
전 오른쪽에 서 있고 구름은 안뜰에
가득하며
4 여호와의 영광이 그룹에서 올라와 성
전 문지방에 이르니 구름이 성전에
가득하며 여호와의 영화로운 광채가
뜰에 가득하였고
5 그룹들의 날개 소리는 바깥뜰까지
들리는데 전능하신 하나님이 말씀하
시는 음성 같더라
6 하나님이 가는 베 옷을 입은 자에게
명령하시기를 바퀴 사이 곧 그룹들

사이에서 불을 가져 가라 하셨으므
로 그가 들어가 바퀴 옆에 서매
7 그 그룹이 그룹들 사이에서 손을 내
밀어 그 그룹들 사이에 있는 불을 집
어 가는 베 옷을 입은 자의 손에 주
매 그가 받아 가지고 나가는데
8 그룹들의 날개 밑에 사람의 손 같은
것이 나타나더라
9 내가 보니 그룹들 곁에 네 바퀴가 있
는데 이 그룹 곁에도 한 바퀴가 있고
저 그룹 곁에도 한 바퀴가 있으며 그
바퀴 모양은 황옥 같으며
10 그 모양은 넷이 꼭 같은데 마치 바퀴
안에 바퀴가 있는 것 같으며
11 그룹들이 나아갈 때에는 사방으로
몸을 돌리지 아니하고 나아가되 몸
을 돌리지 아니하고 그 머리 향한 곳
으로 나아가며
12 그 온 몸과 등과 손과 날개와 바퀴
곧 네 그룹의 바퀴의 둘레에 다 눈이
가득하더라
13 내가 들으니 그 바퀴들을 도는 것이
라 부르며
14 그룹들에게는 각기 네 면이 있는데
첫째 면은 그룹의 얼굴이요 둘째 면
은 사람의 얼굴이요 셋째는 사자의
얼굴이요 넷째는 독수리의 얼굴이더
라
15 그룹들이 올라가니 그들은 내가 그
발 강 가에서 보던 생물이라
16 그룹들이 나아갈 때에는 바퀴도 그
곁에서 나아가고 그룹들이 날개를
들고 땅에서 올라가려 할 때에도 바
퀴가 그 곁을 떠나지 아니하며
17 그들이 서면 이들도 서고 그들이 올
라가면 이들도 함께 올라가니 이는
생물의 영이 바퀴 가운데에 있음이더
라
18 여호와의 영광이 성전 문지방을 떠나
서 그룹들 위에 머무르니
19 그룹들이 날개를 들고 내 눈 앞의
땅에서 올라가는데 그들이 나갈 때
에 바퀴도 그 곁에서 함께 하더라 그
들이 여호와의 전으로 들어가는 동
문에 머물고 이스라엘 하나님의 영
광이 그 위에 덮였더라
20 그것은 내가 그발 강 가에서 보던 이
스라엘의 하나님 아래에 있던 생물이
라 그들이 그룹인 줄을 내가 아니라
21 각기 네 얼굴과 네 날개가 있으며 날

365묵상

참으로 안전한 자

예루살렘 주민들은 예루살렘에 하나님의 성전이 있기 때문에 자신들이 안전하다고 생각했다. 그들은 자신들의 죄 때문에 하나님이 이미 그곳을 떠나가신 줄 몰랐다(겔 8-10장). 에스겔 시대에, 예루살렘에서 참으로 안전했던 자들은 "그 가운데에서 행하는 모든 가증한 일로 말미암아 탄식하며 우는 자"였다(겔 9:4). 오늘날에도 어떤 이들은 단지 교회 건물 안에서 안전하다는 느낌을 받으려 한다. 하지만 참으로 안전한 자는 교회 건물 안에 있는 자가 아니라, 회개의 눈물로써 하나님과 올바른 관계를 맺고 있는 자다.

개 밑에는 사람의 손 형상이 있으니
22 그 얼굴의 형상은 내가 그발 강 가에
서 보던 얼굴이며 그 모양과 그 몸도
그러하며 각기 곧게 앞으로 가더라

예루살렘이 심판을 받다

11 그 때에 주의 영이 나를 들어올
려서 여호와의 전 동문 곧 동향
한 문에 이르시기로 보니 그 문에 사
람이 스물다섯 명이 있는데 내가 그
중에서 앗술의 아들 야아사냐와 브
나야의 아들 블라댜를 보았으니 그
들은 백성의 고관이라
2 그가 내게 이르시되 인자야 이 사람
들은 불의를 품고 이 성 중에서 악한
꾀를 꾸미는 자니라
3 그들의 말이 집 건축할 때가 가깝지
아니한즉 이 성읍은 가마가 되고 우
리는 고기가 된다 하나니
4 그러므로 인자야 너는 그들을 쳐서
예언하고 예언할지니라
5 여호와의 영이 내게 임하여 이르시되
너는 말하기를 여호와의 말씀에 이
스라엘 족속아 너희가 이렇게 말하였
도다 너희 마음에서 일어나는 것을
내가 다 아노라
6 너희가 이 성읍에서 많이 죽여 그 거
리를 시체로 채웠도다
7 그러므로 주 여호와께서 이같이 말
씀하셨느니라 이 성읍 중에서 너희가
죽인 시체는 그 고기요 이 성읍은 그
가마인데 너희는 그 가운데에서 끌
려 나오리라
8 나 주 여호와가 말하노라 너희가 칼
을 두려워하니 내가 칼로 너희에게
이르게 하고
9 너희를 그 성읍 가운데에서 끌어내어
타국인의 손에 넘겨 너희에게 벌을
내리리니
10 너희가 칼에 엎드러질 것이라 내가
이스라엘 변경에서 너희를 심판하리
니 너희는 내가 여호와인 줄을 알리
라
11 이 성읍은 너희 가마가 되지 아니하
고 너희는 그 가운데에 고기가 되지
아니할지라 내가 너희를 이스라엘 변
경에서 심판하리니
12 너희는 내가 여호와인 줄을 알리라
너희가 내 율례를 행하지 아니하며
규례를 지키지 아니하고 너희 사방에
있는 이방인의 규례대로 행하였느니
라 하셨다 하라
13 이에 내가 예언할 때에 브나야의 아
들 블라댜가 죽기로 내가 엎드려 큰
소리로 부르짖어 이르되 오호라 주
여호와여 이스라엘의 남은 자를 다
멸절하고자 하시나이까 하니라

이스라엘의 회복을 이르시다

14 여호와의 말씀이 내게 임하여 이르시
되
15 인자야 예루살렘 주민이 네 형제 곧
네 형제와 친척과 온 이스라엘 족속
을 향하여 이르기를 너희는 여호와에
게서 멀리 떠나라 이 땅은 우리에게
주어 기업이 되게 하신 것이라 하셨나
니
16 그런즉 너는 말하기를 주 여호와의
말씀에 내가 비록 그들을 멀리 이방
인 가운데로 쫓아내어 여러 나라에
흩었으나 그들이 도달한 나라들에서
내가 잠깐 그들에게 성소가 되리라
하셨다 하고
17 너는 또 말하기를 주 여호와의 말씀
에 내가 너희를 만민 가운데에서 모
으며 너희를 흩은 여러 나라 가운데
에서 모아 내고 이스라엘 땅을 너희
에게 주리라 하셨다 하라
18 그들이 그리로 가서 그 가운데의 모
든 미운 물건과 모든 가증한 것을 제
거하여 버릴지라
19 내가 그들에게 한 마음을 주고 그
속에 새 영을 주며 그 몸에서 돌 같
은 마음을 제거하고 살처럼 부드러
운 마음을 주어
20 내 율례를 따르며 내 규례를 지켜 행
하게 하리니 그들은 내 백성이 되고
나는 그들의 하나님이 되리라
21 그러나 미운 것과 가증한 것을 마음
으로 따르는 자는 내가 그 행위대로
그 머리에 갚으리라 나 주 여호와의
말이니라

여호와의 영광이 떠나시다

22 그 때에 그룹들이 날개를 드는데 바
퀴도 그 곁에 있고 이스라엘 하나님
의 영광도 그 위에 덮였더니
23 여호와의 영광이 성읍 가운데에서부
터 올라가 성읍 동쪽 산에 머무르고
24 주의 영이 나를 들어 하나님의 영의
환상 중에 데리고 갈대아에 있는 사
로잡힌 자 중에 이르시더니 내가 본
환상이 나를 떠나 올라간지라
25 내가 사로잡힌 자에게 여호와께서
내게 보이신 모든 일을 말하니라

포로가 될 것을 나타내는 상징행위

12 또 여호와의 말씀이 내게 임하
여 이르시되
2 인자야 네가 반역하는 족속 중에 거
주하는도다 그들은 볼 눈이 있어도
보지 아니하고 들을 귀가 있어도 듣
지 아니하나니 그들은 반역하는 족
속임이라
3 인자야 너는 포로의 행장을 꾸리고
낮에 그들의 목전에서 끌려가라 네

가 네 처소를 다른 곳으로 옮기는
것을 그들이 보면 비록 반역하는 족
속이라도 혹 생각이 있으리라
4 너는 낮에 그들의 목전에서 네 포로
의 행장을 밖에 내놓기를 끌려가는
포로의 행장 같이 하고 저물 때에 너
는 그들의 목전에서 밖으로 나가기
를 포로되어 가는 자 같이 하라
5 너는 그들의 목전에서 성벽을 뚫고
그리로 따라 옮기되
6 캄캄할 때에 그들의 목전에서 어깨
에 메고 나가며 얼굴을 가리고 땅을
보지 말지어다 이는 내가 너를 세워
이스라엘 족속에게 징조가 되게 함
이라 하시기로
7 내가 그 명령대로 행하여 낮에 나의
행장을 끌려가는 포로의 행장 같이
내놓고 저물 때에 내 손으로 성벽을
뚫고 캄캄할 때에 행장을 내다가 그
들의 목전에서 어깨에 메고 나가니라
8 이튿날 아침에 여호와의 말씀이 또
내게 임하여 이르시되
9 인자야 이스라엘 족속 곧 그 반역하
는 족속이 네게 묻기를 무엇을 하느
냐 하지 아니하더냐
10 너는 그들에게 말하기를 주 여호와
의 말씀에 이것은 예루살렘 왕과 그
가운데에 있는 이스라엘 온 족속에
대한 묵시라 하셨다 하고
11 또 말하기를 나는 너희 징조라 내가
행한 대로 그들도 포로로 사로잡혀
가리라
12 무리가 성벽을 뚫고 행장을 그리로
가지고 나가고 그 중에 왕은 어두울
때에 어깨에 행장을 메고 나가며 눈
으로 땅을 보지 아니하려고 자기 얼
굴을 가리리라 하라
13 내가 또 내 그물을 그의 위에 치고
내 올무에 걸리게 하여 그를 끌고 갈
대아 땅 바벨론에 이르리니 그가 거
기에서 죽으려니와 그 땅을 보지 못
하리라
14 내가 그 호위하는 자와 부대들을 다
사방으로 흩고 또 그 뒤를 따라 칼
을 빼리라
15 내가 그들을 이방인 가운데로 흩으
며 여러 나라 가운데에 헤친 후에야
내가 여호와인 줄을 그들이 알리라
16 그러나 내가 그 중 몇 사람을 남겨
칼과 기근과 전염병에서 벗어나게 하
여 그들이 이르는 이방인 가운데에
서 자기의 모든 가증한 일을 자백하
게 하리니 내가 여호와인 줄을 그들
이 알리라

떨면서 먹고 마시며 보이는 징조

17 여호와의 말씀이 또 내게 임하여 이

르시되
18 인자야 너는 떨면서 네 음식을 먹고
놀라고 근심하면서 네 물을 마시며
19 이 땅 백성에게 말하되 주 여호와께
서 예루살렘 주민과 이스라엘 땅에
대하여 이르시기를 그들이 근심하면
서 그 음식을 먹으며 놀라면서 그 물
을 마실 것은 이 땅 모든 주민의 포
악으로 말미암아 땅에 가득한 것이
황폐하게 됨이라
20 사람이 거주하는 성읍들이 황폐하며
땅이 적막하리니 내가 여호와인 줄을
너희가 알리라 하셨다 하라

속담과 묵시

21 여호와의 말씀이 또 내게 임하여 이
르시되
22 인자야 이스라엘 땅에서 이르기를
날이 더디고 모든 묵시가 사라지리라
하는 너희의 이 속담이 어찌 됨이냐
23 그러므로 너는 그들에게 이르기를
주 여호와께서 이같이 말씀하시기를
내가 이 속담을 그치게 하리니 사람
이 다시는 이스라엘 가운데에서 이
속담을 사용하지 못하리라 하셨다
하고 또 그들에게 이르기를 날과 모
든 묵시의 응함이 가까우니
24 이스라엘 족속 중에 허탄한 묵시나
아첨하는 복술이 다시 있지 못하리라
하라
25 나는 여호와라 내가 말하리니 내가
하는 말이 다시는 더디지 아니하고
응하리라 반역하는 족속이여 내가 너
희 생전에 말하고 이루리라 나 주 여
호와의 말이니라 하셨다 하라
26 여호와의 말씀이 또 내게 임하여 이
르시되
27 인자야 이스라엘 족속의 말이 그가
보는 묵시는 여러 날 후의 일이라 그
가 멀리 있는 때에 대하여 예언하였
다 하느니라
28 그러므로 너는 그들에게 이르기를
주 여호와의 말씀에 나의 말이 하나
도 다시 더디지 아니할지니 내가 한
말이 이루어지리라 나 주 여호와의
말이니라 하라

거짓 선지자의 종말

13 여호와의 말씀이 내게 임하여
이르시되
2 인자야 너는 이스라엘의 예언하는 선
지자들에게 경고하여 예언하되 자기
마음대로 예언하는 자에게 말하기를
너희는 여호와의 말씀을 들으라
3 주 여호와의 말씀에 본 것이 없이 자
기 심령을 따라 예언하는 어리석은
선지자에게 화가 있을진저
4 이스라엘아 너의 선지자들은 황무지

에 있는 여우 같으니라
5 너희 선지자들이 성 무너진 곳에 올
라가지도 아니하였으며 이스라엘 족
속을 위하여 여호와의 날에 전쟁에서
견디게 하려고 성벽을 수축하지도 아
니하였느니라
6 여호와께서 말씀하셨다고 하는 자들
이 허탄한 것과 거짓된 점괘를 보며
사람들에게 그 말이 확실히 이루어지
기를 바라게 하거니와 그들은 여호
와가 보낸 자가 아니라
7 너희가 말하기는 여호와의 말씀이라
하여도 내가 말한 것이 아닌즉 어찌
허탄한 묵시를 보며 거짓된 점괘를
말한 것이 아니냐
8 그러므로 주 여호와께서 이같이 말
씀하셨느니라 너희가 허탄한 것을 말
하며 거짓된 것을 보았은즉 내가 너
희를 치리라 주 여호와의 말씀이니라
9 그 선지자들이 허탄한 묵시를 보며
거짓 것을 점쳤으니 내 손이 그들을
쳐서 내 백성의 공회에 들어오지 못
하게 하며 이스라엘 족속의 호적에
도 기록되지 못하게 하며 이스라엘
땅에도 들어가지 못하게 하리니 너희
가 나를 여호와인 줄 알리라
10 이렇게 칠 것은 그들이 내 백성을 유
혹하여 평강이 없으나 평강이 있다
함이라 어떤 사람이 담을 쌓을 때에
그들이 회칠을 하는도다
11 그러므로 너는 회칠하는 자에게 이
르기를 그것이 무너지리라 폭우가 내
리며 큰 우박덩이가 떨어지며 폭풍이
몰아치리니
12 그 담이 무너진즉 어떤 사람이 너희
에게 말하기를 그것에 칠한 회가 어
디 있느냐 하지 아니하겠느냐
13 그러므로 나 주 여호와가 말하노라
내가 분노하여 폭풍을 퍼붓고 내가
진노하여 폭우를 내리고 분노하여
큰 우박덩어리로 무너뜨리리라
14 회칠한 담을 내가 이렇게 허물어서
땅에 넘어뜨리고 그 기초를 드러낼
것이라 담이 무너진즉 너희가 그 가
운데에서 망하리니 나를 여호와인
줄 알리라
15 이와 같이 내가 내 노를 담과 회칠한
자에게 모두 이루고 또 너희에게 말
하기를 담도 없어지고 칠한 자들도
없어졌다 하리니
16 이들은 예루살렘에 대하여 예언하기
를 평강이 없으나 평강의 묵시를 보
았다고 하는 이스라엘의 선지자들이
니라 주 여호와의 말씀이니라

거짓말로 예언하는 여자들

17 너 인자야 너의 백성 중 자기 마음대

로 예언하는 여자들에게 경고하며
예언하여
18 이르기를 주 여호와의 말씀에 사람
의 영혼을 사냥하려고 손목마다 부
적을 꿰어 매고 키가 큰 자나 작은
자의 머리를 위하여 수건을 만드는
여자들에게 화 있을진저 너희가 어찌
하여 내 백성의 영혼은 사냥하면서
자기를 위하여는 영혼을 살리려 하느
냐
19 너희가 두어 움큼 보리와 두어 조각
떡을 위하여 나를 내 백성 가운데에
서 욕되게 하여 거짓말을 곧이 듣는
내 백성에게 너희가 거짓말을 지어내
어 죽지 아니할 영혼을 죽이고 살지
못할 영혼을 살리는도다
20 그러므로 나 주 여호와가 이같이 말
하노라 너희가 새를 사냥하듯 영혼
들을 사냥하는 그 부적을 내가 너희
팔에서 떼어 버리고 너희가 새처럼
사냥한 그 영혼들을 놓아 주며
21 또 너희 수건을 찢고 내 백성을 너희
손에서 건지고 다시는 너희 손에 사
냥물이 되지 아니하게 하리니 내가
여호와인 줄을 너희가 알리라
22 내가 슬프게 하지 아니한 의인의 마
음을 너희가 거짓말로 근심하게 하며
너희가 또 악인의 손을 굳게 하여 그
악한 길에서 돌이켜 떠나 삶을 얻지
못하게 하였은즉
23 너희가 다시는 허탄한 묵시를 보지
못하고 점복도 못할지라 내가 내 백
성을 너희 손에서 건져내리니 내가 여
호와인 줄을 너희가 알리라 하라

여호와께서 우상 숭배를 심판하시다

14 이스라엘 장로 두어 사람이 나
아와 내 앞에 앉으니
2 여호와의 말씀이 내게 임하여 이르시
되
3 인자야 이 사람들이 자기 우상을 마
음에 들이며 죄악의 걸림돌을 자기
앞에 두었으니 그들이 내게 묻기를
내가 조금인들 용납하랴
4 그런즉 너는 그들에게 말하여 이르
라 나 주 여호와가 말하노라 이스라
엘 족속 중에 그 우상을 마음에 들
이며 죄악의 걸림돌을 자기 앞에 두
고 선지자에게로 가는 모든 자에게
나 여호와가 그 우상의 수효대로 보
응하리니

365묵상

참된 평강의 삶

정신과 의사는 환자의 심리 상태에 안정을 주려고 문제에 집착하지 말기를 권고하거나, 그 문제가 별것 아닌 것처럼 유도한다. 에스겔의 시대에 거짓 선지자들이 이런 흉내를 냈다. 그들은 심각한 죄악을 도외시한 채 '평강'을 외쳤다(겔 13:8-16). 하지만 그것은 거짓이었다. 해결되지 못한 죄악이 그들을 무너뜨릴 것이기 때문이다. 우리의 마음을 진정 평안하게 만드는 것은 심리적 안정을 취하는 게 아니라, 죄 문제의 해결을 통한 하나님과의 관계회복이다. 그것 없는 평강은 조만간 무너져 내릴 회칠한 벽에 불과하다.

5 이는 이스라엘 족속이 다 그 우상으
로 말미암아 나를 배반하였으므로
내가 그들이 마음먹은 대로 그들을
잡으려 함이라
6 그런즉 너는 이스라엘 족속에게 이
르기를 주 여호와의 말씀에 너희는
마음을 돌이켜 우상을 떠나고 얼굴
을 돌려 모든 가증한 것을 떠나라
7 이스라엘 족속과 이스라엘 가운데에
거류하는 외국인 중에 누구든지 나
를 떠나고 자기 우상을 마음에 들이
며 죄악의 걸림돌을 자기 앞에 두고
자기를 위하여 내게 묻고자 하여 선
지자에게 가는 모든 자에게는 나 여
호와가 친히 응답하여
8 그 사람을 대적하여 그들을 놀라움
과 표징과 속담 거리가 되게 하여 내
백성 가운데에서 끊으리니 내가 여
호와인 줄을 너희가 알리라
9 만일 선지자가 유혹을 받고 말을 하
면 나 여호와가 그 선지자를 유혹을
받게 하였음이거니와 내가 손을 펴서
내 백성 이스라엘 가운데에서 그를
멸할 것이라
10 선지자의 죄악과 그에게 묻는 자의
죄악이 같은즉 각각 자기의 죄악을
담당하리니
11 이는 이스라엘 족속이 다시는 미혹되
어 나를 떠나지 아니하게 하며 다시
는 모든 죄로 스스로 더럽히지 아니
하게 하여 그들을 내 백성으로 삼고
나는 그들의 하나님이 되려 함이라
주 여호와의 말씀이니라

의인도 자기의 생명만 건지리라

12 여호와의 말씀이 또 내게 임하여 이
르시되
13 인자야 가령 어떤 나라가 불법을 행
하여 내게 범죄하므로 내가 손을 그
위에 펴서 그 의지하는 양식을 끊어
기근을 내려 사람과 짐승을 그 나라
에서 끊는다 하자
14 비록 노아, 다니엘, 욥, 이 세 사람이
거기에 있을지라도 그들은 자기의 공
의로 자기의 생명만 건지리라 나 주
여호와의 말이니라
15 가령 내가 사나운 짐승을 그 땅에 다
니게 하여 그 땅을 황폐하게 하여 사
람이 그 짐승 때문에 능히 다니지 못
하게 한다 하자
16 비록 이 세 사람이 거기에 있을지라
도 나의 삶을 두고 맹세하노니 그들
도 자녀는 건지지 못하고 자기만 건
지겠고 그 땅은 황폐하리라 주 여호
와의 말씀이니라
17 가령 내가 칼이 그 땅에 임하게 하고
명령하기를 칼아 그 땅에 돌아다니

라 하고 내가 사람과 짐승을 거기에
서 끊는다 하자
18 비록 이 세 사람이 거기에 있을지라
도 나의 삶을 두고 맹세하노니 그들
도 자녀는 건지지 못하고 자기만 건
지리라 나 주 여호와의 말이니라
19 가령 내가 그 땅에 전염병을 내려 죽
임으로 내 분노를 그 위에 쏟아 사
람과 짐승을 거기에서 끊는다 하자
20 비록 노아, 다니엘, 욥이 거기에 있을
지라도 나의 삶을 두고 맹세하노니
그들도 자녀는 건지지 못하고 자기의
공의로 자기의 생명만 건지리라 주
여호와의 말씀이니라
21 주 여호와께서 이같이 이르시되 내가
나의 네 가지 중한 벌 곧 칼과 기근
과 사나운 짐승과 전염병을 예루살
렘에 함께 내려 사람과 짐승을 그
중에서 끊으리니 그 해가 더욱 심하
지 아니하겠느냐
22 그러나 그 가운데에 피하는 자가 남
아 있어 끌려 나오리니 곧 자녀들이
라 그들이 너희에게로 나아오리니 너
희가 그 행동과 소행을 보면 내가
예루살렘에 내린 재앙 곧 그 내린
모든 일에 대하여 너희가 위로를 받
을 것이라
23 너희가 그 행동과 소행을 볼 때에
그들에 의해 위로를 받고 내가 예루
살렘에서 행한 모든 일이 이유 없이
한 것이 아닌 줄을 알리라 주 여호와
의 말씀이니라

불에 던질 땔감 같은 예루살렘 주민

15 여호와의 말씀이 내게 임하여
이르시되
2 인자야 포도나무가 모든 나무보다
나은 것이 무엇이랴 숲속의 여러 나
무 가운데에 있는 그 포도나무 가지
가 나은 것이 무엇이랴
3 그 나무를 가지고 무엇을 제조할 수
있겠느냐 그것으로 무슨 그릇을 걸
못을 만들 수 있겠느냐
4 불에 던질 땔감이 될 뿐이라 불이 그
두 끝을 사르고 그 가운데도 태웠으
면 제조에 무슨 소용이 있겠느냐
5 그것이 온전할 때에도 아무 제조에
합당하지 아니하였거든 하물며 불에
살라지고 탄 후에 어찌 제조에 합당
하겠느냐
6 그러므로 주 여호와께서 이같이 말
씀하셨느니라 내가 수풀 가운데에
있는 포도나무를 불에 던질 땔감이
되게 한 것 같이 내가 예루살렘 주민
도 그같이 할지라
7 내가 그들을 대적한즉 그들이 그 불
에서 나와도 불이 그들을 사르리니

내가 그들을 대적할 때에 내가 여호
와인 줄 너희가 알리라
8 내가 그 땅을 황폐하게 하리니 이는
그들이 범법함이니라 나 주 여호와의
말이니라 하시니라

가증한 예루살렘

16 또 여호와의 말씀이 내게 임하
여 이르시되
2 인자야 예루살렘으로 그 가증한 일
을 알게 하여
3 이르기를 주 여호와께서 예루살렘에
관하여 이같이 말씀하시되 네 근본과
난 땅은 가나안이요 네 아버지는 아
모리 사람이요 네 어머니는 헷 사람
이라
4 네가 난 것을 말하건대 네가 날 때에
네 배꼽 줄을 자르지 아니하였고 너
를 물로 씻어 정결하게 하지 아니하
였고 네게 소금을 뿌리지 아니하였고
너를 강보로 싸지도 아니하였나니
5 아무도 너를 돌보아 이 중에 한 가
지라도 네게 행하여 너를 불쌍히 여
긴 자가 없었으므로 네가 나던 날에
네 몸이 천하게 여겨져 네가 들에 버
려졌느니라
6 내가 네 곁으로 지나갈 때에 네가 피
투성이가 되어 발짓하는 것을 보고
네게 이르기를 너는 피투성이라도 살
아 있으라 다시 이르기를 너는 피투
성이라도 살아 있으라 하고
7 내가 너를 들의 풀 같이 많게 하였더
니 네가 크게 자라고 심히 아름다우
며 유방이 뚜렷하고 네 머리털이 자
랐으나 네가 여전히 벌거벗은 알몸이
더라
8 내가 네 곁으로 지나며 보니 네 때가
사랑을 할 만한 때라 내 옷으로 너
를 덮어 벌거벗은 것을 가리고 네게
맹세하고 언약하여 너를 내게 속하
게 하였느니라 나 주 여호와의 말이
니라
9 내가 물로 네 피를 씻어 없애고 네게
기름을 바르고
10 수 놓은 옷을 입히고 물돼지 가죽신
을 신기고 가는 베로 두르고 모시로
덧입히고
11 패물을 채우고 팔고리를 손목에 끼
우고 목걸이를 목에 걸고
12 코고리를 코에 달고 귀고리를 귀에
달고 화려한 왕관을 머리에 씌웠나니
13 이와 같이 네가 금, 은으로 장식하고
가는 베와 모시와 수 놓은 것을 입
으며 또 고운 밀가루와 꿀과 기름을
먹음으로 극히 곱고 형통하여 왕후
의 지위에 올랐느니라
14 네 화려함으로 말미암아 네 명성이

이방인 중에 퍼졌음은 내가 네게 입
힌 영화로 네 화려함이 온전함이라
나 주 여호와의 말이니라
15 그러나 네가 네 화려함을 믿고 네 명
성을 가지고 행음하되 지나가는 모
든 자와 더불어 음란을 많이 행하므
로 네 몸이 그들의 것이 되도다
16 네가 네 의복을 가지고 너를 위하여
각색으로 산당을 꾸미고 거기에서
행음하였나니 이런 일은 전무후무하
니라
17 네가 또 내가 준 금, 은 장식품으로
너를 위하여 남자 우상을 만들어 행
음하며
18 또 네 수 놓은 옷을 그 우상에게 입
히고 나의 기름과 향을 그 앞에 베풀
며
19 또 내가 네게 주어 먹게 한 내 음식
물 곧 고운 밀가루와 기름과 꿀을
네가 그 앞에 베풀어 향기를 삼았나
니 과연 그렇게 하였느니라 주 여호
와의 말씀이니라
20 또 네가 나를 위하여 낳은 네 자녀를
그들에게 데리고 가서 드려 제물로
삼아 불살랐느니라 네가 네 음행을
작은 일로 여겨서
21 나의 자녀들을 죽여 우상에게 넘겨
불 가운데로 지나가게 하였느냐
22 네가 어렸을 때에 벌거벗은 몸이었으
며 피투성이가 되어서 발짓하던 것을
기억하지 아니하고 네가 모든 가증
한 일과 음란을 행하였느니라

방자한 음녀 예루살렘

23 주 여호와의 말씀이니라 너는 화 있
을진저 화 있을진저 네가 모든 악을
행한 후에
24 너를 위하여 누각을 건축하며 모든
거리에 높은 대를 쌓았도다
25 네가 높은 대를 모든 길 어귀에 쌓
고 네 아름다움을 가증하게 하여 모
든 지나가는 자에게 다리를 벌려 심
히 음행하고
26 하체가 큰 네 이웃 나라 애굽 사람
과도 음행하되 심히 음란히 하여 내
진노를 샀도다
27 그러므로 내가 내 손을 네 위에 펴서
네 일용할 양식을 감하고 너를 미워
하는 블레셋 여자 곧 네 더러운 행실
을 부끄러워하는 자에게 너를 넘겨
임의로 하게 하였거늘
28 네가 음욕이 차지 아니하여 또 앗수
르 사람과 행음하고 그들과 행음하
고도 아직도 부족하게 여겨
29 장사하는 땅 갈대아에까지 심히 행
음하되 아직도 족한 줄을 알지 못하
였느니라

30 주 여호와의 말씀이니라 네가 이 모
든 일을 행하니 이는 방자한 음녀의
행위라 네 마음이 어찌 그리 약한지
31 네가 누각을 모든 길 어귀에 건축하
며 높은 대를 모든 거리에 쌓고도
값을 싫어하니 창기 같지도 아니하도
다
32 그 남편 대신에 다른 남자들과 내통
하여 간음하는 아내로다
33 사람들은 모든 창기에게 선물을 주
거늘 오직 너는 네 모든 정든 자에게
선물을 주며 값을 주어서 사방에서
와서 너와 행음하게 하니
34 네 음란함이 다른 여인과 같지 아니
함은 행음하려고 너를 따르는 자가
없음이며 또 네가 값을 받지 아니하
고 도리어 값을 줌이라 그런즉 다른
여인과 같지 아니하니라

예루살렘을 벌하시다

35 그러므로 너 음녀야 여호와의 말씀
을 들을지어다
36 주 여호와께서 이같이 말씀하셨느니
라 네가 네 누추한 것을 쏟으며 네
정든 자와 행음함으로 벗은 몸을 드
러내며 또 가증한 우상을 위하며 네
자녀의 피를 그 우상에게 드렸은즉
37 내가 너의 즐거워하는 정든 자와 사
랑하던 모든 자와 미워하던 모든 자
를 모으되 사방에서 모아 너를 대적
하게 할 것이요 또 네 벗은 몸을 그
앞에 드러내 그들이 그것을 다 보게
할 것이며
38 내가 또 간음하고 사람의 피를 흘리
는 여인을 심판함 같이 너를 심판하
여 진노의 피와 질투의 피를 네게 돌
리고
39 내가 또 너를 그들의 손에 넘기리니
그들이 네 누각을 헐며 네 높은 대
를 부수며 네 의복을 벗기고 네 장식
품을 빼앗고 네 몸을 벌거벗겨 버려
두며
40 무리를 데리고 와서 너를 돌로 치며
칼로 찌르며
41 불로 네 집들을 사르고 여러 여인의
목전에서 너를 벌할지라 내가 너에게
곧 음행을 그치게 하리니 네가 다시
는 값을 주지 아니하리라
42 그리한즉 나는 네게 대한 내 분노가
그치며 내 질투가 네게서 떠나고 마
음이 평안하여 다시는 노하지 아니하
리라
43 네가 어렸을 때를 기억하지 아니하고
이 모든 일로 나를 분노하게 하였은
즉 내가 네 행위대로 네 머리에 보응
하리니 네가 이 음란과 네 모든 가증
한 일을 다시는 행하지 아니하리라

이방인 중에 퍼졌음은 내가 네게 입
힌 영화로 네 화려함이 온전함이라
나 주 여호와의 말이니라
15 그러나 네가 네 화려함을 믿고 네 명
성을 가지고 행음하되 지나가는 모
든 자와 더불어 음란을 많이 행하므
로 네 몸이 그들의 것이 되도다
16 네가 네 의복을 가지고 너를 위하여
각색으로 산당을 꾸미고 거기에서
행음하였나니 이런 일은 전무후무하
니라
17 네가 또 내가 준 금, 은 장식품으로
너를 위하여 남자 우상을 만들어 행
음하며
18 또 네 수 놓은 옷을 그 우상에게 입
히고 나의 기름과 향을 그 앞에 베풀
며
19 또 내가 네게 주어 먹게 한 내 음식
물 곧 고운 밀가루와 기름과 꿀을
네가 그 앞에 베풀어 향기를 삼았나
니 과연 그렇게 하였느니라 주 여호
와의 말씀이니라
20 또 네가 나를 위하여 낳은 네 자녀를
그들에게 데리고 가서 드려 제물로
삼아 불살랐느니라 네가 네 음행을
작은 일로 여겨서
21 나의 자녀들을 죽여 우상에게 넘겨
불 가운데로 지나가게 하였느냐
22 네가 어렸을 때에 벌거벗은 몸이었으
며 피투성이가 되어서 발짓하던 것을
기억하지 아니하고 네가 모든 가증
한 일과 음란을 행하였느니라

방자한 음녀 예루살렘

23 주 여호와의 말씀이니라 너는 화 있
을진저 화 있을진저 네가 모든 악을
행한 후에
24 너를 위하여 누각을 건축하며 모든
거리에 높은 대를 쌓았도다
25 네가 높은 대를 모든 길 어귀에 쌓
고 네 아름다움을 가증하게 하여 모
든 지나가는 자에게 다리를 벌려 심
히 음행하고
26 하체가 큰 네 이웃 나라 애굽 사람
과도 음행하되 심히 음란히 하여 내
진노를 샀도다
27 그러므로 내가 내 손을 네 위에 펴서
네 일용할 양식을 감하고 너를 미워
하는 블레셋 여자 곧 네 더러운 행실
을 부끄러워하는 자에게 너를 넘겨
임의로 하게 하였거늘
28 네가 음욕이 차지 아니하여 또 앗수
르 사람과 행음하고 그들과 행음하
고도 아직도 부족하게 여겨
29 장사하는 땅 갈대아에까지 심히 행
음하되 아직도 족한 줄을 알지 못하
였느니라

30 주 여호와의 말씀이니라 네가 이 모
든 일을 행하니 이는 방자한 음녀의
행위라 네 마음이 어찌 그리 약한지
31 네가 누각을 모든 길 어귀에 건축하
며 높은 대를 모든 거리에 쌓고도
값을 싫어하니 창기 같지도 아니하도
다
32 그 남편 대신에 다른 남자들과 내통
하여 간음하는 아내로다
33 사람들은 모든 창기에게 선물을 주
거늘 오직 너는 네 모든 정든 자에게
선물을 주며 값을 주어서 사방에서
와서 너와 행음하게 하니
34 네 음란함이 다른 여인과 같지 아니
함은 행음하려고 너를 따르는 자가
없음이며 또 네가 값을 받지 아니하
고 도리어 값을 줌이라 그런즉 다른
여인과 같지 아니하니라

예루살렘을 벌하시다

35 그러므로 너 음녀야 여호와의 말씀
을 들을지어다
36 주 여호와께서 이같이 말씀하셨느니
라 네가 네 누추한 것을 쏟으며 네
정든 자와 행음함으로 벗은 몸을 드
러내며 또 가증한 우상을 위하며 네
자녀의 피를 그 우상에게 드렸은즉
37 내가 너의 즐거워하는 정든 자와 사
랑하던 모든 자와 미워하던 모든 자
를 모으되 사방에서 모아 너를 대적
하게 할 것이요 또 네 벗은 몸을 그
앞에 드러내 그들이 그것을 다 보게
할 것이며
38 내가 또 간음하고 사람의 피를 흘리
는 여인을 심판함 같이 너를 심판하
여 진노의 피와 질투의 피를 네게 돌
리고
39 내가 또 너를 그들의 손에 넘기리니
그들이 네 누각을 헐며 네 높은 대
를 부수며 네 의복을 벗기고 네 장식
품을 빼앗고 네 몸을 벌거벗겨 버려
두며
40 무리를 데리고 와서 너를 돌로 치며
칼로 찌르며
41 불로 네 집들을 사르고 여러 여인의
목전에서 너를 벌할지라 내가 너에게
곧 음행을 그치게 하리니 네가 다시
는 값을 주지 아니하리라
42 그리한즉 나는 네게 대한 내 분노가
그치며 내 질투가 네게서 떠나고 마
음이 평안하여 다시는 노하지 아니하
리라
43 네가 어렸을 때를 기억하지 아니하고
이 모든 일로 나를 분노하게 하였은
즉 내가 네 행위대로 네 머리에 보응
하리니 네가 이 음란과 네 모든 가증
한 일을 다시는 행하지 아니하리라

주 여호와의 말씀이니라

그 어머니에 그 딸

44 속담을 말하는 자마다 네게 대하여
속담을 말하기를 어머니가 그러하면
딸도 그러하다 하리라
45 너는 그 남편과 자녀를 싫어한 어머
니의 딸이요 너는 그 남편과 자녀를
싫어한 형의 동생이로다 네 어머니는
헷 사람이요 네 아버지는 아모리 사
람이며
46 네 형은 그 딸들과 함께 네 왼쪽에
거주하는 사마리아요 네 아우는 그
딸들과 함께 네 오른쪽에 거주하는
소돔이라
47 네가 그들의 행위대로만 행하지 아
니하며 그 가증한 대로만 행하지 아
니하고 그것을 적게 여겨서 네 모든
행위가 그보다 더욱 부패하였도다
48 주 여호와의 말씀이니라 내가 나의
삶을 두고 맹세하노니 네 아우 소돔
곧 그와 그의 딸들은 너와 네 딸들
의 행위 같이 행하지 아니하였느니라
49 네 아우 소돔의 죄악은 이러하니 그
와 그의 딸들에게 교만함과 음식물
의 풍족함과 태평함이 있음이며 또
그가 가난하고 궁핍한 자를 도와 주
지 아니하며
50 거만하여 가증한 일을 내 앞에서 행
하였음이라 그러므로 내가 보고 곧
그들을 없이 하였느니라
51 사마리아는 네 죄의 절반도 범하지
아니하였느니라 네가 그들보다 가증
한 일을 심히 행하였으므로 네 모든
가증한 행위로 네 형과 아우를 의롭
게 하였느니라
52 네가 네 형과 아우를 유리하게 판단
하였은즉 너도 네 수치를 담당할지니
라 네가 그들보다 더욱 가증한 죄를
범하므로 그들이 너보다 의롭게 되
었나니 네가 네 형과 아우를 의롭게
하였은즉 너는 놀라며 네 수치를 담
당할지니라

소돔과 사마리아도 회복되리라

53 내가 그들의 사로잡힘 곧 소돔과 그
의 딸들의 사로잡힘과 사마리아와
그의 딸들의 사로잡힘과 그들 중에
너의 사로잡힌 자의 사로잡힘을 풀어
주어
54 네가 네 수욕을 담당하고 네가 행한
모든 일로 말미암아 부끄럽게 하리니

365묵상

자기 백성을 향한 주님의 질투

하나님의 마음은 자기 백성을 향해 언제나 뜨겁고 열렬하시다. 그것은 마치 신랑이 사랑하는 신부를 대하는 것과 같다. 그런데 그 신부가 다른 남자에게 홀려 놀아난다면? 신랑의 질투는 불타오를 것이다. 자기 백성을 향한 하나님의 질투도 그러하다. 우리가 헛된 우상에게 우리의 순결을 빼앗겨 더럽혀진다면 하나님은 강렬한 질투로써 크게 분노하시고 징벌하신다(겔 16:35-43). 그것은 우리를 향해 갖고 계신 뜨거운 사랑의 다른 모습이다. 그러므로 우리도 그 강렬한 사랑에 부응하여 오직 하나님만을 힘써 사랑해야 한다.

이는 네가 그들에게 위로가 됨이라
55 네 아우 소돔과 그의 딸들이 옛 지위
를 회복할 것이요 사마리아와 그의
딸들도 그의 옛 지위를 회복할 것이
며 너와 네 딸들도 너희 옛 지위를 회
복할 것이니라
56 네가 교만하던 때에 네 아우 소돔을
네 입으로 말하지도 아니하였나니
57 곧 네 악이 드러나기 전이며 아람의
딸들이 너를 능욕하기 전이며 너의
사방에 둘러 있는 블레셋의 딸들이
너를 멸시하기 전이니라
58 네 음란과 네 가증한 일을 네가 담
당하였느니라 나 여호와의 말이니라
59 나 주 여호와가 이같이 말하노라 네
가 맹세를 멸시하여 언약을 배반하였
은즉 내가 네 행한 대로 네게 행하
리라

영원한 언약

60 그러나 내가 너의 어렸을 때에 너와
세운 언약을 기억하고 너와 영원한
언약을 세우리라
61 네가 네 형과 아우를 접대할 때에
네 행위를 기억하고 부끄러워할 것이
라 내가 그들을 네게 딸로 주려니와
네 언약으로 말미암음이 아니니라
62 내가 네게 내 언약을 세워 내가 여호
와인 줄 네가 알게 하리니
63 이는 내가 네 모든 행한 일을 용서한
후에 네가 기억하고 놀라고 부끄러
워서 다시는 입을 열지 못하게 하려
함이니라 주 여호와의 말씀이니라

독수리와 포도나무의 비유

17 여호와의 말씀이 내게 임하여
이르시되
2 인자야 너는 이스라엘 족속에게 수
수께끼와 비유를 말하라
3 여호와께서 이같이 말씀하여 이르시
되 색깔이 화려하고 날개가 크고 깃
이 길고 털이 숱한 큰 독수리가 레바
논에 이르러 백향목 높은 가지를 꺾
되
4 그 연한 가지 끝을 꺾어 가지고 장사
하는 땅에 이르러 상인의 성읍에 두
고
5 또 그 땅의 종자를 꺾어 옥토에 심되
수양버들 가지처럼 큰 물 가에 심더
니
6 그것이 자라며 퍼져서 높지 아니한
포도나무 곧 굵은 가지와 가는 가지
가 난 포도나무가 되어 그 가지는 독
수리를 향하였고 그 뿌리는 독수리
아래에 있었더라
7 또 날개가 크고 털이 많은 큰 독수리
하나가 있었는데 그 포도나무가 이
독수리에게 물을 받으려고 그 심어

진 두둑에서 그를 향하여 뿌리가 뻗
고 가지가 퍼졌도다
8 그 포도나무를 큰 물 가 옥토에 심
은 것은 가지를 내고 열매를 맺어서
아름다운 포도나무를 이루게 하려
하였음이라
9 너는 이르기를 주 여호와의 말씀에
그 나무가 능히 번성하겠느냐 이 독
수리가 어찌 그 뿌리를 빼고 열매를
따며 그 나무가 시들게 하지 아니하
겠으며 그 연한 잎사귀가 마르게 하
지 아니하겠느냐 많은 백성이나 강
한 팔이 아니라도 그 뿌리를 뽑으리
라
10 볼지어다 그것이 심어졌으나 번성하
겠느냐 동풍에 부딪힐 때에 아주 마
르지 아니하겠느냐 그 자라던 두둑
에서 마르리라 하셨다 하라

비유의 해석

11 여호와의 말씀이 또 내게 임하여 이
르시되
12 너는 반역하는 족속에게 묻기를 너
희가 이 비유를 깨닫지 못하겠느냐
하고 그들에게 말하기를 바벨론 왕
이 예루살렘에 이르러 왕과 고관을
사로잡아 바벨론 자기에게로 끌어
가고
13 그 왕족 중에서 하나를 택하여 언약
을 세우고 그에게 맹세하게 하고 또
그 땅의 능한 자들을 옮겨 갔나니
14 이는 나라를 낮추어 스스로 서지 못
하고 그 언약을 지켜야 능히 서게 하
려 하였음이거늘
15 그가 사절을 애굽에 보내 말과 군대
를 구함으로 바벨론 왕을 배반하였
으니 형통하겠느냐 이런 일을 행한
자가 피하겠느냐 언약을 배반하고야
피하겠느냐
16 주 여호와의 말씀이니라 내가 나의
삶을 두고 맹세하노니 바벨론 왕이
그를 왕으로 세웠거늘 그가 맹세를
저버리고 언약을 배반하였은즉 그
왕이 거주하는 곳 바벨론에서 왕과
함께 있다가 죽을 것이라
17 대적이 토성을 쌓고 사다리를 세우
고 많은 사람을 멸절하려 할 때에 바
로가 그 큰 군대와 많은 무리로도
그 전쟁에 그를 도와 주지 못하리라
18 그가 이미 손을 내밀어 언약하였거늘
맹세를 업신여겨 언약을 배반하고 이
모든 일을 행하였으니 피하지 못하리
라
19 그러므로 주 여호와의 말씀이니라
내가 나의 삶을 두고 맹세하노니 그
가 내 맹세를 업신여기고 내 언약을
배반하였은즉 내가 그 죄를 그 머리

에 돌리되
20 그 위에 내 그물을 치며 내 올무에
걸리게 하여 끌고 바벨론으로 가서
나를 반역한 그 반역을 거기에서 심
판할지며
21 그 모든 군대에서 도망한 자들은 다
칼에 엎드러질 것이요 그 남은 자는
사방으로 흩어지리니 나 여호와가 이
것을 말한 줄을 너희가 알리라

높은 나무를 낮추고

22 주 여호와께서 이같이 말씀하시되 내
가 백향목 꼭대기에서 높은 가지를
꺾어다가 심으리라 내가 그 높은 새
가지 끝에서 연한 가지를 꺾어 높고
우뚝 솟은 산에 심되
23 이스라엘 높은 산에 심으리니 그 가
지가 무성하고 열매를 맺어서 아름다
운 백향목이 될 것이요 각종 새가 그
아래에 깃들이며 그 가지 그늘에 살
리라
24 들의 모든 나무가 나 여호와는 높은
나무를 낮추고 낮은 나무를 높이며
푸른 나무를 말리고 마른 나무를 무
성하게 하는 줄 알리라 나 여호와는
말하고 이루느니라 하라

아버지의 죄악과 아들의 의

18 또 여호와의 말씀이 내게 임하
여 이르시되
2 너희가 이스라엘 땅에 관한 속담에
이르기를 아버지가 신 포도를 먹었으
므로 그의 아들의 이가 시다고 함은
어찌 됨이냐
3 주 여호와의 말씀이니라 내가 나의
삶을 두고 맹세하노니 너희가 이스
라엘 가운데에서 다시는 이 속담을
쓰지 못하게 되리라
4 모든 영혼이 다 내게 속한지라 아버
지의 영혼이 내게 속함 같이 그의 아
들의 영혼도 내게 속하였나니 범죄하
는 그 영혼은 죽으리라
5 사람이 만일 의로워서 정의와 공의를
따라 행하며
6 산 위에서 제물을 먹지 아니하며 이
스라엘 족속의 우상에게 눈을 들지
아니하며 이웃의 아내를 더럽히지 아
니하며 월경 중에 있는 여인을 가까
이 하지 아니하며
7 사람을 학대하지 아니하며 빚진 자의
저당물을 돌려 주며 강탈하지 아니하
며 주린 자에게 음식물을 주며 벗은
자에게 옷을 입히며
8 변리를 위하여 꾸어 주지 아니하며
이자를 받지 아니하며 스스로 손을
금하여 죄를 짓지 아니하며 사람과
사람 사이에 진실하게 판단하며
9 내 율례를 따르며 내 규례를 지켜 진

실하게 행할진대 그는 의인이니 반드
시 살리라 주 여호와의 말씀이니라
10 가령 그가 아들을 낳았다 하자 그
아들이 이 모든 선은 하나도 행하지
아니하고 이 죄악 중 하나를 범하여
강포하거나 살인하거나
11 산 위에서 제물을 먹거나 이웃의 아
내를 더럽히거나
12 가난하고 궁핍한 자를 학대하거나
강탈하거나 빚진 자의 저당물을 돌려
주지 아니하거나 우상에게 눈을 들
거나 가증한 일을 행하거나
13 변리를 위하여 꾸어 주거나 이자를
받거나 할진대 그가 살겠느냐 결코
살지 못하리니 이 모든 가증한 일을
행하였은즉 반드시 죽을지라 자기의
피가 자기에게로 돌아가리라
14 또 가령 그가 아들을 낳았다 하자
그 아들이 그 아버지가 행한 모든 죄
를 보고 두려워하여 그대로 행하지
아니하고
15 산 위에서 제물을 먹지도 아니하며
이스라엘 족속의 우상에게 눈을 들
지도 아니하며 이웃의 아내를 더럽히
지도 아니하며
16 사람을 학대하지도 아니하며 저당을
잡지도 아니하며 강탈하지도 아니하
고 주린 자에게 음식물을 주며 벗은
자에게 옷을 입히며
17 손을 금하여 가난한 자를 압제하지
아니하며 변리나 이자를 받지 아니하
여 내 규례를 지키며 내 율례를 행할
진대 이 사람은 그의 아버지의 죄악
으로 죽지 아니하고 반드시 살겠고
18 그의 아버지는 심히 포학하여 그 동
족을 강탈하고 백성들 중에서 선을
행하지 아니하였으므로 그는 그의
죄악으로 죽으리라
19 그런데 너희는 이르기를 아들이 어찌
아버지의 죄를 담당하지 아니하겠느
냐 하는도다 아들이 정의와 공의를
행하며 내 모든 율례를 지켜 행하였
으면 그는 반드시 살려니와
20 범죄하는 그 영혼은 죽을지라 아들
은 아버지의 죄악을 담당하지 아니할
것이요 아버지는 아들의 죄악을 담당
하지 아니하리니 의인의 공의도 자기
에게로 돌아가고 악인의 악도 자기
에게로 돌아가리라
21 그러나 악인이 만일 그가 행한 모든
죄에서 돌이켜 떠나 내 모든 율례를
지키고 정의와 공의를 행하면 반드시
살고 죽지 아니할 것이라
22 그 범죄한 것이 하나도 기억함이 되지
아니하리니 그가 행한 공의로 살리라
23 주 여호와의 말씀이니라 내가 어찌

악인이 죽는 것을 조금인들 기뻐하
랴 그가 돌이켜 그 길에서 떠나 사는
것을 어찌 기뻐하지 아니하겠느냐
24 만일 의인이 돌이켜 그 공의에서 떠
나 범죄하고 악인이 행하는 모든 가
증한 일대로 행하면 살겠느냐 그가
행한 공의로운 일은 하나도 기억함
이 되지 아니하리니 그가 그 범한 허
물과 그 지은 죄로 죽으리라
25 그런데 너희는 이르기를 주의 길이
공평하지 아니하다 하는도다 이스라
엘 족속아 들을지어다 내 길이 어찌
공평하지 아니하냐 너희 길이 공평하
지 아니한 것이 아니냐
26 만일 의인이 그 공의를 떠나 죄악을
행하고 그로 말미암아 죽으면 그 행
한 죄악으로 말미암아 죽는 것이요
27 만일 악인이 그 행한 악을 떠나 정의
와 공의를 행하면 그 영혼을 보전하
리라
28 그가 스스로 헤아리고 그 행한 모든
죄악에서 돌이켜 떠났으니 반드시 살
고 죽지 아니하리라
29 그런데 이스라엘 족속은 이르기를
주의 길이 공평하지 아니하다 하는도
다 이스라엘 족속아 나의 길이 어찌
공평하지 아니하냐 너희 길이 공평하
지 아니한 것 아니냐
30 주 여호와의 말씀이니라 이스라엘
족속아 내가 너희 각 사람이 행한 대
로 심판할지라 너희는 돌이켜 회개하
고 모든 죄에서 떠날지어다 그리한즉
그것이 너희에게 죄악의 걸림돌이 되
지 아니하리라
31 너희는 너희가 범한 모든 죄악을 버
리고 마음과 영을 새롭게 할지어다
이스라엘 족속아 너희가 어찌하여 죽
고자 하느냐
32 주 여호와의 말씀이니라 죽을 자가
죽는 것도 내가 기뻐하지 아니하노니
너희는 스스로 돌이키고 살지니라

애 가

19 너는 이스라엘 고관들을 위하
여 애가를 지어
2 부르라 네 어머니는 무엇이냐 암사자
라 그가 사자들 가운데에 엎드려 젊
은 사자 중에서 그 새끼를 기르는데
3 그 새끼 하나를 키우매 젊은 사자가
되어 먹이 물어뜯기를 배워 사람을
삼키매
4 이방이 듣고 함정으로 그를 잡아 갈
고리로 꿰어 끌고 애굽 땅으로 간지
라
5 암사자가 기다리다가 소망이 끊어진
줄을 알고 그 새끼 하나를 또 골라
젊은 사자로 키웠더니

6 젊은 사자가 되매 여러 사자 가운데
에 왕래하며 먹이 물어뜯기를 배워
사람을 삼키며
7 그의 궁궐들을 헐고 성읍들을 부수
니 그 우는 소리로 말미암아 땅과 그
안에 가득한 것이 황폐한지라
8 이방이 포위하고 있는 지방에서 그
를 치러 와서 그의 위에 그물을 치고
함정에 잡아
9 우리에 넣고 갈고리를 꿰어 끌고 바
벨론 왕에게 이르렀나니 그를 옥에
가두어 그 소리가 다시 이스라엘 산
에 들리지 아니하게 하려 함이라
10 네 피의 어머니는 물 가에 심겨진 포
도나무 같아서 물이 많으므로 열매
가 많고 가지가 무성하며
11 그 가지들은 강하여 권세 잡은 자의
규가 될 만한데 그 하나의 키가 굵은
가지 가운데에서 높았으며 많은 가
지 가운데에서 뛰어나 보이다가
12 분노 중에 뽑혀서 땅에 던짐을 당하
매 그 열매는 동풍에 마르고 그 강
한 가지들은 꺾이고 말라 불에 탔더
니
13 이제는 광야, 메마르고 가물이 든 땅
에 심어진 바 되고
14 불이 그 가지 중 하나에서부터 나와
그 열매를 태우니 권세 잡은 자의 규
가 될 만한 강한 가지가 없도다 하라
이것이 애가라 후에도 애가가 되리라

하나님의 뜻, 이스라엘의 반역

20 일곱째 해 다섯째 달 열째 날에
이스라엘 장로 여러 사람이 여
호와께 물으려고 와서 내 앞에 앉으
니
2 여호와의 말씀이 내게 임하여 이르시
되
3 인자야 이스라엘 장로들에게 말하여
이르라 주 여호와께서 이렇게 말씀
하셨느니라 너희가 내게 물으려고 왔
느냐 내가 나의 목숨을 걸고 맹세하
거니와 너희가 내게 묻기를 내가 용
납하지 아니하리라 주 여호와의 말씀
이니라
4 인자야 네가 그들을 심판하려느냐
네가 그들을 심판하려느냐 너는 그
들에게 그들의 조상들의 가증한 일
을 알게 하여
5 이르라 주 여호와께서 이같이 말씀
하셨느니라 옛날에 내가 이스라엘을

365묵상

주님은 죄인조차도 살기를 원하신다

사람은 자신의 원수가 망하고 죽기를 바란다. 이런 복수의 감정은 좀처럼 치료되지 않는다. 하나님은 그렇지 않다. 그분은 마땅히 죽어야 할 죄인조차도 그들의 죄 가운데에서 죽기를 바라지 않고 회개하고 살기를 바라신다(겔 18:30-32). 하나님의 백성 된 우리 역시 믿지 않는 자들이 그들의 무지함 속에서 죽기를 바라서는 절대로 안 된다. 모든 사람, 비록 그가 원수일지라도 하나님 알기를 갈망해야 한다. 그러므로 우리는 죄인조차도 살기를 바라시는 하나님의 거룩한 뜻을 좇아 그들에게도 기꺼이 복음을 전해야 한다.

택하고 야곱 집의 후예를 향하여 내
손을 들어 맹세하고 애굽 땅에서 그
들에게 나타나 맹세하여 이르기를
나는 여호와 너희 하나님이라 하였노
라
6 그 날에 내가 내 손을 들어 그들에
게 맹세하기를 애굽 땅에서 인도하
여 내어 그들을 위하여 찾아 두었던
땅 곧 젖과 꿀이 흐르는 땅이요 모
든 땅 중의 아름다운 곳에 이르게
하리라 하고
7 또 그들에게 이르기를 너희는 눈을
끄는 바 가증한 것을 각기 버리고 애
굽의 우상들로 말미암아 스스로 더
럽히지 말라 나는 여호와 너희 하나
님이니라 하였으나
8 그들이 내게 반역하여 내 말을 즐겨
듣지 아니하고 그들의 눈을 끄는 바
가증한 것을 각기 버리지 아니하며
애굽의 우상들을 떠나지 아니하므로
내가 말하기를 내가 애굽 땅에서 그
들에게 나의 분노를 쏟으며 그들에
게 진노를 이루리라 하였노라
9 그러나 내가 그들이 거주하는 이방
인의 눈 앞에서 그들에게 나타나 그
들을 애굽 땅에서 인도하여 내었나
니 이는 내 이름을 위함이라 내 이름
을 그 이방인의 눈 앞에서 더럽히지
아니하려고 행하였음이라
10 그러므로 내가 그들을 애굽 땅에서
나와서 광야에 이르게 하고
11 사람이 준행하면 그로 말미암아 삶
을 얻을 내 율례를 주며 내 규례를
알게 하였고
12 또 내가 그들을 거룩하게 하는 여호
와인 줄 알게 하려고 내 안식일을 주
어 그들과 나 사이에 표징을 삼았노
라
13 그러나 이스라엘 족속이 광야에서
내게 반역하여 사람이 준행하면 그
로 말미암아 삶을 얻을 나의 율례를
준행하지 아니하며 나의 규례를 멸시
하였고 나의 안식일을 크게 더럽혔으
므로 내가 이르기를 내가 내 분노를
광야에서 그들에게 쏟아 멸하리라
하였으나
14 내가 내 이름을 위하여 달리 행하였
었나니 내가 그들을 인도하여 내는
것을 본 나라들 앞에서 내 이름을 더
럽히지 아니하려 하였음이로라
15 또 내가 내 손을 들어 광야에서 그
들에게 맹세하기를 내가 그들에게
허락한 땅 곧 젖과 꿀이 흐르는 땅이
요 모든 땅 중의 아름다운 곳으로
그들을 인도하여 들이지 아니하리라
한 것은

16 그들이 마음으로 우상을 따라 나의
규례를 업신여기며 나의 율례를 행하
지 아니하며 나의 안식일을 더럽혔음
이라
17 그러나 내가 그들을 아껴서 광야에
서 멸하여 아주 없이하지 아니하였었
노라
18 내가 광야에서 그들의 자손에게 이
르기를 너희 조상들의 율례를 따르
지 말며 그 규례를 지키지 말며 그
우상들로 말미암아 스스로 더럽히지
말라
19 나는 여호와 너희 하나님이라 너희는
나의 율례를 따르며 나의 규례를 지
켜 행하고
20 또 나의 안식일을 거룩하게 할지어다
이것이 나와 너희 사이에 표징이 되어
내가 여호와 너희 하나님인 줄을 너
희가 알게 하리라 하였노라
21 그러나 그들의 자손이 내게 반역하
여 사람이 지켜 행하면 그로 말미암
아 삶을 얻을 나의 율례를 따르지 아
니하며 나의 규례를 지켜 행하지 아
니하였고 나의 안식일을 더럽힌지라
이에 내가 이르기를 내가 광야에서
그들에게 내 분노를 쏟으며 그들에
게 내 진노를 이루리라 하였으나
22 내가 내 이름을 위하여 내 손을 막아
달리 행하였나니 내가 그들을 인도
하여 내는 것을 본 여러 나라 앞에서
내 이름을 더럽히지 아니하려 하였음
이로라
23 또 내가 내 손을 들어 광야에서 그
들에게 맹세하기를 내가 그들을 이
방인 중에 흩으며 여러 민족 가운데
에 헤치리라 하였나니
24 이는 그들이 나의 규례를 행하지 아
니하며 나의 율례를 멸시하며 내 안
식일을 더럽히고 눈으로 그들의 조
상들의 우상들을 사모함이며
25 또 내가 그들에게 선하지 못한 율례
와 능히 지키지 못할 규례를 주었고
26 그들이 장자를 다 화제로 드리는 그
예물로 내가 그들을 더럽혔음은 그
들을 멸망하게 하여 나를 여호와인
줄 알게 하려 하였음이라
27 그런즉 인자야 이스라엘 족속에게
말하여 이르라 주 여호와께서 이같이
말씀하셨느니라 너희 조상들이 또 내
게 범죄하여 나를 욕되게 하였느니라
28 내가 내 손을 들어 그들에게 주기로
맹세한 땅으로 그들을 인도하여 들
였더니 그들이 모든 높은 산과 모든
무성한 나무를 보고 거기에서 제사
를 드리고 분노하게 하는 제물을 올
리며 거기서 또 분향하고 전제물을

부어 드린지라
29 이에 내가 그들에게 이르기를 너희
가 다니는 산당이 무엇이냐 하였노라
(그것을 오늘날까지 바마라 일컫느
니라)
30 그러므로 너는 이스라엘 족속에게
이르라 주 여호와께서 이같이 말씀
하셨느니라 너희가 조상들의 풍속을
따라 너희 자신을 더럽히며 그 모든
가증한 것을 따라 행음하느냐
31 너희가 또 너희 아들을 화제로 삼아
불 가운데로 지나게 하며 오늘까지
너희 자신을 우상들로 말미암아 더럽
히느냐 이스라엘 족속아 너희가 내
게 묻기를 내가 용납하겠느냐 주 여
호와의 말씀이니라 내가 나의 삶을
두고 맹세하노니 너희가 내게 묻기
를 내가 용납하지 아니하리라
32 너희가 스스로 이르기를 우리가 이방
인 곧 여러 나라 족속 같이 되어서 목
석을 경배하리라 하거니와 너희 마음
에 품은 것을 결코 이루지 못하리라
맹세한 땅으로 이스라엘을 인도하리라
33 주 여호와의 말씀이니라 내가 나의
삶을 두고 맹세하노니 내가 능한 손
과 편 팔로 분노를 쏟아 너희를 반
드시 다스릴지라
34 능한 손과 편 팔로 분노를 쏟아 너
희를 여러 나라에서 나오게 하며 너
희의 흩어진 여러 지방에서 모아내고
35 너희를 인도하여 여러 나라 광야에
이르러 거기에서 너희를 대면하여 심
판하되
36 내가 애굽 땅 광야에서 너희 조상들
을 심판한 것 같이 너희를 심판하리
라 주 여호와의 말씀이니라
37 내가 너희를 막대기 아래로 지나가
게 하며 언약의 줄로 매려니와
38 너희 가운데에서 반역하는 자와 내
게 범죄하는 자를 모두 제하여 버릴
지라 그들을 그 머물러 살던 땅에서
는 나오게 하여도 이스라엘 땅에는
들어가지 못하게 하리니 너희가 나는
여호와인 줄을 알리라
39 주 여호와께서 이같이 말씀하셨느니
라 이스라엘 족속아 너희가 내 말을
듣지 아니하려거든 가서 각각 그 우
상을 섬기라 그렇게 하려거든 이 후
에 다시는 너희 예물과 너희 우상들
로 내 거룩한 이름을 더럽히지 말지
니라
40 주 여호와의 말씀이니라 이스라엘
온 족속이 그 땅에 있어서 내 거룩한
산 곧 이스라엘의 높은 산에서 다 나
를 섬기리니 거기에서 내가 그들을
기쁘게 받을지라 거기에서 너희 예물

과 너희가 드리는 첫 열매와 너희 모
든 성물을 요구하리라
41 내가 너희를 인도하여 여러 나라 가
운데에서 나오게 하고 너희가 흩어
진 여러 민족 가운데에서 모아 낼 때
에 내가 너희를 향기로 받고 내가 또
너희로 말미암아 내 거룩함을 여러
나라의 목전에서 나타낼 것이며
42 내가 내 손을 들어 너희 조상들에게
주기로 맹세한 땅 곧 이스라엘 땅으
로 너희를 인도하여 들일 때에 너희
는 내가 여호와인 줄 알고
43 거기에서 너희의 길과 스스로 더럽힌
모든 행위를 기억하고 이미 행한 모
든 악으로 말미암아 스스로 미워하
리라
44 이스라엘 족속아 내가 너희의 악한
길과 더러운 행위대로 하지 아니하고
내 이름을 위하여 행한 후에야 내가
여호와인 줄 너희가 알리라 주 여호
와의 말씀이니라

불타는 숲의 비유

45 여호와의 말씀이 또 내게 임하여 이
르시되
46 인자야 너는 얼굴을 남으로 향하라
남으로 향하여 소리내어 남쪽의 숲
을 쳐서 예언하라
47 남쪽의 숲에게 이르기를 여호와의
말씀을 들을지어다 주 여호와께서
이같이 말씀하셨느니라 내가 너의 가
운데에 불을 일으켜 모든 푸른 나무
와 모든 마른 나무를 없애리니 맹렬
한 불꽃이 꺼지지 아니하고 남에서
북까지 모든 얼굴이 그슬릴지라
48 혈기 있는 모든 자는 나 여호와가 그
불을 일으킨 줄을 알리니 그것이 꺼
지지 아니하리라 하셨다 하라 하시기
로
49 내가 이르되 아하 주 여호와여 그들
이 나를 가리켜 말하기를 그는 비유
로 말하는 자가 아니냐 하나이다 하
니라

여호와의 칼

21 또 여호와의 말씀이 내게 임하
여 이르시되
2 인자야 너는 얼굴을 예루살렘으로
향하며 성소를 향하여 소리내어 이스
라엘 땅에게 예언하라
3 이스라엘 땅에게 이르기를 여호와의
말씀에 내가 너를 대적하여 내 칼을
칼집에서 빼어 의인과 악인을 네게서
끊을지라
4 내가 의인과 악인을 네게서 끊을 터
이므로 내 칼을 칼집에서 빼어 모든
육체를 남에서 북까지 치리니
5 모든 육체는 나 여호와가 내 칼을

칼집에서 빼낸 줄을 알지라 칼이 다
시 꽂히지 아니하리라 하셨다 하라
6 인자야 탄식하되 너는 허리가 끊어지
듯 탄식하라 그들의 목전에서 슬피
탄식하라
7 그들이 네게 묻기를 네가 어찌하여
탄식하느냐 하거든 대답하기를 재앙
이 다가온다는 소문 때문이니 각 마
음이 녹으며 모든 손이 약하여지며
각 영이 쇠하며 모든 무릎이 물과 같
이 약해지리라 보라 재앙이 오나니
반드시 이루어지리라 주 여호와의 말
씀이니라 하라
8 여호와의 말씀이 또 내게 임하여 이
르시되
9 인자야 너는 예언하여 여호와의 말씀
을 이같이 말하라 칼이여 칼이여 날
카롭고도 빛나도다
10 그 칼이 날카로움은 죽임을 위함이
요 빛남은 번개 같이 되기 위함이니
우리가 즐거워하겠느냐 내 아들의
규가 모든 나무를 업신여기는도다
11 그 칼을 손에 잡아 쓸 만하도록 빛
나게 하되 죽이는 자의 손에 넘기기
위하여 날카롭고도 빛나게 하였도다
하셨다 하라
12 인자야 너는 부르짖어 슬피 울지어다
이것이 내 백성에게 임하며 이스라엘
모든 고관에게 임함이로다 그들과
내 백성이 함께 칼에 넘긴 바 되었으
니 너는 네 넓적다리를 칠지어다
13 이것이 시험이라 만일 업신여기는 규
가 없어지면 어찌할까 주 여호와의
말씀이니라
14 그러므로 인자야 너는 예언하며 손
뼉을 쳐서 칼로 두세 번 거듭 쓰이게
하라 이 칼은 죽이는 칼이라 사람들
을 둘러싸고 죽이는 큰 칼이로다
15 내가 그들이 낙담하여 많이 엎드러지
게 하려고 그 모든 성문을 향하여 번
쩍번쩍하는 칼을 세워 놓았도다 오
호라 그 칼이 번개 같고 죽이기 위하
여 날카로웠도다
16 칼아 모이라 오른쪽을 치라 대열을
맞추라 왼쪽을 치라 향한 대로 가라
17 나도 내 손뼉을 치며 내 분노를 다
풀리로다 나 여호와가 말하였노라
18 여호와의 말씀이 내게 임하여 이르시
되
19 인자야 너는 바벨론 왕의 칼이 올 두
길을 한 땅에서 나오도록 그리되 곧
성으로 들어가는 길 어귀에다가 길이
나뉘는 지시표를 하여
20 칼이 암몬 족속의 랍바에 이르는 길
과 유다의 견고한 성 예루살렘에 이
르는 길을 그리라

21 바벨론 왕이 갈랫길 곧 두 길 어귀에
서서 점을 치되 화살들을 흔들어 우
상에게 묻고 희생제물의 간을 살펴
서
22 오른손에 예루살렘으로 갈 점괘를
얻었으므로 공성퇴를 설치하며 입을
벌리고 죽이며 소리를 높여 외치며 성
문을 향하여 공성퇴를 설치하고 토성
을 쌓고 사다리를 세우게 되었나니
23 전에 그들에게 맹약한 자들은 그것
을 거짓 점괘로 여길 것이나 바벨론
왕은 그 죄악을 기억하고 그 무리를
잡으리라
24 그러므로 주 여호와께서 이같이 말
씀하셨느니라 너희의 악이 기억을 되
살리며 너희의 허물이 드러나며 너희
모든 행위의 죄가 나타났도다 너희가
기억한 바 되었은즉 그 손에 잡히리
라
25 너 극악하여 중상을 당할 이스라엘
왕아 네 날이 이르렀나니 곧 죄악의
마지막 때이니라
26 주 여호와께서 이같이 말씀하셨느니
라 관을 제거하며 왕관을 벗길지라
그대로 두지 못하리니 낮은 자를 높
이고 높은 자를 낮출 것이니라
27 내가 엎드러뜨리고 엎드러뜨리고 엎
드러뜨리려니와 이것도 다시 있지 못
하리라 마땅히 얻을 자가 이르면 그
에게 주리라
28 인자야 너는 주 여호와께서 암몬 족
속과 그의 능욕에 대하여 이같이 말
씀하셨다고 예언하라 너는 이르기를
칼이 뽑히도다 칼이 뽑히도다 죽이며
멸절하며 번개 같이 되기 위하여 빛났
도다
29 네게 대하여 허무한 것을 보며 네게
대하여 거짓 복술을 하는 자가 너를
중상 당한 악인의 목 위에 두리니 이
는 그의 날 곧 죄악의 마지막 때가
이름이로다
30 그러나 칼을 그 칼집에 꽂을지어다
네가 지음을 받은 곳에서, 네가 출생
한 땅에서 내가 너를 심판하리로다
31 내가 내 분노를 네게 쏟으며 내 진
노의 불을 네게 내뿜고 너를 짐승
같은 자 곧 멸하기에 익숙한 자의 손
에 넘기리로다
32 네가 불에 섶과 같이 될 것이며 네 피
가 나라 가운데에 있을 것이며 네가

365묵상

하나님의 시험

시험은 종종 무언가의 서열이나 우열, 혹은 진위 여부를 가려낸다. 하나님도 남왕국 유다를 시험했다(겔 21:13). 유다가 스스로 자신들은 하나님의 보호된 백성이라고 주장했기 때문이다. 그러나 시험을 치른 결과, 그들은 하나님을 진정으로 알지 못하고 또 그분을 전혀 사랑하지 않는 무가치한 백성으로 드러났다. 그래서 그들은 하나님의 시험에서 떨어졌고 이제 왕국의 패망을 맛보게 될 것이었다. 우리도 시험대 위에 설 수 있다. 항상 올바른 신앙으로 하나님과 친밀한 관계를 유지함으로써 하나님의 시험에 대비하자.

다시 기억되지 못할 것이니 나 여호와
가 말하였음이라 하라

벌 받을 예루살렘

22 또 여호와의 말씀이 내게 임하
여 이르시되
2 인자야 네가 심판하려느냐 이 피흘린
성읍을 심판하려느냐 그리하려거든
자기의 모든 가증한 일을 그들이 알
게 하라
3 너는 말하라 주 여호와께서 이같이
말씀하셨느니라 자기 가운데에 피를
흘려 벌 받을 때가 이르게 하며 우상
을 만들어 스스로 더럽히는 성아
4 네가 흘린 피로 말미암아 죄가 있고
네가 만든 우상으로 말미암아 스스
로 더럽혔으니 네 날이 가까웠고 네
연한이 찼도다 그러므로 내가 너로
이방의 능욕을 받으며 만국의 조롱
거리가 되게 하였노라
5 너 이름이 더럽고 어지러움이 많은
자여 가까운 자나 먼 자나 다 너를
조롱하리라
6 이스라엘 모든 고관은 각기 권세대
로 피를 흘리려고 네 가운데에 있었
도다
7 그들이 네 가운데에서 부모를 업신
여겼으며 네 가운데에서 나그네를
학대하였으며 네 가운데에서 고아와
과부를 해하였도다
8 너는 나의 성물들을 업신여겼으며 나
의 안식일을 더럽혔으며
9 네 가운데에 피를 흘리려고 이간을
붙이는 자도 있었으며 네 가운데에
산 위에서 제물을 먹는 자도 있었으
며 네 가운데에 음행하는 자도 있었
으며
10 네 가운데에 자기 아버지의 하체를
드러내는 자도 있었으며 네 가운데
에 월경하는 부정한 여인과 관계하
는 자도 있었으며
11 어떤 사람은 그 이웃의 아내와 가증
한 일을 행하였으며 어떤 사람은 그
의 며느리를 더럽혀 음행하였으며 네
가운데에 어떤 사람은 그 자매 곧
아버지의 딸과 관계하였으며
12 네 가운데에 피를 흘리려고 뇌물을
받는 자도 있었으며 네가 변돈과 이
자를 받았으며 이익을 탐하여 이웃
을 속여 빼앗았으며 나를 잊어버렸
도다 주 여호와의 말씀이니라
13 네가 불의를 행하여 이익을 얻은 일
과 네 가운데에 피 흘린 일로 말미암
아 내가 손뼉을 쳤나니
14 내가 네게 보응하는 날에 네 마음이
견디겠느냐 네 손이 힘이 있겠느냐 나
여호와가 말하였으니 내가 이루리라

15 내가 너를 뭇 나라 가운데에 흩으며
각 나라에 헤치고 너의 더러운 것을
네 가운데에서 멸하리라
16 네가 자신 때문에 나라들의 목전에
서 수치를 당하리니 내가 여호와인
줄 알리라 하셨다 하라

풀무 불에 들어간 이스라엘

17 여호와의 말씀이 내게 임하여 이르시
되
18 인자야 이스라엘 족속이 내게 찌꺼
기가 되었나니 곧 풀무 불 가운데에
있는 놋이나 주석이나 쇠나 납이며
은의 찌꺼기로다
19 그러므로 주 여호와께서 이와 같이
말씀하셨느니라 너희가 다 찌꺼기가
되었은즉 내가 너희를 예루살렘 가
운데로 모으고
20 사람이 은이나 놋이나 쇠나 납이나
주석이나 모아서 풀무 불 속에 넣고
불을 불어 녹이는 것 같이 내가 노여
움과 분으로 너희를 모아 거기에 두
고 녹이리라
21 내가 너희를 모으고 내 분노의 불을
너희에게 불면 너희가 그 가운데에서
녹되
22 은이 풀무 불 가운데에서 녹는 것
같이 너희가 그 가운데에서 녹으리니
나 여호와가 분노를 너희 위에 쏟은
줄을 너희가 알리라

선지자 제사장 고관들의 죄

23 여호와의 말씀이 내게 임하여 이르시
되
24 인자야 너는 그에게 이르기를 너는
정결함을 얻지 못한 땅이요 진노의
날에 비를 얻지 못한 땅이로다 하라
25 그 가운데에서 선지자들의 반역함이
우는 사자가 음식물을 움킴 같았도
다 그들이 사람의 영혼을 삼켰으며
재산과 보물을 탈취하며 과부를 그
가운데에 많게 하였으며
26 그 제사장들은 내 율법을 범하였으
며 나의 성물을 더럽혔으며 거룩함과
속된 것을 구별하지 아니하였으며 부
정함과 정한 것을 사람이 구별하게
하지 아니하였으며 그의 눈을 가리어
나의 안식일을 보지 아니하였으므로
내가 그들 가운데에서 더럽힘을 받
았느니라
27 그 가운데에 그 고관들은 음식물을
삼키는 이리 같아서 불의한 이익을
얻으려고 피를 흘려 영혼을 멸하거늘
28 그 선지자들이 그들을 위하여 회를
칠하고 스스로 허탄한 이상을 보며
거짓 복술을 행하며 여호와가 말하지
아니하였어도 주 여호와께서 이같이
말씀하셨느니라 하였으며

29 이 땅 백성은 포악하고 강탈을 일삼
고 가난하고 궁핍한 자를 압제하고
나그네를 부당하게 학대하였으므로
30 이 땅을 위하여 성을 쌓으며 성 무너
진 데를 막아 서서 나로 하여금 멸하
지 못하게 할 사람을 내가 그 가운
데에서 찾다가 찾지 못하였으므로
31 내가 내 분노를 그들 위에 쏟으며
내 진노의 불로 멸하여 그들 행위대
로 그들 머리에 보응하였느니라 주
여호와의 말씀이니라

오홀라와 오홀리바의 행음

23 또 여호와의 말씀이 내게 임하
여 이르시되
2 인자야 두 여인이 있었으니 한 어머니
의 딸이라
3 그들이 애굽에서 행음하되 어렸을
때에 행음하여 그들의 유방이 눌리
며 그 처녀의 가슴이 어루만져졌나니
4 그 이름이 형은 오홀라요 아우는 오
홀리바라 그들이 내게 속하여 자녀
를 낳았나니 그 이름으로 말하면 오
홀라는 사마리아요 오홀리바는 예루
살렘이니라
5 오홀라가 내게 속하였을 때에 행음
하여 그가 연애하는 자 곧 그의 이웃
앗수르 사람을 사모하였나니
6 그들은 다 자색 옷을 입은 고관과
감독이요 준수한 청년이요 말 타는
자들이라
7 그가 앗수르 사람들 가운데에 잘 생
긴 그 모든 자들과 행음하고 누구를
연애하든지 그들의 모든 우상으로
자신을 더럽혔으며
8 그가 젊었을 때에 애굽 사람과 동침
하매 그 처녀의 가슴이 어루만져졌으
며 그의 몸에 음란을 쏟음을 당한
바 되었더니 그가 그 때부터 행음함
을 마지아니하였느니라
9 그러므로 내가 그를 그의 정든 자
곧 그가 연애하는 앗수르 사람의 손
에 넘겼더니
10 그들이 그의 하체를 드러내고 그의
자녀를 빼앗으며 칼로 그를 죽여 여
인들에게 이야깃거리가 되게 하였나
니 이는 그들이 그에게 심판을 행함
이니라
11 그 아우 오홀리바가 이것을 보고도
그의 형보다 음욕을 더하며 그의 형
의 간음함보다 그 간음이 더 심하므
로 그의 형보다 더 부패하여졌느니라
12 그가 그의 이웃 앗수르 사람을 연애
하였나니 그들은 화려한 의복을 입
은 고관과 감독이요 말 타는 자들과
준수한 청년이었느니라
13 그 두 여인이 한 길로 행하므로 그도

더러워졌음을 내가 보았노라
14 그가 음행을 더하였음은 붉은 색으
로 벽에 그린 사람의 형상 곧 갈대아
사람의 형상을 보았음이니
15 그 형상은 허리를 띠로 동이고 머리
를 긴 수건으로 쌌으며 그의 용모는
다 준수한 자 곧 그의 고향 갈대아
바벨론 사람 같은 것이라
16 그가 보고 곧 사랑하게 되어 사절을
갈대아 그들에게로 보내매
17 바벨론 사람이 나아와 연애하는 침
상에 올라 음행으로 그를 더럽히매
그가 더럽힘을 입은 후에 그들을 싫
어하는 마음이 생겼느니라
18 그가 이같이 그의 음행을 나타내며
그가 하체를 드러내므로 내 마음이
그의 형을 싫어한 것 같이 그를 싫어
하였으나
19 그가 그의 음행을 더하여 젊었을 때
곧 애굽 땅에서 행음하던 때를 생각
하고
20 그의 하체는 나귀 같고 그의 정수는
말 같은 음란한 간부를 사랑하였도
다
21 네가 젊었을 때에 행음하여 애굽 사
람에게 네 가슴과 유방이 어루만져
졌던 것을 아직도 생각하도다

오홀리바가 받은 재판

22 그러므로 오홀리바야 주 여호와께서
이같이 말씀하셨느니라 나는 네가
사랑하다가 싫어하던 자들을 충동하
여 그들이 사방에서 와서 너를 치게
하리니
23 그들은 바벨론 사람과 갈대아 모든
무리 브곳과 소아와 고아 사람과 또
그와 함께 한 모든 앗수르 사람 곧
준수한 청년이며 다 고관과 감독이며
귀인과 유명한 자요 다 말 타는 자들
이라
24 그들이 무기와 병거와 수레와 크고
작은 방패를 이끌고 투구 쓴 군대를
거느리고 치러 와서 너를 에워싸리라
내가 재판을 그들에게 맡긴즉 그들
이 그들의 법대로 너를 재판하리라
25 내가 너를 향하여 질투하리니 그들이
분내어 네 코와 귀를 깎아 버리고 남
은 자를 칼로 엎드러뜨리며 네 자녀
를 빼앗고 그 남은 자를 불에 사르
며
26 또 네 옷을 벗기며 네 장식품을 빼앗
을지라
27 이와 같이 내가 네 음란과 애굽 땅에
서부터 행음하던 것을 그치게 하여
너로 그들을 향하여 눈을 들지도 못
하게 하며 다시는 애굽을 기억하지도
못하게 하리라

28 주 여호와께서 이같이 말씀하셨느니
라 나는 네가 미워하는 자와 네 마음
에 싫어하는 자의 손에 너를 붙이리
니
29 그들이 미워하는 마음으로 네게 행
하여 네 모든 수고한 것을 빼앗고
너를 벌거벗은 몸으로 두어서 네 음
행의 벗은 몸 곧 네 음란하며 행음하
던 것을 드러낼 것이라
30 네가 이같이 당할 것은 네가 음란하
게 이방을 따르고 그 우상들로 더럽
혔기 때문이로다
31 네가 네 형의 길로 행하였은즉 내가
그의 잔을 네 손에 주리라
32 주 여호와께서 이같이 말씀하셨느니
라 깊고 크고 가득히 담긴 네 형의
잔을 네가 마시고 코웃음과 조롱을
당하리라
33 네가 네 형 사마리아의 잔 곧 놀람과
패망의 잔에 넘치게 취하고 근심할지
라
34 네가 그 잔을 다 기울여 마시고 그
깨어진 조각을 씹으며 네 유방을 꼬
집을 것은 내가 이렇게 말하였음이라
주 여호와의 말씀이니라
35 그러므로 주 여호와께서 이같이 말
씀하셨느니라 네가 나를 잊었고 또
나를 네 등 뒤에 버렸은즉 너는 네
음란과 네 음행의 죄를 담당할지니
라 하시니라

오홀라와 오홀리바가 받은 재판

36 여호와께서 또 내게 이르시되 인자야
네가 오홀라와 오홀리바를 심판하려
느냐 그러면 그 가증한 일을 그들에
게 말하라
37 그들이 행음하였으며 피를 손에 묻
혔으며 또 그 우상과 행음하며 내게
낳아 준 자식들을 우상을 위하여 화
제로 살랐으며
38 이 외에도 그들이 내게 행한 것이 있
나니 당일에 내 성소를 더럽히며 내
안식일을 범하였도다
39 그들이 자녀를 죽여 그 우상에게 드
린 그 날에 내 성소에 들어와서 더럽
혔으되 그들이 내 성전 가운데에서
그렇게 행하였으며
40 또 사절을 먼 곳에 보내 사람을 불러
오게 하고 그들이 오매 그들을 위하
여 목욕하며 눈썹을 그리며 스스로
단장하고
41 화려한 자리에 앉아 앞에 상을 차리
고 내 향과 기름을 그 위에 놓고
42 그 무리와 편히 지껄이고 즐겼으며
또 광야에서 잡류와 술 취한 사람을
청하여 오매 그들이 팔찌를 그 손목
에 끼우고 아름다운 관을 그 머리에

씌웠도다
43 내가 음행으로 쇠한 여인을 가리켜
말하노라 그가 그래도 그들과 피차
행음하는도다
44 그들이 그에게 나오기를 기생에게
나옴 같이 음란한 여인 오홀라와 오
홀리바에게 나왔은즉
45 의인이 간통한 여자들을 재판함 같이
재판하며 피를 흘린 여인을 재판함
같이 재판하리니 그들은 간통한 여
자들이요 또 피가 그 손에 묻었음이
라
46 주 여호와께서 이같이 말씀하셨느니
라 그가 그들에게 무리를 올려 보내
그들이 공포와 약탈을 당하게 하라
47 무리가 그들을 돌로 치며 칼로 죽이
고 그 자녀도 죽이며 그 집들을 불사
르리라
48 이같이 내가 이 땅에서 음란을 그치
게 한즉 모든 여인이 정신이 깨어 너
희 음행을 본받지 아니하리라
49 그들이 너희 음란으로 너희에게 보
응한즉 너희가 모든 우상을 위하던
죄를 담당할지라 내가 주 여호와인
줄을 너희가 알리라 하시니라

녹슨 가마 예루살렘

24 아홉째 해 열째 달 열째 날에
여호와의 말씀이 내게 임하여
이르시되
2 인자야 너는 날짜 곧 오늘의 이름을
기록하라 바벨론 왕이 오늘 예루살
렘에 가까이 왔느니라
3 너는 이 반역하는 족속에게 비유를
베풀어 이르기를 주 여호와께서 이
같이 말씀하시기를 가마 하나를 걸라
4-5 건 후에 물을 붓고 양 떼에서 한 마
리를 골라 각을 뜨고 그 넓적다리와
어깨 고기의 모든 좋은 덩이를 그 가
운데에 모아 넣으며 고른 뼈를 가득
히 담고 그 뼈를 위하여 가마 밑에
나무를 쌓아 넣고 잘 삶되 가마 속의
뼈가 무르도록 삶을지어다
6 그러므로 주 여호와께서 이같이 말
씀하셨느니라 피를 흘린 성읍, 녹슨
가마 곧 그 속의 녹을 없이하지 아니
한 가마여 화 있을진저 제비 뽑을 것
도 없이 그 덩이를 하나하나 꺼낼지
어다
7 그 피가 그 가운데에 있음이여 피를
땅에 쏟아 티끌이 덮이게 하지 않고

365묵상

배은망덕은 언제나 쓰라린 실패뿐!

하나님은 자기 백성에게 배반당한 아픔을 두 음녀 '오홀라와 오홀리바의 비유'를 통해 묘사하셨다. 오홀라와 오홀리바는 각각 사마리아(북왕국)와 예루살렘(남왕국)을 가리키는데, 그녀들은 아주 초라할 때 하나님의 크신 은혜와 사랑을 받았으면서도, 배부르게 되자 하나님을 떠나 이방 우상을 섬겼다(겔 23장). 하지만 배은망덕은 쓰라린 실패를 초래할 뿐이다. 우리를 향해 언제나 신실하신 하나님은 우리 역시 하나님께 대해 신실하기를 원하시고, 이런 자들이 하나님의 거룩한 산에 거할 수 있다고 말씀하셨다(시 15편).

맨 바위 위에 두었도다
8 내가 그 피를 맨 바위 위에 두고 덮
이지 아니하게 함은 분노를 나타내
어 보응하려 함이로라
9 그러므로 주 여호와께서 이같이 말
씀하셨느니라 화 있을진저 피를 흘린
성읍이여 내가 또 나무 무더기를 크
게 하리라
10 나무를 많이 쌓고 불을 피워 그 고
기를 삶아 녹이고 국물을 졸이고 그
뼈를 태우고
11 가마가 빈 후에는 숯불 위에 놓아
뜨겁게 하며 그 가마의 놋을 달궈서
그 속에 더러운 것을 녹게 하며 녹이
소멸되게 하라
12 이 성읍이 수고하므로 스스로 피곤
하나 많은 녹이 그 속에서 벗겨지지
아니하며 불에서도 없어지지 아니하
는도다
13 너의 더러운 것들 중에 음란이 그 하
나이니라 내가 너를 깨끗하게 하나
네가 깨끗하여지지 아니하니 내가 네
게 향한 분노를 풀기 전에는 네 더러
움이 다시 깨끗하여지지 아니하리라
14 나 여호와가 말하였은즉 그 일이 이
루어질지라 내가 돌이키지도 아니하
고 아끼지도 아니하며 뉘우치지도 아
니하고 행하리니 그들이 네 모든 행
위대로 너를 재판하리라 주 여호와
의 말씀이니라

에스겔의 아내가 죽다

15 여호와의 말씀이 또 내게 임하여 이
르시되
16 인자야 내가 네 눈에 기뻐하는 것을
한 번 쳐서 빼앗으리니 너는 슬퍼하
거나 울거나 눈물을 흘리거나 하지
말며
17 죽은 자들을 위하여 슬퍼하지 말고
조용히 탄식하며 수건으로 머리를 동
이고 발에 신을 신고 입술을 가리지
말고 사람이 초상집에서 먹는 음식물
을 먹지 말라 하신지라
18 내가 아침에 백성에게 말하였더니 저
녁에 내 아내가 죽었으므로 아침에
내가 받은 명령대로 행하매
19 백성이 내게 이르되 네가 행하는 이
일이 우리와 무슨 상관이 있는지 너
는 우리에게 말하지 아니하겠느냐
하므로
20 내가 그들에게 대답하기를 여호와의
말씀이 내게 임하여 이르시되
21 너는 이스라엘 족속에게 이르기를
주 여호와의 말씀에 내 성소는 너희
세력의 영광이요 너희 눈의 기쁨이요
너희 마음에 아낌이 되거니와 내가
더럽힐 것이며 너희의 버려 둔 자녀를

칼에 엎드러지게 할지라
22 너희가 에스겔이 행한 바와 같이 행
하여 입술을 가리지 아니하며 사람의
음식물을 먹지 아니하며
23 수건으로 머리를 동인 채, 발에 신을
신은 채로 두고 슬퍼하지도 아니하
며 울지도 아니하되 죄악 중에 패망
하여 피차 바라보고 탄식하리라
24 이같이 에스겔이 너희에게 표징이 되
리니 그가 행한 대로 너희가 다 행할
지라 이 일이 이루어지면 내가 주 여
호와인 줄을 너희가 알리라 하라 하
셨느니라
25 인자야 내가 그 힘과 그 즐거워하는
영광과 그 눈이 기뻐하는 것과 그 마
음이 간절하게 생각하는 자녀를 데
려가는 날
26 곧 그 날에 도피한 자가 네게 나와서
네 귀에 그 일을 들려 주지 아니하겠
느냐
27 그 날에 네 입이 열려서 도피한 자에
게 말하고 다시는 잠잠하지 아니하리
라 이같이 너는 그들에게 표징이 되
고 그들은 내가 여호와인 줄 알리라

암몬이 받을 심판

25 여호와의 말씀이 또 내게 임하
여 이르시되
2 인자야 네 얼굴을 암몬 족속에게 돌
리고 그들에게 예언하라
3 너는 암몬 족속에게 이르기를 너희
는 주 여호와의 말씀을 들을지어다
주 여호와께서 이같이 말씀하셨느니
라 내 성소가 더럽힘을 받을 때에 네
가 그것에 관하여, 이스라엘 땅이 황
폐할 때에 네가 그것에 관하여, 유다
족속이 사로잡힐 때에 네가 그들에
대하여 이르기를 아하 좋다 하였도다
4 그러므로 내가 너를 동방 사람에게
기업으로 넘겨 주리니 그들이 네 가
운데에 진을 치며 네 가운데에 그 거
처를 베풀며 네 열매를 먹으며 네 젖
을 마실지라
5 내가 랍바를 낙타의 우리로 만들며
암몬 족속의 땅을 양 떼가 눕는 곳
으로 삼은즉 내가 주 여호와인 줄을
너희가 알리라
6 주 여호와께서 이같이 말씀하셨느니
라 네가 이스라엘 땅에 대하여 손뼉
을 치며 발을 구르며 마음을 다하여
멸시하며 즐거워하였나니
7 그런즉 내가 손을 네 위에 펴서 너를
다른 민족에게 넘겨 주어 노략을 당
하게 하며 너를 만민 중에서 끊어 버
리며 너를 여러 나라 가운데에서 패망
하게 하여 멸하리니 내가 주 여호와인
줄을 너희가 알리라 하셨다 하라

모압과 세일이 받을 심판

8 주 여호와께서 이같이 말씀하셨느니
라 모압과 세일이 이르기를 유다 족
속은 모든 이방과 다름이 없다 하도
다
9 그러므로 내가 모압의 한편 곧 그
나라 국경에 있는 영화로운 성읍들
벧여시못과 바알므온과 기랴다임을
열고
10 암몬 족속과 더불어 동방 사람에게
넘겨 주어 기업을 삼게 할 것이라 암
몬 족속이 다시는 이방 가운데에서
기억되지 아니하게 하려니와
11 내가 모압에 벌을 내리리니 내가 주
여호와인 줄을 너희가 알리라

에돔과 블레셋이 받을 심판

12 주 여호와께서 이같이 말씀하셨느니
라 에돔이 유다 족속을 쳐서 원수를
갚았고 원수를 갚음으로 심히 범죄
하였도다
13 그러므로 주 여호와께서 이같이 말
씀하셨느니라 내가 내 손을 에돔 위
에 펴서 사람과 짐승을 그 가운데에
서 끊어 데만에서부터 황폐하게 하리
니 드단까지 칼에 엎드러지리라
14 내가 내 백성 이스라엘의 손으로 내
원수를 에돔에게 갚으리니 그들이
내 진노와 분노를 따라 에돔에 행한
즉 내가 원수를 갚음인 줄을 에돔이
알리라 주 여호와의 말씀이니라
15 주 여호와께서 이같이 말씀하셨느니
라 블레셋 사람이 옛날부터 미워하여
멸시하는 마음으로 원수를 갚아 진
멸하고자 하였도다
16 그러므로 주 여호와께서 이같이 말
씀하셨느니라 내가 블레셋 사람 위
에 손을 펴서 그렛 사람을 끊으며
해변에 남은 자를 진멸하되
17 분노의 책벌로 내 원수를 그들에게
크게 갚으리라 내가 그들에게 원수
를 갚은즉 내가 여호와인 줄을 그들
이 알리라 하시니라

두로가 받을 심판

26 열한째 해 어느 달 초하루에 여
호와의 말씀이 내게 임하여 이
르시되
2 인자야 두로가 예루살렘에 관하여
이르기를 아하 만민의 문이 깨져서
내게로 돌아왔도다 그가 황폐하였
으니 내가 충만함을 얻으리라 하였
도다
3 그러므로 주 여호와께서 이같이 말
씀하셨느니라 두로야 내가 너를 대
적하여 바다가 그 파도를 굽이치게
함 같이 여러 민족들이 와서 너를 치
게 하리니

4 그들이 두로의 성벽을 무너뜨리며 그
망대를 헐 것이요 나도 티끌을 그 위
에서 쓸어 버려 맨 바위가 되게 하며
5 바다 가운데에 그물 치는 곳이 되게
하리니 내가 말하였음이라 주 여호와
의 말씀이니라 그가 이방의 노략 거
리가 될 것이요
6 들에 있는 그의 딸들은 칼에 죽으리
니 그들이 나를 여호와인 줄을 알리
라
7 주 여호와께서 이같이 말씀하셨느니
라 내가 왕들 중의 왕 곧 바벨론의
느부갓네살 왕으로 하여금 북쪽에서
말과 병거와 기병과 군대와 백성의
큰 무리를 거느리고 와서 두로를 치
게 할 때에
8 그가 들에 있는 너의 딸들을 칼로
죽이고 너를 치려고 사다리를 세우며
토성을 쌓으며 방패를 갖출 것이며
9 공성퇴를 가지고 네 성을 치며 도끼
로 망대를 찍을 것이며
10 말이 많으므로 그 티끌이 너를 가릴
것이며 사람이 무너진 성 구멍으로
들어가는 것 같이 그가 네 성문으로
들어갈 때에 그 기병과 수레와 병거
의 소리로 말미암아 네 성곽이 진동
할 것이며
11 그가 그 말굽으로 네 모든 거리를
밟을 것이며 칼로 네 백성을 죽일 것
이며 네 견고한 석상을 땅에 엎드러
뜨릴 것이며
12 네 재물을 빼앗을 것이며 네가 무역
한 것을 노략할 것이며 네 성을 헐 것
이며 네가 기뻐하는 집을 무너뜨릴
것이며 또 네 돌들과 네 재목과 네
흙을 다 물 가운데에 던질 것이라
13 내가 네 노래 소리를 그치게 하며 네
수금 소리를 다시 들리지 않게 하고
14 너를 맨 바위가 되게 한즉 네가 그물
말리는 곳이 되고 다시는 건축되지
못하리니 나 여호와가 말하였음이니
라 주 여호와의 말씀이니라
15 주 여호와께서 이같이 두로에 대하
여 말씀하시되 네가 엎드러지는 소리
에 모든 섬이 진동하지 아니하겠느
냐 곧 너희 가운데에 상한 자가 부르
짖으며 죽임을 당할 때에라
16 그 때에 바다의 모든 왕이 그 보좌
에서 내려 조복을 벗으며 수 놓은 옷
을 버리고 떨림을 입듯 하고 땅에 앉
아서 너로 말미암아 무시로 떨며 놀
랄 것이며
17 그들이 너를 위하여 슬픈 노래를 불
러 이르기를 항해자가 살았던 유명한
성읍이여 너와 너의 주민이 바다 가
운데에 있어 견고하였도다 해변의 모

든 주민을 두렵게 하였더니 어찌 그
리 멸망하였는고
18 네가 무너지는 그날에 섬들이 진동
할 것임이여 바다 가운데의 섬들이
네 결국을 보고 놀라리로다 하리라
19 주 여호와께서 이같이 말씀하셨느니
라 내가 너를 주민이 없는 성읍과 같
이 황폐한 성읍이 되게 하고 깊은 바
다가 네 위에 오르게 하며 큰 물이
너를 덮게 할 때에
20 내가 너를 구덩이에 내려가는 자와
함께 내려가서 옛적 사람에게로 나
아가게 하고 너를 그 구덩이에 내려
간 자와 함께 땅 깊은 곳 예로부터
황폐한 곳에 살게 하리라 네가 다시
는 사람이 거주하는 곳이 되지 못하
리니 살아 있는 자의 땅에서 영광을
얻지 못하리라
21 내가 너를 패망하게 하여 다시 있지
못하게 하리니 사람이 비록 너를 찾
으나 다시는 영원히 만나지 못하리라
주 여호와의 말씀이니라

두로에 대한 애가

27 여호와의 말씀이 내게 임하여
이르시되
2 인자야 너는 두로를 위하여 슬픈 노
래를 지으라
3 너는 두로를 향하여 이르기를 바다
어귀에 거주하면서 여러 섬 백성과 거
래하는 자여 주 여호와께서 이같이
말씀하시되 두로야 네가 말하기를
나는 온전히 아름답다 하였도다
4 네 땅이 바다 가운데에 있음이여 너
를 지은 자가 네 아름다움을 온전하
게 하였도다
5 스닐의 잣나무로 네 판자를 만들었
음이여 너를 위하여 레바논의 백향목
을 가져다 돛대를 만들었도다
6 바산의 상수리나무로 네 노를 만들
었음이여 깃딤 섬 황양목에 상아로
꾸며 갑판을 만들었도다
7 애굽의 수 놓은 가는 베로 돛을 만
들어 깃발을 삼았음이여 엘리사 섬의
청색 자색 베로 차일을 만들었도다
8 시돈과 아르왓 주민들이 네 사공이
되었음이여 두로야 네 가운데에 있
는 지혜자들이 네 선장이 되었도다
9 그발의 노인들과 지혜자들이 네 가
운데에서 배의 틈을 막는 자가 되었
음이여 바다의 모든 배와 그 사공들
은 네 가운데에서 무역하였도다
10 바사와 룻과 붓이 네 군대 가운데에
서 병정이 되었음이여 네 가운데에서
방패와 투구를 달아 네 영광을 나타
냈도다
11 아르왓 사람과 네 군대는 네 사방

성 위에 있었고 용사들은 네 여러 망
대에 있었음이여 네 사방 성 위에 방
패를 달아 네 아름다움을 온전하게
하였도다
12 다시스는 각종 보화가 풍부하므로
너와 거래하였음이여 은과 철과 주석
과 납을 네 물품과 바꾸어 갔도다
13 야완과 두발과 메섹은 네 상인이 되
었음이여 사람과 놋그릇을 가지고
네 상품을 바꾸어 갔도다
14 도갈마 족속은 말과 군마와 노새를
네 물품과 바꾸었으며
15 드단 사람은 네 상인이 되었음이여
여러 섬이 너와 거래하여 상아와 박
달나무를 네 물품과 바꾸어 갔도다
16 너의 제품이 풍부하므로 아람은 너
와 거래하였음이여 남보석과 자색 베
와 수 놓은 것과 가는 베와 산호와
홍보석을 네 물품과 바꾸어 갔도다
17 유다와 이스라엘 땅 사람이 네 상인
이 되었음이여 민닛 밀과 과자와 꿀
과 기름과 유향을 네 물품과 바꾸어
갔도다
18 너의 제품이 많고 각종 보화가 풍부
하므로 다메섹이 너와 거래하였음이
여 헬본 포도주와 흰 양털을 너와 거
래하였도다
19 워단과 야완은 길쌈하는 실로 네 물
품을 거래하였음이여 가공한 쇠와
계피와 대나무 제품이 네 상품 중에
있었도다
20 드단은 네 상인이 되었음이여 말을
탈 때 까는 천을 너와 거래하였도다
21 아라비아와 게달의 모든 고관은 네
손아래 상인이 되어 어린 양과 숫양
과 염소들, 그것으로 너와 거래하였
도다
22 스바와 라아마의 상인들도 너의 상인
들이 됨이여 각종 극상품 향 재료와
각종 보석과 황금으로 네 물품을 바
꾸어 갔도다
23 하란과 간네와 에덴과 스바와 앗수
르와 길맛의 장사꾼들도 너의 상인
들이라
24 이들이 아름다운 물품 곧 청색 옷과
수 놓은 물품과 빛난 옷을 백향목
상자에 담고 노끈으로 묶어 가지고
너와 거래하여 네 물품을 바꾸어 갔
도다
25 다시스의 배는 떼를 지어 네 화물을

365묵상

어찌 그리 멸망하였는고!

에스겔 당시, 지중해 연안의 아름답고 부요한 항구도시 두로는 베니게 지역의 무역과 통상의 중심도시로, 선박 무역을 통해 막대한 재물을 얻어 크게 번성하고 있었다. 하지만 두로의 번영과 부요는 그들을 교만하게 만들었다. 이로 인해 에스겔 선지자는 두로에 대한 하나님의 심판을 선포하기에 이르렀다(겔 27장). 과연 오늘날 이 고대도시는 존재하지 않고 폐허가 된 그 흔적만 남아있다. 하나님은 민족과 나라의 흥망성쇠를 주관하신다. 아무리 부요하고 견고한 성읍일지라도 교만하면 하나님의 심판을 피할 수 없다.

나라니 네가 바다 중심에서 풍부하
여 영화가 매우 크도다
26 네 사공이 너를 인도하여 큰 물에 이
르게 함이여 동풍이 바다 한가운데
에서 너를 무찔렀도다
27 네 재물과 상품과 바꾼 물건과 네
사공과 선장과 네 배의 틈을 막는
자와 네 상인과 네 가운데에 있는
모든 용사와 네 가운데에 있는 모든
무리가 네가 패망하는 날에 다 바다
한가운데에 빠질 것임이여
28 네 선장이 부르짖는 소리에 물결이
흔들리리로다
29 노를 잡은 모든 자와 사공과 바다의
선장들이 다 배에서 내려 언덕에 서
서
30 너를 위하여 크게 소리 질러 통곡하
고 티끌을 머리에 덮어쓰며 재 가운
데에 뒹굴며
31 그들이 다 너를 위하여 머리털을 밀
고 굵은 베로 띠를 띠고 마음이 아
프게 슬피 통곡하리로다
32 그들이 통곡할 때에 너를 위하여 슬
픈 노래를 불러 애도하여 말하기를
두로와 같이 바다 가운데에서 적막
한 자 누구인고
33 네 물품을 바다로 실어 낼 때에 네
가 여러 백성을 풍족하게 하였음이여
네 재물과 무역품이 많으므로 세상
왕들을 풍부하게 하였었도다
34 네가 바다 깊은 데에서 파선한 때에
네 무역품과 네 승객이 다 빠졌음이
여
35 섬의 주민들이 너로 말미암아 놀라고
왕들이 심히 두려워하여 얼굴에 근심
이 가득하도다
36 많은 민족의 상인들이 다 너를 비웃
음이여 네가 공포의 대상이 되고 네
가 영원히 다시 있지 못하리라 하셨
느니라

두로 왕이 받을 심판

28 또 여호와의 말씀이 내게 임하
여 이르시되
2 인자야 너는 두로 왕에게 이르기를
주 여호와께서 이같이 말씀하시되 네
마음이 교만하여 말하기를 나는 신이
라 내가 하나님의 자리 곧 바다 가운
데에 앉아 있다 하도다 네 마음이 하
나님의 마음 같은 체할지라도 너는
사람이요 신이 아니거늘
3 네가 다니엘보다 지혜로워서 은밀한
것을 깨닫지 못할 것이 없다 하고
4 네 지혜와 총명으로 재물을 얻었으
며 금과 은을 곳간에 저축하였으며
5 네 큰 지혜와 네 무역으로 재물을
더하고 그 재물로 말미암아 네 마음

이 교만하였도다
6 그러므로 주 여호와께서 이같이 말
씀하셨느니라 네 마음이 하나님의 마
음 같은 체하였으니
7 그런즉 내가 이방인 곧 여러 나라의
강포한 자를 거느리고 와서 너를 치
리니 그들이 칼을 빼어 네 지혜의 아
름다운 것을 치며 네 영화를 더럽히며
8 또 너를 구덩이에 빠뜨려서 너를 바
다 가운데에서 죽임을 당한 자의 죽
음 같이 바다 가운데에서 죽게 할지
라
9 네가 너를 죽이는 자 앞에서도 내가
하나님이라고 말하겠느냐 너를 치는
자들 앞에서 사람일 뿐이요 신이 아
니라
10 네가 이방인의 손에서 죽기를 할례
받지 않은 자의 죽음 같이 하리니 내
가 말하였음이니라 주 여호와의 말씀
이니라 하셨다 하라
11 여호와의 말씀이 또 내게 임하여 이
르시되
12 인자야 두로 왕을 위하여 슬픈 노래
를 지어 그에게 이르기를 주 여호와
의 말씀에 너는 완전한 도장이었고
지혜가 충족하며 온전히 아름다웠도
다
13 네가 옛적에 하나님의 동산 에덴에
있어서 각종 보석 곧 홍보석과 황보
석과 금강석과 황옥과 홍마노와 창
옥과 청보석과 남보석과 홍옥과 황
금으로 단장하였음이여 네가 지음을
받던 날에 너를 위하여 소고와 비파
가 준비되었도다
14 너는 기름 부음을 받고 지키는 그룹
임이여 내가 너를 세우매 네가 하나
님의 성산에 있어서 불타는 돌들 사
이에 왕래하였도다
15 네가 지음을 받던 날로부터 네 모든
길에 완전하더니 마침내 네게서 불의
가 드러났도다
16 네 무역이 많으므로 네 가운데에 강
포가 가득하여 네가 범죄하였도다 너
지키는 그룹아 그러므로 내가 너를
더럽게 여겨 하나님의 산에서 쫓아냈
고 불타는 돌들 사이에서 멸하였도
다
17 네가 아름다우므로 마음이 교만하였
으며 네가 영화로우므로 네 지혜를
더럽혔음이여 내가 너를 땅에 던져
왕들 앞에 두어 그들의 구경 거리가
되게 하였도다
18 네가 죄악이 많고 무역이 불의하므
로 네 모든 성소를 더럽혔음이여 내
가 네 가운데에서 불을 내어 너를 사
르게 하고 너를 보고 있는 모든 자

앞에서 너를 땅 위에 재가 되게 하였
도다
19 만민 중에 너를 아는 자가 너로 말미
암아 다 놀랄 것임이여 네가 공포의
대상이 되고 네가 영원히 다시 있지
못하리로다 하셨다 하라

시돈이 받을 심판

20 여호와의 말씀이 또 내게 임하여 이
르시되
21 인자야 너는 얼굴을 시돈으로 향하
고 그에게 예언하라
22 너는 이르기를 주 여호와께서 이같이
말씀하시되 시돈아 내가 너를 대적하
나니 네 가운데에서 내 영광이 나타
나리라 하셨다 하라 내가 그 가운데
에서 심판을 행하여 내 거룩함을 나
타낼 때에 무리가 나를 여호와인 줄
을 알지라
23 내가 그에게 전염병을 보내며 그의
거리에 피가 흐르게 하리니 사방에서
오는 칼에 상한 자가 그 가운데에
엎드러질 것인즉 무리가 나를 여호와
인 줄을 알겠고
24 이스라엘 족속에게는 그 사방에서
그들을 멸시하는 자 중에 찌르는 가
시와 아프게 하는 가시가 다시는 없
으리니 내가 주 여호와인 줄을 그들
이 알리라

이스라엘이 복을 받으리라

25 주 여호와께서 이같이 말씀하셨느니
라 내가 여러 민족 가운데에 흩어져
있는 이스라엘 족속을 모으고 그들
로 말미암아 여러 나라의 눈 앞에서
내 거룩함을 나타낼 때에 그들이 고
국 땅 곧 내 종 야곱에게 준 땅에 거
주할지라
26 그들이 그 가운데에 평안히 살면서
집을 건축하며 포도원을 만들고 그
들의 사방에서 멸시하던 모든 자를
내가 심판할 때에 그들이 평안히 살
며 내가 그 하나님 여호와인 줄을 그
들이 알리라

애굽이 받을 심판

29 열째 해 열째 달 열두째 날에
여호와의 말씀이 내게 임하여
이르시되
2 인자야 너는 애굽의 바로 왕과 온
애굽으로 얼굴을 향하고 예언하라
3 너는 말하여 이르기를 주 여호와께서
이같이 말씀하시되 애굽의 바로 왕이
여 내가 너를 대적하노라 너는 자기
의 강들 가운데에 누운 큰 악어라
스스로 이르기를 나의 이 강은 내 것
이라 내가 나를 위하여 만들었다 하
는도다
4 내가 갈고리로 네 아가미를 꿰고 너

의 강의 고기가 네 비늘에 붙게 하고
네 비늘에 붙은 강의 모든 고기와
함께 너를 너의 강들 가운데에서 끌
어내고
5 너와 너의 강의 모든 고기를 들에 던
지리니 네가 지면에 떨어지고 다시는
거두거나 모으지 못할 것은 내가 너
를 들짐승과 공중의 새의 먹이로 주
었음이라
6 애굽의 모든 주민이 내가 여호와인
줄을 알리라 애굽은 본래 이스라엘
족속에게 갈대 지팡이라
7 그들이 너를 손으로 잡은즉 네가 부
러져서 그들의 모든 어깨를 찢었고
그들이 너를 의지한즉 네가 부러져서
그들의 모든 허리가 흔들리게 하였
느니라
8 그러므로 주 여호와께서 이같이 말
씀하셨느니라 내가 칼이 네게 임하
게 하여 네게서 사람과 짐승을 끊은
즉
9 애굽 땅이 사막과 황무지가 되리니
내가 여호와인 줄을 그들이 알리라
네가 스스로 이르기를 이 강은 내 것
이라 내가 만들었다 하도다
10 그러므로 내가 너와 네 강들을 쳐서
애굽 땅 믹돌에서부터 수에네 곧 구
스 지경까지 황폐한 황무지 곧 사막
이 되게 하리니
11 그 가운데로 사람의 발도 지나가지
아니하며 짐승의 발도 지나가지 아니
하고 거주하는 사람이 없이 사십 년
이 지날지라
12 내가 애굽 땅을 황폐한 나라들 같이
황폐하게 하며 애굽 성읍도 사막이
된 나라들의 성읍 같이 사십 년 동안
황폐하게 하고 애굽 사람들은 각국
가운데로 흩으며 여러 민족 가운데
로 헤치리라
13 주 여호와께서 이같이 말씀하셨느니
라 사십 년 끝에 내가 만민 중에 흩
은 애굽 사람을 다시 모아 내되
14 애굽의 사로잡힌 자들을 돌이켜 바
드로스 땅 곧 그 고국 땅으로 돌아
가게 할 것이라 그들이 거기에서 미
약한 나라가 되되
15 나라 가운데에 지극히 미약한 나라
가 되어 다시는 나라들 위에 스스로
높이지 못하리니 내가 그들을 감하여
다시는 나라들을 다스리지 못하게
할 것임이라
16 그들이 다시는 이스라엘 족속의 의
지가 되지 못할 것이요 이스라엘 족
속은 돌이켜 그들을 바라보지 아니
하므로 그 죄악이 기억되지 아니하리
니 내가 여호와인 줄을 그들이 알리

라 하셨다 하라

느부갓네살이 애굽을 정복하리라

17 스물일곱째 해 첫째 달 초하루에 여
호와의 말씀이 내게 임하여 이르시되
18 인자야 바벨론의 느부갓네살 왕이
그의 군대로 두로를 치게 할 때에
크게 수고하여 모든 머리털이 무지러
졌고 모든 어깨가 벗어졌으나 그와
군대가 그 수고한 대가를 두로에서
얻지 못하였느니라
19 그러므로 주 여호와께서 이같이 말
씀하셨느니라 내가 애굽 땅을 바벨
론의 느부갓네살 왕에게 넘기리니
그가 그 무리를 잡아가며 물건을 노
략하며 빼앗아 갈 것이라 이것이 그
군대의 보상이 되리라
20 그들의 수고는 나를 위하여 함인즉
그 대가로 내가 애굽 땅을 그에게
주었느니라 주 여호와의 말씀이니라
21 그 날에 나는 이스라엘 족속에게 한
뿔이 돋아나게 하고 나는 또 네가
그들 가운데에서 입을 열게 하리니
내가 여호와인 줄을 그들이 알리라

여호와께서 애굽을 심판하시다

30 또 여호와의 말씀이 내게 임하
여 이르시되
2 인자야 너는 예언하여 이르라 주 여
호와께서 이와 같이 말씀하시되 너희
는 통곡하며 이르기를 슬프다 이 날
이여 하라
3 그 날이 가깝도다 여호와의 날이 가
깝도다 구름의 날일 것이요 여러 나
라들의 때이리로다
4 애굽에 칼이 임할 것이라 애굽에서
죽임 당한 자들이 엎드러질 때에 구
스에 심한 근심이 있을 것이며 애굽
의 무리가 잡혀 가며 그 터가 헐릴 것
이요
5 구스와 붓과 룻과 모든 섞인 백성과
굽과 및 동맹한 땅의 백성들이 그들
과 함께 칼에 엎드러지리라
6 여호와께서 이같이 말씀하셨느니라
애굽을 붙들어 주는 자도 엎드러질
것이요 애굽의 교만한 권세도 낮아
질 것이라 믹돌에서부터 수에네까지
무리가 그 가운데에서 칼에 엎드러
지리라 주 여호와의 말씀이니라
7 황폐한 나라들 같이 그들도 황폐할
것이며 사막이 된 성읍들 같이 그 성
읍들도 사막이 될 것이라
8 내가 애굽에 불을 일으키며 그 모든
돕는 자를 멸할 때에 그들이 나를 여
호와인 줄 알리라
9 그 날에 사절들이 내 앞에서 배로 나
아가서 염려 없는 구스 사람을 두렵
게 하리니 애굽의 재앙의 날과 같이

그들에게도 심한 근심이 있으리라 이
것이 오리로다
10 주 여호와께서 이같이 말씀하셨느니
라 내가 또 바벨론의 느부갓네살 왕
의 손으로 애굽의 무리들을 끊으리
니
11 그가 여러 나라 가운데에 강포한 자
기 군대를 거느리고 와서 그 땅을 멸
망시킬 때에 칼을 빼어 애굽을 쳐서
죽임 당한 자로 땅에 가득하게 하리
라
12 내가 그 모든 강을 마르게 하고 그
땅을 악인의 손에 팔겠으며 타국 사
람의 손으로 그 땅과 그 가운데에
있는 모든 것을 황폐하게 하리라 나
여호와의 말이니라
13 주 여호와께서 이같이 말씀하셨느니
라 내가 그 우상들을 없애며 신상들
을 놉 가운데에서 부수며 애굽 땅에
서 왕이 다시 나지 못하게 하고 그
땅에 두려움이 있게 하리라
14 내가 바드로스를 황폐하게 하며 소
안에 불을 지르며 노 나라를 심판하
며
15 내 분노를 애굽의 견고한 성읍 신에
쏟고 또 노 나라의 무리를 끊을 것이
라
16 내가 애굽에 불을 일으키리니 신 나
라가 심히 근심할 것이며 노 나라는
찢겨 나누일 것이며 놉 나라가 날로
대적이 있을 것이며
17 아웬과 비베셋의 장정들은 칼에 엎
드러질 것이며 그 성읍 주민들은 포
로가 될 것이라
18 내가 애굽의 멍에를 꺾으며 그 교만
한 권세를 그 가운데에서 그치게 할
때에 드합느헤스에서는 날이 어둡겠
고 그 성읍에는 구름이 덮일 것이며
그 딸들은 포로가 될 것이라
19 이같이 내가 애굽을 심판하리니 내가
여호와인 줄을 그들이 알리라 하셨
다 하라

애굽 왕의 꺾인 팔

20 열한째 해 첫째 달 일곱째 날에 여호
와의 말씀이 내게 임하여 이르시되
21 인자야 내가 애굽의 바로 왕의 팔을
꺾었더니 칼을 잡을 힘이 있도록 그
것을 아주 싸매지도 못하였고 약을
붙여 싸매지도 못하였느니라
22 그러므로 주 여호와께서 이같이 말

365묵상

애굽의 헛된 우상들

성경 시대에 애굽은 수세기 동안 강대국으로서 많은 백성과 큰 도시들을 거느린 강력한 국가였다. 하지만 에스겔 선지자는 애굽에 대해 하나님의 심판을 선포했는데, 애굽의 특정 도시들의 이름을 열거하면서 강력한 심판을 선포했다(겔 30:13-19). 이런 사실로 볼 때, 애굽의 파멸은 애굽의 우상에 대한 하나님의 심판이었다. 애굽의 강력한 도시들은 자신들의 도시를 지켜줄 우상을 열심히 숭배했다. 하지만 하나님의 심판 날에 어떤 우상도 지켜줄 수 없었다. 그것들은 모두 거짓되고 헛된 목석에 불과했기 때문이다.

씀하셨느니라 내가 애굽의 바로 왕
을 대적하여 그 두 팔 곧 성한 팔과
이미 꺾인 팔을 꺾어서 칼이 그 손에
서 떨어지게 하고
23 애굽 사람을 뭇 나라 가운데로 흩으
며 뭇 백성 가운데로 헤칠지라
24 내가 바벨론 왕의 팔을 견고하게 하
고 내 칼을 그 손에 넘겨 주려니와
내가 바로의 팔을 꺾으리니 그가 바
벨론 왕 앞에서 고통하기를 죽게 상
한 자의 고통하듯 하리라
25 내가 바벨론 왕의 팔은 들어 주고
바로의 팔은 내려뜨릴 것이라 내가
내 칼을 바벨론 왕의 손에 넘기고
그를 들어 애굽 땅을 치게 하리니 내
가 여호와인 줄을 그들이 알리라
26 내가 애굽 사람을 나라들 가운데로
흩으며 백성들 가운데로 헤치리니
내가 여호와인 줄을 그들이 알리라

한때 백향목 같았던 애굽

31

열한째 해 셋째 달 초하루에 여
호와의 말씀이 내게 임하여 이
르시되
2 인자야 너는 애굽의 바로 왕과 그
무리에게 이르기를 네 큰 위엄을 누
구에게 비하랴
3 볼지어다 앗수르 사람은 가지가 아
름답고 그늘은 숲의 그늘 같으며 키
가 크고 꼭대기가 구름에 닿은 레바
논 백향목이었느니라
4 물들이 그것을 기르며 깊은 물이 그
것을 자라게 하며 강들이 그 심어진
곳을 둘러 흐르며 둑의 물이 들의 모
든 나무에까지 미치매
5 그 나무가 물이 많으므로 키가 들의
모든 나무보다 크며 굵은 가지가 번
성하며 가는 가지가 길게 뻗어 나갔
고
6 공중의 모든 새가 그 큰 가지에 깃
들이며 들의 모든 짐승이 그 가는 가
지 밑에 새끼를 낳으며 모든 큰 나라
가 그 그늘 아래에 거주하였느니라
7 그 뿌리가 큰 물 가에 있으므로 그
나무가 크고 가지가 길어 모양이 아
름다우매
8 하나님의 동산의 백향목이 능히 그
를 가리지 못하며 잣나무가 그 굵은
가지만 못하며 단풍나무가 그 가는
가지만 못하며 하나님의 동산의 어떤
나무도 그 아름다운 모양과 같지 못
하였도다
9 내가 그 가지를 많게 하여 모양이 아
름답게 하였더니 하나님의 동산 에덴
에 있는 모든 나무가 다 시기하였느
니라
10 그러므로 주 여호와께서 이같이 말

씀하셨느니라 그의 키가 크고 꼭대
기가 구름에 닿아서 높이 솟아났으
므로 마음이 교만하였은즉
11 내가 여러 나라의 능한 자의 손에 넘
겨 줄지라 그가 임의로 대우할 것은
내가 그의 악으로 말미암아 쫓아내
었음이라
12 여러 나라의 포악한 다른 민족이 그
를 찍어 버렸으므로 그 가는 가지가
산과 모든 골짜기에 떨어졌고 그 굵
은 가지가 그 땅 모든 물 가에 꺾어
졌으며 세상 모든 백성이 그를 버리
고 그 그늘 아래에서 떠나매
13 공중의 모든 새가 그 넘어진 나무에
거주하며 들의 모든 짐승이 그 가지
에 있으리니
14 이는 물 가에 있는 모든 나무는 키
가 크다고 교만하지 못하게 하며 그
꼭대기가 구름에 닿지 못하게 하며
또 물을 마시는 모든 나무가 스스로
높아 서지 못하게 함이니 그들을 다
죽음에 넘겨 주어 사람들 가운데에
서 구덩이로 내려가는 자와 함께 지
하로 내려가게 하였음이라
15 주 여호와께서 이같이 말씀하셨느니
라 그가 스올에 내려가던 날에 내가
그를 위하여 슬프게 울게 하며 깊은
바다를 덮으며 모든 강을 쉬게 하며
큰 물을 그치게 하고 레바논이 그를
위하여 슬프게 울게 하며 들의 모든
나무를 그로 말미암아 쇠잔하게 하
였느니라
16 내가 그를 구덩이에 내려가는 자와
함께 스올에 떨어뜨리던 때에 백성
들이 그 떨어지는 소리로 말미암아
진동하게 하였고 물을 마시는 에덴
의 모든 나무 곧 레바논의 뛰어나고
아름다운 나무들이 지하에서 위로를
받게 하였느니라
17 그러나 그들도 그와 함께 스올에 내
려 칼에 죽임을 당한 자에게 이르렀
나니 그들은 옛적에 그의 팔이 된 자
요 나라들 가운데에서 그 그늘 아래
에 거주하던 자니라
18 너의 영광과 위대함이 에덴의 나무들
중에서 어떤 것과 같은고 그러나 네
가 에덴의 나무들과 함께 지하에 내
려갈 것이요 거기에서 할례를 받지
못하고 칼에 죽임을 당한 자 가운데
에 누우리라 이들은 바로와 그의 모
든 군대니라 주 여호와의 말씀이니
라 하라

큰 악어 애굽 왕

32 열두째 해 열두째 달 초하루에
여호와의 말씀이 내게 임하여
이르시되

2 인자야 너는 애굽의 바로 왕에 대하
여 슬픈 노래를 불러 그에게 이르라
너를 여러 나라에서 사자로 생각하였
더니 실상은 바다 가운데의 큰 악어
라 강에서 뛰어 일어나 발로 물을 휘
저어 그 강을 더럽혔도다
3 주 여호와께서 이같이 말씀하셨느니
라 내가 많은 백성의 무리를 거느리
고 내 그물을 네 위에 치고 그 그물
로 너를 끌어오리로다
4 내가 너를 뭍에 버리며 들에 던져 공
중의 새들이 네 위에 앉게 할 것임이
여 온 땅의 짐승이 너를 먹어 배부르
게 하리로다
5 내가 네 살점을 여러 산에 두며 네
시체를 여러 골짜기에 채울 것임이여
6 네 피로 네 헤엄치는 땅에 물 대듯
하여 산에 미치게 하며 그 모든 개천
을 채우리로다
7 내가 너를 불 끄듯 할 때에 하늘을
가리어 별을 어둡게 하며 해를 구름
으로 가리며 달이 빛을 내지 못하게
할 것임이여
8 하늘의 모든 밝은 빛을 내가 네 위
에서 어둡게 하여 어둠을 네 땅에 베
풀리로다 주 여호와의 말씀이니라
9 내가 네 패망의 소문이 여러 나라 곧
네가 알지 못하는 나라들에 이르게
할 때에 많은 백성의 마음을 번뇌하
게 할 것임이여
10 내가 그 많은 백성을 너로 말미암아
놀라게 할 것이며 내가 내 칼이 그들
의 왕 앞에서 춤추게 할 때에 그 왕
이 너로 말미암아 심히 두려워할 것이
며 네가 엎드러지는 날에 그들이 각
각 자기 생명을 위하여 무시로 떨리
로다
11 주 여호와께서 이같이 말씀하셨느니
라 바벨론 왕의 칼이 네게 오리로다
12 나는 네 무리가 용사 곧 모든 나라
의 무서운 자들의 칼에 엎드러지게
할 것임이여 그들이 애굽의 교만을
폐하며 그 모든 무리를 멸하리로다
13 내가 또 그 모든 짐승을 큰 물 가에
서 멸하리니 사람의 발이나 짐승의
굽이 다시는 그 물을 흐리지 못할 것
임이여
14 그 때에 내가 그 물을 맑게 하여 그
강이 기름 같이 흐르게 하리로다 주
여호와의 말씀이니라
15 내가 애굽 땅이 황폐하여 사막이 되
게 하여 거기에 풍성한 것이 없게 할
것임이여 그 가운데의 모든 주민을
치리니 내가 여호와인 줄을 그들이
알리라
16 이는 슬피 부를 노래이니 여러 나라

여자들이 이것을 슬피 부름이여 애굽
과 그 모든 무리를 위하여 이것을 슬
피 부르리로다 주 여호와의 말씀이
니라

죽은 자들의 세계

17 열두째 해 어느 달 열다섯째 날에 여
호와의 말씀이 내게 임하여 이르시되
18 인자야 애굽의 무리를 위하여 슬피
울고 그와 유명한 나라의 여자들을
구덩이에 내려가는 자와 함께 지하
에 던지며
19 이르라 너의 아름다움이 어떤 사람들
보다도 뛰어나도다 너는 내려가서 할
례를 받지 아니한 자와 함께 누울지
어다
20 그들이 죽임을 당한 자 가운데에 엎
드러질 것임이여 그는 칼에 넘겨진
바 되었은즉 그와 그 모든 무리를
끌지어다
21 용사 가운데에 강한 자가 그를 돕는
자와 함께 스올 가운데에서 그에게
말함이여 할례를 받지 아니한 자 곧
칼에 죽임을 당한 자들이 내려와서
가만히 누웠다 하리로다
22 거기에 앗수르와 그 온 무리가 있음
이여 다 죽임을 당하여 칼에 엎드러
진 자라 그 무덤이 그 사방에 있도다
23 그 무덤이 구덩이 깊은 곳에 만들어
졌고 그 무리가 그 무덤 사방에 있음
이여 그들은 다 죽임을 당하여 칼에
엎드러진 자 곧 생존하는 사람들의
세상에서 사람을 두렵게 하던 자로
다
24 거기에 엘람이 있고 그 모든 무리가
그 무덤 사방에 있음이여 그들은 다
할례를 받지 못하고 죽임을 당하여
칼에 엎드러져 지하에 내려간 자로다
그들이 생존하는 사람들의 세상에서
두렵게 하였으나 이제는 구덩이에
내려가는 자와 함께 수치를 당하였
도다
25 그와 그 모든 무리를 위하여 죽임을
당한 자 가운데에 침상을 놓았고 그
여러 무덤은 사방에 있음이여 그들
은 다 할례를 받지 못하고 칼에 죽
임을 당한 자로다 그들이 생존하는
사람들의 세상에서 두렵게 하였으나
이제는 구덩이에 내려가는 자와 함
께 수치를 당하고 죽임을 당한 자
가운데에 뉘었도다
26 거기에 메섹과 두발과 그 모든 무리
가 있고 그 여러 무덤은 사방에 있음
이여 그들은 다 할례를 받지 못하고
칼에 죽임을 당한 자로다 그들이 생
존하는 사람들의 세상에서 두렵게
하였으나

27 그들이 할례를 받지 못한 자 가운데
에 이미 엎드러진 용사와 함께 누운
것이 마땅하지 아니하냐 이 용사들은
다 무기를 가지고 스올에 내려가서
자기의 칼을 베개로 삼았으니 그 백
골이 자기 죄악을 졌음이여 생존하는
사람들의 세상에서 용사의 두려움이
있던 자로다
28 오직 너는 할례를 받지 못한 자와 함
께 패망할 것임이여 칼에 죽임을 당
한 자와 함께 누우리로다
29 거기에 에돔 곧 그 왕들과 그 모든
고관이 있음이여 그들이 강성하였었
으나 칼에 죽임을 당한 자와 함께 있
겠고 할례를 받지 못하고 구덩이에
내려간 자와 함께 누우리로다
30 거기에 죽임을 당한 자와 함께 내려
간 북쪽 모든 방백과 모든 시돈 사
람이 있음이여 그들이 본래는 강성하
였으므로 두렵게 하였으나 이제는
부끄러움을 품고 할례를 받지 못하
고 칼에 죽임을 당한 자와 함께 누
웠고 구덩이에 내려가는 자와 함께
수치를 당하였도다
31 바로가 그들을 보고 그 모든 무리로
말미암아 위로를 받을 것임이여 칼에
죽임을 당한 바로와 그 온 군대가 그
러하리로다 주 여호와의 말씀이니라
32 내가 바로로 하여금 생존하는 사람
들의 세상에서 사람을 두렵게 하게
하였으나 이제는 그가 그 모든 무리
와 더불어 할례를 받지 못한 자 곧
칼에 죽임을 당한 자와 함께 누이리
로다 주 여호와의 말씀이니라

여호와께서 에스겔을 파수꾼으로 삼으시다

33 여호와의 말씀이 내게 임하여
이르시되
2 인자야 너는 네 민족에게 말하여 이
르라 가령 내가 칼을 한 땅에 임하게
한다 하자 그 땅 백성이 자기들 가운
데의 하나를 택하여 파수꾼을 삼은
3 그 사람이 그 땅에 칼이 임함을 보고
나팔을 불어 백성에게 경고하되
4 그들이 나팔 소리를 듣고도 정신차
리지 아니하므로 그 임하는 칼에 제
거함을 당하면 그 피가 자기의 머리
로 돌아갈 것이라
5 그가 경고를 받았던들 자기 생명을
보전하였을 것이나 나팔 소리를 듣
고도 경고를 받지 아니하였으니 그
피가 자기에게로 돌아가리라
6 그러나 칼이 임함을 파수꾼이 보고
도 나팔을 불지 아니하여 백성에게
경고하지 아니하므로 그 중의 한 사
람이 그 임하는 칼에 제거 당하면 그

는 자기 죄악으로 말미암아 제거되려
니와 그 죄는 내가 파수꾼의 손에서
찾으리라
7 인자야 내가 너를 이스라엘 족속의
파수꾼으로 삼음이 이와 같으니라
그런즉 너는 내 입의 말을 듣고 나를
대신하여 그들에게 경고할지어다
8 가령 내가 악인에게 이르기를 악인아
너는 반드시 죽으리라 하였다 하자
네가 그 악인에게 말로 경고하여 그
의 길에서 떠나게 하지 아니하면 그
악인은 자기 죄악으로 말미암아 죽
으려니와 내가 그의 피를 네 손에서
찾으리라
9 그러나 너는 악인에게 경고하여 돌이
켜 그의 길에서 떠나라고 하되 그가
돌이켜 그의 길에서 떠나지 아니하면
그는 자기 죄악으로 말미암아 죽으
려니와 너는 네 생명을 보전하리라

의인의 범죄와 악인의 회개

10 그런즉 인자야 너는 이스라엘 족속
에게 이르기를 너희가 말하여 이르되
우리의 허물과 죄가 이미 우리에게
있어 우리로 그 가운데에서 쇠퇴하게
하니 어찌 능히 살리요 하라
11 너는 그들에게 말하라 주 여호와의
말씀이니라 나의 삶을 두고 맹세하
노니 나는 악인이 죽는 것을 기뻐하
지 아니하고 악인이 그의 길에서 돌
이켜 떠나 사는 것을 기뻐하노라 이
스라엘 족속아 돌이키고 돌이키라
너희 악한 길에서 떠나라 어찌 죽고
자 하느냐 하셨다 하라
12 인자야 너는 네 민족에게 이르기를
의인이 범죄하는 날에는 그 공의가
구원하지 못할 것이요 악인이 돌이켜
그 악에서 떠나는 날에는 그 악이 그
를 엎드러뜨리지 못할 것인즉 의인이
범죄하는 날에는 그 의로 말미암아
살지 못하리라
13 가령 내가 의인에게 말하기를 너는
살리라 하였다 하자 그가 그 공의를
스스로 믿고 죄악을 행하면 그 모든
의로운 행위가 하나도 기억되지 아니
하리니 그가 그 지은 죄악으로 말미
암아 곧 그 안에서 죽으리라
14 가령 내가 악인에게 말하기를 너는
죽으리라 하였다 하자 그가 돌이켜
자기의 죄에서 떠나서 정의와 공의로
행하여

365묵상

너는 외치라, 결과는 주님께 맡기고!

외부의 위협이 다가온다면 파수꾼은 반드시 경고를 외쳐야 한다. 하지만 경고를 듣고 백성들이 나타내는 반응에 대해서까지 파수꾼에게 책임이 없다. 파수꾼의 역할은 경보를 제때 울려주는 것에 국한되기 때문이다(에스겔 33:1-9). 여기에 이 시대 복음의 파수꾼된 우리를 위한 격려가 있다. 시대의 파수꾼으로서 우리는 복음을 힘차게 증언해야 한다. 하지만 듣는 자들의 반응에 대해서까지 책임지지 않는다. 우리가 기회 있을 때마다 힘써 복음을 증거하고, 그 결과에 대해선 주님께 맡긴다는 것이 얼마나 위안이 되는가!

15 저당물을 도로 주며 강탈한 물건을
돌려 보내고 생명의 율례를 지켜 행
하여 죄악을 범하지 아니하면 그가
반드시 살고 죽지 아니할지라
16 그가 본래 범한 모든 죄가 기억되지
아니하리니 그가 반드시 살리라 이는
정의와 공의를 행하였음이라 하라
17 그래도 네 민족은 말하기를 주의 길
이 바르지 아니하다 하는도다 그러
나 실상은 그들의 길이 바르지 아니
하니라
18 만일 의인이 돌이켜 그 공의에서 떠
나 죄악을 범하면 그가 그 가운데에
서 죽을 것이고
19 만일 악인이 돌이켜 그 악에서 떠나
정의와 공의대로 행하면 그가 그로
말미암아 살리라
20 그러나 너희가 이르기를 주의 길이
바르지 아니하다 하는도다 이스라엘
족속아 나는 너희가 각기 행한 대로
심판하리라 하시니라

예루살렘의 함락 소식

21 우리가 사로잡힌 지 열두째 해 열째
달 다섯째 날에 예루살렘에서부터
도망하여 온 자가 내게 나아와 말
하기를 그 성이 함락되었다 하였는
데
22 그 도망한 자가 내게 나아오기 전날
저녁에 여호와의 손이 내게 임하여
내 입을 여시더니 다음 아침 그 사람
이 내게 나아올 그 때에 내 입이 열
리기로 내가 다시는 잠잠하지 아니하
였노라

백성의 죄와 여호와의 맹세

23 여호와의 말씀이 내게 임하여 이르시
되
24 인자야 이 이스라엘의 이 황폐한 땅
에 거주하는 자들이 말하여 이르기
를 아브라함은 오직 한 사람이라도
이 땅을 기업으로 얻었나니 우리가
많은즉 더욱 이 땅을 우리에게 기업
으로 주신 것이 되느니라 하는도다
25 그러므로 너는 그들에게 이르기를
주 여호와께서 이같이 말씀하시되 너
희가 고기를 피째 먹으며 너희 우상
들에게 눈을 들며 피를 흘리니 그 땅
이 너희의 기업이 될까보냐
26 너희가 칼을 믿어 가증한 일을 행하
며 각기 이웃의 아내를 더럽히니 그
땅이 너희의 기업이 될까보냐 하고
27 너는 그들에게 이르기를 주 여호와
께서 이같이 말씀하시되 내가 나의
삶을 두고 맹세하노니 황무지에 있
는 자는 칼에 엎드러뜨리고 들에 있
는 자는 들짐승에게 넘겨 먹히게 하
고 산성과 굴에 있는 자는 전염병에

죽게 하리라
28 내가 그 땅이 황무지와 공포의 대상
이 되게 하고 그 권능의 교만을 그치
게 하리니 이스라엘의 산들이 황폐하
여 지나갈 사람이 없으리라
29 내가 그들이 행한 모든 가증한 일로
말미암아 그 땅을 황무지와 공포의
대상이 되게 하면 그 때에 내가 여호
와인 줄을 그들이 알리라 하라

선지자의 말과 백성

30 인자야 네 민족이 담 곁에서와 집 문
에서 너에 대하여 말하며 각각 그 형
제와 더불어 말하여 이르기를 자, 가
서 여호와께로부터 무슨 말씀이 나
오는가 들어 보자 하고
31 백성이 모이는 것 같이 네게 나아오
며 내 백성처럼 네 앞에 앉아서 네
말을 들으나 그대로 행하지 아니하
니 이는 그 입으로는 사랑을 나타내
어도 마음으로는 이익을 따름이라
32 그들은 네가 고운 음성으로 사랑의
노래를 하며 음악을 잘하는 자 같이
여겼나니 네 말을 듣고도 행하지 아
니하거니와
33 그 말이 응하리니 응할 때에는 그들
이 한 선지자가 자기 가운데에 있었
음을 알리라

자기만 먹는 이스라엘 목자들

34 여호와의 말씀이 내게 임하여
이르시되
2 인자야 너는 이스라엘 목자들에게
예언하라 그들 곧 목자들에게 예언
하여 이르기를 주 여호와께서 이같이
말씀하시되 자기만 먹는 이스라엘 목
자들은 화 있을진저 목자들이 양 떼
를 먹이는 것이 마땅하지 아니하냐
3 너희가 살진 양을 잡아 그 기름을 먹
으며 그 털을 입되 양 떼는 먹이지 아
니하는도다
4 너희가 그 연약한 자를 강하게 아니
하며 병든 자를 고치지 아니하며 상
한 자를 싸매 주지 아니하며 쫓기는
자를 돌아오게 하지 아니하며 잃어버
린 자를 찾지 아니하고 다만 포악으
로 그것들을 다스렸도다
5 목자가 없으므로 그것들이 흩어지고
흩어져서 모든 들짐승의 밥이 되었도
다
6 내 양 떼가 모든 산과 높은 멧부리
에마다 유리되었고 내 양 떼가 온 지
면에 흩어졌으되 찾고 찾는 자가 없
었도다

여호와께서 양 떼를 구원하시리라

7 그러므로 목자들아 여호와의 말씀을
들을지어다
8 주 여호와의 말씀에 내가 나의 삶을

두고 맹세하노라 내 양 떼가 노략
거리가 되고 모든 들짐승의 밥이 된
것은 목자가 없기 때문이라 내 목자
들이 내 양을 찾지 아니하고 자기만
먹이고 내 양 떼를 먹이지 아니하였
도다
9 그러므로 너희 목자들아 여호와의
말씀을 들을지어다
10 주 여호와께서 이같이 말씀하시되 내
가 목자들을 대적하여 내 양 떼를
그들의 손에서 찾으리니 목자들이
양을 먹이지 못할 뿐 아니라 그들이
다시는 자기도 먹이지 못할지라 내가
내 양을 그들의 입에서 건져내어서
다시는 그 먹이가 되지 아니하게 하
리라
11 주 여호와께서 이같이 말씀하셨느니
라 나 곧 내가 내 양을 찾고 찾되
12 목자가 양 가운데에 있는 날에 양이
흩어졌으면 그 떼를 찾는 것 같이 내
가 내 양을 찾아서 흐리고 캄캄한 날
에 그 흩어진 모든 곳에서 그것들을
건져낼지라
13 내가 그것들을 만민 가운데에서 끌
어내며 여러 백성 가운데에서 모아
그 본토로 데리고 가서 이스라엘 산
위에와 시냇가에와 그 땅 모든 거주
지에서 먹이되
14 좋은 꼴을 먹이고 그 우리를 이스라
엘 높은 산에 두리니 그것들이 그 곳
에 있는 좋은 우리에 누워 있으며 이
스라엘 산에서 살진 꼴을 먹으리라
15 내가 친히 내 양의 목자가 되어 그것
들을 누워 있게 할지라 주 여호와의
말씀이니라
16 그 잃어버린 자를 내가 찾으며 쫓기
는 자를 내가 돌아오게 하며 상한
자를 내가 싸매 주며 병든 자를 내
가 강하게 하려니와 살진 자와 강한
자는 내가 없애고 정의대로 그것들
을 먹이리라
17 주 여호와께서 이같이 말씀하셨느니
라 나의 양 떼 너희여 내가 양과 양
사이와 숫양과 숫염소 사이에서 심
판하노라
18 너희가 좋은 꼴을 먹는 것을 작은 일
로 여기느냐 어찌하여 남은 꼴을 발
로 밟았느냐 너희가 맑은 물을 마시
는 것을 작은 일로 여기느냐 어찌하
여 남은 물을 발로 더럽혔느냐
19 나의 양은 너희 발로 밟은 것을 먹으
며 너희 발로 더럽힌 것을 마시는도
다 하셨느니라
20 그러므로 주 여호와께서 그들에게
이같이 말씀하시되 나 곧 내가 살진
양과 파리한 양 사이에서 심판하리라

21 너희가 옆구리와 어깨로 밀어뜨리고
모든 병든 자를 뿔로 받아 무리를
밖으로 흩어지게 하는도다
22 그러므로 내가 내 양 떼를 구원하여
그들로 다시는 노략 거리가 되지 아
니하게 하고 양과 양 사이에 심판하
리라
23 내가 한 목자를 그들 위에 세워 먹이
게 하리니 그는 내 종 다윗이라 그가
그들을 먹이고 그들의 목자가 될지
라
24 나 여호와는 그들의 하나님이 되고
내 종 다윗은 그들 중에 왕이 되리라
나 여호와의 말이니라
25 내가 또 그들과 화평의 언약을 맺고
악한 짐승을 그 땅에서 그치게 하리
니 그들이 빈 들에 평안히 거하며 수
풀 가운데에서 잘지라
26 내가 그들에게 복을 내리고 내 산
사방에 복을 내리며 때를 따라 소낙
비를 내리되 복된 소낙비를 내리리라
27 그리한즉 밭에 나무가 열매를 맺으
며 땅이 그 소산을 내리니 그들이 그
땅에서 평안할지라 내가 그들의 멍에
의 나무를 꺾고 그들을 종으로 삼은
자의 손에서 그들을 건져낸 후에 내
가 여호와인 줄을 그들이 알겠고
28 그들이 다시는 이방의 노략 거리가
되지 아니하며 땅의 짐승들에게 잡아
먹히지도 아니하고 평안히 거주하리
니 놀랠 사람이 없으리라
29 내가 그들을 위하여 파종할 좋은 땅
을 일으키리니 그들이 다시는 그 땅
에서 기근으로 멸망하지 아니할지며
다시는 여러 나라의 수치를 받지 아
니할지라
30 그들이 내가 여호와 그들의 하나님
이며 그들과 함께 있는 줄을 알고
그들 곧 이스라엘 족속이 내 백성인
줄 알리라 주 여호와의 말씀이라
31 내 양 곧 내 초장의 양 너희는 사람
이요 나는 너희 하나님이라 주 여호
와의 말씀이니라

세일 산과 에돔이 황무하리라

35 또 여호와의 말씀이 내게 임하
여 이르시되
2 인자야 네 얼굴을 세일 산으로 향하
고 그에게 예언하여
3 이르기를 주 여호와께서 이같이 말
씀하시되 세일 산아 내가 너를 대적
하여 내 손을 네 위에 펴서 네가 황
무지와 공포의 대상이 되게 할지라
4 내가 네 성읍들을 무너뜨리며 네가
황폐하게 되리니 네가 나를 여호와인
줄을 알리라
5 네가 옛날부터 한을 품고 이스라엘

족속의 환난 때 곧 죄악의 마지막 때
에 칼의 위력에 그들을 넘겼도다
6 그러므로 주 여호와의 말씀이니라
내가 나의 삶을 두고 맹세하노니 내
가 너에게 피를 만나게 한즉 피가 너
를 따르리라 네가 피를 미워하지 아
니하였은즉 피가 너를 따르리라
7 내가 세일 산이 황무지와 폐허가 되
게 하여 그 위에 왕래하는 자를 다
끊을지라
8 내가 그 죽임 당한 자를 그 여러 산
에 채우되 칼에 죽임 당한 자를 네
여러 멧부리와, 골짜기와, 모든 시내
에 엎드러지게 하고
9 너를 영원히 황폐하게 하여 네 성읍
들에 다시는 거주하는 자가 없게 하
리니 내가 여호와인 줄을 너희가 알
리라
10 네가 말하기를 이 두 민족과 두 땅은
다 내 것이며 내 기업이 되리라 하였
도다 그러나 여호와께서 거기에 계셨
느니라
11 그러므로 주 여호와의 말씀이니라
내가 나의 삶을 두고 맹세하노니 네
가 그들을 미워하여 노하며 질투한
대로 내가 네게 행하여 너를 심판할
때에 그들이 나를 알게 하리라
12 네가 이스라엘 산들을 가리켜 말하
기를 저 산들이 황폐하였으므로 우
리에게 넘겨 주어서 삼키게 되었다
하여 욕하는 모든 말을 나 여호와가
들은 줄을 네가 알리로다
13 너희가 나를 대적하여 입으로 자랑하
며 나를 대적하여 여러 가지로 말한
것을 내가 들었노라
14 주 여호와께서 이같이 말씀하셨느니
라 온 땅이 즐거워할 때에 내가 너를
황폐하게 하되
15 이스라엘 족속의 기업이 황폐하므로
네가 즐거워한 것 같이 내가 너를 황
폐하게 하리라 세일 산아 너와 에돔
온 땅이 황폐하리니 내가 여호와인
줄을 무리가 알리라 하셨다 하라

이스라엘이 받을 복

36 인자야 너는 이스라엘 산들에
게 예언하여 이르기를 이스라엘
산들아 여호와의 말씀을 들으라
2 주 여호와께서 이같이 말씀하시기를
원수들이 네게 대하여 말하기를 아
하 옛적 높은 곳이 우리의 기업이 되
었도다 하였느니라
3 그러므로 너는 예언하여 이르기를
주 여호와께서 이같이 말씀하시기를
그들이 너희를 황폐하게 하고 너희
사방을 삼켜 너희가 남은 이방인의
기업이 되게 하여 사람의 말 거리와

백성의 비방 거리가 되게 하였도다
4 그러므로 이스라엘 산들아 주 여호
와의 말씀을 들을지어다 산들과 멧
부리들과 시내들과 골짜기들과 황폐
한 사막들과 사방에 남아 있는 이방
인의 노략 거리와 조롱 거리가 된 성
읍들에게 주 여호와께서 이같이 말
씀하셨느니라
5 주 여호와께서 이같이 말씀하시기를
내가 진실로 내 맹렬한 질투로 남아
있는 이방인과 에돔 온 땅을 쳐서 말
하였노니 이는 그들이 심히 즐거워하
는 마음과 멸시하는 심령으로 내 땅
을 빼앗아 노략하여 자기 소유를 삼
았음이라
6 그러므로 너는 이스라엘 땅에 대하
여 예언하되 그 산들과 멧부리들과
시내들과 골짜기들에 관하여 이르기
를 주 여호와께서 이같이 말씀하시기
를 내가 내 질투와 내 분노로 말하
였나니 이는 너희가 이방의 수치를
당하였음이라
7 그러므로 주 여호와께서 이같이 말
씀하시기를 내가 맹세하였은즉 너희
사방에 있는 이방인이 자신들의 수치
를 반드시 당하리라
8 그러나 너희 이스라엘 산들아 너희는
가지를 내고 내 백성 이스라엘을 위
하여 열매를 맺으리니 그들이 올 때
가 가까이 이르렀음이라
9 내가 돌이켜 너희와 함께 하리니 사
람이 너희를 갈고 심을 것이며
10 내가 또 사람을 너희 위에 많게 하리
니 이들은 이스라엘 온 족속이라 그
들을 성읍들에 거주하게 하며 빈 땅
에 건축하게 하리라
11 내가 너희 위에 사람과 짐승을 많게
하되 그들의 수가 많고 번성하게 할
것이라 너희 전 지위대로 사람이 거주
하게 하여 너희를 처음보다 낫게 대
우하리니 내가 여호와인 줄을 너희가
알리라
12 내가 사람을 너희 위에 다니게 하리
니 그들은 내 백성 이스라엘이라 그
들은 너를 얻고 너는 그 기업이 되어
다시는 그들이 자식들을 잃어버리지
않게 하리라
13 주 여호와께서 이같이 말씀하셨느니
라 그들이 너희에게 이르기를 너는
사람을 삼키는 자요 네 나라 백성을

365묵상

하나님 안에서 회복을 기대하라

우리는 술, 마약, 성(sex)이 횡행하는 시대에 살고 있다. 만일 이러한 것들에 속박되면 거기에서 벗어나기란 아주 힘들다. 하지만 에스겔은 그처럼 부패했던 세대에게 희망의 메시지를 전해준다. 하나님은 우리가 그런 죄악 된 것들에 중독되어 스스로 파멸되는 것을 전혀 기뻐하지 않으신다. 그래서 하나님은 우리가 우리 자신을 바로 잡아 회복할 수 있는 힘을 공급해주신다(겔 36:8-15). 죄는 강력한 중독성이 있는 것임에 분명하다. 하지만 모든 중독에는 해독제도 있기 마련이다. 그 해독제는 '하나님의 말씀'이다.

제거한 자라 하거니와
14 네가 다시는 사람을 삼키지 아니하며
다시는 네 나라 백성을 제거하지 아
니하리라 주 여호와의 말씀이니라
15 내가 또 너를 여러 나라의 수치를 듣
지 아니하게 하며 만민의 비방을 다
시 받지 아니하게 하며 네 나라 백성
을 다시 넘어뜨리지 아니하게 하리라
주 여호와의 말씀이니라 하셨다 하
라

이스라엘을 정결하게 하시다

16 여호와의 말씀이 또 내게 임하여 이
르시되
17 인자야 이스라엘 족속이 그들의 고
국 땅에 거주할 때에 그들의 행위로
그 땅을 더럽혔나니 나 보기에 그 행
위가 월경 중에 있는 여인의 부정함
과 같았느니라
18 그들이 땅 위에 피를 쏟았으며 그 우
상들로 말미암아 자신들을 더럽혔으
므로 내가 분노를 그들 위에 쏟아
19 그들을 그 행위대로 심판하여 각국
에 흩으며 여러 나라에 헤쳤더니
20 그들이 이른바 그 여러 나라에서 내
거룩한 이름이 그들로 말미암아 더러
워졌나니 곧 사람들이 그들을 가리켜
이르기를 이들은 여호와의 백성이라
도 여호와의 땅에서 떠난 자라 하였
음이라
21 그러나 이스라엘 족속이 들어간 그
여러 나라에서 더럽힌 내 거룩한 이
름을 내가 아꼈노라
22 그러므로 너는 이스라엘 족속에게
이르기를 주 여호와께서 이같이 말
씀하시기를 이스라엘 족속아 내가
이렇게 행함은 너희를 위함이 아니요
너희가 들어간 그 여러 나라에서 더
럽힌 나의 거룩한 이름을 위함이라
23 여러 나라 가운데에서 더럽혀진 이름
곧 너희가 그들 가운데에서 더럽힌
나의 큰 이름을 내가 거룩하게 할지
라 내가 그들의 눈 앞에서 너희로 말
미암아 나의 거룩함을 나타내리니 내
가 여호와인 줄을 여러 나라 사람이
알리라 주 여호와의 말씀이니라
24 내가 너희를 여러 나라 가운데에서
인도하여 내고 여러 민족 가운데에서
모아 데리고 고국 땅에 들어가서
25 맑은 물을 너희에게 뿌려서 너희로
정결하게 하되 곧 너희 모든 더러운
것에서와 모든 우상 숭배에서 너희
를 정결하게 할 것이며
26 또 새 영을 너희 속에 두고 새 마음
을 너희에게 주되 너희 육신에서 굳
은 마음을 제거하고 부드러운 마음
을 줄 것이며

27 또 내 영을 너희 속에 두어 너희로
내 율례를 행하게 하리니 너희가 내
규례를 지켜 행할지라
28 내가 너희 조상들에게 준 땅에서 너
희가 거주하면서 내 백성이 되고 나
는 너희 하나님이 되리라
29 내가 너희를 모든 더러운 데에서 구
원하고 곡식이 풍성하게 하여 기근이
너희에게 닥치지 아니하게 할 것이며
30 또 나무의 열매와 밭의 소산을 풍성
하게 하여 너희가 다시는 기근의 욕
을 여러 나라에게 당하지 아니하게
하리니
31 그 때에 너희가 너희 악한 길과 너희
좋지 못한 행위를 기억하고 너희 모
든 죄악과 가증한 일로 말미암아 스
스로 밉게 보리라
32 주 여호와의 말씀이니라 내가 이렇게
행함은 너희를 위함이 아닌 줄을 너
희가 알리라 이스라엘 족속아 너희
행위로 말미암아 부끄러워하고 한탄
할지어다
33 주 여호와께서 이같이 말씀하셨느니
라 내가 너희를 모든 죄악에서 정결
하게 하는 날에 성읍들에 사람이 거
주하게 하며 황폐한 것이 건축되게
할 것인즉
34 전에는 지나가는 자의 눈에 황폐하
게 보이던 그 황폐한 땅이 장차 경작
이 될지라
35 사람이 이르기를 이 땅이 황폐하더니
이제는 에덴 동산 같이 되었고 황량
하고 적막하고 무너진 성읍들에 성벽
과 주민이 있다 하리니
36 너희 사방에 남은 이방 사람이 나 여
호와가 무너진 곳을 건축하며 황폐
한 자리에 심은 줄을 알리라 나 여호
와가 말하였으니 이루리라
37 주 여호와께서 이같이 말씀하셨느니
라 그래도 이스라엘 족속이 이같이
자기들에게 이루어 주기를 내게 구
하여야 할지라 내가 그들의 수효를
양 떼 같이 많아지게 하되
38 제사 드릴 양 떼 곧 예루살렘이 정한
절기의 양 무리 같이 황폐한 성읍을
사람의 떼로 채우리라 그리한즉 그
들이 나를 여호와인 줄 알리라 하셨
느니라

마른 뼈들이 살아나다

37 여호와께서 권능으로 내게 임
재하시고 그의 영으로 나를 데
리고 가서 골짜기 가운데 두셨는데
거기 뼈가 가득하더라
2 나를 그 뼈 사방으로 지나가게 하시
기로 본즉 그 골짜기 지면에 뼈가 심
히 많고 아주 말랐더라

3 그가 내게 이르시되 인자야 이 뼈들
이 능히 살 수 있겠느냐 하시기로 내
가 대답하되 주 여호와여 주께서 아
시나이다
4 또 내게 이르시되 너는 이 모든 뼈에
게 대언하여 이르기를 너희 마른 뼈
들아 여호와의 말씀을 들을지어다
5 주 여호와께서 이 뼈들에게 이같이
말씀하시기를 내가 생기를 너희에게
들어가게 하리니 너희가 살아나리라
6 너희 위에 힘줄을 두고 살을 입히고
가죽으로 덮고 너희 속에 생기를 넣
으리니 너희가 살아나리라 또 내가
여호와인 줄 너희가 알리라 하셨다
하라
7 이에 내가 명령을 따라 대언하니 대
언할 때에 소리가 나고 움직이며 이
뼈, 저 뼈가 들어 맞아 뼈들이 서로
연결되더라
8 내가 또 보니 그 뼈에 힘줄이 생기고
살이 오르며 그 위에 가죽이 덮이나
그 속에 생기는 없더라
9 또 내게 이르시되 인자야 너는 생기
를 향하여 대언하라 생기에게 대언
하여 이르기를 주 여호와께서 이같이
말씀하시기를 생기야 사방에서부터
와서 이 죽음을 당한 자에게 불어서
살아나게 하라 하셨다 하라
10 이에 내가 그 명령대로 대언하였더니
생기가 그들에게 들어가매 그들이
곧 살아나서 일어나 서는데 극히 큰
군대더라
11 또 내게 이르시되 인자야 이 뼈들은
이스라엘 온 족속이라 그들이 이르
기를 우리의 뼈들이 말랐고 우리의
소망이 없어졌으니 우리는 다 멸절되
었다 하느니라
12 그러므로 너는 대언하여 그들에게
이르기를 주 여호와께서 이같이 말
씀하시기를 내 백성들아 내가 너희
무덤을 열고 너희로 거기에서 나오게
하고 이스라엘 땅으로 들어가게 하
리라
13 내 백성들아 내가 너희 무덤을 열고
너희로 거기에서 나오게 한즉 너희는
내가 여호와인 줄을 알리라
14 내가 또 내 영을 너희 속에 두어 너
희가 살아나게 하고 내가 또 너희를
너희 고국 땅에 두리니 나 여호와가
이 일을 말하고 이룬 줄을 너희가 알
리라 여호와의 말씀이니라

유다와 이스라엘의 통일

15 여호와의 말씀이 또 내게 임하여 이
르시되
16 인자야 너는 막대기 하나를 가져다가
그 위에 유다와 그 짝 이스라엘 자

손이라 쓰고 또 다른 막대기 하나를
가지고 그 위에 에브라임의 막대기
곧 요셉과 그 짝 이스라엘 온 족속
이라 쓰고
17 그 막대기들을 서로 합하여 하나가
되게 하라 네 손에서 둘이 하나가 되
리라
18 네 민족이 네게 말하여 이르기를 이
것이 무슨 뜻인지 우리에게 말하지
아니하겠느냐 하거든
19 너는 곧 이르기를 주 여호와께서 이
같이 말씀하시기를 내가 에브라임의
손에 있는 바 요셉과 그 짝 이스라
엘 지파들의 막대기를 가져다가 유
다의 막대기에 붙여서 한 막대기가
되게 한즉 내 손에서 하나가 되리라
하셨다 하고
20 너는 그 글 쓴 막대기들을 무리의 눈
앞에서 손에 잡고
21 그들에게 이르기를 주 여호와께서
이같이 말씀하시기를 내가 이스라엘
자손을 잡혀 간 여러 나라에서 인도
하며 그 사방에서 모아서 그 고국 땅
으로 돌아가게 하고
22 그 땅 이스라엘 모든 산에서 그들이
한 나라를 이루어서 한 임금이 모두
다스리게 하리니 그들이 다시는 두
민족이 되지 아니하며 두 나라로 나
누이지 아니할지라
23 그들이 그 우상들과 가증한 물건과
그 모든 죄악으로 더 이상 자신들을
더럽히지 아니하리라 내가 그들을 그
범죄한 모든 처소에서 구원하여 정결
하게 한즉 그들은 내 백성이 되고 나
는 그들의 하나님이 되리라
24 내 종 다윗이 그들의 왕이 되리니 그
들 모두에게 한 목자가 있을 것이라
그들이 내 규례를 준수하고 내 율례
를 지켜 행하며
25 내가 내 종 야곱에게 준 땅 곧 그의
조상들이 거주하던 땅에 그들이 거
주하되 그들과 그들의 자자 손손이
영원히 거기에 거주할 것이요 내 종
다윗이 영원히 그들의 왕이 되리라
26 내가 그들과 화평의 언약을 세워서
영원한 언약이 되게 하고 또 그들을
견고하고 번성하게 하며 내 성소를
그 가운데에 세워서 영원히 이르게
하리니
27 내 처소가 그들 가운데에 있을 것이
며 나는 그들의 하나님이 되고 그들
은 내 백성이 되리라
28 내 성소가 영원토록 그들 가운데에
있으리니 내가 이스라엘을 거룩하게
하는 여호와인 줄을 열국이 알리라
하셨다 하라

하나님의 도구 곡

38 여호와의 말씀이 내게 임하여
이르시되
2 인자야 너는 마곡 땅에 있는 로스와
메섹과 두발 왕 곧 곡에게로 얼굴을
향하고 그에게 예언하여
3 이르기를 주 여호와께서 이같이 말
씀하시기를 로스와 메섹과 두발 왕
곡아 내가 너를 대적하여
4 너를 돌이켜 갈고리로 네 아가리를
꿰고 너와 말과 기마병 곧 네 온 군
대를 끌어내되 완전한 갑옷을 입고
큰 방패와 작은 방패를 가지며 칼을
잡은 큰 무리와
5 그들과 함께 한 방패와 투구를 갖춘
바사와 구스와 붓과
6 고멜과 그 모든 떼와 북쪽 끝의 도
갈마 족속과 그 모든 떼 곧 많은 백
성의 무리를 너와 함께 끌어내리라
7 너는 스스로 예비하되 너와 네게 모
인 무리들이 다 스스로 예비하고 너
는 그들의 우두머리가 될지어다
8 여러 날 후 곧 말년에 네가 명령을
받고 그 땅 곧 오래 황폐하였던 이
스라엘 산에 이르리니 그 땅 백성은
칼을 벗어나서 여러 나라에서 모여
들어오며 이방에서 나와 다 평안히
거주하는 중이라
9 네가 올라오되 너와 네 모든 떼와 너
와 함께 한 많은 백성이 광풍 같이
이르고 구름 같이 땅을 덮으리라
10 주 여호와께서 이같이 말씀하셨느니
라 그 날에 네 마음에서 여러 가지
생각이 나서 악한 꾀를 내어
11 말하기를 내가 평원의 고을들로 올
라 가리라 성벽도 없고 문이나 빗장
이 없어도 염려 없이 다 평안히 거주
하는 백성에게 나아가서
12 물건을 겁탈하며 노략하리라 하고 네
손을 들어서 황폐하였다가 지금 사
람이 거주하는 땅과 여러 나라에서
모여서 짐승과 재물을 얻고 세상 중
앙에 거주하는 백성을 치고자 할 때
에
13 스바와 드단과 다시스의 상인과 그
부자들이 네게 이르기를 네가 탈취
하러 왔느냐 네가 네 무리를 모아
노략하고자 하느냐 은과 금을 빼앗
으며 짐승과 재물을 빼앗으며 물건
을 크게 약탈하여 가고자 하느냐 하
리라
14 인자야 너는 또 예언하여 곡에게 이
르기를 주 여호와께서 이같이 말씀
하시기를 내 백성 이스라엘이 평안히
거주하는 날에 네가 어찌 그것을 알
지 못하겠느냐

15 네가 네 고국 땅 북쪽 끝에서 많은
백성 곧 다 말을 탄 큰 무리와 능한
군대와 함께 오되
16 구름이 땅을 덮음 같이 내 백성 이스
라엘을 치러 오리라 곡아 끝 날에 내
가 너를 이끌어다가 내 땅을 치게 하
리니 이는 내가 너로 말미암아 이방
사람의 눈 앞에서 내 거룩함을 나타
내어 그들이 다 나를 알게 하려 함이
라

곡의 심판

17 주 여호와께서 이같이 말씀하셨느니
라 내가 옛적에 내 종 이스라엘 선지
자들을 통하여 말한 사람이 네가 아
니냐 그들이 그 때에 여러 해 동안
예언하기를 내가 너를 이끌어다가
그들을 치게 하리라
18 그 날에 곡이 이스라엘 땅을 치러 오
면 내 노여움이 내 얼굴에 나타나리
라 주 여호와의 말씀이니라
19 내가 질투와 맹렬한 노여움으로 말
하였거니와 그 날에 큰 지진이 이스
라엘 땅에 일어나서
20 바다의 고기들과 공중의 새들과 들
의 짐승들과 땅에 기는 모든 벌레와
지면에 있는 모든 사람이 내 앞에서
떨 것이며 모든 산이 무너지며 절벽이
떨어지며 모든 성벽이 땅에 무너지리
라
21 주 여호와의 말씀이니라 내가 내 모
든 산 중에서 그를 칠 칼을 부르리니
각 사람이 칼로 그 형제를 칠 것이며
22 내가 또 전염병과 피로 그를 심판하
며 쏟아지는 폭우와 큰 우박덩이와
불과 유황으로 그와 그 모든 무리와
그와 함께 있는 많은 백성에게 비를
내리듯 하리라
23 이같이 내가 여러 나라의 눈에 내 위
대함과 내 거룩함을 나타내어 나를
알게 하리니 내가 여호와인 줄을 그
들이 알리라

침략자 곡의 멸망

39 그러므로 인자야 너는 곡에게
예언하여 이르기를 주 여호와께
서 이같이 말씀하시되 로스와 메섹과
두발 왕 곡아 내가 너를 대적하여
2 너를 돌이켜서 이끌고 북쪽 끝에서부
터 나와서 이스라엘 산 위에 이르러
3 네 활을 쳐서 네 왼손에서 떨어뜨리
고 네 화살을 네 오른손에서 떨어뜨

365묵상

그리스도의 당당한 군사로!

에스겔은 놀라운 환상을 체험했다. 계곡의 마른 뼈들이 살아 숨 쉬는 당당한 군사가 되는 것을 보았다(겔 37:1-14). 에스겔은 마른 뼈들이 당시 이스라엘과 같다는 것을 알게 되었다. 그렇다! 그들은 영적으로 소망 없는 마른 뼈들과 다름없었다. 지금 깊은 절망을 느끼고 있는가? 어쩌면 당신이 골짜기의 마른 뼈들과 같은 상태일지도 모른다. 하나님은 당신의 회복을 원하신다. 이제 생명력 넘치는 하나님의 말씀에 의지하라! 하나님의 생기이신 성령님께 의지하라! 당신은 그리스도의 당당한 군사로 힘차게 회복될 것이다.

리리니
4 너와 네 모든 무리와 너와 함께 있는
백성이 다 이스라엘 산 위에 엎드러
지리라 내가 너를 각종 사나운 새와
들짐승에게 넘겨 먹게 하리니
5 네가 빈 들에 엎드러지리라 이는 내
가 말하였음이니라 주 여호와의 말씀
이니라
6 내가 또 불을 마곡과 및 섬에 평안히
거주하는 자에게 내리리니 내가 여호
와인 줄을 그들이 알리라
7 내가 내 거룩한 이름을 내 백성 이스
라엘 가운데에 알게 하여 다시는 내
거룩한 이름을 더럽히지 아니하게 하
리니 내가 여호와 곧 이스라엘의 거
룩한 자인 줄을 민족들이 알리라 하
라
8 주 여호와의 말씀이니라 볼지어다 그
날이 와서 이루어지리니 내가 말한
그 날이 이 날이라
9 이스라엘 성읍들에 거주하는 자가
나가서 그들의 무기를 불태워 사르
되 큰 방패와 작은 방패와 활과 화
살과 몽둥이와 창을 가지고 일곱 해
동안 불태우리라
10 이같이 그 무기로 불을 피울 것이므
로 그들이 들에서 나무를 주워 오지
아니하며 숲에서 벌목하지 아니하겠
고 전에 자기에게서 약탈하던 자의
것을 약탈하며 전에 자기에게서 늑탈
하던 자의 것을 늑탈하리라 주 여호
와의 말씀이니라
11 그 날에 내가 곡을 위하여 이스라엘
땅 곧 바다 동쪽 사람이 통행하는
골짜기를 매장지로 주리니 통행하던
길이 막힐 것이라 사람이 거기에서 곡
과 그 모든 무리를 매장하고 그 이
름을 하몬곡의 골짜기라 일컬으리라
12 이스라엘 족속이 일곱 달 동안에 그
들을 매장하여 그 땅을 정결하게 할
것이라
13 그 땅 모든 백성이 그들을 매장하고
그로 말미암아 이름을 얻으리니 이는
나의 영광이 나타나는 날이니라 주
여호와의 말씀이니라
14 그들이 사람을 택하여 그 땅에 늘
순행하며 매장할 사람과 더불어 지면
에 남아 있는 시체를 매장하여 그 땅
을 정결하게 할 것이라 일곱 달 후에
그들이 살펴 보되
15 지나가는 사람들이 그 땅으로 지나
가다가 사람의 뼈를 보면 그 곁에 푯
말을 세워 매장하는 사람에게 가서
하몬곡 골짜기에 매장하게 할 것이
요
16 성읍의 이름도 하모나라 하리라 그

들이 이같이 그 땅을 정결하게 하리
라
17 주 여호와께서 이같이 말씀하셨느니
라 너 인자야 너는 각종 새와 들의
각종 짐승에게 이르기를 너희는 모
여 오라 내가 너희를 위한 잔치 곧
이스라엘 산 위에 예비한 큰 잔치로
너희는 사방에서 모여 살을 먹으며
피를 마실지어다
18 너희가 용사의 살을 먹으며 세상 왕
들의 피를 마시기를 바산의 살진 짐
승 곧 숫양이나 어린 양이나 염소나
수송아지를 먹듯 할지라
19 내가 너희를 위하여 예비한 잔치의
기름을 너희가 배불리 먹으며 그 피
를 취하도록 마시되
20 내 상에서 말과 기병과 용사와 모든
군사를 배부르게 먹을지니라 하라
주 여호와의 말씀이니라

이스라엘의 회복

21 내가 내 영광을 여러 민족 가운데에
나타내어 모든 민족이 내가 행한 심
판과 내가 그 위에 나타낸 권능을
보게 하리니
22 그 날 이후에 이스라엘 족속은 내가
여호와 자기들의 하나님인 줄을 알
겠고
23 여러 민족은 이스라엘 족속이 그 죄
악으로 말미암아 사로잡혀 갔던 줄
을 알지라 그들이 내게 범죄하였으
므로 내 얼굴을 그들에게 가리고 그
들을 그 원수의 손에 넘겨 다 칼에
엎드러지게 하였으되
24 내가 그들의 더러움과 그들의 범죄한
대로 행하여 그들에게 내 얼굴을 가
리었었느니라
25 그러므로 주 여호와께서 이같이 말
씀하셨느니라 내가 이제 내 거룩한
이름을 위하여 열심을 내어 야곱의
사로잡힌 자를 돌아오게 하며 이스
라엘 온 족속에게 사랑을 베풀지라
26 그들이 그 땅에 평안히 거주하고 두
렵게 할 자가 없게 될 때에 부끄러움
을 품고 내게 범한 죄를 뉘우치리니
27 내가 그들을 만민 중에서 돌아오게
하고 적국 중에서 모아 내어 많은 민
족이 보는 데에서 그들로 말미암아
나의 거룩함을 나타낼 때라
28 전에는 내가 그들이 사로잡혀 여러
나라에 이르게 하였거니와 후에는
내가 그들을 모아 고국 땅으로 돌아
오게 하고 그 한 사람도 이방에 남기
지 아니하리니 그들이 내가 여호와
자기들의 하나님인 줄을 알리라
29 내가 다시는 내 얼굴을 그들에게 가
리지 아니하리니 이는 내가 내 영을

이스라엘 족속에게 쏟았음이라 주
여호와의 말씀이니라

이상 중에 본 성읍

40 우리가 사로잡힌 지 스물다섯째
해, 성이 함락된 후 열넷째 해
첫째 달 열째 날에 곧 그 날에 여호
와의 권능이 내게 임하여 나를 데리
고 이스라엘 땅으로 가시되
2 하나님의 이상 중에 나를 데리고 이
스라엘 땅에 이르러 나를 매우 높은
산 위에 내려놓으시는데 거기에서 남
으로 향하여 성읍 형상 같은 것이 있
더라
3 나를 데리시고 거기에 이르시니 모양
이 놋 같이 빛난 사람 하나가 손에
삼줄과 측량하는 장대를 가지고 문
에 서 있더니
4 그 사람이 내게 이르되 인자야 내가
네게 보이는 그것을 눈으로 보고 귀
로 들으며 네 마음으로 생각할지어
다 내가 이것을 네게 보이려고 이리
로 데리고 왔나니 너는 본 것을 다
이스라엘 족속에게 전할지어다 하더
라

동쪽을 향한 문

5 내가 본즉 집 바깥 사방으로 담이 있
더라 그 사람의 손에 측량하는 장대
를 잡았는데 그 길이가 팔꿈치에서
손가락에 이르고 한 손바닥 너비가
더한 자로 여섯 척이라 그 담을 측량
하니 두께가 한 장대요 높이도 한 장
대며
6 그가 동쪽을 향한 문에 이르러 층계
에 올라 그 문의 통로를 측량하니
길이가 한 장대요 그 문 안쪽 통로의
길이도 한 장대며
7 그 문간에 문지기 방들이 있는데 각
기 길이가 한 장대요 너비가 한 장대
요 각방 사이 벽이 다섯 척이며 안쪽
문 통로의 길이가 한 장대요 그 앞에
현관이 있고 그 앞에 안 문이 있으며
8 그가 또 안 문의 현관을 측량하니 한
장대며
9 안 문의 현관을 또 측량하니 여덟 척
이요 그 문 벽은 두 척이라 그 문의
현관이 안으로 향하였으며
10 그 동문간의 문지기 방은 왼쪽에 셋
이 있고 오른쪽에 셋이 있으니 그 셋
이 각각 같은 크기요 그 좌우편 벽도
다 같은 크기며
11 또 그 문 통로를 측량하니 너비가 열
척이요 길이가 열세 척이며
12 방 앞에 칸막이 벽이 있는데 이쪽 칸
막이 벽도 한 척이요 저쪽 칸막이 벽
도 한 척이며 그 방은 이쪽도 여섯
척이요 저쪽도 여섯 척이며

13 그가 그 문간을 측량하니 이 방 지붕
가에서 저 방 지붕 가까지 너비가 스
물다섯 척인데 방문은 서로 반대되었
으며
14 그가 또 현관을 측량하니 너비가 스
무 척이요 현관 사방에 뜰이 있으며
15 바깥 문 통로에서부터 안 문 현관
앞까지 쉰 척이며
16 문지기 방에는 각각 닫힌 창이 있고
문 안 좌우편에 있는 벽 사이에도 창
이 있고 그 현관도 그러하고 그 창은
안 좌우편으로 벌여 있으며 각 문 벽
위에는 종려나무를 새겼더라

바깥뜰

17 그가 나를 데리고 바깥뜰에 들어가
니 뜰 삼면에 박석 깔린 땅이 있고
그 박석 깔린 땅 위에 여러 방이 있는
데 모두 서른이며
18 그 박석 깔린 땅의 위치는 각 문간의
좌우편인데 그 너비가 문간 길이와
같으니 이는 아래 박석 땅이며
19 그가 아래 문간 앞에서부터 안뜰 바
깥 문간 앞까지 측량하니 그 너비가
백 척이며 동쪽과 북쪽이 같더라

북쪽을 향한 문

20 그가 바깥뜰 북쪽을 향한 문간의 길
이와 너비를 측량하니
21 길이는 쉰 척이요 너비는 스물다섯
척이며 문지기 방이 이쪽에도 셋이요
저쪽에도 셋이요 그 벽과 그 현관도
먼저 측량한 문간과 같으며
22 그 창과 현관의 길이와 너비와 종려
나무가 다 동쪽을 향한 문간과 같으
며 그 문간으로 올라가는 일곱 층계
가 있고 그 안에 현관이 있으며
23 안뜰에도 북쪽 문간과 동쪽 문간과
마주 대한 문간들이 있는데 그가 이
문간에서 맞은쪽 문간까지 측량하니
백 척이더라

남쪽을 향한 문

24 그가 또 나를 이끌고 남으로 간즉
남쪽을 향한 문간이 있는데 그 벽과
현관을 측량하니 먼저 측량한 것과
같고
25 그 문간과 현관 좌우에 있는 창도 먼
저 말한 창과 같더라 그 문간의 길이
는 쉰 척이요 너비는 스물다섯 척이
며
26 또 그리로 올라가는 일곱 층계가 있
고 그 안에 현관이 있으며 또 이쪽
저쪽 문 벽 위에 종려나무를 새겼으
며
27 안뜰에도 남쪽을 향한 문간이 있는
데 그가 남쪽을 향한 그 문간에서
맞은쪽 문간까지 측량하니 백 척이
더라

안뜰 남쪽 문

28 그가 나를 데리고 그 남문을 통하여
안뜰에 들어가서 그 남문의 너비를
측량하니 크기는
29 길이가 쉰 척이요 너비가 스물다섯
척이며 그 문지기 방과 벽과 현관도
먼저 측량한 것과 같고 그 문간과 그
현관 좌우에도 창이 있으며
30 그 사방 현관의 길이는 스물다섯 척
이요 너비는 다섯 척이며
31 현관이 바깥뜰로 향하였고 그 문 벽
위에도 종려나무를 새겼으며 그 문
간으로 올라가는 여덟 층계가 있더
라

안뜰 동쪽 문

32 그가 나를 데리고 안뜰 동쪽으로 가
서 그 문간을 측량하니 크기는
33 길이가 쉰 척이요 너비가 스물다섯
척이며 그 문지기 방과 벽과 현관이
먼저 측량한 것과 같고 그 문간과 그
현관 좌우에도 창이 있으며
34 그 현관이 바깥뜰로 향하였고 그 이
쪽, 저쪽 문 벽 위에도 종려나무를
새겼으며 그 문간으로 올라가는 여
덟 층계가 있더라

안뜰 북쪽 문

35 그가 또 나를 데리고 북문에 이르러
측량하니 크기는
36 길이가 쉰 척이요 너비가 스물다섯
척이며 그 문지기 방과 벽과 현관이
다 그러하여 그 좌우에도 창이 있으
며
37 그 현관이 바깥뜰로 향하였고 그 이
쪽, 저쪽 문 벽 위에도 종려나무를
새겼으며 그 문간으로 올라가는 여
덟 층계가 있더라

안뜰 북쪽 문의 부속 건물들

38 그 문 벽 곁에 문이 있는 방이 있는
데 그것은 번제물을 씻는 방이며
39 그 문의 현관 이쪽에 상 둘이 있고
저쪽에 상 둘이 있으니 그 위에서 번
제와 속죄제와 속건제의 희생제물을
잡게 한 것이며
40 그 북문 바깥 곧 입구로 올라가는
곳 이쪽에 상 둘이 있고 문의 현관
저쪽에 상 둘이 있으니
41 문 곁 이쪽에 상이 넷이 있고 저쪽에
상이 넷이 있어 상이 모두 여덟 개라
그 위에서 희생제물을 잡았더라
42 또 다듬은 돌로 만들어 번제에 쓰는
상 넷이 있는데 그 길이는 한 척 반
이요 너비는 한 척 반이요 높이는 한
척이라 번제의 희생제물을 잡을 때
에 쓰는 기구가 그 위에 놓였으며
43 현관 안에는 길이가 손바닥 넓이만한
갈고리가 사방에 박혔으며 상들에는

희생제물의 고기가 있더라
44 안문 밖에 있는 안뜰에는 노래하는
자의 방 둘이 있는데 북문 곁에 있는
방은 남쪽으로 향하였고 남문 곁에
있는 방은 북쪽으로 향하였더라
45 그가 내게 이르되 남쪽을 향한 이 방
은 성전을 지키는 제사장들이 쓸 것
이요
46 북쪽을 향한 방은 제단을 지키는 제
사장들이 쓸 것이라 이들은 레위의
후손 중 사독의 자손으로서 여호와
께 가까이 나아가 수종드는 자니라
하고
47 그가 또 그 뜰을 측량하니 길이는
백 척이요 너비는 백 척이라 네모 반
듯하며 제단은 성전 앞에 있더라

성전 문 현관

48 그가 나를 데리고 성전 문 현관에 이
르러 그 문의 좌우 벽을 측량하니 너
비는 이쪽도 다섯 척이요 저쪽도 다
섯 척이며 두께는 문 이쪽도 세 척이
요 문 저쪽도 세 척이며
49 그 현관의 너비는 스무 척이요 길이
는 열한 척이며 문간으로 올라가는
층계가 있고 문 벽 곁에는 기둥이 있
는데 하나는 이쪽에 있고 다른 하나
는 저쪽에 있더라

성소와 지성소와 골방들

41 그가 나를 데리고 성전에 이르
러 그 문 벽을 측량하니 이쪽
두께도 여섯 척이요 저쪽 두께도 여
섯 척이라 두께가 그와 같으며
2 그 문 통로의 너비는 열 척이요 문
통로 이쪽 벽의 너비는 다섯 척이요
저쪽 벽의 너비는 다섯 척이며 그가
성소를 측량하니 그 길이는 마흔 척
이요 그 너비는 스무 척이며
3 그가 안으로 들어가서 내전 문 통로
의 벽을 측량하니 두께는 두 척이요
문 통로가 여섯 척이요 문 통로의 벽
의 너비는 각기 일곱 척이며
4 그가 내전을 측량하니 길이는 스무
척이요 너비는 스무 척이라 그가 내
게 이르되 이는 지성소니라 하고
5 성전의 벽을 측량하니 두께가 여섯
척이며 성전 삼면에 골방이 있는데 너
비는 각기 네 척이며
6 골방은 삼 층인데 골방 위에 골방이
있어 모두 서른이라 그 삼면 골방이
성전 벽 밖으로 그 벽에 붙어 있는데

365묵상

성전을 측량하시는 하나님

환상 가운데서 에스겔 선지자는 천사의 인도로 성전의 모습과 성전의 여러 장식들 및 기구들의 모습을 자세히 살펴볼 수 있었다. 그리고 천사는 아주 치밀하게 성전의 모든 부분을 측량하고 있었다(겔 41장). 이런 장면은 모두 무엇을 의미하는가? 그것은 장차 하나님의 섭리 안에서 새 성전을 중심으로 새롭게 전개될 선민 이스라엘의 회복이 한 치의 오차 없이 세밀한 부분까지 성취될 것임을 시사한다. 진실로 하나님은 한번 택한 백성을 결코 잃어버리지 않고, 마침내는 자신의 왕국 안으로 모두 인도해 들이신다!

성전 벽 속을 뚫지는 아니하였으며
7 이 두루 있는 골방은 그 층이 높아
질수록 넓으므로 성전에 둘린 이 골
방이 높아질수록 성전에 가까워졌으
나 성전의 넓이는 아래 위가 같으며
골방은 아래층에서 중층으로 위층
에 올라가게 되었더라
8 내가 보니 성전 삼면의 지대 곧 모든
골방 밑 지대의 높이는 한 장대 곧
큰 자로 여섯 척인데
9 성전에 붙어 있는 그 골방 바깥 벽
두께는 다섯 척이요 그 외에 빈 터가
남았으며
10 성전 골방 삼면에 너비가 스무 척 되
는 뜰이 둘려 있으며
11 그 골방 문은 다 빈 터로 향하였는데
한 문은 북쪽으로 향하였고 한 문은
남쪽으로 향하였으며 그 둘려 있는
빈 터의 너비는 다섯 척이더라

서쪽 건물과 성전의 넓이

12 서쪽 뜰 뒤에 건물이 있는데 너비는
일흔 척이요 길이는 아흔 척이며 그
사방 벽의 두께는 다섯 척이더라
13 그가 성전을 측량하니 길이는 백 척
이요 또 서쪽 뜰과 그 건물과 그 벽
을 합하여 길이는 백 척이요
14 성전 앞면의 너비는 백 척이요 그 앞
동쪽을 향한 뜰의 너비도 그러하며
15 그가 뒤뜰 너머 있는 건물을 측량하
니 그 좌우편 회랑까지 백 척이더라
내전과 외전과 그 뜰의 현관과
16 문 통로 벽과 닫힌 창과 삼면에 둘려
있는 회랑은 문 통로 안쪽에서부터
땅에서 창까지 널판자로 가렸고 (창
은 이미 닫혔더라)
17 문 통로 위와 내전과 외전의 사방 벽
도 다 그러하니 곧 측량한 크기대로
며
18 널판자에는 그룹들과 종려나무를
새겼는데 두 그룹 사이에 종려나무
한 그루가 있으며 각 그룹에 두 얼
굴이 있으니
19 하나는 사람의 얼굴이라 이쪽 종려나
무를 향하였고 하나는 어린 사자의
얼굴이라 저쪽 종려나무를 향하였으
며 온 성전 사방이 다 그러하여
20 땅에서부터 문 통로 위에까지 그룹
들과 종려나무들을 새겼으니 성전
벽이 다 그러하더라

나무 제단과 성전의 문들

21 외전 문설주는 네모졌고 내전 전면에
있는 양식은 이러하니
22 곧 나무 제단의 높이는 세 척이요 길
이는 두 척이며 그 모퉁이와 옆과 면
을 다 나무로 만들었더라 그가 내게
이르되 이는 여호와의 앞의 상이라

하더라
23 내전과 외전에 각기 문이 있는데
24 문마다 각기 두 문짝 곧 접는 두 문
짝이 있어 이 문에 두 짝이요 저 문
에 두 짝이며
25 이 성전 문에 그룹과 종려나무를 새
겼는데 벽에 있는 것과 같고 현관 앞
에는 나무 디딤판이 있으며
26 현관 좌우편에는 닫힌 창도 있고 종
려나무도 새겨져 있고 성전의 골방과
디딤판도 그러하더라

제사장 방

42 그가 나를 데리고 밖으로 나가
북쪽 뜰로 가서 두 방에 이르니
그 두 방의 하나는 골방 앞 뜰을 향
하였고 다른 하나는 북쪽 건물을 향
하였는데
2 그 방들의 자리의 길이는 백 척이요
너비는 쉰 척이며 그 문은 북쪽을 향
하였고
3 그 방 삼층에 회랑들이 있는데 한 방
의 회랑은 스무 척 되는 안뜰과 마주
대하였고 다른 한 방의 회랑은 바깥
뜰 박석 깔린 곳과 마주 대하였으며
4 그 두 방 사이에 통한 길이 있어 너비
는 열 척이요 길이는 백 척이며 그 문
들은 북쪽을 향하였으며
5 그 위층의 방은 가장 좁으니 이는 회
랑들로 말미암아 아래층과 가운데
층보다 위층이 더 줄어짐이라
6 그 방은 삼층인데도 뜰의 기둥 같은
기둥이 없으므로 그 위층이 아래층
과 가운데 층보다 더욱 좁아짐이더
라
7 그 한 방의 바깥 담 곧 뜰의 담과 마
주 대한 담의 길이는 쉰 척이니
8 바깥뜰로 향한 방의 길이는 쉰 척이
며 성전 앞을 향한 방은 백 척이며
9 이 방들 아래에 동쪽에서 들어가는
통행구가 있으니 곧 바깥뜰에서 들
어가는 통행구더라
10 남쪽 골방 뜰 맞은쪽과 남쪽 건물
맞은쪽에도 방 둘이 있는데
11 그 두 방 사이에 길이 있고 그 방들
의 모양은 북쪽 방 같고 그 길이와
너비도 같으며 그 출입구와 문도 그
와 같으며
12 이 남쪽 방에 출입하는 문이 있는데
담 동쪽 길 어귀에 있더라
13 그가 내게 이르되 좌우 골방 뜰 앞
곧 북쪽과 남쪽에 있는 방들은 거룩
한 방이라 여호와를 가까이 하는 제
사장들이 지성물을 거기에서 먹을 것
이며 지성물 곧 소제와 속죄제와 속
건제의 제물을 거기 둘 것이니 이는
거룩한 곳이라

14 제사장의 의복은 거룩하므로 제사장
이 성소에 들어갔다가 나올 때에 바
로 바깥뜰로 가지 못하고 수종드는
그 의복을 그 방에 두고 다른 옷을
입고 백성의 뜰로 나갈 것이니라 하
더라

성전의 사면 담을 측량하다

15 그가 안에 있는 성전 측량하기를 마
친 후에 나를 데리고 동쪽을 향한
문의 길로 나가서 사방 담을 측량하
는데
16 그가 측량하는 장대 곧 그 장대로
동쪽을 측량하니 오백 척이요
17 그 장대로 북쪽을 측량하니 오백 척
이요
18 그 장대로 남쪽을 측량하니 오백 척
이요
19 서쪽으로 돌이켜 그 장대로 측량하
니 오백 척이라
20 그가 이같이 그 사방을 측량하니 그
사방 담 안 마당의 길이가 오백 척이
며 너비가 오백 척이라 그 담은 거룩
한 것과 속된 것을 구별하는 것이더
라

여호와께서 성전에 들어가시다

43 그 후에 그가 나를 데리고 문에
이르니 곧 동쪽을 향한 문이라
2 이스라엘 하나님의 영광이 동쪽에서
부터 오는데 하나님의 음성이 많은
물 소리 같고 땅은 그 영광으로 말미
암아 빛나니
3 그 모양이 내가 본 환상 곧 전에 성
읍을 멸하러 올 때에 보던 환상 같고
그발 강 가에서 보던 환상과도 같기
로 내가 곧 얼굴을 땅에 대고 엎드
렸더니
4 여호와의 영광이 동문을 통하여 성전
으로 들어가고
5 영이 나를 들어 데리고 안뜰에 들어
가시기로 내가 보니 여호와의 영광이
성전에 가득하더라
6 성전에서 내게 하는 말을 내가 듣고
있을 때에 어떤 사람이 내 곁에 서 있
더라
7 그가 내게 이르시되 인자야 이는 내
보좌의 처소, 내 발을 두는 처소, 내
가 이스라엘 족속 가운데에 영원히
있을 곳이라 이스라엘 족속 곧 그들
과 그들의 왕들이 음행하며 그 죽은
왕들의 시체로 다시는 내 거룩한 이
름을 더럽히지 아니하리라
8 그들이 그 문지방을 내 문지방 곁에
두며 그 문설주를 내 문설주 곁에 두
어서 그들과 나 사이에 겨우 한 담이
막히게 하였고 또 그 행하는 가증한
일로 내 거룩한 이름을 더럽혔으므

로 내가 노하여 멸망시켰거니와
9 이제는 그들이 그 음란과 그 왕들의
시체를 내게서 멀리 제거하여 버려야
할 것이라 그리하면 내가 그들 가운
데에 영원히 살리라
10 인자야 너는 이 성전을 이스라엘 족
속에게 보여서 그들이 자기의 죄악을
부끄러워하고 그 형상을 측량하게
하라
11 만일 그들이 자기들이 행한 모든 일
을 부끄러워하거든 너는 이 성전의
제도와 구조와 그 출입하는 곳과 그
모든 형상을 보이며 또 그 모든 규
례와 그 모든 법도와 그 모든 율례
를 알게 하고 그 목전에 그것을 써서
그들로 그 모든 법도와 그 모든 규
례를 지켜 행하게 하라
12 성전의 법은 이러하니라 산 꼭대기 지
점의 주위는 지극히 거룩하리라 성전
의 법은 이러하니라

번제단의 모양과 크기

13 제단의 크기는 이러하니라 한 자는
팔꿈치에서부터 손가락에 이르고 한
손바닥 넓이가 더한 것이라 제단 밑
받침의 높이는 한 척이요 그 사방 가
장자리의 너비는 한 척이며 그 가로
둘린 턱의 너비는 한 뼘이니 이는 제
단 밑받침이요
14 이 땅에 닿은 밑받침 면에서 아래층
의 높이는 두 척이요 그 가장자리의
너비는 한 척이며 이 아래층 면에서
이 층의 높이는 네 척이요 그 가장자
리의 너비는 한 척이며
15 그 번제단 위층의 높이는 네 척이며
그 번제하는 바닥에서 솟은 뿔이 넷
이며
16 그 번제하는 바닥의 길이는 열두 척
이요 너비도 열두 척이니 네모 반듯
하고
17 그 아래층의 길이는 열네 척이요 너
비는 열네 척이니 네모 반듯하고 그
밑받침에 둘린 턱의 너비는 반 척이며
그 가장자리의 너비는 한 척이니라
그 층계는 동쪽을 향하게 할지니라

번제단의 봉헌

18 그가 내게 이르시되 인자야 주 여호
와께서 이같이 말씀하셨느니라 이 제
단을 만드는 날에 그 위에 번제를
드리며 피를 뿌리는 규례는 이러하니
라
19 주 여호와의 말씀이니라 나를 가까
이 하여 내게 수종드는 사독의 자손
레위 사람 제사장에게 너는 어린 수
송아지 한 마리를 주어 속죄제물을
삼되
20 네가 그 피를 가져다가 제단의 네 뿔

과 아래층 네 모퉁이와 사방 가장자
리에 발라 속죄하여 제단을 정결하게
하고
21 그 속죄제물의 수송아지를 가져다가
성전의 정한 처소 곧 성소 밖에서 불
사를지며
22 다음 날에는 흠 없는 숫염소 한 마리
를 속죄제물로 삼아 드려서 그 제단
을 정결하게 하기를 수송아지로 정결
하게 함과 같이 하고
23 정결하게 하기를 마친 후에는 흠 없
는 수송아지 한 마리와 떼 가운데에
서 흠 없는 숫양 한 마리를 드리되
24 나 여호와 앞에 받들어다가 제사장
은 그 위에 소금을 쳐서 나 여호와께
번제로 드릴 것이며
25 칠 일 동안은 매일 염소 한 마리를
갖추어 속죄제물을 삼고 또 어린 수
송아지 한 마리와 떼 가운데에서 숫
양 한 마리를 흠 없는 것으로 갖출
것이며
26 이같이 칠 일 동안 제단을 위하여 속
죄제를 드려 정결하게 하며 드릴 것
이요
27 이 모든 날이 찬 후 제팔일과 그 다
음에는 제사장이 제단 위에서 너희
번제와 감사제를 드릴 것이라 그리하
면 내가 너희를 즐겁게 받으리라 주
여호와의 말씀이니라

성전 동쪽 문은 닫아 두라

44 그가 나를 데리고 성소의 동쪽
을 향한 바깥 문에 돌아오시니
그 문이 닫혔더라
2 여호와께서 내게 이르시되 이 문은
닫고 다시 열지 못할지니 아무도 그
리로 들어오지 못할 것은 이스라엘
하나님 나 여호와가 그리로 들어왔
음이라 그러므로 닫아 둘지니라
3 왕은 왕인 까닭에 안 길로 이 문 현
관으로 들어와서 거기에 앉아서 나
여호와 앞에서 음식을 먹고 그 길로
나갈 것이니라

여호와의 영광이 성전에 가득하다

4 그가 또 나를 데리고 북문을 통하여
성전 앞에 이르시기로 내가 보니 여
호와의 영광이 여호와의 성전에 가득
한지라 내가 얼굴을 땅에 대고 엎드
리니
5 여호와께서 내게 이르시되 인자야 너
는 전심으로 주목하여 내가 네게 말
하는 바 여호와의 성전의 모든 규례
와 모든 율례를 귀로 듣고 또 성전의
입구와 성소의 출구를 전심으로 주
목하고
6 너는 반역하는 자 곧 이스라엘 족속
에게 이르기를 주 여호와께서 이같

이 말씀하시기를 이스라엘 족속아
너희의 모든 가증한 일이 족하니라
7 너희가 마음과 몸에 할례 받지 아니
한 이방인을 데려오고 내 떡과 기름
과 피를 드릴 때에 그들로 내 성소
안에 있게 하여 내 성전을 더럽히므
로 너희의 모든 가증한 일 외에 그들
이 내 언약을 위반하게 하는 것이 되
었으며
8 너희가 내 성물의 직분을 지키지 아
니하고 내 성소에 사람을 두어 너희
직분을 대신 지키게 하였느니라

레위 사람들의 제사장 직분을 박탈하다

9 주 여호와께서 이같이 말씀하셨느니
라 이스라엘 족속 중에 있는 이방인
중에 마음과 몸에 할례를 받지 아니
한 이방인은 내 성소에 들어오지 못
하리라
10 이스라엘 족속이 그릇 행하여 나를
떠날 때에 레위 사람도 그릇 행하여
그 우상을 따라 나를 멀리 떠났으니
그 죄악을 담당하리라
11 그러나 그들이 내 성소에서 수종들
어 성전 문을 맡을 것이며 성전에서
수종들어 백성의 번제의 희생물과
다른 희생물을 잡아 백성 앞에 서서
수종들게 되리라
12 그들이 전에 백성을 위하여 그 우상
앞에서 수종들어 이스라엘 족속이
죄악에 걸려 넘어지게 하였으므로 내
가 내 손을 들어 쳐서 그들이 그 죄
악을 담당하였느니라 주 여호와의
말씀이니라
13 그들이 내게 가까이 나아와 제사장
의 직분을 행하지 못하며 또 내 성물
곧 지성물에 가까이 오지 못하리니
그들이 자기의 수치와 그 행한 바 가
증한 일을 담당하리라
14 그러나 내가 그들을 세워 성전을 지
키게 하고 성전에 모든 수종드는 일
과 그 가운데에서 행하는 모든 일을
맡기리라

제사장들

15 이스라엘 족속이 그릇 행하여 나를
떠날 때에 사독의 자손 레위 사람 제
사장들은 내 성소의 직분을 지켰은
즉 그들은 내게 가까이 나아와 수종
을 들되 내 앞에 서서 기름과 피를
내게 드릴지니라 주 여호와의 말씀이
니라

365묵상

예배하도록 우리를 초청하시는 주님

에스겔 44장은 장차 세워질 영광스런 새 성전에서 봉사할 자들의 자격과 그들이 유의해야 할 내용들을 언급하고 있다. 오늘날 우리는 에스겔 성전의 모든 것에 대해서 자세히 설명할 수 없다. 하지만 장차 회복될 백성의 삶에서도 여전히 하나님께 대한 성전 예배가 아주 중요하다는 사실을 상기시켜 준다. 과거에 하나님께서 그리하셨듯이, 이제와 앞으로도 하나님은 자기 백성이 예물과 찬양으로 자신에게 나오도록 언제든지 초청하신다. 진정 예배를 통해 하나님은 영광을 받으시고, 또한 우리의 믿음은 풍요로워진다.

16 그들이 내 성소에 들어오며 또 내 상
에 가까이 나아와 내게 수종들어 내
가 맡긴 직분을 지키되
17 그들이 안뜰 문에 들어올 때에나 안
뜰 문과 성전 안에서 수종들 때에는
양털 옷을 입지 말고 가는 베 옷을
입을 것이니
18 가는 베 관을 머리에 쓰며 가는 베
바지를 입고 땀이 나게 하는 것으로
허리를 동이지 말 것이며
19 그들이 바깥뜰 백성에게로 나갈 때
에는 수종드는 옷을 벗어 거룩한 방
에 두고 다른 옷을 입을지니 이는 그
옷으로 백성을 거룩하게 할까 함이
라
20 그들은 또 머리털을 밀지도 말며 머
리털을 길게 자라게도 말고 그 머리
털을 깎기만 할 것이며
21 아무 제사장이든지 안뜰에 들어갈
때에는 포도주를 마시지 말 것이며
22 과부나 이혼한 여인에게 장가 들지
말고 오직 이스라엘 족속의 처녀나
혹시 제사장의 과부에게 장가 들 것
이며
23 내 백성에게 거룩한 것과 속된 것의
구별을 가르치며 부정한 것과 정한
것을 분별하게 할 것이며
24 송사하는 일을 재판하되 내 규례대
로 재판할 것이며 내 모든 정한 절기
에는 내 법도와 율례를 지킬 것이며
또 내 안식일을 거룩하게 하며
25 시체를 가까이 하여 스스로 더럽히지
못할 것이로되 부모나 자녀나 형제나
시집 가지 아니한 자매를 위하여는
더럽힐 수 있으며
26 이런 자는 스스로 정결하게 한 후에
칠 일을 더 지낼 것이요
27 성소에서 수종들기 위해 안뜰과 성
소에 들어갈 때에는 속죄제를 드릴
지니라 주 여호와의 말씀이니라
28 그들에게는 기업이 있으리니 내가 곧
그 기업이라 너희는 이스라엘 가운데
에서 그들에게 산업을 주지 말라 내
가 그 산업이 됨이라
29 그들은 소제와 속죄제와 속건제의
제물을 먹을지니 이스라엘 중에서
구별하여 드리는 물건을 다 그들에
게 돌리며
30 또 각종 처음 익은 열매와 너희 모든
예물 중에 각종 거제 제물을 다 제
사장에게 돌리고 너희가 또 첫 밀가
루를 제사장에게 주어 그들에게 네
집에 복이 내리도록 하게 하라
31 새나 가축이 저절로 죽은 것이나 찢
겨서 죽은 것은 다 제사장이 먹지 말
것이니라

거룩한 구역

45 너희는 제비 뽑아 땅을 나누어
기업으로 삼을 때에 한 구역을
거룩한 땅으로 삼아 여호와께 예물
로 드릴지니 그 길이는 이만 오천 척
이요 너비는 만 척이라 그 구역 안 전
부가 거룩하리라
2 그 중에서 성소에 속할 땅은 길이가
오백 척이요 너비가 오백 척이니 네
모가 반듯하며 그 외에 사방 쉰 척으
로 전원이 되게 하되
3 이 측량한 가운데에서 길이는 이만
오천 척을 너비는 만 척을 측량하고
그 안에 성소를 둘지니 지극히 거룩
한 곳이요
4 그 곳은 성소에서 수종드는 제사장
들 곧 하나님께 가까이 나아가서 수
종드는 자들에게 주는 거룩한 땅이
니 그들이 집을 지을 땅이며 성소를
위한 거룩한 곳이라
5 또 길이는 이만 오천 척을 너비는 만
척을 측량하여 성전에서 수종드는
레위 사람에게 돌려 그들의 거주지
를 삼아 마을 스물을 세우게 하고
6 구별한 거룩한 구역 옆에 너비는 오
천 척을 길이는 이만 오천 척을 측량
하여 성읍의 기지로 삼아 이스라엘
온 족속에게 돌리고
7 드린 거룩한 구역과 성읍의 기지 된
땅의 좌우편 곧 드린 거룩한 구역의
옆과 성읍의 기지 옆의 땅을 왕에게
돌리되 서쪽으로 향하여 서쪽 국경까
지와 동쪽으로 향하여 동쪽 국경까
지니 그 길이가 구역 하나와 서로 같
을지니라
8 이 땅을 왕에게 돌려 이스라엘 가운
데에 기업으로 삼게 하면 나의 왕들
이 다시는 내 백성을 압제하지 아니
하리라 그 나머지 땅은 이스라엘 족
속에게 그 지파대로 줄지니라

통치자들의 통치 법칙

9 주 여호와께서 이같이 말씀하셨느니
라 이스라엘의 통치자들아 너희에게
만족하니라 너희는 포악과 겁탈을
제거하여 버리고 정의와 공의를 행하
여 내 백성에게 속여 빼앗는 것을 그
칠지니라 주 여호와의 말씀이니라
10 너희는 공정한 저울과 공정한 에바
와 공정한 밧을 쓸지니
11 에바와 밧은 그 용량을 동일하게 하
되 호멜의 용량을 따라 밧은 십분의
일 호멜을 담게 하고 에바도 십분의
일 호멜을 담게 할 것이며
12 세겔은 이십 게라니 이십 세겔과 이
십오 세겔과 십오 세겔로 너희 마네
가 되게 하라

13 너희가 마땅히 드릴 예물은 이러하니
밀 한 호멜에서는 육분의 일 에바를
드리고 보리 한 호멜에서도 육분의
일 에바를 드리며
14 기름은 정한 규례대로 한 고르에서
십분의 일 밧을 드릴지니 기름의 밧
으로 말하면 한 고르는 십 밧 곧 한
호멜이며 (십 밧은 한 호멜이라)
15 또 이스라엘의 윤택한 초장의 가축
떼 이백 마리에서는 어린 양 한 마리
를 드릴 것이라 백성을 속죄하기 위
하여 이것들을 소제와 번제와 감사
제물로 삼을지니라 주 여호와의 말
씀이니라
16 이 땅 모든 백성은 이 예물을 이스라
엘의 군주에게 드리고
17 군주의 본분은 번제와 소제와 전제
를 명절과 초하루와 안식일과 이스
라엘 족속의 모든 정한 명절에 갖추
는 것이니 이스라엘 족속을 속죄하기
위하여 이 속죄제와 소제와 번제와
감사 제물을 갖출지니라

유월절과 일곱째 달 열다섯째 날

18 여호와께서 이같이 말씀하셨느니라
첫째 달 초하룻날에 흠 없는 수송아
지 한 마리를 가져다가 성소를 정결
하게 하되
19 제사장이 그 속죄제 희생제물의 피
를 가져다가 성전 문설주와 제단 아
래층 네 모퉁이와 안뜰 문설주에 바
를 것이요
20 그 달 칠일에도 모든 과실범과 모르
고 범죄한 자를 위하여 역시 그렇게
하여 성전을 속죄할지니라
21 첫째 달 열나흗날에는 유월절을 칠
일 동안 명절로 지키며 누룩 없는 떡
을 먹을 것이라
22 그 날에 왕은 자기와 이 땅 모든 백
성을 위하여 송아지 한 마리를 갖추
어 속죄제를 드릴 것이요
23 또 명절 칠 일 동안에는 그가 나 여
호와를 위하여 번제를 준비하되 곧
이레 동안에 매일 흠 없는 수송아지
일곱 마리와 숫양 일곱 마리이며 또
매일 숫염소 한 마리를 갖추어 속죄
제를 드릴 것이며
24 또 소제를 갖추되 수송아지 한 마리
에는 밀가루 한 에바요 숫양 한 마리
에도 한 에바며 밀가루 한 에바에는
기름 한 힌 씩이며
25 일곱째 달 열다섯째 날에 칠 일 동안
명절을 지켜 속죄제와 번제며 그 밀
가루와 기름을 드릴지니라

안식일과 초하루

46 주 여호와께서 이같이 말씀하셨
느니라 안뜰 동쪽을 향한 문은

일하는 엿새 동안에는 닫되 안식일
에는 열며 초하루에도 열고
2 군주는 바깥 문 현관을 통하여 들어
와서 문 벽 곁에 서고 제사장은 그를
위하여 번제와 감사제를 드릴 것이요
군주는 문 통로에서 예배한 후에 밖
으로 나가고 그 문은 저녁까지 닫지
말 것이며
3 이 땅 백성도 안식일과 초하루에 이
문 입구에서 나 여호와 앞에 예배할
것이며
4 안식일에 군주가 여호와께 드릴 번
제는 흠 없는 어린 양 여섯 마리와
흠 없는 숫양 한 마리라
5 그 소제는 숫양 하나에는 밀가루 한
에바요 모든 어린 양에는 그 힘대로
할 것이며 밀가루 한 에바에는 기름
한 힌 씩이니라
6 초하루에는 흠 없는 수송아지 한 마
리와 어린 양 여섯 마리와 숫양 한 마
리를 드리되 모두 흠 없는 것으로 할
것이며
7 또 소제를 준비하되 수송아지에는
밀가루 한 에바요 숫양에도 밀가루
한 에바며 모든 어린 양에는 그 힘대
로 할 것이요 밀가루 한 에바에는 기
름 한 힌씩이며
8 군주가 올 때에는 이 문 현관을 통
하여 들어오고 나갈 때에도 그리할
지니라
9 그러나 모든 정한 절기에 이 땅 백성
이 나 여호와 앞에 나아올 때에는
북문으로 들어와서 경배하는 자는
남문으로 나가고 남문으로 들어오
는 자는 북문으로 나갈지라 들어온
문으로 도로 나가지 말고 그 몸이
앞으로 향한 대로 나갈지며
10 군주가 무리 가운데에 있어서 그들
이 들어올 때에 들어오고 그들이 나
갈 때에 나갈지니라
11 명절과 성회 때에 그 소제는 수송아
지 한 마리에 밀가루 한 에바요 숫양
한 마리에도 한 에바요 모든 어린 양
에는 그 힘대로 할 것이며 밀가루 한
에바에는 기름 한 힌씩이며
12 만일 군주가 자원하여 번제를 준비
하거나 혹은 자원하여 감사제를 준
비하여 나 여호와께 드릴 때에는 그
를 위하여 동쪽을 향한 문을 열고
그가 번제와 감사제를 안식일에 드
림 같이 드리고 밖으로 나갈지며 나
간 후에 문을 닫을지니라

매일 드리는 제사

13 아침마다 일년 되고 흠 없는 어린 양
한 마리를 번제를 갖추어 나 여호와
께 드리고

14 또 아침마다 그것과 함께 드릴 소제
를 갖추되 곧 밀가루 육분의 일 에바
와 기름 삼분의 일 힌을 섞을 것이니
이는 영원한 규례로 삼아 항상 나 여
호와께 드릴 소제라
15 이같이 아침마다 그 어린 양과 밀가
루와 기름을 준비하여 항상 드리는
번제물로 삼을지니라

군주와 그의 기업

16 주 여호와께서 이같이 말씀하셨느니
라 군주가 만일 한 아들에게 선물을
준즉 그의 기업이 되어 그 자손에게
속하나니 이는 그 기업을 이어 받음
이어니와
17 군주가 만일 그 기업을 한 종에게 선
물로 준즉 그 종에게 속하여 희년까
지 이르고 그 후에는 군주에게로 돌
아갈 것이니 군주의 기업은 그 아들
이 이어 받을 것임이라
18 군주는 백성의 기업을 빼앗아 그 산
업에서 쫓아내지 못할지니 군주가
자기 아들에게 기업으로 줄 것은 자
기 산업으로만 할 것임이라 백성이
각각 그 산업을 떠나 흩어지지 않게
할 것이니라

성전 부엌

19 그 후에 그가 나를 데리고 문 곁 통
행구를 통하여 북쪽을 향한 제사장
의 거룩한 방에 들어가시니 그 방 뒤
서쪽에 한 처소가 있더라
20 그가 내게 이르시되 이는 제사장이
속건제와 속죄제 희생제물을 삶으며
소제 제물을 구울 처소니 그들이 이
성물을 가지고 바깥뜰에 나가면 백
성을 거룩하게 할까 함이니라 하시고
21 나를 데리고 바깥뜰로 나가서 나를
뜰 네 구석을 지나가게 하시는데 본
즉 그 뜰 매 구석에 또 뜰이 있는데
22 뜰의 네 구석 안에는 집이 있으니 길
이는 마흔 척이요 너비는 서른 척이
라 구석의 네 뜰이 같은 크기며
23 그 작은 네 뜰 사방으로 돌아가며
부엌이 있고 그 사방 부엌에 삶는 기
구가 설비되었는데
24 그가 내게 이르시되 이는 삶는 부엌
이니 성전에서 수종드는 자가 백성의
제물을 여기서 삶을 것이니라 하시더
라

성전에서 나오는 물

47 그가 나를 데리고 성전 문에 이
르시니 성전의 앞면이 동쪽을
향하였는데 그 문지방 밑에서 물이
나와 동쪽으로 흐르다가 성전 오른
쪽 제단 남쪽으로 흘러 내리더라
2 그가 또 나를 데리고 북문으로 나가
서 바깥 길로 꺾여 동쪽을 향한 바깥

문에 이르시기로 본즉 물이 그 오른
쪽에서 스며 나오더라
3 그 사람이 손에 줄을 잡고 동쪽으로
나아가며 천 척을 측량한 후에 내게
그 물을 건너게 하시니 물이 발목에
오르더니
4 다시 천 척을 측량하고 내게 물을 건
너게 하시니 물이 무릎에 오르고 다
시 천 척을 측량하고 내게 물을 건너
게 하시니 물이 허리에 오르고
5 다시 천 척을 측량하시니 물이 내가
건너지 못할 강이 된지라 그 물이 가
득하여 헤엄칠 만한 물이요 사람이
능히 건너지 못할 강이더라
6 그가 내게 이르시되 인자야 네가 이
것을 보았느냐 하시고 나를 인도하
여 강 가로 돌아가게 하시기로
7 내가 돌아가니 강 좌우편에 나무가
심히 많더라
8 그가 내게 이르시되 이 물이 동쪽으
로 향하여 흘러 아라바로 내려가서
바다에 이르리니 이 흘러 내리는 물
로 그 바다의 물이 되살아나리라
9 이 강물이 이르는 곳마다 번성하는
모든 생물이 살고 또 고기가 심히 많
으리니 이 물이 흘러 들어가므로 바
닷물이 되살아나겠고 이 강이 이르
는 각처에 모든 것이 살 것이며
10 또 이 강 가에 어부가 설 것이니 엔
게디에서부터 에네글라임까지 그물
치는 곳이 될 것이라 그 고기가 각기
종류를 따라 큰 바다의 고기 같이 심
히 많으려니와
11 그 진펄과 개펄은 되살아나지 못하
고 소금 땅이 될 것이며
12 강 좌우 가에는 각종 먹을 과실나무
가 자라서 그 잎이 시들지 아니하며
열매가 끊이지 아니하고 달마다 새
열매를 맺으리니 그 물이 성소를 통
하여 나옴이라 그 열매는 먹을 만하
고 그 잎사귀는 약 재료가 되리라

땅의 경계선과 분배

13 주 여호와께서 이같이 말씀하셨느니
라 너희는 이 경계선대로 이스라엘
열두 지파에게 이 땅을 나누어 기업
이 되게 하되 요셉에게는 두 몫이니
라
14 내가 옛적에 내 손을 들어 맹세하여
이 땅을 너희 조상들에게 주겠다고
하였나니 너희는 공평하게 나누어 기

365묵상

신앙의 유산을 남기기

하나님은 미래의 영광을 묘사하면서 자기 백성이 하나님의 유산을 서로 공평하게 나누기를 바라셨다(겔 47:13-14). 하나님의 사랑의 유산은 누구도 편애하지 않는다. 우리도 죽음을 예상하고 사랑하는 이들에게 미리 유언장을 만들어놓으면 어떨까? 우리는 이 세상에 남기고 가는 것들을 통해 우리가 남아있는 한 사람 한 사람을 똑같이 모두 소중하게 생각하고 있다는 사실을 알릴 수 있어야 한다. 우리가 무엇을 남기느냐하는 것은 각자에게 달려있지만, 모든 것들 중에서도 가장 소중한 '신앙의 유산'은 반드시 남겨야 한다.

업을 삼으라 이 땅이 너희의 기업이
되리라
15 이 땅 경계선은 이러하니라 북쪽은
대해에서 헤들론 길을 거쳐 스닷 어
귀까지니
16 곧 하맛과 브로다며 다메섹 경계선
과 하맛 경계선 사이에 있는 시브라
임과 하우란 경계선 곁에 있는 하셀
핫디곤이라
17 그 경계선이 바닷가에서부터 다메섹
경계선에 있는 하살에논까지요 그
경계선이 또 북쪽 끝에 있는 하맛 경
계선에 이르렀나니 이는 그 북쪽이
요
18 동쪽은 하우란과 다메섹과 및 길르
앗과 이스라엘 땅 사이에 있는 요단
강이니 북쪽 경계선에서부터 동쪽 바
다까지 측량하라 이는 그 동쪽이요
19 남쪽은 다말에서부터 므리봇 가데스
물에 이르고 애굽 시내를 따라 대해
에 이르나니 이는 그 남쪽이요
20 서쪽은 대해라 남쪽 경계선에서부터
맞은쪽 하맛 어귀까지 이르나니 이는
그 서쪽이니라
21 그런즉 너희가 이스라엘 모든 지파
대로 이 땅을 나누어 차지하라
22 너희는 이 땅을 나누되 제비 뽑아 너
희와 너희 가운데에 머물러 사는 타
국인 곧 너희 가운데에서 자녀를 낳
은 자의 기업이 되게 할지니 너희는
그 타국인을 본토에서 난 이스라엘
족속 같이 여기고 그들도 이스라엘
지파 중에서 너희와 함께 기업을 얻
게 하되
23 타국인이 머물러 사는 그 지파에서
그 기업을 줄지니라 주 여호와의 말
씀이니라

각 지파의 몫과 거룩한 땅

48 모든 지파의 이름은 이와 같으
니라 북쪽 끝에서부터 헤들론
길을 거쳐 하맛 어귀를 지나서 다메
섹 경계선에 있는 하살에논까지 곧
북쪽으로 하맛 경계선에 미치는 땅
동쪽에서 서쪽까지는 단의 몫이요
2 단 경계선 다음으로 동쪽에서 서쪽
까지는 아셀의 몫이요
3 아셀 경계선 다음으로 동쪽에서 서
쪽까지는 납달리의 몫이요
4 납달리 경계선 다음으로 동쪽에서
서쪽까지는 므낫세의 몫이요
5 므낫세 경계선 다음으로 동쪽에서
서쪽까지는 에브라임의 몫이요
6 에브라임 경계선 다음으로 동쪽에서
서쪽까지는 르우벤의 몫이요
7 르우벤 경계선 다음으로 동쪽에서
서쪽까지는 유다의 몫이요

8 유다 경계선 다음으로 동쪽에서 서
쪽까지는 너희가 예물로 드릴 땅이
라 너비는 이만 오천 척이요 길이는
다른 몫의 동쪽에서 서쪽까지와 같
고 성소는 그 중앙에 있을지니
9 곧 너희가 여호와께 드려 예물로 삼
을 땅의 길이는 이만 오천 척이요 너
비는 만 척이라
10 이 드리는 거룩한 땅은 제사장에게
돌릴지니 북쪽으로 길이가 이만 오천
척이요 서쪽으로 너비는 만 척이요
동쪽으로 너비가 만 척이요 남쪽으
로 길이가 이만 오천 척이라 그 중앙
에 여호와의 성소가 있게 하고
11 이 땅을 사독의 자손 중에서 거룩하
게 구별한 제사장에게 돌릴지어다
그들은 직분을 지키고 이스라엘 족
속이 그릇될 때에 레위 사람이 그릇
된 것처럼 그릇되지 아니하였느니라
12 땅의 예물 중에서 그들이 예물을 받
을지니 레위인의 접경지에 관한 가장
거룩한 예물이니라
13 제사장의 경계선을 따라 레위 사람의
몫을 주되 길이는 이만 오천 척이요
너비는 만 척으로 할지니 이 구역의
길이가 이만 오천 척이요 너비가 각기
만 척이라
14 그들이 그 땅을 팔지도 못하며 바꾸
지도 못하며 그 땅의 처음 익은 열매
를 남에게 주지도 못하리니 이는 여
호와께 거룩히 구별한 것임이라
15 이 이만 오천 척 다음으로 너비 오천
척은 속된 땅으로 구분하여 성읍을
세우며 거주하는 곳과 전원을 삼되
성읍이 그 중앙에 있게 할지니
16 그 크기는 북쪽도 사천오백 척이요
남쪽도 사천오백 척이요 동쪽도 사
천오백 척이요 서쪽도 사천오백 척이
며
17 그 성읍의 들은 북쪽으로 이백오십
척이요 남쪽으로 이백오십 척이요
동쪽으로 이백오십 척이요 서쪽으로
이백오십 척이며
18 예물을 삼아 거룩히 구별할 땅과 연
접하여 남아 있는 땅의 길이는 동쪽
으로 만 척이요 서쪽으로 만 척이라
곧 예물을 삼아 거룩하게 구별할 땅
과 연접하였으며 그 땅의 소산을 성
읍에서 일하는 자의 양식을 삼을지
라
19 이스라엘 모든 지파 가운데에 그 성
읍에서 일하는 자는 그 땅을 경작할
지니라
20 그런즉 예물로 드리는 땅의 합계는
길이도 이만 오천 척이요 너비도 이
만 오천 척이라 너희가 거룩히 구별

하여 드릴 땅은 성읍의 기지와 합하
여 네모 반듯할 것이니라
21 거룩하게 구별할 땅과 성읍의 기지
좌우편에 남은 땅은 군주에게 돌릴
지니 곧 거룩하게 구별할 땅의 동쪽
을 향한 그 경계선 앞 이만 오천 척
과 서쪽을 향한 그 경계선 앞 이만
오천 척이라 다른 몫들과 연접한 땅
이니 이것을 군주에게 돌릴 것이며
거룩하게 구별할 땅과 성전의 성소가
그 중앙에 있으리라
22 그런즉 군주에게 돌려 그에게 속할
땅은 레위 사람의 기업 좌우편과 성
읍의 기지 좌우편이며 유다 지경과
베냐민 지경 사이에 있을지니라

나머지 지파들의 몫

23 그 나머지 모든 지파는 동쪽에서 서
쪽까지는 베냐민의 몫이요
24 베냐민 경계선 다음으로 동쪽에서
서쪽까지는 시므온의 몫이요
25 시므온 경계선 다음으로 동쪽에서
서쪽까지는 잇사갈의 몫이요
26 잇사갈 경계선 다음으로 동쪽에서
서쪽까지는 스불론의 몫이요
27 스불론 경계선 다음으로 동쪽에서
서쪽까지는 갓의 몫이며
28 갓 경계선 다음으로 남쪽 경계선은
다말에서부터 므리바가데스 샘에 이
르고 애굽 시내를 따라 대해에 이르
나니
29 이것은 너희가 제비 뽑아 이스라엘
지파에게 나누어 주어 기업이 되게
할 땅이요 또 이것들은 그들의 몫이
니라 주 여호와의 말씀이니라

예루살렘 성읍의 문들

30 그 성읍의 출입구는 이러하니라 북
쪽의 너비가 사천오백 척이라
31 그 성읍의 문들은 이스라엘 지파들
의 이름을 따를 것인데 북쪽으로 문
이 셋이라 하나는 르우벤 문이요 하
나는 유다 문이요 하나는 레위 문이
며
32 동쪽의 너비는 사천오백 척이니 또한
문이 셋이라 하나는 요셉 문이요 하
나는 베냐민 문이요 하나는 단 문이
며
33 남쪽의 너비는 사천오백 척이니 또한
문이 셋이라 하나는 시므온 문이요
하나는 잇사갈 문이요 하나는 스불
론 문이며
34 서쪽도 사천오백 척이니 또한 문이
셋이라 하나는 갓 문이요 하나는 아
셀 문이요 하나는 납달리 문이며
35 그 사방의 합계는 만 팔천 척이라 그
날 후로는 그 성읍의 이름을 여호와
삼마라 하리라

다니엘 Daniel

이 책은 '구약의 계시록'으로 불릴 만큼, 놀랍고 신비한 계시의 환상들로 가득 찬 책이다. 하나님께서는 바벨론의 제1차 침공 때에(주전 605년) 예루살렘에서 바벨론으로 포로로 잡혀간 한 젊은 유대인 청년, 곧 다니엘을 통해서 이스라엘과 세계 열방의 운명에 대한 미래의 역사를 묵시 문학적인 상징주의 표현으로 전달해 주셨다.

제목 '하나님은 재판관이시다'라는 뜻으로, 저자의 이름을 반영하고 있다.

저자 다니엘. 전체적인 구성이 다니엘의 경험을 위주로 진행되었다는 점, 7-12장의 계시의 수납자인 점, 그리고 그리스도의 증거(마 24:15) 등이 이를 뒷받침해 준다.

기록 연대 B.C. 530년경. 2:4-7:28이 아람어로 기록된 것은, 아람어가 근동의 공용어로 쓰이던 B.C. 6세기 후반의 기록임을 입증하며, 바벨론의 함락(B.C. 539년), 다리오의 등장은 본서의 저작 시기를 B.C. 530년경으로 확정지어 준다.

기록 목적 ① 하나님만이 역사의 주관자가 되심을 깨닫게 하기 위하여. ② 다니엘의 형통하는 삶을 보여 주어 언약에 신실하신 하나님을 의지하게 하기 위하여.

주제 역사의 주관자이신 하나님. 하나님의 계시에 따라 형통하는 삶을 산 다니엘을 통하여 계획과 목적을 가지고 온 세계에 절대 주권을 행사하시는 하나님을 깨닫게 했다.

특징 ① 묵시문학-다수의 상징과 환상을 이용하여 사상을 표현하는 후기 유다 특유의 문학 양식으로 본서와 요한계시록이 이 장르에 속한다. ② 예언의 정확성-7장에서 12장까지의 열국에 대한 예언은 후대의 연구가가 다니엘의 저작권을 부인하는 근거로 삼을 만큼 정확하게 성취되었다. 이는 본서의 예언이 하나님으로부터 수여된 신적 계시임을 나타내 준다.

본서의 내용

I. 역사적(歷史的)인 사실
① 다니엘의 이력(1:1-21)
② 느부갓네살의 꿈과 해석(2:1-4:37)
③ 벨사살과 다리오 (5:1-6:28)

II. 묵시적(默示的)인 사실
① 네 짐승의 환상(7:1-28)
② 숫양과 숫염소의 환상 (8:1-27)
③ 일흔이레의 환상 (9:1-27)
④ 이스라엘의 장래 환상 (10:1-12:13)

연대표

B.C.	
722년	앗수르의 사마리아 정복
612년	바벨론의 앗수르 정복
605년	바벨론의 유다 침공(1차)
	다니엘이 포로됨
597년	바벨론의 유다 침공(2차)
	에스겔이 포로됨
588년	바벨론의 유다 침공(3차)
586년	예루살렘 함락
580년	다니엘의 풀무불
572년	바벨론의 애굽 원정(1차)
568년	바벨론의 애굽 원정(2차)
562년	느부갓네살 사망
561년	여호야긴의 출옥
560년	네르갈사레살의 통치(~556년)
556년	나보니두스의 통치(~539년)
550년	벨사살의 통치(~539년)
	다니엘 4짐승 환상
539년	벨사살의 연회
	분봉왕 다리오 통치(~538년)
538년	다니엘과 사자굴
	고레스의 귀환 조서
537년	유대인 1차 귀환(스룹바벨 인도)

· 다니엘의 주요 무대

다니엘 Daniel

느부갓네살 왕궁의 소년들

1 유다 왕 여호야김이 다스린 지 삼
년이 되는 해에 바벨론 왕 느부갓
네살이 예루살렘에 이르러 성을 에
워쌌더니
2 주께서 유다 왕 여호야김과 하나님
의 전 그릇 얼마를 그의 손에 넘기시
매 그가 그것을 가지고 시날 땅 자기
신들의 신전에 가져다가 그 신들의
보물 창고에 두었더라
3 왕이 환관장 아스부나스에게 말하여
이스라엘 자손 중에서 왕족과 귀족
몇 사람
4 곧 흠이 없고 용모가 아름다우며 모
든 지혜를 통찰하며 지식에 통달하며
학문에 익숙하여 왕궁에 설 만한 소
년을 데려오게 하였고 그들에게 갈
대아 사람의 학문과 언어를 가르치
게 하였고
5 또 왕이 지정하여 그들에게 왕의 음
식과 그가 마시는 포도주에서 날마
다 쓸 것을 주어 삼 년을 기르게 하
였으니 그 후에 그들은 왕 앞에 서
게 될 것이더라
6 그들 가운데는 유다 자손 곧 다니엘
과 하나냐와 미사엘과 아사랴가 있
었더니
7 환관장이 그들의 이름을 고쳐 다니
엘은 벨드사살이라 하고 하나냐는
사드락이라 하고 미사엘은 메삭이라
하고 아사랴는 아벳느고라 하였더라
8 다니엘은 뜻을 정하여 왕의 음식과
그가 마시는 포도주로 자기를 더럽
히지 아니하리라 하고 자기를 더럽히
지 아니하도록 환관장에게 구하니
9 하나님이 다니엘로 하여금 환관장에
게 은혜와 긍휼을 얻게 하신지라
10 환관장이 다니엘에게 이르되 내가
내 주 왕을 두려워하노라 그가 너희
먹을 것과 너희 마실 것을 지정하셨거
늘 너희의 얼굴이 초췌하여 같은 또
래의 소년들만 못한 것을 그가 보게
할 것이 무엇이냐 그렇게 되면 너희
때문에 내 머리가 왕 앞에서 위태롭
게 되리라 하니라
11 환관장이 다니엘과 하나냐와 미사엘
과 아사랴를 감독하게 한 자에게 다
니엘이 말하되
12 청하오니 당신의 종들을 열흘 동안
시험하여 채식을 주어 먹게 하고 물
을 주어 마시게 한 후에
13 당신 앞에서 우리의 얼굴과 왕의 음

식을 먹는 소년들의 얼굴을 비교하여
보아서 당신이 보는 대로 종들에게
행하소서 하매
14 그가 그들의 말을 따라 열흘 동안 시
험하더니
15 열흘 후에 그들의 얼굴이 더욱 아름
답고 살이 더욱 윤택하여 왕의 음식
을 먹는 다른 소년들보다 더 좋아
보인지라
16 그리하여 감독하는 자가 그들에게
지정된 음식과 마실 포도주를 제하
고 채식을 주니라
17 하나님이 이 네 소년에게 학문을 주
시고 모든 서적을 깨닫게 하시고 지
혜를 주셨으니 다니엘은 또 모든 환
상과 꿈을 깨달아 알더라
18 왕이 말한 대로 그들을 불러들일 기
한이 찼으므로 환관장이 그들을 느
부갓네살 앞으로 데리고 가니
19 왕이 그들과 말하여 보매 무리 중에
다니엘과 하나냐와 미사엘과 아사랴
와 같은 자가 없으므로 그들을 왕
앞에 서게 하고
20 왕이 그들에게 모든 일을 묻는 중에
그 지혜와 총명이 온 나라 박수와 술
객보다 십 배나 나은 줄을 아니라
21 다니엘은 고레스 왕 원년까지 있으니
라

느부갓네살의 꿈

2 느부갓네살이 다스린 지 이 년이
되는 해에 느부갓네살이 꿈을 꾸
고 그로 말미암아 마음이 번민하여
잠을 이루지 못한지라
2 왕이 그의 꿈을 자기에게 알려 주도
록 박수와 술객과 점쟁이와 갈대아
술사를 부르라 말하매 그들이 들어
가서 왕의 앞에 선지라
3 왕이 그들에게 이르되 내가 꿈을 꾸
고 그 꿈을 알고자 하여 마음이 번민
하도다 하니
4 갈대아 술사들이 아람 말로 왕에게
말하되 왕이여 만수무강 하옵소서
왕께서 그 꿈을 종들에게 이르시면
우리가 해석하여 드리겠나이다 하는
지라
5 왕이 갈대아인들에게 대답하여 이르
되 내가 명령을 내렸나니 너희가 만일
꿈과 그 해석을 내게 알게 하지 아니
하면 너희 몸을 쪼갤 것이며 너희의
집을 거름더미로 만들 것이요

365묵상

어디에서든지 변함없는 신앙

다니엘은 나라를 잃고 바벨론 땅에 포로로 잡혀간 유대인 청년이었다. 하지만 거기서도 다니엘은 뜻을 세워 신앙 규칙을 정하고, 하나님 앞에서 잘 지키기로 작정했다. 그것은 우상에게 제사 드린 음식을 결코 먹지 않겠다는 것이었다(단 1:8). 큰 어려움이 예상되었지만 다니엘은 자신이 믿는바 여호와 신앙에 저촉되는 지역 문화의 유혹에 저항함으로써 올바른 신념을 확고히 붙잡았다. 당신은 어떠한가? 교회에서 행동하는 그 삶이 집과 사회와 일터에서도 동일한가? 어디에서든 경건한 신앙의 특성을 유지하고 있는가?

6 너희가 만일 꿈과 그 해석을 보이면
너희가 선물과 상과 큰 영광을 내게
서 얻으리라 그런즉 꿈과 그 해석을
내게 보이라 하니
7 그들이 다시 대답하여 이르되 원하건
대 왕은 꿈을 종들에게 이르소서 그
리하시면 우리가 해석하여 드리겠나
이다 하니
8 왕이 대답하여 이르되 내가 분명히
아노라 너희가 나의 명령이 내렸음을
보았으므로 시간을 지연하려 함이로
다
9 너희가 만일 이 꿈을 내게 알게 하지
아니하면 너희를 처치할 법이 오직 하
나이니 이는 너희가 거짓말과 망령된
말을 내 앞에서 꾸며 말하여 때가 변
하기를 기다리려 함이라 이제 그 꿈
을 내게 알게 하라 그리하면 너희가
그 해석도 보일 줄을 내가 알리라 하
더라
10 갈대아인들이 왕 앞에 대답하여 이
르되 세상에는 왕의 그 일을 보일 자
가 한 사람도 없으므로 어떤 크고 권
력 있는 왕이라도 이런 것으로 박수
에게나 술객에게나 갈대아인들에게
물은 자가 없었나이다
11 왕께서 물으신 것은 어려운 일이라
육체와 함께 살지 아니하는 신들 외
에는 왕 앞에 그것을 보일 자가 없나
이다 한지라
12 왕이 이로 말미암아 진노하고 통분
하여 바벨론의 모든 지혜자들을 다
죽이라 명령하니라
13 왕의 명령이 내리매 지혜자들은 죽게
되었고 다니엘과 그의 친구들도 죽
이려고 찾았더라

다니엘에게 은밀한 것을 보이시다

14 그 때에 왕의 근위대장 아리옥이 바
벨론 지혜자들을 죽이러 나가매 다
니엘이 명철하고 슬기로운 말로
15 왕의 근위대장 아리옥에게 물어 이
르되 왕의 명령이 어찌 그리 급하냐
하니 아리옥이 그 일을 다니엘에게
알리매
16 다니엘이 들어가서 왕께 구하기를 시
간을 주시면 왕에게 그 해석을 알려
드리리이다 하니라
17 이에 다니엘이 자기 집으로 돌아가서
그 친구 하나냐와 미사엘과 아사랴
에게 그 일을 알리고
18 하늘에 계신 하나님이 이 은밀한 일
에 대하여 불쌍히 여기사 다니엘과
친구들이 바벨론의 다른 지혜자들과
함께 죽임을 당하지 않게 하시기를
그들로 하여금 구하게 하니라
19 이에 이 은밀한 것이 밤에 환상으로

다니엘에게 나타나 보이매 다니엘이
하늘에 계신 하나님을 찬송하니라
20 다니엘이 말하여 이르되 영원부터 영
원까지 하나님의 이름을 찬송할 것은
지혜와 능력이 그에게 있음이로다
21 그는 때와 계절을 바꾸시며 왕들을
폐하시고 왕들을 세우시며 지혜자에
게 지혜를 주시고 총명한 자에게 지
식을 주시는도다
22 그는 깊고 은밀한 일을 나타내시고
어두운 데에 있는 것을 아시며 또 빛
이 그와 함께 있도다
23 나의 조상들의 하나님이여 주께서 이
제 내게 지혜와 능력을 주시고 우리
가 주께 구한 것을 내게 알게 하셨사
오니 내가 주께 감사하고 주를 찬양
하나이다 곧 주께서 왕의 그 일을 내
게 보이셨나이다 하니라
24 이에 다니엘은 왕이 바벨론 지혜자
들을 죽이라 명령한 아리옥에게로
가서 그에게 이같이 이르되 바벨론
지혜자들을 죽이지 말고 나를 왕의
앞으로 인도하라 그리하면 내가 그
해석을 왕께 알려 드리리라 하니

다니엘이 꿈을 해석하다

25 이에 아리옥이 다니엘을 데리고 급히
왕 앞에 들어가서 아뢰되 내가 사로
잡혀 온 유다 자손 중에서 한 사람을
찾아내었나이다 그가 그 해석을 왕
께 알려 드리리이다 하니라
26 왕이 대답하여 벨드사살이라 이름한
다니엘에게 이르되 내가 꾼 꿈과 그
해석을 네가 능히 내게 알게 하겠느
냐 하니
27 다니엘이 왕 앞에 대답하여 이르되
왕이 물으신 바 은밀한 것은 지혜자
나 술객이나 박수나 점쟁이가 능히
왕께 보일 수 없으되
28 오직 은밀한 것을 나타내실 이는 하
늘에 계신 하나님이시라 그가 느부
갓네살 왕에게 후일에 될 일을 알게
하셨나이다 왕의 꿈 곧 왕이 침상에
서 머리 속으로 받은 환상은 이러하
니이다
29 왕이여 왕이 침상에서 장래 일을 생
각하실 때에 은밀한 것을 나타내시
는 이가 장래 일을 왕에게 알게 하셨
사오며
30 내게 이 은밀한 것을 나타내심은 내
지혜가 모든 사람보다 낫기 때문이
아니라 오직 그 해석을 왕에게 알려
서 왕이 마음으로 생각하던 것을 왕
에게 알려 주려 하심이니이다
31 왕이여 왕이 한 큰 신상을 보셨나이
다 그 신상이 왕의 앞에 섰는데 크고
광채가 매우 찬란하며 그 모양이 심

히 두려우니
32 그 우상의 머리는 순금이요 가슴과
두 팔은 은이요 배와 넓적다리는 놋
이요
33 그 종아리는 쇠요 그 발은 얼마는 쇠
요 얼마는 진흙이었나이다
34 또 왕이 보신즉 손대지 아니한 돌이
나와서 신상의 쇠와 진흙의 발을 쳐
서 부서뜨리매
35 그 때에 쇠와 진흙과 놋과 은과 금
이 다 부서져 여름 타작 마당의 겨 같
이 되어 바람에 불려 간 곳이 없었고
우상을 친 돌은 태산을 이루어 온
세계에 가득하였나이다
36 그 꿈이 이러한즉 내가 이제 그 해석
을 왕 앞에 아뢰리이다
37 왕이여 왕은 여러 왕들 중의 왕이시
라 하늘의 하나님이 나라와 권세와
능력과 영광을 왕에게 주셨고
38 사람들과 들짐승과 공중의 새들, 어
느 곳에 있는 것을 막론하고 그것들
을 왕의 손에 넘기사 다 다스리게 하
셨으니 왕은 곧 그 금 머리니이다
39 왕을 뒤이어 왕보다 못한 다른 나라
가 일어날 것이요 셋째로 또 놋 같은
나라가 일어나서 온 세계를 다스릴
것이며
40 넷째 나라는 강하기가 쇠 같으리니
쇠는 모든 물건을 부서뜨리고 이기
는 것이라 쇠가 모든 것을 부수는 것
같이 그 나라가 뭇 나라를 부서뜨리
고 찧을 것이며
41 왕께서 그 발과 발가락이 얼마는 토
기장이의 진흙이요 얼마는 쇠인 것을
보셨은즉 그 나라가 나누일 것이며
왕께서 쇠와 진흙이 섞인 것을 보셨
은즉 그 나라가 쇠 같은 든든함이 있
을 것이나
42 그 발가락이 얼마는 쇠요 얼마는 진
흙인즉 그 나라가 얼마는 든든하고
얼마는 부서질 만할 것이며
43 왕께서 쇠와 진흙이 섞인 것을 보셨
은즉 그들이 다른 민족과 서로 섞일
것이나 그들이 피차에 합하지 아니함
이 쇠와 진흙이 합하지 않음과 같으
리이다
44 이 여러 왕들의 시대에 하늘의 하나
님이 한 나라를 세우시리니 이것은
영원히 망하지도 아니할 것이요 그
국권이 다른 백성에게로 돌아가지도
아니할 것이요 도리어 이 모든 나라
를 쳐서 멸망시키고 영원히 설 것이라
45 손대지 아니한 돌이 산에서 나와서
쇠와 놋과 진흙과 은과 금을 부서뜨
린 것을 왕께서 보신 것은 크신 하나
님이 장래 일을 왕께 알게 하신 것이

라 이 꿈은 참되고 이 해석은 확실하
니이다 하니

왕이 다니엘을 높이다

46 이에 느부갓네살 왕이 엎드려 다니
엘에게 절하고 명하여 예물과 향품
을 그에게 주게 하니라
47 왕이 대답하여 다니엘에게 이르되 너
희 하나님은 참으로 모든 신들의 신
이시요 모든 왕의 주재시로다 네가
능히 이 은밀한 것을 나타내었으니
네 하나님은 또 은밀한 것을 나타내
시는 이시로다
48 왕이 이에 다니엘을 높여 귀한 선물
을 많이 주며 그를 세워 바벨론 온
지방을 다스리게 하며 또 바벨론 모
든 지혜자의 어른을 삼았으며
49 왕이 또 다니엘의 요구대로 사드락
과 메삭과 아벳느고를 세워 바벨론
지방의 일을 다스리게 하였고 다니엘
은 왕궁에 있었더라

금 신상 숭배

3 느부갓네살 왕이 금으로 신상을
만들었으니 높이는 육십 규빗이요
너비는 여섯 규빗이라 그것을 바벨론
지방의 두라 평지에 세웠더라
2 느부갓네살 왕이 사람을 보내어 총
독과 수령과 행정관과 모사와 재무
관과 재판관과 법률사와 각 지방 모
든 관원을 느부갓네살 왕이 세운 신
상의 낙성식에 참석하게 하매
3 이에 총독과 수령과 행정관과 모사
와 재무관과 재판관과 법률사와 각
지방 모든 관원이 느부갓네살 왕이
세운 신상의 낙성식에 참석하여 느부
갓네살 왕이 세운 신상 앞에 서니라
4 선포하는 자가 크게 외쳐 이르되 백
성들과 나라들과 각 언어로 말하는
자들아 왕이 너희 무리에게 명하시나
니
5 너희는 나팔과 피리와 수금과 삼현
금과 양금과 생황과 및 모든 악기
소리를 들을 때에 엎드리어 느부갓
네살 왕이 세운 금 신상에게 절하라
6 누구든지 엎드려 절하지 아니하는 자
는 즉시 맹렬히 타는 풀무불에 던져
넣으리라 하였더라
7 모든 백성과 나라들과 각 언어를 말
하는 자들이 나팔과 피리와 수금과
삼현금과 양금과 및 모든 악기 소리
를 듣자 곧 느부갓네살 왕이 세운
금 신상에게 엎드려 절하니라

다니엘의 세 친구

8 그 때에 어떤 갈대아 사람들이 나아
와 유다 사람들을 참소하니라
9 그들이 느부갓네살 왕에게 이르되
왕이여 만수무강 하옵소서

10 왕이여 왕이 명령을 내리사 모든 사
람이 나팔과 피리와 수금과 삼현금
과 양금과 생황과 및 모든 악기 소리
를 듣거든 엎드려 금 신상에게 절할
것이라
11 누구든지 엎드려 절하지 아니하는 자
는 맹렬히 타는 풀무불 가운데에 던
져 넣음을 당하리라 하지 아니하셨나
이까
12 이제 몇 유다 사람 사드락과 메삭과
아벳느고는 왕이 세워 바벨론 지방
을 다스리게 하신 자이거늘 왕이여
이 사람들이 왕을 높이지 아니하며
왕의 신들을 섬기지 아니하며 왕이
세우신 금 신상에게 절하지 아니하나
이다
13 느부갓네살 왕이 노하고 분하여 사
드락과 메삭과 아벳느고를 끌어오
라 말하매 드디어 그 사람들을 왕의
앞으로 끌어온지라
14 느부갓네살이 그들에게 물어 이르되
사드락, 메삭, 아벳느고야 너희가 내
신을 섬기지 아니하며 내가 세운 금
신상에게 절하지 아니한다 하니 사실
이냐
15 이제라도 너희가 준비하였다가 나팔
과 피리와 수금과 삼현금과 양금과
생황과 및 모든 악기 소리를 들을 때
내가 만든 신상 앞에 엎드려 절하면
좋거니와 너희가 만일 절하지 아니하
면 즉시 너희를 맹렬히 타는 풀무불
가운데에 던져 넣을 것이니 능히 너
희를 내 손에서 건져낼 신이 누구이
겠느냐 하니
16 사드락과 메삭과 아벳느고가 왕에
게 대답하여 이르되 느부갓네살이여
우리가 이 일에 대하여 왕에게 대답
할 필요가 없나이다
17 왕이여 우리가 섬기는 하나님이 계시
다면 우리를 맹렬히 타는 풀무불 가
운데에서 능히 건져내시겠고 왕의 손
에서도 건져내시리이다
18 그렇게 하지 아니하실지라도 왕이여
우리가 왕의 신들을 섬기지도 아니하
고 왕이 세우신 금 신상에게 절하지
도 아니할 줄을 아옵소서

세 친구를 풀무불에 던지다

19 느부갓네살이 분이 가득하여 사드락
과 메삭과 아벳느고를 향하여 얼굴
빛을 바꾸고 명령하여 이르되 그 풀
무불을 뜨겁게 하기를 평소보다 칠
배나 뜨겁게 하라 하고
20 군대 중 용사 몇 사람에게 명령하여
사드락과 메삭과 아벳느고를 결박하
여 극렬히 타는 풀무불 가운데에 던
지라 하니라

21 그러자 그 사람들을 겉옷과 속옷과
모자와 다른 옷을 입은 채 결박하여
맹렬히 타는 풀무불 가운데에 던졌
더라
22 왕의 명령이 엄하고 풀무불이 심히
뜨거우므로 불꽃이 사드락과 메삭과
아벳느고를 붙든 사람을 태워 죽였
고
23 이 세 사람 사드락과 메삭과 아벳느
고는 결박된 채 맹렬히 타는 풀무불
가운데에 떨어졌더라

왕이 세 친구를 높이다

24 그 때에 느부갓네살 왕이 놀라 급히
일어나서 모사들에게 물어 이르되 우
리가 결박하여 불 가운데에 던진 자
는 세 사람이 아니었느냐 하니 그들
이 왕에게 대답하여 이르되 왕이여
옳소이다 하더라
25 왕이 또 말하여 이르되 내가 보니 결
박되지 아니한 네 사람이 불 가운데
로 다니는데 상하지도 아니하였고
그 넷째의 모양은 신들의 아들과 같
도다 하고
26 느부갓네살이 맹렬히 타는 풀무불
아귀 가까이 가서 불러 이르되 지극
히 높으신 하나님의 종 사드락, 메삭,
아벳느고야 나와서 이리로 오라 하
매 사드락과 메삭과 아벳느고가 불
가운데에서 나온지라
27 총독과 지사와 행정관과 왕의 모사
들이 모여 이 사람들을 본즉 불이 능
히 그들의 몸을 해하지 못하였고 머
리털도 그을리지 아니하였고 겉옷 빛
도 변하지 아니하였고 불 탄 냄새도
없었더라
28 느부갓네살이 말하여 이르되 사드락
과 메삭과 아벳느고의 하나님을 찬
송할지로다 그가 그의 천사를 보내
사 자기를 의뢰하고 그들의 몸을 바
쳐 왕의 명령을 거역하고 그 하나님
밖에는 다른 신을 섬기지 아니하며
그에게 절하지 아니한 종들을 구원
하셨도다
29 그러므로 내가 이제 조서를 내리노
니 각 백성과 각 나라와 각 언어를
말하는 자가 모두 사드락과 메삭과
아벳느고의 하나님께 경솔히 말하거
든 그 몸을 쪼개고 그 집을 거름터
로 삼을지니 이는 이같이 사람을 구
원할 다른 신이 없음이니라 하더라

365묵상

오직 하나님께 충성하는 삶

다니엘의 세 친구는 하나님께 충성하기 위해 왕의 명령에 불복하여 금 신상에게 절하지 않았다(단 3:8-12). 그 결과, 그들은 풀무불 가운데 던져졌다. 이때 하나님은 그들을 죽음에서 건져주셨다. 그리고 죽음을 무릅쓰고 하나님 편에 선 그들의 용기 있는 행동은 다른 이들로 하여금 하나님을 두려워하게 만들었고, 문제를 일으킨 자들을 제압하게 만들었다. 그렇다. 만일 당신을 덫에 걸리게 만드는 유일한 이유가 하나님께 대한 당신의 충성 때문이라면, 그것은 하나님의 도움으로 반드시 최종적인 승리로 귀결될 것이다!

30 왕이 드디어 사드락과 메삭과 아벳
느고를 바벨론 지방에서 더욱 높이
니라

느부갓네살 왕의 두 번째 꿈

4 느부갓네살 왕은 천하에 거주하
는 모든 백성들과 나라들과 각 언
어를 말하는 자들에게 조서를 내리
노라 원하노니 너희에게 큰 평강이
있을지어다
2 지극히 높으신 하나님이 내게 행하신
이적과 놀라운 일을 내가 알게 하기
를 즐겨 하노라
3 참으로 크도다 그의 이적이여, 참으
로 능하도다 그의 놀라운 일이여, 그
의 나라는 영원한 나라요 그의 통치
는 대대에 이르리로다
4 나 느부갓네살이 내 집에 편히 있으
며 내 궁에서 평강할 때에
5 한 꿈을 꾸고 그로 말미암아 두려워
하였으니 곧 내 침상에서 생각하는
것과 머리 속으로 받은 환상으로 말
미암아 번민하였었노라
6 이러므로 내가 명령을 내려 바벨론의
모든 지혜자들을 내 앞으로 불러다
가 그 꿈의 해석을 내게 알게 하라
하였더라
7 그 때에 박수와 술객과 갈대아 술사
와 점쟁이가 들어왔으므로 내가 그
꿈을 그들에게 말하였으나 그들이
그 해석을 내게 알려 주지 못하였느
니라
8 그 후에 다니엘이 내 앞에 들어왔으
니 그는 내 신의 이름을 따라 벨드사
살이라 이름한 자요 그의 안에는 거
룩한 신들의 영이 있는 자라 내가 그
에게 꿈을 말하여 이르되
9 박수장 벨드사살아 네 안에는 거룩
한 신들의 영이 있은즉 어떤 은밀한
것이라도 네게는 어려울 것이 없는
줄을 내가 아노니 내 꿈에 본 환상
의 해석을 내게 말하라
10 내가 침상에서 나의 머리 속으로 받
은 환상이 이러하니라 내가 본즉 땅
의 중앙에 한 나무가 있는 것을 보았
는데 높이가 높더니
11 그 나무가 자라서 견고하여지고 그
높이는 하늘에 닿았으니 그 모양이
땅 끝에서도 보이겠고
12 그 잎사귀는 아름답고 그 열매는 많
아서 만민의 먹을 것이 될 만하고 들
짐승이 그 그늘에 있으며 공중에 나
는 새는 그 가지에 깃들이고 육체를
가진 모든 것이 거기에서 먹을 것을
얻더라
13 내가 침상에서 머리 속으로 받은 환
상 가운데에 또 본즉 한 순찰자, 한

거룩한 자가 하늘에서 내려왔는데
14 그가 소리 질러 이처럼 이르기를 그
나무를 베고 그 가지를 자르고 그
잎사귀를 떨고 그 열매를 헤치고 짐
승들을 그 아래에서 떠나게 하고 새
들을 그 가지에서 쫓아내라
15 그러나 그 뿌리의 그루터기를 땅에
남겨 두고 쇠와 놋줄로 동이고 그것
을 들 풀 가운데에 두어라 그것이 하
늘 이슬에 젖고 땅의 풀 가운데에서
짐승과 더불어 제 몫을 얻으리라
16 또 그 마음은 변하여 사람의 마음 같
지 아니하고 짐승의 마음을 받아 일
곱 때를 지내리라
17 이는 순찰자들의 명령대로요 거룩한
자들의 말대로이니 지극히 높으신 이
가 사람의 나라를 다스리시며 자기의
뜻대로 그것을 누구에게든지 주시며
또 지극히 천한 자를 그 위에 세우시
는 줄을 사람들이 알게 하려 함이라
하였느니라
18 나 느부갓네살 왕이 이 꿈을 꾸었나
니 너 벨드사살아 그 해석을 밝히 말
하라 내 나라 모든 지혜자가 능히 내
게 그 해석을 알게 하지 못하였으나
오직 너는 능히 하리니 이는 거룩한
신들의 영이 네 안에 있음이라

다니엘의 꿈 해석

19 벨드사살이라 이름한 다니엘이 한동
안 놀라며 마음으로 번민하는지라
왕이 그에게 말하여 이르기를 벨드
사살아 너는 이 꿈과 그 해석으로 말
미암아 번민할 것이 아니니라 벨드사
살이 대답하여 이르되 내 주여 그 꿈
은 왕을 미워하는 자에게 응하며 그
해석은 왕의 대적에게 응하기를 원
하나이다
20 왕께서 보신 그 나무가 자라서 견고
하여지고 그 높이는 하늘에 닿았으
니 땅 끝에서도 보이겠고
21 그 잎사귀는 아름답고 그 열매는 많
아서 만민의 먹을 것이 될 만하고 들
짐승은 그 아래에 살며 공중에 나는
새는 그 가지에 깃들었나이다
22 왕이여 이 나무는 곧 왕이시라 이는
왕이 자라서 견고하여지고 창대하사
하늘에 닿으시며 권세는 땅 끝까지
미치심이니이다
23 왕이 보신즉 한 순찰자, 한 거룩한
자가 하늘에서 내려와서 이르기를 그
나무를 베어 없애라 그러나 그 뿌리
의 그루터기는 땅에 남겨 두고 쇠와
놋줄로 동이고 그것을 들 풀 가운데
에 두라 그것이 하늘 이슬에 젖고 또
들짐승들과 더불어 제 몫을 얻으며
일곱 때를 지내리라 하였나이다

24 왕이여 그 해석은 이러하니이다 곧
지극히 높으신 이가 명령하신 것이 내
주 왕에게 미칠 것이라
25 왕이 사람에게서 쫓겨나서 들짐승과
함께 살며 소처럼 풀을 먹으며 하늘
이슬에 젖을 것이요 이와 같이 일곱
때를 지낼 것이라 그 때에 지극히 높
으신 이가 사람의 나라를 다스리시며
자기의 뜻대로 그것을 누구에게든지
주시는 줄을 아시리이다
26 또 그들이 그 나무뿌리의 그루터기
를 남겨 두라 하였은즉 하나님이 다
스리시는 줄을 왕이 깨달은 후에야
왕의 나라가 견고하리이다
27 그런즉 왕이여 내가 아뢰는 것을 받
으시고 공의를 행함으로 죄를 사하
고 가난한 자를 긍휼히 여김으로 죄
악을 사하소서 그리하시면 왕의 평안
함이 혹시 장구하리이다 하니라
28 이 모든 일이 다 나 느부갓네살 왕에
게 임하였느니라
29 열두 달이 지난 후에 내가 바벨론 왕
궁 지붕에서 거닐새
30 나 왕이 말하여 이르되 이 큰 바벨론
은 내가 능력과 권세로 건설하여 나
의 도성으로 삼고 이것으로 내 위엄
의 영광을 나타낸 것이 아니냐 하였
더니
31 이 말이 아직도 나 왕의 입에 있을
때에 하늘에서 소리가 내려 이르되
느부갓네살 왕아 네게 말하노니 나
라의 왕위가 네게서 떠났느니라
32 네가 사람에게서 쫓겨나서 들짐승과
함께 살면서 소처럼 풀을 먹을 것이
요 이와 같이 일곱 때를 지내서 지극
히 높으신 이가 사람의 나라를 다스
리시며 자기의 뜻대로 그것을 누구에
게든지 주시는 줄을 알기까지 이르리
라 하더라
33 바로 그 때에 이 일이 나 느부갓네살
에게 응하므로 내가 사람에게 쫓겨
나서 소처럼 풀을 먹으며 몸이 하늘
이슬에 젖고 머리털이 독수리 털과
같이 자랐고 손톱은 새 발톱과 같이
되었더라

느부갓네살 왕의 하나님 찬양

34 그 기한이 차매 나 느부갓네살이 하
늘을 우러러 보았더니 내 총명이 다
시 내게로 돌아온지라 이에 내가 지
극히 높으신 이에게 감사하며 영생하
시는 이를 찬양하고 경배하였나니
그 권세는 영원한 권세요 그 나라는
대대에 이르리로다
35 땅의 모든 사람들을 없는 것 같이 여
기시며 하늘의 군대에게든지 땅의 사
람에게든지 그는 자기 뜻대로 행하

시나니 그의 손을 금하든지 혹시 이
르기를 네가 무엇을 하느냐고 할 자
가 아무도 없도다
36 그 때에 내 총명이 내게로 돌아왔고
또 내 나라의 영광에 대하여도 내 위
엄과 광명이 내게로 돌아왔고 또 나
의 모사들과 관원들이 내게 찾아오
니 내가 내 나라에서 다시 세움을 받
고 또 지극한 위세가 내게 더하였느
니라
37 그러므로 지금 나 느부갓네살은 하
늘의 왕을 찬양하며 칭송하며 경배하
노니 그의 일이 다 진실하고 그의 행
하심이 의로우시므로 교만하게 행하
는 자를 그가 능히 낮추심이라

벨사살 왕이 잔치를 베풀다

5 벨사살 왕이 그의 귀족 천 명을 위
하여 큰 잔치를 베풀고 그 천 명
앞에서 술을 마시니라
2 벨사살이 술을 마실 때에 명하여 그
의 부친 느부갓네살이 예루살렘 성
전에서 탈취하여 온 금, 은 그릇을
가져오라고 명하였으니 이는 왕과 귀
족들과 왕후들과 후궁들이 다 그것
으로 마시려 함이었더라
3 이에 예루살렘 하나님의 전 성소 중
에서 탈취하여 온 금 그릇을 가져오
매 왕이 그 귀족들과 왕후들과 후궁
들과 더불어 그것으로 마시더라
4 그들이 술을 마시고는 그 금, 은, 구
리, 쇠, 나무, 돌로 만든 신들을 찬양
하니라
5 그 때에 사람의 손가락들이 나타나
서 왕궁 촛대 맞은편 석회벽에 글자
를 쓰는데 왕이 그 글자 쓰는 손가
락을 본지라
6 이에 왕의 즐기던 얼굴 빛이 변하고
그 생각이 번민하여 넓적다리 마디가
녹는 듯하고 그의 무릎이 서로 부딪
친지라
7 왕이 크게 소리 질러 술객과 갈대아
술사와 점쟁이를 불러오게 하고 바
벨론의 지혜자들에게 말하되 누구를
막론하고 이 글자를 읽고 그 해석을
내게 보이면 자주색 옷을 입히고 금
사슬을 그의 목에 걸어 주리니 그를
나라의 셋째 통치자로 삼으리라 하
니라
8 그 때에 왕의 지혜자가 다 들어왔으
나 능히 그 글자를 읽지 못하며 그
해석을 왕께 알려 주지 못하는지라
9 그러므로 벨사살 왕이 크게 번민하
여 그의 얼굴빛이 변하였고 귀족들도
다 놀라니라
10 왕비가 왕과 그 귀족들의 말로 말미
암아 잔치하는 궁에 들어왔더니 이

에 말하여 이르되 왕이여 만수무강
하옵소서 왕의 생각을 번민하게 하지
말며 얼굴빛을 변할 것도 아니니이다
11 왕의 나라에 거룩한 신들의 영이 있
는 사람이 있으니 곧 왕의 부친 때에
있던 자로서 명철과 총명과 지혜가
신들의 지혜와 같은 자니이다 왕의
부친 느부갓네살 왕이 그를 세워 박
수와 술객과 갈대아 술사와 점쟁이
의 어른을 삼으셨으니
12 왕이 벨드사살이라 이름하는 이 다니
엘은 마음이 민첩하고 지식과 총명이
있어 능히 꿈을 해석하며 은밀한 말
을 밝히며 의문을 풀 수 있었나이다
이제 다니엘을 부르소서 그리하시면
그가 그 해석을 알려 드리리이다 하
니라

다니엘이 글을 해석하다

13 이에 다니엘이 부름을 받아 왕의 앞
에 나오매 왕이 다니엘에게 말하되
네가 나의 부왕이 유다에서 사로잡
아 온 유다 자손 중의 그 다니엘이냐
14 내가 네게 대하여 들은즉 네 안에는
신들의 영이 있으므로 네가 명철과
총명과 비상한 지혜가 있다 하도다
15 지금 여러 지혜자와 술객을 내 앞에
불러다가 그들에게 이 글을 읽고 그
해석을 내게 알게 하라 하였으나 그
들이 다 그 해석을 내게 보이지 못하
였느니라
16 내가 네게 대하여 들은즉 너는 해석
을 잘하고 의문을 푼다 하도다 그런
즉 이제 네가 이 글을 읽고 그 해석
을 내게 알려 주면 네게 자주색 옷
을 입히고 금 사슬을 네 목에 걸어
주어 너를 나라의 셋째 통치자로 삼
으리라 하니
17 다니엘이 왕에게 대답하여 이르되 왕
의 예물은 왕이 친히 가지시며 왕의
상급은 다른 사람에게 주옵소서 그
럴지라도 내가 왕을 위하여 이 글을
읽으며 그 해석을 아뢰리이다
18 왕이여 지극히 높으신 하나님이 왕의
부친 느부갓네살에게 나라와 큰 권
세와 영광과 위엄을 주셨고
19 그에게 큰 권세를 주셨으므로 백성
들과 나라들과 언어가 다른 모든 사
람들이 그의 앞에서 떨며 두려워하였
으며 그는 임의로 죽이며 임의로 살
리며 임의로 높이며 임의로 낮추었더
니
20 그가 마음이 높아지며 뜻이 완악하
여 교만을 행하므로 그의 왕위가 폐
한 바 되며 그의 영광을 빼앗기고
21 사람 중에서 쫓겨나서 그의 마음이
들짐승의 마음과 같았고 또 들나귀

와 함께 살며 또 소처럼 풀을 먹으며
그의 몸이 하늘 이슬에 젖었으며 지
극히 높으신 하나님이 사람 나라를
다스리시며 자기의 뜻대로 누구든지
그 자리에 세우시는 줄을 알기에 이
르렀나이다
22 벨사살이여 왕은 그의 아들이 되어서
이것을 다 알고도 아직도 마음을 낮
추지 아니하고
23 도리어 자신을 하늘의 주재보다 높
이며 그의 성전 그릇을 왕 앞으로 가
져다가 왕과 귀족들과 왕후들과 후
궁들이 다 그것으로 술을 마시고 왕
이 또 보지도 듣지도 알지도 못하는
금, 은, 구리, 쇠와 나무, 돌로 만든
신상들을 찬양하고 도리어 왕의 호
흡을 주장하시고 왕의 모든 길을 작
정하시는 하나님께는 영광을 돌리지
아니한지라
24 이러므로 그의 앞에서 이 손가락이
나와서 이 글을 기록하였나이다
25 기록된 글자는 이것이니 곧 메네 메
네 데겔 우바르신이라
26 그 글을 해석하건대 메네는 하나님
이 이미 왕의 나라의 시대를 세어서
그것을 끝나게 하셨다 함이요
27 데겔은 왕을 저울에 달아 보니 부족
함이 보였다 함이요
28 베레스는 왕의 나라가 나뉘어서 메
대와 바사 사람에게 준 바 되었다 함
이니이다 하니
29 이에 벨사살이 명하여 그들이 다니엘
에게 자주색 옷을 입히게 하며 금 사
슬을 그의 목에 걸어 주고 그를 위하
여 조서를 내려 나라의 셋째 통치자
로 삼으니라
30 그 날 밤에 갈대아 왕 벨사살이 죽
임을 당하였고
31 메대 사람 다리오가 나라를 얻었는
데 그 때에 다리오는 육십이 세였더
라

사자 굴 속의 다니엘

6 다리오가 자기의 뜻대로 고관 백
이십 명을 세워 전국을 통치하게
하고
2 또 그들 위에 총리 셋을 두었으니 다
니엘이 그 중의 하나이라 이는 고관
들로 총리에게 자기의 직무를 보고
하게 하여 왕에게 손해가 없게 하려
함이었더라

365묵상

메네 메네 데겔 우바르신

큰 잔치 도중에 바벨론 왕 벨사살 왕궁의 분벽에 갑자기 사람의 손가락이 나타나 글씨를 썼다. "메네 메네 데겔 우바르신"(단 5:25). 무슨 뜻인가? 비록 글자는 읽는다 해도, 그 의미에 대해서는 다니엘의 해석이 필요했다. 이 말은 "세어 보고 세어 보고 재 보았다. 그 결과 (부족하여) 나눈다"란 의미다. 그 죄악 때문에 나라가 나누어질 바벨론의 비극적인 운명을 나타낸 하나님의 계시였다. 강력하고 광활한 바벨론은 제국의 멸망을 꿈에도 생각하지 못했다. 그러나 결국 죄악 앞에서 무너졌다. 죄 앞에 장사 없다!

3 다니엘은 마음이 민첩하여 총리들과
고관들 위에 뛰어나므로 왕이 그를
세워 전국을 다스리게 하고자 한지
라
4 이에 총리들과 고관들이 국사에 대
하여 다니엘을 고발할 근거를 찾고
자 하였으나 아무 근거, 아무 허물도
찾지 못하였으니 이는 그가 충성되어
아무 그릇됨도 없고 아무 허물도 없
음이었더라
5 그들이 이르되 이 다니엘은 그 하나
님의 율법에서 근거를 찾지 못하면
그를 고발할 수 없으리라 하고
6 이에 총리들과 고관들이 모여 왕에
게 나아가서 그에게 말하되 다리오
왕이여 만수무강 하옵소서
7 나라의 모든 총리와 지사와 총독과
법관과 관원이 의논하고 왕에게 한
법률을 세우며 한 금령을 정하실 것
을 구하나이다 왕이여 그것은 곧 이
제부터 삼십일 동안에 누구든지 왕
외의 어떤 신에게나 사람에게 무엇을
구하면 사자 굴에 던져 넣기로 한 것
이니이다
8 그런즉 왕이여 원하건대 금령을 세우
시고 그 조서에 왕의 도장을 찍어 메
대와 바사의 고치지 아니하는 규례
를 따라 그것을 다시 고치지 못하게
하옵소서 하매
9 이에 다리오 왕이 조서에 왕의 도장
을 찍어 금령을 내니라
10 다니엘이 이 조서에 왕의 도장이 찍
힌 것을 알고도 자기 집에 돌아가서
는 윗방에 올라가 예루살렘으로 향
한 창문을 열고 전에 하던 대로 하루
세 번씩 무릎을 꿇고 기도하며 그의
하나님께 감사하였더라
11 그 무리들이 모여서 다니엘이 자기
하나님 앞에 기도하며 간구하는 것
을 발견하고
12 이에 그들이 나아가서 왕의 금령에
관하여 왕께 아뢰되 왕이여 왕이 이
미 금령에 왕의 도장을 찍어서 이제
부터 삼십 일 동안에는 누구든지 왕
외의 어떤 신에게나 사람에게 구하면
사자 굴에 던져 넣기로 하지 아니하
였나이까 하니 왕이 대답하여 이르되
이 일이 확실하니 메대와 바사의 고
치지 못하는 규례니라 하는지라
13 그들이 왕 앞에서 말하여 이르되 왕
이여 사로잡혀 온 유다 자손 중에 다
니엘이 왕과 왕의 도장이 찍힌 금령
을 존중하지 아니하고 하루 세 번씩
기도하나이다 하니
14 왕이 이 말을 듣고 그로 말미암아 심
히 근심하여 다니엘을 구원하려고 마

음을 쓰며 그를 건져내려고 힘을 다
하다가 해가 질 때에 이르렀더라
15 그 무리들이 또 모여 왕에게로 나아
와서 왕께 말하되 왕이여 메대와 바
사의 규례를 아시거니와 왕께서 세
우신 금령과 법도는 고치지 못할 것
이니이다 하니
16 이에 왕이 명령하매 다니엘을 끌어다
가 사자 굴에 던져 넣는지라 왕이 다
니엘에게 이르되 네가 항상 섬기는
너의 하나님이 너를 구원하시리라 하
니라
17 이에 돌을 굴려다가 굴 어귀를 막으
매 왕이 그의 도장과 귀족들의 도장
으로 봉하였으니 이는 다니엘에 대
한 조치를 고치지 못하게 하려 함이
었더라
18 왕이 궁에 돌아가서는 밤이 새도록
금식하고 그 앞에 오락을 그치고 잠
자기를 마다하니라
19 이튿날에 왕이 새벽에 일어나 급히
사자 굴로 가서
20 다니엘이 든 굴에 가까이 이르러서
슬피 소리 질러 다니엘에게 묻되 살
아 계시는 하나님의 종 다니엘아 네
가 항상 섬기는 네 하나님이 사자들
에게서 능히 너를 구원하셨느냐 하니
라
21 다니엘이 왕에게 아뢰되 왕이여 원하
건대 왕은 만수무강 하옵소서
22 나의 하나님이 이미 그의 천사를 보
내어 사자들의 입을 봉하셨으므로
사자들이 나를 상해하지 못하였사오
니 이는 나의 무죄함이 그 앞에 명백
함이오며 또 왕이여 나는 왕에게도
해를 끼치지 아니하였나이다 하니라
23 왕이 심히 기뻐서 명하여 다니엘을
굴에서 올리라 하매 그들이 다니엘
을 굴에서 올린즉 그의 몸이 조금도
상하지 아니하였으니 이는 그가 자기
의 하나님을 믿음이었더라
24 왕이 말하여 다니엘을 참소한 사람
들을 끌어오게 하고 그들을 그들의
처자들과 함께 사자 굴에 던져 넣게
하였더니 그들이 굴 바닥에 닿기도
전에 사자들이 곧 그들을 움켜서 그
뼈까지도 부서뜨렸더라
25 이에 다리오 왕이 온 땅에 있는 모든
백성과 나라들과 언어가 다른 모든
사람들에게 조서를 내려 이르되 원
하건대 너희에게 큰 평강이 있을지어
다
26 내가 이제 조서를 내리노라 내 나라
관할 아래에 있는 사람들은 다 다니
엘의 하나님 앞에서 떨며 두려워할지
니 그는 살아 계시는 하나님이시요

영원히 변하지 않으실 이시며 그의 나
라는 멸망하지 아니할 것이요 그의
권세는 무궁할 것이며
27 그는 구원도 하시며 건져내기도 하시
며 하늘에서든지 땅에서든지 이적과
기사를 행하시는 이로서 다니엘을
구원하여 사자의 입에서 벗어나게 하
셨음이라 하였더라
28 이 다니엘이 다리오 왕의 시대와 바
사 사람 고레스 왕의 시대에 형통하
였더라

네 짐승 환상

7 바벨론 벨사살 왕 원년에 다니엘
이 그의 침상에서 꿈을 꾸며 머리
속으로 환상을 받고 그 꿈을 기록하
며 그 일의 대략을 진술하니라
2 다니엘이 진술하여 이르되 내가 밤에
환상을 보았는데 하늘의 네 바람이
큰 바다로 몰려 불더니
3 큰 짐승 넷이 바다에서 나왔는데 그
모양이 각각 다르더라
4 첫째는 사자와 같은데 독수리의 날
개가 있더니 내가 보는 중에 그 날개
가 뽑혔고 또 땅에서 들려서 사람처
럼 두 발로 서게 함을 받았으며 또
사람의 마음을 받았더라 또 보니
5 다른 짐승 곧 둘째는 곰과 같은데
그것이 몸 한쪽을 들었고 그 입의 잇
사이에는 세 갈빗대가 물렸는데 그
것에게 말하는 자들이 있어 이르기를
일어나서 많은 고기를 먹으라 하였더
라
6 그 후에 내가 또 본즉 다른 짐승 곧
표범과 같은 것이 있는데 그 등에는
새의 날개 넷이 있고 그 짐승에게 또
머리 넷이 있으며 권세를 받았더라
7 내가 밤 환상 가운데에 그 다음에
본 넷째 짐승은 무섭고 놀라우며 또
매우 강하며 또 쇠로 된 큰 이가 있
어서 먹고 부서뜨리고 그 나머지를
발로 밟았으며 이 짐승은 전의 모든
짐승과 다르고 또 열 뿔이 있더라
8 내가 그 뿔을 유심히 보는 중에 다
른 작은 뿔이 그 사이에서 나더니 첫
번째 뿔 중의 셋이 그 앞에서 뿌리까
지 뽑혔으며 이 작은 뿔에는 사람의
눈 같은 눈들이 있고 또 입이 있어
큰 말을 하였더라

옛적부터 항상 계신 자

9 내가 보니 왕좌가 놓이고 옛적부터
항상 계신 이가 좌정하셨는데 그의
옷은 희기가 눈 같고 그의 머리털은
깨끗한 양의 털 같고 그의 보좌는
불꽃이요 그의 바퀴는 타오르는 불
이며
10 불이 강처럼 흘러 그의 앞에서 나오

며 그를 섬기는 자는 천천이요 그 앞
에서 모셔 선 자는 만만이며 심판을
베푸는데 책들이 펴 놓였더라
11 그 때에 내가 작은 뿔이 말하는 큰
목소리로 말미암아 주목하여 보는
사이에 짐승이 죽임을 당하고 그의
시체가 상한 바 되어 타오르는 불에
던져졌으며
12 그 남은 짐승들은 그의 권세를 빼앗
겼으나 그 생명은 보존되어 정한 시
기가 이르기를 기다리게 되었더라
13 내가 또 밤 환상 중에 보니 인자 같
은 이가 하늘 구름을 타고 와서 옛적
부터 항상 계신 이에게 나아가 그 앞
으로 인도되매
14 그에게 권세와 영광과 나라를 주고
모든 백성과 나라들과 다른 언어를
말하는 모든 자들이 그를 섬기게 하
였으니 그의 권세는 소멸되지 아니하
는 영원한 권세요 그의 나라는 멸망
하지 아니할 것이니라

환상 해석

15 나 다니엘이 중심에 근심하며 내 머리
속의 환상이 나를 번민하게 한지라
16 내가 그 곁에 모셔 선 자들 중 하나
에게 나아가서 이 모든 일의 진상을
물으매 그가 내게 말하여 그 일의 해
석을 알려 주며 이르되
17 그 네 큰 짐승은 세상에 일어날 네
왕이라
18 지극히 높으신 이의 성도들이 나라를
얻으리니 그 누림이 영원하고 영원하
고 영원하리라
19 이에 내가 넷째 짐승에 관하여 확실
히 알고자 하였으니 곧 그것은 모든
짐승과 달라서 심히 무섭더라 그 이
는 쇠요 그 발톱은 놋이니 먹고 부서
뜨리고 나머지는 발로 밟았으며
20 또 그것의 머리에는 열 뿔이 있고 그
외에 또 다른 뿔이 나오매 세 뿔이
그 앞에서 빠졌으며 그 뿔에는 눈도
있고 큰 말을 하는 입도 있고 그 모
양이 그의 동류보다 커 보이더라
21 내가 본즉 이 뿔이 성도들과 더불어
싸워 그들에게 이겼더니
22 옛적부터 항상 계신 이가 와서 지극
히 높으신 이의 성도들을 위하여 원
한을 풀어 주셨고 때가 이르매 성도
들이 나라를 얻었더라
23 모신 자가 이처럼 이르되 넷째 짐승
은 곧 땅의 넷째 나라인데 이는 다른
나라들과는 달라서 온 천하를 삼키
고 밟아 부서뜨릴 것이며
24 그 열 뿔은 그 나라에서 일어날 열
왕이요 그 후에 또 하나가 일어나리
니 그는 먼저 있던 자들과 다르고 또

세 왕을 복종시킬 것이며
25 그가 장차 지극히 높으신 이를 말로
대적하며 또 지극히 높으신 이의 성
도를 괴롭게 할 것이며 그가 또 때와
법을 고치고자 할 것이며 성도들은
그의 손에 붙인 바 되어 한 때와 두
때와 반 때를 지내리라
26 그러나 심판이 시작되면 그는 권세를
빼앗기고 완전히 멸망할 것이요
27 나라와 권세와 온 천하 나라들의 위
세가 지극히 높으신 이의 거룩한 백
성에게 붙인 바 되리니 그의 나라는
영원한 나라이라 모든 권세 있는 자
들이 다 그를 섬기며 복종하리라
28 그 말이 이에 그친지라 나 다니엘은
중심에 번민하였으며 내 얼굴빛이 변
하였으나 내가 이 일을 마음에 간직
하였느니라

숫양과 숫염소의 환상

8 나 다니엘에게 처음에 나타난 환
상 후 벨사살 왕 제삼년에 다시
한 환상이 나타나니라
2 내가 환상을 보았는데 내가 그것을
볼 때에 내 몸은 엘람 지방 수산 성
에 있었고 내가 환상을 보기는 을래
강변에서이니라
3 내가 눈을 들어 본즉 강 가에 두 뿔
가진 숫양이 섰는데 그 두 뿔이 다
길었으며 그 중 한 뿔은 다른 뿔보
다 길었고 그 긴 것은 나중에 난 것
이더라
4 내가 본즉 그 숫양이 서쪽과 북쪽과
남쪽을 향하여 받으나 그것을 당할
짐승이 하나도 없고 그 손에서 구할
자가 없으므로 그것이 원하는 대로
행하고 강하여졌더라
5 내가 생각할 때에 한 숫염소가 서쪽
에서부터 와서 온 지면에 두루 다니
되 땅에 닿지 아니하며 그 염소의 두
눈 사이에는 현저한 뿔이 있더라
6 그것이 두 뿔 가진 숫양 곧 내가 본
바 강 가에 섰던 양에게로 나아가되
분노한 힘으로 그것에게로 달려가더
니
7 내가 본즉 그것이 숫양에게로 가까
이 나아가서는 더욱 성내어 그 숫양
을 쳐서 그 두 뿔을 꺾으나 숫양에
게는 그것을 대적할 힘이 없으므로
그것이 숫양을 땅에 엎드러뜨리고 짓
밟았으나 숫양을 그 손에서 벗어나
게 할 자가 없었더라
8 숫염소가 스스로 심히 강대하여 가
더니 강성할 때에 그 큰 뿔이 꺾이고
그 대신에 현저한 뿔 넷이 하늘 사방
을 향하여 났더라
9 그 중 한 뿔에서 또 작은 뿔 하나가

나서 남쪽과 동쪽과 또 영화로운 땅
을 향하여 심히 커지더니
10 그것이 하늘 군대에 미칠 만큼 커져
서 그 군대와 별들 중의 몇을 땅에
떨어뜨리고 그것들을 짓밟고
11 또 스스로 높아져서 군대의 주재를
대적하며 그에게 매일 드리는 제사
를 없애 버렸고 그의 성소를 헐었으
며
12 그의 악으로 말미암아 백성이 매일
드리는 제사가 넘긴 바 되었고 그것
이 또 진리를 땅에 던지며 자의로 행
하여 형통하였더라
13 내가 들은즉 한 거룩한 이가 말하더
니 다른 거룩한 이가 그 말하는 이에
게 묻되 환상에 나타난 바 매일 드리
는 제사와 망하게 하는 죄악에 대한
일과 성소와 백성이 내준 바 되며 짓
밟힐 일이 어느 때까지 이를꼬 하매
14 그가 내게 이르되 이천삼백 주야까
지니 그 때에 성소가 정결하게 되리
라 하였느니라

가브리엘 천사가 환상을 깨닫게 하다

15 나 다니엘이 이 환상을 보고 그 뜻을
알고자 할 때에 사람 모양 같은 것이
내 앞에 섰고
16 내가 들은즉 을래 강 두 언덕 사이에
서 사람의 목소리가 있어 외쳐 이르
되 가브리엘아 이 환상을 이 사람에
게 깨닫게 하라 하더니
17 그가 내가 선 곳으로 나왔는데 그가
나올 때에 내가 두려워서 얼굴을 땅
에 대고 엎드리매 그가 내게 이르되
인자야 깨달아 알라 이 환상은 정한
때 끝에 관한 것이니라
18 그가 내게 말할 때에 내가 얼굴을
땅에 대고 엎드리어 깊이 잠들매 그
가 나를 어루만져서 일으켜 세우며
19 이르되 진노하시는 때가 마친 후에
될 일을 내가 네게 알게 하리니 이
환상은 정한 때 끝에 관한 것임이라
20 네가 본 바 두 뿔 가진 숫양은 곧 메
대와 바사 왕들이요
21 털이 많은 숫염소는 곧 헬라 왕이요
그의 두 눈 사이에 있는 큰 뿔은 곧
그 첫째 왕이요
22 이 뿔이 꺾이고 그 대신에 네 뿔이
났은즉 그 나라 가운데에서 네 나라
가 일어나되 그의 권세만 못하리라
23 이 네 나라 마지막 때에 반역자들이

365묵상

뿔과 짐승에 관한 진실

왜 다니엘은 '뿔'이나 '짐승' 같은 어려운 상징들을 사용하는가? 다니엘이 미래 사건을 묘사하려고 그런 상징들을 사용했지만(단 7-8장), 사실 그 시대에는 상징들이 지금보다는 쉽게 이해되었다. 예컨대, 그 시대 사람들은 '뿔'이나 '짐승'은 종종 '권력'이나 '권력자'를 상징한다는 것을 알고 있었다. 여하튼 미래의 계시와 관련하여 사용된 상징들이 해석하기 쉬운 것은 아니지만, 그런 예언의 핵심은 아주 명확하다. 그것은 세상의 어떤 권세나 권력자도 하나님의 영원한 왕국의 수립 계획을 방해할 수 없다는 것이다.

가득할 즈음에 한 왕이 일어나리니
그 얼굴은 뻔뻔하며 속임수에 능하
며
24 그 권세가 강할 것이나 자기의 힘으
로 말미암은 것이 아니며 그가 장차
놀랍게 파괴 행위를 하고 자의로 행
하여 형통하며 강한 자들과 거룩한
백성을 멸하리라
25 그가 꾀를 베풀어 제 손으로 속임수
를 행하고 마음에 스스로 큰 체하며
또 평화로운 때에 많은 무리를 멸하
며 또 스스로 서서 만왕의 왕을 대적
할 것이나 그가 사람의 손으로 말미
암지 아니하고 깨지리라
26 이미 말한 바 주야에 대한 환상은 확
실하니 너는 그 환상을 간직하라 이
는 여러 날 후의 일임이라 하더라
27 이에 나 다니엘이 지쳐서 여러 날 앓
다가 일어나서 왕의 일을 보았느니라
내가 그 환상으로 말미암아 놀랐고
그 뜻을 깨닫는 사람도 없었느니라

다니엘의 기도

9 메대 족속 아하수에로의 아들 다
리오가 갈대아 나라 왕으로 세움
을 받던 첫 해
2 곧 그 통치 원년에 나 다니엘이 책을
통해 여호와께서 말씀으로 선지자
예레미야에게 알려 주신 그 연수를
깨달았나니 곧 예루살렘의 황폐함이
칠십 년만에 그치리라 하신 것이니라
3 내가 금식하며 베옷을 입고 재를 덮
어쓰고 주 하나님께 기도하며 간구
하기를 결심하고
4 내 하나님 여호와께 기도하며 자복
하여 이르기를 크시고 두려워할 주
하나님, 주를 사랑하고 주의 계명을
지키는 자를 위하여 언약을 지키시고
그에게 인자를 베푸시는 이시여
5 우리는 이미 범죄하여 패역하며 행악
하며 반역하여 주의 법도와 규례를
떠났사오며
6 우리가 또 주의 종 선지자들이 주의
이름으로 우리의 왕들과 우리의 고
관과 조상들과 온 국민에게 말씀한
것을 듣지 아니하였나이다
7 주여 공의는 주께로 돌아가고 수치
는 우리 얼굴로 돌아옴이 오늘과 같
아서 유다 사람들과 예루살렘 거민
들과 이스라엘이 가까운 곳에 있는
자들이나 먼 곳에 있는 자들이 다 주
께서 쫓아내신 각국에서 수치를 당
하였사오니 이는 그들이 주께 죄를
범하였음이니이다
8 주여 수치가 우리에게 돌아오고 우
리의 왕들과 우리의 고관과 조상들
에게 돌아온 것은 우리가 주께 범죄

하였음이니이다 마는
9 주 우리 하나님께는 긍휼과 용서하
심이 있사오니 이는 우리가 주께 패
역하였음이오며
10 우리 하나님 여호와의 목소리를 듣지
아니하며 여호와께서 그의 종 선지자
들에게 부탁하여 우리 앞에 세우신
율법을 행하지 아니하였음이니이다
11 온 이스라엘이 주의 율법을 범하고
치우쳐 가서 주의 목소리를 듣지 아
니하였으므로 이 저주가 우리에게
내렸으되 곧 하나님의 종 모세의 율
법에 기록된 맹세대로 되었사오니 이
는 우리가 주께 범죄하였음이니이다
12 주께서 큰 재앙을 우리에게 내리사
우리와 및 우리를 재판하던 재판관
을 쳐서 하신 말씀을 이루셨사오니
온 천하에 예루살렘에서 일어난 일
같은 것이 없나이다
13 모세의 율법에 기록된 대로 이 모든
재앙이 이미 우리에게 내렸사오나 우
리는 우리의 죄악을 떠나고 주의 진
리를 깨달아 우리 하나님 여호와의
얼굴을 기쁘게 하지 아니하였나이다
14 그러므로 여호와께서 이 재앙을 간
직하여 두셨다가 우리에게 내리게 하
셨사오니 우리의 하나님 여호와께서
행하시는 모든 일이 공의로우시나
우리가 그 목소리를 듣지 아니하였
음이니이다
15 강한 손으로 주의 백성을 애굽 땅에
서 인도하여 내시고 오늘과 같이 명
성을 얻으신 우리 주 하나님이여 우
리는 범죄하였고 악을 행하였나이다
16 주여 구하옵나니 주는 주의 공의를
따라 주의 분노를 주의 성 예루살렘,
주의 거룩한 산에서 떠나게 하옵소서
이는 우리의 죄와 우리 조상들의 죄
악으로 말미암아 예루살렘과 주의
백성이 사면에 있는 자들에게 수치
를 당함이니이다
17 그러하온즉 우리 하나님이여 지금 주
의 종의 기도와 간구를 들으시고 주
를 위하여 주의 얼굴 빛을 주의 황폐
한 성소에 비추시옵소서
18 나의 하나님이여 귀를 기울여 들으시
며 눈을 떠서 우리의 황폐한 상황과
주의 이름으로 일컫는 성을 보옵소
서 우리가 주 앞에 간구하옵는 것은
우리의 공의를 의지하여 하는 것이
아니요 주의 큰 긍휼을 의지하여 함
이니이다
19 주여 들으소서 주여 용서하소서 주
여 귀를 기울이시고 행하소서 지체하
지 마옵소서 나의 하나님이여 주 자
신을 위하여 하시옵소서 이는 주의

성과 주의 백성이 주의 이름으로 일
컫는 바 됨이니이다

가브리엘이 환상을 설명하다

20 내가 이같이 말하여 기도하며 내 죄
와 내 백성 이스라엘의 죄를 자복하
고 내 하나님의 거룩한 산을 위하여
내 하나님 여호와 앞에 간구할 때
21 곧 내가 기도할 때에 이전에 환상 중
에 본 그 사람 가브리엘이 빨리 날아
서 저녁 제사를 드릴 때 즈음에 내게
이르더니
22 내게 가르치며 내게 말하여 이르되
다니엘아 내가 이제 네게 지혜와 총
명을 주려고 왔느니라 하니라
23 곧 네가 기도를 시작할 즈음에 명령
이 내렸으므로 이제 네게 알리러 왔
느니라 너는 크게 은총을 입은 자라
그런즉 너는 이 일을 생각하고 그 환
상을 깨달을지니라
24 네 백성과 네 거룩한 성을 위하여 일
흔 이레를 기한으로 정하였나니 허물
이 그치며 죄가 끝나며 죄악이 용서되
며 영원한 의가 드러나며 환상과 예
언이 응하며 또 지극히 거룩한 이가
기름 부음을 받으리라
25 그러므로 너는 깨달아 알지니라 예
루살렘을 중건하라는 영이 날 때부
터 기름 부음을 받은 자 곧 왕이 일
어나기까지 일곱 이레와 예순두 이레
가 지날 것이요 그 곤란한 동안에 성
이 중건되어 광장과 거리가 세워질 것
이며
26 예순두 이레 후에 기름 부음을 받은
자가 끊어져 없어질 것이며 장차 한
왕의 백성이 와서 그 성읍과 성소를
무너뜨리려니와 그의 마지막은 홍수
에 휩쓸림 같을 것이며 또 끝까지 전
쟁이 있으리니 황폐할 것이 작정되었
느니라
27 그가 장차 많은 사람들과 더불어 한
이레 동안의 언약을 굳게 맺고 그가
그 이레의 절반에 제사와 예물을 금
지할 것이며 또 포악하여 가증한 것
이 날개를 의지하여 설 것이며 또 이
미 정한 종말까지 진노가 황폐하게
하는 자에게 쏟아지리라 하였느니라
하니라

힛데겔 강 가에서 본 환상

10 바사 왕 고레스 제삼년에 한 일
이 벨드사살이라 이름한 다니엘
에게 나타났는데 그 일이 참되니 곧
큰 전쟁에 관한 것이라 다니엘이 그
일을 분명히 알았고 그 환상을 깨달
으니라
2 그 때에 나 다니엘이 세 이레 동안을
슬퍼하며

3 세 이레가 차기까지 좋은 떡을 먹지
아니하며 고기와 포도주를 입에 대
지 아니하며 또 기름을 바르지 아니
하니라
4 첫째 달 이십사일에 내가 힛데겔이라
하는 큰 강 가에 있었는데
5 그 때에 내가 눈을 들어 바라본즉
한 사람이 세마포 옷을 입었고 허리
에는 우바스 순금 띠를 띠었더라
6 또 그의 몸은 황옥 같고 그의 얼굴
은 번갯빛 같고 그의 눈은 횃불 같
고 그의 팔과 발은 빛난 놋과 같고
그의 말소리는 무리의 소리와 같더라
7 이 환상을 나 다니엘이 홀로 보았고
나와 함께 한 사람들은 이 환상은
보지 못하였어도 그들이 크게 떨며
도망하여 숨었느니라
8 그러므로 나만 홀로 있어서 이 큰 환
상을 볼 때에 내 몸에 힘이 빠졌고
나의 아름다운 빛이 변하여 썩은 듯
하였고 나의 힘이 다 없어졌으나
9 내가 그의 음성을 들었는데 그의 음
성을 들을 때에 내가 얼굴을 땅에
대고 깊이 잠들었느니라
10 한 손이 있어 나를 어루만지기로 내
가 떨었더니 그가 내 무릎과 손바닥
이 땅에 닿게 일으키고
11 내게 이르되 큰 은총을 받은 사람
다니엘아 내가 네게 이르는 말을 깨
닫고 일어서라 내가 네게 보내심을
받았느니라 하더라 그가 내게 이 말
을 한 후에 내가 떨며 일어서니
12 그가 내게 이르되 다니엘아 두려워하
지 말라 네가 깨달으려 하여 네 하나
님 앞에 스스로 겸비하게 하기로 결
심하던 첫날부터 네 말이 응답 받았
으므로 내가 네 말로 말미암아 왔느
니라
13 그런데 바사 왕국의 군주가 이십일
일 동안 나를 막았으므로 내가 거기
바사 왕국의 왕들과 함께 머물러 있
더니 가장 높은 군주 중 하나인 미가
엘이 와서 나를 도와 주므로
14 이제 내가 마지막 날에 네 백성이 당
할 일을 네게 깨닫게 하려 왔노라 이
는 이 환상이 오랜 후의 일임이라 하
더라
15 그가 이런 말로 내게 이를 때에 내가
곧 얼굴을 땅에 향하고 말문이 막혔
더니
16 인자와 같은 이가 있어 내 입술을 만
진지라 내가 곧 입을 열어 내 앞에
서 있는 자에게 말하여 이르되 내 주
여 이 환상으로 말미암아 근심이 내
게 더하므로 내가 힘이 없어졌나이다
17 내 몸에 힘이 없어졌고 호흡이 남지

아니하였사오니 내 주의 이 종이 어
찌 능히 내 주와 더불어 말씀할 수
있으리이까 하니
18 또 사람의 모양 같은 것 하나가 나를
만지며 나를 강건하게 하여
19 이르되 큰 은총을 받은 사람이여 두
려워하지 말라 평안하라 강건하라 강
건하라 그가 이같이 내게 말하매 내
가 곧 힘이 나서 이르되 내 주께서
나를 강건하게 하셨사오니 말씀하옵
소서
20 그가 이르되 내가 어찌하여 네게 왔
는지 네가 아느냐 이제 내가 돌아가
서 바사 군주와 싸우려니와 내가 나
간 후에는 헬라의 군주가 이를 것이
라
21 오직 내가 먼저 진리의 글에 기록된
것으로 네게 보이리라 나를 도와서
그들을 대항할 자는 너희의 군주 미
가엘뿐이니라

11 내가 또 메대 사람 다리오 원년
에 일어나 그를 도와서 그를 강
하게 한 일이 있었느니라

남방 왕과 북방 왕이 싸우리라

2 이제 내가 참된 것을 네게 보이리라
보라 바사에서 또 세 왕들이 일어날
것이요 그 후의 넷째는 그들보다 심
히 부요할 것이며 그가 그 부요함으
로 강하여진 후에는 모든 사람을 충
동하여 헬라 왕국을 칠 것이며
3 장차 한 능력 있는 왕이 일어나서 큰
권세로 다스리며 자기 마음대로 행
하리라
4 그러나 그가 강성할 때에 그의 나라
가 갈라져 천하 사방에 나누일 것이
나 그의 자손에게로 돌아가지도 아
니할 것이요 또 자기가 주장하던 권
세대로도 되지 아니하리니 이는 그
나라가 뽑혀서 그 외의 다른 사람들
에게로 돌아갈 것임이라
5 남방의 왕은 강할 것이나 그 군주들
중 하나는 그보다 강하여 권세를 떨
치리니 그의 권세가 심히 클 것이요
6 몇 해 후에 그들이 서로 단합하리니
곧 남방 왕의 딸이 북방 왕에게 가서
화친하리라 그러나 그 공주의 힘이
쇠하고 그 왕은 서지도 못하며 권세
가 없어질 뿐 아니라 그 공주와 그를
데리고 온 자와 그를 낳은 자와 그
때에 도와 주던 자가 다 버림을 당하
리라
7 그러나 그 공주의 본 족속에게서 난
자 중의 한 사람이 왕위를 이어 권세
를 받아 북방 왕의 군대를 치러 와서
그의 성에 들어가서 그들을 쳐서 이
기고

8 그 신들과 부어 만든 우상들과 은과
금의 아름다운 그릇들은 다 노략하
여 애굽으로 가져갈 것이요 몇 해 동
안은 그가 북방 왕을 치지 아니하리
라
9 북방 왕이 남방 왕의 왕국으로 쳐들
어갈 것이나 자기 본국으로 물러가리
라
10 그러나 그의 아들들이 전쟁을 준비
하고 심히 많은 군대를 모아서 물이
넘침 같이 나아올 것이며 그가 또 와
서 남방 왕의 견고한 성까지 칠 것이
요
11 남방 왕은 크게 노하여 나와서 북방
왕과 싸울 것이라 북방 왕이 큰 무리
를 일으킬 것이나 그 무리는 그의 손
에 넘겨 준 바 되리라
12 그가 큰 무리를 사로잡은 후에 그의
마음이 스스로 높아져서 수만 명을
엎드러뜨릴 것이나 그 세력은 더하지
못할 것이요
13 북방 왕은 돌아가서 다시 군대를 전
보다 더 많이 준비하였다가 몇 때 곧
몇 해 후에 대군과 많은 물건을 거느
리고 오리라
14 그 때에 여러 사람이 일어나서 남방
왕을 칠 것이요 네 백성 중에서도 포
악한 자가 스스로 높아져서 환상을
이루려 할 것이나 그들이 도리어 걸
려 넘어지리라
15 이에 북방 왕은 와서 토성을 쌓고 견
고한 성읍을 점령할 것이요 남방 군
대는 그를 당할 수 없으며 또 그가
택한 군대라도 그를 당할 힘이 없을
것이므로
16 오직 와서 치는 자가 자기 마음대로
행하리니 그를 당할 사람이 없겠고
그는 영화로운 땅에 설 것이요 그의
손에는 멸망이 있으리라
17 그가 결심하고 전국의 힘을 다하여
이르렀다가 그와 화친할 것이요 또
여자의 딸을 그에게 주어 그의 나라
를 망하게 하려 할 것이나 이루지 못
하리니 그에게 무익하리라
18 그 후에 그가 그의 얼굴을 바닷가로
돌려 많이 점령할 것이나 한 장군이
나타나 그의 정복을 그치게 하고 그
수치를 그에게로 돌릴 것이므로
19 그가 드디어 그 얼굴을 돌려 자기 땅
산성들로 향할 것이나 거쳐 넘어지고

365묵상

나라들과 왕들을 홀로 주관하시는 주님

다니엘서 11장에는 이스라엘의 장래 운명에 영향을 끼치게 될 이스라엘 주변 열방들의 운명에 관해 예언되어 있다. 이를 통해 진리를 배울 수 있다. 오직 주님만이 나라와 민족이 어떻게 시작되고 어떻게 끝나게 될 것인지를 온전히 아신다는 사실이다. 그래서 미래는 주님의 진리 말씀 가운데 이미 기록되어 있다. 요점은 이것이다. 나라들은 서로 싸우고 왕조들은 흥망성쇠를 하겠지만, 주님은 자기 백성을 지키며 보호하시고, 종국엔 큰 능력과 권세를 가지고 임하셔서 자기 백성을 영원토록 구원하신다는 점이다.

다시는 보이지 아니하리라

비천한 북방 왕

20 그 왕위를 이을 자가 압제자를 그
나라의 아름다운 곳으로 두루 다니
게 할 것이나 그는 분노함이나 싸움
이 없이 몇 날이 못 되어 망할 것이요
21 또 그의 왕위를 이을 자는 한 비천한
사람이라 나라의 영광을 그에게 주지
아니할 것이나 그가 평안한 때를 타
서 속임수로 그 나라를 얻을 것이며
22 넘치는 물 같은 군대가 그에게 넘침
으로 말미암아 패할 것이요 동맹한
왕도 그렇게 될 것이며
23 그와 약조한 후에 그는 거짓을 행하
여 올라올 것이요 소수의 백성을 가
지고 세력을 얻을 것이며
24 그가 평안한 때에 그 지방의 가장 기
름진 곳에 들어와서 그의 조상들과
조상들의 조상이 행하지 못하던 것
을 행할 것이요 그는 노략하고 탈취
한 재물을 무리에게 흩어 주며 계략
을 세워 얼마 동안 산성들을 칠 것인
데 때가 이르기까지 그리하리라
25 그가 그의 힘을 떨치며 용기를 다하
여 큰 군대를 거느리고 남방 왕을 칠
것이요 남방 왕도 심히 크고 강한 군
대를 거느리고 맞아 싸울 것이나 능
히 당하지 못하리니 이는 그들이 계
략을 세워 그를 침이니라
26 그의 음식을 먹는 자들이 그를 멸하
리니 그의 군대가 흩어질 것이요 많
은 사람이 엎드러져 죽으리라
27 이 두 왕이 마음에 서로 해하고자 하
여 한 밥상에 앉았을 때에 거짓말을
할 것이라 일이 형통하지 못하리니 이
는 아직 때가 이르지 아니하였으므
로 그 일이 이루어지지 아니할 것임이
니라
28 북방 왕은 많은 재물을 가지고 본국
으로 돌아가리니 그는 마음으로 언
약을 거스르며 자기 마음대로 행하
고 본토로 돌아갈 것이며
29 작정된 기한에 그가 다시 나와서 남
방에 이를 것이나 이번이 그 전번만
못하리니
30 이는 깃딤의 배들이 이르러 그를 칠
것임이라 그가 낙심하고 돌아가면서
맺은 언약에 분노하였고 자기 땅에
돌아가서는 맺은 언약을 배반하는
자들을 살필 것이며
31 군대는 그의 편에 서서 성소 곧 견고
한 곳을 더럽히며 매일 드리는 제사
를 폐하며 멸망하게 하는 가증한 것
을 세울 것이며
32 그가 또 언약을 배반하고 악행하는
자를 속임수로 타락시킬 것이나 오직

자기의 하나님을 아는 백성은 강하여
용맹을 떨치리라
33 백성 중에 지혜로운 자들이 많은 사
람을 가르칠 것이나 그들이 칼날과
불꽃과 사로잡힘과 약탈을 당하여
여러 날 동안 몰락하리라
34 그들이 몰락할 때에 도움을 조금 얻
을 것이나 많은 사람들이 속임수로
그들과 결합할 것이며
35 또 그들 중 지혜로운 자 몇 사람이
몰락하여 무리 중에서 연단을 받아
정결하게 되며 희게 되어 마지막 때
까지 이르게 하리니 이는 아직 정한
기한이 남았음이라
36 그 왕은 자기 마음대로 행하며 스스
로 높여 모든 신보다 크다 하며 비상
한 말로 신들의 신을 대적하며 형통
하기를 분노하심이 그칠 때까지 하리
니 이는 그 작정된 일을 반드시 이루
실 것임이라
37 그가 모든 것보다 스스로 크다 하고
그의 조상들의 신들과 여자들이 흠
모하는 것을 돌아보지 아니하며 어떤
신도 돌아보지 아니하고
38 그 대신에 강한 신을 공경할 것이요
또 그의 조상들이 알지 못하던 신에
게 금 은 보석과 보물을 드려 공경
할 것이며
39 그는 이방신을 힘입어 크게 견고한
산성들을 점령할 것이요 무릇 그를
안다 하는 자에게는 영광을 더하여
여러 백성을 다스리게도 하며 그에
게서 뇌물을 받고 땅을 나눠 주기도
하리라
40 마지막 때에 남방 왕이 그와 힘을 겨
룰 것이나 북방 왕이 병거와 마병과
많은 배로 회오리바람처럼 그에게로
마주 와서 그 여러 나라에 침공하여
물이 넘침 같이 지나갈 것이요
41 그가 또 영화로운 땅에 들어갈 것이
요 많은 나라를 패망하게 할 것이나
오직 에돔과 모압과 암몬 자손의 지
도자들은 그의 손에서 벗어나리라
42 그가 여러 나라들에 그의 손을 펴리
니 애굽 땅도 면하지 못할 것이니
43 그가 권세로 애굽의 금 은과 모든
보물을 차지할 것이요 리비아 사람과
구스 사람이 그의 시종이 되리라
44 그러나 동북에서부터 소문이 이르러
그를 번민하게 하므로 그가 분노하
여 나가서 많은 무리를 다 죽이며 멸
망시키고자 할 것이요
45 그가 장막 궁전을 바다와 영화롭고
거룩한 산 사이에 세울 것이나 그의
종말이 이르리니 도와 줄 자가 없으
리라

끝 날

12 그 때에 네 민족을 호위하는 큰
군주 미가엘이 일어날 것이요
또 환난이 있으리니 이는 개국 이래
로 그 때까지 없던 환난일 것이며 그
때에 네 백성 중 책에 기록된 모든
자가 구원을 받을 것이라
2 땅의 티끌 가운데에서 자는 자 중에
서 많은 사람이 깨어나 영생을 받는
자도 있겠고 수치를 당하여서 영원히
부끄러움을 당할 자도 있을 것이며
3 지혜 있는 자는 궁창의 빛과 같이 빛
날 것이요 많은 사람을 옳은 데로
돌아오게 한 자는 별과 같이 영원토
록 빛나리라
4 다니엘아 마지막 때까지 이 말을 간
수하고 이 글을 봉함하라 많은 사람
이 빨리 왕래하며 지식이 더하리라
5 나 다니엘이 본즉 다른 두 사람이 있
어 하나는 강 이쪽 언덕에 섰고 하나
는 강 저쪽 언덕에 섰더니
6 그 중에 하나가 세마포 옷을 입은
자 곧 강물 위쪽에 있는 자에게 이르
되 이 놀라운 일의 끝이 어느 때까지
냐 하더라
7 내가 들은즉 그 세마포 옷을 입고
강물 위쪽에 있는 자가 자기의 좌우
손을 들어 하늘을 향하여 영원히 살
아 계시는 이를 가리켜 맹세하여 이
르되 반드시 한 때 두 때 반 때를 지
나서 성도의 권세가 다 깨지기까지이
니 그렇게 되면 이 모든 일이 다 끝나
리라 하더라
8 내가 듣고도 깨닫지 못한지라 내가
이르되 내 주여 이 모든 일의 결국이
어떠하겠나이까 하니
9 그가 이르되 다니엘아 갈지어다 이
말은 마지막 때까지 간수하고 봉함
할 것임이니라
10 많은 사람이 연단을 받아 스스로 정
결하게 하며 희게 할 것이나 악한 사
람은 악을 행하리니 악한 자는 아무
것도 깨닫지 못하되 오직 지혜 있는
자는 깨달으리라
11 매일 드리는 제사를 폐하며 멸망하
게 할 가증한 것을 세울 때부터 천이
백구십 일을 지낼 것이요
12 기다려서 천삼백삼십오 일까지 이르
는 그 사람은 복이 있으리라
13 너는 가서 마지막을 기다리라 이는
네가 평안히 쉬다가 끝날에는 네 몫
을 누릴 것임이라

호세아 Hosea

본서는 호세아 선지자의 개인적인 가정사를 통해서 이스라엘을 향한 하나님의 변치 않는 사랑을 생생하게 보여주고 있다. 북왕국 이스라엘의 말기에 사마리아를 무대로 활동한 호세아 선지자는 깊은 죄악과 우상 숭배에 빠진 북왕국 이스라엘 백성들을 향해 하나님의 사랑과 심판을 선포하면서 회개하고 돌이킬 것을 강력히 촉구하였다.

제목 '구원'이라는 뜻으로, '여호수아', '예수'와 그 의미가 같으며, 저자의 이름을 반영하고 있다.

저자 호세아. 본서의 내증(1:1)과, 호세아를 1인칭으로 서술한 점(3:1) 등이 이를 뒷받침해 준다. 북이스라엘의 여로보암 2세 시대(B.C. 793-753년)에 활동했으며, 동시대의 예언자로는 이사야, 미가가 있다.

기록 연대 B.C. 755-722년경. 호세아의 활동이 시작된 때를 웃시야 중엽(B.C. 767년경)으로 보고, 본서에 이스라엘 멸망이 아주 임박한 예언으로 기술된 점을 볼 때, 웃시야 통치 말기 이후부터 이스라엘이 멸망한 B.C. 722년 이전의 기록으로 추정된다.

기록 목적 ① 임박한 심판을 경고하기 위하여. ② 이스라엘 백성들에게 하나님의 사랑으로 돌아오기를 촉구하기 위하여.

주제 하나님의 심판과 사랑. 하나님은 자기 백성의 죄를 공의로 심판하시며, 회개하는 자를 버리지 않으시고 끝까지 사랑하신다.

특징 ① 은유적 표현 기법-호세아와 고멜을 통해 하나님과 영적 음녀인 이스라엘의 관계를 은유적으로 표현했다. ② 고통에 대한 해석-고통을 심판이 아닌 '하나님의 사랑의 결과'라는 새 차원에서 설명했다. ③ '지식'의 강조-죄의 근원을 그릇된 지식으로 보고, 여호와를 아는 지식을 소유하기를 촉구했다(4:6; 6:3)..

본서의 내용

I. 부정한 아내와 신실한 남편
① 호세아의 아내와 자녀들 (1:1-9)
② 장차 회복될 이스라엘 (1:10-2:1)
③ 음란한 고멜 - 이스라엘 (2:2-13)
④ 하나님의 은총과 긍휼 (2:14-23)
⑤ 고멜을 사랑하는 호세아 (3:1-5)

II. 부정한 이스라엘과 신실한 하나님
① 이스라엘의 죄악 (4:1-13:16)
② 하나님의 구원(14:1-9)

연대표

B.C.	
930년	왕국의 남북분열
793년	여로보암 2세의 통치(~753년)
760년	선지자 아모스의 사역(~750년)
753년	선지자 호세아의 사역(~715년) 스가랴의 통치
752년	살룸의 통치 므나헴의 통치(~742년)
742년	브가히야의 통치(~740년)
740년	베가의 통치(~732년)
732년	호세아의 통치(~722년)
722년	사마리아의 함락(북왕국 멸망)

· 호세아의 주요 무대

호세아 Hosea

1 웃시야와 요담과 아하스와 히스기
야가 이어 유다 왕이 된 시대 곧
요아스의 아들 여로보암이 이스라엘
왕이 된 시대에 브에리의 아들 호세
아에게 임한 여호와의 말씀이라

호세아의 아내와 자식들

2 여호와께서 처음 호세아에게 말씀하
실 때 여호와께서 호세아에게 이르
시되 너는 가서 음란한 여자를 맞이
하여 음란한 자식들을 낳으라 이 나
라가 여호와를 떠나 크게 음란함이
니라 하시니
3 이에 그가 가서 디블라임의 딸 고멜
을 맞이하였더니 고멜이 임신하여 아
들을 낳으매
4 여호와께서 호세아에게 이르시되 그
의 이름을 이스르엘이라 하라 조금
후에 내가 이스르엘의 피를 예후의
집에 갚으며 이스라엘 족속의 나라
를 폐할 것임이니라
5 그 날에 내가 이스르엘 골짜기에서
이스라엘의 활을 꺾으리라 하시니라
6 고멜이 또 임신하여 딸을 낳으매 여
호와께서 호세아에게 이르시되 그의
이름을 로루하마라 하라 내가 다시
는 이스라엘 족속을 긍휼히 여겨서
용서하지 않을 것임이니라
7 그러나 내가 유다 족속을 긍휼히 여
겨 그들의 하나님 여호와로 구원하겠
고 활과 칼이나 전쟁이나 말과 마병
으로 구원하지 아니하리라 하시니라
8 고멜이 로루하마를 젖뗀 후에 또 임
신하여 아들을 낳으매
9 여호와께서 이르시되 그의 이름을 로
암미라 하라 너희는 내 백성이 아니
요 나는 너희 하나님이 되지 아니할
것임이니라

이스라엘이 회복되리라

10 그러나 이스라엘 자손의 수가 바닷
가의 모래 같이 되어서 헤아릴 수도
없고 셀 수도 없을 것이며 전에 그들
에게 이르기를 너희는 내 백성이 아
니라 한 그 곳에서 그들에게 이르기
를 너희는 살아 계신 하나님의 아들
들이라 할 것이라
11 이에 유다 자손과 이스라엘 자손이
함께 모여 한 우두머리를 세우고 그
땅에서부터 올라오리니 이스르엘의
날이 클 것임이로다

2 너희 형제에게는 암미라 하고 너희
자매에게는 루하마라 하라

음란을 제거할지라

2 너희 어머니와 논쟁하고 논쟁하라 그
는 내 아내가 아니요 나는 그의 남편
이 아니라 그가 그의 얼굴에서 음란
을 제하게 하고 그 유방 사이에서
음행을 제하게 하라
3 그렇지 아니하면 내가 그를 벌거벗겨
서 그 나던 날과 같게 할 것이요 그
로 광야 같이 되게 하며 마른 땅 같
이 되게 하여 목말라 죽게 할 것이며
4 내가 그의 자녀를 긍휼히 여기지 아
니하리니 이는 그들이 음란한 자식들
임이니라
5 그들의 어머니는 음행하였고 그들을
임신했던 자는 부끄러운 일을 행하였
나니 이는 그가 이르기를 나는 나를
사랑하는 자들을 따르리니 그들이
내 떡과 내 물과 내 양털과 내 삼과
내 기름과 내 술들을 내게 준다 하
였음이라
6 그러므로 내가 가시로 그 길을 막으
며 담을 쌓아 그로 그 길을 찾지 못
하게 하리니
7 그가 그 사랑하는 자를 따라갈지라
도 미치지 못하며 그들을 찾을지라
도 만나지 못할 것이라 그제야 그가
이르기를 내가 본 남편에게로 돌아
가리니 그 때의 내 형편이 지금보다
나았음이라 하리라
8 곡식과 새 포도주와 기름은 내가 그
에게 준 것이요 그들이 바알을 위하
여 쓴 은과 금도 내가 그에게 더하여
준 것이거늘 그가 알지 못하도다
9 그러므로 내가 내 곡식을 그것이 익
을 계절에 도로 찾으며 내가 내 새
포도주를 그것이 맛 들 시기에 도로
찾으며 또 그들의 벌거벗은 몸을 가
릴 내 양털과 내 삼을 빼앗으리라
10 이제 내가 그 수치를 그 사랑하는
자의 눈 앞에 드러내리니 그를 내 손
에서 건져낼 사람이 없으리라
11 내가 그의 모든 희락과 절기와 월삭
과 안식일과 모든 명절을 폐하겠고
12 그가 전에 이르기를 이것은 나를 사
랑하는 자들이 내게 준 값이라 하던
그 포도나무와 무화과나무를 거칠게
하여 수풀이 되게 하며 들짐승들에
게 먹게 하리라
13 그가 귀고리와 패물로 장식하고 그
가 사랑하는 자를 따라가서 나를 잊
어버리고 향을 살라 바알들을 섬긴

365묵상

우리를 향한 하나님의 사랑

하나님의 지시에 따라 호세아 선지자는 창녀 고멜과 결혼했다(호 1:2-11). 하나님은 왜 그런 지시를 내렸을까? 그것은, 호세아와 창녀 고멜의 결혼을 통해 신실치 못한 이스라엘 백성을 하나님은 그래도 계속 사랑하신다는 것을 보여주는 거울로 삼고 싶었기 때문이다. 이것은 오늘날 우리에게 얼마나 소망을 주는가! 우리가 회개할 때 하나님은 항상 우리를 용서하시며 회복시키실 준비를 하고 계신다. 우리의 죄에 상관없이, 어떤 상처를 입었든지, 하나님은 언제나 우리를 사랑스런 신부로 여겨 자신의 품에 꼭 안아주신다.

시일대로 내가 그에게 벌을 주리라
여호와의 말씀이니라

백성을 향한 여호와의 사랑

14 그러므로 보라 내가 그를 타일러 거
친 들로 데리고 가서 말로 위로하고
15 거기서 비로소 그의 포도원을 그에
게 주고 아골 골짜기로 소망의 문을
삼아 주리니 그가 거기서 응대하기를
어렸을 때와 애굽 땅에서 올라오던
날과 같이 하리라
16 여호와께서 이르시되 그 날에 네가
나를 내 남편이라 일컫고 다시는 내
바알이라 일컫지 아니하리라
17 내가 바알들의 이름을 그의 입에서
제거하여 다시는 그의 이름을 기억하
여 부르는 일이 없게 하리라
18 그 날에는 내가 그들을 위하여 들짐
승과 공중의 새와 땅의 곤충과 더불
어 언약을 맺으며 또 이 땅에서 활과
칼을 꺾어 전쟁을 없이하고 그들로
평안히 눕게 하리라
19 내가 네게 장가 들어 영원히 살되 공
의와 정의와 은총과 긍휼히 여김으
로 네게 장가 들며
20 진실함으로 네게 장가 들리니 네가
여호와를 알리라
21 여호와께서 이르시되 그 날에 내가
응답하리라 나는 하늘에 응답하고
하늘은 땅에 응답하고
22 땅은 곡식과 포도주와 기름에 응답
하고 또 이것들은 이스르엘에 응답
하리라
23 내가 나를 위하여 그를 이 땅에 심고
긍휼히 여김을 받지 못하였던 자를
긍휼히 여기며 내 백성 아니었던 자
에게 향하여 이르기를 너는 내 백성
이라 하리니 그들은 이르기를 주는
내 하나님이시라 하리라 하시니라

호세아와 음녀가 된 여인

3 여호와께서 내게 이르시되 이스라
엘 자손이 다른 신을 섬기고 건포
도 과자를 즐길지라도 여호와가 그
들을 사랑하나니 너는 또 가서 타인
의 사랑을 받아 음녀가 된 그 여자를
사랑하라 하시기로
2 내가 은 열다섯 개와 보리 한 호멜
반으로 나를 위하여 그를 사고
3 그에게 이르기를 너는 많은 날 동안
나와 함께 지내고 음행하지 말며 다
른 남자를 따르지 말라 나도 네게
그리하리라 하였노라
4 이스라엘 자손들이 많은 날 동안 왕
도 없고 지도자도 없고 제사도 없고
주상도 없고 에봇도 없고 드라빔도
없이 지내다가
5 그 후에 이스라엘 자손이 돌아와서

그들의 하나님 여호와와 그들의 왕
다윗을 찾고 마지막 날에는 여호와
를 경외하므로 여호와와 그의 은총
으로 나아가리라

어머니를 멸하리라

4 이스라엘 자손들아 여호와의 말
씀을 들으라 여호와께서 이 땅 주
민과 논쟁하시나니 이 땅에는 진실도
없고 인애도 없고 하나님을 아는 지
식도 없고
2 오직 저주와 속임과 살인과 도둑질
과 간음뿐이요 포악하여 피가 피를
뒤이음이라
3 그러므로 이 땅이 슬퍼하며 거기 사
는 자와 들짐승과 공중에 나는 새가
다 쇠잔할 것이요 바다의 고기도 없
어지리라
4 그러나 어떤 사람이든지 다투지도 말
며 책망하지도 말라 네 백성들이 제
사장과 다투는 자처럼 되었음이니라
5 너는 낮에 넘어지겠고 너와 함께 있
는 선지자는 밤에 넘어지리라 내가
네 어머니를 멸하리라

여호와께서 백성과 제사장을 심판하시다

6 내 백성이 지식이 없으므로 망하는도
다 네가 지식을 버렸으니 나도 너를
버려 내 제사장이 되지 못하게 할 것
이요 네가 네 하나님의 율법을 잊었
으니 나도 네 자녀들을 잊어버리리라
7 그들은 번성할수록 내게 범죄하니
내가 그들의 영화를 변하여 욕이 되
게 하리라
8 그들이 내 백성의 속죄제물을 먹고
그 마음을 그들의 죄악에 두는도다
9 장차는 백성이나 제사장이나 동일함
이라 내가 그들의 행실대로 벌하며
그들의 행위대로 갚으리라
10 그들이 먹어도 배부르지 아니하며 음
행하여도 수효가 늘지 못하니 이는
여호와를 버리고 따르지 아니하였음
이니라

이교 예배를 책망하시다

11 음행과 묵은 포도주와 새 포도주가
마음을 빼앗느니라
12 내 백성이 나무에게 묻고 그 막대기
는 그들에게 고하나니 이는 그들이
음란한 마음에 미혹되어 하나님을 버
리고 음행하였음이니라
13 그들이 산 꼭대기에서 제사를 드리
며 작은 산 위에서 분향하되 참나무
와 버드나무와 상수리나무 아래에서
하니 이는 그 나무 그늘이 좋음이라
이러므로 너희 딸들은 음행하며 너희
며느리들은 간음을 행하는도다
14 너희 딸들이 음행하며 너희 며느리들
이 간음하여도 내가 벌하지 아니하리

니 이는 남자들도 창기와 함께 나가
며 음부와 함께 희생을 드림이니라
깨닫지 못하는 백성은 망하리라
15 이스라엘아 너는 음행하여도 유다는
죄를 범하지 못하게 할 것이라 너희
는 길갈로 가지 말며 벧아웬으로 올
라가지 말며 여호와의 사심을 두고
맹세하지 말지어다
16 이스라엘은 완강한 암소처럼 완강하
니 이제 여호와께서 어린 양을 넓은
들에서 먹임 같이 그들을 먹이시겠느
냐
17 에브라임이 우상과 연합하였으니 버
려 두라
18 그들이 마시기를 다 하고는 이어서
음행하였으며 그들은 부끄러운 일을
좋아하느니라
19 바람이 그 날개로 그를 쌌나니 그들
이 그 제물로 말미암아 부끄러운 일
을 당하리라

우상 숭배를 경고하다

5 제사장들아 이를 들으라 이스라
엘 족속들아 깨달으라 왕족들아
귀를 기울이라 너희에게 심판이 있나
니 너희가 미스바에 대하여 올무가
되며 다볼 위에 친 그물이 됨이라
2 패역자가 살육죄에 깊이 빠졌으매
내가 그들을 다 벌하노라
3 에브라임은 내가 알고 이스라엘은
내게 숨기지 못하나니 에브라임아 이
제 네가 음행하였고 이스라엘이 더러
워졌느니라
4 그들의 행위가 그들로 자기 하나님
에게 돌아가지 못하게 하나니 이는
음란한 마음이 그 속에 있어 여호와
를 알지 못하는 까닭이라
5 이스라엘의 교만이 그 얼굴에 드러
났나니 그 죄악으로 말미암아 이스
라엘과 에브라임이 넘어지고 유다도
그들과 함께 넘어지리라
6 그들이 양 떼와 소 떼를 끌고 여호
와를 찾으러 갈지라도 만나지 못할
것은 이미 그들에게서 떠나셨음이라
7 그들이 여호와께 정조를 지키지 아니
하고 사생아를 낳았으니 그러므로
새 달이 그들과 그 기업을 함께 삼키
리로다

유다와 이스라엘 사이의 전쟁

8 너희가 기브아에서 뿔나팔을 불며
라마에서 나팔을 불며 벧아웬에서
외치기를 베냐민아 네 뒤를 쫓는다
할지어다
9 벌하는 날에 에브라임이 황폐할 것
이라 내가 이스라엘 지파 중에서 반
드시 있을 일을 보였노라
10 유다 지도자들은 경계표를 옮기는

자 같으니 내가 나의 진노를 그들에
게 물 같이 부으리라
11 에브라임은 사람의 명령 뒤따르기를
좋아하므로 학대를 받고 재판의 압
제를 받는도다
12 그러므로 내가 에브라임에게는 좀
같으며 유다 족속에게는 썩이는 것
같도다
13 에브라임이 자기의 병을 깨달으며 유
다가 자기의 상처를 깨달았고 에브
라임은 앗수르로 가서 야렙 왕에게
사람을 보내었으나 그가 능히 너희
를 고치지 못하겠고 너희 상처를 낫
게 하지 못하리라
14 내가 에브라임에게는 사자 같고 유
다 족속에게는 젊은 사자 같으니 바
로 내가 움켜갈지라 내가 탈취하여
갈지라도 건져낼 자가 없으리라
15 그들이 그 죄를 뉘우치고 내 얼굴을
구하기까지 내가 내 곳으로 돌아가
리라 그들이 고난 받을 때에 나를
간절히 구하리라

백성들의 불성실한 회개

6 오라 우리가 여호와께로 돌아가
자 여호와께서 우리를 찢으셨으나
도로 낫게 하실 것이요 우리를 치셨
으나 싸매어 주실 것임이라
2 여호와께서 이틀 후에 우리를 살리시
며 셋째 날에 우리를 일으키시리니
우리가 그의 앞에서 살리라
3 그러므로 우리가 여호와를 알자 힘
써 여호와를 알자 그의 나타나심은
새벽 빛 같이 어김없나니 비와 같이,
땅을 적시는 늦은 비와 같이 우리에
게 임하시리라 하니라
4 에브라임아 내가 네게 어떻게 하랴
유다야 내가 네게 어떻게 하랴 너희
의 인애가 아침 구름이나 쉬 없어지
는 이슬 같도다
5 그러므로 내가 선지자들로 그들을
치고 내 입의 말로 그들을 죽였노니
내 심판은 빛처럼 나오느니라
6 나는 인애를 원하고 제사를 원하지
아니하며 번제보다 하나님을 아는 것
을 원하노라
7 그들은 아담처럼 언약을 어기고 거기
에서 나를 반역하였느니라
8 길르앗은 악을 행하는 자의 고을이
라 피 발자국으로 가득 찼도다
9 강도 떼가 사람을 기다림 같이 제사
장의 무리가 세겜 길에서 살인하니
그들이 사악을 행하였느니라
10 내가 이스라엘 집에서 가증한 일을
보았나니 거기서 에브라임은 음행하
였고 이스라엘은 더럽혀졌느니라
11 또한 유다여 내가 내 백성의 사로잡

힘을 돌이킬 때에 네게도 추수할 일
을 정하였느니라

왕궁 안의 반란

7 내가 이스라엘을 치료하려 할 때
에 에브라임의 죄와 사마리아의
악이 드러나도다 그들은 거짓을 행
하며 안으로 들어가 도둑질하고 밖
으로 떼 지어 노략질하며
2 내가 모든 악을 기억하였음을 그들
이 마음에 생각하지 아니하거니와 이
제 그들의 행위가 그들을 에워싸고
내 얼굴 앞에 있도다
3 그들이 그 악으로 왕을, 그 거짓말로
지도자들을 기쁘게 하도다
4 그들은 다 간음하는 자라 과자 만드
는 자에 의해 달궈진 화덕과 같도다
그가 반죽을 뭉침으로 발효되기까지
만 불 일으키기를 그칠 뿐이니라
5 우리 왕의 날에 지도자들은 술의 뜨
거움으로 병이 나며 왕은 오만한 자
들과 더불어 악수하는도다
6 그들이 가까이 올 때에 그들의 마음
은 간교하여 화덕 같으니 그들의 분
노는 밤새도록 자고 아침에 피우는
불꽃 같도다
7 그들이 다 화덕 같이 뜨거워져서 그
재판장들을 삼키며 그들의 왕들을
다 엎드러지게 하며 그들 중에는 내
게 부르짖는 자가 하나도 없도다

이스라엘과 여러 민족

8 에브라임이 여러 민족 가운데에 혼
합되니 그는 곧 뒤집지 않은 전병이
로다
9 이방인들이 그의 힘을 삼켰으나 알지
못하고 백발이 무성할지라도 알지
못하는도다
10 이스라엘의 교만은 그 얼굴에 드러
났나니 그들이 이 모든 일을 당하여
도 그들의 하나님 여호와께로 돌아
오지 아니하며 구하지 아니하도다
11 에브라임은 어리석은 비둘기 같이 지
혜가 없어서 애굽을 향하여 부르짖
으며 앗수르로 가는도다
12 그들이 갈 때에 내가 나의 그물을
그 위에 쳐서 공중의 새처럼 떨어뜨
리고 전에 그 회중에 들려 준 대로
그들을 징계하리라
13 화 있을진저 그들이 나를 떠나 그릇
갔음이니라 패망할진저 그들이 내게
범죄하였음이니라 내가 그들을 건져
주려 하나 그들이 나를 거슬러 거짓
을 말하고
14 성심으로 나를 부르지 아니하였으며
오직 침상에서 슬피 부르짖으며 곡식
과 새 포도주로 말미암아 모이며 나
를 거역하는도다

15 내가 그들 팔을 연습시켜 힘 있게 하
였으나 그들은 내게 대하여 악을 꾀
하는도다
16 그들은 돌아오나 높으신 자에게로
돌아오지 아니하니 속이는 활과 같
으며 그들의 지도자들은 그 혀의 거
친 말로 말미암아 칼에 엎드러지리니
이것이 애굽 땅에서 조롱거리가 되리
라

우상 숭배를 책망하시다

8 나팔을 네 입에 댈지어다 원수가
독수리처럼 여호와의 집에 덮치리
니 이는 그들이 내 언약을 어기며 내
율법을 범함이로다
2 그들이 장차 내게 부르짖기를 나의
하나님이여 우리 이스라엘이 주를 아
나이다 하리라
3 이스라엘이 이미 선을 버렸으니 원수
가 그를 따를 것이라
4 그들이 왕들을 세웠으나 내게서 난
것이 아니며 그들이 지도자들을 세웠
으나 내가 모르는 바이며 그들이 또
그 은, 금으로 자기를 위하여 우상을
만들었나니 결국은 파괴되고 말리라
5 사마리아여 네 송아지는 버려졌느니
라 내 진노가 무리를 향하여 타오르
나니 그들이 어느 때에야 무죄하겠
느냐
6 이것은 이스라엘에서 나고 장인이 만
든 것이라 참 신이 아니니 사마리아
의 송아지가 산산조각이 나리라
7 그들이 바람을 심고 광풍을 거둘 것
이라 심은 것이 줄기가 없으며 이삭
은 열매를 맺지 못할 것이요 혹시 맺
을지라도 이방 사람이 삼키리라
8 이스라엘은 이미 삼켜졌은즉 이제 여
러 나라 가운데에 있는 것이 즐겨 쓰
지 아니하는 그릇 같도다
9 그들이 홀로 떨어진 들나귀처럼 앗수
르로 갔고 에브라임이 값 주고 사랑
하는 자들을 얻었도다
10 그들이 여러 나라에게 값을 주었을
지라도 이제 내가 그들을 모으리니
그들은 지도자의 임금이 지워 준 짐
으로 말미암아 쇠하기 시작하리라
11 에브라임은 죄를 위하여 제단을 많
이 만들더니 그 제단이 그에게 범죄
하게 하는 것이 되었도다
12 내가 그를 위하여 내 율법을 만 가지
로 기록하였으나 그들은 이상한 것

365묵상

심고 거둠의 진리

호세아는 참된 하나님을 떠나 이방의 거짓된 우상을 섬긴다면, 그것은 바람을 심는 것과 같아서 오직 광풍만 거둘 수 있을 뿐이라고 경고한다(호 8:7). 이 메시지는 오늘날 우리에게도 동일하다. 우리가 '바람'을 심으면, 즉 세상의 쾌락, 권세, 재물 등을 하나님보다 우선시하여 그것들을 추구하느라 삶을 소비하면, 우리 또한 결국에는 우리 자신을 파멸시키는 광풍만 거두게 된다. 그러나 우리가 '성령'을 심는다면, 우리는 성령의 소중한 열매들, 즉 하나님의 사랑과 보호와 인도, 마침내는 영생을 추수하게 될 것이다.

으로 여기도다
13 그들이 내게 고기를 제물로 드리고
먹을지라도 여호와는 그것을 기뻐하
지 아니하고 이제 그들의 죄악을 기
억하여 그 죄를 벌하리니 그들은 애
굽으로 다시 가리라
14 이스라엘은 자기를 지으신 이를 잊어
버리고 왕궁들을 세웠으며 유다는
견고한 성읍을 많이 쌓았으나 내가
그 성읍들에 불을 보내어 그 성들을
삼키게 하리라

형벌의 날 보응의 날

9 이스라엘아 너는 이방 사람처럼
기뻐 뛰놀지 말라 네가 음행하여
네 하나님을 떠나고 각 타작 마당에
서 음행의 값을 좋아하였느니라
2 타작 마당이나 술틀이 그들을 기르
지 못할 것이며 새 포도주도 떨어질
것이요
3 그들은 여호와의 땅에 거주하지 못
하며 에브라임은 애굽으로 다시 가
고 앗수르에서 더러운 것을 먹을 것
이니라
4 그들은 여호와께 포도주를 부어 드
리지 못하며 여호와께서 기뻐하시는
바도 되지 못할 것이라 그들의 제물
은 애곡하는 자의 떡과 같아서 그것
을 먹는 자는 더러워지나니 그들의
떡은 자기의 먹기에만 소용될 뿐이라
여호와의 집에 드릴 것이 아님이니라
5 너희는 명절 날과 여호와의 절기의 날
에 무엇을 하겠느냐
6 보라 그들이 멸망을 피하여 갈지라
도 애굽은 그들을 모으고 놉은 그
들을 장사하리니 그들의 은은 귀한
것이나 찔레가 덮을 것이요 그들의
장막 안에는 가시덩굴이 퍼지리라
7 형벌의 날이 이르렀고 보응의 날이
온 것을 이스라엘이 알지라 선지자가
어리석었고 신에 감동하는 자가 미쳤
나니 이는 네 죄악이 많고 네 원한이
큼이니라
8 에브라임은 나의 하나님과 함께 한
파수꾼이며 선지자는 모든 길에 친
새 잡는 자의 그물과 같고 그의 하
나님의 전에는 원한이 있도다
9 그들은 기브아의 시대와 같이 심히
부패한지라 여호와께서 그 악을 기
억하시고 그 죄를 벌하시리라

이스라엘의 죄와 하나님의 심판

10 옛적에 내가 이스라엘을 만나기를
광야에서 포도를 만남 같이 하였으
며 너희 조상들을 보기를 무화과나
무에서 처음 맺힌 첫 열매를 봄 같이
하였거늘 그들이 바알브올에 가서
부끄러운 우상에게 몸을 드림으로

저희가 사랑하는 우상 같이 가증하여
졌도다
11 에브라임의 영광이 새 같이 날아 가
리니 해산하는 것이나 아이 배는 것
이나 임신하는 것이 없으리라
12 혹 그들이 자식을 기를지라도 내가
그 자식을 없이하여 한 사람도 남기
지 아니할 것이라 내가 그들을 떠나
는 때에는 그들에게 화가 미치리로
다
13 내가 보건대 에브라임은 아름다운
곳에 심긴 두로와 같으나 그 자식들
을 살인하는 자에게로 끌어내리로다
14 여호와여 그들에게 주소서 무엇을
주시려 하나이까 아이 배지 못하는
태와 젖 없는 유방을 주시옵소서
15 그들의 모든 악이 길갈에 있으므로
내가 거기에서 그들을 미워하였노라
그들의 행위가 악하므로 내 집에서
그들을 쫓아내고 다시는 사랑하지
아니하리라 그들의 지도자들은 다
반역한 자니라
16 에브라임은 매를 맞아 그 뿌리가 말
라 열매를 맺지 못하나니 비록 아이
를 낳을지라도 내가 그 사랑하는 태
의 열매를 죽이리라
17 그들이 듣지 아니하므로 내 하나님
이 그들을 버리시리니 그들이 여러
나라 가운데에 떠도는 자가 되리라

하나님의 심판에 대한 선지자의 경고

10 이스라엘은 열매 맺는 무성한
포도나무라 그 열매가 많을수
록 제단을 많게 하며 그 땅이 번영할
수록 주상을 아름답게 하도다
2 그들이 두 마음을 품었으니 이제 벌
을 받을 것이라 하나님이 그 제단을
쳐서 깨뜨리시며 그 주상을 허시리라
3 그들이 이제 이르기를 우리가 여호
와를 두려워하지 아니하므로 우리에
게 왕이 없거니와 왕이 우리를 위하
여 무엇을 하리요 하리로다
4 그들이 헛된 말을 내며 거짓 맹세로
언약을 세우니 그 재판이 밭이랑에
돋는 독초 같으리로다
5 사마리아 주민이 벧아웬의 송아지로
말미암아 두려워할 것이라 그 백성이
슬퍼하며 그것을 기뻐하던 제사장들
도 슬퍼하리니 이는 그의 영광이 떠
나감이며
6 그 송아지는 앗수르로 옮겨다가 예
물로 야렙 왕에게 드리리니 에브라
임은 수치를 받을 것이요 이스라엘
은 자기들의 계책을 부끄러워할 것이
며
7 사마리아 왕은 물 위에 있는 거품 같
이 멸망할 것이며

8 이스라엘의 죄 곧 아웬의 산당은 파
괴되어 가시와 찔레가 그 제단 위에
날 것이니 그 때에 그들이 산더러 우
리를 가리라 할 것이요 작은 산더러
우리 위에 무너지라 하리라

이스라엘에게 징계를 선언하시다

9 이스라엘아 네가 기브아 시대로부터
범죄하더니 지금까지 죄를 짓는구나
그러니 범죄한 자손들에 대한 전쟁이
어찌 기브아에서 일어나지 않겠느냐
10 내가 원하는 때에 그들을 징계하리
니 그들이 두 가지 죄에 걸릴 때에
만민이 모여서 그들을 치리라
11 에브라임은 마치 길들인 암소 같아
서 곡식 밟기를 좋아하나 내가 그의
아름다운 목에 멍에를 메우고 에브
라임 위에 사람을 태우리니 유다가
밭을 갈고 야곱이 흙덩이를 깨뜨리
리라
12 너희가 자기를 위하여 공의를 심고
인애를 거두라 너희 묵은 땅을 기경
하라 지금이 곧 여호와를 찾을 때니
마침내 여호와께서 오사 공의를 비처
럼 너희에게 내리시리라
13 너희는 악을 밭 갈아 죄를 거두고 거
짓 열매를 먹었나니 이는 네가 네 길
과 네 용사의 많음을 의뢰하였음이
라
14 그러므로 너희 백성 중에 요란함이
일어나며 네 산성들이 다 무너지되
살만이 전쟁의 날에 벧아벨을 무너
뜨린 것 같이 될 것이라 그 때에 어머
니와 자식이 함께 부서졌도다
15 너희의 큰 악으로 말미암아 벧엘이
이같이 너희에게 행하리니 이스라엘
왕이 새벽에 정녕 망하리로다

백성을 버리지 않으시는 하나님

11

이스라엘이 어렸을 때에 내가
사랑하여 내 아들을 애굽에서
불러냈거늘
2 선지자들이 그들을 부를수록 그들은
점점 멀리하고 바알들에게 제사하며
아로새긴 우상 앞에서 분향하였느니
라
3 그러나 내가 에브라임에게 걸음을
가르치고 내 팔로 안았음에도 내가
그들을 고치는 줄을 그들은 알지 못
하였도다
4 내가 사람의 줄 곧 사랑의 줄로 그
들을 이끌었고 그들에게 대하여 그
목에서 멍에를 벗기는 자 같이 되었
으며 그들 앞에 먹을 것을 두었노라
5 그들은 애굽 땅으로 되돌아 가지 못
하겠거늘 내게 돌아 오기를 싫어하
니 앗수르 사람이 그 임금이 될 것이
라

6 칼이 그들의 성읍들을 치며 빗장을
깨뜨려 없이하리니 이는 그들의 계책
으로 말미암음이니라
7 내 백성이 끝끝내 내게서 물러가나
니 비록 그들을 불러 위에 계신 이에
게로 돌아오라 할지라도 일어나는
자가 하나도 없도다
8 에브라임이여 내가 어찌 너를 놓겠
느냐 이스라엘이여 내가 어찌 너를
버리겠느냐 내가 어찌 너를 아드마
같이 놓겠느냐 어찌 너를 스보임 같
이 두겠느냐 내 마음이 내 속에서 돌
이키어 나의 긍휼이 온전히 불붙듯
하도다
9 내가 나의 맹렬한 진노를 나타내지
아니하며 내가 다시는 에브라임을 멸
하지 아니하리니 이는 내가 하나님이
요 사람이 아님이라 네 가운데 있는
거룩한 이니 진노함으로 네게 임하지
아니하리라
10 그들은 사자처럼 소리를 내시는 여
호와를 따를 것이라 여호와께서 소
리를 내시면 자손들이 서쪽에서부터
떨며 오되
11 그들은 애굽에서부터 새 같이, 앗수
르에서부터 비둘기 같이 떨며 오리니
내가 그들을 그들의 집에 머물게 하
리라 나 여호와의 말이니라

하나님께로 돌아오라

12 에브라임은 거짓으로, 이스라엘 족
속은 속임수로 나를 에워쌌고 유다
는 여전히 하나님과 거룩하고 신실한
자들에 대하여 정함이 없도다

12

에브라임은 바람을 먹으며 동
풍을 따라가서 종일토록 거짓과
포학을 더하여 앗수르와 계약을 맺
고 기름을 애굽에 보내도다
2 여호와께서 유다와 논쟁하시고 야곱
을 그 행실대로 벌하시며 그의 행위
대로 그에게 보응하시리라
3 야곱은 모태에서 그의 형의 발뒤꿈
치를 잡았고 또 힘으로는 하나님과
겨루되
4 천사와 겨루어 이기고 울며 그에게
간구하였으며 하나님은 벧엘에서 그
를 만나셨고 거기에서 우리에게 말씀
하셨나니
5 여호와는 만군의 하나님이시라 여호
와는 그를 기억하게 하는 이름이니
라
6 그런즉 너의 하나님께로 돌아와서 인
애와 정의를 지키며 항상 너의 하나
님을 바랄지니라

거짓 저울을 쓰는 에브라임

7 그는 상인이라 손에 거짓 저울을 가
지고 속이기를 좋아하는도다

8 에브라임이 말하기를 나는 실로 부
자라 내가 재물을 얻었는데 내가 수
고한 모든 것 중에서 죄라 할 만한
불의를 내게서 찾아 낼 자 없으리라
하거니와
9 네가 애굽 땅에 있을 때부터 나는
네 하나님 여호와니라 내가 너로 다
시 장막에 거주하게 하기를 명절날에
하던 것 같게 하리라
10 내가 여러 선지자에게 말하였고 이상
을 많이 보였으며 선지자들을 통하여
비유를 베풀었노라
11 길르앗은 불의한 것이냐 과연 그러하
다 그들은 거짓되도다 길갈에서는
무리가 수송아지로 제사를 드리며
그 제단은 밭이랑에 쌓인 돌무더기
같도다
12 야곱이 아람의 들로 도망하였으며
이스라엘이 아내를 얻기 위하여 사람
을 섬기며 아내를 얻기 위하여 양을
쳤고
13 여호와께서는 한 선지자로 이스라엘
을 애굽에서 인도하여 내셨고 이스
라엘이 한 선지자로 보호 받았거늘
14 에브라임이 격노하게 함이 극심하였
으니 그의 주께서 그의 피로 그의 위
에 머물러 있게 하시며 그의 수치를
그에게 돌리시리라

바알로 말미암아 범죄한 에브라임

13 에브라임이 말을 하면 사람들이
떨었도다 그가 이스라엘 중에서
자기를 높이더니 바알로 말미암아 범
죄하므로 망하였거늘
2 이제도 그들은 더욱 범죄하여 그 은
으로 자기를 위하여 우상을 부어 만
들되 자기의 정교함을 따라 우상을
만들었으며 그것은 다 은장색이 만
든 것이거늘 그들은 그것에 대하여
말하기를 제사를 드리는 자는 송아
지와 입을 맞출 것이라 하도다
3 이러므로 그들은 아침 구름 같으며
쉬 사라지는 이슬 같으며 타작 마당
에서 광풍에 날리는 쭉정이 같으며
굴뚝에서 나가는 연기 같으리라
4 그러나 애굽 땅에 있을 때부터 나는
네 하나님 여호와라 나 밖에 네가 다
른 신을 알지 말 것이라 나 외에는
구원자가 없느니라
5 내가 광야 마른 땅에서 너를 알았거
늘
6 그들이 먹여 준 대로 배가 불렀고 배
가 부르니 그들의 마음이 교만하여
이로 말미암아 나를 잊었느니라
7 그러므로 내가 그들에게 사자 같고
길 가에서 기다리는 표범 같으니라
8 내가 새끼 잃은 곰 같이 그들을 만나

그의 염통 꺼풀을 찢고 거기서 암사
자 같이 저희를 삼키리라 들짐승이
그들을 찢으리라
9 이스라엘아 네가 패망하였나니 이는
너를 도와 주는 나를 대적함이니라
10 전에 네가 이르기를 내게 왕과 지도
자들을 주소서 하였느니라 네 모든
성읍에서 너를 구원할 자 곧 네 왕이
이제 어디 있으며 네 재판장들이 어
디 있느냐
11 내가 분노하므로 네게 왕을 주고 진
노하므로 폐하였노라
12 에브라임의 불의가 봉함되었고 그 죄
가 저장되었나니
13 해산하는 여인의 어려움이 그에게 임
하리라 그는 지혜 없는 자식이로다
해산할 때가 되어도 그가 나오지 못
하느니라
14 내가 그들을 스올의 권세에서 속량
하며 사망에서 구속하리니 사망아 네
재앙이 어디 있느냐 스올아 네 멸망
이 어디 있느냐 뉘우침이 내 눈 앞에
서 숨으리라
15 그가 비록 형제 중에서 결실하나 동
풍이 오리니 곧 광야에서 일어나는
여호와의 바람이라 그의 근원이 마르
며 그의 샘이 마르고 그 쌓아 둔 바
모든 보배의 그릇이 약탈되리로다
16 사마리아가 그들의 하나님을 배반하
였으므로 형벌을 당하여 칼에 엎드러
질 것이요 그 어린 아이는 부서뜨려
지며 아이 밴 여인은 배가 갈라지리
라

이스라엘을 향한 호세아의 호소

14 이스라엘아 네 하나님 여호와
께로 돌아오라 네가 불의함으
로 말미암아 엎드러졌느니라
2 너는 말씀을 가지고 여호와께로 돌
아와서 아뢰기를 모든 불의를 제거
하시고 선한 바를 받으소서 우리가
수송아지를 대신하여 입술의 열매를
주께 드리리이다
3 우리가 앗수르의 구원을 의지하지 아
니하며 말을 타지 아니하며 다시는
우리의 손으로 만든 것을 향하여 너
희는 우리의 신이라 하지 아니하오리
니 이는 고아가 주로 말미암아 긍휼
을 얻음이니이다 할지니라

여호와의 진노가 떠나다

4 내가 그들의 반역을 고치고 기쁘게

365묵상

용서하시고 회복시키시는 하나님의 사랑

성경에서 우리는 반복적으로 일어나고 있는 한 가지 뚜렷한 시나리오를 쉽게 발견한다. 그것은 '이스라엘 백성의 거듭된 타락과 하나님의 거듭된 용서'다. 오늘날 우리 모습도 과거 이스라엘 백성과 크게 다르지 않다. 위기와 환난에 봉착했을 때 하나님의 도우심으로 문제를 해결한 후, 얼마 지나지 않아 다시금 죄악 된 옛 길로 돌아가곤 한다. 그런데 또 죄를 짓고 상처를 받았는가? 어쩌겠는가? 염치없지만, 다시금 주님께 부르짖을 수밖에! 놀라운 것은, 그렇게 하면 주님은 다시금 회복시켜 주신다는 사실이다(호 14:1).

그들을 사랑하리니 나의 진노가 그
에게서 떠났음이니라
5 내가 이스라엘에게 이슬과 같으리니
그가 백합화 같이 피겠고 레바논 백
향목 같이 뿌리가 박힐 것이라
6 그의 가지는 퍼지며 그의 아름다움
은 감람나무와 같고 그의 향기는 레
바논 백향목 같으리니
7 그 그늘 아래에 거주하는 자가 돌아
올지라 그들은 곡식 같이 풍성할 것
이며 포도나무 같이 꽃이 필 것이며
그 향기는 레바논의 포도주 같이 되
리라
8 에브라임의 말이 내가 다시 우상과
무슨 상관이 있으리요 할지라 내가
그를 돌아보아 대답하기를 나는 푸
른 잣나무 같으니 네가 나로 말미암
아 열매를 얻으리라 하리라

여호와의 도

9 누가 지혜가 있어 이런 일을 깨달으
며 누가 총명이 있어 이런 일을 알겠
느냐 여호와의 도는 정직하니 의인은
그 길로 다니거니와 그러나 죄인은
그 길에 걸려 넘어지리라

요엘 Joel

엘리사 선지자와 동시대에 활동한 요엘 선지자에 의해 기록된 본서는 엄청난 파괴력을 지닌 '메뚜기떼의 습격'이라는 자연의 재해를 통해 장차 임할 하나님의 무서운 심판을 경고해 준다. 그 심판의 날은 바로 '여호와의 날'이다. 그 날에 하나님을 거역한 악인들은 멸망할 것이고, 하나님의 신실한 자녀들은 구원을 받게 될 것이다.

제목 히브리어로 '여호와는 하나님이시다'라는 뜻으로, 하나님의 절대 주권을 강조하는 저자의 이름을 반영하고 있다.

저자 요엘. 1:1의 내증으로 보아 명백하다. 성전과 제사장들의 규례에 익숙한 것으로 보아 예루살렘에 거주한 것으로 추정된다.

기록 연대 B.C. 830년경. 유다의 요아스 왕의 치세 때로, 제사장에 대한 언급이 많이 나타나는 것으로 보아, 어린 왕 대신 섭정이 이루어졌던 요아스 왕 초기로 보인다.

기록 목적 ① 여호와의 날이 무서운 심판의 날임을 가르치기 위하여. ② 여호와의 날을 준비하도록 회개할 것을 권유하기 위하여. ③ 하나님이 주실 영적 축복을 체험하도록 준비하기 위하여.

주제 여호와의 날. 여호와의 날은 많은 이들이 슬퍼하고 두려워해야 할 심판의 날이다. 오직 죄악을 버리고 하나님께 돌아오는 자만이 여호와의 날을 기쁨으로 맞이할 수 있다.

특징 ① '메시야' 예언－2:23의 '이른 비와 늦은 비'는 성격상 '의의 교사', 즉 메시야를 가리킨다(비는 선생, 교사로도 번역됨). ② 성령 강림의 약속－2:28의 '내 신'은 성령에 대한 일반적인 표현이다. ③ 종말론－본서의 중심 주제인 '여호와의 날'은 가깝게는 앗수르의 침입을 예고하나, 궁극적으로는 종말에 있을 심판을 의미한다.

본서의 내용

I. 과거의 여호와의 날
① 메뚜기 재앙(1:1–12)
② 가뭄 재앙(1:13–20)
II. 장차 임할 여호와의 날
① 두려운 여호와의 날 (2:1–11)
② 회개를 촉구함(2:12–17)
③ 구원을 약속함(2:18–27)
④ 여호와의 날(2:28–32)
⑤ 열방에 대한 심판 (3:1–15)
⑥ 유다의 회복(3:16–21)

연대표

B.C.	
930년	왕국의 남북분열
855년	선지자 오바댜의 사역(~830년?)
848년	선지자 엘리사의 사역(~796년)
835년	유다 왕 요아스의 통치(~796년) 선지자 요엘의 사역(~796년?)
796년	아마샤의 통치(~767년)
722년	북왕국 이스라엘의 멸망
586년	남왕국 유다의 멸망

· 요엘의 주요 무대

요엘 Joel

1 브두엘의 아들 요엘에게 임한 여
호와의 말씀이라

농사를 망친 농부들의 애곡

2 늙은 자들아 너희는 이것을 들을지
어다 땅의 모든 주민들아 너희는 귀
를 기울일지어다 너희의 날에나 너희
조상들의 날에 이런 일이 있었느냐
3 너희는 이 일을 너희 자녀에게 말하
고 너희 자녀는 자기 자녀에게 말하
고 그 자녀는 후세에 말할 것이니라
4 팥중이가 남긴 것을 메뚜기가 먹고
메뚜기가 남긴 것을 느치가 먹고 느
치가 남긴 것을 황충이 먹었도다
5 취하는 자들아 너희는 깨어 울지어다
포도주를 마시는 자들아 너희는 울
지어다 이는 단 포도주가 너희 입에
서 끊어졌음이니
6 다른 한 민족이 내 땅에 올라왔음이
로다 그들은 강하고 수가 많으며 그
이빨은 사자의 이빨 같고 그 어금니
는 암사자의 어금니 같도다
7 그들이 내 포도나무를 멸하며 내 무
화과나무를 긁어 말갛게 벗겨서 버리
니 그 모든 가지가 하얗게 되었도다
8 너희는 처녀가 어렸을 때에 약혼한
남자로 말미암아 굵은 베로 동이고
애곡함 같이 할지어다
9 소제와 전제가 여호와의 성전에서 끊
어졌고 여호와께 수종드는 제사장은
슬퍼하도다
10 밭이 황무하고 토지가 마르니 곡식
이 떨어지며 새 포도주가 말랐고 기
름이 다하였도다
11 농부들아 너희는 부끄러워할지어다
포도원을 가꾸는 자들아 곡할지어다
이는 밀과 보리 때문이라 밭의 소산
이 다 없어졌음이로다
12 포도나무가 시들었고 무화과나무가
말랐으며 석류나무와 대추나무와 사
과나무와 밭의 모든 나무가 다 시들
었으니 이러므로 사람의 즐거움이 말
랐도다
13 제사장들아 너희는 굵은 베로 동이
고 슬피 울지어다 제단에 수종드는
자들아 너희는 울지어다 내 하나님께
수종드는 자들아 너희는 와서 굵은
베 옷을 입고 밤이 새도록 누울지어
다 이는 소제와 전제를 너희 하나님
의 성전에 드리지 못함이로다
14 너희는 금식일을 정하고 성회를 소집
하여 장로들과 이 땅의 모든 주민들
을 너희 하나님 여호와의 성전으로

모으고 여호와께 부르짖을지어다
15 슬프다 그 날이여 여호와의 날이 가
까웠나니 곧 멸망 같이 전능자에게로
부터 이르리로다
16 먹을 것이 우리 눈 앞에 끊어지지 아
니하였느냐 기쁨과 즐거움이 우리 하
나님의 성전에서 끊어지지 아니하였
느냐
17 씨가 흙덩이 아래에서 썩어졌고 창고
가 비었고 곳간이 무너졌으니 이는
곡식이 시들었음이로다
18 가축이 울부짖고 소 떼가 소란하니
이는 꼴이 없음이라 양 떼도 피곤하
도다
19 여호와여 내가 주께 부르짖으오니
불이 목장의 풀을 살랐고 불꽃이 들
의 모든 나무를 살랐음이니이다
20 들짐승도 주를 향하여 헐떡거리오니
시내가 다 말랐고 들의 풀이 불에 탔
음이니이다

여호와의 날을 경고하는 메뚜기 떼

2 시온에서 나팔을 불며 나의 거룩
한 산에서 경고의 소리를 질러 이
땅 주민들로 다 떨게 할지니 이는 여
호와의 날이 이르게 됨이니라 이제
임박하였으니
2 곧 어둡고 캄캄한 날이요 짙은 구름
이 덮인 날이라 새벽 빛이 산 꼭대기
에 덮인 것과 같으니 이는 많고 강한
백성이 이르렀음이라 이와 같은 것이
옛날에도 없었고 이후에도 대대에
없으리로다
3 불이 그들의 앞을 사르며 불꽃이 그
들의 뒤를 태우니 그들의 예전의 땅
은 에덴 동산 같았으나 그들의 나중
의 땅은 황폐한 들 같으니 그것을 피
한 자가 없도다
4 그의 모양은 말 같고 그 달리는 것은
기병 같으며
5 그들이 산 꼭대기에서 뛰는 소리는
병거 소리와도 같고 불꽃이 검불을
사르는 소리와도 같으며 강한 군사
가 줄을 벌이고 싸우는 것 같으니
6 그 앞에서 백성들이 질리고, 무리의
낯빛이 하얘졌도다
7 그들이 용사 같이 달리며 무사 같이
성을 기어 오르며 각기 자기의 길로
나아가되 그 줄을 이탈하지 아니하며
8 피차에 부딪치지 아니하고 각기 자기
의 길로 나아가며 무기를 돌파하고
나아가나 상하지 아니하며
9 성중에 뛰어 들어가며 성 위에 달리며
집에 기어 오르며 도둑 같이 창으로
들어가니
10 그 앞에서 땅이 진동하며 하늘이 떨
며 해와 달이 캄캄하며 별들이 빛을

거두도다
11 여호와께서 그의 군대 앞에서 소리
를 지르시고 그의 진영은 심히 크고
그의 명령을 행하는 자는 강하니 여
호와의 날이 크고 심히 두렵도다 당
할 자가 누구이랴

여호와께로 돌아올지어다

12 여호와의 말씀에 너희는 이제라도
금식하고 울며 애통하고 마음을 다
하여 내게로 돌아오라 하셨나니
13 너희는 옷을 찢지 말고 마음을 찢고
너희 하나님 여호와께로 돌아올지어
다 그는 은혜로우시며 자비로우시며
노하기를 더디하시며 인애가 크시사
뜻을 돌이켜 재앙을 내리지 아니하시
나니
14 주께서 혹시 마음과 뜻을 돌이키시
고 그 뒤에 복을 내리사 너희 하나님
여호와께 소제와 전제를 드리게 하
지 아니하실는지 누가 알겠느냐
15 너희는 시온에서 나팔을 불어 거룩한
금식일을 정하고 성회를 소집하라
16 백성을 모아 그 모임을 거룩하게 하
고 장로들을 모으며 어린이와 젖 먹
는 자를 모으며 신랑을 그 방에서 나
오게 하며 신부도 그 신방에서 나오
게 하고
17 여호와를 섬기는 제사장들은 낭실과
제단 사이에서 울며 이르기를 여호와
여 주의 백성을 불쌍히 여기소서 주
의 기업을 욕되게 하여 나라들로 그
들을 관할하지 못하게 하옵소서 어
찌하여 이방인으로 그들의 하나님이
어디 있느냐 말하게 하겠나이까 할지
어다

이른 비와 늦은 비를 적당하게 주시다

18 그 때에 여호와께서 자기의 땅을 극
진히 사랑하시어 그의 백성을 불쌍히
여기실 것이라
19 여호와께서 그들에게 응답하여 이르
시기를 내가 너희에게 곡식과 새 포
도주와 기름을 주리니 너희가 이로
말미암아 흡족하리라 내가 다시는 너
희가 나라들 가운데에서 욕을 당하
지 않게 할 것이며
20 내가 북쪽 군대를 너희에게서 멀리
떠나게 하여 메마르고 적막한 땅으
로 쫓아내리니 그 앞의 부대는 동해
로, 그 뒤의 부대는 서해로 들어갈
것이라 상한 냄새가 일어나고 악취가
오르리니 이는 큰 일을 행하였음이니
라 하시리라
21 땅이여 두려워하지 말고 기뻐하며 즐
거워할지어다 여호와께서 큰 일을 행
하셨음이로다
22 들짐승들아 두려워하지 말지어다 들

의 풀이 싹이 나며 나무가 열매를 맺
으며 무화과나무와 포도나무가 다
힘을 내는도다
23 시온의 자녀들아 너희는 너희 하나님
여호와로 말미암아 기뻐하며 즐거워
할지어다 그가 너희를 위하여 비를
내리시되 이른 비를 너희에게 적당하
게 주시리니 이른 비와 늦은 비가 예
전과 같을 것이라
24 마당에는 밀이 가득하고 독에는 새
포도주와 기름이 넘치리로다
25 내가 전에 너희에게 보낸 큰 군대 곧
메뚜기와 느치와 황충과 팥중이가
먹은 햇수대로 너희에게 갚아 주리
니
26 너희는 먹되 풍족히 먹고 너희에게
놀라운 일을 행하신 너희 하나님 여
호와의 이름을 찬송할 것이라 내 백
성이 영원히 수치를 당하지 아니하리
로다
27 그런즉 내가 이스라엘 가운데에 있
어 너희 하나님 여호와가 되고 다른
이가 없는 줄을 너희가 알 것이라 내
백성이 영원히 수치를 당하지 아니하
리로다

내 영을 만민에게 부어 주리니

28 그 후에 내가 내 영을 만민에게 부어
주리니 너희 자녀들이 장래 일을 말
할 것이며 너희 늙은이는 꿈을 꾸며
너희 젊은이는 이상을 볼 것이며
29 그 때에 내가 또 내 영을 남종과 여
종에게 부어 줄 것이며
30 내가 이적을 하늘과 땅에 베풀리니
곧 피와 불과 연기 기둥이라
31 여호와의 크고 두려운 날이 이르기
전에 해가 어두워지고 달이 핏빛 같
이 변하려니와
32 누구든지 여호와의 이름을 부르는
자는 구원을 얻으리니 이는 나 여호
와의 말대로 시온 산과 예루살렘에
서 피할 자가 있을 것임이요 남은 자
중에 나 여호와의 부름을 받을 자가
있을 것임이니라

여호와께서 민족들을 심판하시다

3 보라 그 날 곧 내가 유다와 예루
살렘 가운데에서 사로잡힌 자를
돌아오게 할 그 때에
2 내가 만국을 모아 데리고 여호사밧
골짜기에 내려가서 내 백성 곧 내 기
업인 이스라엘을 위하여 거기에서 그

365묵상

심판하시는 하나님, 용서하시는 하나님

성경 전체에 걸쳐, 특히 구약의 예언서를 보면 하나님의 무서운 심판의 묘사로 가득 차 있다. 왜 심판이 강조되었는가? 하나님은 죄를 미워하시고, 모든 죄에 대해 반드시 심판하시기 때문이다. 하지만 심판에 관한 메시지를 읽을 때, 심판의 경고 뒤에 항상 회개의 촉구가 뒤따른다는 사실에 주목하라(욜 2:12-17). 이것은 하나님께서 아무도 심판에 이르는 것을 원치 않으신다는 사실을 보여준다. 그래서 미리 경고하여 회개함으로써 살 수 있는 길을 열어 놓으신 것이다. 심판의 하나님은 또한 용서하시는 하나님이시다!

들을 심문하리니 이는 그들이 이스라
엘을 나라들 가운데에 흩어 버리고
나의 땅을 나누었음이며
3 또 제비 뽑아 내 백성을 끌어 가서
소년을 기생과 바꾸며 소녀를 술과
바꾸어 마셨음이니라
4 두로와 시돈과 블레셋 사방아 너희
가 나와 무슨 상관이 있느냐 너희가
내게 보복하겠느냐 만일 내게 보복
하면 너희가 보복하는 것을 내가 신
속히 너희 머리에 돌리리니
5 곧 너희가 내 은과 금을 빼앗고 나
의 진기한 보물을 너희 신전으로 가
져갔으며
6 또 유다 자손과 예루살렘 자손들을
헬라 족속에게 팔아서 그들의 영토
에서 멀리 떠나게 하였음이니라
7 보라 내가 그들을 너희가 팔아 이르
게 한 곳에서 일으켜 나오게 하고 너
희가 행한 것을 너희 머리에 돌려서
8 너희 자녀를 유다 자손의 손에 팔리
니 그들은 다시 먼 나라 스바 사람에
게 팔리라 여호와께서 말씀하셨느니
라
9 너희는 모든 민족에게 이렇게 널리
선포할지어다 너희는 전쟁을 준비하
고 용사를 격려하고 병사로 다 가까
이 나아와서 올라오게 할지어다
10 너희는 보습을 쳐서 칼을 만들지어다
낫을 쳐서 창을 만들지어다 약한 자
도 이르기를 나는 강하다 할지어다
11 사면의 민족들아 너희는 속히 와서
모일지어다 여호와여 주의 용사들로
그리로 내려오게 하옵소서
12 민족들은 일어나서 여호사밧 골짜기
로 올라올지어다 내가 거기에 앉아서
사면의 민족들을 다 심판하리로다
13 너희는 낫을 쓰라 곡식이 익었도다
와서 밟을지어다 포도주 틀이 가득
히 차고 포도주 독이 넘치니 그들의
악이 큼이로다

여호와께서 백성들에게 복을 주시다

14 사람이 많음이여, 심판의 골짜기에
사람이 많음이여, 심판의 골짜기에
여호와의 날이 가까움이로다
15 해와 달이 캄캄하며 별들이 그 빛을
거두도다
16 여호와께서 시온에서 부르짖고 예루
살렘에서 목소리를 내시리니 하늘과
땅이 진동하리로다 그러나 여호와께
서 그의 백성의 피난처, 이스라엘 자
손의 산성이 되시리로다
17 그런즉 너희가 나는 내 성산 시온에
사는 너희 하나님 여호와인 줄 알 것
이라 예루살렘이 거룩하리니 다시는
이방 사람이 그 가운데로 통행하지

못하리로다
18 그 날에 산들이 단 포도주를 떨어뜨
릴 것이며 작은 산들이 젖을 흘릴 것
이며 유다 모든 시내가 물을 흘릴 것
이며 여호와의 성전에서 샘이 흘러
나와서 싯딤 골짜기에 대리라
19 그러나 애굽은 황무지가 되겠고 에
돔은 황무한 들이 되리니 이는 그들
이 유다 자손에게 포악을 행하여 무
죄한 피를 그 땅에서 흘렸음이니라
20 유다는 영원히 있겠고 예루살렘은
대대로 있으리라
21 내가 전에는 그들의 피흘림 당한 것
을 갚아 주지 아니하였거니와 이제는
갚아 주리니 이는 여호와께서 시온에
거하심이니라

아모스 Amos

아모스가 활동하던 여로보암 2세 치하의 북왕국 이스라엘은 크게 번영을 누리고 있었다. 그러나 외형적인 번영과는 반대로 내면적으로는 아주 부패했다. 종교적인 위선, 도덕적인 부패, 사회적인 불법이 온 땅에 만연했다. 그래서 드고아의 농부였던 아모스 선지자는 백성들의 죄악을 지적하는 중에 하나님의 공의의 메시지를 외쳤다.

제목 '짐진 자'라는 뜻을 지닌 저자의 이름을 반영하고 있다.

저자 아모스. 1:1의 내증과 아모스를 가리킬 때, '내가'라는 1인칭을 사용하는 것으로 보아 명백하다(7:1). 그는 목축, 뽕나무 재배 등을 하던 농부였고, 문체로 보아 학식을 갖춘 은둔자인 것 같다.

기록 연대 B.C. 767-745년. 본서 1:1에 지적된 남왕국 웃시야와 북왕국 여로보암 2세의 통치가 겹치는 시기는 B.C. 767년부터이며, 앗수르의 침략이 예언으로 나타나므로 B.C. 745년 이전의 기록으로 추정된다.

기록 목적 ① 이스라엘의 종교·사회적 부패를 책망하기 위하여. ② 이스라엘의 사로잡힘을 경고하기 위하여(7:17).

주제 하나님의 공의를 세우라. 죄로 인하여 멸망을 목전에 둔 이스라엘이 구원받는 길은 하나님의 공의의 기준에 맞는 삶을 사는 것이다.

특징 ① 공의를 강조-하나님의 대표적 속성을 공의로 보고, 이에 어긋나는 것에 대한 심판을 선포했다. ② 형식적 종교 의식을 배격-종교의 본래적 의미를 존중하여 내용 없는 형식적 종교 의례를 배격했다. ③ 사회 정의에 대한 관심-소선지서 중 가장 세밀하게, 그리고 중점적으로 사회적 정의를 이룰 것을 역설했다.

본서의 내용

I. 열방에 대한 예언
① 서론(1:1-2)
② 열방에 대한 예언(1:3-2:16)

II. 이스라엘을 향한 예언
① 현재의 이스라엘(3:1-15)
② 과거의 이스라엘(4:1-13)
③ 미래의 이스라엘(5:1-6:14)

III. 다섯 가지 심판의 환상
① 메뚜기 떼(7:1-3)
② 불(7:4-6)
③ 다림줄(7:7-17)
④ 여름 실과 한 광주리(8:1-14)
⑤ 부서지는 기둥머리(9:1-10)

IV. 이스라엘의 회복과 구원(9:11-15)

연대표

B.C.	
930년	왕국의 남북분열
793년	이스라엘 왕 여로보암 2세의 통치(~753년) 선지자 요나의 사역(~753년?)
760년	선지자 아모스의 사역(~750년)
753년	선지자 호세아의 사역(~715년)
722년	사마리아 함락
586년	예루살렘 함락

· 아모스의 주요 무대

아모스 Amos

1 유다 왕 웃시야의 시대 곧 이스라
엘 왕 요아스의 아들 여로보암의
시대 지진 전 이년에 드고아 목자 중
아모스가 이스라엘에 대하여 이상으
로 받은 말씀이라
2 그가 이르되 여호와께서 시온에서부
터 부르짖으시며 예루살렘에서부터
소리를 내시리니 목자의 초장이 마르
고 갈멜 산 꼭대기가 마르리로다

이스라엘 이웃 나라들에 내리신 벌

3 여호와께서 이와 같이 말씀하시되 다
메섹의 서너 가지 죄로 말미암아 내
가 그 벌을 돌이키지 아니하리니 이
는 그들이 철 타작기로 타작하듯 길
르앗을 압박하였음이라
4 내가 하사엘의 집에 불을 보내리니
벤하닷의 궁궐들을 사르리라
5 내가 다메섹의 빗장을 꺾으며 아웬
골짜기에서 그 주민들을 끊으며 벧
에덴에서 규 잡은 자를 끊으리니 아
람 백성이 사로잡혀 기르에 이르리라
여호와께서 말씀하셨느니라
6 여호와께서 이와 같이 말씀하시되 가
사의 서너 가지 죄로 말미암아 내가
그 벌을 돌이키지 아니하리니 이는
그들이 모든 사로잡은 자를 끌어 에
돔에 넘겼음이라
7 내가 가사 성에 불을 보내리니 그 궁
궐들을 사르리라
8 내가 또 아스돗에서 그 주민들과 아
스글론에서 규를 잡은 자를 끊고 또
손을 돌이켜 에그론을 치리니 블레
셋의 남아 있는 자가 멸망하리라 주
여호와께서 말씀하셨느니라
9 여호와께서 이와 같이 말씀하시되 두
로의 서너 가지 죄로 말미암아 내가
그 벌을 돌이키지 아니하리니 이는
그들이 그 형제의 계약을 기억하지
아니하고 모든 사로잡은 자를 에돔
에 넘겼음이라
10 내가 두로 성에 불을 보내리니 그
궁궐들을 사르리라
11 여호와께서 이와 같이 말씀하시되 에
돔의 서너 가지 죄로 말미암아 내가
그 벌을 돌이키지 아니하리니 이는
그가 칼로 그의 형제를 쫓아가며 긍
휼을 버리며 항상 맹렬히 화를 내며
분을 끝없이 품었음이라
12 내가 데만에 불을 보내리니 보스라
의 궁궐들을 사르리라
13 여호와께서 이와 같이 말씀하시되 암
몬 자손의 서너 가지 죄로 말미암아

내가 그 벌을 돌이키지 아니하리니
이는 그들이 자기 지경을 넓히고자
하여 길르앗의 아이 밴 여인의 배를
갈랐음이니라
14 내가 랍바 성에 불을 놓아 그 궁궐
들을 사르되 전쟁의 날에 외침과 회
오리바람의 날에 폭풍으로 할 것이며
15 그들의 왕은 그 지도자들과 함께 사
로잡혀 가리라 여호와께서 말씀하셨
느니라

2 여호와께서 이와 같이 말씀하시되
모압의 서너 가지 죄로 말미암아
내가 그 벌을 돌이키지 아니하리니
이는 그가 에돔 왕의 뼈를 불살라
재를 만들었음이라
2 내가 모압에 불을 보내리니 그리욧
궁궐들을 사르리라 모압이 요란함과
외침과 나팔 소리 중에서 죽을 것이
라
3 내가 그 중에서 재판장을 멸하며 지
도자들을 그와 함께 죽이리라 여호
와께서 말씀하시니라

유다에 내리신 벌

4 여호와께서 이와 같이 말씀하시되 유
다의 서너 가지 죄로 말미암아 내가
그 벌을 돌이키지 아니하리니 이는
그들이 여호와의 율법을 멸시하며 그
율례를 지키지 아니하고 그의 조상
들이 따라가던 거짓 것에 미혹되었음
이라
5 내가 유다에 불을 보내리니 예루살
렘의 궁궐들을 사르리라

이스라엘에 내리신 벌

6 여호와께서 이와 같이 말씀하시되 이
스라엘의 서너 가지 죄로 말미암아
내가 그 벌을 돌이키지 아니하리니
이는 그들이 은을 받고 의인을 팔며
신 한 켤레를 받고 가난한 자를 팔며
7 힘 없는 자의 머리를 티끌 먼지 속에
발로 밟고 연약한 자의 길을 굽게 하
며 아버지와 아들이 한 젊은 여인에
게 다녀서 내 거룩한 이름을 더럽히며
8 모든 제단 옆에서 전당 잡은 옷 위에
누우며 그들의 신전에서 벌금으로 얻
은 포도주를 마심이니라
9 내가 아모리 사람을 그들 앞에서 멸
하였나니 그 키는 백향목 높이와 같
고 강하기는 상수리나무 같으나 내
가 그 위의 열매와 그 아래의 뿌리를
진멸하였느니라
10 내가 너희를 애굽 땅에서 이끌어 내
어 사십 년 동안 광야에서 인도하고
아모리 사람의 땅을 너희가 차지하게
하였고
11 또 너희 아들 중에서 선지자를, 너희
청년 중에서 나실인을 일으켰나니 이

스라엘 자손들아 과연 그렇지 아니
하냐 이는 여호와의 말씀이니라
12 그러나 너희가 나실 사람으로 포도
주를 마시게 하며 또 선지자에게 명
령하여 예언하지 말라 하였느니라
13 보라 곡식 단을 가득히 실은 수레가
흙을 누름 같이 내가 너희를 누르리
니
14 빨리 달음박질하는 자도 도망할 수
없으며 강한 자도 자기 힘을 낼 수
없으며 용사도 자기 목숨을 구할 수
없으며
15 활을 가진 자도 설 수 없으며 발이
빠른 자도 피할 수 없으며 말 타는
자도 자기 목숨을 구할 수 없고
16 용사 가운데 그 마음이 굳센 자도
그 날에는 벌거벗고 도망하리라 여
호와의 말씀이니라

여호와의 말씀을 받은 선지자

3 이스라엘 자손들아 여호와께서 너
희에 대하여 이르시는 이 말씀을
들으라 애굽 땅에서 인도하여 올리
신 모든 족속에 대하여 이르시기를
2 내가 땅의 모든 족속 가운데 너희만
을 알았나니 그러므로 내가 너희 모
든 죄악을 너희에게 보응하리라 하셨
나니
3 두 사람이 뜻이 같지 않은데 어찌 동
행하겠으며
4 사자가 움킨 것이 없는데 어찌 수풀
에서 부르짖겠으며 젊은 사자가 잡
은 것이 없는데 어찌 굴에서 소리를
내겠느냐
5 덫을 땅에 놓지 않았는데 새가 어찌
거기 치이겠으며 잡힌 것이 없는데 덫
이 어찌 땅에서 튀겠느냐
6 성읍에서 나팔이 울리는데 백성이 어
찌 두려워하지 아니하겠으며 여호와
의 행하심이 없는데 재앙이 어찌 성
읍에 임하겠느냐
7 주 여호와께서는 자기의 비밀을 그
종 선지자들에게 보이지 아니하시고
는 결코 행하심이 없으시리라
8 사자가 부르짖은즉 누가 두려워하지
아니하겠느냐 주 여호와께서 말씀하
신즉 누가 예언하지 아니하겠느냐

사마리아에 내리신 벌

9 아스돗의 궁궐들과 애굽 땅의 궁궐
들에 선포하여 이르기를 너희는 사마
리아 산들에 모여 그 성 중에서 얼마

365묵상

믿는 자답게 신실하게 살아가기

아모스는 이스라엘 사회의 죄악상을 지적하고 있다. 과거 성경시대의 사회상은 어떠했을까? 먼저 오늘날의 신문들을 읽어보자. 그런 후에 아모스 2장 6-8절 부분을 읽어보자. 너무나 비슷하지 아니한가? 모든 세대에서 한 가지 공통되는 점이 있다면, 그것은 어느 시대의 사회든 죄악이 횡행하고 있다는 점이다. 그런 타락한 사회 속에서 믿는 자들은 어떻게 살아갈 것인가? 힘들지라도 믿는 자답게 신실하게 살아가야 한다. 모든 역사에서 하나님은 재판장으로 계시기 때문에 신실한 삶은 반드시 인정받게 될 것이다.

나 큰 요란함과 학대함이 있나 보라
하라
10 자기 궁궐에서 포학과 겁탈을 쌓는
자들이 바른 일 행할 줄을 모르느니
라 여호와의 말씀이니라
11 그러므로 주 여호와께서 이와 같이
말씀하시되 이 땅 사면에 대적이 있
어 네 힘을 쇠하게 하며 네 궁궐을
약탈하리라
12 여호와께서 이와 같이 말씀하시되 목
자가 사자 입에서 양의 두 다리나 귀
조각을 건져냄과 같이 사마리아에서
침상 모서리에나 걸상의 방석에 앉은
이스라엘 자손도 건져냄을 입으리라
13 주 여호와 만군의 하나님의 말씀이니
라 너희는 듣고 야곱의 족속에게 증
언하라
14 내가 이스라엘의 모든 죄를 보응하
는 날에 벧엘의 제단들을 벌하여 그
제단의 뿔들을 꺾어 땅에 떨어뜨리고
15 겨울 궁과 여름 궁을 치리니 상아 궁
들이 파괴되며 큰 궁들이 무너지리라
여호와의 말씀이니라

4 사마리아의 산에 있는 바산의 암
소들아 이 말을 들으라 너희는 힘
없는 자를 학대하며 가난한 자를 압
제하며 가장에게 이르기를 술을 가져
다가 우리로 마시게 하라 하는도다
2 주 여호와께서 자기의 거룩함을 두
고 맹세하시되 때가 너희에게 이를지
라 사람이 갈고리로 너희를 끌어 가
며 낚시로 너희의 남은 자들도 그리
하리라
3 너희가 성 무너진 데를 통하여 각기
앞으로 바로 나가서 하르몬에 던져
지리라 여호와의 말씀이니라

돌아오지 아니하는 백성 이스라엘

4 너희는 벧엘에 가서 범죄하며 길갈에
가서 죄를 더하며 아침마다 너희 희생
을, 삼일마다 너희 십일조를 드리며
5 누룩 넣은 것을 불살라 수은제로 드
리며 낙헌제를 소리내어 선포하려무
나 이스라엘 자손들아 이것이 너희가
기뻐하는 바니라 주 여호와의 말씀
이니라
6 또 내가 너희 모든 성읍에서 너희 이
를 깨끗하게 하며 너희의 각 처소에
서 양식이 떨어지게 하였으나 너희가
내게로 돌아오지 아니하였느니라 여
호와의 말씀이니라
7 또 추수하기 석 달 전에 내가 너희에
게 비를 멈추게 하여 어떤 성읍에는
내리고 어떤 성읍에는 내리지 않게
하였더니 땅 한 부분은 비를 얻고 한
부분은 비를 얻지 못하여 말랐으매
8 두 세 성읍 사람이 어떤 성읍으로 비

틀거리며 물을 마시러 가서 만족하게
마시지 못하였으나 너희가 내게로 돌
아오지 아니하였느니라 여호와의 말
씀이니라
9 내가 곡식을 마르게 하는 재앙과 깜
부기 재앙으로 너희를 쳤으며 팥중이
로 너희의 많은 동산과 포도원과 무
화과나무와 감람나무를 다 먹게 하
였으나 너희가 내게로 돌아오지 아
니하였느니라 여호와의 말씀이니라
10 내가 너희 중에 전염병 보내기를 애
굽에서 한 것처럼 하였으며 칼로 너
희 청년들을 죽였으며 너희 말들을
노략하게 하며 너희 진영의 악취로
코를 찌르게 하였으나 너희가 내게
로 돌아오지 아니하였느니라 여호와
의 말씀이니라
11 내가 너희 중의 성읍 무너뜨리기를
하나님인 내가 소돔과 고모라를 무
너뜨림 같이 하였으므로 너희가 불붙
는 가운데서 빼낸 나무 조각 같이 되
었으나 너희가 내게로 돌아오지 아
니하였느니라 여호와의 말씀이니라
12 그러므로 이스라엘아 내가 이와 같
이 네게 행하리라 내가 이것을 네게
행하리니 이스라엘아 네 하나님 만나
기를 준비하라
13 보라 산들을 지으며 바람을 창조하
며 자기 뜻을 사람에게 보이며 아침
을 어둡게 하며 땅의 높은 데를 밟
는 이는 그의 이름이 만군의 하나님
여호와시니라

애가

5 이스라엘 족속아 내가 너희에게
대하여 애가로 지은 이 말을 들으
라
2 처녀 이스라엘이 엎드러졌음이여 다
시 일어나지 못하리로다 자기 땅에
던지움이여 일으킬 자 없으리로다
3 주 여호와께서 이와 같이 말씀하시되
이스라엘 중에서 천 명이 행군해 나
가던 성읍에는 백 명만 남고 백 명이
행군해 나가던 성읍에는 열 명만 남
으리라 하셨느니라

여호와를 찾으라

4 여호와께서 이스라엘 족속에게 이와
같이 말씀하시기를 너희는 나를 찾으
라 그리하면 살리라
5 벧엘을 찾지 말며 길갈로 들어가지
말며 브엘세바로도 나아가지 말라
길갈은 반드시 사로잡히겠고 벧엘은
비참하게 될 것임이라 하셨나니
6 너희는 여호와를 찾으라 그리하면 살
리라 그렇지 않으면 그가 불 같이 요
셉의 집에 임하여 멸하시리니 벧엘에
서 그 불들을 끌 자가 없으리라

7 정의를 쓴 쑥으로 바꾸며 공의를 땅
에 던지는 자들아
8 묘성과 삼성을 만드시며 사망의 그늘
을 아침으로 바꾸시고 낮을 어두운
밤으로 바꾸시며 바닷물을 불러 지
면에 쏟으시는 이를 찾으라 그의 이
름은 여호와시니라
9 그가 강한 자에게 갑자기 패망이 이
르게 하신즉 그 패망이 산성에 미치
느니라
10 무리가 성문에서 책망하는 자를 미워
하며 정직히 말하는 자를 싫어하는도
다
11 너희가 힘없는 자를 밟고 그에게서
밀의 부당한 세를 거두었은즉 너희가
비록 다듬은 돌로 집을 건축하였으
나 거기 거주하지 못할 것이요 아름
다운 포도원을 가꾸었으나 그 포도
주를 마시지 못하리라
12 너희의 허물이 많고 죄악이 무거움을
내가 아노라 너희는 의인을 학대하며
뇌물을 받고 성문에서 가난한 자를
억울하게 하는 자로다
13 그러므로 이런 때에 지혜자가 잠잠
하나니 이는 악한 때임이니라
14 너희는 살려면 선을 구하고 악을 구
하지 말지어다 만군의 하나님 여호와
께서 너희의 말과 같이 너희와 함께
하시리라
15 너희는 악을 미워하고 선을 사랑하며
성문에서 정의를 세울지어다 만군의
하나님 여호와께서 혹시 요셉의 남
은 자를 불쌍히 여기시리라
16 그러므로 주 만군의 하나님 여호와
께서 이와 같이 말씀하시기를 사람이
모든 광장에서 울겠고 모든 거리에
서 슬프도다 슬프도다 하겠으며 농
부를 불러다가 애곡하게 하며 울음
꾼을 불러다가 울게 할 것이며
17 모든 포도원에서도 울리니 이는 내
가 너희 가운데로 지나갈 것임이라
여호와의 말씀이니라
18 화 있을진저 여호와의 날을 사모하
는 자여 너희가 어찌하여 여호와의
날을 사모하느냐 그 날은 어둠이요
빛이 아니라
19 마치 사람이 사자를 피하다가 곰을
만나거나 혹은 집에 들어가서 손을
벽에 대었다가 뱀에게 물림 같도다
20 여호와의 날은 빛 없는 어둠이 아니
며 빛남 없는 캄캄함이 아니냐
21 내가 너희 절기들을 미워하여 멸시하
며 너희 성회들을 기뻐하지 아니하나
니
22 너희가 내게 번제나 소제를 드릴지라
도 내가 받지 아니할 것이요 너희의

살진 희생의 화목제도 내가 돌아보
지 아니하리라
23 네 노랫소리를 내 앞에서 그칠지어
다 네 비파 소리도 내가 듣지 아니하
리라
24 오직 정의를 물 같이, 공의를 마르지
않는 강 같이 흐르게 할지어다
25 이스라엘 족속아 너희가 사십 년 동
안 광야에서 희생과 소제물을 내게
드렸느냐
26 너희가 너희 왕 식굿과 기윤과 너희
우상들과 너희가 너희를 위하여 만든
신들의 별 형상을 지고 가리라
27 내가 너희를 다메섹 밖으로 사로잡
혀 가게 하리라 그의 이름이 만군의
하나님이라 불리우는 여호와께서 말
씀하셨느니라

이스라엘의 멸망

6 화 있을진저 시온에서 교만한 자
와 사마리아 산에서 마음이 든든
한 자 곧 백성들의 머리인 지도자들
이여 이스라엘 집이 그들을 따르는
도다
2 너희는 갈레로 건너가 보고 거기에서
큰 하맛으로 가고 또 블레셋 사람의
가드로 내려가라 너희가 이 나라들
보다 나으냐 그 영토가 너희 영토보
다 넓으냐
3 너희는 흉한 날이 멀다 하여 포악한
자리로 가까워지게 하고
4 상아 상에 누우며 침상에서 기지개
켜며 양 떼에서 어린 양과 우리에서
송아지를 잡아서 먹고
5 비파 소리에 맞추어 노래를 지절거리
며 다윗처럼 자기를 위하여 악기를
제조하며
6 대접으로 포도주를 마시며 귀한 기
름을 몸에 바르면서 요셉의 환난에
대하여는 근심하지 아니하는 자로다
7 그러므로 그들이 이제는 사로잡히는
자 중에 앞서 사로잡히리니 기지개
켜는 자의 떠드는 소리가 그치리라
8 만군의 하나님 여호와의 말씀이니라
주 여호와가 당신을 두고 맹세하셨
노라 내가 야곱의 영광을 싫어하며
그 궁궐들을 미워하므로 이 성읍과
거기에 가득한 것을 원수에게 넘기리
라 하셨느니라
9 한 집에 열 사람이 남는다 하여도 다
죽을 것이라
10 죽은 사람의 친척 곧 그 시체를 불사
를 자가 그 뼈를 집 밖으로 가져갈
때에 그 집 깊숙한 곳에 있는 자에게
묻기를 아직 더 있느냐 하면 대답하
기를 없다 하리니 그가 또 말하기를
잠잠하라 우리가 여호와의 이름을

부르지 못할 것이라 하리라
11 보라 여호와께서 명령하시므로 타격
을 받아 큰 집은 갈라지고 작은 집은
터지리라
12 말들이 어찌 바위 위에서 달리겠으며
소가 어찌 거기서 밭 갈겠느냐 그런
데 너희는 정의를 쓸개로 바꾸며 공
의의 열매를 쓴 쑥으로 바꾸며
13 허무한 것을 기뻐하며 이르기를 우리
는 우리의 힘으로 뿔들을 취하지 아
니하였느냐 하는도다
14 만군의 하나님 여호와의 말씀이니라
이스라엘 족속아 내가 한 나라를 일
으켜 너희를 치리니 그들이 하맛 어
귀에서부터 아라바 시내까지 너희를
학대하리라 하셨느니라

첫째, 메뚜기 재앙

7 주 여호와께서 내게 보이신 것이
이러하니라 왕이 풀을 벤 후 풀이
다시 움돋기 시작할 때에 주께서 메
뚜기를 지으시매
2 메뚜기가 땅의 풀을 다 먹은지라 내
가 이르되 주 여호와여 청하건대 사
하소서 야곱이 미약하오니 어떻게 서
리이까 하매
3 여호와께서 이에 대하여 뜻을 돌이
키셨으므로 이것이 이루어지지 아니
하리라 여호와께서 말씀하셨느니라

둘째, 불

4 주 여호와께서 또 내게 보이신 것이
이러하니라 주 여호와께서 명령하여
불로 징벌하게 하시니 불이 큰 바다
를 삼키고 육지까지 먹으려 하는지라
5 이에 내가 이르되 주 여호와여 청하
건대 그치소서 야곱이 미약하오니 어
떻게 서리이까 하매
6 주 여호와께서 이에 대하여 뜻을 돌
이켜 주 여호와께서 이르시되 이것도
이루지 아니하리라 하시니라

셋째, 다림줄

7 또 내게 보이신 것이 이러하니라 다
림줄을 가지고 쌓은 담 곁에 주께서
손에 다림줄을 잡고 서셨더니
8 여호와께서 내게 이르시되 아모스야
네가 무엇을 보느냐 내가 대답하되
다림줄이니이다 주께서 이르시되 내
가 다림줄을 내 백성 이스라엘 가운
데 두고 다시는 용서하지 아니하리니
9 이삭의 산당들이 황폐되며 이스라엘
의 성소들이 파괴될 것이라 내가 일
어나 칼로 여로보암의 집을 치리라
하시니라

아모스와 아마샤의 대결

10 때에 벧엘의 제사장 아마샤가 이스
라엘의 왕 여로보암에게 보내어 이
르되 이스라엘 족속 중에 아모스가

왕을 모반하나니 그 모든 말을 이
땅이 견딜 수 없나이다
11 아모스가 말하기를 여로보암은 칼에
죽겠고 이스라엘은 반드시 사로잡혀
그 땅에서 떠나겠다 하나이다
12 아마샤가 또 아모스에게 이르되 선
견자야 너는 유다 땅으로 도망하여
가서 거기에서나 떡을 먹으며 거기에
서나 예언하고
13 다시는 벧엘에서 예언하지 말라 이는
왕의 성소요 나라의 궁궐임이니라
14 아모스가 아마샤에게 대답하여 이르
되 나는 선지자가 아니며 선지자의 아
들도 아니라 나는 목자요 뽕나무를
재배하는 자로서
15 양 떼를 따를 때에 여호와께서 나를
데려다가 여호와께서 내게 이르시기
를 가서 내 백성 이스라엘에게 예언
하라 하셨나니
16 이제 너는 여호와의 말씀을 들을지
니라 네가 이르기를 이스라엘에 대
하여 예언하지 말며 이삭의 집을 향
하여 경고하지 말라 하므로
17 여호와께서 이와 같이 말씀하시기를
네 아내는 성읍 가운데서 창녀가 될
것이요 네 자녀들은 칼에 엎드러지며
네 땅은 측량하여 나누어질 것이며
너는 더러운 땅에서 죽을 것이요 이
스라엘은 반드시 사로잡혀 그의 땅
에서 떠나리라 하셨느니라

넷째, 여름 과일 한 광주리

8 주 여호와께서 내게 이와 같이 보
이셨느니라 보라 여름 과일 한 광
주리이니라
2 그가 말씀하시되 아모스야 네가 무
엇을 보느냐 내가 이르되 여름 과일
한 광주리니이다 하매 여호와께서 내
게 이르시되 내 백성 이스라엘의 끝
이 이르렀은즉 내가 다시는 그를 용
서하지 아니하리니
3 그 날에 궁전의 노래가 애곡으로 변
할 것이며 곳곳에 시체가 많아서 사
람이 잠잠히 그 시체들을 내어버리리
라 주 여호와의 말씀이니라
4 가난한 자를 삼키며 땅의 힘없는 자
를 망하게 하려는 자들아 이 말을
들으라
5 너희가 이르기를 월삭이 언제 지나서
우리가 곡식을 팔며 안식일이 언제
지나서 우리가 밀을 내게 할꼬 에바

365묵상

하나님의 큰 일꾼 된 뽕나무 재배업자

불법과 타락의 시대에, 하나님은 놀랍게도 뽕나무를 재배하는 시골농부 출신을 택하시어 자신의 메시지를 선포할 큰 사명을 맡기셨다(암 7:14-15). 우리는 기독교가 평범한 신자들에 의해 움직여 왔다는 사실을 자주 잊는다. 유명한 사역자들은 소수지만, 평범한 기독교인들은 아주 많다. 아모스는 평범할지라도 하나님의 크신 일에 사용될 수 있다는 사실을 보여준다. 하나님이 위대하시기 때문에 우리까지 꼭 위대할 필요는 없다. 우리는 다만 순종과 겸손의 자세를 갖추면 된다. 그러면 하나님의 큰 일꾼이 될 수 있다.

를 작게 하고 세겔을 크게 하여 거짓
저울로 속이며
6 은으로 힘없는 자를 사며 신 한 켤레
로 가난한 자를 사며 찌꺼기 밀을 팔
자 하는도다
7 여호와께서 야곱의 영광을 두고 맹
세하시되 내가 그들의 모든 행위를
절대로 잊지 아니하리라 하셨나니
8 이로 말미암아 땅이 떨지 않겠으며
그 가운데 모든 주민이 애통하지 않
겠느냐 온 땅이 강의 넘침 같이 솟아
오르며 애굽 강 같이 뛰놀다가 낮아
지리라
9 주 여호와의 말씀이니라 그 날에 내
가 해를 대낮에 지게 하여 백주에
땅을 캄캄하게 하며
10 너희 절기를 애통으로, 너희 모든 노
래를 애곡으로 변하게 하며 모든 사
람에게 굵은 베로 허리를 동이게 하
며 모든 머리를 대머리가 되게 하며
독자의 죽음으로 말미암아 애통하듯
하게 하며 결국은 곤고한 날과 같게
하리라
11 주 여호와의 말씀이니라 보라 날이
이를지라 내가 기근을 땅에 보내리
니 양식이 없어 주림이 아니며 물이
없어 갈함이 아니요 여호와의 말씀을
듣지 못한 기갈이라
12 사람이 이 바다에서 저 바다까지, 북
쪽에서 동쪽까지 비틀거리며 여호와
의 말씀을 구하려고 돌아다녀도 얻
지 못하리니
13 그 날에 아름다운 처녀와 젊은 남자
가 다 갈하여 쓰러지리라
14 사마리아의 죄된 우상을 두고 맹세
하여 이르기를 단아 네 신들이 살아
있음을 두고 맹세하노라 하거나 브
엘세바가 위하는 것이 살아 있음을
두고 맹세하노라 하는 사람은 엎드
러지고 다시 일어나지 못하리라

다섯째, 범죄한 나라를 멸하리라

9 내가 보니 주께서 제단 곁에 서서
이르시되 기둥 머리를 쳐서 문지방
이 움직이게 하며 그것으로 부서져서
무리의 머리에 떨어지게 하라 내가
그 남은 자를 칼로 죽이리니 그 중에
서 한 사람도 도망하지 못하며 그 중
에서 한 사람도 피하지 못하리라
2 그들이 파고 스올로 들어갈지라도
내 손이 거기에서 붙잡아 낼 것이요
하늘로 올라갈지라도 내가 거기에서
붙잡아 내릴 것이며
3 갈멜 산 꼭대기에 숨을지라도 내가
거기에서 찾아낼 것이요 내 눈을 피
하여 바다 밑에 숨을지라도 내가 거
기에서 뱀을 명령하여 물게 할 것이요

4 그 원수 앞에 사로잡혀 갈지라도 내
가 거기에서 칼을 명령하여 죽이게
할 것이라 내가 그들에게 주목하여
화를 내리고 복을 내리지 아니하리라
하시니라
5 주 만군의 여호와는 땅을 만져 녹게
하사 거기 거주하는 자가 애통하게
하시며 그 온 땅이 강의 넘침 같이 솟
아 오르며 애굽 강 같이 낮아지게 하
시는 이요
6 그의 궁전을 하늘에 세우시며 그 궁
창의 기초를 땅에 두시며 바닷물을
불러 지면에 쏟으시는 이니 그 이름
은 여호와시니라
7 여호와의 말씀이니라 이스라엘 자손
들아 너희는 내게 구스 족속 같지
아니하냐 내가 이스라엘을 애굽 땅
에서, 블레셋 사람을 갑돌에서, 아람
사람을 기르에서 올라오게 하지 아
니하였느냐
8 보라 주 여호와의 눈이 범죄한 나라
를 주목하노니 내가 그것을 지면에
서 멸하리라 그러나 야곱의 집은 온
전히 멸하지는 아니하리라 여호와의
말씀이니라
9 보라 내가 명령하여 이스라엘 족속
을 만국 중에서 체질하기를 체로 체
질함 같이 하려니와 그 한 알갱이도
땅에 떨어지지 아니하리라
10 내 백성 중에서 말하기를 화가 우리에
게 미치지 아니하며 이르지 아니하리
라 하는 모든 죄인은 칼에 죽으리라

이스라엘의 회복

11 그 날에 내가 다윗의 무너진 장막을
일으키고 그것들의 틈을 막으며 그
허물어진 것을 일으켜서 옛적과 같이
세우고
12 그들이 에돔의 남은 자와 내 이름으
로 일컫는 만국을 기업으로 얻게 하
리라 이 일을 행하시는 여호와의 말
씀이니라
13 여호와의 말씀이니라 보라 날이 이를
지라 그 때에 파종하는 자가 곡식
추수하는 자의 뒤를 이으며 포도를
밟는 자가 씨 뿌리는 자의 뒤를 이으
며 산들은 단 포도주를 흘리며 작은
산들은 녹으리라
14 내가 내 백성 이스라엘이 사로잡힌
것을 돌이키리니 그들이 황폐한 성읍
을 건축하여 거주하며 포도원들을
가꾸고 그 포도주를 마시며 과원들
을 만들고 그 열매를 먹으리라
15 내가 그들을 그들의 땅에 심으리니
그들이 내가 준 땅에서 다시 뽑히지
아니하리라 네 하나님 여호와의 말씀
이니라

오바댜 Obadiah

모두 21절로 구성된 본서는 구약 성경 중 가장 짧지만, 유다의 인접국인 에돔(Edom)에 대해 가장 강도 높은 심판을 선포하고 있다. 그것은, 에돔이 하나님의 백성을 미워했고 그 백성의 불행을 기뻐했기 때문이었다. 에돔뿐만 아니라, 하나님의 백성에게 같은 태도를 취하는 세상의 모든 대적들은 하나님의 공의의 심판을 받게 될 것이다.

제목 '여호와의 종', '여호와를 경배하는 자'라는 뜻을 지닌 저자의 이름을 반영했다.

저자 오바댜. 본서의 내증(1:1)으로 보아 명백하다. 성경에 등장하는 12명의 오바댜 가운데는 본서의 저자와 동일인이 없다. 그러므로 저자에 대해 아무것도 밝혀 낼 수 없다.

기록 연대 B.C. 848-841년경. 1:11-14의 내용은 구약 시대에 있었던 네 번의 예루살렘 침략 기사 중, 여호람 통치 때의 블레셋과 아라비아인들의 침략(대하 21:16-17)에 관한 기록이다.

기록 목적 ① 에돔의 파멸과 유다의 회복을 선포하기 위하여. ② 불의한 자를 심판하시는 하나님의 공의를 드러내기 위하여. ③ 모든 민족을 다스리시는 하나님의 위엄을 선포하기 위하여.

주제 에돔의 멸망. 형제 국가인 이스라엘을 괴롭히는 것을 즐겨 하며 교만함으로 인해 에돔이 하나님의 심판을 받아 멸망할 것을 예언한다.

특징 ① 문체의 생동감-문체의 간결함과 사건 전개의 신속함이 더할 수 없는 생동감을 준다. ② 질의법, 돈호법의 사용-질의와 부름의 형식을 자주 사용하여 시적 운율을 느끼게 한다.

본서의 내용

I. 에돔의 멸망
① 에돔 위에 임할 심판 (1:1-9)
② 에돔이 심판당하는 이유 (1:10-14)
③ 열방 위에 임할 심판 (1:15-16)
II. 유다의 회복 1:17-21

연대표

B.C.	
930년	왕국의 남북분열
875년	선지자 엘리야의 사역(~848년)
872년	유다 여호사밧의 통치(~847년)
855년	선지자 오바댜의 사역(~840년?)
853년	유다 왕 여호람의 통치(~841년)
848년	선지자 엘리사의 사역(~797년)
722년	북왕국 사마리아 함락
586년	남왕국 예루살렘 함락

· 오바댜의 주요 무대

오바댜 Obadiah

1 오바댜의 묵시라

여호와께서 에돔을 심판하시다

주 여호와께서 에돔에 대하여 이와 같
이 말씀하시니라 우리가 여호와께로
말미암아 소식을 들었나니 곧 사자
가 나라들 가운데에 보내심을 받고
이르기를 너희는 일어날지어다 우리
가 일어나서 그와 싸우자 하는 것이
니라
2 보라 내가 너를 나라들 가운데에 매
우 작게 하였으므로 네가 크게 멸시
를 받느니라
3 너의 마음의 교만이 너를 속였도다
바위 틈에 거주하며 높은 곳에 사는
자여 네가 마음에 이르기를 누가 능
히 나를 땅에 끌어내리겠느냐 하니
4 네가 독수리처럼 높이 오르며 별 사
이에 깃들일지라도 내가 거기에서 너
를 끌어내리리라 여호와의 말씀이니
라
5 혹시 도둑이 네게 이르렀으며 강도
가 밤중에 네게 이르렀을지라도 만
족할 만큼 훔치면 그치지 아니하였겠
느냐 혹시 포도를 따는 자가 네게
이르렀을지라도 그것을 얼마쯤 남기
지 아니하였겠느냐 네가 어찌 그리
망하였는고
6 에서가 어찌 그리 수탈되었으며 그
감춘 보물이 어찌 그리 빼앗겼는고
7 너와 약조한 모든 자들이 다 너를 쫓
아 변경에 이르게 하며 너와 화목하
던 자들이 너를 속여 이기며 네 먹을
것을 먹는 자들이 네 아래에 함정을
파니 네 마음에 지각이 없음이로다
8 여호와의 말씀이니라 그 날에 내가
에돔에서 지혜 있는 자를 멸하며 에
서의 산에서 지각 있는 자를 멸하지
아니하겠느냐
9 드만아 네 용사들이 놀랄 것이라 이
로 말미암아 에서의 산에 있는 사람
은 다 죽임을 당하여 멸절되리라

에돔의 죄

10 네가 네 형제 야곱에게 행한 포학으
로 말미암아 부끄러움을 당하고 영
원히 멸절되리라
11 네가 멀리 섰던 날 곧 이방인이 그의
재물을 빼앗아 가며 외국인이 그의
성문에 들어가서 예루살렘을 얻기 위
하여 제비 뽑던 날에 너도 그들 중
한 사람 같았느니라
12 네가 형제의 날 곧 그 재앙의 날에
방관할 것이 아니며 유다 자손이 패

망하는 날에 기뻐할 것이 아니며 그
고난의 날에 네가 입을 크게 벌릴 것
이 아니며
13 내 백성이 환난을 당하는 날에 네가
그 성문에 들어가지 않을 것이며 환
난을 당하는 날에 네가 그 고난을
방관하지 않을 것이며 환난을 당하
는 날에 네가 그 재물에 손을 대지
않을 것이며
14 네거리에 서서 그 도망하는 자를 막
지 않을 것이며 고난의 날에 그 남은
자를 원수에게 넘기지 않을 것이니라

여호와께서 만국을 벌하실 날

15 여호와께서 만국을 벌할 날이 가까
웠나니 네가 행한 대로 너도 받을 것
인즉 네가 행한 것이 네 머리로 돌아
갈 것이라
16 너희가 내 성산에서 마신 것 같이 만
국인이 항상 마시리니 곧 마시고 삼
켜서 본래 없던 것 같이 되리라

여호와께 속할 나라

17 오직 시온 산에서 피할 자가 있으리
니 그 산이 거룩할 것이요 야곱 족속
은 자기 기업을 누릴 것이며
18 야곱 족속은 불이 될 것이며 요셉 족
속은 불꽃이 될 것이요 에서 족속은
지푸라기가 될 것이라 그들이 그들
위에 붙어서 그들을 불사를 것인즉
에서 족속에 남은 자가 없으리니 여
호와께서 말씀하셨음이라
19 그들이 네겝과 에서의 산과 평지와
블레셋을 얻을 것이요 또 그들이 에
브라임의 들과 사마리아의 들을 얻
을 것이며 베냐민은 길르앗을 얻을
것이며
20 사로잡혔던 이스라엘의 많은 자손은
가나안 사람에게 속한 이 땅을 사르
밧까지 얻을 것이며 예루살렘에서 사
로잡혔던 자들 곧 스바랏에 있는 자
들은 네겝의 성읍들을 얻을 것이니
라
21 구원 받은 자들이 시온 산에 올라와
서 에서의 산을 심판하리니 나라가
여호와께 속하리라

365묵상

오바댜서를 통해 교훈을 배우기

단지 21절로 구성된 오바댜서는 구약성경에서 가장 짧다. 하지만 짧아도 분명한 교훈을 지니고 있다. 오바댜서의 주제는 하나님의 백성 이스라엘을 괴롭힌 에돔을 향한 하나님의 심판이다. 이런 주제 하에서, 다음과 같은 두 가지 교훈을 제공해준다. 첫째, 교만한 개인이나 국가에 대한 엄중한 경고다. 둘째, 오직 하나님이 만유를 통치하신다는 사실이다. 그래서 본서는 우리가 우리 삶을 지배하는 것이 아니라 오직 하나님이 지배하신다는 사실을 뚜렷이 상기시킨다. 아주 짧지만, 본서를 통해 삶의 소중한 진리를 배우자.

요나 Jonah

본서는 이방 선교의 사명을 일깨워 주는 책으로, 하나님께서 요나를 선교사로 삼아 멀리 파송하는 이야기이다. 요나는 처음에 하나님을 알지 모르는 이방 나라로 가기를 싫어했다. 요나는 하나님을 이스라엘만의 하나님으로 알았다. 그러나 하나님은 이스라엘뿐 아니라, 모든 민족을 사랑하고 그들도 말씀을 듣고 회개하기를 원하셨다.

제목 '비둘기'라는 뜻을 지닌 저자의 이름을 반영하고 있다.

저자 요나. 2장의 기도가 1인칭으로 기록된 점과 1:1에서 요나에게 예언이 주어진 것으로 보아, 체험의 당사자인 요나가 본서의 경험을 마친 후 생생한 기록으로 남긴 것으로 보인다. 전통적인 견해들도 이를 지지한다.

기록 연대 B.C. 760년경. 저자는 여로보암 2세 때 활동하였으며(왕하 14:25), 본서에서 회개한 니느웨의 왕은 아슈르단 3세이다. 당시 니느웨는 B.C. 763년에 있었던 역병으로 국가적 어려움에 처해 있었다.

기록 목적 ① 하나님의 사랑이 온 세계를 향한 것임을 가르치기 위하여. ② 택함받은 민족으로서 선교를 게을리 하는 이스라엘의 배타적 민족주의를 경책하기 위하여. ③ 심판과 회개의 상관 관계를 깨닫게 하기 위하여.

주제 하나님의 사랑의 보편성. 하나님은 이스라엘뿐 아니라 모든 민족의 하나님이시며, 먼저 택함받은 자들은 열방을 선교할 사명이 있음을 깨달아야 한다.

특징 ① 우주적 신관－하나님을 전세계의 통치자로 표현한다. ② 구원 범위의 확장－이스라엘 백성만 구원의 대상으로 여겼던 폐쇄적 구원관이 깨지고 이방인들에게까지 구원의 범위가 확장된다. ③ 하나님의 진노가 돌이켜짐－참된 회개는 하나님의 진노를 돌이킬 수 있음을 보여 준다.

본서의 내용

I. 다시스로 도망가는 요나	II. 니느웨로 향하는 요나
① 요나의 소명(1:1–2)	① 요나의 선교(3:1–4)
② 요나의 불순종(1:3)	② 니느웨 성의 회개(3:5–9)
③ 요나와 큰 물고기(1:4–17)	③ 하나님의 심판 철회 (3:10)
④ 요나의 회개기도(2:1–9)	④ 요나의 불만(4:1–4)
⑤ 구출 받은 요나(2:10)	⑤ 박넝쿨 사건(4:5–11)

연대표

B.C.	
930년	왕국의 남북분열
793년	이스라엘왕 여로보암 2세의 통치(~753년) 선지자 요나의 사역(~753년?)
760년	선지자 아모스의 사역(~750년)
753년	선지자 호세아의 사역(~715년)
722년	북왕국 이스라엘의 멸망
586년	남왕국 유다의 멸망

· 요나의 주요 무대

요나 Jonah

요나가 여호와를 피하여 달아나다

1 여호와의 말씀이 아밋대의 아들
요나에게 임하니라 이르시되
2 너는 일어나 저 큰 성읍 니느웨로 가
서 그것을 향하여 외치라 그 악독이
내 앞에 상달되었음이니라 하시니라
3 그러나 요나가 여호와의 얼굴을 피
하려고 일어나 다시스로 도망하려 하
여 욥바로 내려갔더니 마침 다시스로
가는 배를 만난지라 여호와의 얼굴
을 피하여 그들과 함께 다시스로 가
려고 배삯을 주고 배에 올랐더라
4 여호와께서 큰 바람을 바다 위에 내
리시매 바다 가운데에 큰 폭풍이 일
어나 배가 거의 깨지게 된지라
5 사공들이 두려워하여 각각 자기의 신
을 부르고 또 배를 가볍게 하려고
그 가운데 물건들을 바다에 던지니
라 그러나 요나는 배 밑층에 내려가
서 누워 깊이 잠이 든지라
6 선장이 그에게 가서 이르되 자는 자
여 어찌함이냐 일어나서 네 하나님께
구하라 혹시 하나님이 우리를 생각
하사 망하지 아니하게 하시리라 하니
라
7 그들이 서로 이르되, 자 우리가 제비
를 뽑아 이 재앙이 누구로 말미암아
우리에게 임하였나 알아 보자 하고
곧 제비를 뽑으니 제비가 요나에게
뽑힌지라
8 무리가 그에게 이르되 청하건대 이
재앙이 누구 때문에 우리에게 임하
였는가 말하라 네 생업이 무엇이며
네가 어디서 왔으며 네 나라가 어디
며 어느 민족에 속하였느냐 하니
9 그가 대답하되 나는 히브리 사람이
요 바다와 육지를 지으신 하늘의 하
나님 여호와를 경외하는 자로라 하
고
10 자기가 여호와의 얼굴을 피함인 줄을
그들에게 말하였으므로 무리가 알고
심히 두려워하여 이르되 네가 어찌하
여 그렇게 행하였느냐 하니라
11 바다가 점점 흉용한지라 무리가 그
에게 이르되 우리가 너를 어떻게 하
여야 바다가 우리를 위하여 잔잔하
겠느냐 하니
12 그가 대답하되 나를 들어 바다에 던
지라 그리하면 바다가 너희를 위하여
잔잔하리라 너희가 이 큰 폭풍을 만
난 것이 나 때문인 줄을 내가 아노라
하니라

13 그러나 그 사람들이 힘써 노를 저어
배를 육지로 돌리고자 하다가 바다
가 그들을 향하여 점점 더 흉용하므
로 능히 못한지라
14 우리가 여호와께 부르짖어 이르되 여
호와여 구하고 구하오니 이 사람의
생명 때문에 우리를 멸망시키지 마옵
소서 무죄한 피를 우리에게 돌리지
마옵소서 주 여호와께서는 주의 뜻
대로 행하심이니이다 하고
15 요나를 들어 바다에 던지매 바다가
뛰노는 것이 곧 그친지라
16 그 사람들이 여호와를 크게 두려워
하여 여호와께 제물을 드리고 서원
을 하였더라

요나의 기도

17 여호와께서 이미 큰 물고기를 예비
하사 요나를 삼키게 하셨으므로 요
나가 밤낮 삼 일을 물고기 뱃속에 있
으니라

2 요나가 물고기 뱃속에서 그의 하
나님 여호와께 기도하여
2 이르되 내가 받는 고난으로 말미암
아 여호와께 불러 아뢰었더니 주께서
내게 대답하셨고 내가 스올의 뱃속
에서 부르짖었더니 주께서 내 음성을
들으셨나이다
3 주께서 나를 깊음 속 바다 가운데에
던지셨으므로 큰 물이 나를 둘렀고
주의 파도와 큰 물결이 다 내 위에
넘쳤나이다
4 내가 말하기를 내가 주의 목전에서
쫓겨났을지라도 다시 주의 성전을 바
라보겠다 하였나이다
5 물이 나를 영혼까지 둘렀사오며 깊음
이 나를 에워싸고 바다 풀이 내 머리
를 감쌌나이다
6 내가 산의 뿌리까지 내려갔사오며
땅이 그 빗장으로 나를 오래도록 막
았사오나 나의 하나님 여호와여 주
께서 내 생명을 구덩이에서 건지셨나
이다
7 내 영혼이 내 속에서 피곤할 때에 내
가 여호와를 생각하였더니 내 기도가
주께 이르렀사오며 주의 성전에 미쳤
나이다
8 거짓되고 헛된 것을 숭상하는 모든
자는 자기에게 베푸신 은혜를 버렸
사오나
9 나는 감사하는 목소리로 주께 제사

365묵상

하나님께 도움을 요청하기

요나는 누구도 경험하기 어려운 극한의 체험을 했다. 그는 큰 물고기 뱃속에 삼켜지는 곤경에 처했는데, 그때 하나님을 향해 도움을 요청했다(욘 2:1-10). 이처럼 우리를 '삼키는' 수많은 문제들이 삶의 도처에 널려있다. 우리를 삼킬 것 같은 어려운 문제에 봉착할 때, 우리는 이 인생의 싸움에서 스스로의 힘만으로는 대항하기에 충분히 강하지 못하다는 것을 인식한다. 이러한 때, 요나처럼 자신의 나약함을 인정하고 하나님께 부르짖어야 한다. 오직 하나님만이 우리를 삼키려는 모든 문제를 능히 해결하실 수 있다.

를 드리며 나의 서원을 주께 갚겠나
이다 구원은 여호와께 속하였나이다
하니라
10 여호와께서 그 물고기에게 말씀하시
매 요나를 육지에 토하니라

니느웨 백성의 회개

3 여호와의 말씀이 두 번째로 요나
에게 임하니라 이르시되
2 일어나 저 큰 성읍 니느웨로 가서 내
가 네게 명한 바를 그들에게 선포하
라 하신지라
3 요나가 여호와의 말씀대로 일어나서
니느웨로 가니라 니느웨는 사흘 동
안 걸을 만큼 하나님 앞에 큰 성읍이
더라
4 요나가 그 성읍에 들어가서 하루 동
안 다니며 외쳐 이르되 사십 일이 지
나면 니느웨가 무너지리라 하였더니
5 니느웨 사람들이 하나님을 믿고 금식
을 선포하고 높고 낮은 자를 막론하
고 굵은 베 옷을 입은지라
6 그 일이 니느웨 왕에게 들리매 왕이
보좌에서 일어나 왕복을 벗고 굵은
베 옷을 입고 재 위에 앉으니라
7 왕과 그의 대신들이 조서를 내려 니
느웨에 선포하여 이르되 사람이나 짐
승이나 소 떼나 양 떼나 아무것도 입
에 대지 말지니 곧 먹지도 말 것이요
물도 마시지 말 것이며
8 사람이든지 짐승이든지 다 굵은 베
옷을 입을 것이요 힘써 하나님께 부
르짖을 것이며 각기 악한 길과 손으
로 행한 강포에서 떠날 것이라
9 하나님이 뜻을 돌이키시고 그 진노를
그치사 우리가 멸망하지 않게 하시리
라 그렇지 않을 줄을 누가 알겠느냐
한지라
10 하나님이 그들이 행한 것 곧 그 악한
길에서 돌이켜 떠난 것을 보시고 하
나님이 뜻을 돌이키사 그들에게 내
리리라고 말씀하신 재앙을 내리지 아
니하시니라

요나의 분노와 하나님의 자비

4 요나가 매우 싫어하고 성내며
2 여호와께 기도하여 이르되 여호
와여 내가 고국에 있을 때에 이러하
겠다고 말씀하지 아니하였나이까 그
러므로 내가 빨리 다시스로 도망하
였사오니 주께서는 은혜로우시며 자
비로우시며 노하기를 더디하시며 인
애가 크시사 뜻을 돌이켜 재앙을 내
리지 아니하시는 하나님이신 줄을 내
가 알았음이니이다
3 여호와여 원하건대 이제 내 생명을
거두어 가소서 사는 것보다 죽는 것
이 내게 나음이니이다 하니

4 여호와께서 이르시되 네가 성내는 것
이 옳으냐 하시니라
5 요나가 성읍에서 나가서 그 성읍 동
쪽에 앉아 거기서 자기를 위하여 초
막을 짓고 그 성읍에 무슨 일이 일어
나는가를 보려고 그 그늘 아래에 앉
았더라
6 하나님 여호와께서 박넝쿨을 예비하
사 요나를 가리게 하셨으니 이는 그
의 머리를 위하여 그늘이 지게 하며
그의 괴로움을 면하게 하려 하심이었
더라 요나가 박넝쿨로 말미암아 크
게 기뻐하였더니
7 하나님이 벌레를 예비하사 이튿날 새
벽에 그 박넝쿨을 갉아먹게 하시매
시드니라
8 해가 뜰 때에 하나님이 뜨거운 동풍
을 예비하셨고 해는 요나의 머리에
쪼이매 요나가 혼미하여 스스로 죽
기를 구하여 이르되 사는 것보다 죽
는 것이 내게 나으니이다 하니라
9 하나님이 요나에게 이르시되 네가 이
박넝쿨로 말미암아 성내는 것이 어찌
옳으냐 하시니 그가 대답하되 내가
성내어 죽기까지 할지라도 옳으니이
다 하니라
10 여호와께서 이르시되 네가 수고도
아니하였고 재배도 아니하였고 하룻
밤에 났다가 하룻밤에 말라 버린 이
박넝쿨을 아꼈거든
11 하물며 이 큰 성읍 니느웨에는 좌우
를 분변하지 못하는 자가 십이만여
명이요 가축도 많이 있나니 내가 어
찌 아끼지 아니하겠느냐 하시니라

미가 Micah

이사야 선지자와 동시대에 활동한 미가는 유다 사회가 불법과 부패로 치닫고 있던 유다 왕 아하스 때에 선지자로 부름받았다. 그는 억압받는 백성들의 입장에 서서 부패한 지도자들의 죄악을 지적하고 다가올 하나님의 심판을 외쳤다. 아울러 미가는 경건한 주님의 백성들에게 장차 메시야로 인해 성취될 구원의 소망을 심어 주었다.

제목 '미가야'의 축약형으로, '누가 여호와와 같은가'라는 뜻을 지닌 저자의 이름을 반영했다.

저자 미가. 본서의 내증(1:1)과 예레미야의 증거(렘 26:18) 등으로 보아 명백하다. 요담(B.C. 739–731년), 아하스(B.C. 731–715년), 히스기야(B.C. 715–686년) 왕의 재위 기간에 걸쳐 활동한, 이사야와 동시대의 선지자다.

기록 연대 B.C. 700년경. 위에서 언급한 활동 기간 중에 본서를 기록했다.

기록 목적 ① 유다에 임박한 심판을 선포하기 위하여(1:8–16). ② 유다의 종교적 부패를 책망하기 위하여(3:5–8). ③ 유다의 사회적 불의를 책망하기 위하여(3:9–12).

주제 유다에 임할 심판과 회복. 유다는 하나님과의 언약을 범한 죄로 멸망당하나 하나님의 은혜로 회복되며, 메시야가 강림하셔서 영원케 할 것임을 예언한다.

특징 ① 지도자에 대한 책망–노동자와 같은 소외된 자의 편에서 부유한 자들의 불의를 책망한다. ② 메시아에 대한 예언–그리스도의 출생 장소와 사명에 대해 언급한다(5:2–9). ③ 이사야와의 사상적 유사성–종교 지도자들의 타락(3:5–7; 사 29:9–13), 예루살렘의 파괴(3:12; 사 32:13), 메시야 탄생(5:2–4; 사 7:14) 등의 예언이 이사야서와 공통된다.

본서의 내용

I. 심판의 선포
① 서론 1:1
② 사마리아에 대한 심판 (1:2–7)
③ 예루살렘에 대한 심판 (1:8–16)
④. 심판의 원인(2:1–11)
⑤ 회복의 약속(2:12–13)
⑥ 지도자들에 대한 심판 (3:1–12)

II. 회복의 선포
① 주의 평강의 통치(4:1–5)
② 포로 된 자들의 구원 (4:6–5:1)
③ 메시아의 탄생과 사역 (5:2–15)

III. 회개의 선포
① 여호와의 변론(6:1–5)
② 여호와께서 구하시는 것 (6:6–16)
③ 이스라엘의 타락(7:1–6)
④ 하나님의 구원과 긍휼 (7:7–20)

연대표

B.C.	
930년	왕국의 남북분열
835년	선지자 요엘의 사역(~796년?)
750년	유다 왕 요담의 통치(~731년)
742년	선지자 미가의 사역(~687년)
740년	선지자 이사야의 사역(~681년)
735년	유다 왕 아하스의 통치(~716년)
728년	유다 히스기야의 통치(~687년)
722년	사마리아 함락
586년	예루살렘 함락

· 미가의 주요 무대

미가 Micah

1 유다의 왕들 요담과 아하스와 히
스기야 시대에 모레셋 사람 미가
에게 임한 여호와의 말씀 곧 사마리
아와 예루살렘에 관한 묵시라

야곱의 허물 이스라엘의 죄

2 백성들아 너희는 다 들을지어다 땅
과 거기에 있는 모든 것들아 자세히
들을지어다 주 여호와께서 너희에게
대하여 증언하시되 곧 주께서 성전에
서 그리하실 것이니라
3 여호와께서 그의 처소에서 나오시고
강림하사 땅의 높은 곳을 밟으실 것
이라
4 그 아래에서 산들이 녹고 골짜기들
이 갈라지기를 불 앞의 밀초 같고 비
탈로 쏟아지는 물 같을 것이니
5 이는 다 야곱의 허물로 말미암음이
요 이스라엘 족속의 죄로 말미암음
이라 야곱의 허물이 무엇이냐 사마리
아가 아니냐 유다의 산당이 무엇이냐
예루살렘이 아니냐
6 이러므로 내가 사마리아를 들의 무
더기 같게 하고 포도 심을 동산 같게
하며 또 그 돌들을 골짜기에 쏟아내
리고 그 기초를 드러내며
7 그 새긴 우상들은 다 부서지고 그
음행의 값은 다 불살라지며 내가 그
목상들을 다 깨뜨리리니 그가 기생
의 값으로 모았은즉 그것이 기생의
값으로 돌아가리라

상처가 유다와 예루살렘에도 미치다

8 이러므로 내가 애통하며 애곡하고
벌거벗은 몸으로 행하며 들개 같이
애곡하고 타조 같이 애통하리니
9 이는 그 상처는 고칠 수 없고 그것이
유다까지도 이르고 내 백성의 성문
곧 예루살렘에도 미쳤음이니라
10 가드에 알리지 말며 도무지 울지 말
지어다 내가 베들레아브라에서 티끌
에 굴렀도다
11 사빌 주민아 너는 벗은 몸에 수치를
무릅쓰고 나갈지어다 사아난 주민은
나오지 못하고 벧에셀이 애곡하여
너희에게 의지할 곳이 없게 하리라
12 마롯 주민이 근심 중에 복을 바라니
이는 재앙이 여호와께로 말미암아

365묵상

정의로운 삶을 살아가기

힘 있는 사람이 그 힘을 약한 자를 돕는 데 사용한다면 그것은 매우 바람직하다. 하지만 죄의 본성을 지닌 인간은 그것을 악하게 사용하는 경향이 있다. 그래서 남의 재산과 땅을 탐내어 그것을 불법으로 빼앗고 취한다(미 2:1–2). 그런 과정에서 폭력을 사용하고 불법을 자행하며 정의를 짓밟는다. 그래서 미가 선지자는 이런 행동을 아주 강력하게 질책했다. 성경은 더 가지려는 '탐욕'을 강력히 경고한다. 참된 신앙인은 탐욕을 버리고, 자신의 가진 것으로 만족하고 감사하며, 나아가 그것으로 가난한 이웃을 돕는 자다.

예루살렘 성문에 임함이니라
13 라기스 주민아 너는 준마에 병거를
메울지어다 라기스는 딸 시온의 죄의
근본이니 이는 이스라엘의 허물이 네
게서 보였음이니라
14 이러므로 너는 가드모레셋에 작별하
는 예물을 줄지어다 악십의 집들이
이스라엘 왕들을 속이리라
15 마레사 주민아 내가 장차 너를 소유
할 자로 네게 이르게 하리니 이스라
엘의 영광이 아둘람까지 이를 것이라
16 너는 네 기뻐하는 자식으로 인하여
네 머리털을 깎아 대머리 같게 할지
어다 네 머리가 크게 벗어지게 하기
를 독수리 같게 할지어다 이는 그들
이 사로잡혀 너를 떠났음이라

멸망할 자들

2 그들이 침상에서 죄를 꾀하며 악
을 꾸미고 날이 밝으면 그 손에
힘이 있으므로 그것을 행하는 자는
화 있을진저
2 밭들을 탐하여 빼앗고 집들을 탐하
여 차지하니 그들이 남자와 그의 집
과 사람과 그의 산업을 강탈하도다
3 그러므로 여호와의 말씀에 내가 이
족속에게 재앙을 계획하나니 너희의
목이 이에서 벗어나지 못할 것이요
또한 교만하게 다니지 못할 것이라
이는 재앙의 때임이라 하셨느니라
4 그 때에 너희를 조롱하는 시를 지으
며 슬픈 노래를 불러 이르기를 우리
가 온전히 망하게 되었도다 그가 내
백성의 산업을 옮겨 내게서 떠나게
하시며 우리 밭을 나누어 패역자에
게 주시는도다 하리니
5 그러므로 여호와의 회중에서 분깃에
줄을 댈 자가 너희 중에 하나도 없으
리라
6 그들이 말하기를 너희는 예언하지 말
라 이것은 예언할 것이 아니거늘 욕
하는 말을 그치지 아니한다 하는도
다
7 너희 야곱의 족속아 어찌 이르기를
여호와의 영이 성급하시다 하겠느냐
그의 행위가 이러하시다 하겠느냐 나
의 말이 정직하게 행하는 자에게 유
익하지 아니하냐
8 근래에 내 백성이 원수 같이 일어나
서 전쟁을 피하여 평안히 지나가는
자들의 의복에서 겉옷을 벗기며
9 내 백성의 부녀들을 그들의 즐거운
집에서 쫓아내고 그들의 어린 자녀에
게서 나의 영광을 영원히 빼앗는도다
10 이것은 너희가 쉴 곳이 아니니 일어나
떠날지어다 이는 그것이 이미 더러워
졌음이니라 그런즉 반드시 멸하리니

그 멸망이 크리라
11 사람이 만일 허망하게 행하며 거짓말
로 이르기를 내가 포도주와 독주에
대하여 네게 예언하리라 할 것 같으
면 그 사람이 이 백성의 선지자가 되
리로다
12 야곱아 내가 반드시 너희 무리를 다
모으며 내가 반드시 이스라엘의 남
은 자를 모으고 그들을 한 처소에
두기를 보스라의 양 떼 같이 하며 초
장의 양 떼 같이 하리니 사람들이 크
게 떠들 것이며
13 길을 여는 자가 그들 앞에 올라가고
그들은 길을 열어 성문에 이르러서는
그리로 나갈 것이며 그들의 왕이 앞
서 가며 여호와께서는 선두로 가시리
라

미가가 이스라엘 통치자들을 고발하다

3 내가 또 이르노니 야곱의 우두머
리들과 이스라엘 족속의 통치자들
아 들으라 정의를 아는 것이 너희의
본분이 아니냐
2 너희가 선을 미워하고 악을 기뻐하여
내 백성의 가죽을 벗기고 그 뼈에서
살을 뜯어
3 그들의 살을 먹으며 그 가죽을 벗기
며 그 뼈를 꺾어 다지기를 냄비와 솥
가운데에 담을 고기처럼 하는도다
4 그 때에 그들이 여호와께 부르짖을
지라도 응답하지 아니하시고 그들의
행위가 악했던 만큼 그들 앞에 얼굴
을 가리시리라
5 내 백성을 유혹하는 선지자들은 이
에 물 것이 있으면 평강을 외치나 그
입에 무엇을 채워 주지 아니하는 자
에게는 전쟁을 준비하는도다 이런
선지자에 대하여 여호와께서 이르시
되
6 그러므로 너희가 밤을 만나리니 이상
을 보지 못할 것이요 어둠을 만나리
니 점 치지 못하리라 하셨나니 이 선
지자 위에는 해가 져서 낮이 캄캄할
것이라
7 선견자가 부끄러워하며 술객이 수치
를 당하여 다 입술을 가릴 것은 하나
님이 응답하지 아니하심이거니와
8 오직 나는 여호와의 영으로 말미암
아 능력과 정의와 용기로 충만해져서
야곱의 허물과 이스라엘의 죄를 그
들에게 보이리라
9 야곱 족속의 우두머리들과 이스라엘
족속의 통치자들 곧 정의를 미워하고
정직한 것을 굽게 하는 자들아 원하
노니 이 말을 들을지어다
10 시온을 피로, 예루살렘을 죄악으로
건축하는도다

11 그들의 우두머리들은 뇌물을 위하여
재판하며 그들의 제사장은 삯을 위
하여 교훈하며 그들의 선지자는 돈
을 위하여 점을 치면서도 여호와를
의뢰하여 이르기를 여호와께서 우리
중에 계시지 아니하냐 재앙이 우리에
게 임하지 아니하리라 하는도다
12 이러므로 너희로 말미암아 시온은 갈
아엎은 밭이 되고 예루살렘은 무더
기가 되고 성전의 산은 수풀의 높은
곳이 되리라 하시더라

여호와께서 이루실 평화

4 끝날에 이르러는 여호와의 전의
산이 산들의 꼭대기에 굳게 서며
작은 산들 위에 뛰어나고 민족들이
그리로 몰려갈 것이라
2 곧 많은 이방 사람들이 가며 이르기
를 오라 우리가 여호와의 산에 올라
가서 야곱의 하나님의 전에 이르자
그가 그의 도를 가지고 우리에게 가
르치실 것이니라 우리가 그의 길로
행하리라 하리니 이는 율법이 시온에
서부터 나올 것이요 여호와의 말씀이
예루살렘에서부터 나올 것임이라
3 그가 많은 민족들 사이의 일을 심판
하시며 먼 곳 강한 이방 사람을 판결
하시리니 무리가 그 칼을 쳐서 보습
을 만들고 창을 쳐서 낫을 만들 것이
며 이 나라와 저 나라가 다시는 칼을
들고 서로 치지 아니하며 다시는 전
쟁을 연습하지 아니하고
4 각 사람이 자기 포도나무 아래와 자
기 무화과나무 아래에 앉을 것이라
그들을 두렵게 할 자가 없으리니 이
는 만군의 여호와의 입이 이같이 말
씀하셨음이라
5 만민이 각각 자기의 신의 이름을 의지
하여 행하되 오직 우리는 우리 하나
님 여호와의 이름을 의지하여 영원히
행하리로다

이스라엘이 포로에서 돌아오리라

6 여호와께서 말씀하시되 그 날에는
내가 저는 자를 모으며 쫓겨난 자와
내가 환난 받게 한 자를 모아
7 발을 저는 자는 남은 백성이 되게 하
며 멀리 쫓겨났던 자들이 강한 나라
가 되게 하고 나 여호와가 시온 산에
서 이제부터 영원까지 그들을 다스리
리라 하셨나니
8 너 양 떼의 망대요 딸 시온의 산이여
이전 권능 곧 딸 예루살렘의 나라가
네게로 돌아오리라
9 이제 네가 어찌하여 부르짖느냐 너희
중에 왕이 없어졌고 네 모사가 죽었
으므로 네가 해산하는 여인처럼 고
통함이냐

10 딸 시온이여 해산하는 여인처럼 힘들
여 낳을지어다 이제 네가 성읍에서
나가서 들에 거주하며 또 바벨론까
지 이르러 거기서 구원을 얻으리니 여
호와께서 거기서 너를 네 원수들의
손에서 속량하여 내시리라
11 이제 많은 이방 사람들이 모여서 너
를 치며 이르기를 시온이 더럽게 되며
그것을 우리 눈으로 바라보기를 원
하노라 하거니와
12 그들이 여호와의 뜻을 알지 못하며
그의 계획을 깨닫지 못한 것이라 여
호와께서 곡식 단을 타작 마당에 모
음 같이 그들을 모으셨나니
13 딸 시온이여 일어나서 칠지어다 내가
네 뿔을 무쇠 같게 하며 네 굽을 놋
같게 하리니 네가 여러 백성을 쳐서
깨뜨릴 것이라 네가 그들의 탈취물
을 구별하여 여호와께 드리며 그들
의 재물을 온 땅의 주께 돌리리라

5 딸 군대여 너는 떼를 모을지어다
그들이 우리를 에워쌌으니 막대기
로 이스라엘 재판자의 뺨을 치리로
다

베들레헴에서 다스릴 자가 나오리라

2 베들레헴 에브라다야 너는 유다 족
속 중에 작을지라도 이스라엘을 다
스릴 자가 네게서 내게로 나올 것이
라 그의 근본은 상고에, 영원에 있느
니라
3 그러므로 여인이 해산하기까지 그들
을 붙여 두시겠고 그 후에는 그의 형
제 가운데에 남은 자가 이스라엘 자
손에게로 돌아오리니
4 그가 여호와의 능력과 그의 하나님
여호와의 이름의 위엄을 의지하고 서
서 목축하니 그들이 거주할 것이라
이제 그가 창대하여 땅 끝까지 미치
리라
5 이 사람은 평강이 될 것이라 앗수르
사람이 우리 땅에 들어와서 우리 궁
들을 밟을 때에는 우리가 일곱 목
자와 여덟 군왕을 일으켜 그를 치리
니
6 그들이 칼로 앗수르 땅을 황폐하게
하며 니므롯 땅 어귀를 황폐하게 하
리라 앗수르 사람이 우리 땅에 들어
와서 우리 지경을 밟을 때에는 그가
우리를 그에게서 건져내리라
7 야곱의 남은 자는 많은 백성 가운데
있으리니 그들은 여호와께로부터 내
리는 이슬 같고 풀 위에 내리는 단비
같아서 사람을 기다리지 아니하며 인
생을 기다리지 아니할 것이며
8 야곱의 남은 자는 여러 나라 가운데
와 많은 백성 가운데에 있으리니 그

들은 수풀의 짐승들 중의 사자 같고
양 떼 중의 젊은 사자 같아서 만일
그가 지나간즉 밟고 찢으리니 능히
구원할 자가 없을 것이라
9 네 손이 네 대적들 위에 들려서 네
모든 원수를 진멸하기를 바라노라

심판

10 여호와께서 이르시되 그 날에 이르러
는 내가 네 군마를 네 가운데에서
멸절하며 네 병거를 부수며
11 네 땅의 성읍들을 멸하며 네 모든 견
고한 성을 무너뜨릴 것이며
12 내가 또 복술을 네 손에서 끊으리니
네게 다시는 점쟁이가 없게 될 것이
며
13 내가 네가 새긴 우상과 주상을 너희
가운데에서 멸절하리니 네가 네 손으
로 만든 것을 다시는 섬기지 아니하
리라
14 내가 또 네 아세라 목상을 너희 가
운데에서 빼버리고 네 성읍들을 멸
할 것이며
15 내가 또 진노와 분노로 순종하지 아
니한 나라에 갚으리라 하셨느니라

여호와께서 이스라엘과 변론하시다

6 너희는 여호와의 말씀을 들을지어
다 너는 일어나서 산을 향하여 변
론하여 작은 산들이 네 목소리를 듣
게 하라 하셨나니
2 너희 산들과 땅의 견고한 지대들아
너희는 여호와의 변론을 들으라 여
호와께서 자기 백성과 변론하시며 이
스라엘과 변론하실 것이라
3 이르시기를 내 백성아 내가 무엇을
네게 행하였으며 무슨 일로 너를 괴
롭게 하였느냐 너는 내게 증언하라
4 내가 너를 애굽 땅에서 인도해 내어
종 노릇 하는 집에서 속량하였고 모
세와 아론과 미리암을 네 앞에 보냈
느니라
5 내 백성아 너는 모압 왕 발락이 꾀한
것과 브올의 아들 발람이 그에게 대
답한 것을 기억하며 싯딤에서부터 길
갈까지의 일을 기억하라 그리하면 나
여호와가 공의롭게 행한 일을 알리
라 하실 것이니라

여호와께서 구하시는 것

6 내가 무엇을 가지고 여호와 앞에 나
아가며 높으신 하나님께 경배할까
내가 번제물로 일 년 된 송아지를 가
지고 그 앞에 나아갈까
7 여호와께서 천천의 숫양이나 만만의
강물 같은 기름을 기뻐하실까 내 허
물을 위하여 내 맏아들을, 내 영혼의
죄로 말미암아 내 몸의 열매를 드릴
까

8 사람아 주께서 선한 것이 무엇임을
네게 보이셨나니 여호와께서 네게
구하시는 것은 오직 정의를 행하며
인자를 사랑하며 겸손하게 네 하나님
과 함께 행하는 것이 아니냐
9 여호와께서 성읍을 향하여 외쳐 부르
시나니 지혜는 주의 이름을 경외함이
니라 너희는 매가 예비되었나니 그것
을 정하신 이가 누구인지 들을지니라
10 악인의 집에 아직도 불의한 재물이
있느냐 축소시킨 가증한 에바가 있
느냐
11 내가 만일 부정한 저울을 썼거나 주
머니에 거짓 저울추를 두었으면 깨끗
하겠느냐
12 그 부자들은 강포가 가득하였고 그
주민들은 거짓을 말하니 그 혀가 입
에서 거짓되도다
13 그러므로 나도 너를 쳐서 병들게 하
였으며 네 죄로 말미암아 너를 황폐
하게 하였나니
14 네가 먹어도 배부르지 못하고 항상
속이 빌 것이며 네가 감추어도 보존
되지 못하겠고 보존된 것은 내가 칼
에 붙일 것이며
15 네가 씨를 뿌려도 추수하지 못할 것
이며 감람 열매를 밟아도 기름을 네
몸에 바르지 못할 것이며 포도를 밟
아도 술을 마시지 못하리라
16 너희가 오므리의 율례와 아합 집의
모든 예법을 지키고 그들의 전통을
따르니 내가 너희를 황폐하게 하며
그의 주민을 사람의 조소 거리로 만
들리라 너희가 내 백성의 수욕을 담
당하리라 하시더라

이스라엘의 부패

7 재앙이로다 나여 나는 여름 과일
을 딴 후와 포도를 거둔 후 같아
서 먹을 포도송이가 없으며 내 마음
에 사모하는 처음 익은 무화과가 없
도다
2 경건한 자가 세상에서 끊어졌고 정직
한 자가 사람들 가운데 없도다 무리
가 다 피를 흘리려고 매복하며 각기
그물로 형제를 잡으려 하고
3 두 손으로 악을 부지런히 행하는도
다 그 지도자와 재판관은 뇌물을 구
하며 권세자는 자기 마음의 욕심을
말하며 그들이 서로 결합하니
4 그들의 가장 선한 자라도 가시 같고

365묵상

하나님이 진정 요구하시는 것

믿는 자들은 하나님이 자신에게 진정 요구하시는 것이 무엇인지를 분명히 알아야 한다. 그래야 하나님을 참으로 기쁘시게 하는 삶을 살 수 있기 때문이다. 미가 선지자가 살던 시대에 이스라엘 백성은 자신들의 죄악에도 불구하고 각종 제물들이 하나님을 기쁘게 해줄 수 있을 것이라고 생각했다. 이에 미가는 그들의 생각이 틀렸다고 말하면서, 삶의 정의가 없는 공허한 종교의식은 하나님께 아무 의미가 없다고 일깨워주었다. 하나님은 종교의식보다 순종의 삶과 신실하고 공의로운 삶을 원하신다고 강조했다(미 6:8).

가장 정직한 자라도 찔레 울타리보
다 더하도다 그들의 파수꾼들의 날
곧 그들 가운데에 형벌의 날이 임하
였으니 이제는 그들이 요란하리로다
5 너희는 이웃을 믿지 말며 친구를 의
지하지 말며 네 품에 누운 여인에게
라도 네 입의 문을 지킬지어다
6 아들이 아버지를 멸시하며 딸이 어머
니를 대적하며 며느리가 시어머니를
대적하리니 사람의 원수가 곧 자기의
집안 사람이리로다

구원하시는 하나님

7 오직 나는 여호와를 우러러보며 나
를 구원하시는 하나님을 바라보나니
나의 하나님이 나에게 귀를 기울이시
리로다
8 나의 대적이여 나로 말미암아 기뻐하
지 말지어다 나는 엎드러질지라도 일
어날 것이요 어두운 데에 앉을지라
도 여호와께서 나의 빛이 되실 것임이
로다
9 내가 여호와께 범죄하였으니 그의 진
노를 당하려니와 마침내 주께서 나
를 위하여 논쟁하시고 심판하시며 주
께서 나를 인도하사 광명에 이르게
하시리니 내가 그의 공의를 보리로다
10 나의 대적이 이것을 보고 부끄러워하
리니 그는 전에 내게 말하기를 네 하
나님 여호와가 어디 있느냐 하던 자
라 그가 거리의 진흙 같이 밟히리니
그것을 내가 보리로다
11 네 성벽을 건축하는 날 곧 그 날에는
지경이 넓혀질 것이라
12 그 날에는 앗수르에서 애굽 성읍들
에까지, 애굽에서 강까지, 이 바다에
서 저 바다까지, 이 산에서 저 산까지
의 사람들이 네게로 돌아올 것이나
13 그 땅은 그 주민의 행위의 열매로 말
미암아 황폐하리로다

기도와 찬양

14 원하건대 주는 주의 지팡이로 주의
백성 곧 갈멜 속 삼림에 홀로 거주하
는 주의 기업의 양 떼를 먹이시되 그
들을 옛날 같이 바산과 길르앗에서
먹이시옵소서
15 이르시되 네가 애굽 땅에서 나오던
날과 같이 내가 그들에게 이적을 보
이리라 하셨느니라
16 이르되 여러 나라가 보고 자기의 세
력을 부끄러워하여 손으로 그 입을
막을 것이요 귀는 막힐 것이며
17 그들이 뱀처럼 티끌을 핥으며 땅에
기는 벌레처럼 떨며 그 좁은 구멍에
서 나와서 두려워하며 우리 하나님
여호와께로 돌아와서 주로 말미암아
두려워하리이다

18 주와 같은 신이 어디 있으리이까 주
께서는 죄악과 그 기업에 남은 자의
허물을 사유하시며 인애를 기뻐하시
므로 진노를 오래 품지 아니하시나
이다
19 다시 우리를 불쌍히 여기셔서 우리의
죄악을 발로 밟으시고 우리의 모든
죄를 깊은 바다에 던지시리이다
20 주께서 옛적에 우리 조상들에게 맹
세하신 대로 야곱에게 성실을 베푸
시며 아브라함에게 인애를 더하시리
이다

나훔 Nahum

일찍이 요나 선지자는 앗수르의 수도 니느웨 성읍에 대하여 성공적인 선교 사역을 감당했다(주전 8세기 중엽). 그때 니느웨 백성들은 회개함으로써 심판을 면할 수 있었다. 그런데 그로부터 대략 1세기 후에 선지자 나훔은 니느웨의 멸망을 선포했다. 왜일까? 그것은 당시에 그들이 도로 교만해져서 깊은 죄악에 빠졌기 때문이었다.

제목 '위안', '위로자'라는 뜻을 지닌 저자의 이름을 반영하고 있다.

저자 나훔. 본서의 내증으로 보아 분명하다. 엘고스(1:1)로 기록된 저자의 출신지에 대해서 몇 가지 의견이 있으나, 예루살렘과 가사 사이의 '엘케세이'가 유력하며 기타 사항은 알려진 바 없다.

기록 연대 B.C. 621–612년경. 유다 왕 요시야의 개혁 이후이며(1:15), 앗수르의 멸망 직전에 기록된 것으로 추정된다.

기록 목적 ① 대적인 앗수르의 멸망과 압제받던 유다의 구원을 선포하기 위하여. ② 포악했던 앗수르의 멸망을 보고 하나님의 공의의 성취를 깨닫게 하기 위하여. ③ 앗수르의 멸망이 하나님의 계획으로 된 것임을 보여 주어 하나님의 우주적 절대 주권을 가르치기 위하여.

주제 니느웨의 멸망. 앗수르는 이스라엘을 징벌하는 하나님의 도구로 사용되었으나, 스스로 행한 죄악과 강포로 인해 멸망당할 것임을 예언한다.

특징 ① 회화성–뛰어난 시적 재능을 발휘하여 언어를 회화적으로 구성하고 있다. ② 답관체 형식–서론(1:2–9) 부분이 히브리 알파벳 중 14개를 순서대로 두문자(頭文字)로 사용한 답관체 운율을 갖추고 있다. ③ 감사 찬송–후에 이스라엘의 신년 축제시 앗수르의 멸망을 감사하는 송가로 채택되었다.

본서의 내용

I. 니느웨 멸망의 선포
① 서론(1:1)
② 주의 분노와 심판(1:2–8)
③ 니느웨의 멸망(1:9–15)

II. 니느웨 멸망의 묘사
① 파괴당할 니느웨(2:1–7)
② 황무해질 니느웨(2:8–13)

III. 니느웨 멸망의 필연성
① 멸망의 원인(3:1–7)
② 멸망의 불가피성(3:8–19)

연대표

B.C.	
930년	왕국의 남북분열
740년	선지자 이사야의 사역(~681년)
722년	북왕국 이스라엘의 멸망
697년	유다 왕 므낫세의 통치(~642년)
663년	선지자 나훔의 사역(~654년)
640년	선지자 스바냐의 사역(621년)
586년	남왕국 유다의 멸망

· 나훔의 주요 무대

나훔 Nahum

1 니느웨에 대한 경고 곧 엘고스 사
람 나훔의 묵시의 글이라

니느웨에 대한 여호와의 진노

2 여호와는 질투하시며 보복하시는 하
나님이시니라 여호와는 보복하시며
진노하시되 자기를 거스르는 자에게
여호와는 보복하시며 자기를 대적하
는 자에게 진노를 품으시며
3 여호와는 노하기를 더디하시며 권능
이 크시며 벌 받을 자를 결코 내버려
두지 아니하시느니라 여호와의 길은
회오리바람과 광풍에 있고 구름은
그의 발의 티끌이로다
4 그는 바다를 꾸짖어 그것을 말리시며
모든 강을 말리시나니 바산과 갈멜
이 쇠하며 레바논의 꽃이 시드는도다
5 그로 말미암아 산들이 진동하며 작
은 산들이 녹고 그 앞에서는 땅 곧
세계와 그 가운데에 있는 모든 것들
이 솟아오르는도다
6 누가 능히 그의 분노 앞에 서며 누가
능히 그의 진노를 감당하랴 그의 진
노가 불처럼 쏟아지니 그로 말미암
아 바위들이 깨지는도다
7 여호와는 선하시며 환난 날에 산성이
시라 그는 자기에게 피하는 자들을
아시느니라
8 그가 범람하는 물로 그 곳을 진멸하
시고 자기 대적들을 흑암으로 쫓아
내시리라
9 너희는 여호와께 대하여 무엇을 꾀
하느냐 그가 온전히 멸하시리니 재난
이 다시 일어나지 아니하리라
10 가시덤불 같이 엉크러졌고 술을 마신
것 같이 취한 그들은 마른 지푸라기
같이 모두 탈 것이거늘
11 여호와께 악을 꾀하는 한 사람이 너
희 중에서 나와서 사악한 것을 권하
는도다
12 여호와께서 이같이 말씀하시기를 그
들이 비록 강하고 많을지라도 반드
시 멸절을 당하리니 그가 없어지리라
내가 전에는 너를 괴롭혔으나 다시
는 너를 괴롭히지 아니할 것이라
13 이제 네게 지운 그의 멍에를 내가 깨
뜨리고 네 결박을 끊으리라
14 나 여호와가 네게 대하여 명령하였나
니 네 이름이 다시는 전파되지 않을
것이라 내가 네 신들의 집에서 새긴
우상과 부은 우상을 멸절하며 네 무
덤을 준비하리니 이는 네가 쓸모 없
게 되었음이라

15 볼지어다 아름다운 소식을 알리고
화평을 전하는 자의 발이 산 위에 있
도다 유다야 네 절기를 지키고 네 서
원을 갚을지어다 악인이 진멸되었으
니 그가 다시는 네 가운데로 통행하
지 아니하리로다 하시니라

니느웨의 멸망

2 파괴하는 자가 너를 치러 올라왔
나니 너는 산성을 지키며 길을 파
수하며 네 허리를 견고히 묶고 네 힘
을 크게 굳게 할지어다
2 여호와께서 야곱의 영광을 회복하시
되 이스라엘의 영광 같게 하시나니
이는 약탈자들이 약탈하였고 또 그
들의 포도나무 가지를 없이 하였음이
라
3 그의 용사들의 방패는 붉고 그의 무
사들의 옷도 붉으며 그 항오를 벌이
는 날에 병거의 쇠가 번쩍이고 노송
나무 창이 요동하는도다
4 그 병거는 미친 듯이 거리를 달리며
대로에서 이리저리 빨리 달리니 그
모양이 횃불 같고 빠르기가 번개 같
도다
5 그가 그의 존귀한 자들을 생각해 내
니 그들이 엎드러질 듯이 달려서 급
히 성에 이르러 막을 것을 준비하도
다
6 강들의 수문이 열리고 왕궁이 소멸되
며
7 정한 대로 왕후가 벌거벗은 몸으로
끌려가니 그 모든 시녀들이 가슴을
치며 비둘기 같이 슬피 우는도다
8 니느웨는 예로부터 물이 모인 못 같
더니 이제 모두 도망하니 서라 서라
하나 돌아보는 자가 없도다
9 은을 노략하라 금을 노략하라 그 저
축한 것이 무한하고 아름다운 기구
가 풍부함이니라
10 니느웨가 공허하였고 황폐하였도다
주민이 낙담하여 그 무릎이 서로 부
딪히며 모든 허리가 아프게 되며 모
든 낯이 빛을 잃도다
11 이제 사자의 굴이 어디냐 젊은 사자
가 먹을 곳이 어디냐 전에는 수사자
암사자가 그 새끼 사자와 함께 거기
서 다니되 그것들을 두렵게 할 자가
없었으며
12 수사자가 그 새끼를 위하여 먹이를
충분히 찢고 그의 암사자들을 위하
여 움켜 사냥한 것으로 그 굴을 채웠
고 찢은 것으로 그 구멍을 채웠었도
다
13 만군의 여호와의 말씀에 내가 네 대
적이 되어 네 병거들을 불살라 연기
가 되게 하고 네 젊은 사자들을 칼로

멸할 것이며 내가 또 네 노략한 것을
땅에서 끊으리니 네 파견자의 목소리
가 다시는 들리지 아니하리라 하셨느
니라

3 화 있을진저 피의 성이여 그 안에
는 거짓이 가득하고 포악이 가득
하며 탈취가 떠나지 아니하는도다
2 휙휙 하는 채찍 소리, 윙윙 하는 병거
바퀴 소리, 뛰는 말, 달리는 병거,
3 충돌하는 기병, 번쩍이는 칼, 번개 같
은 창, 죽임 당한 자의 떼, 주검의 큰
무더기, 무수한 시체여 사람이 그 시
체에 걸려 넘어지니
4 이는 마술에 능숙한 미모의 음녀가
많은 음행을 함이라 그가 그의 음행
으로 여러 나라를 미혹하고 그의 마
술로 여러 족속을 미혹하느니라
5 보라 내가 네게 말하노니 만군의 여
호와의 말씀에 네 치마를 걷어 올려
네 얼굴에 이르게 하고 네 벌거벗은
것을 나라들에게 보이며 네 부끄러
운 곳을 뭇 민족에게 보일 것이요
6 내가 또 가증하고 더러운 것들을 네
위에 던져 능욕하여 너를 구경 거리
가 되게 하리니
7 그 때에 너를 보는 자가 다 네게서
도망하며 이르기를 니느웨가 황폐하
였도다 누가 그것을 위하여 애곡하
며 내가 어디서 너를 위로할 자를 구
하리요 하리라
8 네가 어찌 노아몬보다 낫겠느냐 그
는 강들 사이에 있으므로 물이 둘렸
으니 바다가 성루가 되었고 바다가
방어벽이 되었으며
9 구스와 애굽은 그의 힘이 강하여 끝
이 없었고 붓과 루빔이 그를 돕는 자
가 되었으나
10 그가 포로가 되어 사로잡혀 갔고 그
의 어린 아이들은 길 모퉁이 모퉁이
에 메어침을 당하여 부서졌으며 그의
존귀한 자들은 제비 뽑혀 나뉘었고
그의 모든 권세자들은 사슬에 결박
되었나니
11 너도 술에 취하여 숨으리라 너도 원
수들 때문에 피난처를 찾으리라
12 네 모든 산성은 무화과나무의 처음
익은 열매가 흔들기만 하면 먹는 자
의 입에 떨어짐과 같으리라
13 네 가운데 장정들은 여인 같고 네 땅
의 성문들은 네 원수 앞에 넓게 열리

365묵상

우리는 밀림의 사자가 아니다

나훔 선지자는 난폭하고 잔인한 성격 때문에 앗수르를 '사자'로 묘사했다. 정말로 당시 앗수르는 밀림의 사자처럼 강력한 기세로 다른 나라들과 민족들을 갈기갈기 찢었다(나 2:11-12). 이웃 나라들을 먹잇감으로 여겨 마냥 빼앗고 삼켜버린 것이다. 세상적인 관점에서 보면, 앗수르의 행동은 밀림의 양육강식 법칙에 의해 강자로서 그 위세를 떨쳤다고 볼 수 있다. 그러나 후일 예수님은 이와는 정반대되는 가치관을 가르치셨다. 이웃은 우리의 먹잇감이 아니라, 말씀으로 위로해주고 도움을 베풀어야 할 사랑의 대상인 것이다.

고 빗장들은 불에 타도다
14 너는 물을 길어 에워싸일 것을 대비
하며 너의 산성들을 견고하게 하며
진흙에 들어가서 흙을 밟아 벽돌 가
마를 수리하라
15 거기서 불이 너를 삼키며 칼이 너를
베기를 느치가 먹는 것 같이 하리라
네가 느치 같이 스스로 많게 할지어
다 네가 메뚜기 같이 스스로 많게 할
지어다
16 네가 네 상인을 하늘의 별보다 많게
하였으나 느치가 날개를 펴서 날아
감과 같고
17 네 방백은 메뚜기 같고 너의 장수들
은 큰 메뚜기 떼가 추운 날에는 울
타리에 깃들였다가 해가 뜨면 날아감
과 같으니 그 있는 곳을 알 수 없도
다
18 앗수르 왕이여 네 목자가 자고 네 귀
족은 누워 쉬며 네 백성은 산들에 흩
어지나 그들을 모을 사람이 없도다
19 네 상처는 고칠 수 없고 네 부상은
중하도다 네 소식을 듣는 자가 다
너를 보고 손뼉을 치나니 이는 그들
이 항상 네게 행패를 당하였음이 아
니더냐 하시니라

하박국 Habakkuk

"하나님은 과연 의로우신가? 만일 그렇다면 왜 세상에는 악인이 잘 되고 의인은 고통을 받는가?" 주전 7세기 초에 활동한 선지자 하박국은 이 같은 문제를 놓고 깊은 신앙의 갈등을 겪었다. 그런 후에 마침내 선지자는 하나님의 오묘한 섭리하에 악인은 결국 망하고, 의인은 "그 믿음으로 말미암아" 구원 얻는다는 큰 진리를 깨달았다.

제목 '포옹하다'라는 뜻을 지닌 저자의 이름을 반영하고 있다.

저자 하박국. 본서의 내증(1:1) 등이 이를 뒷받침한다. 저자에 대해서는 알려진 것이 없으나, '시기오놋'(3:1), '영장'(3:19) 등 전문 음악 용어가 나타나는 것을 근거로 레위 자손으로 추정한다.

기록 연대 B.C. 610년경. 1장에 등장하는 갈대아 사람은 신바벨론을 말하며, 이들이 강성해져 유다를 침입한(B.C. 605년) 내용이 기술되어 있으므로, 이때 기록되어진 것으로 여겨진다.

기록 목적 ① 하나님을 의지하는 믿음의 필요성을 가르치기 위하여. ② 의인의 고통과 악인의 형통은 일시적인 것이며, 궁극적으로는 하나님의 공의가 이루어짐을 알게 하기 위하여.

주제 의인은 믿음으로 살리라. 악인은 잠시 형통하는 것 같으나, 하나님의 심판을 면할 수 없으며, 의인은 구원을 주시는 하나님을 믿는 믿음을 삶의 지표로 삼아야 한다.

특징 ① 대화체 구성–기록 형식이 백성에 대한 예언이 아닌, 하나님과 선지자와의 대화체로 구성되었다. ② 송시–본서의 3장 전체가 시편과 비견될 만한, 하나님을 찬양하는 송시로 되어 있다. ③ 지혜 문학과의 관련성–문제나 의인의 고난을 안타까워하는 내용 등이 시편이나 지혜 문학과의 관련성을 내포한다.

본서의 내용

I. 하박국의 첫 번째 질문
① 하박국의 신앙 고뇌 (1:1–4)
② 하나님의 답변(1:5–11)

II. 하박국의 두 번째 질문
① 하박국의 신앙 갈등 (1:12–2:1)
② 하나님의 답변(2:2–20)

III. 하박국의 찬양(3:1–19)

연대표

B.C.	
930년	왕국의 남북분열
740년	선지자 이사야의 사역(~681년)
722년	사마리아 함락
640년	유다 왕 요시야의 통치(~609년) 선지자 스바냐의 사역(~621년)
627년	예레미야의 사역(621년)
612년	선지자 하박국의 사역(~589년)
609년	여호아하스의 통치 여호야김의 통치(~586년)
598년	여호야긴의 통치
597년	시드기야의 통치(~586년)
586년	예루살렘의 함락
538년	고레스의 1차 귀환 조서

· 하박국의 주요 무대

하박국 Habakkuk

1 선지자 하박국이 묵시로 받은 경
고라

하박국의 호소

2 여호와여 내가 부르짖어도 주께서
듣지 아니하시니 어느 때까지리이까
내가 강포로 말미암아 외쳐도 주께
서 구원하지 아니하시나이다
3 어찌하여 내게 죄악을 보게 하시며
패역을 눈으로 보게 하시나이까 겁
탈과 강포가 내 앞에 있고 변론과
분쟁이 일어났나이다
4 이러므로 율법이 해이하고 정의가 전
혀 시행되지 못하오니 이는 악인이
의인을 에워쌌으므로 정의가 굽게
행하여짐이니이다

여호와의 응답

5 여호와께서 이르시되 너희는 여러 나
라를 보고 또 보고 놀라고 또 놀랄
지어다 너희의 생전에 내가 한 가지
일을 행할 것이라 누가 너희에게 말
할지라도 너희가 믿지 아니하리라
6 보라 내가 사납고 성급한 백성 곧 땅
이 넓은 곳으로 다니며 자기의 소유
가 아닌 거처들을 점령하는 갈대아
사람을 일으켰나니
7 그들은 두렵고 무서우며 당당함과
위엄이 자기들에게서 나오며
8 그들의 군마는 표범보다 빠르고 저
녁 이리보다 사나우며 그들의 마병은
먼 곳에서부터 빨리 달려오는 마병이
라 마치 먹이를 움키려 하는 독수리
의 날음과 같으니라
9 그들은 다 강포를 행하러 오는데 앞
을 향하여 나아가며 사람을 사로잡
아 모으기를 모래 같이 많이 할 것이
요
10 왕들을 멸시하며 방백을 조소하며
모든 견고한 성들을 비웃고 흉벽을
쌓아 그것을 점령할 것이라
11 그들은 자기들의 힘을 자기들의 신으
로 삼는 자들이라 이에 바람 같이 급
히 몰아 지나치게 행하여 범죄하리라

하박국이 다시 호소하다

12 선지자가 이르되 여호와 나의 하나
님, 나의 거룩한 이시여 주께서는 만
세 전부터 계시지 아니하시니이까 우
리가 사망에 이르지 아니하리이다 여
호와여 주께서 심판하기 위하여 그들
을 두셨나이다 반석이시여 주께서 경
계하기 위하여 그들을 세우셨나이다
13 주께서는 눈이 정결하시므로 악을
차마 보지 못하시며 패역을 차마 보

지 못하시거늘 어찌하여 거짓된 자들
을 방관하시며 악인이 자기보다 의로
운 사람을 삼키는데도 잠잠하시나이
까
14 주께서 어찌하여 사람을 바다의 고기
같게 하시며 다스리는 자 없는 벌레
같게 하시나이까
15 그가 낚시로 모두 낚으며 그물로 잡
으며 투망으로 모으고 그리고는 기
뻐하고 즐거워하여
16 그물에 제사하며 투망 앞에 분향하
오니 이는 그것을 힘입어 소득이 풍
부하고 먹을 것이 풍성하게 됨이니이
다
17 그가 그물을 떨고는 계속하여 여러
나라를 무자비하게 멸망시키는 것이
옳으니이까

여호와의 응답

2 내가 내 파수하는 곳에 서며 성루
에 서리라 그가 내게 무엇이라 말
씀하실는지 기다리고 바라보며 나의
질문에 대하여 어떻게 대답하실는지
보리라 하였더니
2 여호와께서 내게 대답하여 이르시되
너는 이 묵시를 기록하여 판에 명백
히 새기되 달려가면서도 읽을 수 있
게 하라
3 이 묵시는 정한 때가 있나니 그 종말
이 속히 이르겠고 결코 거짓되지 아
니하리라 비록 더딜지라도 기다리라
지체되지 않고 반드시 응하리라
4 보라 그의 마음은 교만하며 그 속에
서 정직하지 못하나 의인은 그의 믿
음으로 말미암아 살리라
5 그는 술을 즐기며 거짓되고 교만하여
가만히 있지 아니하고 스올처럼 자기
의 욕심을 넓히며 또 그는 사망 같아
서 족한 줄을 모르고 자기에게로 여
러 나라를 모으며 여러 백성을 모으
나니
6 그 무리가 다 속담으로 그를 평론하
며 조롱하는 시로 그를 풍자하지 않
겠느냐 곧 이르기를 화 있을진저 자
기 소유 아닌 것을 모으는 자여 언제
까지 이르겠느냐 볼모 잡은 것으로
무겁게 짐진 자여
7 너를 억누를 자들이 갑자기 일어나지
않겠느냐 너를 괴롭힐 자들이 깨어
나지 않겠느냐 네가 그들에게 노략
을 당하지 않겠느냐
8 네가 여러 나라를 노략하였으므로
그 모든 민족의 남은 자가 너를 노
략하리니 이는 네가 사람의 피를 흘
렸음이요 또 땅과 성읍과 그 안의
모든 주민에게 강포를 행하였음이니
라

9 재앙을 피하기 위하여 높은 데 깃들
이려 하며 자기 집을 위하여 부당한
이익을 취하는 자에게 화 있을진저
10 네가 많은 민족을 멸한 것이 네 집에
욕을 부르며 네 영혼에게 죄를 범하
게 하는 것이 되었도다
11 담에서 돌이 부르짖고 집에서 들보
가 응답하리라
12 피로 성읍을 건설하며 불의로 성을
건축하는 자에게 화 있을진저
13 민족들이 불탈 것으로 수고하는 것
과 나라들이 헛된 일로 피곤하게 되
는 것이 만군의 여호와께로 말미암
음이 아니냐
14 이는 물이 바다를 덮음 같이 여호와
의 영광을 인정하는 것이 세상에 가
득함이니라
15 이웃에게 술을 마시게 하되 자기의
분노를 더하여 그에게 취하게 하고
그 하체를 드러내려 하는 자에게 화
있을진저
16 네게 영광이 아니요 수치가 가득한
즉 너도 마시고 너의 할례 받지 아니
한 것을 드러내라 여호와의 오른손
의 잔이 네게로 돌아올 것이라 더러
운 욕이 네 영광을 가리리라
17 이는 네가 레바논에 강포를 행한 것
과 짐승을 죽인 것 곧 사람의 피를
흘리며 땅과 성읍과 그 안의 모든 주
민에게 강포를 행한 것이 네게로 돌
아오리라
18 새긴 우상은 그 새겨 만든 자에게
무엇이 유익하겠느냐 부어 만든 우
상은 거짓 스승이라 만든 자가 이 말
하지 못하는 우상을 의지하니 무엇이
유익하겠느냐
19 나무에게 깨라 하며 말하지 못하는
돌에게 일어나라 하는 자에게 화 있
을진저 그것이 교훈을 베풀겠느냐
보라 이는 금과 은으로 입힌 것인즉
그 속에는 생기가 도무지 없느니라
20 오직 여호와는 그 성전에 계시니 온
땅은 그 앞에서 잠잠할지니라 하시니
라

하박국의 기도

3 시기오놋에 맞춘 선지자 하박국의
기도라
2 여호와여 내가 주께 대한 소문을 듣
고 놀랐나이다 여호와여 주는 주의
일을 이 수년 내에 부흥하게 하옵소
서 이 수년 내에 나타내시옵소서 진
노 중에라도 긍휼을 잊지 마옵소서
3 하나님이 데만에서부터 오시며 거룩
한 자가 바란 산에서부터 오시는도
다 (셀라) 그의 영광이 하늘을 덮었
고 그의 찬송이 세계에 가득하도다

4 그의 광명이 햇빛 같고 광선이 그의
손에서 나오니 그의 권능이 그 속에
감추어졌도다
5 역병이 그 앞에서 행하며 불덩이가
그의 발 밑에서 나오는도다
6 그가 서신즉 땅이 진동하며 그가 보
신즉 여러 나라가 전율하며 영원한
산이 무너지며 무궁한 작은 산이 엎
드러지나니 그의 행하심이 예로부터
그러하시도다
7 내가 본즉 구산의 장막이 환난을 당
하고 미디안 땅의 휘장이 흔들리는도
다
8 여호와여 주께서 말을 타시며 구원의
병거를 모시오니 강들을 분히 여기심
이니이까 강들을 노여워하심이니이까
바다를 향하여 성내심이니이까
9 주께서 활을 꺼내시고 화살을 바로
쏘셨나이다 (셀라) 주께서 강들로
땅을 쪼개셨나이다
10 산들이 주를 보고 흔들리며 창수가
넘치고 바다가 소리를 지르며 손을
높이 들었나이다
11 날아가는 주의 화살의 빛과 번쩍이
는 주의 창의 광채로 말미암아 해와
달이 그 처소에 멈추었나이다
12 주께서 노를 발하사 땅을 두르셨으
며 분을 내사 여러 나라를 밟으셨나
이다
13 주께서 주의 백성을 구원하시려고,
기름 부음 받은 자를 구원하시려고
나오사 악인의 집의 머리를 치시며 그
기초를 바닥까지 드러내셨나이다
(셀라)
14 그들이 회오리바람처럼 이르러 나를
흩으려 하며 가만히 가난한 자 삼키
기를 즐거워하나 오직 주께서 그들
의 전사의 머리를 그들의 창으로 찌
르셨나이다
15 주께서 말을 타시고 바다 곧 큰 물
의 파도를 밟으셨나이다
16 내가 들었으므로 내 창자가 흔들렸
고 그 목소리로 말미암아 내 입술이
떨렸도다 무리가 우리를 치러 올라오
는 환난 날을 내가 기다리므로 썩이
는 것이 내 뼈에 들어왔으며 내 몸은
내 처소에서 떨리는도다
17 비록 무화과나무가 무성하지 못하며
포도나무에 열매가 없으며 감람나무
에 소출이 없으며 밭에 먹을 것이 없

365묵상

의심을 극복하는 법

첫째, 용감하게 질문하자. 하박국 선지자는 자신의 의문을 주님께 솔직하게 털어놓았다. 우리가 의문을 갖는 것은 잘못된 일이 아니다. 그것을 정직하게 아뢰도록 하자. 둘째, 주의해서 듣도록 하자. 기도를 통한 우리의 질문은 그저 허공에 던져지는 것이 아니다. 하나님이 여러 방식으로 응답해주시기 때문에 주의해서 귀를 기울여야 한다. 셋째, 염치 불구하고 또 묻자. 의문이 남거든 또 물어라! 의심과 싸우는 것은 한 번에 끝나는 싸움이 아니다. 계속 묻고 계속 듣는 가운데 점차 신뢰와 확신이 생겨날 것이다(합 2장).

으며 우리에 양이 없으며 외양간에
소가 없을지라도
18 나는 여호와로 말미암아 즐거워하며
나의 구원의 하나님으로 말미암아 기
뻐하리로다

19 주 여호와는 나의 힘이시라 나의 발
을 사슴과 같게 하사 나를 나의 높
은 곳으로 다니게 하시리로다 이 노
래는 지휘하는 사람을 위하여 내 수
금에 맞춘 것이니라

스바냐 Zephaniah

유다 왕 요시야의 통치 초기에 활동한 스바냐 선지자는 앞선 요엘 및 아모스 선지자와 같이 '여호와의 날'을 주제로 삼아 메시지를 선포했다. '여호와의 날'은 무엇인가? 그 날은 죄에 대하여 마침내 하나님께서 심판을 베푸시는 날이다. 스바냐는 유다를 비롯하여 주변의 나라들에게 하나님의 심판이 임할 '여호와의 날'을 경고했다.

제목 히브리어 '츠판야'로, '여호와께서 그를 감추셨다'라는 뜻을 지닌 저자의 이름을 반영하고 있다.

저자 스바냐. 본서의 내증(1:1)과 유대교와 기독교의 전승으로 보다 명백해진다. 본서에 저자의 족보가 4대까지 기록된 것과, 조상 가운데 히스기야 왕의 이름이 있는 것으로 보아 상당한 상류 계층의 예언자로 추측된다.

기록 연대 B.C. 640–622년경. 저자가 요시야 왕의 재위 기간(B.C. 640–609년) 중 활동한 것(1:1)과, 우상 숭배에 대한 책망이 있는 것으로 보아, 요시야 왕의 종교개혁(B.C. 622년) 이전에 기록된 것으로 보인다.

기록 목적 ① 심판의 날인 '여호와의 날'을 선포하기 위하여. ② '여호와의 날'에 구원받을 '남은 자'(3:13)들의 영광을 노래하기 위하여.

주제 여호와의 날. 여호와의 날에 유다는 황폐케 되고 열국은 진멸될 것이나, 하나님께서 선택하신 '남은 자'들은 그 날을 인하여 기뻐한다.

특징 ① '여호와의 날' 사상–여호와의 날의 심판과 구원의 양면적 성격을 자세히 부각시키고 있다. ② 건조하고 사실적인 문체–수식어를 거의 사용치 않고 운율성을 강조하지 않은 간결하고 사실적인 문체를 채택하고 있다.

본서의 내용

I. 여호와 날의 심판
① 서론(1:1)
② 유다에 임할 심판(1:2–18)
③ 회개를 촉구함(2:1–3)
④ 유다 주변국들의 운명(2:4–15)
⑤ 예루살렘의 죄악(3:1–8)

II. 여호와 날의 구원
①. 열방의 구원(3:9)
② 이스라엘의 구원(3:10–13)
③ 기쁨의 찬양(3:14–20)

연대표

B.C.	
930년	왕국의 남북분열
740년	선지자 이사야의 사역(~681년)
722년	북이스라엘의 멸망
697년	유다 왕 므낫세의 통치(~642년)
663년	선지자 나훔의 사역(~654년)
642년	아몬의 통치(~640년)
640년	요시야의 통치(~609년) 선지자 스바냐의 사역
627년	선지자 예레미야의 사역(~586년)
586년	예루살렘의 함락

· 스바냐의 주요 무대

스바냐 Zephaniah

1 아몬의 아들 유다 왕 요시야의 시
대에 스바냐에게 임한 여호와의
말씀이라 스바냐는 히스기야의 현손
이요 아마랴의 증손이요 그다랴의
손자요 구시의 아들이었더라

여호와의 날

2 여호와께서 이르시되 내가 땅 위에서
모든 것을 진멸하리라
3 내가 사람과 짐승을 진멸하고 공중
의 새와 바다의 고기와 거치게 하는
것과 악인들을 아울러 진멸할 것이라
내가 사람을 땅 위에서 멸절하리라
나 여호와의 말이니라
4 내가 유다와 예루살렘의 모든 주민
들 위에 손을 펴서 남아 있는 바알을
그 곳에서 멸절하며 그마림이란 이름
과 및 그 제사장들을 아울러 멸절하
며
5 또 지붕에서 하늘의 뭇 별에게 경배
하는 자들과 경배하며 여호와께 맹
세하면서 말감을 가리켜 맹세하는 자
들과
6 여호와를 배반하고 따르지 아니한
자들과 여호와를 찾지도 아니하며
구하지도 아니한 자들을 멸절하리라
7 주 여호와 앞에서 잠잠할지어다 이는
여호와의 날이 가까웠으므로 여호와
께서 희생을 준비하고 그가 청할 자
들을 구별하셨음이니라
8 여호와의 희생의 날에 내가 방백들
과 왕자들과 이방인의 옷을 입은 자
들을 벌할 것이며
9 그 날에 문턱을 뛰어넘어서 포악과
거짓을 자기 주인의 집에 채운 자들
을 내가 벌하리라
10 나 여호와가 말하노라 그 날에 어문
에서는 부르짖는 소리가, 제 이 구역
에서는 울음 소리가, 작은 산들에서
는 무너지는 소리가 일어나리라
11 막데스 주민들아 너희는 슬피 울라
가나안 백성이 다 패망하고 은을 거
래하는 자들이 끊어졌음이라
12 그 때에 내가 예루살렘에서 찌꺼기
같이 가라앉아서 마음속에 스스로
이르기를 여호와께서는 복도 내리지
아니하시며 화도 내리지 아니하시리
라 하는 자를 등불로 두루 찾아 벌
하리니
13 그들의 재물이 노략되며 그들의 집이
황폐할 것이라 그들이 집을 건축하
나 거기에 살지 못하며 포도원을 가
꾸나 그 포도주를 마시지 못하리라

14 여호와의 큰 날이 가깝도다 가깝고
도 빠르도다 여호와의 날의 소리로
다 용사가 거기서 심히 슬피 우는도
다
15 그날은 분노의 날이요 환난과 고통
의 날이요 황폐와 패망의 날이요 캄
캄하고 어두운 날이요 구름과 흑암
의 날이요
16 나팔을 불어 경고하며 견고한 성읍
들을 치며 높은 망대를 치는 날이로
다
17 내가 사람들에게 고난을 내려 맹인
같이 행하게 하리니 이는 그들이 나
여호와께 범죄하였음이라 또 그들의
피는 쏟아져서 티끌 같이 되며 그들
의 살은 분토 같이 될지라
18 그들의 은과 금이 여호와의 분노의
날에 능히 그들을 건지지 못할 것이
며 이 온 땅이 여호와의 질투의 불에
삼켜지리니 이는 여호와가 이 땅 모
든 주민을 멸절하되 놀랍게 멸절할
것임이라

공의와 겸손을 구하라

2 수치를 모르는 백성아 모일지어다
모일지어다
2 명령이 시행되어 날이 겨 같이 지나가
기 전, 여호와의 진노가 너희에게 내
리기 전, 여호와의 분노의 날이 너희
에게 이르기 전에 그리할지어다
3 여호와의 규례를 지키는 세상의 모
든 겸손한 자들아 너희는 여호와를
찾으며 공의와 겸손을 구하라 너희가
혹시 여호와의 분노의 날에 숨김을
얻으리라

이스라엘 이웃 나라들이 받을 벌

4 가사는 버림을 당하며 아스글론은
폐허가 되며 아스돗은 대낮에 쫓겨
나며 에그론은 뽑히리라
5 해변 주민 그렛 족속에게 화 있을진
저 블레셋 사람의 땅 가나안아 여호
와의 말씀이 너희를 치나니 내가 너
를 멸하여 주민이 없게 하리라
6 해변은 풀밭이 되어 목자의 움막과
양 떼의 우리가 거기에 있을 것이며
7 그 지경은 유다 족속의 남은 자에게
로 돌아갈지라 그들이 거기에서 양
떼를 먹이고 저녁에는 아스글론 집
들에 누우리니 이는 그들의 하나님
여호와가 그들을 보살피사 그들이
사로잡힘을 돌이킬 것임이라
8 내가 모압의 비방과 암몬 자손이 조
롱하는 말을 들었나니 그들이 내 백
성을 비방하고 자기들의 경계에 대
하여 교만하였느니라
9 그러므로 만군의 여호와 이스라엘의
하나님이 말하노라 내가 나의 삶을

두고 맹세하노니 장차 모압은 소돔
같으며 암몬 자손은 고모라 같을 것
이라 찔레가 나며 소금 구덩이가 되
어 영원히 황폐하리니 내 백성의 남
은 자들이 그들을 노략하며 나의 남
은 백성이 그것을 기업으로 얻을 것
이라
10 그들이 이런 일을 당할 것은 그들이
만군의 여호와의 백성을 훼방하고
교만하여졌음이라
11 여호와가 그들에게 두렵게 되어서
세상의 모든 신을 쇠약하게 하리니
이방의 모든 해변 사람들이 각각 자
기 처소에서 여호와께 경배하리라
12 구스 사람들아 너희도 내 칼에 죽임
을 당하리라
13 여호와가 북쪽을 향하여 손을 펴서
앗수르를 멸하며 니느웨를 황폐하게
하여 사막 같이 메마르게 하리니
14 각종 짐승이 그 가운데에 떼로 누울
것이며 당아와 고슴도치가 그 기둥
꼭대기에 깃들이고 그것들이 창에서
울 것이며 문턱이 적막하리니 백향목
으로 지은 것이 벗겨졌음이라
15 이는 기쁜 성이라 염려 없이 거주하며
마음속에 이르기를 오직 나만 있고
나 외에는 다른 이가 없다 하더니 어
찌 이와 같이 황폐하여 들짐승이 엎
드릴 곳이 되었는고 지나가는 자마다
비웃으며 손을 흔들리로다

예루살렘이 받을 형벌과 보호

3 패역하고 더러운 곳, 포학한 그 성
읍이 화 있을진저
2 그가 명령을 듣지 아니하며 교훈을
받지 아니하며 여호와를 의뢰하지 아
니하며 자기 하나님에게 가까이 나아
가지 아니하였도다
3 그 가운데 방백들은 부르짖는 사자
요 그의 재판장들은 이튿날까지 남
겨 두는 것이 없는 저녁 이리요
4 그의 선지자들은 경솔하고 간사한
사람들이요 그의 제사장들은 성소를
더럽히고 율법을 범하였도다
5 그 가운데에 계시는 여호와는 의로
우사 불의를 행하지 아니하시고 아침
마다 빠짐없이 자기의 공의를 비추시
거늘 불의한 자는 수치를 알지 못하
는도다
6 내가 여러 나라를 끊어 버렸으므로
그들의 망대가 파괴되었고 내가 그
들의 거리를 비게 하여 지나는 자가
없게 하였으므로 그들의 모든 성읍
이 황폐하며 사람이 없으며 거주할
자가 없게 되었느니라
7 내가 이르기를 너는 오직 나를 경외
하고 교훈을 받으라 그리하면 내가

형벌을 내리기로 정하기는 하였지만
너의 거처가 끊어지지 아니하리라 하
였으나 그들이 부지런히 그들의 모
든 행위를 더럽게 하였느니라
8 나 여호와가 말하노라 그러므로 내
가 일어나 벌할 날까지 너희는 나를
기다리라 내가 뜻을 정하고 나의 분
노와 모든 진노를 쏟으려고 여러 나
라를 소집하며 왕국들을 모으리라
온 땅이 나의 질투의 불에 소멸되리
라
9 그 때에 내가 여러 백성의 입술을 깨
끗하게 하여 그들이 다 여호와의 이
름을 부르며 한 가지로 나를 섬기게
하리니
10 내게 구하는 백성들 곧 내가 흩은
자의 딸이 구스 강 건너편에서부터
예물을 가지고 와서 내게 바칠지라
11 그 날에 네가 내게 범죄한 모든 행위
로 말미암아 수치를 당하지 아니할
것은 그 때에 내가 네 가운데서 교
만하여 자랑하는 자들을 제거하여
네가 나의 성산에서 다시는 교만하지
않게 할 것임이라
12 내가 곤고하고 가난한 백성을 네 가
운데에 남겨 두리니 그들이 여호와의
이름을 의탁하여 보호를 받을지라
13 이스라엘의 남은 자는 악을 행하지
아니하며 거짓을 말하지 아니하며 입
에 거짓된 혀가 없으며 먹고 누울지
라도 그들을 두렵게 할 자가 없으리
라

기뻐하며 부를 노래

14 시온의 딸아 노래할지어다 이스라엘
아 기쁘게 부를지어다 예루살렘 딸
아 전심으로 기뻐하며 즐거워할지어
다
15 여호와가 네 형벌을 제거하였고 네
원수를 쫓아냈으며 이스라엘 왕 여
호와가 네 가운데 계시니 네가 다시
는 화를 당할까 두려워하지 아니할
것이라
16 그 날에 사람이 예루살렘에 이르기
를 두려워하지 말라 시온아 네 손을
늘어뜨리지 말라
17 너의 하나님 여호와가 너의 가운데에
계시니 그는 구원을 베푸실 전능자
이시라 그가 너로 말미암아 기쁨을
이기지 못하시며 너를 잠잠히 사랑하
시며 너로 말미암아 즐거이 부르며

365묵상

깨끗한 입술로 주님께 예배를!

스가랴는 장차 도래할 소망의 메시지를 선포했는데, 그것은 하나님이 자기 백성과 열방 백성 가운데서 순수한 예배를 회복시키실 것이라는 것이었다. 하나님은 거룩하시고 우리는 죄인이기 때문에 우리의 공로에 의해서는 하나님께 나아갈 수 없다. 게다가 우리의 입은 세상의 거짓 우상들을 숭배하면서 더러워졌기 때문에 더욱 그렇다. 그러나 하나님은 우리 입술을 정결케 하시겠다고 약속하셨다(습 3:9–10). 그리 될 때, 우리는 그 정결한 입술로 하나님의 거룩한 이름을 부르면서 하나님께 참된 예배를 드릴 수 있다.

기뻐하시리라 하리라
18 내가 절기로 말미암아 근심하는 자
들을 모으리니 그들은 네게 속한 자
라 그들에게 지워진 짐이 치욕이 되
었느니라
19 그 때에 내가 너를 괴롭게 하는 자
를 다 벌하고 저는 자를 구원하며 쫓
겨난 자를 모으며 온 세상에서 수욕
받는 자에게 칭찬과 명성을 얻게 하
리라
20 내가 그 때에 너희를 이끌고 그 때
에 너희를 모을지라 내가 너희 목전
에서 너희의 사로잡힘을 돌이킬 때에
너희에게 천하 만민 가운데서 명성과
칭찬을 얻게 하리라 여호와의 말이니
라

학개 Haggai

이 책은 '성전 재건'을 주제로 하여 선지자 학개가 받은 4편의 계시로 구성되었다. 바벨론에서 귀환한 유다 백성들은 파괴된 하나님의 성전을 재건하는 일에 착수했다. 그러나 주변 대적들의 심한 반대에 부딪히자 그만 낙심하고 세상 일에 몰두했다. 바로 이러한 때에, 학개는 미래의 비전을 제시하면서 성전 재건을 힘차게 독려했다.

제목 '축제', '잔치'라는 뜻인 히브리어 '학가이'에서 유래한 저자의 이름을 반영하고 있다.

저자 학개. 본서의 내증(1:1)과 에스라의 언급(스 6:14)으로 보아 명백하다. 본서에 '학개'라는 이름이 3인칭으로 기록되어 그의 저작권을 의심받기도 했으나, 하나님의 말씀을 받은 자가 학개이므로 의심할 수 없다.

기록 연대 B.C. 520년. 본서의 서두에 나타나는 '다리오 왕 이년'은 B.C. 520년이다.

기록 목적 ① 이스라엘 백성들을 격려하여 중단된 성전 재건 공사를 완성하게 하기 위하여. ② 백성들의 이기적 욕망을 제거하여 하나님을 우선하는 바른 신앙으로 인도하기 위하여.

주제 성전을 재건하라. 하나님의 성전을 재건하지 않고 자신들의 거처를 먼저 마련한 불신앙을 벗고, 장차 오실 메시야를 맞기 위해 성전을 재건할 것을 독려하고 있다.

특징 ① 반복법-'행위를 살필지니라'(1:5,7; 2:15,18) 등 주요한 어구를 반복, 강조하는 효과를 얻는다. ② 질문식 표현-주제에 상응하는 내용들을 질문으로 표현한다(1:4; 2:12-13).

본서의 내용

I. 독려의 메시지
① 성전 재건의 촉구 (1:1-11)
② 백성들의 순종(1:12-15)

II. 격려의 메시지
① 이전보다 못한 영광 (2:1-3)
② 이전보다 더할 영광 (2:4-9)

III. 축복의 메시지
① 불순종에 따르는 화 (2:10-14)
② 순종에 따르는 복 (2:15-19)

IV. 약속의 메시지
① 여호와의 날(2:20-22)
② 스룹바벨에 대한 약속 (2:23)

연대표

B.C.	
930년	왕국의 남북분열
722년	북이스라엘 멸망(앗수르에 의해)
586년	남유다의 멸망(바벨론에 의해)
539년	바벨론의 멸망
538년	고레스 왕의 귀환 조서
537년	제 1차 포로 귀환
536년	성전 재건 사역의 착수
534년	성전 재건 사역의 중단
522년	다리오 1세의 통치(~485년)
520년	선지자 학개와 사가랴의 사역 성전 재건 사역의 재개
516년	제 2 성전의 완공(스룹바벨 성전)

· 학개의 주요 무대

학개 Haggai

성전을 건축하라는 여호와의 말씀

1 다리오 왕 제이년 여섯째 달 곧 그
달 초하루에 여호와의 말씀이 선
지자 학개로 말미암아 스알디엘의
아들 유다 총독 스룹바벨과 여호사
닥의 아들 대제사장 여호수아에게
임하니라 이르시되
2 만군의 여호와가 이같이 말하여 이르
노라 이 백성이 말하기를 여호와의
전을 건축할 시기가 이르지 아니하였
다 하느니라
3 여호와의 말씀이 선지자 학개에게 임
하여 이르시되
4 이 성전이 황폐하였거늘 너희가 이
때에 판벽한 집에 거주하는 것이 옳
으냐
5 그러므로 이제 만군의 여호와가 이
같이 말하노니 너희는 너희의 행위를
살필지니라
6 너희가 많이 뿌릴지라도 수확이 적으
며 먹을지라도 배부르지 못하며 마실
지라도 흡족하지 못하며 입어도 따
뜻하지 못하며 일꾼이 삯을 받아도
그것을 구멍 뚫어진 전대에 넣음이
되느니라
7 만군의 여호와가 말하노니 너희는 자
기의 행위를 살필지니라
8 너희는 산에 올라가서 나무를 가져다
가 성전을 건축하라 그리하면 내가
그것으로 말미암아 기뻐하고 또 영광
을 얻으리라 여호와가 말하였느니라
9 너희가 많은 것을 바랐으나 도리어
적었고 너희가 그것을 집으로 가져갔
으나 내가 불어 버렸느니라 나 만군
의 여호와가 말하노라 이것이 무슨
까닭이냐 내 집은 황폐하였으되 너희
는 각각 자기의 집을 짓기 위하여 빨
랐음이라
10 그러므로 너희로 말미암아 하늘은 이
슬을 그쳤고 땅은 산물을 그쳤으며
11 내가 이 땅과 산과 곡물과 새 포도
주와 기름과 땅의 모든 소산과 사람
과 가축과 손으로 수고하는 모든 일
에 한재를 들게 하였느니라

성전 건축을 격려하다

12 스알디엘의 아들 스룹바벨과 여호사
닥의 아들 대제사장 여호수아와 남
은 모든 백성이 그들의 하나님 여호
와의 목소리와 선지자 학개의 말을
들었으니 이는 그들의 하나님 여호와
께서 그를 보내셨음이라 백성이 다
여호와를 경외하매

13 그 때에 여호와의 사자 학개가 여호
와의 위임을 받아 백성에게 말하여
이르되 여호와가 말하노니 내가 너희
와 함께 하노라 하니라
14 여호와께서 스알디엘의 아들 유다
총독 스룹바벨의 마음과 여호사닥의
아들 대제사장 여호수아의 마음과
남은 모든 백성의 마음을 감동시키
시매 그들이 와서 만군의 여호와 그
들의 하나님의 전 공사를 하였으니
15 그 때는 다리오 왕 제이년 여섯째 달
이십사일이었더라

2 일곱째 달 곧 그 달 이십일일에 여
호와의 말씀이 선지자 학개에게
임하니라 이르시되
2 너는 스알디엘의 아들 유다 총독 스
룹바벨과 여호사닥의 아들 대제사장
여호수아와 남은 백성에게 말하여
이르라
3 너희 가운데에 남아 있는 자 중에서
이 성전의 이전 영광을 본 자가 누구
냐 이제 이것이 너희에게 어떻게 보
이느냐 이것이 너희 눈에 보잘것없지
아니하냐
4 그러나 여호와가 이르노라 스룹바벨
아 스스로 굳세게 할지어다 여호사
닥의 아들 대제사장 여호수아야 스
스로 굳세게 할지어다 여호와의 말이
니라 이 땅 모든 백성아 스스로 굳세
게 하여 일할지어다 내가 너희와 함
께 하노라 만군의 여호와의 말이니라
5 너희가 애굽에서 나올 때에 내가 너
희와 언약한 말과 나의 영이 계속하
여 너희 가운데에 머물러 있나니 너희
는 두려워하지 말지어다
6 만군의 여호와가 이같이 말하노라
조금 있으면 내가 하늘과 땅과 바다
와 육지를 진동시킬 것이요
7 또한 모든 나라를 진동시킬 것이며
모든 나라의 보배가 이르리니 내가
이 성전에 영광이 충만하게 하리라
만군의 여호와의 말이니라
8 은도 내 것이요 금도 내 것이니라 만
군의 여호와의 말이니라
9 이 성전의 나중 영광이 이전 영광보
다 크리라 만군의 여호와의 말이니라
내가 이 곳에 평강을 주리라 만군의
여호와의 말이니라
10 다리오 왕 제이년 아홉째 달 이십사
일에 여호와의 말씀이 선지자 학개에

365묵상

먼저 하나님의 일부터 하기

크리스천으로서 우리는 하나님의 일을 하지 못함에 대해 한 가지 이상의 변명을 가지고 있다. 시간, 건강, 돈, 여건 등등. 그러나 시간이나 여건 등은 저절로 주어지는 것이 아니다. 만일 우리가 모든 여건이 갖춰질 때까지 기다린다면 하나님의 일을 시작조차 하지 못할 것이다. 따라서 우리는 시간이나 여건을 적극적으로 만들어야 한다. 복잡다단한 시대를 살고 있는 오늘날의 우리는 늘 시간에 쫓겨 허둥댄다. 그러나 학개는 모든 일에 앞서 하나님의 일부터 하는 것이 가장 중요하다는 사실을 일깨워준다(학 1:5–6).

게 임하니라 이르시되
11 만군의 여호와가 말하노니 너는 제
사장에게 율법에 대하여 물어 이르
기를
12 사람이 옷자락에 거룩한 고기를 쌌
는데 그 옷자락이 만일 떡에나 국에
나 포도주에나 기름에나 다른 음식
물에 닿았으면 그것이 성물이 되겠느
냐 하라 학개가 물으매 제사장들이
대답하여 이르되 아니니라 하는지라
13 학개가 이르되 시체를 만져서 부정하
여진 자가 만일 그것들 가운데 하나
를 만지면 그것이 부정하겠느냐 하니
제사장들이 대답하여 이르되 부정하
리라 하더라
14 이에 학개가 대답하여 이르되 여호와
의 말씀에 내 앞에서 이 백성이 그러
하고 이 나라가 그러하고 그들의 손
의 모든 일도 그러하고 그들이 거기
에서 드리는 것도 부정하니라
15 이제 원하건대 너희는 오늘부터 이전
곧 여호와의 전에 돌이 돌 위에 놓이
지 아니하였던 때를 기억하라
16 그 때에는 이십 고르 곡식 더미에 이
른즉 십 고르뿐이었고 포도즙 틀에
오십 고르를 길으러 이른즉 이십 고
르뿐이었었느니라
17 만군의 여호와가 말하노라 내가 너
희 손으로 지은 모든 일에 곡식을 마
르게 하는 재앙과 깜부기 재앙과 우
박으로 쳤으나 너희가 내게로 돌이
키지 아니하였느니라
18 너희는 오늘 이전을 기억하라 아홉
째 달 이십사일 곧 여호와의 성전 지
대를 쌓던 날부터 기억하여 보라
19 곡식 종자가 아직도 창고에 있느냐
포도나무, 무화과나무, 석류나무, 감
람나무에 열매가 맺지 못하였느니라
그러나 오늘부터는 내가 너희에게
복을 주리라
20 그 달 이십사일에 여호와의 말씀이
다시 학개에게 임하니라 이르시되
21 너는 유다 총독 스룹바벨에게 말하
여 이르라 내가 하늘과 땅을 진동시
킬 것이요
22 여러 왕국들의 보좌를 엎을 것이요
여러 나라의 세력을 멸할 것이요 그
병거들과 그 탄 자를 엎드러뜨리리니
말과 그 탄 자가 각각 그의 동료의
칼에 엎드러지리라
23 만군의 여호와가 말하노라 스알디엘
의 아들 내 종 스룹바벨아 여호와가
말하노라 그 날에 내가 너를 세우고
너를 인장으로 삼으리니 이는 내가
너를 택하였음이니라 만군의 여호와
의 말이니라 하니라

스가랴 Zechariah

바벨론 포로 시대 이후의 선지자인 스가랴는 학개처럼 '성전 재건'을 위해 예언 활동을 펼쳤다. 스가랴 선지자는 성전 재건 사역은 단순히 하나의 큰 건물을 세우는 일이 아니라, 장차 오실 약속된 메시야를 육적으로, 영적으로 맞이하기 위한 일임을 일깨워 주었다. 그래서 본서에는 메시야에 관한 다양한 예언과 환상이 많이 나타난다.

제목 '여호와께 기억된 자'라는 뜻으로, 저자의 이름을 반영하고 있다.

저자 스가랴. 본서의 내증(1:1,7)으로 보아 명백하다. 그는 제1차 귀환(B.C. 537년) 때 귀국한 제사장 가문 출신이며, 학개와 동시대에 활동했다.

기록 연대 B.C. 520–518년과 B.C. 480–470년경. 본서의 전반부인 1–8장은 저자의 활동 기간인 B.C. 520–518년(1:1;7:1)에, 그리고 9–14장은 저자의 생애 말기인 B.C. 480–470년경에 저술된 것으로 추정된다.

기록 목적 ① 14년간이나 중단된(스 4:23–24) 성전 재건 사역을 재개하도록 격려하기 위해. ② 메시야의 초림(9:9; 11:11–13)과 재림(14:1–21)을 예언하여 이스라엘의 회복에 대한 소망을 부여하기 위해.

주제 이스라엘의 영광된 미래. 이스라엘은 비록 포로 생활에서 막 귀환한 보잘것 없는 존재이나, 메시야의 임재와 사역, 그리고 승리하심으로 말미암아 다시금 크게 영광을 떨칠 것이다.

특징 ① 다양한 환상–8가지나 되는 환상들이 묘사되며, 또한 그 의미가 매우 분명하게 나타난다. ② 투박한 문체–직설적 표현을 사용하여 문체가 세련되지 못하고 거친 느낌을 준다.

본서의 내용

I. 여덟 가지 환상
① 회개를 권면함(1:1–6)
② 여덟 가지 환상(1:7–6:8)
③ 대제사장 여호수아 (6:9–15)

II. 네 가지 설교
① 외식된 금식을 책망함 (7:1–7)
② 불순종의 삶을 책망함 (7:8–14)
③ 이스라엘의 회복(8:1–17)
④ 예루살렘의 영광 (8:18–23)

III. 두 가지 경고
① 첫 번째 경고(9:1–11:17)
② 두 번째 경고(12:1–14:21)

연대표

B.C.	
930년	왕국의 남북분열
722년	북이스라엘 멸망(앗수르에 의해)
586년	남유다의 멸망(바벨론에 의해)
539년	바벨론의 멸망
538년	고레스 왕의 귀환 조서
537년	제 1차 포로 귀환
536년	성전 재건 사역의 착수
534년	성전 재건 사역의 중단
522년	다리오 1세의 통치(~485년)
520년	선지자 학개와 사가랴의 사역 성전 재건 사역의 재개
516년	제 2 성전의 완공(스룹바벨 성전)

· 스가랴의 주요 무대

스가랴 Zechariah

악한 길에서 돌아오라고 명령하시다

1 다리오 왕 제이년 여덟째 달에 여
호와의 말씀이 잇도의 손자 베레
갸의 아들 선지자 스가랴에게 임하니
라 이르시되
2 여호와가 너희의 조상들에게 심히 진
노하였느니라
3 그러므로 너는 그들에게 말하기를
만군의 여호와께서 이처럼 이르시되
너희는 내게로 돌아오라 만군의 여
호와의 말이니라 그리하면 내가 너희
에게로 돌아가리라 만군의 여호와의
말이니라
4 너희 조상들을 본받지 말라 옛적 선
지자들이 그들에게 외쳐 이르되 만군
의 여호와께서 이같이 말씀하시기를
너희가 악한 길, 악한 행위를 떠나서
돌아오라 하셨다 하나 그들이 듣지
아니하고 내게 귀를 기울이지 아니하
였느니라 여호와의 말이니라
5 너희 조상들이 어디 있느냐 또 선지
자들이 영원히 살겠느냐
6 내가 나의 종 선지자들에게 명령한
내 말과 내 법도들이 어찌 너희 조상
들에게 임하지 아니하였느냐 그러므
로 그들이 돌이켜 이르기를 만군의
여호와께서 우리 길대로, 우리 행위
대로 우리에게 행하시려고 뜻하신 것
을 우리에게 행하셨도다 하였느니라

화석류나무 사이에 선 자

7 다리오 왕 제이년 열한째 달 곧 스밧
월 이십사일에 잇도의 손자 베레갸의
아들 선지자 스가랴에게 여호와의
말씀이 임하니라
8 내가 밤에 보니 사람들이 붉은 말을
타고 골짜기 속 화석류나무 사이에
섰고 그 뒤에는 붉은 말과 자줏빛 말
과 백마가 있기로
9 내가 말하되 내 주여 이들이 무엇이
니이까 하니 내게 말하는 천사가 내
게 이르되 이들이 무엇인지 내가 네
게 보이리라 하니
10 화석류나무 사이에 선 자가 대답하여
이르되 이는 여호와께서 땅에 두루
다니라고 보내신 자들이니라
11 그들이 화석류나무 사이에 선 여호
와의 천사에게 말하되 우리가 땅에
두루 다녀 보니 온 땅이 평안하고 조
용하더이다 하더라
12 여호와의 천사가 대답하여 이르되 만
군의 여호와여 여호와께서 언제까지
예루살렘과 유다 성읍들을 불쌍히

여기지 아니하시려 하나이까 이를 노
하신 지 칠십 년이 되었나이다 하매
13 여호와께서 내게 말하는 천사에게
선한 말씀, 위로하는 말씀으로 대답
하시더라
14 내게 말하는 천사가 내게 이르되 너
는 외쳐 이르기를 만군의 여호와의
말씀에 내가 예루살렘을 위하며 시
온을 위하여 크게 질투하며
15 안일한 여러 나라들 때문에 심히 진
노하나니 나는 조금 노하였거늘 그
들은 힘을 내어 고난을 더하였음이
라
16 그러므로 여호와가 이처럼 말하노라
내가 불쌍히 여기므로 예루살렘에
돌아왔은즉 내 집이 그 가운데에 건
축되리니 예루살렘 위에 먹줄이 쳐지
리라 만군의 여호와의 말이니라
17 그가 다시 외쳐 이르기를 만군의 여
호와의 말씀에 나의 성읍들이 넘치도
록 다시 풍부할 것이라 여호와가 다
시 시온을 위로하며 다시 예루살렘
을 택하리라 하라 하니라

네 뿔과 대장장이 네 명

18 내가 눈을 들어 본즉 네 개의 뿔이
보이기로
19 이에 내게 말하는 천사에게 묻되 이
들이 무엇이니이까 하니 내게 대답하
되 이들은 유다와 이스라엘과 예루
살렘을 흩뜨린 뿔이니라
20 그 때에 여호와께서 대장장이 네 명
을 내게 보이시기로
21 내가 말하되 그들이 무엇하러 왔나이
까 하니 대답하여 이르시되 그 뿔들
이 유다를 흩뜨려서 사람들이 능히
머리를 들지 못하게 하니 이 대장장
이들이 와서 그것들을 두렵게 하고
이전의 뿔들을 들어 유다 땅을 흩뜨
린 여러 나라의 뿔들을 떨어뜨리려
하느니라 하시더라

측량줄을 잡은 사람

2 내가 또 눈을 들어 본즉 한 사람
이 측량줄을 그의 손에 잡았기로
2 네가 어디로 가느냐 물은즉 그가 내
게 대답하되 예루살렘을 측량하여
그 너비와 길이를 보고자 하노라 하
고 말할 때에
3 내게 말하는 천사가 나가고 다른 천
사가 나와서 그를 맞으며
4 이르되 너는 달려가서 그 소년에게
말하여 이르기를 예루살렘은 그 가
운데 사람과 가축이 많으므로 성곽
없는 성읍이 될 것이라 하라
5 여호와의 말씀에 내가 불로 둘러싼
성곽이 되며 그 가운데에서 영광이
되리라

6 오호라 너희는 북방 땅에서 도피할
지어다 여호와의 말씀이니라 이는 내
가 너희를 하늘 사방에 바람 같이 흩
어지게 하였음이니라 여호와의 말씀
이니라
7 바벨론 성에 거주하는 시온아 이제
너는 피할지니라
8 만군의 여호와께서 이같이 말씀하시
되 영광을 위하여 나를 너희를 노략
한 여러 나라로 보내셨나니 너희를
범하는 자는 그의 눈동자를 범하는
것이라
9 내가 손을 그들 위에 움직인즉 그들
이 자기를 섬기던 자들에게 노략거리
가 되리라 하셨나니 너희가 만군의 여
호와께서 나를 보내신 줄 알리라
10 여호와의 말씀에 시온의 딸아 노래
하고 기뻐하라 이는 내가 와서 네 가
운데에 머물 것임이라
11 그 날에 많은 나라가 여호와께 속하
여 내 백성이 될 것이요 나는 네 가
운데에 머물리라 네가 만군의 여호
와께서 나를 네게 보내신 줄 알리라
12 여호와께서 장차 유다를 거룩한 땅
에서 자기 소유를 삼으시고 다시 예
루살렘을 택하시리니
13 모든 육체가 여호와 앞에서 잠잠할
것은 여호와께서 그의 거룩한 처소
에서 일어나심이니라 하라 하더라

여호와의 천사 앞에 선 여호수아

3 대제사장 여호수아는 여호와의 천
사 앞에 섰고 사탄은 그의 오른쪽
에 서서 그를 대적하는 것을 여호와
께서 내게 보이시니라
2 여호와께서 사탄에게 이르시되 사탄
아 여호와께서 너를 책망하노라 예
루살렘을 택한 여호와께서 너를 책
망하노라 이는 불에서 꺼낸 그슬린
나무가 아니냐 하실 때에
3 여호수아가 더러운 옷을 입고 천사
앞에 서 있는지라
4 여호와께서 자기 앞에 선 자들에게
명령하사 그 더러운 옷을 벗기라 하
시고 또 여호수아에게 이르시되 내
가 네 죄악을 제거하여 버렸으니 네
게 아름다운 옷을 입히리라 하시기
로
5 내가 말하되 정결한 관을 그의 머리
에 씌우소서 하매 곧 정결한 관을 그
머리에 씌우며 옷을 입히고 여호와의
천사는 곁에 섰더라
6 여호와의 천사가 여호수아에게 증언
하여 이르되
7 만군의 여호와의 말씀에 네가 만일
내 도를 행하며 내 규례를 지키면 네
가 내 집을 다스릴 것이요 내 뜰을

지킬 것이며 내가 또 너로 여기 섰는
자들 가운데에 왕래하게 하리라
8 대제사장 여호수아야 너와 네 앞에
앉은 네 동료들은 내 말을 들을 것
이니라 이들은 예표의 사람들이라
내가 내 종 싹을 나게 하리라
9 만군의 여호와가 말하노라 내가 너
여호수아 앞에 세운 돌을 보라 한
돌에 일곱 눈이 있느니라 내가 거기
에 새길 것을 새기며 이 땅의 죄악을
하루에 제거하리라
10 만군의 여호와가 말하노라 그 날에
너희가 각각 포도나무와 무화과나무
아래로 서로 초대하리라 하셨느니라

순금 등잔대와 두 감람나무

4 내게 말하던 천사가 다시 와서 나
를 깨우니 마치 자는 사람이 잠에
서 깨어난 것 같더라
2 그가 내게 묻되 네가 무엇을 보느냐
내가 대답하되 내가 보니 순금 등잔
대가 있는데 그 위에는 기름 그릇이
있고 또 그 기름 그릇 위에 일곱 등
잔이 있으며 그 기름 그릇 위에 있는
등잔을 위해서 일곱 관이 있고
3 그 등잔대 곁에 두 감람나무가 있는
데 하나는 그 기름 그릇 오른쪽에
있고 하나는 그 왼쪽에 있나이다 하
고
4 내게 말하는 천사에게 물어 이르되
내 주여 이것들이 무엇이니이까 하니
5 내게 말하는 천사가 대답하여 이르되
네가 이것들이 무엇인지 알지 못하느
냐 하므로 내가 대답하되 내 주여 내
가 알지 못하나이다 하니
6 그가 내게 대답하여 이르되 여호와
께서 스룹바벨에게 하신 말씀이 이
러하니라 만군의 여호와께서 말씀하
시되 이는 힘으로 되지 아니하며 능
력으로 되지 아니하고 오직 나의 영
으로 되느니라
7 큰 산아 네가 무엇이냐 네가 스룹바
벨 앞에서 평지가 되리라 그가 머릿
돌을 내놓을 때에 무리가 외치기를
은총, 은총이 그에게 있을지어다 하
리라 하셨고
8 여호와의 말씀이 또 내게 임하여 이
르시되
9 스룹바벨의 손이 이 성전의 기초를
놓았은즉 그의 손이 또한 그 일을
마치리라 하셨나니 만군의 여호와께

365묵상

오직 성령의 능력으로!

스가랴가 본 여덟 환상 가운데 다섯 번째는 순금 등잔대의 환상이다. 선지자가 환상 가운데서 본 순금 등잔대는 성전의 성소에 있는 금 촛대를 연상시킨다. 그 금 촛대는 감람나무 기름에 의해 계속 켜져 널리 빛을 비추고 있었다. 감람나무 기름은 영적으로 '성령'을 뜻하므로, 스가랴의 환상은 우리 자신의 힘보다 성령의 능력에 의지하라는 강력한 메시지를 준다(슥 4:6). 우리의 큰 시험 중 하나는 우리 자신의 힘을 의지하려는 경향이다. 하지만 진정한 문제 해결은 오직 성령의 능력을 힘입을 때만이 비로소 가능하다.

서 나를 너희에게 보내신 줄을 네가
알리라 하셨느니라
10 작은 일의 날이라고 멸시하는 자가
누구냐 사람들이 스룹바벨의 손에
다림줄이 있음을 보고 기뻐하리라 이
일곱은 온 세상에 두루 다니는 여호
와의 눈이라 하니라
11 내가 그에게 물어 이르되 등잔대 좌
우의 두 감람나무는 무슨 뜻이니이
까 하고
12 다시 그에게 물어 이르되 금 기름을
흘리는 두 금관 옆에 있는 이 감람나
무 두 가지는 무슨 뜻이니이까 하니
13 그가 내게 대답하여 이르되 네가 이
것이 무엇인지 알지 못하느냐 하는지
라 내가 대답하되 내 주여 알지 못하
나이다 하니
14 이르되 이는 기름 부음 받은 자 둘이
니 온 세상의 주 앞에 서 있는 자니
라 하더라

날아가는 두루마리

5 내가 다시 눈을 들어 본즉 날아가
는 두루마리가 있더라
2 그가 내게 묻되 네가 무엇을 보느냐
하기로 내가 대답하되 날아가는 두
루마리를 보나이다 그 길이가 이십
규빗이요 너비가 십 규빗이니이다
3 그가 내게 이르되 이는 온 땅 위에
내리는 저주라 도둑질하는 자는 그
이쪽 글대로 끊어지고 맹세하는 자
는 그 저쪽 글대로 끊어지리라 하니
4 만군의 여호와께서 이르시되 내가 이
것을 보냈나니 도둑의 집에도 들어
가며 내 이름을 가리켜 망령되이 맹
세하는 자의 집에도 들어가서 그의
집에 머무르며 그 집을 나무와 돌과
아울러 사르리라 하셨느니라 하니라

에바 속의 여인

5 내게 말하던 천사가 나아와서 내게
이르되 너는 눈을 들어 나오는 이것
이 무엇인가 보라 하기로
6 내가 묻되 이것이 무엇이니이까 하니
그가 이르되 나오는 이것이 에바이니
라 하시고 또 이르되 온 땅에서 그들
의 모양이 이러하니라
7 이 에바 가운데에는 한 여인이 앉았
느니라 하니 그 때에 둥근 납 한 조
각이 들리더라
8 그가 이르되 이는 악이라 하고 그 여
인을 에바 속으로 던져 넣고 납 조각
을 에바 아귀 위에 던져 덮더라
9 내가 또 눈을 들어 본즉 두 여인이
나오는데 학의 날개 같은 날개가 있
고 그 날개에 바람이 있더라 그들이
그 에바를 천지 사이에 들었기로
10 내가 내게 말하는 천사에게 묻되 그

들이 에바를 어디로 옮겨 가나이까
하니
11 그가 내게 이르되 그들이 시날 땅으
로 가서 그것을 위하여 집을 지으려
함이니라 준공되면 그것이 제 처소에
머물게 되리라 하더라

네 병거

6 내가 또 눈을 들어 본즉 네 병거
가 두 산 사이에서 나오는데 그
산은 구리 산이더라
2 첫째 병거는 붉은 말들이, 둘째 병거
는 검은 말들이,
3 셋째 병거는 흰 말들이, 넷째 병거는
어룽지고 건장한 말들이 메었는지라
4 내가 내게 말하는 천사에게 물어 이
르되 내 주여 이것들이 무엇이니이까
하니
5 천사가 대답하여 이르되 이는 하늘의
네 바람인데 온 세상의 주 앞에 서
있다가 나가는 것이라 하더라
6 검은 말은 북쪽 땅으로 나가고 흰
말은 그 뒤를 따르고 어룽진 말은 남
쪽 땅으로 나가고
7 건장한 말은 나가서 땅에 두루 다니
고자 하니 그가 이르되 너희는 여기
서 나가서 땅에 두루 다니라 하매 곧
땅에 두루 다니더라
8 그가 내게 외쳐 말하여 이르되 북쪽
으로 나간 자들이 북쪽에서 내 영을
쉬게 하였느니라 하더라

면류관을 여호수아의 머리에 씌우다

9 여호와의 말씀이 내게 임하여 이르시
되
10 사로잡힌 자 가운데 바벨론에서부터
돌아온 헬대와 도비야와 여다야가
스바냐의 아들 요시야의 집에 들어
갔나니 너는 이 날에 그 집에 들어가
서 그들에게서 받되
11 은과 금을 받아 면류관을 만들어 여
호사닥의 아들 대제사장 여호수아의
머리에 씌우고
12 말하여 이르기를 만군의 여호와께서
이같이 말씀하시되 보라 싹이라 이름
하는 사람이 자기 곳에서 돋아나서
여호와의 전을 건축하리라
13 그가 여호와의 전을 건축하고 영광
도 얻고 그 자리에 앉아서 다스릴 것
이요 또 제사장이 자기 자리에 있으
리니 이 둘 사이에 평화의 의논이 있
으리라 하셨다 하고
14 그 면류관은 헬렘과 도비야와 여다
야와 스바냐의 아들 헨을 기념하기
위하여 여호와의 전 안에 두라 하시
니라
15 먼 데 사람들이 와서 여호와의 전을
건축하리니 만군의 여호와께서 나를

너희에게 보내신 줄을 너희가 알리라
너희가 만일 너희의 하나님 여호와의
말씀을 들을진대 이같이 되리라

여호와께서는 금식보다 청종을 원하신다

7 다리오 왕 제사년 아홉째 달 곧
기슬래월 사일에 여호와의 말씀이
스가랴에게 임하니라
2 그 때에 벧엘 사람이 사레셀과 레겜
멜렉과 그의 부하들을 보내어 여호
와께 은혜를 구하고
3 만군의 여호와의 전에 있는 제사장
들과 선지자들에게 물어 이르되 내
가 여러 해 동안 행한 대로 오월 중
에 울며 근신하리이까 하매
4 만군의 여호와의 말씀이 내게 임하여
이르시되
5 온 땅의 백성과 제사장들에게 이르
라 너희가 칠십 년 동안 다섯째 달과
일곱째 달에 금식하고 애통하였거니
와 그 금식이 나를 위하여, 나를 위
하여 한 것이냐
6 너희가 먹고 마실 때에 그것은 너희
를 위하여 먹고 너희를 위하여 마시
는 것이 아니냐
7 예루살렘과 사면 성읍에 백성이 평
온히 거주하며 남방과 평원에 사람이
거주할 때에 여호와가 옛 선지자들
을 통하여 외친 말씀이 있지 않으냐
하시니라

사로잡혀 가는 까닭

8 여호와의 말씀이 스가랴에게 임하여
이르시되
9 만군의 여호와가 이같이 말하여 이르
시기를 너희는 진실한 재판을 행하며
서로 인애와 긍휼을 베풀며
10 과부와 고아와 나그네와 궁핍한 자
를 압제하지 말며 서로 해하려고 마
음에 도모하지 말라 하였으나
11 그들이 듣기를 싫어하여 등을 돌리며
듣지 아니하려고 귀를 막으며
12 그 마음을 금강석 같게 하여 율법과
만군의 여호와가 그의 영으로 옛 선
지자들을 통하여 전한 말을 듣지 아
니하므로 큰 진노가 만군의 여호와
께로부터 나왔도다
13 내가 불러도 그들이 듣지 아니한 것
처럼 그들이 불러도 내가 듣지 아니
하리라 만군의 여호와가 말하였느니
라
14 내가 그들을 바람으로 불어 알지 못
하던 여러 나라에 흩었느니라 그 후
에 이 땅이 황폐하여 오고 가는 사람
이 없었나니 이는 그들이 아름다운
땅을 황폐하게 하였음이니라 하시니
라

예루살렘 회복에 대한 약속

8 만군의 여호와의 말씀이 임하여 이
르시되
2 만군의 여호와가 이같이 말하노라
내가 시온을 위하여 크게 질투하며
그를 위하여 크게 분노함으로 질투
하노라
3 여호와가 이같이 말하노라 내가 시
온에 돌아와 예루살렘 가운데에 거
하리니 예루살렘은 진리의 성읍이라
일컫겠고 만군의 여호와의 산은 성산
이라 일컫게 되리라
4 만군의 여호와가 이같이 말하노라
예루살렘 길거리에 늙은 남자들과
늙은 여자들이 다시 앉을 것이라 다
나이가 많으므로 저마다 손에 지팡
이를 잡을 것이요
5 그 성읍 거리에 소년과 소녀들이 가
득하여 거기에서 뛰놀리라
6 만군의 여호와가 이같이 말하노라 이
일이 그 날에 남은 백성의 눈에는 기
이하려니와 내 눈에야 어찌 기이하겠
느냐 만군의 여호와의 말이니라
7 만군의 여호와가 이같이 말하노라
보라, 내가 내 백성을 해가 뜨는 땅
과 해가 지는 땅에서부터 구원하여
내고
8 인도하여다가 예루살렘 가운데에 거
주하게 하리니 그들은 내 백성이 되
고 나는 진리와 공의로 그들의 하나
님이 되리라
9 만군의 여호와가 이같이 말하노라
만군의 여호와의 집 곧 성전을 건축
하려고 그 지대를 쌓던 날에 있었던
선지자들의 입의 말을 이 날에 듣는
너희는 손을 견고히 할지어다
10 이 날 전에는 사람도 삯을 얻지 못하
였고 짐승도 삯을 받지 못하였으며
사람이 원수로 말미암아 평안히 출입
하지 못하였으니 내가 모든 사람을
풀어 서로 치게 하였느니라
11 만군의 여호와의 말씀이니라 이제는
내가 이 남은 백성을 대하기를 옛날
과 같이 아니할 것인즉
12 곧 평강의 씨앗을 얻을 것이라 포도
나무가 열매를 맺으며 땅이 산물을
내며 하늘은 이슬을 내리리니 내가
이 남은 백성으로 이 모든 것을 누리
게 하리라
13 유다 족속아, 이스라엘 족속아, 너희
가 이방인 가운데에서 저주가 되었었
으나 이제는 내가 너희를 구원하여
너희가 복이 되게 하리니 두려워하지
말지니라 손을 견고히 할지니라
14 만군의 여호와가 이같이 말하노라 너
희 조상들이 나를 격노하게 하였을

때에 내가 그들에게 재앙을 내리기
로 뜻하고 뉘우치지 아니하였으나
15 이제 내가 다시 예루살렘과 유다 족
속에게 은혜를 베풀기로 뜻하였나니
너희는 두려워하지 말지니라
16 너희가 행할 일은 이러하니라 너희는
이웃과 더불어 진리를 말하며 너희 성
문에서 진실하고 화평한 재판을 베
풀고
17 마음에 서로 해하기를 도모하지 말
며 거짓 맹세를 좋아하지 말라 이 모
든 일은 내가 미워하는 것이니라 여
호와의 말이니라

금식에 관하여 말씀하시다

18 만군의 여호와의 말씀이 내게 임하여
이르시되
19 만군의 여호와가 이같이 말하노라
넷째 달의 금식과 다섯째 달의 금식
과 일곱째 달의 금식과 열째 달의 금
식이 변하여 유다 족속에게 기쁨과
즐거움과 희락의 절기들이 되리니 오
직 너희는 진리와 화평을 사랑할지니
라
20 만군의 여호와가 이와 같이 말하노
라 다시 여러 백성과 많은 성읍의 주
민이 올 것이라
21 이 성읍 주민이 저 성읍에 가서 이르
기를 우리가 속히 가서 만군의 여호
와를 찾고 여호와께 은혜를 구하자
하면 나도 가겠노라 하겠으며
22 많은 백성과 강대한 나라들이 예루
살렘으로 와서 만군의 여호와를 찾
고 여호와께 은혜를 구하리라
23 만군의 여호와가 이와 같이 말하노
라 그 날에는 말이 다른 이방 백성
열 명이 유다 사람 하나의 옷자락을
잡을 것이라 곧 잡고 말하기를 하나
님이 너희와 함께 하심을 들었나니
우리가 너희와 함께 가려 하노라 하
리라 하시니라

이스라엘 이웃 나라들에 대한 하나님의 말씀

9 여호와의 말씀이 하드락 땅에 내
리며 다메섹에 머물리니 사람들과
이스라엘 모든 지파의 눈이 여호와
를 우러러봄이니라
2 그 접경한 하맛에도 임하겠고 두로
와 시돈에도 임하리니 그들이 매우
지혜로움이니라
3 두로는 자기를 위하여 요새를 건축
하며 은을 티끌 같이, 금을 거리의 진
흙 같이 쌓았도다
4 주께서 그를 정복하시며 그의 권세
를 바다에 쳐넣으시리니 그가 불에
삼켜질지라
5 아스글론이 보고 무서워하며 가사도

심히 아파할 것이며 에그론은 그 소
망이 수치가 되므로 역시 그러하리라
가사에는 임금이 끊어질 것이며 아스
글론에는 주민이 없을 것이며
6 아스돗에는 잡족이 거주하리라 내가
블레셋 사람의 교만을 끊고
7 그의 입에서 그의 피를, 그의 잇사이
에서 그 가증한 것을 제거하리니 그
들도 남아서 우리 하나님께로 돌아
와서 유다의 한 지도자 같이 되겠고
에그론은 여부스 사람 같이 되리라
8 내가 내 집을 둘러 진을 쳐서 적군을
막아 거기 왕래하지 못하게 할 것이
라 포학한 자가 다시는 그 지경으로
지나가지 못하리니 이는 내가 눈으로
친히 봄이니라

구원을 베풀 왕

9 시온의 딸아 크게 기뻐할지어다 예
루살렘의 딸아 즐거이 부를지어다
보라 네 왕이 네게 임하시나니 그는
공의로우시며 구원을 베푸시며 겸손
하여서 나귀를 타시나니 나귀의 작은
것 곧 나귀 새끼니라
10 내가 에브라임의 병거와 예루살렘의
말을 끊겠고 전쟁하는 활도 끊으리
니 그가 이방 사람에게 화평을 전할
것이요 그의 통치는 바다에서 바다
까지 이르고 유브라데 강에서 땅 끝
까지 이르리라
11 또 너로 말할진대 네 언약의 피로 말
미암아 내가 네 갇힌 자들을 물 없는
구덩이에서 놓았나니
12 갇혀 있으나 소망을 품은 자들아 너
희는 요새로 돌아올지니라 내가 오
늘도 이르노라 내가 네게 갑절이나
갚을 것이라
13 내가 유다를 당긴 활로 삼고 에브라
임을 끼운 화살로 삼았으니 시온아
내가 네 자식들을 일으켜 헬라 자식
들을 치게 하며 너를 용사의 칼과 같
게 하리라
14 여호와께서 그들 위에 나타나서 그
들의 화살을 번개 같이 쏘아내실 것
이며 주 여호와께서 나팔을 불게 하
시며 남방 회오리바람을 타고 가실
것이라
15 만군의 여호와께서 그들을 호위하시
리니 그들이 원수를 삼키며 물맷돌을
밟을 것이며 그들이 피를 마시고 즐
거이 부르기를 술취한 것 같이 할 것

365묵상

나귀새끼를 타신 평강의 왕

장차 메시아 예수의 예루살렘 입성에 관하여 스가랴는 유명한 예언을 발한다. 그것은 왕으로 오실 메시아가 나귀새끼를 타고 예루살렘 도성에 들어오실 것이라는 사실이다(슥 9:9). 왕이 한 도성의 정복자로 입성할 때 위풍당당한 말을 탔다. 하지만 나귀, 그것도 나귀새끼를 탄다는 것은 통치자가 겸손한 자세로 임하여 '평화'를 주려고 온다는 것을 뜻했다. 최후 심판의 날이 오기까지는 겸손과 평화를 상징하는 나귀의 시대다. 이제 우리도 나귀새끼를 타신 평강의 왕 예수님의 이름으로 그분의 용서와 평화를 널리 전하자.

인즉 피가 가득한 동이와도 같고 피
묻은 제단 모퉁이와도 같을 것이라
16 이 날에 그들의 하나님 여호와께서
그들을 자기 백성의 양 떼 같이 구원
하시리니 그들이 왕관의 보석 같이
여호와의 땅에 빛나리로다
17 그의 형통함과 그의 아름다움이 어
찌 그리 큰지 곡식은 청년을, 새 포
도주는 처녀를 강건하게 하리라

여호와께서 구원을 약속하시다

10 봄비가 올 때에 여호와 곧 구름
을 일게 하시는 여호와께 비를
구하라 무리에게 소낙비를 내려서
밭의 채소를 각 사람에게 주시리라
2 드라빔들은 허탄한 것을 말하며 복
술자는 진실하지 않은 것을 보고 거
짓 꿈을 말한즉 그 위로가 헛되므로
백성들이 양 같이 유리하며 목자가
없으므로 곤고를 당하나니
3 내가 목자들에게 노를 발하며 내가
숫염소들을 벌하리라 만군의 여호와
가 그 무리 곧 유다 족속을 돌보아
그들을 전쟁의 준마와 같게 하리니
4 모퉁잇돌이 그에게서, 말뚝이 그에
게서, 싸우는 활이 그에게서, 권세 잡
은 자가 다 일제히 그에게서 나와서
5 싸울 때에 용사 같이 거리의 진흙 중
에 원수를 밟을 것이라 여호와가 그
들과 함께 한즉 그들이 싸워 말 탄
자들을 부끄럽게 하리라
6 내가 유다 족속을 견고하게 하며 요
셉 족속을 구원할지라 내가 그들을
긍휼히 여김으로 그들이 돌아오게
하리니 그들은 내가 내버린 일이 없
었음 같이 되리라 나는 그들의 하나
님 여호와라 내가 그들에게 들으리
라
7 에브라임이 용사 같아서 포도주를
마심 같이 마음이 즐거울 것이요 그
들의 자손은 보고 기뻐하며 여호와
로 말미암아 마음에 즐거워하리라
8 내가 그들을 향하여 휘파람을 불어
그들을 모을 것은 내가 그들을 구속
하였음이라 그들이 전에 번성하던 것
같이 번성하리라
9 내가 그들을 여러 백성들 가운데 흩
으려니와 그들이 먼 곳에서 나를 기
억하고 그들이 살아서 그들의 자녀
들과 함께 돌아올지라
10 내가 그들을 애굽 땅에서 돌아오게
하며 그들을 앗수르에서부터 모으며
길르앗 땅과 레바논으로 그들을 이
끌어 가리니 그들이 거할 곳이 부족
하리라
11 내가 그들이 고난의 바다를 지나갈
때에 바다 물결을 치리니 나일의 깊

은 곳이 다 마르겠고 앗수르의 교만
이 낮아지겠고 애굽의 규가 없어지리
라
12 내가 그들에게 나 여호와를 의지하
여 견고하게 하리니 그들이 내 이름
으로 행하리라 나 여호와의 말이니라

요단의 자랑이 쓰러지다

11 레바논아 네 문을 열고 불이 네
백향목을 사르게 하라
2 너 잣나무여 곡할지어다 백향목이 넘
어졌고 아름다운 나무들이 쓰러졌음
이로다 바산의 상수리나무들아 곡할
지어다 무성한 숲이 엎드러졌도다
3 목자들의 곡하는 소리가 남이여 그
들의 영화로운 것이 쓰러졌음이로다
어린 사자의 부르짖는 소리가 남이여
이는 요단의 자랑이 쓰러졌음이로다

두 목자

4 여호와 나의 하나님이 이르시되 너는
잡혀 죽을 양 떼를 먹이라
5 사들인 자들은 그들을 잡아도 죄가
없다 하고 판 자들은 말하기를 내가
부요하게 되었은즉 여호와께 찬송하
리라 하고 그들의 목자들은 그들을
불쌍히 여기지 아니하는도다
6 여호와가 말하노라 내가 다시는 이
땅 주민을 불쌍히 여기지 아니하고
그 사람들을 각각 그 이웃의 손과 임
금의 손에 넘기리니 그들이 이 땅을
칠지라도 내가 그들의 손에서 건져내
지 아니하리라 하시기로
7 내가 잡혀 죽을 양 떼를 먹이니 참으
로 가련한 양들이라 내가 막대기 둘
을 취하여 하나는 은총이라 하며 하
나는 연합이라 하고 양 떼를 먹일새
8 한 달 동안에 내가 그 세 목자를 제
거하였으니 이는 내 마음에 그들을
싫어하였고 그들의 마음에도 나를
미워하였음이라
9 내가 이르되 내가 너희를 먹이지 아
니하리라 죽는 자는 죽는 대로, 망하
는 자는 망하는 대로, 나머지는 서로
살을 먹는 대로 두리라 하고
10 이에 은총이라 하는 막대기를 취하
여 꺾었으니 이는 모든 백성들과 세
운 언약을 폐하려 하였음이라
11 당일에 곧 폐하매 내 말을 지키던 가
련한 양들은 이것이 여호와의 말씀이
었던 줄 안지라
12 내가 그들에게 이르되 너희가 좋게
여기거든 내 품삯을 내게 주고 그렇
지 아니하거든 그만두라 그들이 곧
은 삼십 개를 달아서 내 품삯을 삼
은지라
13 여호와께서 내게 이르시되 그들이 나
를 헤아린 바 그 삯을 토기장이에게

던지라 하시기로 내가 곧 그 은 삼십
개를 여호와의 전에서 토기장이에게
던지고
14 내가 또 연합이라 하는 둘째 막대기
를 꺾었으니 이는 유다와 이스라엘
형제의 의리를 끊으려 함이었느니라
15 여호와께서 내게 이르시되 너는 또
어리석은 목자의 기구들을 빼앗을지
니라
16 보라 내가 한 목자를 이 땅에 일으키
리니 그가 없어진 자를 마음에 두지
아니하며 흩어진 자를 찾지 아니하며
상한 자를 고치지 아니하며 강건한
자를 먹이지 아니하고 오히려 살진
자의 고기를 먹으며 또 그 굽을 찢으
리라
17 화 있을진저 양 떼를 버린 못된 목자
여 칼이 그의 팔과 오른쪽 눈에 내리
리니 그의 팔이 아주 마르고 그의 오
른쪽 눈이 아주 멀어 버릴 것이라 하
시니라

예루살렘의 구원

12 이스라엘에 관한 여호와의 경고
의 말씀이라 여호와 곧 하늘을
펴시며 땅의 터를 세우시며 사람 안
에 심령을 지으신 이가 이르시되
2 보라 내가 예루살렘으로 그 사면 모
든 민족에게 취하게 하는 잔이 되게
할 것이라 예루살렘이 에워싸일 때
에 유다에까지 이르리라
3 그 날에는 내가 예루살렘에게 모든
민족에게 무거운 돌이 되게 하리니
그것을 드는 모든 자는 크게 상할
것이라 천하 만국이 그것을 치려고
모이리라
4 여호와가 말하노라 그 날에 내가 모
든 말을 쳐서 놀라게 하며 그 탄 자
를 쳐서 미치게 하되 유다 족속은 내
가 돌보고 모든 민족의 말을 쳐서 눈
이 멀게 하리니
5 유다의 우두머리들이 마음속에 이르
기를 예루살렘 주민이 그들의 하나
님 만군의 여호와로 말미암아 힘을
얻었다 할지라
6 그 날에 내가 유다 지도자들을 나무
가운데에 화로 같게 하며 곡식단 사
이에 횃불 같게 하리니 그들이 그 좌
우에 에워싼 모든 민족들을 불사를
것이요 예루살렘 사람들은 다시 그
본 곳 예루살렘에 살게 되리라
7 여호와가 먼저 유다 장막을 구원하리
니 이는 다윗의 집의 영광과 예루살
렘 주민의 영광이 유다보다 더하지
못하게 하려 함이니라
8 그 날에 여호와가 예루살렘 주민을
보호하리니 그 중에 약한 자가 그 날

에는 다윗 같겠고 다윗의 족속은 하
나님 같고 무리 앞에 있는 여호와의
사자 같을 것이라
9 예루살렘을 치러 오는 이방 나라들
을 그 날에 내가 멸하기를 힘쓰리라
10 내가 다윗의 집과 예루살렘 주민에
게 은총과 간구하는 심령을 부어 주
리니 그들이 그 찌른 바 그를 바라보
고 그를 위하여 애통하기를 독자를
위하여 애통하듯 하며 그를 위하여
통곡하기를 장자를 위하여 통곡하듯
하리로다
11 그 날에 예루살렘에 큰 애통이 있으
리니 므깃도 골짜기 하다드림몬에 있
던 애통과 같을 것이라
12 온 땅 각 족속이 따로 애통하되 다윗
의 족속이 따로 하고 그들의 아내들
이 따로 하며 나단의 족속이 따로 하
고 그들의 아내들이 따로 하며
13 레위의 족속이 따로 하고 그들의 아
내들이 따로 하며 시므이의 족속이
따로 하고 그들의 아내들이 따로 하
며
14 모든 남은 족속도 각기 따로 하고
그들의 아내들이 따로 하리라

13 그 날에 죄와 더러움을 씻는 샘
이 다윗의 족속과 예루살렘 주
민을 위하여 열리리라
2 만군의 여호와가 말하노라 그 날에
내가 우상의 이름을 이 땅에서 끊어
서 기억도 되지 못하게 할 것이며 거
짓 선지자와 더러운 귀신을 이 땅에서
떠나게 할 것이라
3 사람이 아직도 예언할 것 같으면 그
낳은 부모가 그에게 이르기를 네가
여호와의 이름을 빙자하여 거짓말을
하니 살지 못하리라 하고 낳은 부모
가 그가 예언할 때에 칼로 그를 찌
르리라
4 그 날에 선지자들이 예언할 때에 그
환상을 각기 부끄러워할 것이며 사람
을 속이려고 털옷도 입지 아니할 것
이며
5 말하기를 나는 선지자가 아니요 나
는 농부라 내가 어려서부터 사람의
종이 되었노라 할 것이요
6 어떤 사람이 그에게 묻기를 네 두 팔
사이에 있는 상처는 어찌 됨이냐 하
면 대답하기를 이는 나의 친구의 집
에서 받은 상처라 하리라

목자를 치라는 명령

7 만군의 여호와가 말하노라 칼아 깨
어서 내 목자, 내 짝 된 자를 치라 목
자를 치면 양이 흩어지려니와 작은
자들 위에는 내가 내 손을 드리우리
라

8 여호와가 말하노라 이 온 땅에서 삼
분의 이는 멸망하고 삼분의 일은 거
기 남으리니
9 내가 그 삼분의 일을 불 가운데에 던
져 은 같이 연단하며 금 같이 시험할
것이라 그들이 내 이름을 부르리니
내가 들을 것이며 나는 말하기를 이
는 내 백성이라 할 것이요 그들은 말
하기를 여호와는 내 하나님이시라 하
리라

예루살렘과 이방 나라들

14 여호와의 날이 이르리라 그 날
에 네 재물이 약탈되어 네 가운
데에서 나누이리라
2 내가 이방 나라들을 모아 예루살렘
과 싸우게 하리니 성읍이 함락되며
가옥이 약탈되며 부녀가 욕을 당하며
성읍 백성이 절반이나 사로잡혀 가려
니와 남은 백성은 성읍에서 끊어지지
아니하리라
3 그 때에 여호와께서 나가사 그 이방
나라들을 치시되 이왕의 전쟁 날에
싸운 것 같이 하시리라
4 그 날에 그의 발이 예루살렘 앞 곧
동쪽 감람 산에 서실 것이요 감람 산
은 그 한 가운데가 동서로 갈라져 매
우 큰 골짜기가 되어서 산 절반은 북
으로, 절반은 남으로 옮기고
5 그 산 골짜기는 아셀까지 이를지라
너희가 그 산 골짜기로 도망하되 유
다 왕 웃시야 때에 지진을 피하여 도
망하던 것 같이 하리라 나의 하나님
여호와께서 임하실 것이요 모든 거룩
한 자들이 주와 함께 하리라
6 그 날에는 빛이 없겠고 광명한 것들
이 떠날 것이라
7 여호와께서 아시는 한 날이 있으리니
낮도 아니요 밤도 아니라 어두워 갈
때에 빛이 있으리로다
8 그 날에 생수가 예루살렘에서 솟아
나서 절반은 동해로, 절반은 서해로
흐를 것이라 여름에도 겨울에도 그
러하리라
9 여호와께서 천하의 왕이 되시리니 그
날에는 여호와께서 홀로 한 분이실
것이요 그의 이름이 홀로 하나이실
것이라
10 온 땅이 아라바 같이 되되 게바에서
예루살렘 남쪽 림몬까지 이를 것이며
예루살렘이 높이 들려 그 본처에 있
으리니 베냐민 문에서부터 첫 문 자
리와 성 모퉁이 문까지 또 하나넬 망
대에서부터 왕의 포도주 짜는 곳까
지라
11 사람이 그 가운데에 살며 다시는 저
주가 있지 아니하리니 예루살렘이 평

안히 서리로다
12 예루살렘을 친 모든 백성에게 여호
와께서 내리실 재앙은 이러하니 곧
섰을 때에 그들의 살이 썩으며 그들
의 눈동자가 눈구멍 속에서 썩으며
그들의 혀가 입 속에서 썩을 것이요
13 그 날에 여호와께서 그들을 크게 요
란하게 하시리니 피차 손으로 붙잡
으며 피차 손을 들어 칠 것이며
14 유다도 예루살렘에서 싸우리니 이
때에 사방에 있는 이방 나라들의 보
화 곧 금 은과 의복이 심히 많이 모
여질 것이요
15 또 말과 노새와 낙타와 나귀와 그 진
에 있는 모든 가축에게 미칠 재앙도
그 재앙과 같으리라
16 예루살렘을 치러 왔던 이방 나라들
중에 남은 자가 해마다 올라와서 그
왕 만군의 여호와께 경배하며 초막
절을 지킬 것이라
17 땅에 있는 족속들 중에 그 왕 만군
의 여호와께 경배하러 예루살렘에
올라오지 아니하는 자들에게는 비를
내리지 아니하실 것인즉
18 만일 애굽 족속이 올라오지 아니할
때에는 비 내림이 있지 아니하리니
여호와께서 초막절을 지키러 올라오
지 아니하는 이방 나라들의 사람을
치시는 재앙을 그에게 내리실 것이라
19 애굽 사람이나 이방 나라 사람이나
초막절을 지키러 올라오지 아니하는
자가 받을 벌이 그러하니라
20 그 날에는 말 방울에까지 여호와께
성결이라 기록될 것이라 여호와의 전
에 있는 모든 솥이 제단 앞 주발과
다름이 없을 것이니
21 예루살렘과 유다의 모든 솥이 만군
의 여호와의 성물이 될 것인즉 제사
드리는 자가 와서 이 솥을 가져다가
그것으로 고기를 삶으리라 그 날에
는 만군의 여호와의 전에 가나안 사
람이 다시 있지 아니하리라 하시니라

365묵상

더는 후회하지 말자

스가랴 선지자는 언젠가 하나님이 자기 백성에게 회개의 은총을 베푸실 날에 대하여 예언했다(슥 12:10-14). 그런 회개의 날에, 사람들은 마음이 깨지는 통곡을 하면서 "그 때에 내가 ~을 했더라면"하면서 뼈아픈 자성의 눈물을 흘리게 될 것이었다. 하나님은 은혜로우시다. 우리의 죄와 잘못을 거듭 용서해주신다. 하지만 나중에 후회의 눈물을 흘리는 것은 우리의 몫이다. "그때 ~을 했더라면"하면서. 그러므로 이제 성령이 일깨울 때 우리는 즉각 "예, 주님!"하면서 순종해야 한다. 더 이상 후회하지 않기 위해서!

말라기 Malachi

구약의 마지막 선지자인 말라기는 학개와 스가랴 이후 대략 1세기쯤이 흐른 느헤미야 시대에 활동했다. 오랜 세월 동안 약속된 메시야를 기다려 오던 백성들은 그 약속이 속히 실현되지 않자 실망하고 지친 상태가 되었다. 이러한 때에, 말라기는 백성들의 불신앙을 꾸짖는 동시에 메시야 도래의 소망을 다시금 뜨겁게 일깨워 주었다.

제목 '나의 사자'라는 뜻으로, 저자의 이름을 반영하고 있다.

저자 말라기. 본서의 내증(1:1)으로 보아 명백하다. 본서 이외에는 저자에 대한 자료를 찾을 수 없으나, 이름이 '여호와의 사자'라는 뜻의 '말라기야'의 단축형인 것으로 보아 매우 경건한 인물이었음을 짐작케 한다.

기록 연대 B.C. 430년경. 본서에 나타난 백성의 죄상이 느헤미야서에 기록된 것과 유사하므로 두 선지자를 같은 시기의 인물로 볼 수 있으며, 1:8의 총독이 느헤미야와는 다른 인물이므로 느헤미야가 바사 왕궁으로 소환된 후인 B.C. 430년경으로 추정된다.

기록 목적 ① 귀환 후 100여 년이 지나 다시 흐트러진 백성들에게 하나님과의 언약을 기억, 회복할 것을 권하기 위하여. ② 의무의 온전한 이행, 즉 제사 규례, 십일조 등 하나님을 섬기는 율례를 거룩하고 온전하게 드릴 것을 권면하기 위하여.

주제 계약의 신실한 이행. 하나님께 대한 이스라엘 백성들의 회의는 언약에 대한 몰이해에서 비롯되며, 언약을 바르게 이해하고 신실하게 이행할 때, 축복이 임할 것임을 가르친다.

특징 ① 외적 율례에 대한 강조－제사 규례, 십일조 등 하나님께 대한 외적인 의무의 이행을 강조하고 있다. ② 직설적인 표현－군더더기가 없이 명백하고 자신감 있는 표현을 구사하고 있다. ③ 문답법의 사용－대화를 하듯 문답식으로 서술하여 논리의 강도를 한층 높이고 있다.

본서의 내용

Ⅰ. 하나님의 사랑
① 서론(1:1)
② 하나님 사랑의 확증 (1:2–5)

Ⅱ. 하나님의 책망
① 제사장들의 죄악 (1:6–2:9)
② 백성들의 죄악 (2:10–3:15)

Ⅲ. 하나님의 약속
① 하나님의 구원(3:16–18)
② 메시야의 도래(4:1–3)
③ 먼저 출현할 엘리야 (4:4–6)

연대표

B.C.	
930년	왕국의 남북분열
722년	북이스라엘 멸망
586년	남유다의 멸망
539년	고레스의 바벨론 정복
538년	고레스의 귀환 조서 반포
537년	제 1차 포로 귀환(스룹바벨 인도)
536년	성전 재건 사역의 착수
516년	성전의 완공(스룹바벨 성전)
485년	아하수에로 왕의 통치(~464년)
479년	에스더의 왕후 간택
458년	제 2차 포로 귀환(에스라 인도)
444년	제 3차 포로 귀환(느헤미야 인도) 성곽 중수 필역
435년	선지자 말라기의 사역(~425년)
331년	페르시아의 멸망
A.D.	
5년	세례요한의 탄생
4년	메시야 예수의 탄생

· 말라기의 주요 무대

말라기 Malachi

1 여호와께서 말라기를 통하여 이스
라엘에게 말씀하신 경고라

여호와께서 이스라엘을 사랑하시다

2 여호와께서 이르시되 내가 너희를 사
랑하였노라 하나 너희는 이르기를 주
께서 어떻게 우리를 사랑하셨나이까
하는도다 나 여호와가 말하노라 에
서는 야곱의 형이 아니냐 그러나 내
가 야곱을 사랑하였고
3 에서는 미워하였으며 그의 산들을 황
폐하게 하였고 그의 산업을 광야의
이리들에게 넘겼느니라
4 에돔은 말하기를 우리가 무너뜨림을
당하였으나 황폐된 곳을 다시 쌓으
리라 하거니와 나 만군의 여호와는
이르노라 그들은 쌓을지라도 나는
헐리라 사람들이 그들을 일컬어 악한
지역이라 할 것이요 여호와의 영원한
진노를 받은 백성이라 할 것이며
5 너희는 눈으로 보고 이르기를 여호
와께서는 이스라엘 지역 밖에서도
크시다 하리라

제사장과 백성들의 죄

6 내 이름을 멸시하는 제사장들아 나
만군의 여호와가 너희에게 이르기를
아들은 그 아버지를, 종은 그 주인
을 공경하나니 내가 아버지일진대 나
를 공경함이 어디 있느냐 내가 주인
일진대 나를 두려워함이 어디 있느냐
하나 너희는 이르기를 우리가 어떻게
주의 이름을 멸시하였나이까 하는도
다
7 너희가 더러운 떡을 나의 제단에 드
리고도 말하기를 우리가 어떻게 주
를 더럽게 하였나이까 하는도다 이
는 너희가 여호와의 식탁은 경멸히 여
길 것이라 말하기 때문이라
8 만군의 여호와가 이르노라 너희가
눈 먼 희생제물을 바치는 것이 어찌
악하지 아니하며 저는 것, 병든 것을
드리는 것이 어찌 악하지 아니하냐
이제 그것을 너희 총독에게 드려 보
라 그가 너를 기뻐하겠으며 너를 받
아 주겠느냐
9 만군의 여호와가 이르노라 너희는
나 하나님께 은혜를 구하면서 우리
를 불쌍히 여기소서 하여 보라 너희
가 이같이 행하였으니 내가 너희 중
하나인들 받겠느냐
10 만군의 여호와가 이르노라 너희가
내 제단 위에 헛되이 불사르지 못하
게 하기 위하여 너희 중에 성전 문을

닫을 자가 있었으면 좋겠도다 내가
너희를 기뻐하지 아니하며 너희가 손
으로 드리는 것을 받지도 아니하리
라
11 만군의 여호와가 이르노라 해 뜨는
곳에서부터 해 지는 곳까지의 이방
민족 중에서 내 이름이 크게 될 것이
라 각처에서 내 이름을 위하여 분향
하며 깨끗한 제물을 드리리니 이는
내 이름이 이방 민족 중에서 크게 될
것임이니라
12 그러나 너희는 말하기를 여호와의 식
탁은 더러워졌고 그 위에 있는 과일
곧 먹을 것은 경멸히 여길 것이라 하
여 내 이름을 더럽히는도다
13 만군의 여호와가 이르노라 너희가
또 말하기를 이 일이 얼마나 번거로
운고 하며 코웃음치고 훔친 물건과
저는 것, 병든 것을 가져왔느니라 너
희가 이같이 봉헌물을 가져오니 내가
그것을 너희 손에서 받겠느냐 이는
여호와의 말이니라
14 짐승 떼 가운데에 수컷이 있거늘 그
서원하는 일에 흠 있는 것으로 속여
내게 드리는 자는 저주를 받으리니
나는 큰 임금이요 내 이름은 이방 민
족 중에서 두려워하는 것이 됨이니라
만군의 여호와의 말이니라

제사장들에 대한 명령

2 너희 제사장들아 이제 너희에게
이같이 명령하노라
2 만군의 여호와가 이르노라 너희가 만
일 듣지 아니하며 마음에 두지 아니
하여 내 이름을 영화롭게 하지 아니
하면 내가 너희에게 저주를 내려 너
희의 복을 저주하리라 내가 이미 저
주하였나니 이는 너희가 그것을 마음
에 두지 아니하였음이라
3 보라 내가 너희의 자손을 꾸짖을 것
이요 똥 곧 너희 절기의 희생의 똥을
너희 얼굴에 바를 것이라 너희가 그
것과 함께 제하여 버림을 당하리라
4 만군의 여호와가 이르노라 내가 이
명령을 너희에게 내린 것은 레위와
세운 나의 언약이 항상 있게 하려 함
인 줄을 너희가 알리라
5 레위와 세운 나의 언약은 생명과 평
강의 언약이라 내가 이것을 그에게
준 것은 그로 경외하게 하려 함이라
그가 나를 경외하고 내 이름을 두려
워하였으며
6 그의 입에는 진리의 법이 있었고 그
의 입술에는 불의함이 없었으며 그가
화평함과 정직함으로 나와 동행하며
많은 사람을 돌이켜 죄악에서 떠나게
하였느니라

7 제사장의 입술은 지식을 지켜야 하겠
고 사람들은 그의 입에서 율법을 구
하게 되어야 할 것이니 제사장은 만
군의 여호와의 사자가 됨이거늘
8 너희는 옳은 길에서 떠나 많은 사람
을 율법에 거스르게 하는도다 나 만
군의 여호와가 이르노니 너희가 레위
의 언약을 깨뜨렸느니라
9 너희가 내 길을 지키지 아니하고 율
법을 행할 때에 사람에게 치우치게
하였으므로 나도 너희로 하여금 모
든 백성 앞에서 멸시와 천대를 당하
게 하였느니라 하시니라

거짓을 행하는 유다

10 우리는 한 아버지를 가지지 아니하였
느냐 한 하나님께서 지으신 바가 아
니냐 어찌하여 우리 각 사람이 자기
형제에게 거짓을 행하여 우리 조상들
의 언약을 욕되게 하느냐
11 유다는 거짓을 행하였고 이스라엘과
예루살렘 중에서는 가증한 일을 행
하였으며 유다는 여호와께서 사랑하
시는 그 성결을 욕되게 하여 이방 신
의 딸과 결혼하였으니
12 이 일을 행하는 사람에게 속한 자는
깨는 자나 응답하는 자는 물론이요
만군의 여호와께 제사를 드리는 자
도 여호와께서 야곱의 장막 가운데
에서 끊어 버리시리라
13 너희가 이런 일도 행하나니 곧 눈물
과 울음과 탄식으로 여호와의 제단
을 가리게 하는도다 그러므로 여호
와께서 다시는 너희의 봉헌물을 돌아
보지도 아니하시며 그것을 너희 손에
서 기꺼이 받지도 아니하시거늘
14 너희는 이르기를 어찌 됨이니이까 하
는도다 이는 너와 네가 어려서 맞이
한 아내 사이에 여호와께서 증인이
되시기 때문이라 그는 네 짝이요 너
와 서약한 아내로되 네가 그에게 거
짓을 행하였도다
15 그에게는 영이 충만하였으나 오직
하나를 만들지 아니하셨느냐 어찌하
여 하나만 만드셨느냐 이는 경건한
자손을 얻고자 하심이라 그러므로
네 심령을 삼가 지켜 어려서 맞이한
아내에게 거짓을 행하지 말지니라
16 이스라엘의 하나님 여호와가 이르노
니 나는 이혼하는 것과 옷으로 학대
를 가리는 자를 미워하노라 만군의
여호와의 말이니라 그러므로 너희 심
령을 삼가 지켜 거짓을 행하지 말지
니라

주께서 임하시는 날

17 너희가 말로 여호와를 괴롭게 하고
도 이르기를 우리가 어떻게 여호와를

괴롭혀 드렸나이까 하는도다 이는 너
희가 말하기를 모든 악을 행하는 자
는 여호와의 눈에 좋게 보이며 그에
게 기쁨이 된다 하며 또 말하기를 정
의의 하나님이 어디 계시냐 함이니라

3 만군의 여호와가 이르노라 보라
내가 내 사자를 보내리니 그가 내
앞에서 길을 준비할 것이요 또 너희
가 구하는 바 주가 갑자기 그의 성전
에 임하시리니 곧 너희가 사모하는
바 언약의 사자가 임하실 것이라
2 그가 임하시는 날을 누가 능히 당하
며 그가 나타나는 때에 누가 능히 서
리요 그는 금을 연단하는 자의 불과
표백하는 자의 잿물과 같을 것이라
3 그가 은을 연단하여 깨끗하게 하는
자 같이 앉아서 레위 자손을 깨끗하
게 하되 금, 은 같이 그들을 연단하
리니 그들이 공의로운 제물을 나 여
호와께 바칠 것이라
4 그 때에 유다와 예루살렘의 봉헌물
이 옛날과 고대와 같이 나 여호와께
기쁨이 되려니와
5 내가 심판하러 너희에게 임할 것이라
점치는 자에게와 간음하는 자에게와
거짓 맹세하는 자에게와 품꾼의 삯
에 대하여 억울하게 하며 과부와 고
아를 압제하며 나그네를 억울하게
하며 나를 경외하지 아니하는 자들에
게 속히 증언하리라 만군의 여호와가
말하였느니라
6 나 여호와는 변하지 아니하나니 그러
므로 야곱의 자손들아 너희가 소멸
되지 아니하느니라

십일조

7 만군의 여호와가 이르노라 너희 조
상들의 날로부터 너희가 나의 규례를
떠나 지키지 아니하였도다 그런즉 내
게로 돌아오라 그리하면 나도 너희
에게로 돌아가리라 하였더니 너희가
이르기를 우리가 어떻게 하여야 돌아
가리이까 하는도다
8 사람이 어찌 하나님의 것을 도둑질하
겠느냐 그러나 너희는 나의 것을 도
둑질하고도 말하기를 우리가 어떻게
주의 것을 도둑질하였나이까 하는도
다 이는 곧 십일조와 봉헌물이라
9 너희 곧 온 나라가 나의 것을 도둑질
하였으므로 너희가 저주를 받았느니
라
10 만군의 여호와가 이르노라 너희의 온
전한 십일조를 창고에 들여 나의 집
에 양식이 있게 하고 그것으로 나를
시험하여 내가 하늘 문을 열고 너희
에게 복을 쌓을 곳이 없도록 붓지
아니하나 보라

11 만군의 여호와가 이르노라 내가 너희
를 위하여 메뚜기를 금하여 너희 토
지 소산을 먹어 없애지 못하게 하며
너희 밭의 포도나무 열매가 기한 전
에 떨어지지 않게 하리니
12 너희 땅이 아름다워지므로 모든 이방
인들이 너희를 복되다 하리라 만군의
여호와의 말이니라

여호와를 경외하는 자들

13 여호와가 이르노라 너희가 완악한
말로 나를 대적하고도 이르기를 우
리가 무슨 말로 주를 대적하였나이
까 하는도다
14 이는 너희가 말하기를 하나님을 섬기
는 것이 헛되니 만군의 여호와 앞에
서 그 명령을 지키며 슬프게 행하는
것이 무엇이 유익하리요
15 지금 우리는 교만한 자가 복되다 하
며 악을 행하는 자가 번성하며 하나
님을 시험하는 자가 화를 면한다 하
노라 함이라
16 그 때에 여호와를 경외하는 자들이
피차에 말하매 여호와께서 그것을
분명히 들으시고 여호와를 경외하는
자와 그 이름을 존중히 여기는 자를
위하여 여호와 앞에 있는 기념책에
기록하셨느니라
17 만군의 여호와가 이르노라 나는 내
가 정한 날에 그들을 나의 특별한 소
유로 삼을 것이요 또 사람이 자기를
섬기는 아들을 아낌 같이 내가 그들
을 아끼리니
18 그 때에 너희가 돌아와서 의인과 악
인을 분별하고 하나님을 섬기는 자
와 섬기지 아니하는 자를 분별하리라

여호와께서 정하신 날

4 만군의 여호와가 이르노라 보라
용광로 불 같은 날이 이르리니 교
만한 자와 악을 행하는 자는 다 지
푸라기 같을 것이라 그 이르는 날에
그들을 살라 그 뿌리와 가지를 남기
지 아니할 것이로되
2 내 이름을 경외하는 너희에게는 공의
로운 해가 떠올라서 치료하는 광선
을 비추리니 너희가 나가서 외양간에
서 나온 송아지 같이 뛰리라
3 또 너희가 악인을 밟을 것이니 그들
이 내가 정한 날에 너희 발바닥 밑에
재와 같으리라 만군의 여호와의 말이
니라

365묵상

우리를 치료하시는 의로운 태양

말라기 선지자는 장차 하나님의 백성에게 치료와 자유를 가져다 주는 '의로운 태양'이 그들 위에 떠오를 것이라는 메시지를 선포했다(말 4:2). 태양빛이 살아있는 모든 것들에게 생명을 가져다주듯, 하나님은 의로운 태양이신 예수 그리스도를 통해 자기 백성에게 생명을 주는 치료와 자유의 광선을 환하게 비추신다는 것이다. 그러면 모든 영적인 어둠이 사라지고 하나님의 백성은 죄와 사망의 굴레에서 벗어나 생명과 자유를 만끽할 것이다. 모든 상처를 고치는 크신 은총이 베풀어지는 것이다. 이 얼마나 가슴 벅찬 일인가!

4 너희는 내가 호렙에서 온 이스라엘
을 위하여 내 종 모세에게 명령한 법
곧 율례와 법도를 기억하라
5 보라 여호와의 크고 두려운 날이 이
르기 전에 내가 선지자 엘리야를 너
희에게 보내리니

6 그가 아버지의 마음을 자녀에게로
돌이키게 하고 자녀들의 마음을 그
들의 아버지에게로 돌이키게 하리라
돌이키지 아니하면 두렵건대 내가 와
서 저주로 그 땅을 칠까 하노라 하시
니라

Memo

Memo